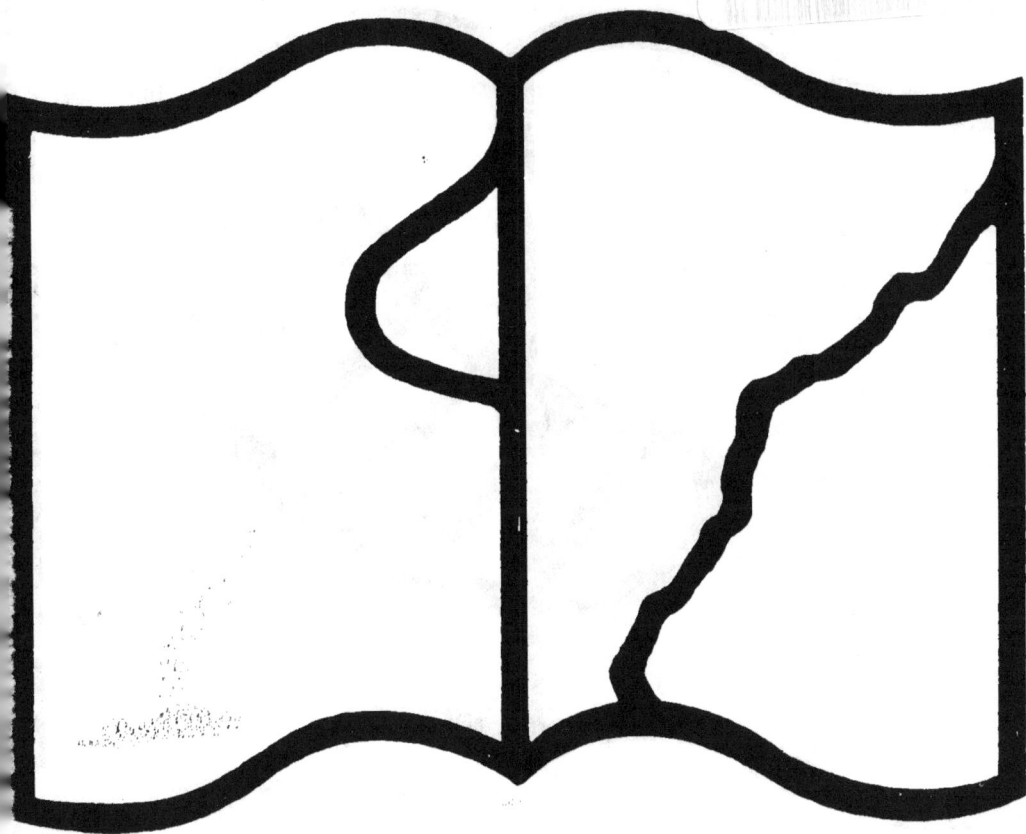

Symbole applicable
pour tout, ou partie
des documents microfilmés

Texte détérioré — reliure défectueuse

NF Z 43-120-11

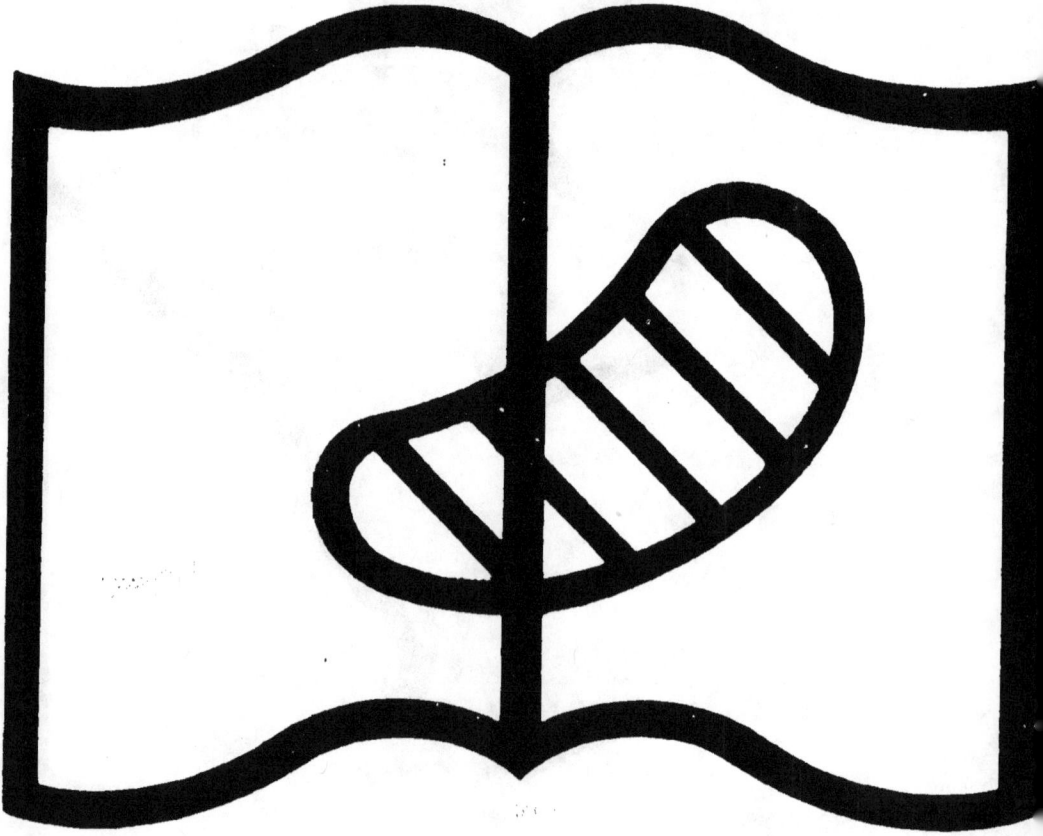

Symbole applicable
pour tout, ou partie
des documents microfilmés

Original illisible

NF Z 43-120-10

RECHERCHES HISTORIQUES

sur le

TABELLIONAGE ROYAL

PRINCIPALEMENT EN NORMANDIE.

Un Tabellion dans son Echoppe
Au Moyen-Âge

Fac-Simile
d'après une Estampe gravée sur bois *(au 15.e siècle)*
Tirée d'un recueil de la Bibliothèque de Rouen. Col. le Ber. Mss. 13c3. Fol 17

RECHERCHES HISTORIQUES

SUR LE

TABELLIONAGE ROYAL

PRINCIPALEMENT EN NORMANDIE

ET SUR LES DIVERS MODES DE CONTRACTER A L'ÉPOQUE DU MOYEN-AGE
D'APRÈS DE NOMBREUSES PIÈCES M.SS.

ET

SIGILLOGRAPHIE NORMANDE

EN XXIV PLANCHES (183 SCEAUX)

AVEC

FAC-SIMILE D'UNE BELLE CHARTE DUCALE

DU XIᵉ SIÈCLE

COMMENTÉE PAR DOM TASSIN EN 1758
EN DEUX LETTRES INÉDITES

PAR A. BARABÉ

Archiviste en chef retraité de la Seine-Inférieure, Conservateur des actes du tabellionage de Rouen,
Membre de l'Académie Impériale des Sciences, Belles-Lettres et Arts de la même ville.

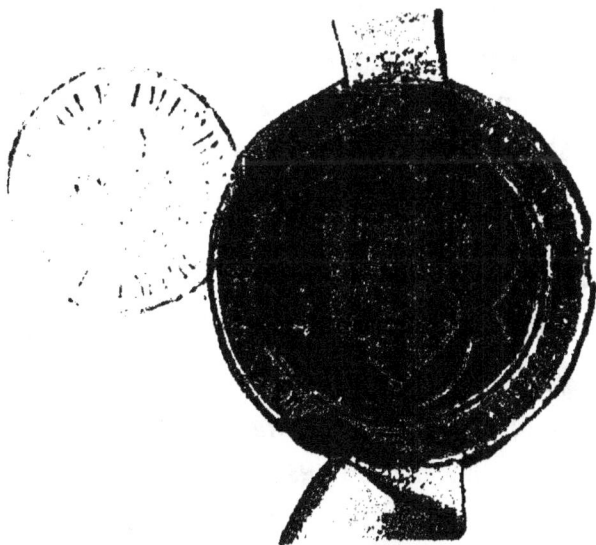

ROUEN

H. BOISSEL, IMPRIMEUR-ÉDITEUR, SUCCᵣ DE A. PÉRON
Rue de la Vicomté, 55

—

1863

Avant-Propos.

―――――

Le sujet que nous traitons, offre un vaste champ aux investigations, car il résume, à ses différentes époques, la société qui se meut et se reflète dans ses actes, sous le point de vue de ses intérêts généraux ou particuliers, civils ou religieux. En effet, les actes du tabellionage s'appliquent à toutes les phases et à toutes les positions de la vie : chacun y contracte suivant son rang, son état, et dans la sphère de ses besoins. Il y a plus, c'est là qu'il faut le plus souvent recourir, pour reconnaître l'origine de nos institutions locales, et de nos monuments entrepris ou restaurés par la piété des fidèles. N'est-ce pas aussi dans ces anciens protocoles et cartulaires, que l'on retrouve ces transactions qui sont la conséquence d'événements politiques, et qui se lient incidemment à l'histoire de la cité? C'est ainsi qu'à la date du 13 mars 1418 (1419), nous trouvons le contrat d'acquisition par Henri V, roi d'Angleterre, d'un grand emplacement *situé en la paroisse Saint-Eloi, depuis les murs et la tour maussifrotte* (mal s'y frotte) *jusqu'à la rivière de Seine,* moyennant le prix de 2,630 liv., pour y construire un château-fort, déguisé sous le nom de palais, mais destiné à dominer la ville soumise à sa puissance; et qu'à cette occasion, nous sont révélés, au nombre des experts estimateurs, maistre Alexandre de Berneval, architecte de l'église Saint-Ouen, et Jehanson Salvart, architecte de notre Cathédrale.

Même jusque dans les actes privés, dont l'objet principal semble de peu d'importance, que de précieux détails !

Ici, dans l'acte du 15 août 1421, comparaissent : « Guil-« laume Blanc-Baston, Guillaume Le Chevat et Jehan Du « Sauchay, recepveurs de la composition faicte au Roy « nostre sire par la ville de Rouen, qui payent à Raoul de « la Legue, marchant de toilles, la somme de cx livres « tournois (110 liv.) de fieble monnoye qui deubs lui estoit « *pour* les sacqs de toille esquieulx ont esté mis et bailliés « au coffrier d'icelui seigneur, la somme de III c. v. M. livres « tournois (305,000 liv. t.) sur icelle composition comme il « disoit [1]. »

Ailleurs, dans un acte du 1er décembre 1421, c'est un noble seigneur d'Escaillon et de Saint-Sauveur-le-Vicomte qui intervient pour acquitter, envers le geôlier des prisons de la ville, « la somme de cix livres t. pour les dépenses « faites par *Jehan Harchelle, l'un des ostagiers* de Rouen, « pendant le temps qu'il a tenu prison pour la composition « d'icelle ville. »

S'agit-il, enfin, de trouver les alliances de puissantes familles normandes et de nobles personnages acquis à l'histoire ? c'est encore dans ces archives qu'il faut puiser. En preuve nos renseignements sur les deux frères Duguesclin et la famille de Bétencourt au xive siècle [2].

Dans le suivant, nous citerons, entr'autres, le contrat de mariage du 3 février 1498, transcrit en nos annexes « d'entre « Jehan Chenu, fils aîné de noble et puissant seigneur Chenu, « *roy d'Yvetot*, sieur de Saint-Cler sur les Monts, de Notre-« Dame Deschamps, d'Ecalles-Alix, etc., avec Marion Cou-

[1] On peut encore citer deux autres quittances relatives au même sujet en date des 21 juillet 1419 et 25 août 1421.

[2] Voir nos pl. Ire, no 2, et xxiiie, suite du no 4 et dernier.

« rault, fille de noble homme Robert Courault, sieur de
« Saint-Aubin, et d'Isabeau sa femme », dans lequel acte il
est stipulé que le roi d'Yvetot [1] s'oblige à fournir à ceux-ci,
« *outre les boire et manger, maison, feu et lit,* la somme
« de 200 liv. t., et *attrousseler les mariés selon leur*
« *estat,* comme aussi, *coucher leurs enfants et servi-*
« *teurs,* etc., etc. »

Puis, un siècle plus tard (7 janvier 1597), est longuement constaté le contrat de mariage *passé au logis du roi,* et
signé d'Henri IV, d'entre demoiselle Julienne d'Estrées, sœur
de Gabrielle d'Estrées, marquise de Monceaux,

Et messire Georges de Brancas, gouverneur du Havre,
etc., etc., « qui apporte, en propre, cent cinquante mille écus,
provenant de l'assignation ordonnée par Sa Majesté en faveur
de l'amiral de Villars, frère dudit futur auquel elle a été
depuis continuée. »

Quant à la dot de la future, nous voyons qu'elle se compose de 40,000 écus, dont 10,000 proviennent du don qui
lui est fait par sa sœur, et les 30,000 écus de surplus, *de la
libéralité du Roy, en considération de la dite marquise* (sic.)

Si nous spécifions plus particulièrement ces faits, c'est
qu'ils nous servent d'exemples et de préliminaires pour dé-
montrer toute l'importance qu'il y a de remonter aux sources

---

[1] Dans un acte notarié du 14 juillet 1485, figure comme acquéreur « mes-
« sire Jehan Baucher, qualifié de *chevalier, roy d'Yvetot,* sieur de la
« Forest, conseiller et *chambellan du Roy nostre sire* (Charles VIII.) »
Il s'agissait d'un fief de Haubert nommé le Bosc-Giroud, situé en la
paroisse de Creton (Eure), vendu par Thomas de Congny moyennant
600 liv. (*Voir* en nos annexes.)
Cet exemple confirme ce que dit Dom de Vaines au mot *Roi,* en son *Dictionnaire de Diplomatique,* que cette qualification a été souvent prodiguée à
des princes ou à de simples seigneurs. Ainsi le titre de *Roi* ne marque pas
toujours *une souveraineté indépendante.*

mêmes de l'histoire, dont les détails, souvent épars, sont comme ces pépites d'or que l'on découvre dans le limon d'un fleuve.

Maintenant, expliquons en peu de mots l'ordre de notre travail [1].

Avant de parler du tabellionage ou des notaires établis en France au XIVe siècle, et principalement en Normandie, province que la sagesse de ses institutions avait fait, à si juste titre, dénommer *pays de sapience*, nous avons dû rechercher par quels moyens et par quelles personnes, avant cette époque, les accords et conventions étaient constatés; car, ainsi que nous avons dû l'observer en débutant, tout suit une marche progressive aussi bien dans l'ordre moral que dans l'ordre physique, et, sous ce point de vue, le riche dépôt des archives départementales de la Seine-Inférieure ne nous a pas fait défaut pour y recueillir en détail les éléments propres à constater dans leur ensemble le mouvement social.

Ceci posé, notre travail se divise en deux parties :

DANS LA PREMIÈRE, nous étudions les phases de l'institution des tabellions, phases qui se lient elles-mêmes à celles de la société. En conséquence, nous passons rapidement en revue, d'une manière raisonnée, les principaux règlements et édits qui ont régi ou modifié cette institution depuis son origine jusqu'à nos jours. Car, ainsi qu'on l'a dit quelque part, la législation est l'œil de l'histoire; c'est qu'en effet, elle est, en général, la consécration des faits reconnus bons par l'expérience.

---

[1] La table des matières placée à la fin de l'ouvrage en explique suffisamment le cadre et les divisions, par l'analyse succincte qu'elle offre du sujet.

DANS LA SECONDE PARTIE, sont compris trois chapitres :

Le Ier, p. 55, embrasse les principaux caractères *internes* ou *intrinsèques* des actes

Le IIe, p. 105, les principaux caractères *externes* ou *extrinsèques* des actes, et quelques autres mixtes.

Et le IIIe, p. 122, est consacré à l'examen des droits, honneurs et priviléges dont jouissait la corporation des notaires.

Puis, le tout est suivi *par appendice*, p. 153, d'un aperçu rapide sur les notaires seigneuriaux en général, et sur ceux de Dieppe en particulier, qui relevaient de l'archevêque de Rouen, comme seigneur haut-justicier, ce qui explique pourquoi ce prélat est représenté sur le sceau des notaires de Dieppe, debout dans une barque, et crosse en main. C'est la matière d'un Ier chapitre.

Quant au IIe et dernier, p. 163, il n'est autre que l'état des juridictions civiles et seigneuriales qui relevaient de notre ancien parlement avec la désignation des *six sergenteries* [1] *royales* ou tabellionages ruraux de notre ancienne vicomté d'après pièces m.ss.

Nous avons moins visé au volume qu'au choix des matières, ce qui n'a pas pour cela abrégé notre tâche; car il nous a fallu coordonner avec soin de nombreux documents, disséminés et égrenés dans une multitude de chartes et de pièces authentiques, pour les approprier au sujet que nous

---

[1] Le mot *sergenterie* dans l'origine paraissait désigner, chez nous, certains fiefs nobles concédés par le duc à un noble chevalier pour se pourvoir d'un homme d'armes, qui plus tard, pour le service de sa haute justice (*placitum ensis ou spathæ*) fut dénommé *sergent de l'épée*, comme on le voit dans l'ancienne coutume de Normandie *au titre de l'office au vicomte* article V^e. La sergenterie étant devenue ensuite l'objet de commissions temporaires pour des offices civils, désigna la circonscription dans laquelle ceux qui en étaient pourvus, pouvaient les exercer.

avions à traiter. De plus, nous n'avons rien négligé comme
légiste, pour expliquer certains usages de notre Province,
qui ont servi plus tard de type à plusieurs de nos errements
judiciaires ; tel était anciennement celui de la reconnaissance
du sceau en justice appliqué depuis à la reconnaissance et
vérification d'écritures privées.

Ce travail, pour offrir de l'intérêt, n'en était pas moins
d'une exécution longue et difficile, car il s'agissait de traiter
un sujet complexe sous le titre d'une institution spéciale, dont
il a fallu suivre les développements successifs de siècle en
siècle ; et nous n'avions d'autre guide que nous-même dans
ce labyrinthe de la science !

Lors même que, pour en extraire les divers éléments qui
ont été l'objet de nos recherches pendant plusieurs années,
nous n'aurions fait qu'affronter les difficultés matérielles [1],
peut-être, sous ce rapport, aurions-nous droit du moins à
quelque indulgence ; car nous pouvons dire avec le poète :

Abdita quid prodest generoso vena metalli,
Si cultore caret ?

OVID. ad Pisonem.

A quoi bon la mine, si le cœur manque pour l'exploiter ?

L'Institut de France, auquel nous avions adressé, il y a
quelques années, notre travail en *deux parties*, imprimé, mais
non édité, l'ayant honoré de ses suffrages [2], nous a, par cela
même, encouragé à le compléter, en l'accompagnant comme
aujourd'hui de sceaux qui étaient la sanction même des actes
auxquels ils étaient joints, et dont ils constituaient l'un des

[1] Le dépôt des actes du tabellionage de Rouen est considérable et garnit
trois arcades sombres, côté nord, sous le Palais-de-Justice.

[2] L'Académie des inscriptions et belles-lettres de Paris, dans sa séance du
16 août 1850, à l'occasion du grand concours ouvert chaque année pour les
ouvrages ayant trait aux antiquités nationales, a rangé M. Barabé des premiers dans la série spéciale consacrée *aux mentions très honorables*, en re-
grettant, a dit le savant rapporteur, feu M. Le Normand, l'insuffisance des

caractères *externes* les plus essentiels. (Voir *ce qui est dit à ce sujet, p. 116.*)

Déjà la *Revue de Rouen* avait donné quelques extraits de ce premier travail, mais ils ne peuvent équivaloir à des vues d'ensemble, telles qu'elles résultent aujourd'hui d'une publication entière, qui, à la vérité, s'est trouvée, à notre regret, faute de loisirs, retardée par des circonstances involontaires, mais *sat cito, si sat benè.*

Nos *deux premières* parties se complètent donc maintenant par une *troisième* et dernière, qui, précédée d'une introduction sommaire, comprend, sous le titre de SIGILLOGRAPHIE NORMANDE, vingt-quatre planches de sceaux, offrant une série de cent quatre-vingt-trois types de choix[1], presque tous inédits, qui, pour la plupart, se réfèrent aux juridictions civiles et aux tabellionages de notre Province, avec l'*analyse* des actes auxquels ils sont joints. Toutefois, *comme la langue est le peuple qui se meut et s'agite,* nous avons cru devoir laisser aux actes leur physionomie naturelle et leur cachet de naïveté dans l'expression des termes employés, suivant les circonstances, ce qui explique pourquoi nous avons transcrit plusieurs chartes en entier.

Il y a plus, nous avons accompagné nos articles de notes et de renseignements historiques, puisés pour la plupart dans les Archives mêmes. — Enfin, après diverses annexes au point de vue du fond et de la forme, nous donnons, pour couronner l'œuvre, le *fac-simile* de la belle charte inédite du

médailles d'or qui n'ont pu s'appliquer qu'à trois auteurs, encore bien que les sept concurrents suivants, aussi d'un vrai mérite, eussent pu rivaliser avec ceux-ci ; ce qui les a fait refouler involontairement au second plan, quoique leurs ouvrages eussent été réservés pour les médailles mêmes. (Extrait du *Moniteur* du 16 septembre 1850.) — *Note de l'éditeur.*

[1] Ces sceaux ont été dessinés par M. Gustave Drouin, artiste-peintre distingué de Rouen.

xi⁰ siècle (vers 1050) de Gislebert Crespin, touchant la donation de HAUVILLE (Eure), où figure Guillaume, duc de Normandie, en tête des grands personnages de sa Cour qui, avec lui, ont apposé leur croix *infrà*.

A cette charte latine que nous accompagnons de la traduction, viennent se joindre deux lettres inédites et autographes du savant bénédictin Dom Tassin, par lui adressées, en 1758, au religieux procureur de l'abbaye de Jumiéges et prieur de Bourg-Achard, qui contiennent une dissertation non moins intéressante qu'érudite sur les caractères particuliers et sur l'authenticité irrécusable de cette charte, dont nous avons été assez heureux de découvrir l'original dans les archives de la Seine-Inférieure.

Maintenant, pour aborder vaillamment notre sujet, invoquons cette vieille devise de nos pères, inscrite sur leur bannière :

DEX
AIE ¹!

¹ FRANCEIS CRIÉNT MONJOIE
E NORMANS, DEX AIE.

DEX AIE ! *Dieu nous aide :* ou *Dieu y soit !*

Ces derniers mots sont encore de nos jours reproduits en gros caractères de forme, à *l'intérieur* comme à *l'extérieur* de nos magasins de négoce, et sont prononcés *sacramentellement* par tout venant, tant est vivace l'idée religieuse alliée au sentiment national.

C'est ainsi que dans nos navires de commerce, comme dans des actes du xvi⁰ siècle relatifs à leur affrètement, on lisait : *Dieu aydant,* ce qui n'est pas encore sans exemple de nos jours.

RECHERCHES

SUR LE

TABELLIONAGE ROYAL

EN FRANCE,

ET PRINCIPALEMENT EN NORMANDIE.

———

Le sujet que nous allons traiter, et qui fait, depuis longues années, l'objet de nos études pratiques, est relatif à l'institution du Tabellionage en France, et surtout en Normandie.

Mais, avant d'arriver à l'époque du xive siècle, où cette institution commença à s'organiser d'une manière plus fixe et plus normale, nous avons cru qu'un coup d'œil jeté sur les siècles passés, était nécessaire pour en retrouver les premiers éléments et en parcourir rapidement les phases ; car tout suit une marche progressive, aussi bien dans l'ordre moral que dans l'ordre physique. D'ailleurs, convenait-il bien de n'envisager la société sous le rapport de ses intérêts civils, qu'à partir du xive siècle, sans rechercher par quels moyens et par quelles personnes elle constatait, avant cette époque, ses conventions privées ? C'est ce qui fera le sujet de ce premier article.

ÉTAT DE CHOSES ANTÉRIEUR AU XIVe SIÈCLE.

Ce serait mal étudier une institution que de n'en pas rechercher l'origine et les progrès. De tout temps, là où il y a eu société organisée, il y a eu nécessité de constater les obligations mutuelles qui sont nées des intérêts et des rapports sociaux ; et les actes qui en sont dérivés ont suivi les phases de la société elle-même, et se sont développés avec elle selon ses besoins.

C'est ainsi que, chez plusieurs peuples de l'antiquité, nous retrouvons le même mode de procéder. Leurs actes, dressés par des *scribes*[1], même avec la qualité d'officiers publics, n'étaient pourtant que des écrits privés, tant que les parties contractantes ne les avaient pas présentés, devant témoins, au magistrat chargé de les revêtir du sceau public. Cet errement fut à peu près le même à Rome dans le principe. Mais, lorsqu'une révolution se fut opérée dans les habitudes et les mœurs, par le faste et l'opulence, empruntés aux nations vaincues, et surtout par le goût du commerce, alors les intérêts grandirent, et avec eux se développa insensiblement la nécessité de confier à des hommes capables, et revêtus d'un caractère public, la rédaction des actes sur lesquels était basée la sécurité des familles. Ces *notarii*, pris d'abord parmi les esclaves, n'étaient, à proprement parler, que des tachygraphes chargés de recueillir des notes préparatoires pour le contrat, ainsi que l'indique leur dénomination.

On connaît ce dystique de Martial, intitulé *Notarius* (lib. 14, n° 106).

> « Currant verba licet, manus est velocior illis,
> Nondum lingua suum dextra peregit opus. »

On se servait aussi de ces notaires dans l'église primitive, pour écrire les discours des martyrs dans la prison et sur l'échafaud. Dans des registres étaient consignés les actes de ces martyrs.

Le ministère de notaire ne commença à être exercé par des personnes libres que vers l'année 401 de l'ère chrétienne, sous les empereurs Arcadius et Honorius, qui érigèrent les fonctions de tabellion en charge publique et gratuite, que chacun devait exercer à son tour.

Ils formèrent ensuite un grand collége, sous un chef nommé *primicerius*.

Leur fonction consistait à remettre au net, *in purum*, le projet d'acte (*scheda*) dressé par leur clerc ou notaire (*à notis*), sur de simples notes abrégées, qui servaient à faire la grosse, considérée comme

[1] Roland de Villargues, V° NOTAIRE, p. 328.

completio contractûs[1]; toutefois, à la différence de nos actes notariés, elle ne devenait *authentique* qu'après avoir été *publiée* et *insinuée en justice*, et alors les notes (*brevia*) devenaient inutiles et sans objet.

Ces tabellions, sorte d'officiers publics, servaient aussi de secrétaires aux magistrats, pour constater les actes en jugement; et souvent, même, ils remplissaient l'une et l'autre fonction, ce qui les fit nommer, par l'empereur Justinien, *judices chartularii*[2].

Nous n'avons parlé ici de ces notaires et tabellions que comme types de ceux que nous verrons, plus tard, s'établir en France, sur des errements à peu près semblables.

Mais, avant tout, reprenons l'ordre des faits et des temps, pour ce qui nous concerne.

Charlemagne, le premier en France, *semble* avoir voulu imprimer aux actes des notaires un caractère d'autorité publique.

Dans son capitulaire de l'an 803, art. 3, il veut que ses envoyés (*missi dominici*) nomment, dans chaque lieu, des *notaires*; et son capitulaire de l'an 805, art. 3, porte « que les scribes doivent écrire « fidèlement », et ordonne à chaque évêque et abbé, et à tous les comtes, d'avoir chacun leur notaire. « *De scribis* ut vitiosè non « scribant et unusquisque episcopus et abbas, et singuli comites no- « tarium suum habeant. »

On choisissait aussi ces officiers parmi les laïcs les mieux instruits des lois, et les plus renommés par leur probité[3]; la peine du faux était la perte du poing; mais il n'y avait faux reconnu qu'autant que le notaire et les témoins recordés sur les faits contenus dans l'acte, ne ratifiaient pas leur premier témoignage, ou, qu'à défaut des témoins décédés, le serment de douze hommes n'était pas favorable au notaire.

Ces dispositions en record de témoins se ressentaient évidemment des lois Ripuaires, au titre *de Venditionibus*, applicable également à celui des donations. D'après l'article LIX, § 2, 3, 4, etc., de ces lois, une forte amende était imposée à la partie qui succombait, ainsi qu'aux témoins qu'elle avait produits, pour arguer l'acte de faux ou

[1] *Novelle* 44 de Justinien.
[2] Garnier-Deschenes, *Traité du Notariat*, p. 12.
[3] Heuard, *Lois des François*, t. 1er, note B, p. 394.

pour s'en défendre ; mais, si le faux était reconnu réel, le chancelier, autrement dit celui qui avait rédigé l'acte, devait avoir *le pouce coupé*, s'il ne se rachetait par une amende de 50 sols. Ce qui ne le dispensait pas, toutefois, dans certains cas, d'entrer en lice pour combattre contre son adversaire. En effet, le § 4 portait :

« Si le poursuivant *a retiré de l'autel la main de celui* qui a
« rédigé l'acte, ou a posé la main devant la porte (à l'entrée) de la basi-
« lique, que l'un et l'autre (le poursuivant et le rédacteur) soient
« sommés et contraints de se présenter, dans le délai de 14 ou de 40
« nuits, devant le roi, pour combattre contre leur adversaire. » C'est parce qu'alors il y avait un parjure à punir; mais, pour les cas ordi-naires, telle était l'importance attachée à la solennité du dépôt *de l'acte sur l'autel*, que le titre en recevait sa force; c'est ce qui ressort du § 5 :

« Si celui qui a dressé l'acte vient à mourir, alors l'acquéreur
« pourra, à l'aide des trois doubles que celui-ci avait écrits, corro-
« borer son titre sans recourir au combat, *en le déposant sur l'autel*. »

Ainsi, comme on le voit, dans ces temps reculés, l'authenticité des actes ne résultait pas, à proprement parler, de l'intervention d'un officier public, car ces actes empruntaient leur force à la solennité du serment et au *dépôt qui en était fait sur l'autel*, quand, toutefois, ils n'étaient pas contredits par la partie qui en appelait au champ clos.

En affaire civile, le vaincu était passible de l'amende. De là cette maxime proverbiale, adoptée depuis dans quelques coutumes, et sur-tout dans celle de Lorris, que *les battus paient l'amende :*

« C'est un proverbe et commun dis,
 Qu'à la coustume de Lorris,
 Quoy qu'on aye juste demande,
 Le batu paie l'amende [1]. »

En matière criminelle, la justice réglait la punition que méritait le coupable, et le vaincu la subissait.

Si l'usage barbare qui fit aussi parfois descendre de son siége le juge dans l'arène, se prolongea en France pendant plusieurs siècles, tou-jours est-il qu'il devint moins fréquent au fur et à mesure du déve-loppement de la civilisation, qui substitua insensiblement, à la preuve testimoniale, les actes écrits, auxquels elle attacha, plus tard,

[1] *Du Franc Alleu*, par Galland, édition de 1637 (avant-propos).

un caractère d'authenticité, lorsqu'ils émanèrent d'hommes publics mis sous la sauve-garde des lois. On voit que nous voulons parler de l'institution des notaires ; mais n'anticipons pas sur les faits. Jusque-là, les formalités de témoins, de serments, *de dépôt d'actes sur l'autel*, de traditions symboliques, notamment de celle qui s'opérait par le don d'*un fétu*, n'en conservèrent pas moins *toute leur force* ; car telle était, en effet, l'efficacité de ce dernier symbole, qu'une fois qu'il était livré et accepté, la convention ne pouvait plus être attaquée par aucune des parties[1].

Nous possédons, aux Archives du département, une précieuse charte, émanée de Riculphe, archevêque de Rouen, qui occupait le siége de **872 à 876**, laquelle contient donation, au profit de l'abbaye de Saint-Ouen, dont il se dit abbé, de deux petits héritages et de quatre serfs (*cum mancipiis denominatis*), pour entretenir les lampes qui brûlaient en l'honneur de saint Ouen devant son tombeau. Cette charte porte, en souscription, 25 noms, au nombre desquels figurent, en tête, Riculphe et Sicbar, évêque d'Evreux, puis des abbés, des moines et des laïcs, et se termine par le nom du

---

[1] Le jurisconsulte Dourbault, qui eut le courage de versifier la Coutume normande, en 1280, œuvre dont nous devons la conservation à Mᵉ Houard, savant avocat au Parlement de Rouen, qui l'a fait imprimer à la suite de son ouvrage (t. IV, p. 118), nous apprend que, entre particuliers, s'il y avait calomnie reconnue et prouvée, le coupable, outre l'amende à laquelle il était condamné, était obligé de venir, en audience publique, se pincer fortement le nez, et reconnaître son méfait. Mais laissons parler le poète juriste du XIIIᵉ siècle :

> S'aulcun à ung autre impute
> Aulcun vice que l'on respute
> Larrechin, omicide, ochie [meurtre],
> Dampnement de membre ou de vie,
> Se l'accusey le confessoit
> Ou *vaincu* de tel chose soit
> Pugny doibt estre par justice
> Grief par peccune sur luy prise ;
> Et à qui l'injure a soufferte
> Amende pour reproche a perte
> De corps, si que son nais tendra [nez tiendra]
> Par hault o [avec] ses dois, et vendra
> Disant, etc., etc,   Je menty
> Car tel vice n'est pas enty !

Le bon Houard, à ce sujet, fait cette réflexion naïve : « Quand de pareilles « punitions pourront-elles suffire pour mettre un frein à nos déréglements ? » De nos jours, que de nez seraient encore compromis !

notaire *Flodegise*. En regard est la trace du sceau, qui, au dire de dom Pommeraie, était l'anneau de Sainte-Marie, c'est-à-dire de l'Église métropolitaine.

Telle était, alors, la forme usitée des actes ; mais ces actes étaient très rares, à cause de l'ignorance des temps.

En effet, l'anarchie qui désola la France sous les règnes suivants, étouffa bientôt le germe des sciences et des arts, que Charlemagne avait fait éclore.

Le style des actes s'en ressentit ; une diction rude, obscure et barbare, de mauvais préambules latins, voilà ce qui forme le fond des chartes des ixe, x^e et xie siècles [1].

Cette ignorance, alors [2], et même plus tard, était telle, que non-seulement les laïcs, mais encore des moines, au commencement du xie siècle, ne savaient pas signer leur nom ; aussi, aux xie et xiie siècles, on ne voit presque point de signatures réelles dans les chartes privées ; la présence des témoins suffisait.

Peut-être aussi est-il vrai de dire que, par suite de cet état de choses, il finit par s'établir un usage assez général de ne pas signer, parmi ceux même qui le savaient, mais qui n'étaient que l'exception. Le sceau ajouté à l'acte tenait lieu de signature, comme preuve de consentement.

---

[1] *Diplomatique*, t. II, p. 422 et 424.

[2] *Histoire de France*, d'après MM. Guizot et Thierry, t. III, p. 44.
Une chose qui contribua beaucoup, à cette époque, à entretenir le peuple dans l'insouciance des choses terrestres, et surtout dans l'ignorance, fut l'appréhension de la fin du monde, qui devait s'accomplir avec la révolution du xe siècle. Aussi vit-on les princes et les seigneurs abandonner leurs terres et leurs châteaux aux églises et aux monastères, pour s'acquérir des protecteurs dans le ciel. Le préambule des chartes de l'époque en fait foi, car il porte : *La fin du monde approchant, et sa ruine étant imminente*, etc. ; mais, aussi, après ce terme, supposé fatal, ce fut partout un concours d'efforts, une nouvelle vie, pour élever ou rebâtir avec pompe des églises et des monastères, surtout dans les Gaules, comme actions de grâces rendues à la divinité pour avoir détourné le fléau.
Nous nous souvenons d'avoir lu, aux mains du syndic des communistes des pâtures de la Harelle, à Heurteauville, près de Jumiéges, la copie en forme d'une charte de donation de diverses possessions faite aux religieux de Jumiéges, confirmée par Richard-le-Bon, duc de Normandie, où cette appréhension est vivement exprimée comme motif du mépris des choses terrestres et de dessaisissement.

A raison, donc, de cette ignorance, il fallut, pour contracter, recourir à des moyens autres que l'écriture, c'est-à-dire aux investitures, à leurs symboles, aux sceaux, aux souscriptions, aux monogrammes, aux imprécations et aux serments multipliés à l'excès. C'est ainsi qu'en France, la tradition d'un fétu ou paille, *ou d'un petit bâton*, était, depuis long-temps, une marque symbolique de translation de propriété et de possession d'héritage, et était dite pour cela *infestucatio*[1], (infestuquer) ; et que le déguerpissement opéré en la même forme, était dit *exfestucatio*, (exfestuquer). D'où nous est venue cette forme de parler : *Rompre la paille.....* *Rompons-nous ?* Ou bien encore :

> Les dons que t'ai donné si malement perdus ;
> Va-t-en en la contrée ; *rompus est li festus.*
> Je ne t'aimerai mais.....[2].

Cependant, les investitures symboliques, qui, d'abord, avaient été créées pour suppléer à l'absence des actes, accompagnèrent souvent ceux-ci, sans doute par la force de l'habitude, ou plutôt comme garantie ou preuve matérielle de leur exécution. C'est ainsi que, dans une charte datée de 1069, qui se trouve au précieux cartulaire de l'ancienne abbaye de la Sainte-Trinité du Mont de Rouen, autrement dite de Sainte-Catherine, publié, avec des notes savantes, dans le *Recueil des Documents inédits sur l'Histoire de France*, par les soins de M. Deville, d'après l'original déposé dans nos Archives, nous voyons Guillaume-le-Conquérant donner à cette abbaye la terre d'Hermodesodes, située en Angleterre, au moyen d'une marque symbolique (un petit couteau). « Hæc donatio facta est *per unum cultellum* « quem præfatus Rex *joculariter dans* abbati, quasi ejus palmæ

[1] Galland, *Traité du Franc-Alleu.*
La charte de Richard, comte d'Évreux, en faveur de l'abbaye de Jumiéges, de l'an 1038, déposée au Musée des Antiquités de Rouen, n° 36, en est un exemple ; elle est accompagnée d'un petit morceau de bois, attaché en tête par deux petites bandes de cuir, annexe qui indique le consentement du donateur ; puis, à la fin de la charte, qui mentionne aussi la marque de Guillaume, duc de Normandie, on lit : « Ego Wuillelmus *hujus cartulæ notarius horum testis* « *existens*, posteris conscripta relinquo. »
(M. Bonnin, d'Évreux, dans ses *Analectes historiques*, a transcrit cette charte, page 7.)
[2] *Roman d'Alexandre*, Ms. du XII° au XIII° siècle, folio 148.

« minatus infigere ; ità , inquit , terra dari debet. — Hoc *ergò evidenti*
« *signo, multorumque nobilium* qui regi adstabant *regio testimonio*
« *facta est hæc donatio.* » Puis sont mentionnées la croix du *Roi*,
celle de Mathilde sa femme, et celles de plusieurs évêques et seigneurs.

Dans une autre charte, datée de 1105 [2], la restitution de la terre de
Gisors à l'église Notre-Dame de Rouen, aux mains de l'archevêque
Guillaume, par le fils de l'indu-détenteur De Bodrys, excommunié,
est encore constatée publiquement par le dépôt *d'un couteau
sur l'autel.* Ou bien, la tradition d'un héritage donné ou vendu s'opérait, *per chirothecas, au moyen de gants* donnés ou constitués à rente,
ainsi que nous en avons la preuve dans la charte de 1227, relative à
l'acquisition de l'hôtel des Templiers, à Rouen, rue Saint-Eloi.

L'acte est passé devant Thibault (d'Amiens), archevêque de
Rouen, qui y fait apposer son sceau pour plus d'authenticité.

Cette circonstance nous explique pourquoi le clergé, dans ces
siècles d'ignorance, et surtout avant le xii° siècle, remplissait à peu
près seul l'office de notaire, et pourquoi, presque partout, on continua à contracter *en présence des prélats et de leurs officiaux.*

En effet, les ecclésiastiques furent, pendant long-temps, les seuls
qui sussent *lire et écrire ;* aussi, le nom de *clerc*, qui leur était
d'abord consacré, s'appliqua, par suite, à ceux *clericaliter viventes*,
et enfin à tout homme instruit. *Clergie* était le synonyme de science [1].

Nous remarquerons, à cette occasion, que si la rareté des livres
manuscrits, et par suite leur cherté, fut un obstacle sérieux à l'instruction des laïcs, jusqu'à la découverte de l'imprimerie, qui
ne fut guère introduite à Rouen que vers 1484 [3], il faut encore tenir
compte des préjugés de la noblesse, qui dédaignait l'étude, et, par
conséquent, les clercs ou hommes lettrés. C'est ce que nous atteste
Alain Chartier, secrétaire des rois Charles VI et Charles VII, l'un des
hommes les plus distingués du xv° siècle, par ses connaissances. « Ce
« fol langage, dit-il, court entre les curiaux (gens de cour) que
« noble homme ne doit point scavoir les lettres, et on tient à re-
« proche de gentillesse (noblesse) de bien lire *et bien écrire.* »

---

[1] Archives départementales.
[2] *Fabliaux*, t. ii, p. 377.
[3] *Traité de l'Imprimerie à Rouen*, par Ed. Frère, p. 13.

Tous ces faits expliquent suffisamment pourquoi l'institution des notaires tarda tant à se développer et à se régulariser.

Lorsque, dans le principe, le comte tenait le plaid, les contrats se passaient devant lui, en présence de témoins; il les faisait écrire sous ses yeux, puis il leur donnait la sanction publique.

Un exemple, entr'autres, tiré du précieux cartulaire précité, confirmera ce qui vient d'être dit. Le voici : « Inter cætera etiam « donativa, Gozelinus, vice-comes, dedit sanctæ Trinitati, *annuente et* « *concedente Rotberto*, comite Normannorum, terram Corbuzonis cum « omnibus appenditiis suis. Signum Rotberti, comitis Normannorum. « Signum Gozelini, vice-comitis. Signum Rogerii, etc. »

Ou bien encore, entre particuliers, surtout dans les grandes villes, l'acte était dressé en présence de témoins *et du maire*, qui y apposait le sceau de la Commune, pour imprimer l'authenticité à l'acte; puis le double en était déposé, soit à la mairie, soit dans une abbaye, pour en assurer la conservation. Nos archives en font foi.

Ce mode usité de passer les conventions devant le maire de Rouen, dès la fin du XIIe siècle, et plus encore jusque vers l'époque de 1382, qui est celle où la mairie fut supprimée, par suite des troubles dits *la Harelle*, nous paraît dériver des anciens priviléges accordés à la ville par les ducs de Normandie, et notamment de la charte octroyée par Philippe-Auguste, en 1207, lors de la réduction de notre province sous l'obéissance royale[1].

En effet, il y est mentionné formellement « que les bourgeois (outre « la Commune), auront les plaids d'héritages, de meubles et *de* « *toutes les conventions faites à Rouen*, ou *dans la banlieue*, sauf le « droit des seigneurs qui y auraient leur domaine, etc. » — « Et habeant « etiam placita de hæreditatibus et catellis suis, et *conventionibus* « *factis Rothomagi et infrà banleugam;* salvis curiis dominorum « qui ibi terras habuerint. »

Ainsi, comme on le voit, l'établissement du Tabellionage, à Rouen, n'eut pas pour effet d'assurer seul l'authenticité des conventions, car, à la fin même du XIVe siècle, nous voyons aussi le bailli apposer, sur

[1] On peut lire la traduction de cette charte entière dans l'intéressant ouvrage de M. Chéruel (*Histoire de Rouen pendant l'Époque communale*, t. Ier, p. 58), d'après l'original qui est conservé aux Archives municipales.

l'acte privé, son sceau auquel vient se joindre parfois le scel des obligations de la ville de Rouen, comme dans l'accord du 25 juillet 1380, conservé aux Archives du département, qui fait mention de ce qui est dû à l'église Saint-Nicaise, par les apprentis du métier de draperie.

Indépendamment de ces précautions, on avait encore recours aux cyrographes et aux chartes dentelées, de manière à ce que les doubles pussent *s'endenter* l'un avec l'autre en les rapprochant ; d'où le mot *endent*, employé comme synonyme *d'authentique*, dans les Institutes de *Littleton* et ailleurs (chap. V, section 3,215). Mais tous ces moyens, imaginés contre la fraude, et qui, d'ailleurs, lorsqu'ils étaient employés, ne pouvaient guère l'être que dans des villes où il se trouvait quelques écrivains ou clercs, étaient loin de suffire, partout, aux besoins et au mouvement des transactions ; aussi s'opéraient-elles, le plus communément, par voie symbolique, comme nous l'avons vu tout à l'heure.

Ce fut la découverte du droit Romain [1], importé de l'Italie en France, qui contribua à opérer dans le XIIIᵉ siècle un mouvement social dans les esprits, mouvement qui, d'ailleurs, coïncida avec l'établissement de la Chambre des Comptes, et ensuite avec celui des Parlements, dont la résidence fut fixée [2]. Aussi, lorsque l'art d'écrire, développé par l'usage du papier, se fut propagé, tous les seigneurs haut-justiciers, ecclésiastiques et laïques, furent à même de créer des notaires dans l'étendue de leur justice, qu'ils considéraient comme une dépendance de leurs fiefs ; obligation qui, d'ailleurs, résultait pour eux du capitulaire de Charlemagne de l'an 805, qu'ils eurent soin d'exhumer [3].

C'est à cela qu'on rapporte communément l'origine des notaires seigneuriaux, qui ont si long-temps existé en France.

Mais ne nous occupons ici que des notaires royaux.

Par suite de ce nouvel état de choses [4], il s'était établi, près de

---

[1] Saint Louis avait fait traduire les ouvrages de Justinien, recouvrés en Italie, en 1135. (*Variations de la Monarchie française*, t. III, p. 40.)

[2] *Diplomatique*, t. 2, p. 431.

[3] Garnier, *Traité du Notariat*, p. 24.

[4] *Parfait Notaire*, par deux Avocats, édition de 1828.

chaque Tribunal, dans les principales localités, un assez grand nombre d'individus qui se chargeaient du soin d'écrire les conventions privées ; saint Louis, ayant réformé la prévôté de Paris, réduisit à soixante, pour le Châtelet, le nombre de ces scribes volontaires. Leur office consista à écrire et expédier les actes de la juridiction volontaire, et à mettre en grosse tous les actes de la juridiction contentieuse du Châtelet de Paris [1].

Cette réformation ne s'étendit pas au-delà de la capitale. On ne voit point d'actes signés d'eux avant le règne de Philippe-le-Hardi, qui monta sur le trône en 1270 [2]. Dans les autres Bailliages, les greffes et tabellionages étaient encore réunis aux prévôtés et bailliages, *où on les donnait à ferme*. En effet, entr'autres exemples, nous lisons dans une charte de Montivilliers, datée de 1304, cet intitulé : « A tous « cheus qui chez lettres verront et orront, le vicomte de Montivilliers, « salut : Sachez que pardevant Jehan *Caperon*, *clerc tenant à ferme* « *escripture* des lettres, le Roy et attorné chen en ladite vicomté, « etc., etc. »

Jusqu'au XIVe siècle, les juges avaient usé des « notariats et tabel-« lionages comme ils faisoient des greffes. Et, regardant le droit « d'établir des notaires comme une dépendance de la justice, ils y « commettoient *leurs clercs*, qui ainsi devenoient à la fois greffiers « et notaires [3]. »

Mais Philippe-le-Bel, par l'article 19 de son ordonnance du mois de mars 1302, se réserva ce droit, comme royal, dans l'étendue de ses domaines, sans *porter toutefois atteinte* aux droits des seigneurs haut-justiciers, fondés en possession ancienne d'établir des notaires dans leurs terres [4]. Malgré cette restriction apparente mise à l'exercice du pouvoir royal, le principe, en soi, n'en était pas moins posé, car, si la justice était alors l'un des attributs de la propriété, c'était cependant reconnaître au Roi la suprême justice, c'était, en un mot, en *faire le supérieur féodal* de tout le royaume.

Aussi, au moyen des garanties ci-après, que Philippe-le-Bel pres-

[1] *Dictionnaire canonique*, t. 4, p. 708.

[2] Dom de Vaines, t. 2, p. 126.

[3] *Dictionnaire canonique*, V° NOTAIRE, t. 3, p. 25; — et Loiseau, *Traité des Offices*, liv. 2, chap. 2.

[4] Fontanon, *Ordonnances*, t. 1, p. 556.

crivait aux notaires de ses domaines, et dans lesquelles les parties devaient trouver une sauve-garde pour leurs intérêts, il espéra affaiblir et diminuer le ministère des notaires seigneuriaux, qui, d'ailleurs, ne purent même depuis passer d'actes que dans le ressort de la haute justice en laquelle ils étaient établis, et entre ceux qui en ressortissaient [1].

En un mot, ce prince s'efforça surtout de substituer, au régime féodal qui couvrait le royaume de seigneurs indépendants, un réseau d'officiers royaux dont sa puissance fut le centre [2].

Ce fut dans ce but que, par son ordonnance du mois de juillet 1304, il obligea les notaires qu'il avait créés dans tous ses domaines, à recevoir eux-mêmes les conventions des parties [3]. Ils eurent même une résidence déterminée. Les notes des conventions écrites par eux en substance, et non plus par signes abrégés, sur un registre ou *protocole*, servirent à réaliser le contrat appelé *Grosse*, qu'il fut défendu de délivrer en double à la même partie, non plus qu'aujourd'hui, sans un ordre supérieur. Et, s'il fut permis à des clercs assermentés de faire cette délivrance, le notaire n'en demeurait pas moins responsable de la fidélité de l'acte.

Ainsi, comme on le voit, cette loi est le type du notariat actuel.

ÉTAT DE CHOSES POSTÉRIEUR AU XIVᵉ SIÈCLE.

C'est alors que le notaire commence à se trouver investi d'une sorte de magistrature volontaire et publique.

Nous lisons, à l'occasion d'une ordonnance du roi Charles V (par erreur attribuée à Charles VI), à la date du 8 mai 1372, cette réflexion de Fontanon[4], relativement à la teneur et formule à employer, *par le notaire*, pour les actes d'amortissement octroyés par le prince:

« La mémoire de l'homme étant moult fluxible et tost descoulable,
« le remède des lettres et escriptures doit estre adjousté. Puis est
« mis et soubscrit le nom et signet du notaire royal, *qui est de si*
« *grande dignité efficace et vertu,* que tout ainsi qu'*aux escrits des*

[1] Houard, Vᵒ TABELLION, p. 328, t. 4.
[2] Chéruel, *Histoire communale de Rouen*, t. 1, p. 180.
[3] *Dictionnaire des matières féodales*, t. 4, p. 105.
[4] *Edits des rois de France*, édition de 1585, t. 2, p. 312 infrà.

« *quatre évangélistes* [1] ; et de chacun d'eux on croit pleinement des
« faits, et de la doctrine de nostre Seigneur Jésus-Christ, tant comme
« il conversa en terre avec les hommes; aussi croit-on et adjouste-t-on
« foi plainière aux notaires royaux. »

Ainsi, comme on le voit, nos pères ne séparaient pas la foi civile
due aux actes authentiques, de leur foi religieuse.

Puis il est ajouté : « qu'est mis à la charte, lacqs ou corde de soye
« *de plusieurs couleurs*, et en certaine quantité *du fil d'une couleur*
« *et d'autre, pour obvier aux fraudes* qui se pourroient faire par
« ceux qui y voudroient mettre faux sceaux, etc. »

Et en conclusion : « Y est la corde de soye qui lie l'empreinte du
« corps du Roy *avec sa parole*, pour montrer que parole de prince
« qui est ainsi liée doibt estre observée. »

Quoique les notaires dont il est fait mention ici, paraissent n'être
autres que les notaires, secrétaires du Roi institués par Charles V,
sous le titre de *Clercs notaires de son Hôtel*, pour expédier et signer
les lettres de la grande et petite chancellerie, néanmoins ce qui est
dit quant à l'authenticité de leurs actes peut s'appliquer à notre sujet.

Mais à quelle époque l'ordonnance de Philippe-le-Bel, de 1304,
a-t-elle commencé à recevoir son exécution en Normandie, et surtout
à Rouen ?

Est-ce seulement à l'époque de 1360, date du premier registre du
tabellionage ? Ou existe-t-il une lacune avant cette époque ?

Nous avons dû chercher à éclaircir ce fait, qui se lie au progrès
de nos institutions.

D'abord, quant à la Normandie en général, ne perdons pas de
vue que le Roi n'instituait de notaires que dans les lieux de son propre
domaine : « Tabelliones seu notarii creati in locis ad nos in solidum
« pertinentibus, vel, in parte in locum dominorum *in quorum loca*
« *successimus* et sumus in præsens, in dictis locis remanebunt, etc. [2] »

Or, quels lieux étaient du domaine du Roi ? C'était ce qui comprenait tout ou partie des seigneuries auxquelles le Roi avait succédé ;

---

[1] C'est sans doute à cause de cette appréciation, que les deux personnes qui
assistaient aux enquêtes reçues par le juge, pour garantie de leur sincérité,
étaient dites *Évangélistes*. (*Conférences des Ordonnances*, par Charondas, édition
de 1640, t. 1, p. 173.)

[2] Art. 20 et 21 de l'ordonnance de 1304.

cette question complexe devient pour ainsi dire insoluble , envisagée sans restriction , et dans toute son étendue. — Ainsi donc , nous sommes forcé de réduire la question à l'étendue de la Vicomté de Rouen, dont le siége était en cette ville.

Pour la résoudre , nous avons recouru à différents actes transcrits dans un ancien registre concernant les anciens revenus de la fabrique de Notre-Dame, inscrit sous le n° 20 de notre inventaire [1]. Voici ce que nous y avons remarqué : de 1285 à 1345, les actes translatifs de propriété entre particuliers sont *intitulés du nom du bailli de Rouen* , puis ils sont passés devant *le garde du scel* des obligations de la ville de Rouen (Symon Lallemant), tandis que , deux années après, *c'est le garde du scel qui figure seul* [2] *en tête des actes*, avec le simple préambule : « A tous ceux qui ces lettres verront ou orront, etc. »

A cette époque de 1345, nous trouvons Robert Saint-Gire, et ailleurs Saint-Gilles, comme le premier *tabellion juré des obligations de la Vicomté de Rouen.*

Néanmoins, en 1337, nous voyons encore un contrat de vente de maison, passé devant *Jehan Cabot, maire de Rouen,* dans les mêmes formes que les contrats ci-dessus, avec la mention du sceau de la commune y apposé. Que conclure de tous ces faits? C'est que les innovations introduites par l'ordonnance de 1302 de Philippe-le-Bel, toutes sages qu'elles fussent, eurent besoin du temps pour se développer, parce qu'il était difficile, comme il l'a été et le sera toujours, de supprimer tout de suite des usages ou abus invétérés, et que, d'ailleurs, les baillis considéraient cette ordonnance limitative comme une atteinte portée aux droits de leur judicature, de laquelle ils faisaient dériver, pour eux, celui d'établir des notaires, qui n'étaient autres , à leurs yeux , que des juges volontaires.

Aussi, en 1319, Philippe-le-Long déclarait-il encore que les *sceaux* et les *écritures* (ce qui signifiait , en ces temps-là , les greffes, notariats et tabellionages), étaient de son domaine.

Quoi qu'il en soit, ce n'est qu'en 1347 que l'on commence à ren-

---

[1] Archives du département.

[2] Mais, à cette époque comme plus tard, les juges considérèrent cette formule comme un empiétement contraire à l'institution des garde-scels, en ce que ces derniers ne devaient pas intituler les contrats de leur nom. (Loiseau, *Traité des Offices,* p. 113.)

contrer cet intitulé de contrats : « A tous ceux qui ces lettres verront
« ou orront, le garde du scel et des *escriptures des lettres obligatoires*
« de la ville de Rouen : Sachez que par-devant nous fut présent, etc.[1]

Puis, en 1350, après ces qualités, intervient, pour la première
fois, le nom du clerc tabellion juré de la vicomté de Rouen, pardevant lequel comparaissent les parties, et qui, à cette époque, était
Guillaume Pougnant.

Enfin, de 1350 à 1359, nous trouvons en tête la même formule ;
seulement, le garde du scel est Philippe de Mangneville, et Guillaume
Osmont est *tabellion juré.*

Nous atteignons l'époque de 1360, à laquelle commence la série
des grands registres en parchemin du tabellionage de Rouen,
nommés *transcrits.*

Des documents qui précèdent, il nous paraît résulter que la lacune
des registres antérieure à cette dernière époque, ne remonte guère
avant 1347, moment où le tabellionage n'est plus exercé, à Rouen,
de par le bailli, mais de par le Roi.

Cependant, dans certaines localités éloignées du siége des Parlements, et même quelquefois plus près, les prevôts et baillifs,
malgré les dispositions prohibitives ci-dessus, n'en prirent pas
moins la licence de nommer aux greffes et notariats : c'était des
récompenses qu'ils donnaient à leurs clercs, valets et serviteurs ; mais
nous verrons plus tard que Charles VIII, en 1493, pour couper
court à cet abus, donna ces offices à ferme à son profit.

Quant au lieu de la passation des actes, c'était chose assez commune, à l'époque du moyen-âge, de voir le notaire s'établir *en plein
air* et sous des arbres, au lieu habituel de réunion des habitants de
la paroisse, pour y dresser son acte avec plus de notoriété.

C'est ainsi qu'à peu de distance de Darnétal, près la commune de
S.-Jacques, on désigne encore, par tradition, sous le nom de *Table de
pierre,* un petit terrain angulaire à l'abord d'un carrefour, où se rendait
autrefois le tabellion pour y exercer les actes de son ministère.

Et ce n'était pas seulement dans notre province que cet usage était
signalé ; il existait même ailleurs. En effet, dans la courte mais intéressante notice de M. Vital Bertin, de Vienne (Isère), sur les no-

[1] Archives du département, registre de Notre-Dame, n° 20, p. 63, 82 et 88.

taires au moyen-âge, nous lisons, p. 7, édition de 1844 : « Les notaires
« écrivaient, entourés de nombreux témoins, dans un lieu public. »

Puis, p. 9 : « Il existait, sur les limites des *mandements*, des arbres
« appelés les *ormes du Conseil* [1], sous lesquels on se réunissait pour
« délibérer sur les affaires publiques, arbitrer les procès, et *for-*
« *muler les contrats*, etc. » Coutume qui, du reste, existait dans
beaucoup de nos localités. C'est sans doute de là que nous est venu
ce mot proverbial : *attendez-moi sous l'orme !* et que, dans les campagnes, surtout dans l'ancien pays de Caux, on dit encore : *c'est un*
avocat sous l'orme, pour désigner un mauvais conseiller qui se tient
à l'écart [2].

Pour mieux embrasser, à quelques variations près, l'ensemble
des fonctions attribuées aux notaires, à l'époque du xive siècle, suivant
les pays de droit écrit ou de coutume, nous croyons qu'il n'est pas
moins intéressant qu'utile de rapporter d'abord, en son entier, la formule du serment que ces fonctionnaires étaient tenus de prêter au
préalable, en vertu de l'édit du roi Philippe VI, dit *de Valois*, donné
à Provins le 20 mai 1328.

---

[1] Cet usage de traiter les affaires sous les arbres, et en plein champ, n'était
pas seulement propre aux intérêts privés ou de localité; il s'appliquait même
aux intérêts majeurs du pays.

Entre'autres exemples tirés de l'histoire, nous citerons particulièrement les
deux suivants :

Lorsqu'en l'année 1187, Philippe-Auguste, roi de France, était sur le point de
livrer bataille à Henri II, roi d'Angleterre et duc de Normandie, au sujet de la
réversion du Vexin à la couronne, par suite du décès de sa sœur, « un *parle-*
« *ment* (entrevue), pour traiter de la paix, fut indiqué dans une plaine située
« entre Trie et Gisors, *près d'un grand orme qui, de temps immémorial, avait été*
« *témoin des conférences* entre les rois de France et les ducs de Normandie, etc. »

L'année suivante, lorsque les princes chrétiens eurent à venger sur les infidèles la déplorable prise de Jérusalem, par une nouvelle croisade, « dès qu'on
« sut qu'il serait délibéré de la situation de la Terre-Sainte, sous *l'orme des*
« *conférences*, tous les grands et les barons de France, d'Angleterre et d'Aqui-
« taine, accoururent *au parlement* des deux rois, qui s'ouvrit le 21 janvier
« 1188, etc., etc., et tous de crier : la Croix! la Croix! qu'ils reçurent des mains
« du vénérable Guillaume, archevêque de Tyr. » (L'auteur de la meilleure histoire des premières croisades.)

[2] L'on voit encore l'un de ces ormes en la commune de Melleville, près d'Eu;
il est aussi remarquable par son volume que par la force de sa végétation.

Que de touchants souvenirs s'attachent à ce patriarche de la nature !

En voici la traduction littérale [1] :

« Philippe, par la grâce de Dieu, roi des Français (*Francorum rex*), à notre amé M⁰ Jean Vaischière, clerc du diocèse de Périgord, salut et dilection ;

« Considérant qu'il est utile et même nécessaire à la chose publique que les actes et contrats légaux soient transcrits par la main d'un officier public, pour en assurer la sécurité dans le présent et la conservation dans l'avenir ;

« A toi, dont la fidélité et l'habileté nous ont été attestées par des personnes dignes de foi, nous accordons, par notre autorité royale et la teneur des présentes, le droit d'exercer l'office du tabellionage ou du notariat public, auquel tu es apte, comme nous l'avons appris de gens dignes de notre confiance, pour l'exercer *par toi-même dans un pays régi par le droit écrit*, après que nous aurons reçu ton serment dans la forme qui suit :

« Moi, Jean prénommé, jure que je serai fidèle à mon seigneur,
« le seigneur Philippe, par la grâce de Dieu, roi des Français, et à
« son héritier roi des Français ;

« Que je garderai de tout mon pouvoir, soigneusement et fidèlement,
« en tout ce qui concerne mon office, sa personne, son honneur, son
« état, ses droits, et ceux de son royaume.

« Et si je savais ou soupçonnais que l'on attentât ou que l'on ma-
« chinât quelque chose au contraire, je l'empêcherais de tout mon
« pouvoir [2], soit par moi-même, soit autrement ; et, si je ne puis pas
« l'empêcher, je le révélerai le plus promptement que je pourrai au
« Roi ou à autre par qui cela puisse venir à sa connaissance.

« Tout avis qu'il m'aura donné par lui-même, par lettre ou par
« message, je ne le révélerai à personne à son dommage ou péril.

« *Les secrets de ses cours* [3] *ou de ses conseils, auxquels j'aurai été*

---

[1] Nous avons trouvé cet édit dans le *Spicilegium* de dom d'Achery, t. III, p. 710. Il nous eût été difficile de découvrir ailleurs un acte équivalent.

[2] Rebuffe, *Édits*, p. 176, édition de 1559, observe que le notaire qui reçoit sciemment des contrats sur choses réprouvées, comme s'il s'agissait de conjuration ou d'autres méfaits, *doibt estre* banni à perpétuité, ou bien avoir *le poing coppé*.

[3] Dans le XIV⁰ siècle, on vit aussi, dans la Bourgogne, la justice rendue par des baillis, des chanceliers, des auditeurs et des *notaires*. (*Recueil des Ordonnances des Rois de France*, t. III, p. 535, n° 1.)

« convoqué, je ne les révèlerai non plus à personne à qui je ne doive
« les révéler.   •

« Pour les contrats légaux, les causes, les actes judiciaires et les
« autres actes que j'exercerai en vertu de mon ministère, je les rédi-
« gerai fidèlement en protocoles sans retard morosif (sine morosâ dila-
« tione.) — Et, après qu'ils auront été rédigés, je ne différerai pas
« malicieusement d'en dresser les instruments (instrumenta), mais je
« les communiquerai, toute fraude, dol et malice cessant, pour un
« salaire juste et modéré, suivant les statuts royaux, aux parties et à
« tous les intéressés.

« Pour aucun contrat dans lequel je sache que la violence ou la
« crainte soit intervenue, ou que les droits du roi soient lésés ou dimi-
« nués en quelque manière que ce soit, je ne le recevrai pas ailleurs
« clandestinement, et je n'en dresserai pas les instruments.

« Je conserverai avec une fidèle sollicitude les protocoles ou livres
« de notes et les registres, pour la garantie et la sécurité de la chose
« publique, et pour en transmettre la mémoire à futur. Et, sans l'au-
« torisation du roi, du sénéchal ou du bailli, je ne les transporterai
« pas hors de la sénéchaussée et du bailliage où je fais ma résidence.

« Mais, lorsque mes fonctions cesseront, ou que je les abandonnerai
« moi-même, je transmettrai ces registres par mon testament, ou l'acte
« de ma dernière volonté, au sénéchal, bailli ou juge, ou je les leur
« ferai remettre, sauf mon droit[1] ou celui de mon héritier, pour les
« avantages qui doivent en résulter d'après les ordonnances royaux.
« Et d'ailleurs, j'exercerai diligemment et fidèlement ledit office dans
« les lieux à moi attribués.

« Qu'ainsi Dieu et ces choses saintes[2] me soient en aide. »

« En foi de quoi nous avons fait apposer à ces présentes lettres
le scel dont on usait avant que nous fussions arrivé au trône.

« Donné à Provins, le xxᵉ jour de mai mil trois cent vingt-huit. »

---

[1] Plus tard, nous voyons Charles VI, par ses lettres du 7 janvier 1407, adressées de Paris au gouverneur du Dauphiné, ordonner que, conformément à la
disposition du droit écrit, les protocoles dans lesquels les notaires et tabellions
écrivent à la suite les actes qui sont passés devant eux, appartiendront à leurs
héritiers ou à ceux en faveur de qui ils en auront disposé par donation ou par
testament.

[2] Parce que le notaire prêtait serment sur les saintes reliques ou sur les
Évangiles.

Dans l'intervalle qui s'écoula entre le règne de Philippe-le-Bel, depuis l'institution proprement dite du notariat (en 1302 et 1304) et le règne de François Ier, le tabellionage, comme nous l'avons déjà fait observer, fut constitué sous diverses formes et avec certaines modifications, dans les différentes provinces du royaume.

Mais si l'ordonnance du mois de juillet 1304 avait jeté les premières bases de cette institution dans l'étendue des domaines royaux, l'ordonnance de Villers-Cotterets, rendue au mois d'août 1539, la consolida en prescrivant, par son article 173, à tous notaires et tabellions, y compris même ceux du Châtelet de Paris, qui, jusque-là, en avaient été dispensés par l'article 63 des *Publiées* de 1511, de faire fidèles registres et protocoles de tous testaments et contrats qu'ils recevraient, et *de les garder diligemment*, pour y avoir recours au besoin.

Comme aussi, en établissant des dispositions réglementaires plus strictes pour le notariat, soit quant à la forme des registres, soit quant au mode de communication des actes, à donner à des tiers, soit enfin quant à la défense de délivrer une double grosse, à moins d'une autorisation préalable de justice, parties ouïes, comme cela se pratique encore de nos jours.

On ne connaît pas, à proprement parler, de loi précise plus ancienne qui ait imposé aux notaires la nécessité de signer leurs minutes (ibid., art. 174). Cependant, une ordonnance de l'échiquier de Normandie, rendue en 1462, avait exigé la présence *de deux témoins cognoissant les contractants*, et avait voulu que l'acte reçu par deux tabellions fût écrit par l'un d'eux[1] *et signé par l'un et l'autre*. Nous verrons plus bas que cette ordonnance ne fut exécutée à Rouen que sous le rapport de la présence des témoins et de celle des notaires, mais nullement quant au surplus, si ce n'est au XVIe siècle.

Cette disposition, comme on le voit, avait plutôt pour but d'établir, par voie de notoriété, l'identité des contractants, que la fidélité de leurs conventions.

[1] Quant aux chartes royales, elles sont bien revêtues du sceau du prince, comme l'expression certaine de sa volonté, et la marque de leur authenticité, mais la signature entière ne s'y remarque guère, dans nos archives, que depuis le règne de Charles VII. Les deux chartes émanées de ce roi, l'une en 1449, pour les religieux de Jumiéges, et l'autre en 1450, pour les Célestins de Rouen, en font foi.

Aussi, Louis XII, par l'article 66 de son ordonnance de 1498, en laissant aux tabellions eux-mêmes la responsabilité de cette notoriété, exige-t-il, en général, la présence de *deux témoins* à l'acte, *sans distinction*, et ce, *nonobstant quelconque coutume locale contraire*, qu'il considère d'avance *comme abusive*.

Mais, si les témoins intervinrent, ils ne signèrent pas, non plus que les parties.

En général, c'est à dater de 1539 que les minutes des actes, recueillies sur des cahiers en papier, ou espèces de mains-courantes, commencent *assez régulièrement* à être signées même des parties, ou bien sont revêtues des attributs symboliques de leur état ou d'autres signes quelconques, quand celles-ci ne savent pas écrire ni signer, ou qu'elles le négligent, signes dont nous parlerons plus particulièrement à la fin du § Ier, qui comprendra les caractères intrinsèques des actes.

En remontant jusqu'à l'année 1360, date du premier registre in-fo actuel[1], il n'existe que des transcrits, ou espèces de cartulaires[2] en parchemin, qui, pour ne pas être signés, n'en font pas moins foi en justice de l'authenticité des actes. A la vérité, ces cartulaires, qui continuent jusqu'à l'époque du mois d'août 1587, ne paraissent pas embrasser tous les actes reçus par les tabellions, du moins en matière mobilière, mais ceux de quelqu'importance et les plus usuels s'y trouvent transcrits comme celui-ci : « Vendredi xxi may m. iiii c. (1400), Thomas de Burssy, escuier, doit à Isaac Gripeli, conseiller et *avocat* en cour laye, xxii sols vi deniers pour *sallaire d'avocasie* à lui faicte en cest présent échiquier, dont, etc., à payer comme de terme passé, obligeant biens, etc. »

Quant aux actes mobiliers, ils sont devenus, vers le milieu du xvie siècle, l'objet de registres particuliers dénommés *Meubles*, et n'ont plus été portés dans les grands cartulaires.

[1] Jean de Montluc, greffier du Parlement de Paris, en 1313, sous le règne de Philippe-le-Bel, s'avisa le premier de faire des recueils de plusieurs arrêts, *qu'il fit relier ensemble*, et qui se nommèrent *Regestum*, *quasi iterum Gestum*, parce que c'était des copies ; ils sont encore dans le dépôt du Parlement, et on les nomme les *Olim*. (*Abrégé de l'Histoire de France*, par le président Hénault.)

[2] Les registres des tabellions, ou notaires, sont appelés *Cartularia*, seu *Protocolla*, dans l'ordonnance de Philippe-le-Bel, du mois de juillet 1304.

Ces derniers sont très intéressants à consulter pour l'histoire de la province, celle des familles, et l'époque de construction des monuments. C'est, en un mot, le miroir de la vie civile et religieuse.

Leur série commence en 1360; alors et depuis, jusque vers l'année 1519, époque où commencent les mains-courantes en papier, considérées comme minutes, le tabellion dressait une note séparée de la convention des parties, et ces notes, ou feuilles volantes et détachées, étaient transcrites sur les grands registres en parchemin.

Notre dépôt de Rouen ne possède que quelques-unes de ces anciennes notes (*brevia*), sur papier, annexées comme *specimens* à l'un de ces cartulaires de l'année 1483. Ces notes ne sont pas plus signées des parties que des témoins ou des notaires. Aussi, cet état de choses si défectueux, demandait naturellement à être amélioré, ne fût-ce que pour donner plus d'authenticité aux titres.

A la vérité, notre échiquier, en 1462, avait bien, comme nous l'avons dit, sanctionné, pour la Normandie, l'usage de faire intervenir des témoins à l'acte que les deux tabellions étaient tenus de signer; mais cette disposition, quant à la signature, n'était pas alors exécutée. En effet, ce n'est qu'à partir de 1519, comme on l'a dit plus haut, que les minutes en papier, en forme de mains-courantes, sont conservées à Rouen. Encore, les actes n'y sont-ils consignés succinctement qu'au moyen d'abréviations courantes. Puis, au pied de chaque acte, *ne varietur*, les notaires se bornent à apposer leurs initiales, ou chiffre manuel[1].

C'est alors que la transcription des actes principaux s'opère sur les grands cartulaires, dont l'écriture, par la netteté et l'homogénéité de son contexte, accuse une main exercée, celle d'un clerc juré.

[1] Les sigles ou les paraphes étaient communs aux notaires *apostoliques* et *laïques*; mais ces derniers ne les employèrent guère *sur leurs minutes qu'à une certaine époque*, comme nous venons de le dire, et en marge de leurs protocoles, que comme une simple indication du nom du rédacteur de l'acte; tandis que les notaires apostoliques, par suite d'un usage symbolique ou d'un droit particulier, surmontèrent leur signet manuel des *Clefs de saint Pierre*, pour certifier l'expédition de l'acte qu'ils délivraient. C'est ainsi que nous trouvons celui de Guillaume Manchon apposé au bas de l'extrait *par vidimus* du testament du duc de Betford, qui mourut à Rouen en septembre 1435.

On se rappelle que « ce Guillaume Manchon avait été, pendant l'instruction du procès fait à la pucelle d'Orléans, l'un des trois notaires apostoliques, et qu'il faillit périr victime de l'intérêt qu'il portait à cette héroïne. »

(*Hist. de Rouen sous la domination anglaise*, par M. Chéruel, p. 91 et 97.)

Les actes se suivent presque sans interruption, même sur les mains-courantes, qui étaient tenues ordinairement au nombre de quatre pour chaque trimestre, afin de faciliter la rédaction simultanée des divers actes qu'il s'agissait de dresser pour plusieurs particuliers, dans l'étude commune, autrement dite *l'escriptoire*.

Ce n'est qu'en 1524 que les tabellions apposent leur signature entière sur la minute, et que l'un ou plusieurs des comparants, parties ou témoins, commencent à signer eux-mêmes ou à apposer une marque.

C'était, comme on le voit, un acheminement à l'ordonnance de François Ier, rendue en 1539, qui généralise en France, pour les notaires, l'obligation de signer leurs actes, et dont l'exemple fut suivi, autant que possible, en Normandie, par les parties elles-mêmes.

Dès 1519, pour être reçu tabellion royal, il fallait, d'après notre cour de Parlement, outre les vingt ans d'âge, *savoir bien lire et écrire, entendre la forme de contracter, et n'être ni prêtre, ni promeu aux saincts ordres de l'église* [1].

Qu'on ne pense pas que cette exclusion fût particulière à notre province; non, car nous la trouvons déjà établie dans l'ordonnance de Moulins, du 28 décembre 1490, relative aux officiers de justice du parlement de Toulouse, laquelle non seulement interdit les fonctions de *notaire royal* ou de *cour séculière* aux personnes d'église [2], mais même défend *à tous les subjects du Roy nostre dict seigneur, laïs, de faire passer ou recevoir leurs contrats par notaires apostoliques ou épiscopaux, en matière temporelle ou prophane, sur peine de n'estre*

---

[1] Terrien, sur la *Coutume normande*, p. 222, édition de 1574.

[2] Cette exclusion procédait moins d'un sentiment de défiance à leur égard, quant à la capacité, que de la crainte de ne pouvoir les assujétir aux prescriptions du droit commun, à cause des priviléges et immunités dont jouissait alors l'ordre ecclésiastique.

En veut-on la preuve? Qu'on se reporte aux motifs mêmes de l'ordonnance de 1287, de Philippe-le-Bel (citée au chapitre 43 du livre 28 de l'Esprit des Lois, par Montesquieu), relative à l'obligation imposée aux seigneurs, de choisir *leurs baillis dans l'ordre des laïques,* « *c'est afin,* y est-il dit, *que les baillis* « *puissent être punis de leurs prévarications.* » Puis le célèbre légiste ajoute : « on sait les priviléges des ecclésiastiques dans ces temps-là. »

Ce qui confirme encore ces faits, c'est cette autre disposition du même roi, *sur la capture des gens d'église :* « *Nulz clercs* ne *nulle personne de saincte* « *Église* ne *doibt estre prinse et arrestée, si elle n'est prinse en présent méfaict,* « *et lors doibt-il estre rendu à saincte Église si elle le requiert (pour estre puni.)* » *Ordonnance* d'août 1302, au Recueil général, t. I, p. 348.

foy adjoustée ausdicts instruments, lesquelz doresnavant seront répu-
tez nulz et de nulle efficace et vertu[1].

Mais aussi, des garanties plus strictes de capacité sont exigées des notaires du Roi, qui doivent, à l'avenir, être examinés *par quatre des plus notables conseillers* de ladite cour, disposition que l'ordonnance de François Ier, du mois d'octobre 1535, renouvelle, en exigeant que les notaires soient examinés par la Cour du Parlement avant de pouvoir être inscrits sur la matricule du lieu, en laquelle, outre les noms, ils apposaient leur signature après serment préalable ; ce qui prouve que le progrès des lumières était déjà tel, en France, à la fin du xve siècle, qu'il était désormais devenu plus facile de choisir des laïques suffisamment instruits des affaires, sans recourir au clergé, *dont l'influence* en matière temporelle se trouvait ainsi diminuée.

Remarquons, en passant, que les clercs ou gens d'église ne se tinrent pas pour battus, et que, s'ils ne furent plus admis comme notaires, au moins devinrent-ils *sergents!!* mais pour quelques années seulement, car François Ier leur coupa cette dernière retraite par l'art. 1er, du chap. 20 de son ordonnance, donnée à Ys-sur-Thille au mois d'octobre 1535, qui dispose[2] « *qu'aucun ne soit* « *reçu à office de sergent s'il n'est pur lay* (laïque) *ou marié non* « *portant tonsure*[3], *ou continuellement portant habit rayé ou party.* »

Maintenant, pour donner une idée de la confiance dont le notaire était investi comme homme public, nous ferons remarquer qu'il pouvait stipuler de droit pour l'absent, dont il était réputé le mandataire toutes les fois qu'il s'agissait de stipuler pour les intérêts de ce dernier. Ce principe, que nous voyons légalement consacré en France

[1] Nous retrouvons cette prohibition établie en l'art. 6 de l'ordonnance de François Ier, du mois d'août 1536, pour la Bretagne. (Charondas, t. II, p. 647).

[2] *Conférences des Ordonnances*, t. II, p. 666, § 2J, par Charondas, édition de 164?.

[3] Anciennement, l'on donnait *la tonsure même aux gens mariés, pour les faire privilégiés.* Ainsi, la vieille coutume de Bretagne portait : *Clerc marié est séculier quant à ses biens, mais non pour sa personne.* C'est pour ôter cet abus que fut fait l'art. 4, suivant : « Ne jouiront du privilége des clercs, sinon « ceux qui sont constituez ès *ordres sacrés et pour le moins soûdiacres,* ou « clercs bénéficiez, ou actuellement résidans et servans aux offices, minis- « tères et bénéfices qu'ils tiennent en l'église, ou écoliers actuellement étudians « et sans fraude. » (*Coutume de Bretagne*, édition de 1694, avec notes du pré-sident La Bigotière, art. 4).

en 1539 [1], quoique déjà en usage en Normandie dès le commencement du xve siècle, et peut-être même avant, reçut notamment son application en l'année 1622, c'est-à-dire à une époque où la peste exerçait de tels ravages à Rouen, que le tiers des habitants abandonnait la ville.

Dans ces tristes circonstances, comme les deux médecins chargés de visiter les malades ne pouvaient trouver un instant pour venir signer la quittance des appointements qui leur étaient dûs par les échevins, le notaire passa outre en signalant ce fait, puis constata le paiement opéré, dont il délivra quittance.

Mais, à part l'exception, et lorsque les parties étaient présentes, l'usage, en Normandie, et surtout à Rouen, avait introduit, comme nous l'avons vu, des précautions et des habitudes propres à assurer le respect dû aux conventions, par l'impossibilité d'en suspecter la fidélité.

Peut-être même ces précautions, établies par l'usage, servirent-elles de type à l'ordonnance de François Ier, dans laquelle nous les voyons reproduites; il serait naturel de le penser, car, d'ordinaire, le législateur aime mieux s'appuyer sur l'expérience du passé que de se livrer à des innovations incertaines.

Ce fut ainsi que l'ordonnance précitée de notre Échiquier, qui, en 1462, consacrait, pour l'avenir, l'obligation de passer l'acte notarié en *la présence de deux témoins*, ne fit que sanctionner, de fait, l'errement suivi dans les contrats depuis le mois de janvier 1421 [2].

D'ailleurs, dans notre pays dit *de sapience*, à une époque, surtout,

[1] Ordonnance de François Ier, art. 133, sur l'insinuation des donations. A cette occasion, Terrien s'exprime ainsi, p. 255 : « Les notaires, comme personnes publiques, peuvent *stipuler pour l'absent*, *ce que ne peut faire une personne privée sans procuration* ; et si les notaires ne stipulaient pour l'absent, la donation ne vaudrait rien, sauf toutefois à l'absent à l'accepter.

[2] Cet usage s'était-il introduit dans notre ville à l'occasion de l'occupation anglaise?

On peut raisonnablement le supposer, en songeant que le notaire devant lequel se présentaient des étrangers pour contracter en une langue qu'ils ignoraient, avait besoin de s'entourer des plus grandes précautions pour se mettre à l'abri de tout soupçon de dol ou de fraude.

Ce qu'il y a de certain, c'est qu'au nombre des premiers actes où nous remarquons des témoins, il en est un, à la date du 20 janvier, dans lequel un Anglais, pour cause d'achat de toiles, *s'oblige, de corps et de biens, tant deçà*

où le Parlement pouvait interpréter les lois par voie d'autorité, ou suppléer à leur insuffisance par des décisions réglementaires et générales pour l'avenir, appelées *arrêts de réglement*, aucun soin ne dut être omis pour la réformation de la justice, surtout quand, à ces mesures, les jurisconsultes venaient ajouter le tribut de leur talent et de leur expérience, mesures qui, à vrai dire, étaient le résultat inévitable du progrès de la civilisation.

Ce fut ainsi que fut rendu, après une longue instruction, en la Cour de notre Parlement, les chambres assemblées, à la date du 26 août 1558, le célèbre arrêt dit *du sang damné* [1], en ce qu'il relevait de l'incapacité d'hériter de leur famille, ou du moins de leur aïeul, les enfants des condamnés à mort, qui, sans cet arrêt, se *trouvaient déchus de ce droit par une disposition formelle de la Coutume*; arrêt qui, indépendamment de la considération d'équité, avait pour but direct d'amortir et d'empêcher les haines de famille, résultat inévitable de l'ancien état de choses, si compromettant pour la paix publique.

Du reste, cet errement de réforme n'était pas chose nouvelle en Normandie, car, à cette occasion, le procureur général rappelait un arrêt de l'Échiquier, de Pâques 1325, qui confirmait une sentence du bailli de Caux, par laquelle était approuvé un usage introduit contre la Coutume écrite.

Mais laissons là le fond du droit, pour nous occuper de la forme et de la taxe des actes, qui, dès le principe, devaient être l'objet d'un réglement.

Dans son édit de création, de mars 1302, Philippe-le-Bel ordonne [2] « que les notaires et clercs des séneschaulx, baillifs ou pre- « vosts et autres escrivants sous eux, prennent salaire modéré et « attrempé (tempéré, juste) : c'est assavoir, de trois lignes, un

que delà la mer, à payer *quatre soulx d'esterlins, ou trois nobles d'or pour chaque livre d'esterlins.*

Quant aux actes privés, l'intervention des deux témoins se remarque dès 1308, et même en plus grand nombre bien antérieurement, parce que leur présence sert à corroborer l'acte en soi, qui, au contraire, plus tard, tire sa principale force du ministère du notaire, considéré comme personne publique. (P. 40, ms. de Londinières, chap. Notre-Dame.)

[1] Question 40e, rapportée par Chenu, p. 199, édition de 1603.

[2] Art. 21, § 2, *translaté* du latin en français aux *Conférences des Ordonnances royales*, revues par Charondas en 1641, t. II, p. 640.

4

« denier ; de quatre à six , deux deniers de la monnoye courante , et
« non plus ; et sy plus il y a d'illec en avant de trois lignes , un
« denier. Et doit estre la ligne *d'un espan* de long (*et debet esse*
« *linea in longitudine unius palmæ:* l'étendue de la main), et qu'elle
« contienne *septante* lettres pour le moins, et si plus il y a , plus en
« pourront recevoir au prix. »

Cette disposition , que nous rapportons comme donnée historique
sur le peu d'importance des transactions à cette époque reculée, fut
modifiée au fur et à mesure que les actes embrassèrent de plus grands
intérêts, car leur mouvement sert , pour ainsi dire , à marquer le
pouls du corps social , dont le commerce et la liberté constituent
la vie.

D'où la nécessité d'appliquer en tout temps un tarif en rapport avec
les intérêts locaux.

C'est ce que fit d'abord notre cour de Parlement , en 1519.

Après s'être occupée de diverses modifications à opérer dans les
actes publics, soit quant au fond , soit quant à la forme, elle détermine, dans un chapitre à part, le salaire des tabellions [1].

En conséquence , elle ordonne qu'*un tableau de taxe* [2], applicable
aux tabellions royaux de Rouen , soit apposé *en l'escriptoire et siége
du tabellionage, en lieu éminent*, et écrit *en bonne et grosse lettre
bien legible et cognoissante*.

A cette occasion , nous voyons qu'il leur étoit attribué « *trois sols*
pour les contrats non excédant, en sort principal, la somme de *dix
livres;* et, pour ceux au-dessus, *vingt sols tournois* pour chaque peau »
(autrement dit, pour chaque feuille de parchemin de deux rôles).

Puis, après autres dispositions qui comprennent les actes en brevet,
les copies de pièces certifiées par *vidimus*, viennent ces dispositions
finales :

« Et se les dits tabellions partent hors de la maison du tabellionage
ou des environs pour passer et recevoir contrats, se les dits contrats

[1] Chap. II. — Terrien , édition de 1574 , p. 225.

[2] Nous voyons , en 1576 , le clergé, dans les remontrances qu'il adresse aux
états de Blois , formuler le vœu ci-après, qui n'est autre que la disposition
ci-dessus, (tant était grande l'influence de notre Parlement !) « Et qu'il y ait en
« tous greffes *une table attachée*, contenant la taxe des expéditions et registres
« des salaires des sergents, afin d'y avoir recours. » (T. II , p. 89 , *Recueil des
Cahiers généraux*, édition de 1789).

sont par eux passez dedans la paroisse où est assise la dite maison de tabellionage ou rues circonvoisines, *il en sera payé, outre* les émolumens dessus dits, pour chacun desdits tabellions, *douze deniers tournois* [1]. Et ailleurs, dedans la dite ville et faux-bourgs, à chacun d'eux la somme de *deux sols tournois.*

« Et seront tenus, les dits tabellions, faire bonnes, loyales et raisonnables peaux, bien et suffisamment fournies d'escripture, chacune peau contenant soixante-huit lignes, et chacune ligne sept-vingts lettres (ou 140), et trois titres en lieux raisonnables.

« Et feront, les dits tabellions, *lettres brefves* et compendieuses, sans user des termes synonymes et superflus, soit au style ou au narré, ainsi que par cy devant ils avoyent accoustumé *pour accroistre le parchemin*, sous peine *d'amende arbitraire*, etc., etc.

« Et aussi sans faire longuement, et par plusieurs fois, *aller et venir les parties* devers eux, etc., ni accepter d'elles aucun supplément d'émolument *sous ombre de vin de marché*, etc., etc. »

Telles étaient les sages mesures adoptées par le Parlement de Normandie en 1519, pour couper court aux abus de l'époque.

Mais quelquefois aussi il arrivait qu'en voulant y remédier on dépassait le but, sans même aucun avantage réel pour les parties.

C'est ainsi qu'aux états de Blois, le *tiers-état* demandait, en 1576, « que les parties [2] ne *fussent dorénavant tenues de lever leurs actes et* « *contrats qu'en papier et non en forme, si bon ne leur semblait.* »

Il est fort heureux que, dans la pratique des affaires, cet errement ait été très peu ou nullement suivi, car, sans les nombreuses copies certifiées par les notaires et les vidimus sur parchemin qui sont restés dans nos archives, nous aurions eu à regretter la perte d'un plus grand nombre de titres originaux.

N'est-ce pas ici le cas de dire, comme toujours, que quelquefois *le mieux est l'ennemi du bien?*

Quant au personnel des officiers publics, chargés à Rouen de la rédaction des actes, il se composait de tabellions et de clercs jurés,

[1] D'après une ordonnance de François Iᵉʳ, donnée à Fontainebleau le 11 décembre 1543, le droit des notaires fut étendu à cinq sols la vacation *intrà muros*; et, au-delà de leur résidence, à deux sols en sus pour le feuillet écrit. Charondas, t. II, p. 646.)

[2] T. II, *Des Remontrances aux États*, p. 261, édition de 1789.

comme nous l'expliquerons plus bas, auxquels était adjoint un garde
du scel, pour imprimer, par le sceau, plus d'authenticité à l'acte.

Celui-ci, *à la relation* du tabellion ou du *clerc juré*, apposait donc
le sceau des obligations sur l'expédition de l'acte.

En effet, nous voyons que l'ordonnance de l'Échiquier normand
tenu en 1462, déjà cité, après avoir prescrit à l'un des deux tabellions présents à *l'acte, d'en écrire lui-même la teneur* [1], ajoute :
« Toutefois les baillis royaux et leurs lieutenants pourront, en leurs
« assises, dispenser, *quant à l'écriture*, selon les lieux et cas, et
« *la quantité des écritures*, et la *qualité des tabellions qui pourront*
« *commettre clercs suffisants* pour faire les dites écritures, et *qui se-*
« *ront jurés et reçus au danger des dits tabellions.*

« Lesquels clercs ne pourront pour ce prendre aucun salaire : et si
« ne pourront faire aucuns passements : mais se feront *par deux tabel-*
« *lions* ensemble, ainsi que dit est. »

Ainsi, comme on le voit, l'authenticité des conventions a toujours
résulté, chez nous, du double fait de la présence des témoins et des
deux tabellions [1], ce qui se remarque long-temps à Rouen, nonobstant
la disposition de l'article 66 de l'ordonnance de 1512, qui se contente
du ministère d'*un seul notaire et de deux témoins*, faculté qui semble
ressortir aussi de l'ordonnance de 1539, qui prescrit en outre d'indiquer les *lieux de demourances des contrahants.*

Mais, sous ce dernier point, il est regrettable que, dans les localités
importantes comme à Rouen, on ne trouve pas dans les actes, jusque
dans le xviie siècle, la désignation de la rue où demeuraient les parties, dont la paroisse est simplement indiquée.

On conçoit alors c.... en est grande pour nous la difficulté des recherches, quand il s'agit de déterminer les maisons qu'habitaient ou
dans lesquelles sont nées des personnes recommandables par leurs
vertus ou leur savoir.

Lorsque l'expédition d'un acte avait lieu, elle était certifiée par la
signature de deux notaires et même par celle d'un seul [2], à la relation
duquel le garde du scel, comme nous venons de le dire, apposait
celui des obligations de la Vicomté.

Et telle était l'efficacité de ce scel, qu'il suppléait même à la signature
du notaire, surtout dans le xive siècle et quelquefois même dans les

---

[1] Terrien, ibid., p. 221.   [2] Jusque dans le milieu du xve siècle.

premières années du xvᵉ, selon l'errement suivi au bailliage, pour les expéditions de mandements ou de jugements.

Nous trouvons qu'à cette dernière époque, les baux relatifs à l'*exercice en régie* du tabellionnage de Rouen, n'excédaient pas trois ans, et étaient renouvelés à la fin de chaque période. Cette régie était, sans doute, le résultat de l'ordonnance rendue à Paris le 7 janvier 1407, par laquelle Charles VI [1], « pour *obvier à ce que les émoluments des sceaux* « *de ses tabellionnages ne diminuent comme par le passé, par suite* « *des entreprises de aucuns de ses baillis et sénéchaux* » auxquels il avait laissé les émoluments de leurs sceaux, ordonne « *que tous les* « *sceaulx et escriptures des dits baillis et sénéchaux seront* baillés à « *ferme au profit du Roi, ce qui s'étendra à ceux des Vicomtés de son* « *pays de Normandie.* »

Il est à remarquer que dans le xvᵉ siècle, il existe, à Rouen, une lacune de registres dans le tabellionage, pendant environ quinze ans, laquelle correspond à la seconde partie de l'époque de l'occupation anglaise ; ce qui est attribué, d'après une note de nos archives, à l'enlèvement qui fut fait de ces registres par nos voisins d'outre-mer, qui les auraient déposés à la tour de Londres, comme de vieux oripeaux de leurs victoires ! Victoires qui n'étaient pourtant, à vrai dire, que le résultat de nos troubles civils ; car, disons-le en passant, *pour tenir* le pays, les Anglais ne tenaient pas les Normands, puisque nous voyons, en 1440, les sergents ou huissiers [2], sous Henri VI, redouter d'exercer leur ministère, et même refuser de se transporter sur des héritages situés à Eauplet, aujourd'hui l'un des faubourgs de la ville, à cause de la crainte *ou doubte que les brigands et adversaires du Roy* leur inspiraient [3].

---

[1] Art 23-24 de cette ordonnance. *Recueil des Ordonnances royales*, t. IX, p. 279.

[2] Le ministère de l'huissier ou sergent était le même ; seulement, *l'huissier* exerçait pour les cours souveraines, et le *sergent* pour les justices subalternes et inférieures.

Le Châtelet de Paris avait des sergents à cheval et d'autres à verge, laquelle était le symbole de leur pouvoir :

« Et dicuntur *sergents* quasi *serfz aux gens*, quia sicut notarius dicitur « *servus publicus* seu *omnibus serviens.* » (Notes de Rebuffe, p. 324, in fine aux *Édits ;* édition de 1559.)

[3] Archives départementales.

C'est ainsi qu'étaient qualifiés alors les Français qui, restés fidèles à Charles VII, défendaient le sol de leur pays pied à pied, contre les Anglais.

En 1485, les tabellions s'étaient rendus adjudicataires, tant du tabellionage de Rouen que de la vicomté du même lieu[1].

Ils tenaient bien leur pouvoir du Roi, mais, dans d'autres localités, les prevôts et baillis, en prenant à ferme les *droits domaniaux*, comprenaient abusivement dans leur office les *émoluments de justice*, comme les greffes et les tabellionages, dont ils disposaient à leur gré.

C'était, comme on le voit, un retour vers l'ancien état de choses, proscrit, dès 1319, par l'ordonnance de Philippe-le-Long, et depuis par l'édit du 7 janvier 1407.

Aussi Charles VIII réprima cette licence, en donnant à ferme, à son profit, *les sceaux et écritures*. Par son ordonnance de 1493, il sépara donc de l'office de Prévôt, qui n'était autre que celui de Vicomte en Normandie, les émoluments de la Justice[2]. Loiseau nous dit, à ce sujet, que cette ordonnance ne fut pas reçue ni pratiquée en Normandie, sous prétexte que les vicomtes *n'y étoient pas nommément désignés*, et qu'ils continuèrent à s'attribuer les émoluments de la justice, comme annexés à leur office.

Qu'il en ait été ainsi dans certaines localités peu importantes de notre province, c'est ce que nous n'avons pu vérifier ; mais, ce que nous savons positivement, c'est que, dans le *registre de recette du domaine*[3] pour l'année 1495 (p. 268), à l'article *Domaine non fieffé*, figurent, comme articles de recette *prouvés*, les paiements partiels opérés pour le Roi, *et non pas au profit du vicomte*, à raison de l'exercice des *tabellionaiges de Monstiervillers, de Goderville, de Foville, d'Estretat, de Saint-Romain-de-Colbosc et de Harfleu*, savoir :

Pour la première de ces localités. . xxv l. x sols.

Et pour la dernière . . . . xxii l. x sols.

Ce sont les plus forts droits.

[1] Nous trouvons cette énonciation dans une note assez moderne de nos Archives, mais nous pensons qu'il s'agit moins ici de l'office de vicomte que de la circonscription de la vicomté, où les tabellions de Rouen avaient le droit d'instrumenter, soit par eux-mêmes, soit par des commis jurés, à résidence fixe; ce qui a pu induire en erreur quelques écrivains étrangers à notre localité.

[2] Lo.seau, *Sur les Offices*, p. 156, n° 68 ; ibidem, n° 83.

[3] Archives civiles du Département.

Quant au produit des sceaux, *Dominia sigillorum*, il s'élève, en totalité, à la somme de LXXVII l. II sols VI deniers tournois, sans doute pour toute la vicomté de Montivilliers, car le produit *des actes et mémoriaux* de celle-ci n'excède pas la somme de 100 livres.

Dans la capitale de la Normandie, où la compétence du vicomte s'exerçait sur les adjudications des fermes du domaine, son ministère n'est point employé pour la vente des tabellionages, car elle est effectuée, sous Henri II, *par les commissaires députés du Roi*.

Avant lui, en 1536, nous trouvons même que *Me Palamède Gontier, secrétaire de la chambre du Roi, est pourvu par François Ier de l'office de tabellion en la vicomté de Rouen*, et rien ne nous indique, avant ni après, que les vicomtes se soient attribué les émoluments de la justice, contrairement à l'ordonnance de Charles VIII.

Ce fut encore pour réprimer les abus que Louis XII, par son ordonnance de Blois, rendue en 1498[2], défendit d'admettre comme enchérisseur de tabellionage celui qui ne serait pas reconnu *idoine* pour cette fonction, sous peine *de payer la folle-enchère ou d'être remplacé par homme suffisant, qui l'exerceroit aux périls et fortunes de l'adjudicataire.*

La belle garantie pour le public ! Quel bien, en effet, pouvait-on espérer de cette disposition, quand l'ordonnance du mois de décembre 1490[3] (art. 22), rendue à Moulins par Charles VIII dans les mêmes termes, avait été insuffisante pour réprimer les abus en pareille circonstance !

Il y a plus : cet état de choses ne fit que s'accroître sous Louis XII, par suite d'adjudications faites outre mesure, comme moyens de finance, encore bien qu'il ne s'agit que de commissions révocables.

On peut juger de ce résultat par le texte même de l'art. 62 de l'ordonnance du mois de juin 1510, datée de Lyon[4], duquel il résulte que « *à raison de la grande et effrénée multitude de notaires, composée*

[1] Basnage, t. Ier, p. 35.

[2] *Ordonnances des Rois de France;* Charondas, t. II, p. 609, art. 69, § 30, édition de 1641.

[3] Charondas, t. II, p. 647, § 5.

[4] Ibid., § 7.

« *de toute manière de gens* [1] *reçus indifféremment à ces fonctions* », le Roi veut qu'ils soient réduits à un certain nombre, après information faite par ses baillis et sénéchaux, *super vitâ et moribus.*

Néanmoins, si Louis XII s'efforça de réprimer les abus en général, et surtout ceux qui étaient nés de la vénalité des charges de judicature *entre particuliers, à titre de composition,* ces abus devaient, plus tard, renaître avec elle sous le règne de François Ier, son successeur.

Ce même roi, préoccupé de l'idée que ses efforts pour opérer le bien-être de son peuple seraient rendus stériles un jour, par suite des goûts de prodigalité de François, son gendre, alors comte d'Angoulême, ne pouvait s'empêcher parfois de dire avec chagrin : *Ah! nous travaillons en vain, ce gros garçon gâtera tout* [2].

Aussi l'histoire a-t-elle consacré au premier le juste surnom de *Père du Peuple ;* et au second seulement celui de *Père des Lettres.*

Plus tard, l'événement ne justifia que trop le pressentiment de Louis XII, car, lorsque François Ier eut besoin d'argent pour soutenir la guerre contre Charles-Quint, qui venait de s'emparer du Milanais, il établit (1522) un bureau *des parties casuelles* [3], où tous les offices, d'abord ceux de finances, et ensuite ceux de judicature, *furent taxés par forme de prêt,* et *vendus publiquement,* nonobstant les droits précédemment perçus peu de temps après son avènement au trône, en **1515,** pour la confirmation et le maintien des divers droits et priviléges concédés à des corporations laïques ou religieuses.

En ce qui touche la multiplicité des notaires en général, si elle se

---

[1] Philippe IV, dit le Bel, dans un mandement qu'il adressait, en l'année 1300, au prévôt de Paris pour faire réduire le nombre excessif des notaires de cette ville, ne s'expliquait pas autrement : « *Ex confusâ notariorum Castelleti* « *nostri Parisiensis multitudine, multa pericula provenire.* » (*Ordonaances des Rois de France*, t. Ier, p. 336.)

Il paraît que, dans l'antiquité, les abus n'étaient pas moins grands, si l'on en juge par cette citation critique : « *En Grèce, pour* 100 *escus de prêt, il fal-* « *lait dix notaires, et deux fois autant de scels.* »

(*Satyre Ménippée,* t. II, p. 306. — Requête des Ligueurs, de fin janvier 1586, contre Henri III, à l'occasion de la mort du duc de Guise.)

[2] Garnier, *Histoire de France,* fin du t. XXII.

[3] Berge, *Sur le Notariat,* p. 118, édition de 1815.

remarque en France dans le cours du xviᵉ siècle, et particulièrement dans le Midi, cette progression paraît avoir été moins sensible en Normandie[1], ou du moins à Rouen; ce qu'il faut attribuer sans doute à la juste sévérité du Parlement et à celle du collège des notaires, pour l'admission de ceux qui se présentaient pour remplir cette fonction.

En effet, les actes des tabellions de Rouen, vers 1530, sont peu volumineux, et ne se composent guère, ensemble, que de cinq à six registres en papier pour les minutes de l'année, qui comprennent alors *les héritages et meubles*.

Mais, quelques années après, le ministère des notaires ou tabellions acquit une certaine extension par suite d'une ordonnance de François Iᵉʳ, rendue en 1535, qui, par son art. 5, déclara « nuls tous « traités concernant les héritages, rentes et *autres matières réelles*, « qui ne seroient pas reçus par des notaires royaux »; ce qui ne fut pas ou ne put pas être exécuté à l'égard des justices seigneuriales. Mais les notaires furent astreints, plus que jamais, au serment et à quelques mesures d'ordre.

De 1536 à 1546, nous voyons le même Palamède Gontier exercer l'office de tabellion, à Rouen, *avec le concours de huit sous-tabellions;* puis, de 1546 à 1553, ce sont des notaires royaux qui exercent au même titre que lui; et enfin, en 1553, figurent de nouveaux tabellions adjudicataires, dénommés « *royaux et héréditaux* » en la vicomté de « Rouen, qui sont: honorables hommes Guillaume Auber, Alonce « Leseigneur et Claude Lucas, au droit *de la vendue* qui leur en a « esté faicte (moyennant 1,546 livres), par les commissaires à ce « députez par le Roy nostre dict seigneur, et auxquelz étoient adjoincts

[1] Mais, en revanche, le nombre des faux notaires et témoins y pullula tellement, comme dans le reste du royaume, que François Iᵉʳ, par son ordonnance donnée à Argentan en mars 1531, enregistrée au Parlement de Paris l'année suivante (*Ordonnances royales*, Rebuffe, p. 318, 3ᵉ partie, édition de 1559), disposa que « tous ceux qui *sont* ou seront atteincts et convaincus, par justice, « d'avoir faict et passé *faux contracts* et porté *faux témoignages en justice*, « seront punis et *exécutés à mort, tel que les juges l'arbitreront*, selon l'exi-« gence des cas, nonobstant *que on n'ait accoustumé de les punir si rigou-*« *reusement*, ou qu'il y ait loi ou ordonnance au contraire, à laquelle il est « dérogé. »

C'etait, comme on le voit, faire bon marché du principe de non rétroactivité, surtout en matière pénale !

« et jurez en justice, sous les dicts tabellions héréditaux, Joachim
« Clément et Jehan Le Myre [1]. »

Maintenant, nous arrivons à l'année 1560, époque du règne de
Charles IX [2].

Rappelons-nous que le premier acte de ce jeune prince fut la tenue
des États généraux à Orléans. S'ils ne produisirent aucun bien, au
moins faut-il remarquer la célèbre ordonnance qui y fut rendue au
sujet des matières ecclésiastiques, *et sur le fait de la justice*. C'est
alors que l'administration de la justice, si mal ordonnée sous des
hommes de guerre, sans nulle idée de jurisprudence, s'échappe de
leurs mains pour passer en celles des baillis et des sénéchaux, parce
que ces hommes ne veulent plus de fonctions de judicature qui les
font considérer *comme de robe courte*. Résultat que le chancelier de
l'Hôpital avait bien prévu en provoquant cette mesure. De là deux
états distincts : *la Robe et l'Épée*.

Aussi verrons-nous des améliorations surgir de ce nouvel état de
choses, nonobstant les entraves apportées par les mesures fiscales,
suites inévitables du malheur des temps.

Mais restreignons-nous à ce qui concerne notre sujet.

Par l'art. 82 de cette célèbre ordonnance, il fut déclaré : « qu'il ne
« seroit dorénavant pourvu aux offices de notaires que des personnes
« âgées de vingt-cinq ans au moins, avec attestation de leurs bonnes
« vie, mœurs et expérience. »

Par l'art. 84 : « Que les notaires seraient tenus de faire signer
« leurs actes tant *par les parties* que *par les témoins instrumen-*
« *taires* », ce qui prouve que, dans beaucoup d'endroits, on s'en
fiait jusqu'alors à la seule bonne foi du notaire et au témoignage des
assistants, et que l'ordonnance de 1539 n'était pas partout exécutée [3].

Puis, dans l'art. 85, il est enjoint « aux juges de régler tous les
« notaires et tabellions, tant *pour le regard du style et forme de*

---

[1] Intitulé du *Registre protocole* de la même année 1553.

*N. B. Les offices héréditaires se vendaient toujours avec faculté de rachat
perpétuel, comme domaniaux.*

[2] *Abrégé de l'Histoire de France*, par le président Hénault.

[3] Par suite aussi du malheur des temps, l'ordonnance de 1560 ne fut pas elle-
même exécutée de sitôt à Paris, en ce qui touche du moins *la signature des
parties et l'interpellation y relative*; car nous voyons, en 1579, Henri III, sur la
plainte *des États*, réformer l'abus qui s'était introduit dans la passation des

« *dresser contrats*, que de leurs salaires et vacations à l'instar de ceux
« du Chastelet de Paris, *à peine de s'en prendre à ces mêmes juges*
« *en cas d'exaction tolérée.* »

Les États demandèrent, en outre, la suppression de la vénalité publique des charges, établie par François Ier, *comme un nouveau revenu
ordinaire, au lieu de son domaine, qui étoit déjà aliéné.* (Ibid., Loiseau, p. 158, n° 91.) Il s'agissait, en un mot, d'abolir le *bureau des
parties casuelles.* Mais ce fut en vain ; les besoins de l'État s'opposèrent
à cette demande.

Aussi, voyons-nous encore le tabellionage et les autres offices continuer, plus que jamais, sous le règne de Henri III, à être l'objet
d'adjudications.

En effet, nous trouvons que Georges Crespin fut ainsi investi de cette
fonction, à Rouen, en **1588** (acte du **26 mars**), c'est-à-dire vers
l'époque où cessa l'usage des grands cartulaires, qui furent remplacés
par des registres en papier, d'une écriture cursive beaucoup plus négligée, mais pourtant mieux tenus que les mains-courantes ou livres de
notes dont nous avons déjà parlé.

Les fonctions de *garde-scel des obligations* furent aussi attribuées
au plus offrant enchérisseur, qui, lui-même, les rétrocédait à un
autre[1] ; aussi n'était-il pas rare de les voir réunies dans la même
main, avec d'autres fonctions[2] qui paraissaient de leur nature incompatibles et inconciliables.

contrats, où *il suffisait de la simple signature de deux notaires pour en constater
la validité ;* ce qui prêtait matière à des suppositions perfides, qu'il fallut faire
cesser en obligeant ces fonctionnaires *à faire signer les parties,* ou du moins
à constater, comme cela se pratique aujourd'hui, *qu'elles ne le savoient, de ce
interpellées.* (Voir l'*Histoire du président De Thou,* t. V, p. 602, édition de 1740.)

[1] Acte du 19 novembre 1585, contenant vente, par Jehan Lambert, à Artur
Ygou, de l'office de garde-scel en la ville et vicomté de Rouen.

[2] La raison en est que ces sortes d'offices avaient deux qualités distinctes :
l'une, qu'ils étaient des offices, et l'autre, qu'ils étaient *un domaine aliéné.*
C'est pourquoi leur propriété pouvait résider en une personne, et l'exercice en
une autre. Dans la main des premiers, ils constituaient une sorte d'immeubles
fictifs, susceptibles d'hypothèques jusqu'au remboursement opéré par le Roi.
(Extrait de la *Science des Notaires,* par Ferrière, t. Ier, p. 440, édition de
1735.)

C'est pourquoi notre Coutume de Normandie, dans son art. 514, établit le
cas dans lequel l'office vénal doit être réputé *immeuble.*

C'est ainsi que, dans l'expédition d'un contrat de vente du 8 janvier 1586, passé entre honorables hommes Baudry et Fumière, qui nous a été communiquée, nous trouvons cette mention : « Artur « Ygou, *conseiller notaire et secrétaire du Roi, contrôleur provin-* « *cial de son artillerie* [1] *en Normandie, et garde du scel des obliga-* « *tions de Rouen*, etc. »

Il faut avouer que, par le résultat de ces sortes d'adjudications, ceux qui réunissaient ainsi *plusieurs offices*, constituaient, dans l'ordre civil, ce que, dans l'ordre ecclésiastique, on appelait autrefois *abbés commendataires* et *chanoines prébendés*, lesquels, comme l'a dit Boileau :

> . . . . *Laissoient*, en leur lieu,
> A des chantres gagés le soin de louer Dieu.

A l'occasion de ces mêmes adjudications, Étienne Pasquier fait cette réflexion sévère, mais juste pour le temps : « Certes, celuy « qui, pour advantager ses affaires, fit exposer ces offices en vente « par le feu roy Henry III, *comme domaniaux*, mériteroit, s'il vivoit, « qu'on luy fist son procez extraordinaire, afin de servir d'exemple à « la postérité. Car je vous puis dire que sur ces ventes fut entée la « ruine de nostre Estat [2]. »

Il fait observer, en outre : « qu'il en fut de même pour les greffes, « et que de la vente d'iceux le Roy *en fist un présent* à la royne « *Catherine de Médicis sa mère*. »

Avant Pasquier, un ancien jurisconsulte [3] résumait plus laconiquement sa pensée en disant : « *que les achepteurs d'offices estoient bien* « *contraincts de vendre alors par le menu ce qu'ils avoient achepté* « *en gros*. »

A ce sujet, ne perdons pas de vue qu'il écrivait à une époque de troubles civils, qui permettait peu la répression des abus, dont l'un des plus graves *étoit l'incapacité des achepteurs*.

Notre ordre de choses actuel n'a rien de commun avec celui des temps passés, où l'on prenait à ferme les fonctions publiques, sans consulter d'autre mobile que le produit, en plus outre, dont elles

---

[1] A la date du 8 mars 1680. — Nous trouvons aussi la mention d'*une vente d'office de commis aux ouvrages et fortifications de la ville de Rouen*.

[2] En ses *Recherches sur la France*, édition de 1643.

[3] Buygnon, *Traité des Lois abrogées*, revu par Guenois, édit. de 1605, p. 15.

étaient jugées susceptibles. N'oublions pas, d'ailleurs, qu'elles n'étaient conférées *qu'à titre de commission révocable*, au temps même de Louis XII, qui en tira, comme le dit un historien, *grandes pécunes* [1], pour les nécessités de l'État.

Aussi n'avons-nous présenté ces détails que sous le point de vue purement historique, et nullement pour prêter matière à des allusions qui ne sauraient être faites aujourd'hui avec justesse, et sans anachronisme, vu la différence des temps et des institutions.

Les abus de la vénalité des offices *par l'État*, même temporairement, dataient de loin.

Ils frappèrent bien saint Louis, qui corrigea ceux qui avaient été introduits dans la prévôté de Paris *par des fermiers avides*, mais il ne put que diminuer l'intensité du mal, sans le détruire entièrement dans sa racine, parce que sa puissance avait eu à lutter partout avec la puissance féodale et ecclésiastique, qu'il avait intérêt à ménager.

On peut juger de la mauvaise administration de la justice en France, au XIIIᵉ siècle, avant cette réformation, d'après ce passage de la *Chronique de saint Denis*, rapporté par Loiseau [2] : « La prévosté de « Paris estoit si mal administrée (*parce qu'elle estoit baillée à ferme* « *à des marchands*) que chacun citoyen se retiroit sur les territoires « des *hauts justiciers ecclésiastiques; et demeuroit la terre du Roy* « *comme déserte*, jusqu'à ce que ce bon roy *reprist la justice*, et la « bailla en garde à Estienne Boileau (magistrat très renommé). »

Toutefois, si les offices publics sont encore affermés sous son règne, dans l'étendue du moins des petits bailliages, ils ne peuvent plus, une fois acquis, se transmettre *en sous-ordre* [3].

Et cependant, qui le croirait ! par suite de ces réformes salutaires, il arriva (d'après la *Chronique de Flandre*, chap. 33), « que le roy « Philippe-le-Bel, poursuivant la canonisation du roy saint Louis, en « fut refusé par le pape Boniface VIII, parce qu'il fut trouvé qu'il

---

[1] Nicole Gilles, cité par Loiseau, *Sur les Offices*, édition de 1678, p. 157.

[2] Ibidem, p. 156, n° 72.

[3] Ordonnance de saint Louis, rapportée par Benedicti, sur le chapitre Raynutius, cité par Loiseau, ibid., n° 75. — Sic : « Si quis Bailliviam aut officium « aliud publicum, cum emolumentis justitiæ emerit, ne possit alii vendere aut « subarrentare. »

« avoit mis ses bailliages et prevostez à ferme, *dont plusieurs estoient*
« *deshéritez* [1]. »

Disons plutôt que ce pape ne pouvait pardonner à saint Louis
d'avoir maintenu les libertés de l'église gallicane par sa fameuse
ordonnance connue sous le nom de Pragmatique sanction.

Puisque nous avons parlé ci-dessus, incidemment, des États généraux en France, cela nous ramène à mentionner ici les circonstances
dans lesquelles le *ministère du notaire* était requis.

D'abord, rappelons-nous que les cahiers de doléances, présentés
à ces États, n'étaient autres que la compilation des différents mémoires, en forme d'instructions, fournis par les assemblées particulières et préliminaires des bailliages de premier et de second ordre,
des vicomtés, des villes [2] et des villages mêmes; le tout combiné de
manière à produire, en chaque ordre, une ou plusieurs élections
définitives [3] pour la grande députation, auxquelles concouraient, *par
forme de double vote*, les délégués ou députés spéciaux des diverses
localités.

Dans les villages où il n'y avait pas de justice, soit royale, soit
seigneuriale [4], c'était *le notaire du lieu qui dressoit le procès-verbal
de l'assemblée* qui se tenait communément à l'issue de la messe paroissiale ou des vêpres, *au porche, et devant la place de l'église,
après annonces faites tant au prône qu'à son de trompe, et cri public*, en vertu d'ordres supérieurs.

[1] Ibidem, n° 77.

[2] Quant aux villes principales, leurs assemblées particulières, présidées
tantôt par le maire, tantôt par le bailli ou son lieutenant-général, avaient lieu
ès-chambres appelées *de l'Échevinage* ou *Hôtel-de-Ville*. Après les officiers
municipaux et les délégués de chaque paroisse, siégeaient les *notaires*, *procureurs*, médecins et autres, chargés de la rédaction des mémoires qui intéressaient leur ordre. Puis venaient les députés des arts et métiers, etc.
     (*Etats généraux en France*; édition de 1789, t. Ier, p. 82.)

[3] D'après le tableau joint aux Pièces justificatives des États généraux,
1re partie, édition de 1789, l'on voit que, dans ceux qui furent tenus à Blois
pendant les années 1576-1588, sous le règne d'Henri III, et à Paris, en 1614,
sous le règne de Louis XIII, le bailliage de Rouen fut représenté ainsi successivement, par un, trois et deux députés pour le Clergé;
          par un seul, pour la Noblesse;
          et par trois, un et trois, pour le Tiers-État.

[4] Ibid., 1re partie, p. 59.

Ce procès-verbal, ouvert à *tous les manants et autres habitants* de la paroisse, pour recevoir leurs plaintes, était signé par un certain nombre d'entr'eux, par leur syndic, ou *par le notaire*, qui, lui-même, était le plus souvent délégué par eux, pour porter, avec le membre qui lui était adjoint, le mémoire de griefs à l'assemblée du bailliage intermédiaire ou supérieur, dont ils relevaient, afin de les faire comprendre dans le travail collectif de compilation qui s'y élaborait.

Ce délégué, avec les représentants des autres communautés d'habitants, concourait à la nomination d'un ou de plusieurs députés, soit pour le bailliage principal, soit pour les États généraux. On peut lire, notamment sous les n°s 42 et 43 de l'ouvrage précité (p. 99 et 101, aux Pièces justificatives), deux procès-verbaux *notariés* qui retracent ces faits en l'année 1614.

Observons en passant que les vœux qui y sont énergiquement exprimés [2] prouvent que l'esprit de liberté n'est pas jeune en France.

Mais ce n'est pas assez de considérer les attributions des notaires ou tabellions, il faut aussi parler des mesures qui furent prises pour conserver leurs actes et en assurer la date par la transcription et le contrôle.

Par suite des modifications et innovations relatives à l'exercice du tabellionage de la vicomté de Rouen, divers registres s'étaient trouvés répartis et oubliés dans les mains de tabellions qui avaient anciennement exercé cette fonction, soit comme *propriétaires*, *adjudicataires ou commis*, soit dans celles de leurs héritiers; aussi, notre célèbre président Claude Groulard, qui veillait à l'intérêt public, fit rendre un arrêt par la cour du Parlement, le 5 juin 1598, qui enjoignit à tous détenteurs de minutes de contrats, de les déposer en l'une des voûtes du Palais de Justice, pour y être conservées avec soin et demeurer à la garde des deux plus anciens tabellions, Christophe Mercadé et Jean Lambert, ce qui continua d'être exécuté jusque vers la fin du xviie siècle.

[2] Ibid. Notamment au cahier du village de Blaigny, en 1576 (bailliage de Troyes).

Déjà, à cette époque, régnait ce vieil adage en matière d'impôts.

« Ce que le peuple a advisé
« Soit du monarque autorisé. »

(*Recueil* de Girard et Néron, t. 1er, p. 514.)

C'est à la sagesse de cette mesure prise en renouvellement de celle qui avait été ordonnée par arrêt de la même cour, le 22 janvier 1574, qu'est due en grande partie la conservation de nos anciens actes notariés, dans l'étendue du moins de notre ancienne vicomté [1].

Pourquoi faut-il qu'une disposition reconnue si sage, et si longtemps suivie, ait cessé d'être obligatoire ! Plus tard, on reconnaîtra la nécessité d'établir un dépôt central pour les actes notariés, comme par le passé, au fur et à mesure qu'ils s'éloigneront de plus de 60 ans. Autrement il serait à craindre que les anciens registres des prédécesseurs d'un notaire ne fussent plus tard relégués par celui-ci dans un lieu impropre à leur conservation, dans le but unique d'éviter l'encombrement et de faire place à ceux de l'exercice courant.

C'était pour rendre impossible toute antidate dans les actes reçus par les tabellions, que la transcription s'en opérait sur les grands registres. Aussi voyons-nous chez nous *ces transcrits* cesser vers la fin du xvie siècle, après la création du contrôle de titres ordonné par Henri III.

Quoique l'édit de ce roi eût été rendu dès le mois de juin 1581, il resta sans exécution jusqu'au moment où Henri IV le fit revivre pour la Normandie seulement, par son édit du mois de juin 1606 [2]. De 1607 à 1685, les registres du contrôle (sauf diverses lacunes) ont été conservés avec soin ; et, en l'année 1770, ils furent transportés du bureau des Finances où les notaires tenaient leurs assemblées, en l'une des voûtes du tabellionage de Rouen, sous le Palais de Justice, où ils n'ont plus formé qu'un seul et même fonds avec cet établissement ;

---

[1] Il ne paraît pas que l'on apportât le même soin ailleurs, car nous lisons dans le cahier de *Remontrances du Clergé à l'occasion des États généraux de* 1614 (art. 256, t. IV, édition de 1789), ce qui suit : « Il se perd beaucoup de « titres *par le décès des greffiers et notaires ignorants, et par le mauvais ménage* « *de leurs vefves et héritiers.*

« Les Estats ont estimé à propos supplier vostre Majesté qu'après le décès des « dits notaires, leurs vefves, héritiers et leurs tuteurs seront tenus mettre au « greffe du bailliage dont ils ressortissent, *copie de leurs registres* et protocoles « signez d'eux et de leur greffier, avec certification que leurs minutes originales sont en leur possession. »

[2] Voir le préambule de l'Édit de Louis XIV, du mois de mars 1693, au *Recueil des Édits*, t. II, p. 378.

par la raison sans doute que les tabellions avaient réuni à leurs offices celui de contrôleurs de titres, comme à Paris [1].

Le contrôle consistait alors *à grossoyer* l'expédition de l'acte notarié sur de gros registres en papier.

En donnant une date plus certaine à l'acte, il avait surtout pour effet « *d'assurer la priorité d'hypothèque, sans que le contrôle fût* « *nécessaire pour la translation de propriété* [2]. »

Mais, comme il ne s'appliquait pas aux sentences et arrêts de justice [3], il en résultait que les actes et obligations *reconnus judiciairement n'avoient pas besoin d'être contrôlés.*

Alors, tout se bornait, à l'audience, à une simple mention de lecture portée sur le plumitif. Cet errement était suivi notamment pour les contrats de mariage et les actes sous seing privé.

Mais il avait cela de fâcheux dans la pratique des affaires, qu'il détournait les parties de déposer leurs actes chez les notaires; ce qui prive encore aujourd'hui les familles de recourir à ces titres pour y rechercher des documents précieux en matière de succession ou de propriété.

Ce fut sans doute pour obvier à ces inconvénients que le contrôle pour les actes notariés et pour les actes sous seing privé, fut rendu obligatoire en France par édits de Louis XIV, en date du mois de mars 1693 [1] et du 14 juin 1699.

Nous trouvons qu'en 1664, le 26 juin, il fut encore passé bail devant les notaires royaux du Châtelet de Paris, à M° Pierre Maurice, *du tabellionage de Rouen et des six sergenteries;* puis, l'année suivante, l'une de celles-ci, le notariat de Saint-Georges fut sous-loué à un sieur Delavigne.

Quant à l'usage du papier timbré en France, ce fut en 1673 que, par une déclaration de Louis XIV, du 22 avril, le *formule imprimé* fut taxé au droit de 12 deniers la feuille pour les actes des notaires tabellions, *tant royaux* que seigneuriaux.

Le jurisconsulte Houard, au mot FORMULE, dit : « qu'à l'imitation des

---

[1] Louis XIII créa un contrôleur à Paris, par édit du mois de juin 1627; il en réunit ensuite les fonctions à ceux des notaires de cette ville.

(Berge, *Sur le Notariat*, p. 70.)

[2] Préambule de l'édit du mois de mars 1693.

[3] Houard, verbo CONTROLE, p. 373.

[4] *Dictionnaire de Droit*, par Ferrière, V° CONTROLE, p. 404.

6

« pays où *le droit romain étoit en vigueur*[1], la France, en 1655,
« adopta l'usage du papier timbré et des parchemins timbrés. »

Qu'alors il en ait été ainsi pour le Midi de la France, soumis à l'influence du droit écrit, nous le comprenons facilement ; mais, en Normandie, le papier timbré ne fut employé, pour les registres des notaires, que peu de temps après l'ordonnance de Louis XIV, en 1673[2].

On désignait aussi le papier timbré sous le nom de *formule*, comme aujourd'hui, parce qu'à l'époque où cette ordonnance parut, il fut débité des feuilles de timbre avec *la formule préparée* pour les actes les plus usuels et les moins importants ; et, quoique cet usage ne tardât pas à cesser, le nom de formule n'en continua pas moins à désigner le papier timbré, comme terme synonyme.

Le papier timbré ne pouvait servir que dans la généralité dont il portait la marque, pour ne pas diminuer le revenu du fermier de chaque circonscription.

Ce fut encore en 1673 que le Roi, qui multipliait les charges ou offices pour se créer des ressources et des moyens de finances, établit, sous le titre de greffiers aux arbitrages, des officiers publics au nombre de six dans Rouen, auxquels il conféra le droit exclusif de dresser des compromis et d'écrire les sentences arbitrales dont ils resteraient dépositaires.

Ils avaient aussi le droit de recevoir des actes comme les notaires. C'était, comme on le voit, augmenter de fait le nombre de ces derniers et nuire à leurs offices ; « *ce qui n'en devoit pas moins être* « *observé, nonobstant clameur de haro et charte normande, car tel* « *est notre bon plaisir*[3]. »

---

[1] En effet, le timbre des actes était prescrit par l'empereur Justinien, comme moyen de prévenir les faux. — Nov. 44, *de Tabellionibus.*

[2] Actes des tabellions Liot et Gruchet, des 11 et 13 août 1673, etc., etc.

[3] Cependant, cette formule finale paraît avoir remplacé celle qui se mettait anciennement au bas des expéditions des lettres-patentes ; *Quia tale est nostrum placitum* (Loiseau, *Des Offices*, p. 291, et *Dictionnaire de Ménage*, Vᵒ PLAIDER), et qui jadis était le témoignage de la puissance législative du peuple, avant d'être l'expression de la volonté absolue d'un monarque (*Mémoires sur les États généraux*, p. 161, édit. de 1789) ; car, *placitum*, qui voulait dire aussi *le plaid*, se prenait dans l'acception *de statutum vel decretum.*

C'est ainsi qu'en Normandie on désigne encore comme *arrêt placité*, celui qui est rendu sur les conclusions conformes des parties (*in idem placitum*)

A ce style de l'édit, on reconnaît Louis XIV.

Néanmoins, ces fonctionnaires n'exercèrent que peu de temps leur office, du moins à Rouen, car leurs minutes n'y sont conservées que jusqu'en 1675.

Des lettres-patentes du Roi, en forme de déclaration, les supprimèrent dans le royaume, le 29 avril 1687.

Nous voici arrivés au fameux Édit du mois de juillet 1677, qui supprima les anciens notaires et tabellions, créés en Normandie, par le motif que « les fonctions du tabellionage n'étant commises qu'à « de simples fermiers et pour un temps déterminé, chacun d'eux re- « tenoit les minutes des actes qu'il avoit passés pendant son bail, et « négligeoit ensuite de les conserver, désordre qui se remarquoit « ordinairement en la province de Normandie. »

Nous ferons remarquer, en effet, à cette occasion, qu'il est souvent fort difficile, pour ne pas dire impossible, de retrouver les minutes des actes émanés même des notaires royaux, dans les localités étrangères à la vicomté de Rouen.

Pour obvier à ce désordre, et en même temps comme ressource de finances, Louis XIV créa des offices *de notaires gardes-notes*, au nombre de douze, non plus comme *fermiers ni commissionnaires*, mais comme *véritables titulaires*, pour avoir soin de leurs minutes, et « les transmettre à leurs successeurs, avec pouvoir, aux notaires de « Rouen qui seront établis à ces offices, de passer et recevoir tous « actes et contrats, tant dans cette ville que dans les autres lieux où « ils seroient requis de se transporter, et même d'y faire les inventaires « de biens, titres, lettres et écritures, à l'exclusion des huissiers et « sergents, et de tous autres officiers et ministres de justice. »

Cet Édit se termine par le mandement fait à la cour du Parlement et à la cour des Aides, « de le publier, *registrer*, et faire observer, « nonobstant tous usages et règlements contraires. »

Quoi qu'il en soit, la clameur *de haro* était trop chère aux Normands, pour qu'elle ne fût pas invoquée dans cette circonstance par les officiers préjudiciés ou dépossédés par cet Édit. Aussi, la communauté des notaires et tabellions royaux de Rouen, auxquels les motifs de l'Édit paraissaient injustes et inapplicables, puisqu'ils avaient, depuis long-temps, exercé en commun leurs fonctions, sans avoir trop négligé de déposer leurs minutes à la voûte de la cour, se plaignaient-ils hautement des innovations introduites par cet Édit, qui leur imposait de nouveaux sacrifices.

A ces justes plaintes venaient se joindre les clameurs des huissiers, sergents royaux, *priseurs inventairieurs* de biens-meubles, lettres et écritures, et autres vendeurs de biens-meubles en la ville et banlieue de Rouen : c'était à ne plus s'entendre ! Aussi la cour des Aides ne se pressa-t-elle pas d'enregistrer cet Édit ; mais, sur les conclusions du procureur-général, « *et tout considéré*, la Cour or- « donna que les pourvus de nouveaux offices seroient tenus, *sous* « *le bon plaisir du Roi*, de présenter leurs titres de provision à la « cour ; et, sur lesdites oppositions, renvoya les opposants *se pour-* « *voir par devers sa Majesté.* » C'était, en d'autres termes, reconnaître sa propre impuissance ; et, d'ailleurs, le moyen de faire autrement avec un monarque qui pouvait dire : *l'État, c'est moi !*

Ainsi donc, l'Édit royal de 1677, en supprimant les tabellions établis en la province de Normandie, y créait des offices [1] de notaires gardes-notes, savoir : « douze en la ville de Rouen, quatre en chacune « des autres villes où il y avait présidial, deux en chacune des autres « villes où il y avait siège de bailliage, vicomté, élection ou grenier à « sel, et un dans chacune des paroisses de cette même province, avec « attribution de vingt sols pour chaque peau (une feuille de deux rôles) « de parchemin, de droit de maître clerc parisis, avec quart en sus », indépendamment des autres droits dont jouissaient les anciens tabellions, et avec exemption de collecte, de tailles, autres impositions et autres charges personnelles, telles que tutelles et curatelles, etc.

Pour tempérer ce que cet Édit avait de rigoureux pour les notaires de Rouen, le conseil d'État rendit un arrêt le **23 octobre 1677**, à

---

[1] « Les offices des notaires royaux furent créés, dans la province de Normandie, avec des arrondissements fixes, et leurs fonctions furent réglées par édits des mois de juillet 1677, juin 1685, mai 1686, et par déclarations des 11 décembre 1703 et 23 août 1704.

« Ils n'y furent pas en trop grand nombre, puisqu'à Évreux, à Valognes, et même à Caen, chef-lieu de Généralité, *il n'y eut qu'un seul titre d'office.*

« On y suppléait en faisant recevoir des commis sur des commissions du grand sceau.

« Toutes les minutes des actes étaient reliées en registres cotés et paraphés par le premier juge du bailliage, et ces registres devaient être représentés aux assises. » (*Dictionnaire des Domaines*, V° NOTAIRE, t. III, p. 28, édit. de 1762.)

l'effet de faire jouir les nouveaux titulaires des mêmes droits que ceux attribués aux notaires gardes-notes royaux de la ville et faubourgs de Paris. — Puis, par un autre arrêt du même conseil, à la date du 8 janvier 1681, il fut fait un règlement de droits au profit des notaires gardes-notes de Normandie, ou des fermiers commis et préposés à l'exercice des offices.

Il fut notamment attribué trente sols par heure au notaire qui vaquait *en dehors de son étude ;* dix sols pour chaque rôle de délivrance de grosse, et cinq sols pour chacun des petits actes en brevet.

Tous ces beaux avantages ne séduisirent pas tous les notaires alors en exercice ; car nous les voyons résister par force d'inertie, sans doute aussi faute de moyens pécuniaires suffisants pour acquitter les nouvelles charges.

Ce qui le donnerait à penser, c'est qu'à dater de cette même époque 1677), le notariat fut administré *en régie* pour le compte du Roi, pendant l'espace de dix ans, et que, parmi les vingt-sept officiers qui l'exercèrent, nous ne comptons que cinq des anciens tabellions.

Peut-être faut-il aussi admettre que plusieurs de ces anciens notaires furent éliminés par suite de la déclaration du Roi, du 15 juin 1682, qui excluait de toute fonction publique ceux de la religion prétendue réformée. — Tristes pronostics de la révocation de l'Édit de Nantes, qui devait affliger la France trois années après, et porter un coup si funeste à son industrie !

Enfin, au mois de juin 1685, le roi rendit un édit pour distraire *de la ferme générale de ses Domaines* les offices de notaires gardes-notes de Normandie, et voulut que ceux qui en seraient pourvus en jouissent *à titre d'hérédité,* conformément à l'édit du mois de juillet 1677.

Une des conséquences de cette hérédité établie dans *les offices domaniaux,* fut de les faire considérer *comme immeubles fictifs,* et, comme tels, sujets à *retrait et réméré,* principe qui avait déjà été invoqué et admis en justice, pour le tabellionage d'Yvetot.

Au mois de mai 1686, autre édit qui oblige les notaires de Normandie à faire bourse commune de la moitié des droits à eux attribués ; ce fut sans doute cette mesure qui les mit à même de soumissionner les douze offices de la ville et banlieue, et des six sergenteries de Rouen, au prix de 13,000 livres. Le traité en fut signé à Paris, le 6 août 1687.

En exécution de cet accord, les notaires pourvus le 13 septembre suivant, levèrent leurs charges, dont la finance fut fixée pour chacun d'eux à 10,833 livres 6 sols 8 deniers.

C'est à partir de cette époque qu'ils ont conservé les minutes et registres de leur exercice particulier, et ont été autorisés à ne plus les déposer au dépôt central du Palais de Justice.

Cet ordre de choses a continué jusqu'à nos jours, pour ce qui concerne Rouen, mais s'est seulement arrêté vers l'époque de notre première révolution, pour ce qui concernait les six sergenteries, comme nous allons l'expliquer un peu plus bas.

Enfin, au mois de juillet 1690, intervint un édit du Roi portant nouvelle confirmation d'hérédité pour tous les officiers du royaume.

Les notaires de Rouen, désireux en outre d'étendre leurs droits et priviléges, obtinrent du clergé diocésain de Rouen le droit de réunir à leurs offices ceux de *notaires royaux apostoliques*, moyennant la somme de *quatre mille livres*, pour passer les actes en matière ecclésiastique et bénéficiale. Le traité fut passé le 8 décembre 1693, devant Servant, notaire au Pont-Saint-Pierre, et fut homologué à Versailles par lettres-patentes du mois de juillet 1700.

Nous trouvons qu'en la ville du Havre, en l'année 1720, les notaires Dorey et Costey se qualifièrent de garde-notes du roi, de notaires apostoliques, et, de plus, du *grenier à sel*, et d'*arpenteurs royaux*.

Déjà, même quelques années auparavant, les notaires avaient obtenu de Louis XIV le droit de faire la lecture des contrats de ventes d'immeubles, à l'issue des messes paroissiales, à l'exclusion des curés et vicaires. Ne serait-ce pas aussi pour la facilité de ces sortes de publications, d'ailleurs étrangères au culte, ou pour annoncer l'ouverture des assemblées locales et préliminaires en vue des États généraux, qu'à l'extérieur de quelques églises de France, notamment en la ville de Saint-Lô, une chaire en pierre aurait été établie ?

Indépendamment des charges qui pesaient sur les notaires, ils étaient assujettis au paiement du droit de confirmation pour leurs droits et priviléges, qui avait lieu à l'occasion de l'avènement du Roi, paiement qui fut effectué en 1723, lors du sacre de Louis XV, comme cela s'était pratiqué à l'avènement de François Ier, ainsi que nous l'avons déjà dit [1].

[1] *De la Souveraineté du Roi*, t. 1er, p. 159.

Et cependant, l'année précédente, une déclaration du 9 août portait rétablissement du droit annuel des offices[1] et charges, qu'un arrêt du Conseil, rendu le 29 mai 1725, fixa à 25 livres quant au droit annuel, et à due proportion quant au prêt.

Nous trouvons même qu'en 1729, il fut acquitté, en outre, 2 sols pour livre par les notaires de Rouen, en supplément du droit de confirmation ci-dessus, autrement dit *le joyeux avènement du Roi*, impôt qui n'avait alors, comme on le voit, rien autre chose de récréatif que le nom ; car, l'année précédente, les notaires avaient acquitté, pour la même cause, une somme de 2,370 livres 7 sols.

Si l'idée de *joyeux avènement* repousse naturellement celle d'une nouvelle imposition ou surcharge, parce qu'en effet, dans les premiers temps de la monarchie, nos rois, au début de leur règne, accordaient gratuitement toutes sortes *de joyeusetés* et priviléges aux diverses communautés laïques, ecclésiastiques ou politiques, en retour aussi des dons volontaires offerts par celles-ci au Roi, même annuellement, ainsi que cela se pratiqua en l'an 864, à l'égard de Charles-le-Chauve étant à Pîtres (Pistæ) sur Andelle, près Rouen[2], où ce prince avait fait bâtir une forteresse pour s'opposer aux courses des Normands (hommes du Nord), disons toutefois que cet impôt ne fut, plus tard, établi par François Ier, en 1515, et plus amplement, dans la suite, par Louis XV, suivant sa déclaration précitée du 27 septembre 1723, que comme une conséquence de la confirmation des droits, priviléges et avantages accordés à tous les officiers de judicature, police et finances, ainsi qu'aux diverses communautés, jurandes, maîtrises, échevinage et autres.

Seulement, cette imposition eut cela de fâcheux, qu'elle contribua à perpétuer des abus qui, sans elle, eussent été sans doute révisés, restreints ou abolis au renouvellement de chaque règne, parce qu'en effet les priviléges et immunités n'étaient réputés accordés ou confir-

---

[1] Cette annuité était payée au roi par certains officiers publics, pour conserver leur office à leur succession. Ce droit s'appelait aussi *la Paulette*, du nom de celui qui, sous le règne de Henri IV, donna l'avis à ce prince de l'établir, ce qu'il fit par un édit du 12 décembre 1604. (*Dictionnaire de Droit*, p. 370, Vº DROIT ANNUEL, édit. de 1717.)

[2] Continuation des *Annales de Saint-Bertin*, citées par l'abbé Le Bœuf, t. II, p. 254, Vº DONS ANNUELS.

més que pour le temps de ce règne, et nullement au préjudice des droits de la couronne, lesquels se transmettaient intacts. C'est ce qui nous explique l'existence, dans nos archives, de ces transcriptions successives de chartes et priviléges dont les *vidimus*, certifiés par des tabellions, étaient l'objet d'une simple mention sur leurs grands registres.

Quoi qu'il en soit, c'est en conséquence de l'état de choses ci-dessus que nous voyons les notaires de Rouen confirmés par arrêt du Conseil, du 19 avril 1734, dans le droit d'établir et de préposer des commis-notaires dans les six seigneuries de la vicomté de Rouen, qui étaient Saint-Victor, Pavilly, Saint-Georges, le Grand-Couronne, Pont-Saint-Pierre et Cailly, avec les paroisses de leur circonscription.

L'exercice de ces sous-notariats était mis en adjudication pour un temps déterminé, comme pour la location d'un immeuble, et les minutes des actes reçus par des commis-tabellions adjudicataires, étaient rapportés au dépôt central des actes, connu sous la dénomination de *Voûtes du Palais de Justice,* où elles sont encore; mais ces *committimus* devaient être visés en la grande chancellerie.

Basnage (t. II, p. 420), observe *qu'en Normandie* l'on ne faisait aucune différence entre les notaires et les tabellions, quoiqu'en France ces offices fussent distingués, et que la fonction des tabellions consistât à enregistrer et à grossoyer les actes et contrats passés devant notaires, ce qui concorde, d'ailleurs, avec ce que nous dit Terrien [1], notre plus ancien commentateur normand : « que, sous l'office du « tabellion, est compris l'office de notaire. »

Aussi définit-il les tabellions : « *des juges chartulaires établis à* « *recevoir les obligations et contrats, et à en délivrer lettres en forme.* » Nous ajouterons : et en outre à *vidimer* les actes, c'est-à-dire à collationner une copie avec le titre original représenté, et à certifier authentiquement qu'elle lui est conforme. Mais la transcription, ou vidimus de l'acte, dont l'original restait aux mains des parties, sans porter minute, devait être scellé par le garde du scel des obligations de la vicomté, comme complément d'authenticité.

C'est à cette sage mesure que l'on doit la conservation de copies précieuses qui consolent de la perte des originaux, puisque leur

---

[1] Liv. 7, au *Préambule des Obligations*, édit. de 1574, à Rouen.

teneur se trouve fidèlement reproduite plusieurs fois. De ce nombre est la lettre de sauf-conduit accordée pour un an par Charles VII, roi de France, à Hugues d'Orges, archevêque de Rouen, délivrée à Dijon le 3 mai 1432, à la relation de son conseil, où étaient « le « *sire de la Trimolle*, *Christophe de Harcourt*, maistre Jehan Raba- « teau et autres, portant permission à ce prélat de voyager avec qua- « rante personnes de sa compagnie, armées ou non armées et à « cheval, emportant bagages, vaisselle d'or, joyaux, lettres, habil- « lements, etc., par tous les lieux du royaume, où protection leur « sera donnée, sauf à laisser visiter les malles et bahuts à l'entrée « des bonnes villes fermées de l'obéissance du Roi, sans que l'occasion « de la guerre soit préjudiciable au dit archevêque et à sa suite, etc. »

Cette pièce, qui est déposée dans nos Archives départementales, et qui fut vidimée le 12 juin 1432, par Toutain Pinchon, garde du scel des obligations de la vicomté du Pont-de-l'Arche, à la relation de Jean Delestre, clerc, tabellion juré par le Roi, en la vicomté et siége de Louviers, où l'original de sauf-conduit, scellé en *simple queue de cire jaune*, fut représenté, prouve évidemment que l'archevêque, fidèle à la cause de son Roi, fuyait la domination anglaise, qui, l'année pré- cédente, avait fait périr à Rouen, sur un bûcher, la Pucelle d'Orléans, en expiation de ses victoires.

On nous pardonnera cette petite digression, parce que l'acte, dont la forme rentrait d'ailleurs dans notre appréciation, nous a ré- vélé, par induction, ce fait important ; c'est que le digne archevêque Hugues d'Orges (et non pas d'Alorges, comme le nomme à tort Dadré ¹), ne participa ni directement ni indirectement à la monstrueuse procédure qui fit périr notre héroïne ; événement qui eut vérita- blement lieu pendant la vacance du siége. Ce qui vient confirmer à cet égard le témoignage de dom Pommeraie.

Mais reprenons notre sujet. Les notaires, malgré la séparation de leurs charges, en 1687, n'en continuèrent pas moins de former corps et collége entr'eux, pour s'entendre sur leurs intérêts généraux ou sur les mesures disciplinaires.

Ils s'assemblaient tous dans un lieu commun, ainsi que le faisaient les procureurs dans la grande salle du Palais, à Rouen, où chaque procureur avait son banc ou bureau particulier.

¹ En son *Histoire des Archevêques*, édit., à Rouen, de 1618.

La loi du 6 octobre 1791 est venue supprimer tous les offices de notaires, tabellions, gardes-notes et autres, pour remplacer ces derniers par des notaires publics, dont les fonctions et les devoirs ont été déterminés par la loi du 25 ventôse an XI.

Jusqu'ici, nous avons plutôt passé en revue les différentes phases que le tabellionage a subies dans son organisation, que nous n'avons parlé de l'accroissement successif de ses actes et de leur importance selon les temps.

Cependant, ce dernier point a aussi son intérêt ; car le mouvement des transactions est subordonné *à celui de la population*, conséquence elle-même du progrès plus ou moins lent de nos institutions, et surtout du bien-être de la vie sociale, qui résulte principalement de la paix, de l'ordre et de la liberté, sur lesquels se fonde le commerce.

Mais d'abord, quant à la population, nous ne pouvons guère en apprécier le chiffre qu'approximativement, surtout lorsqu'il s'agit de remonter à une époque reculée.

Quoi qu'il en soit, nous possédons aux Archives du département deux documents importants qui peuvent nous servir de jalons à partir du milieu du xiiie siècle jusques au commencement du xviiie siècle.

Le premier est la copie du Pouillé du célèbre Odon Rigault, archevêque de Rouen, du temps de saint Louis, lequel n'est autre que la statistique des églises de Rouen, au nombre de trente-trois, et du diocèse, dressée *vers le milieu du* xiiie *siècle*[1], contenant, outre le revenu affecté à chaque paroisse, le relevé exact de la population (communiante[2]), sous la désignation *de Paroissiens*, équivalente, en général, d'après Farin[3], à celle de *Feux*, ou de CHEFS DE FAMILLES, selon M. Chéruel, ce qui revient au même.

Ce dernier auteur, qui donne un extrait détaillé de ce Pouillé, quant

[1] C'est-à-dire de 1248 à 1252, d'après la remarque judicieuse de M. Bonnin, d'Évreux, tirée implicitement des énonciations de l'article relatif à l'église *Sancti-Leodegarii de Menillo* (au Doyenné de Chaumont, Vexin français), dans le manuscrit original déposé à la Bibliothèque royale.

[2] Voir les savantes observations de M. A. Le Prevost, membre de l'Institut, qui servent de préliminaire à sa récente publication des *Pouillés du diocèse de Lisieux*, et si utile à ceux qui s'occupent, comme nous, de l'étude du moyen âge. Nous sommes heureux de pouvoir le remercier ici de l'obligeance qu'il a mise à nous adresser cette publication.

[3] *Histoire de Rouen*, t. II, p. 252, édit. de 1668.

aux paroisses de notre ville, s'exprime ainsi à cette occasion dans son intéressante *Histoire Communale* (T. Ier, p. 284 en ses notes) :

« Si l'on estime que les familles étaient alors de *cinq membres*[1], on « trouvera environ 40,000 ames. Qu'on y ajoute le clergé séculier et « régulier, alors si nombreux, les vassaux des abbayes, les juifs encore « tolérés à Rouen à la fin du xiiie siècle, et l'on pourra, sans exagéra- « tion, porter à 50,000 ames la population de Rouen à cette époque. »

Quant au second document (1701 à 1707), c'est une statistique manuscrite du diocèse, dressée sans doute d'après les registres de capitation, à l'occasion des droits de contrôle à percevoir par le greffier-notaire, comme conservateur des registres de baptêmes, mariages et sépultures, pour les paroisses de Rouen, alors encore au nombre de trente-trois, et en outre pour celles *de Saint-Cande-le-Vieil* ou *le Vieux*[2], *de Saint-Gervais et de Saint-Paul-lès-Rouen*.

Il en résulte que le nombre de feux pour les trente-six paroisses s'élevait à 13,235.

Si donc, par chaque feu, on désignait cinq personnes, comme il est rationnel de le supposer, nous trouverions que la population de Rouen, surtout après la sortie des religionnaires par suite de la malheureuse révocation de l'Édit de Nantes, ne s'élevait guère alors à plus de soixante-six mille ames, abstraction faite aussi du personnel des hôpitaux et du clergé régulier.

[1] En ce nombre, il nous paraît comprendre *les adultes* et *non adultes*, car, autrement, si, d'après l'auteur du *Pouillé de notre diocèse* (édit. de 1738, p. 147), on ne comptait ici que trois ou quatre communiants pour chaque feu, on n'obtiendrait pas la généralité de la population.

Aussi nous paraît-il nécessaire, pour la saine appréciation d'un titre, de considérer les fins qu'il se propose sous le rapport ecclésiastique ou civil, car les conséquences peuvent varier, dans l'un ou l'autre cas, d'une manière plus ou moins restrictive.

[2] L'église collégiale et paroissiale de Saint-Cande-le-Vieil (alors au bas de la rue du Bac et près de la place Gaillarbois), était jadis la chapelle de nos premiers ducs, lorsqu'ils résidaient en la place qu'on appelle maintenant la *Haute et Basse-Vieille-Tour*.

Elle ne dépendait d'aucun diocèse, et relevait immédiatement du pape; c'est pourquoi elle était dite *Exemption*.

On donnait encore ce titre à l'église Saint-Gervais hors ville, comme membre de l'abbaye de Fécamp, et à l'église Saint-Paul, comme dépendance de l'abbaye de Montivilliers. (Farin, t. II, 228.)

Cette évaluation diffère peu de celle que nous en donne le comte de Boulainvilliers, dans son ouvrage sur l'état de la France (t. 4, p. 9), d'après l'extrait du mémoire de M. de la Bourdonnaye, intendant de notre ancienne généralité, dressé en 1700 et 1701 (p. 28, ibid.), sur l'ordre du duc de Bourgogne.

Quoique ce mémoire soit en général accusé de certaines inexactitudes par notre auteur, voici cependant ce que nous y lisons quant à la capitale de la Normandie : « Le nombre des habitants de Rouen « était autrefois de plus de quatre-vingt mille personnes, mais la « guerre, la misère et la mortalité, jointes à la sortie des religion- « naires, l'ont réduit à moins de soixante mille. »

D'après la remarque qui précède, peut-être doit-on supposer qu'il y a eu aussi inexactitude dans ce dernier chiffre, ne fût-ce qu'à dessein de faire alléger les charges et impositions qui pesaient alors sur notre ville ; mais, quoi qu'il en soit, cette évaluation, rapprochée de celle que nous tirons de l'état *des feux* à la même époque, nous fournit un renseignement assez curieux.

En tout cas, il serait difficile d'établir une base certaine de population d'après les registres des paroisses de cette époque, parce qu'indépendamment des lacunes qu'ils offrent, on n'y trouverait pas, avant ou depuis, les actes de mariage ou de décès des familles protestantes, puisque ces registres n'étaient guère destinés qu'aux paroissiens laïques et catholiques. Force est donc bien de se contenter ici d'évaluations approximatives.

Mais, si la population influe notablement sur le nombre des actes, il faut encore qu'elle puisse acquérir et posséder avec sécurité ; en un mot, que la paix et le commerce, comme nous l'avons dit, lui en facilitent les moyens.

Aussi n'est-ce guère qu'au moment où Henri IV pacifie la France, en favorisant le commerce et l'agriculture, appelés avec tant de raison, par son digne ministre Sully, *les deux mamelles de l'État*, que nous voyons les transactions et les actes notariés augmenter dans la proportion d'un quart.

Puis, sous son successeur, la progression est du double, parce que, si les rênes de l'État sont flottantes entre les mains de Louis XIII, ce roi les confie du moins à des mains plus fermes, au cardinal de Richelieu, ministre qui règne pour lui, et fait, par son génie, fleurir à la fois les arts, le commerce et l'industrie ; heureux préludes du règne de Louis XIV.

Enfin, sous ce dernier monarque, le nombre des actes augmente encore sensiblement, parce que sous lui tout est grand.

Toutefois, cette progression n'excède pas à Rouen un cinquième ; mais, après l'année 1685, elle semble s'arrêter, comme conséquence de la perturbation opérée dans les rapports civils par la fatale révocation de l'Édit de Nantes.

Après l'année 1687, nous ne sommes plus à même de suivre au juste la marche progressive des actes, parce qu'à cette époque chacun des douze notaires commence à conserver, en son étude, les actes qu'il y reçoit ; mais nous pouvons dire, en général, que le développement des actes suit de plus en plus le mouvement de la société dans toutes ses phases.

De nos jours, on peut facilement se rendre compte de cette fluctuation en France, du moins pour les quatre dernières années, en consultant le compte général de M. le ministre de la justice, présenté au roi le 15 mai 1846 [1].

Après avoir énoncé que le nombre des notaires, en France, s'élevait à 9,852, et que leurs actes, dans cette période de temps, offraient en somme une augmentation de 203,089, il termine ainsi : « Le « rapport du nombre des actes notariés à la population, est, pour « tout le royaume, d'un acte par dix habitants environ, ou cent quatre « actes pour mille habitants.

« Ce rapport s'élève ou s'abaisse suivant les départements ; ainsi, « on a, en 1844, un acte par moins de six habitants dans l'Indre, « Indre-et-Loire et la Corrèze, — par moins de sept habitants dans « Loir-et-Cher, Tarn-et-Garonne, le Puy-de-Dôme, la Creuze ; — par « moins de huit habitants dans la Dordogne et la Sarthe.

« On a, au contraire, pour un acte notarié, quarante habitants dans « la Corse, vingt-quatre dans les Landes, seize dans l'Ille-et-Vilaine, « quinze dans les Côtes-du-Nord, le Finistère, le Morbihan, les Hautes- « Alpes et les Vosges.

« Ces divers départements présentent ainsi, tous les ans, un nombre « proportionnel d'actes notariés, très élevé dans les uns et très faible « dans les autres. »

[1] Archives du département.

On voit qu'en tout temps les mêmes causes ont produit les mêmes effets, et quel fruit on peut tirer de l'histoire !

Il nous reste à nous occuper des principaux caractères internes ou externes des anciens actes du tabellionage, comme étude comparative de mœurs, et aussi des *droits et priviléges* dont jouissait autrefois la corporation des notaires. Ce sera la matière de notre seconde partie.

TABELLIONAGE ROYAL.

DEUXIÈME PARTIE.

Des principaux caractères internes ou intrinsèques des actes[1].

I. — Prénoms et Surnoms.

Dans le xiv° siècle, et jusque dans le xvi°, il est à remarquer que les femmes mariées ne sont généralement qualifiées que par leur seul prénom. S'il se rattache à celui d'un saint, il est féminisé. C'est ainsi que les prénoms alors usités de Guilmette, Collette, Jehanne, Michelle, Gillette, Jacquette, Philippote, et beaucoup d'autres de ce genre, sont évidemment dérivés de Guillaume, de Colin, de Jehan, Michel, Gilles, Jacques, Philippe, etc., etc. Puis viennent les prénom et nom du mari, qui est désigné en outre par un sobriquet ou par un sur-

---

[1] Par caractères *internes* ou *intrinsèques*, on entend toujours les caractères tellement inhérents aux chartes qu'ils se retrouvent même dans leurs copies ; comme le style, l'orthographe, les qualifications, etc. Dom de Vaines, *Dict. de diplom.*, t. I, p. 257.

nom [1], tiré soit de la localité où il possédait un fief ou un diminutif de fief, soit de son propre état physique ou moral [2], soit même de sa profession. Cet usage des surnoms régnait depuis longtemps aussi parmi les grands : *Robert*, l'aîné des fils de Guillaume-le-Conquérant, auquel il succéda en 1087, comme duc de Normandie, n'était-il pas surnommé *Courte-Heuse* (Courte-Botte), à cause de sa petite taille? et Henri Ier son frère depuis, duc de la même province, n'était-il pas dénommé *Beau-Clerc et le Lion* [3], comme réunissant *le savoir à la force?* Souvent même l'emploi des surnoms, dans le moyen-âge, tirait son origine d'une circonstance accidentelle, ou d'habitudes bizarres qui étaient stigmatisées par le ridicule. Ainsi, dans un diplôme de Thibault IV, comte de Champagne et de Blois (en 1138), on voit figurer un *Odo Pilans canem*, et un Robertus *Scandens in cœlum* (monte-au-ciel) [4].

C'est ainsi, en Normandie, que se perpétuent les noms de *Arnoul*, ou *Hernoux*, qui, dans l'origine, désignaient des maris *complaisants* ou malheureux, que, par une amère ironie, on disait être logés à

---

[1] Dans l'antiquité, les Latins avaient des surnoms, les Grecs et les Juifs en avaient aussi quelquefois, mais tous n'avaient qu'un nom. Jean Hardouin, *OEuvres choisies;* éd. de 1709, in-fol., p 359.

[2] Dans l'analyse des chartes du département du Calvados, donnée par M. L'Érhaudé d'Anizy, en 1834, dans les *Mémoires des Antiquaires de Normandie*, on trouve entr'autres les exemples suivants :

Guillaume *Coulafre* (le Glouton); charte de 1299, n° 199 de l'abbaye de Saint-Étienne de Caen.

Richard *Grasse fesse*, 1252; n° 211, abbaye d'Ardennes. Le sceau de sa fille porte pour légende : *Sigillum Mathildis filie Grasse-fesse.*

Jean Bon-OEil (*Bonus oculus*), 1258, n° 279; abbaye de Barberie.

Guillaume de Caude-Cottes (*de calidâ tunicâ*), 1248, n° 30; Lisieux, paroisse de la Basoque.

Hellas *Malusfiliaster* (Hélie Malfillâtre), gendre ou beau-fils (*filius alterius*), n° 1348; titre de 1215, prieuré de Plessis-Grimoult, paroisse Saint-Germain d'Elle.

C'est encore ainsi que Guillaume *le Sutor*, ou le Cordonnier, Raoul le Carpentar (charpentier), Jehan *la Heuse* (ou botte), et Le Hucher (menuisier), tirent leur nom de leur état d'ailleurs indiqué par les instruments qui figurent dans leurs sceaux privés. Ibidem; introduction, p. 31.

[3] M. de Wailly, *Éléments de Paléographie*, notice historique, t. I, p. 308.

[4] Saint-Nicolas, n° 1; *Archives de l'Aube;* rapporté dans le *Bulletin de la Société de l'Histoire de France*, n° 8; octobre 1848.

l'Hôtel Saint-Arnoult, « ejusmodi quippe hominum patronus dicitur *Sanctus Arnulfus*, In poëmate *de la Rose* [1]. »

En général, le sobriquet, comme l'observe un auteur estimable [2], n'est que la tradition vivante du passé ou d'un fait : « à la seconde, « à la troisième génération, à l'extension de la famille, au dévelop- « pement de la tribu, il fallut compliquer le nom de race pour le « rendre *individuel*, on l'accosta d'un nom d'alliance, d'un nom de « patronage, d'un nom de profession, d'un nom de résidence, ou « d'origine, du nom même de l'*accident qui caractérisoit l'homme* « *dénommé*, ou du fait qui le rendoit remarquable entre ses cognomi- « naux, on agit ainsi de temps immémorial dans toutes les méthodes, « car les hommes n'ont rien inventé de mieux. »

Successivement, lorsque les noms de familles nobles descendirent en roture, chacun, pour les relever, se qualifia, comme nous l'avons observé, du nom du plus petit fief qu'il avait acquis ou possédé. C'est ainsi que Thomas Corneille se qualifie dans ses actes de *sieur de l'Isle* [3], parce qu'il possédait un îlot près Orival, en aval d'Elbeuf-sur-Seine, auquel sans doute Molière fait allusion dans ces vers :

> Qui n'aya t pour tout bien qu'un seul quartier de terre,
> Y fit tout à l'entour faire un fossé bourbeux,
> Et *de Monsieur de l'Isle* en prit le nom pompeux !
>
> (*École des Femmes* ; acte 1er, sc. 1re.)

Cet abus de qualifications qui jeta et jette encore une grande con- fusion dans les familles, en mettant journellement en question leur

---

[1] Ducange, *Novum Glossarium*, t. I, livrais. 3, édit. 1848. Arnaldus sive Scortator, homme débauché, de rien. Glossaire de Roquefort, au mot HERNOUX, ou Arnoult, mari dupe et malheureux.

Nous avons encore à Rouen, au quartier de la Renelle, un hôtel qui a con- servé le nom de Saint-Arnoult.

[2] Charles Nodier ; *Notions de linguistique*, p. 230, édit. 1834.

[3] Contrat du 30 octobre 1686 ; *Archives du Tabellionage de Rouen*.

Dans un contrat passé au même Tabellionage, le 10 novembre 1683, notre Pierre Corneille, demeurant à Paris, qualifié de *sieur d'Anville* (ses lettres de noblesse avaient été enregistrées à la Chambre des Comptes de Rouen, le 20 mars 1637), alors représenté par Francoys *Le Bovyer*, sieur de *Fontenelle*, vend sa maison, sise paroisse Saint-Sauveur, à Dominique Sonne, chirurgien, à laquelle on désigne pour aboinant, *le sieur De Lisle-Corneille, frère du vendeur.*

identité après un certain laps de temps, se perpétua à un tel point que Louis XIII, dans son ordonnance du 13 janvier 1629, art. 211, enjoignit « à tous gentilshommes de signer *du nom de leur famille* « et non de celui de leurs seigneuries, en *tous actes et contrats* qu'ils « feroient, *à peine de nullité* desdits actes et contrats [1]. » Mais ce ne fut pas pour longtemps, car nous voyons Louis XIV, pour combler le déficit du trésor de l'État, épuisé par ses prodigalités et par la guerre, attacher la noblesse aux plus obscures fonctions, moyennant finance. Comment alors empêcher les vilains, autres geais de la fable, de se parer des plumes du paon !

II. — Noms propres.

En Normandie, les noms terminés en *i* sont assez rares. Ceux qu'on rencontre parfois dans les actes, au XIVe siècle, semblent s'appliquer plus particulièrement à des légistes, comme à Ysaac Gripeli [2], que nous avons déjà vu qualifié, à cette époque, de *conseiller ou d'avocat en cour laye*. Mais il est probable que ces juristes étaient la plupart originaires du midi de la France, où l'usage paraissait plus généralement établi et conservé de mettre au génitif le second des noms latins appartenant à la même personne dans le but sans doute de rappeler sa filiation [3]. Entr'autres exemples de cet usage, on peut citer les noms de *Jacobus Balduini*, fils de Balduinus, Franciscus, Cervotus et Wilhelmus Accursii, trois fils d'Accursius. Cependant, à Rouen, jusque dans le milieu du XVe siècle, dans les délibérations capitulaires de l'église Notre-Dame, nous retrouvons ces terminaisons. Ainsi nous voyons figurer « magistri Radulphi, « Regis, Philbertus *Furnerii*, Robertus Sutoris, Lucas *Anglici* [4] »; mais très souvent aussi le nom patronymique, au lieu d'être au *génitif*, est à l'ablatif, avec la préposition *de*, comme *Nicolaus de Bosco* et *Philippus de Rosâ*, etc., etc. [5] Ces deux derniers font partie de la

[1] Secousse; *Ordonnances des Rois de France*, t. I, p. 1062.
[2] Voir notre première partie, p. 20, éditée en 1846, *Revue de Rouen*.
[3] *Revue de législation*, août 1844, qui cite le t. IV de l'*Hist. du Droit Romain*, par Savigny, traduct. Guenoux.
[4] Délib. capitul., 28 mars et 19 décembre 1454. Dans celle du 6 mai 1456, on trouve Joannes *Fabri*, homonyme du jurisconsulte du XIVe siècle.
[5] La même chose se remarque dans le registre de notre Echiquier, en l'année 1338.

commission nommée par le Chapitre, le 19 décembre 1454, pour concourir à la révision du procès de la Pucelle d'Orléans, dont la mémoire fut enfin réhabilitée. Mais, lorsque la langue latine cesse, quelques années après, d'être usitée dans les registres de notre Chapitre, alors les noms de famille sont francisés, et n'offrent plus ces désinences. On dit alors *Raoul Le Roy, Philbert Fourneau, Robert Le Cordonnier, Lucas Langlois.* Toutefois, observons que, dans notre langue, nous retrouvons différents noms propres avec la particule *du* ou *de la*, correspondant au génitif ou à l'ablatif des latins, comme dans les noms propres Dupont, Dubois, Dujardin, Dupin, Duplan, Duchâtel, de la Fontaine, de la Rue, de la Roche, de la Fosse, de la Cour, etc., etc.

III. — PRÉNOM DONNÉ SEULEMENT A LA FEMME DANS LES ACTES.

Quant à la femme, si elle est veuve, elle n'est souvent désignée que par cette locution : *la déguerpie* d'un tel (pour délaissée), expression qui correspond à celle de *derelicta*, employée pour *vidua* dans les chartes du XIIIe siècle, et dans celles antérieures. L'usage d'effacer, pour ainsi dire, la femme mariée jusque dans les actes privés de la vie civile[1], jusque vers l'époque du XVIIe siècle, ne tient-il pas surtout à la force des habitudes féodales et des coutumes normandes,

---

[1] On peut se faire une idée de la triste condition des femmes et du pouvoir exorbitant du chef de famille au moyen-âge, d'après les dispositions suivantes de notre vieille coutume, rapportées par Terrien, p. 497, édit. de 1574. « L'on doibt sçavoir qu'aulcun n'est tenu à faire loy pour simple bature qu'il ayt faicte à son servant, ni à son fils, ni à son neveu, ni à sa famille, *ni à sa femme*, ni à aulcun qui soyt de sa mesgnie (maison)... » Puis, cependant, il est ajouté : « Il y a ung cas en quoy femme doibt estre ouye en derrière de son mary, se comme se le mary *la mehaigne* (l'estropie), ou luy crève les yeulx, ou *luy brise les bras*, ou il a accoustumé de la traitter villainement; ainsy ne doibt l'en pas chastier femme! » Mais, en revanche, si le mari s'était laissé battre par sa femme, ô honte! il était contraint *de chevauchier l'asne, le visaige par devers la queue* de l'animal, qu'il tenait en main (*Coutume de Dreux*, art. 1417. et celle de Senlis, année 1375, citées par M. Michelet, en ses *Origines du Droit Français*, p. 48 et 384.)

Si en Normandie nous ne trouvons pas de dispositions textuelles à cet égard, l'usage n'en était pas moins le même à Rouen (Voir, en nos Pièces justificatives, le fait narré en 1419, le dernier août.)

qui accordaient tant de prérogatives[1] à la masculinité, et surtout à l'aînesse, puisque, dans notre pays, les filles n'étaient pas héritières de leur père, qui pouvait les marier avec une simple couronne de roses ; *ô mores ! ô tempora !* En effet, disait notre Coutume (article 250) : « Si rien n'a été promis à la fille lors de son mariage, rien « n'aura. » Mais en revanche, si la femme mariée ne conservait que son prénom, elle jouissait des qualifications et titres attribués à son mari, à raison de sa haute position sociale. C'est ainsi que, dès 1260[2], *Katrina, Mareschalla Francie,* Catherine, Maréchale de France, et dame de Say, du consentement *de son seigneur* Henri, maréchal de France, donne à l'abbaye de Fontenay 40 sols de rente, à prendre dans la prévôté ou gouvernement d'Honfleur, *in prepositurâ de Honnefleu* [3].

Successivement, et surtout dans les derniers siècles, les femmes des hauts fonctionnaires administratifs, et surtout des présidents de cour, participèrent aux qualifications de leurs maris, c'était madame *la présidente*, comme encore aujourd'hui dans certaines localités restées entichées des traditions du passé.

IV. — QUALIFICATIONS.

Nous trouvons, dans les anciens contrats notariés, la qualification ordinaire d'*honorable homme* et d'*honnête femme*, attribuée aux habitants des villes, lorsqu'ils appartiennent à la bourgeoisie aisée, mais la qualification de *saige et discrete personne* était réservée aux ecclésiastiques, comme celle de *noble homme,* aux possesseurs des plus petits fiefs. Quant au vicomte de Rouen, il était qualifié d'*honorable homme et saige* [4]; cependant, de ce que la qualification de *noble homme* est quelquefois réunie dans les actes anciens à celles de *bourgeois*, il ne

[1] Notre vieille coutume disait que « les masles succèdent au-devant des femelles. (Terrien, p. 199 ibid.)

[2] Charte n° 192 de l'abbaye de Fontenay, diocèse de Bayeux. *Mémoire des Antiq. de Normandie,* 1834, p. 381.

[3] Dans la charte analysée sous le n° 870 à 873 de l'abbaye de Gouffern, le même Henri, maréchal de France, qualifié, en outre, *de seigneur d'Argentan,* confirme aussi, en 1260, une donation de rente faite à cette abbaye dès 1224, par *Jean*, maréchal de France, son père.

[4] Titre notarié du 3 avril 1464.

faut pas en conclure toujours que la personne, ainsi désignée, *ne soit pas noble*, parce qu'en effet le mot *burgensis*, mis après celui de *nobilis*, peut désigner, dans ce cas, plutôt l'habitation, *à burgo*, que l'état même de la personne[1]; aussi dans un arrêt de l'échiquier, tenu à Rouen au mois d'avril 1478, trouve-t-on *Guillaume Dubosc*, dénommé bourgeois de Rouen, quoiqu'il fût *écuyer*. C'est encore par cette raison que, dans des lots du 1er janvier 1503 passés devant les tabellions de Rouen, nous trouvons *noble homme sire Jacques Le Lieur*, qualifié en même temps de *bourgeois de Rouen*[2]. Particulièrement en Normandie, la qualification de *noble homme* était caractéristique de noblesse, et équivalait à celle d'écuyer et de chevalier; ailleurs, et notamment dans le Midi de la France, la simple qualification de *noble* produisait le même résultat[3].

V. — DATE DES ACTES.

Quant à la date des actes, elle n'est pas toujours complète. Très souvent il y a ellipse du millième. C'est ce qui se remarque surtout dans les minutes des actes notariés du XVIe siècle; ainsi on lit : Vc LXVII pour M. Vc LXVII (1567). La plupart du temps la terminaison de la date est en petits chiffres romains. Ne perdons pas de vue que ce n'est qu'à dater de 1567 que l'on commença à compter à Rouen l'année au premier janvier, quoique Charles IX eût ordonné cette mesure trois années auparavant. Avant ce temps, l'année commençait à Pasques.

VI. — STYLE DES ACTES.

Quant au style des actes, l'admirable et laconique simplicité qui le distinguait pendant le XIIe siècle commence à s'altérer visiblement à

[1] De la Roque, *Traité de la Noblesse*, p. 581; — Houard, *Dictionnaire de Droit normand*, v° noblesse, t. III, p. 351.

[2] Il ne faut pas le confondre avec son neveu, auteur du curieux manuscrit sur les Fontaines de la ville, œuvre dont M. de Jolimont a reproduit si habilement les dessins, et sur la famille duquel nous avons fourni des documents historico-généalogiques.

[3] Chérin, Arrêt du Conseil-d'État du Roi, du 15 mai 1702. *Abrégé chronolog.*, p. 264, édit. de 1788.

la fin du XIII[1], époque à laquelle l'idiôme français s'introduit dans les actes de notre province ; en effet, c'est particulièrement de la Normandie que nous vinrent les premiers écrits en *langue romane*[2]. Nous voyons même qu'en 1189, Henri II, roi d'Angleterre et duc de Normandie, qui mourut en France la même année, écrivit son testament en langue romane[3], ce qui prouve bien, dit le président Hénault[4], que c'était *la langue vulgaire* qui était en usage, et que le latin était redevenu une langue savante, autrement dit, celle des clercs.

« Au nombre des causes, dit Roquefort[5], qui retardèrent les pro-
« grès de la langue romane ou vulgaire, on peut indiquer la division
« du royaume en petits états[6], dont les seigneurs : ducs, comtes ou

---

[1] C'est ainsi que l'on détaille les cas de garantie sur les biens meubles et immeubles du vendeur, qui reconnaît avoir agi en cela spontanément, *non coactus nec vi nec metu*, avec renonciation de la part des époux *ratione hereditatis, dotalitii, eleemosine, maritagii, conquestûs*, etc., etc. Dieppe, charte de 1272, inventaire, p. 16, 3e paragraphe, Archevêché (Arch départe-ment.) Le style sent bien déjà le praticien.

[2] Roquefort, p. 25. *État de la Poésie dans les* XIIe *et* XIIIe *siècles.*

[3] Nous lisons dans la *Diplomatique des Bénédictins*, t. IV, p. 516 : « Le mélange « du tudesque (l'ancien allemand) avec la romane née de la corruption du « latin, et quelques restes de l'ancienne langue gauloise, forma une nouvelle « langue *dans les provinces septentrionales de la monarchie*, où les Français « étaient en plus grand nombre que les Gaulois ou Romains, et on l'appela « langue française » — « Après avoir exclu en France l'usage de la tudesque, « elle est devenue la langue générale de tout le royaume. »

[4] *Hist. de France*, t. Ier, p. 194.

[5] Roquefort, *État de la Poésie*, introduction, p. II, et les auteurs par lui cités.

[6] A cet égard, voici comment s'exprime M. Guizot, dans son *Histoire de la Civilisation en France*, t. III, p. 215 : « Le caractère propre, général de la « féodalité comprise entre Hugues Capet et Philippe-de-Valois, c'est-à-dire « pendant les XIe, XIIe et XIIIe siècles, *comme fait dominant sur notre terri-* « *toire*, est le démembrement du peuple et du pouvoir en une multitude *de* « *petits peuples et de petits souverains*, l'absence de toute nation générale et « de tout gouvernement central. » Et ailleurs, ibid., p. 214, il ajoute : « Au « commencement du XIVe siècle, la royauté est la tête de l'État, les communes « *sont le corps de la nation*. Alors les guerres ne sont plus de vassal à suzerain « ou de vassal à vassal, mais de peuple à peuple, de Gouvernement à Gouver- « nement.

« L'histoire de l'ordre judiciaire, à peine créé, est une série de réactions « continuelles entre l'aristocratie féodale et le clergé d'une part, *la royauté* et « *les légistes de l'autre*. » (Ibid., t. IV, p. 190 et 262.) « Enfin, après Louis XI, « et surtout au commencement du XVe siècle, l'époque féodale s'arrête, une « autre société commence. » (Ibid., t. III, p. 217.)

« barons, tranchant du souverain et cherchant à s'affranchir de l'au-
« torité royale, battoient monnaie, levoient des troupes, tenoient
« une cour, et ne vouloient pas laisser introduire d'autre langue que
« le patois ou le jargon en usage dans leurs provinces ; aussi était-ce
« la véritable tour de Babel; un breton n'entendait pas un provençal,
« celui-ci auroit eu besoin d'un truchement en Bourgogne, et ainsi
« des autres provinces. — Ce fut vraisemblablement cette difficulté
« de s'entendre *qui engagea les hommes de loi à rédiger les actes en*
« *latin*, après toutefois les avoir expliqués *en langue* vulgaire. »

Mais si, dans notre province et dans quelques autres, situées au Nord
de la France, comprises au XIII⁰ siècle sous la dénomination de *langue
d'oïl* [1], par opposition à celles du Midi, désignées alors sous le nom de
langue d'oc, nos transactions et actes privés de la vie civile, qui
commencent vers la fin de ce siècle à être dressés en langue vulgaire
(*lingud maternd*), furent aussi reçus en cette langue par les tabellions,
au commencement du XIV⁰ siècle, c'est que la langue latine, toute
dégénérée qu'elle fût alors, exerçait beaucoup moins son empire en
Normandie que dans la partie méridionale du royaume. [2]

[1] « La France se divisoit alors en deux parts : La *Langue d'oyl* et la *Langue d'oc*
« séparées par la Loire ; la première comprenoit la partie *septentrionale de la*
« *France*, et la Langue d'oc la *méridionale*. (Le président Hénault, *Hist. de
France*, t. I, p. 30.)

Le Midi était régi par le droit écrit, et le Nord suivait les coutumes; c'est
pour cela que, dans des actes de vente du XIII⁰ siècle, nous trouvons cette
clause finale : « Nos et heredes nostri per obligationem et expositionem omnium
« bonorum nostrorum mobilium et immobilium ubique sint, *ad usus et consue-*
« *tudines Normannie garantizabimus contrà omnes*, et de omnibus exactio-
« nibus et querelis ergà omnes et per omnia acquitabimus et liberabimus pe-
« nitùs sine dampno. (Titres 1250 et 1253, tiroir 3, inventaire p. 15.) Archevêché. *Archives du Département*. Ce qui n'excluait pas la renonciation en
général : *omni alii auxilio juris tàm canonici quàm civilis*. Charte de 1257,
ibid., p. 15, 4⁰ article.

[2] Témoin le testament en français de *Catherine, fame monseigneur Gautier de
Corcelles, chevalier*, mentionné dans le vidimus de 1265, revêtu de son scel et
de celui de trois témoins. (Voir *in fine*, aux pièces justificatives.)

Cette pièce intéressante, qui se trouve dans nos archives (comté de Louviers,
Moulin. Archevêché, arm. 1, c. 14), est de deux années plus ancienne que la
première charte écrite en français qui se trouve aux archives du Calvados, au
rapport de M. Danizy. Voir son Introduction, 1834, t. VII. p. 12, aux *Mémoires
de la Société des Antiquaires de Normandie*.

En effet , nous possédons aux archives du département un grand et précieux manuscrit en minuscules gothiques, appelé le Livre des jurés, rédigé en français dès l'année 1291 , lequel n'est autre que l'enquête par témoins , faite sur l'état des fiefs et possessions de l'abbaye de Saint-Ouen , tant à Rouen que dans les paroisses rurales circonvoisines , motivée sur la perte des titres que cet établissement avait éprouvée par suite du désordre des guerres , et pour cause d'incendie et des troubles civils ; ce qui prouve bien qu'à cette époque la langue latine était plutôt celle des clercs et des gens d'église que celle du peuple. Aussi, quoique les actes d'aliénation, dans le cours du xiii⁰ siècle, soient en latin , parce qu'ils étaient rédigés par des clercs , ainsi qu'ils le témoignent souvent eux—mêmes, le sceau, qui y est appendu et qui tenait lieu de signature , porte-t-il le plus souvent les prénom et nom de la partie en français : c'est ainsi , entre autres exemples , que, dans une charte de 1252 (inventaire-Archevêché , p. 17, § 1ᵉʳ), nous lisons en tête : « Noverint universi quod ego *Radulfus de Buris* « *burgensis Deppe vendidi*, etc. , etc., et que le sceau du vendeur, qui représente un phœnix et ses petits , porte pour légende *Raoul de Bures* , par la raison . sans doute, que la vérification du sceau, indépendamment du signe qui le constituait , était plus facile à faire dans son application *à la personne* de la part des tiers , dont la plupart n'eût pas compris la dénomination latine de *Radulfus de Buris*. Néanmoins, comme il était nécessaire qu'une transaction pût être comprise partout , malgré la diversité de langage , surtout *en matière de commerce entre forains et étrangers* , Philippe VI, dit de Valois , en considération principalement des foires de Champagne et de Brie , par son ordonnance donnée au bois de Vincennes , le 6 août 1349, créa quarante notaires spéciaux ¹, « auxquels il fut prescrit , par les articles 19 et 30, de faire quatre bons clercs et bons notaires suffisants « pour escrire et dicter, *en latin et en françois par tous pays* , avec « obligation , en outre , d'*exercer en personne* leur office. » — S'ils le remplissaient mal, ils étaient destituables et révocables par les maîtres et chancelier de ces foires, qui pouvaient les faire remplacer, *de par le roi*, par d'autres plus capables. ²

---

¹ *Conférence des Ordonnances*, t. I, p. 608 , édit. de 1611.
[² *Conférence des Ordonnances royales*, t. II , p. 75, art. 6.

VII. — TERMES DES OBLIGATIONS FIXÉS AUX FOIRES.

Sous le Gouvernement féodal, où le commerce était entravé de toutes manières par les droits de péages et de coutumes aussi capricieusement que violemment imposés par les seigneurs de chaque fief, on comprend combien les foires avaient d'importance ! Aussi, était-ce à ces grandes réunions centrales et périodiques que se faisaient les paiements plus ou moins importants [1], et, en général, les transactions. On peut s'en convaincre en lisant le registre des visites de Eudes Rigaud, archevêque de Rouen, dans le XIIIe siècle [2]: « Anno « 1263, apud rupem Guidonis, monachi debent circâ XII libras, *et* « *ad usuras* nundinarum, CCC, etc. »

M. Bonnin observe à ce sujet que la dette à usure était souvent payable avec ses intérêts à l'une des foires établies à Pontoise, et que notre prélat, empruntant la même année, pour les besoins de son archevêché, des banquiers Girardin Zampoint, Renaud Rainier, et de leurs associés français et italiens, prend l'engagement de les rembourser à la foire de mai, à Provins, usage qui se perpétua, et qui ne diminua qu'au fur et à mesure de l'établissement des routes et de la facilité des communications.

A Rouen, les échéances périodiques avaient lieu ordinairement aux fêtes de Pâques et de Saint-Remy (avril et 1er octobre).

VIII. — SERMENT SUR LES ÉVANGILES.

Entre autres formules ou clauses usitées dans les actes, on y emploie le serment fait *sur les saintes Evangières* en garantie des promesses contractées, et, cela, indépendamment de la stipulation *de contrainte par corps* employée même dans des cas où il ne s'agit que de choses

---

[1] Témoin cet exemple : XIII MA. M.CCCC (13 mai 1400). Devant les tabellions de Rouen aux transcrits « Laurent Tretout, de la paroisse de Saint-Jacques-« sur-Darnétal, gaigea à Jehan Le Rat, mareschal, 50 sols tournois pour vendue « d'un cheval dont, etc., *à payer au Pardon Saint-Romain prouchain venant*, « obligeant biens, meubles et héritaiges, etc. »

[2] *Registre des Visites pastorales d'Eudes Rigaud*, première livraison, 1847, p 165; annoté par M. Bonnin.

mobilières ; c'était en un mot s'obliger, comme l'on dit, *corps et âme*. La stipulation de cette dernière clause devint moins fréquente, au fur et à mesure que les hommes, pouvant acquérir *un pécule* et par suite un héritage, eurent la facilité de le substituer à leur corps [1] comme garantie plus efficace et plus durable, ce qui fut un véritable progrès social. Aussi, la contrainte par corps diminue-t-elle sensiblement dès la fin du xive siècle, même en matière de commerce, parce qu'alors on engage *ses biens présents et à venir*.

Plus tard, lorsqu'elle se rencontre dans une obligation civile, c'est moins comme garantie de l'exécution du contrat, que comme assurance donnée à l'acquéreur *de la réalité du droit immobilier* transmis par le vendeur, et comme libre de charges.

Nous citerons, entre autres, un acte du tabellionage de Rouen, du 1er mai 1503, par lequel *Jehanne, veuve de défunct Robin Loudier, jure et affirme le fait par les foy et serment de son corps*.

Nous omettions de dire, quant au serment prêté sur *les saints Evangiles* comme engagement plus solennel d'exécuter le contrat civil, qu'il n'était guère employé, du moins en Normandie, que par des laïques [2]. En effet, il suffisait alors aux ecclésiastiques, dans les affaires civiles, *de donner leur parole de prêtre* [3], ou simplement

---

[1] Acte passé en la vicomté d'Orbec en l'an 1367, par lequel Loys d'Orbec reconnaît que lui et ses hoirs sont tenus de payer aux religieux du prieuré de Friardel (diocèse de Lisieux) x sols de rente pour sa part des xx sols qui avoient été donnés à ces religieux par Jean d'Orbec, son père ; et pour assurer le payement de cette rente, il *engage tous ses biens et tous ses meubles, excepté la prinse de son corps* ET DE SON CHEVAL. (Archives du Calvados, n° 67. — *Mémoires* déjà cités, première partie, p. 397.)

Témoin encore cet acte de notre tabellionage : le XXIXe avril m. c. c. c. (29 avril 1400), « Guillaume Lefebure de Chaumont en Veuguessin doibt à « Michiel Dutot, bourgeois de Rouen, la somme de XII livres II sols V deniers « tournois pour reste de sept milliers *de fer d'Espaigne*, dont, etc., etc., à payer « à volonté, *obligeant biens*. »

[2] Sous François 1er, les gens de mer qui voulaient s'approprier par le partage les prises faites sur l'ennemi, contrairement aux ordonnances, faisaient serment solennel entr'eux, *d'en garder le secret* ; à cet effet, ils s'y obligeaient en présence d'un prêtre, *sur le pain, sur le vin et sur le sel*. C'est cet abus superstitieux que le roi proscrit par son ordonnance de 1543 (*Voir* Terrien : *Commentaires du droit au duché de Normandie*, au titre de l'*Amirauté ou marine*, liv. XIII, p. 572, édit. de 1574.

[3] Acte du tabellionage de Rouen du 12 avril 1455, relatif à la dotation de la

d'affirmer le fait en mettant *la main sur la poitrine*; en cela ils suivaient ce principe de leur divin maître : « Et moi je vous dis « de ne jurer en aucune sorte, ni par le ciel, ni par la terre, mais « contentez-vous de dire : Cela n'est pas ; car ce qui est de plus vient « du mal[1]. »

Cependant, il n'est pas sans exemple que des religieux, ou plutôt leur prieur, aient juré *par les saints du Paradis* pour mieux solenniser la convention notariée[2]. Si c'était un prélat, il obligeait *sa conscience* comme tel ; mais le laïque faisait le serment ordinaire sur les saints Évangiles.

Cette distinction, nous la puisons notamment dans un contrat de mariage du 31 août 1407[3], devant le tabellion royal de Neufchâtel, dont l'expédition fut vidimée au bailliage de Tancarville, passé entre le chevalier Georges de Clères et la dame Marguerite de Nant, nièce de Guillaume de Vienne, archevêque de Rouen *par la grâce de Dieu* (sic). Ce dernier s'y oblige *en conscience de prélat*, et le chevalier Georges de Clères *jure aux saints Évangiles de Dieu, en tenant la main étendue au-dessus*, par ce principe sans doute que : « Jura- « mentum propriè dicitur quandò tanguntur sacræ scripturæ[4].

Si, en général, *la parole de prêtre* était considérée comme une garantie suffisante de l'exécution du contrat, au moins, en matière civile, ce principe devait fléchir dans des circonstances exception- nelles et calamiteuses, comme à l'époque de la domination anglaise à Rouen En effet, dans un titre de fondation passé devant les tabel- lions de cette ville le 7 mai 1438, par un sieur Denis Langlois, au profit du trésor de Saint-Maclou et des religieux Augustins, dans le but aussi de subvenir à ces derniers pour l'édification de la tour du

chapelle archiépiscopale ; à cet accord intervient *discrète* personne maistre Thomas de Brebençon, chapelain, qui *jura en parole de prestre* à non jamais venir ne faire venir, contre ce que dit est en aucune manière. (Archives du département. — Archevêché, arm. 1, c. 1.)

[1] St Mathieu, chap. 5, versets 34 à 37.

[2] Acte du 16 avril 1449. — *Cartulaire de Saint-Martin-aux-Bois*, f° 61. Archives du département.

[3] Archives du département. Arm. du chap.

[4] *Consuetudines Burgundiæ*, f° 34 v° de l'index, édit. de 1547.

clocher de leur église, à cause, y est-il dit, « *de la difficulté des*
« *osmones des bonnes gens causée par le fait de la guerre*, nous
« voyons ces Religieux affecter, en outre, *en espécial le calice de*
« *l'église à prendre même sur l'autel* [1] *ou ailleurs, où il pourroit être*
« *trouvé par les trésoriers de Saint-Maclou* [2], qui se rendaient plèges
« ou garants de l'obligation [3]. »

Dans le ressort de l'ancien Parlement de Grenoble [4], les prêtres et
les Religieux prêtaient serment comme les laïques, « *la main droite*
« *étendue sur les saints Evangiles* [5], et la gauche *sur le pect* (la poi-
« trine ou le cœur), ce qui a donné lieu, d'après Guénois, à cette
« manière de parler : *ex abundantiâ cordis loqui*, parler par la foi de
« son cœur. »

En Normandie, dès le xiii° siècle, cette forme sacramentelle ne
paraissait guère suivie par les ecclésiastiques qu'en matière disciplinaire, bénéficiale ou spirituelle. En effet, nous retrouvons la formule
ci-après, dès 1262, dans le *Journal des Visites pastorales* d'Eudes
Rigaud, archevêque de Rouen [6] : « Promisi et juravi dicto patri,
« *tactis sacro-sanctis ewangeliis manu ad pectus positâ*, quod eccle-
« siam meam absque strepitu judicii, et reclamatione quâlibet rési-
« gnabo. »

Lors d'une enquête faite en 1725, dans des circonstances analogues, par l'archidiacre normand, les ecclésiastiques témoignent de
la vérité, *en posant la main ad pectus*. On conçoit que l'application

---

[1] *Cartulaire de Saint-Maclou*, f° 28, v°. — Archives départementales.

[2] Ne serait-ce pas à l'occasion de semblables circonstances que serait venu ce
dicton populaire en Normandie, pour désigner *un usurier avide : Il en pren-
drait même sur le maître-autel ?*

[3] Dans une charte en français de 1258, transcrite dans le *Cartulaire de Jumiéges*, p. 296 (n° 20 bis), les habitants de Kilebuc (Quillebeuf) engagent la
croix et le *calice du Moustier* qu'ils avaient prise *par hare.le* (sédition), à l'abbé
du couvent pour *plaidier* contre lui.

[4] Guénois ; *Lois abrogées*, édit. de 1605, p. 108.

[5] Comme le serment était prêté aussi sur les reliques, c'est delà que nous
est venue cette locution encore usitée en parlant d'un homme dont le témoignage est suspect : *je n'ai pas foi en ses reliques.*

[6] *Regestrum visitationum*, 3e liv., p. 063, 600, 668 et 073, publié par
M. Bonnin.

de ces pratiques religieuses en matière civile dut être considérée, pour le for intérieur, comme un surcroît de garantie de l'exécution de l'obligation entre contractants animés d'une foi commune ; mais cette force morale devenait nulle à l'égard des prêteurs d'argent [1], qui, le plus ordinairement, étaient des Juifs et des Lombards, dont le cœur était aussi sec que leurs écus. Cependant, l'église elle-même fut plus d'une fois obligée de s'adresser à eux, comme nous l'avons déjà vu, dans des circonstances calamiteuses, quelque fussent d'ailleurs, les prohibitions sévères lancées contre eux ; tant il est vrai que la nécessité agit toujours en souveraine.

« Les prétentions des gens d'église, comme l'observe le savant Pothier [2], avaient autrefois rendu bien commun *l'usage du serment* dans tous les contrats ; selon eux, la connaissance de toutes les contestations sur l'exécution *des contrats qui étaient confirmés par serment*, appartenait au juge d'église, parce que le serment étant un acte de religion, et le refus d'exécuter une obligation, confirmée par serment, étant un violement de la religion du serment, la religion paraissait intéressée dans les contestations sur l'exécution de ces engagements, ce qui devait les rendre de la compétence du juge d'église. C'est pourquoi *les notaires, dont beaucoup* en France étaient gens d'église, ou leurs affiliés, ne manquaient pas d'insérer, dans les contrats qu'ils passaient, que les parties avaient fait serment de ne contrevenir à aucune clause de contrat, et de les exécuter fidèlement, afin d'assurer aux juges d'église la connaissance de l'exécution du contrat. » Mais cet étrange abus, s'il ne cessa pas entièrement, dut nécessairement diminuer dans l'exercice de la fonction de notaire, défendue désormais aux gens d'église par l'ordonnance de Moulins, en 1499, et depuis, sous François Ier, par notre Cour de Parlement, en 1519, ainsi que nous l'avons consigné dans notre 1re partie, p. 22. D'ailleurs, on se résuma à dire, ou l'obligation est valable, et peut être amenée à exécution, ou elle est nulle, et le serment ne peut lui donner la validité ; ainsi donc cette clause devait naturellement tomber en désuétude sous l'autorité laïque.

---

[1] Nous donnerons, au nombre des pièces justificatives, plusieurs contrat constitutifs de prêts de la fin du XIVe siècle.

[2] *Traité des obligations*, n° 104, édit. Dupin, tome Ier, p. 56.

IX. — Clauses d'imprécations.

Quant aux clauses d'imprécations et de malédictions [1], qui sont si ordinaires, dans les actes du xiie siècle, contre les infracteurs des conventions, et qui diminuent sensiblement dans ceux du xiiie, elles disparaissent entièrement dans le xive siècle.

Nous voyons même l'énonciation du serment *sur les saints Evangiles* avoir plutôt une tendance à diminuer qu'à augmenter à cette époque dans les actes. Mais cet affaiblissement de la crainte des punitions célestes et de la sainteté du serment n'est-il pas la conséquence naturelle du relâchement que l'on remarque dans la discipline du clergé et des ordres religieux au xive siècle, et qui existait notablement déjà dans la seconde moitié du xiiie, du temps même de saint Louis, comme on peut s'en convaincre par le *Journal des Visites* de notre archevêque Eudes Rigaud, et aussi par ce passage de Jean de Meung, continuateur du *Roman de la Rose*, de 1300 à 1305 :

> Tel a robe religieuse,
> Doncques il est religieux ;
> Cest argument est vicieux
> Et ne vault une vieille gaîne,
> *Car l'habit ne fait pas le moine.*

Dernier vers qui est passé en proverbe [2].

X. — Peines et Censures ecclésiastiques appliquées a l'inexécution des contrats.

Il y a lieu de tirer les conséquences ci-dessus, quand on songe, en effet, que la société civile était intimement liée à l'état religieux qui la prédominait. Aussi voyons-nous, à cette époque, des fonction-

---

[1] Chez plusieurs nations, les hommes se liaient de cette manière : ils se soumettaient, *en cas de parjure*, aux peines les plus atroces. (Pastoret, *Histoire de la Législation*, T. Ier, p. 373). — Dans le langage habituel du peuple, n'entendons-nous pas dire : *Je veux que Dieu me punisse de mort si je manque à ma parole.*

[2] *Bibliothèque française de l'abbé Goujet*, T. IX, p. 53, édit. de 1745.

naires laïques appliquer des peines de discipline ecclésiastique à raison de la réparation de faits purement civils ou dommageables. S'agit-il, en effet, d'injures graves adressées à des personnes notables, comme au maire de Bohain, en 1369 [1] ? Celui-ci condamne l'infracteur à faire *un pèlerinage à Boulogne* et à en rapporter certificat, indépendamment de la réparation publique, et d'une amende de 5 sols envers justice [2].

« Deux années auparavant, c'est la Cour de l'Échiquier qui, sur « les lettres de grâces accordées par Charles V à Martin Blondel, *et* « *faisant la cause civile*, le condamne, pour avoir offensé Dieu et la « Vierge en brisant leurs images, *injurié et féru* Jehan de Senlis, « procureur du roi à Gonnesse, à jeûner tous les vendredis d'un an, « au pain et à l'eau [3], et tous le samedis de l'an d'après ensuivant, « comme on a coutume de jeûner, non pas au pain et à l'eau seule- « ment, comme aussi à aller, en septembre prochain, *à Notre-Dame* « *de Boulogne-sur-Mer*; indépendamment d'une somme de 500 livres « d'or à payer au Roi, et a juré aux saints Évangiles de l'accomplir « en bonne foi et sans nulle fraude [4]. »

[1] Extrait des Olim de Paris, communiqué par M. de Saint-Ouen.

[2] La justice fut ôtée aux maires et échevins des villes par l'ordonnance de Moulins, fors la police et le criminel ; leur premier et vrai pouvoir n'étant que de connaître des causes légères jusqu'à 60 sols. — (Loiseau, *de l'Abus des justices de village*, p. 7 à la note).

Le même auteur, au Chap. XVI, p. 99, au titre des Seigneuries, remarque que, par le capitulaire de Charlemagne, les juges des villes sont désignés *scablnet ou échevins*.

[3] Falsarius pœnitentiam agat *in pane et aqua* quamdiù vixit. (Concil. Rothom. prov., par dom Bessin, p. 109, édit. de 1717.

[4] Manuscrit des Olim déjà cité p. 26.

Il paraît que la chapelle de *Boulogne-sur-Mer* était en grande vénération parmi les fidèles à l'époque du XIVe siècle, car sa dénomination est empruntée ailleurs pour l'édification de chapelles en l'honneur de la Vierge. En effet Girard, sur les Offices, t. II, p. 1913, au titre du garde-scel, aux additions du liv. III, édit. de 1638, s'exprime ainsi : « Frère J. du Breuil, liv. IV des anti- « quités de Paris, rapporte ce qui suit : l'an de grâce 1320, le jour de di- « manche après l'ascension, madame sœur Jeanne de Repentino, abbesse de « Mont-Martre, à la prière et requête de sieur Girard Delacroix, scelleur du

Nous constatons ces faits juridiques, parce qu'ils se lient à ceux qui servent de base à des transactions notariées, au commencement même du XIVᵉ siècle; non plus seulement pour de simples infractions, mais pour la réparation civile de quelque crime ou délit. Seulement le voyage à entreprendre dans le but religieux était plus ou moins lointain, selon la gravité de ces cas. Ainsi, indépendamment de la réparation pécuniaire débattue contradictoirement entre les parties (VI escus d'or, acte du tabellionnage de Rouen du 24 février 1402), tant l'on doutait de la justice du pays, livré à l'anarchie sous le malheureux règne de Charles VI, on exigeait encore l'éloignement du coupable au moyen d'un voyage en terre sainte pour cause de pénitence [1]. Un accord passé au même tabellionnage le 1ᵉʳ juin 1401,

« chastelet de Paris, et Jean Delacroix son frère, et de leurs amis tous confrères
« de *lo confrérie de Nostre-Dame de Boulogne-sur-Mer*, a admorty une cer-
« taine place vague, située au lieu et balliage de Menus-les-Sainct-Cloud, no-
« tamment cinq arpents de terre ou environ, lesquels estoyent de leur propre
« héritage et possession : pour sur icelle fonder, construire et édifier *une église*
« à l'honneur de la glorieuse mère de Dieu, et *de la Cour céleste du paradis* ;
« laquelle de là en avant seroit appelée *la chapelle* de Nostre-Dame de *Bou-*
« *logne-sur-Seine*, et a esté bastie *à la semblance de celle qui est sur la mer.* »

[1] Ce te peine, au reste, n'était pas chose nouvelle, car on la voit appliquée, dans le XIᵉ siècle, aux infracteurs de la trève de Dieu (Dom Bouquet; *Recueil des Historiens de France*, t. XI, p. 516.) Quelquefois même le coupable, porteur d'une chaîne, devait successivement visiter les lieux consacrés. (*Bibliothèque de l'École des Chartes*, livraison de septembre 1845, p. 13, article de M. Ludovic Lalanne.)

« Parmi les pèlerins les plus célèbres qui, à cette époque, entreprirent le voyage de Jérusalem, qui, le plus ordinairement, se faisait *à pied et le bâton à la main*, il faut citer Foulques d'Anjou, dit le Noir, et *le père de Guillaume-le-Conquérant, Robert de Normandie.*

« Le premier, *en expiation du meurtre de sa femme*, renouvela *trois fois* son pèlerinage, et mourut après avoir donné de grandes marques de dévotion et de charité.

« Le second, *Robert de Normandie*, y alla chercher le pardon *de l'empoisonnement* de son frère *Richard*; tous enfin croyaient être absous de leurs crimes par cette seule démonstration. » (*Histoire des différentes Religions*, p. 412.)

Nous voyons même qu'en 1264 (*Visitationes*, livraison 2, p. 507), l'archevêque de Rouen, Eudes Rigaud, ayant été constitué arbitre à Dieppe, à l'occasion du meurtre de Gillebert de Sauqueville, reproché à Thomas Le Monnier, par Guillaume, frère de la victime, ordonne, entre autres dispositions, « que il ci devant

nous révèle un fait de ce genre ; il s'agissait du meurtre de Marie de
Ferrières, reproché par ses parents au seigneur de Hacqueville, son
mari, qui le rejetait sur ses domestiques ; nous voyons que la pour-
suite fut amortie au moyen de ce que « le dit de Hacqueville seroit
« deux ans hors du royaulme de France, pendant lesquielz *il feroit*
« *le royage du Saint-Sépulcre*, de Sainte-Catherine du Mont-Sinay,
« de Sainct-Antoine et de *Saint-Pol* des déserts, et ne demourroit
« au dit royaulme, ne y retourneroit jusques aux dits deux ans ac-
« complis, sur peine de 10,000 livres à appliquer et payer par luy
« moictié au Roy nostre sire (l'autre moitié) aux amis prouchains de
« la défuncte dame, à employer en aumôsnes, prières, oraisons et
« œuvres de miséricorde pour l'ame d'icelle, etc. »

Il fut, de plus, stipulé qu'une chapelle expiatoire serait élevée à
Fontaine-Guerard, lieu où avait été commis le crime, ce qui fut exécuté [1].

Plus tard, il fut défendu aux notaires d'obliger des ecclésiastiques
à correction spirituelle, encore bien que les parties y consentissent,
à moins que le tabellion ne fût lui-même ecclésiastique [2] ; et récipro-
quement les prêtres ou les clercs durent, aux termes du concile de
Rouen, tenu sous l'archevêque Radulfe ou Raoul Roussel en 1445,
s'abstenir de passer leurs contrats particuliers devant un tabellion ou
un juge séculier, pour ne pas soumettre leurs personnes au pouvoir
temporel [3].

Quant à la clause de renonciation à tous priviléges *de Croix prise*

« diz Thoumas en sa propre personne en ira à monseigneur *sainct Jacques en*
« *Galice* et à monseigneur Gile en Provence..... dedenz la Toussainz qui
« vient, etc.... » Puis, après avoir prescrit un certain nombre de messes et
d'annuels, le digne prélat ajoute : « De rechief pour l'emne (l'ame) dou mort
« il envoierra IIII convenables combateurs à pié, outremer mouvanz à la pre-
« mière ale (aile d'armée), c'est à savoir de la sainct Iohan en un an. »

[1] Dans les Archives du département (Archevêché, arm. 1, c. 1, inventaire, p. 4)
se trouve un mandement du roi Charles VI, en l'année 1400, pour évoquer le
procès au Parlement de Paris, et faire emprisonner le sieur de Hacqueville au
Châtelet, avec défense à l'archevêque de connaître de cette affaire, dont les
détails sont narrés.

[2] Rebuffe, p. 174, qui cite un arrêt de 1534.

[3] Dom Pommeraye ; *Concil. Rothom.*, p. 309, édit. de 1677.

(croes prinse)[1], priviléges qui étaient la sauve-garde des mauvais débiteurs enrôlés pour la croisade dont ils portaient le signe sur leurs vêtements, elle se rencontre peu dans les actes du xiv° siècle, surtout après 1320, et presque pas après 1360; encore n'est-ce plus que comme simple appréhension des événements futurs[2]; car « les « croisades, cette grande aventure de la féodalité, et sa gloire po-« pulaire avoient fini, ou à peu près, avec saint Louis et le xiii° siècle; « on n'entend plus ensuite qu'un vain retentissement. »[3]

XI. — REDONDANCE DE STYLE AU XIV° SIÈCLE. LANGUE DES ACTES.

C'est vers la fin du xiv° siècle que les clauses accessoires et de pratique augmentent sensiblement; il y a redondance de style, comparativement aux anciens actes; observation surtout applicable aux clauses générales exécutoires ajoutées dans les expéditions.

Dans le xv° siècle elles se multiplient, et, dans les deux siècles suivants, elles débordent. C'est qu'alors les tabellions s'ingénient à déguiser la nature du contrat, pour éluder, dans l'intérêt des parties, le paiement des droits fiscaux, tels que ceux de reliefs (*Relevium*) de

---

[1] Houard, *Dictionn. de Droit Normand*, 4° vol., *in-fine*, p. 92.

D'après notre vieille *Coutume Normande*, rimée par le jurisconsulte Dourbault, à la fin du xiii° siècle, voici ce qui se pratiquait :

> Si les croisiez. . . .
>   veulent entreprendre
> Le voyage, on les doibt attendre
> Jusques à sept ans de retournée,
> N'ont entre-tems ou mort prouvée,
> De quoy la preuve se peut faire
> Par deux tesmoings ou plus atrayre
> Dignes de foy estre tenus .
> De voyage estre revenus.
> Qui furent ceulx tout à devis,
> Avoir veulx et morts et vifs,
> Ou par témoins de letre que
> L'en port d'officier ou d'esvéque.
>   (Au titre de délaiement pour pèlerinage.)

[2] Acte de 1326, devant Guillaume Guernou, clerc tabellion à Caen, *portant renonciation à tous priviléges de croix prise ou à prendre*, charte n° 913. — Prieuré du Plessis-Grimoult (diocèse de Bayeux). *Mém. des Antiq.*, t. II, p. 118.

[3] Guizot, *Histoire de la Civilisation en France*, t. II, p. 217.

treizièmes, de lods et ventes (*Laudimia*), qui étaient dûs aux seigneurs de terres, pour raison de la mutation à titre onéreux ou successif des héritages situés dans leur mouvance [1].

Aussi, la forme du contrat d'échange était-elle employée souvent, pour masquer une vente, parce que notre coutume disposait (art. 172) que « d'échange fait d'héritage contre héritage, n'était dû « treizième. » C'est dans ce but aussi que *la clause commissoire* [2] était stipulée, parce que son effet résolutoire, à défaut de paiement du prix de vente, étant d'annihiler le contrat, il n'y avait point ouverture aux profits du fief.

Puis enfin venait *le vin du marché*, qui était considéré en dehors du prix de vente, et, comme tel, exempt de droits. Ainsi, comme on le voit, la prolixité des clauses s'est naturellement développée avec la complication des intérêts matériels.

Cependant, elle tenait aussi, autrefois, à des causes purement religieuses, notamment en matière de donation, de testament et de fondations pieuses. En effet, dans le préambule de ces actes, surtout

---

[1] Art. 163. *Coutume normande, et Basnage*, t. I, p. 240.

Il est assez curieux de remonter à la source du droit de relief, ou de mutation en Normandie. Originairement il se payait *même en succession directe*, ce qui n'eût plus lieu dans la suite, et, comme le taux en était subordonné à la volonté du seigneur, ce droit s'appelait aussi *rachat à merci*.

Dans le roman de Rou, de Robert Wace (poète du XIIe siècle), qui nous fournit l'histoire de nos ducs, il y est question d'un relief payé par un damoisel après la mort de son père, à Robert, duc de Normandie, au moyen d'*une juste d'or*, ou mesure que nos pères appelaient *justitia vini*,

> A présent au duc la tendi,
> Li duc li dist vostre merci,
> Et *au clerc dist, donc clerc tenez*,
> La juste est vostre, recevez, etc., etc.

Nous n'ajouterons pas, avec le poëte, que le clerc en mourut de joie, parce que cette circonstance est étrangère à notre sujet, mais ce que nous remarquerons, c'est la présence *du clerc de notaire*, comme attaché sans cesse à la personne du duc, qui savait si noblement apprécier ses services.

M. Bonnin, dans sa deuxième livraison, p. 485, notes, du *Regestrum* d'Eudes Rigaud, « observe que plusieurs évêques de la province de Normandie, devaient, à leur avènement, se procurer *une coupe d'argent* d'un poids déterminé, et, après le repas solennel, l'*abandonner* au noble vassal qui les servait.

[2] *Basnage*, p. 249 et p. 20.

à part.r du xvᵉ siècle, on invoque successivement la vierge sainte et tous les saints du paradis [1] ; ainsi, dans un acte de donation du 7 février 1430, passé devant les tabellions de Rouen, d'un héritage situé au faubourg Saint-Maur, *près le camp aux Juifs*, au profit des religieux de l'Hôtel-Dieu de Rouen, par le chanoine Desgardins, il est énoncé d'abord que le don est fait « en la révérence de Dieu, notre « créateur, de la benoiste vierge Marie, monsieur [2] *sainct Michiel*, « monsieur sainct Jehan-Baptiste, madame saincte Catherine, Marie-« Magdeleine, et toute la benoiste cour du paradis ; et aussi afin de « aidier à pourveoir à la medicité des povres qui, un chaque jour et « nuit, se hébergent en dict hostel [3].

Ce n'est qu'après cette sorte de litanie et une longue kirielle de dispositions spirituelles, dans le style d'un *De profundis*, qu'apparaît enfin la volonté du testateur, qui recommande son âme à Dieu [4].

[1] Comme specimen curieux de ce genre, on peut se reporter au testament fait, en 1416, par *Nicolas Flamel*, écrivain libraire, qui occupait deux échoppes attenant à l'église Saint-Jacques, de Paris, en laquelle il fut enterré l'année suivante. Il faut lui rendre cette justice qu'après s'être occupé longuement de ses dispositions spirituelles, il n'oublie pas non plus ceux qui rendront le dernier devoir à son corps ; car « *il lègue à ses voisins, qui feront compagnie au service,* « *pour aller boire ou disner, comme bon leur semblera, et prier pour lui, quatre* « *livres parisis.* (L'acte est transcrit tout au long dans le t. II de la Descr. hist. de Paris, par Piganiol de la Force, p. 103, édit. de 1765). Nous nous souvenons d'avoir lu une semblable disposition dans l'un des actes de notre tabellionage.

[2] Le titre de seigneur Dom. (*Domnus, Dominus*) était réservé aux rois et aux bienheureux, sous les deux premières races. Ce titre passa ensuite aux princes et aux ecclésiastiques.

Au xiiᵉ siècle, il était souvent donné aux seigneurs qui, auparavant, avaient plutôt reçu celui de *senior*.

On réunit ensuite pour les bienheureux les titres de saint ou de seigneur, de là *monsieur Saint-Pierre*, madame Sainte-Anne, etc.— Paléogr. de M. de Wailly, t. I, p 184.

[3] Autre acte du tabellionage de Rouen, du 22 mai 1402.

[4] On peut se faire une idée du style testamentaire, même au xviiᵉ siècle, au point de vue religieux, en lisant le préambule du testament du célèbre président De Thou, mort à Paris en 1617, d'après le texte latin imprimé en 1620, à la suite du cinquième volume de l'Histoire de son temps. »

« A i nom de la sainte et indivisible trinité, etc., etc., moi, Jacques-Auguste

C'est qu'alors l'acte est moins dans la donation même, que dans les motifs qui l'inspirent. En un mot, le notaire ne fait que refléter la pensée du donateur.

Cet état de choses se remarque surtout dans le xviiᵉ siècle. C'est ainsi que, par contrat passé devant les tabellions de Rouen (Gruchet et Borel), le 21 février 1677, en faveur de l'église de Saint-Sever, une fondation « est faite de trente-trois messes, pour le repos de l'âme « de honorable homme de Logny, cousin du testateur, en commé- « moration des trente-trois années *que nostre* Seigneur Jésus-Christ « a vécu sur la terre[1].

Ce n'est pas à dire que, dans les siècles antérieurs, les actes de dernière volonté ne fussent pas empreints des caractères de la foi mystique de nos pères, mais le style, pour être moins verbeux, n'en formait pas moins une exception au laconisme des actes ordinaires ; c'est qu'en effet il s'agissait là du dernier acte de la vie, acte en soi irréparable.

Il n'est pas rare, dans le cours des xiiᵉ et xiiiᵉ siècles, de voir le donateur étendre le bénéfice spirituel de ses pieuses fondations à des tiers encore existants, pour obtenir en leur faveur des prières an- nuelles. Il y a plus, ce n'est pas seulement ses proches que le dona-

« de Thou, le plus grand et le plus misérable de tous les pécheurs, prie et sup-
« plie l'immense clémence de Dieu, qu'en considération de ce que j'ai été
« conçu dans le péché de l'iniquité, il purifie ma faible nature de toute souil-
« lure, et que, d'indigne que j'étais, je devienne digne, par l'effet de sa
« miséricorde, d'habiter dans son temple.

« Que le mérite de la passion de son très-cher fils Jésus-Christ me soit ap-
« pliqué pour l'explation de mes péchés, afin que ma dernière heure, si su-
« bite qu'elle soit, ne me prenant pas à l'improviste, je puisse, une fois trans-
« porté par les anges dans le sein d'Abraham, y jouir avec les saints et les élus,
« d'un bonheur éternel, etc., etc. »

[1] Nous citerons encore un testament passé le 9 août 1667, devant C. Cavé et Guillaume Liot, notaires et tabellions royaux, à Rouen. Il est très-prolixe dans ses dispositions *spirituelles*, encore bien que l'objet du legs, qui n'apparaît qu'à la fin, ne s'applique qu'à une valeur de 800 liv., destinée à récompenser *les bons et agréables services de la nièce* du testateur, *honneste fille Magdeleine Alleaume*, à laquelle est léguée, en outre, *une émeraude et deux diamants aux côtés enchassés dans un agneau d'or*, remis en dépôt aux mains du curé de Saint-Jean.

teur a en vue, ce sont encore ses héritiers¹ en général, voir même *son Prince* au repos de l'âme duquel il s'intéresse à l'avance ².

Comme formule de style testamentaire, à l'époque du xɪvᵉ siècle, nous reproduisons l'extrait d'un testament privé, du 4 mars 1322³ : « Je Jehan Baillier de Maigni, clerc demeurant à Meulant, *en bon* « *sens* et en bon propos *ordeneur* de ma pensée à ma derrenière « volenté, fais et ordene, de ma propre conscience en délibération « sur ce et sur mon escrit, mon testament ou derrenière volenté pour « le salut de mame (mon âme), en la fourme qui ensieut; etc., etc.

Et à la fin : « et, pour que ceste chose soit ferme et estable, je y « ay fait mectre mon scel de quoy j'ay usé à present ⁴. »

« Ce fut fait, etc., etc. »

Puis suit la mention que le testament a été présenté au prévôt de Meulan, Guillaume le Machecrier, par deux des personnes chargées de son exécution, qui n'est ordonnée que sur le *su et vu* de l'acte, après la reconnaissance du scel du défunt, le tout confirmé par le scel de la prévôté.

¹ Charte de donation de 1215 (Cartulaire de Saint-Martin-aux-Bois, n° 28), par Adam Dubois, fils de Riculphe. Motifs : « Pro salute animæ meæ et Patris « et matris meæ *et heredum meorum.* » (Pour le salut de mon âme, de celle de mon père, de ma mère *et de mes héritiers.*)--Objet de la donation : « — Cinq « sols de rente aux moines de Saint-Martin. En la présence de cinq témoins, « et sous l'autorité du sceau du donateur. » — *Actum est hoc anno gratiæ* MCCXXV, mense aprili. (Archives du département.)

² Entr'autres exemples : « Henri, évêque de Bayeux, confirme la donation faite au Prieuré du Plessis, par *Guillaume Duhommet,* connétable du Roi d'Angleterre, *pour le salut de l'âme de ce prince.* » Charte n° 1386, 2ᵉ partie, p. 156; *Mémoires des Antiquaires de Normandie,* 1834.

Ibid. 1ʳᵉ partie, n° 15. Prieuré de Saint-Cyr de Friardel (diocèse de Lisieux), *Vidimus,* par le vicomte d'Orbec, en 1339, des lettres-patentes de Philippe VI Roi de France, données à Conflans près Paris, par lesquelles ce prince maintient les religieux dudit prieuré dans la possession de tous leurs biens sans qu'ils soient contraints à lui rien payer, « vu qu'il lui ont oc- « troyé gracieusement de chanter en leur moûtier chaque semaine à un an , une « messe de Notre-Dame pour lui et pour le salut de son âme. »

³ Cartulaire de Notre-Dame, n° 3, p. 339. — Archives du département.

⁴ L'usage de sceller les actes sans les signer persévéra pendant le xɪvᵉ siècle en Irlande , en Ecosse, et en Angleterre. Il était encore pratiqué *presque par toute l'Allemagne* et la Suisse, au temps que le célèbre Pasquier écrivait. (Diplomat., t. IV, p. 427.)

Quelle corrélation avec le premier paragraphe de l'article **1,007** de notre Code civil, inférieur en cela, qu'il semble moins s'attacher à la vérification du testament, qu'à sa présentation au président du Tribunal !

Si nous remontons au siècle précédent, nous voyons le même errement suivi en **1265**, pour un testament privé de **1255**[1], dont la teneur en français est transcrite dans l'acte de reconnaissance, laquelle s'applique aussi au scel de la défunte et aux sceaux des trois témoins[2]; seulement, c'est l'autorité ecclésiastique (l'évêque d'Evreux, Radulphe ou Raoul), qui constate cette reconnaissance par une mention en latin et l'annexe de son sceau sous forme de *vidimus*[3] Ce curieux testament en langue française, si rarement usitée alors, puisque la langue latine habituelle aux clercs prédominait dans les actes, est plutôt complexe que prolixe. Peut-être aussi faut-il admettre, en général, que le plus ou moins de simplicité de langage, surtout en matière testamentaire, est inhérente aux habitudes ou à l'état de la personne, en tant qu'elle est légiste, laïque ou ecclésiastique ; car, en ce dernier cas, le *spirituel* l'emporte sur *le temporel*, et la disposition des biens en faveur des établissements religieux sert pour ainsi dire *de passeport* pour l'autre vie, point de mire principal du donateur. Aussi tenait-on alors pour maxime, dans le monde religieux, *que nul ne devait mourir ab intestat*[4].

[1] Archevêché. — Comté de Louviers, inv^re, p. 33. Archives du département.

[2] Selon les lois romaines, les testaments devaient être munis des sceaux et des signatures des témoins; la loi de Théodose et de Valentinien porte : « Finem « autem testamenti subscriptiones et signacula testium esse decernimus : non « subscriptum autem à testibus ac signatum testamentum pro infecto haberi « convenit. » (Diplom., t. IV, note de la p. 422.)

[3] In cujus rei testimonium, *sigillum nostrum* præsentibus litteris duximus apponendum, etc., etc.

[4] « Qui porrò *intestatus* decesserat habebatur olim *prò damnato ac infamt.* » (Glossaire de Ducange, v° intestalis). Il y a plus, dans les xi, xii, xiii et xive siècles, une partie des biens meubles de l'intestat était acquise au clergé qui, sans cela, eût refusé la sépulture (*Traité des droits de l'Etat*, t. I, p. 226). Mais cet usage fut déclaré abusif par arrêt du parlement du 19 mars 1419, rendu entre l'archevêque d'Amiens d'une part, et les maires et échevins d'Abbeville et le procureur-général d'autre part. (Baluze, note, in Regin.), p. 658. Ce qui n'empêcha pas ce même abus de se prolonger ailleurs jusque dans le xvie siècle.

Si , dans l'espèce (le testament de 1255), la testatrice est fidèle à ce principe, du moins est-elle d'une piété modeste , car elle débute simplement ainsi :

« En nom de père et de fiz et de Sainct Esprit. »

Puis elle entre en matière : « Je Caterine , fame monseigneur Gau-
« tier de Corceles chevalier, au bon estat et aux sain pensée, fiz
« et ordenai mon testament en l'an de grace MCCLV (1255) , o jour
« de samedi devant la nativité saint Jehan Baptiste sur la tierce partie
« de tout l'éritage qui m'apartenoit. »

« Suivent diverses dispositions pour ses proches , pour de *povres*
« *veuves de Fours* (près Ecos).............. » l. x s. tourn.

« *Selonc le salut de mame* (mon âme) à di-
« verses maisons de Cordeliers, tant seulement
« à acheter pitance.... .... » l. c s. —

« A la meson Dieu de la Magdeleine de
« Rouan............................... » l. xx s. —

« Au *povres* maladeries voisines......... x l. » s. —

« Au *povres nonnains* de Gomer Fontaine où
« je ai esleue ma sépulture.............. .... xx l. » s. —

« A acheter rentes pour faire chacun an mon
« anniversaire,

« Et c. s. tour, à pitance do couvent...... » l. c s, —

« le jour de ma sépulture .

« A mon luminaire.................... vi l. » s. —

« A Freessant de Montegni *ma meschine*[1]... » l. xx s, —

« A Maheu la Picarde................... » l. xx s, —

« A la malderie de Loviers............. » l. x s, —

« A xx églises des plus prochaines de Gomer-
« Fontaines à chacune.................. » l. v s. —

« etc., etc. »

En ce qui concerne son mari , la libéralité est subordonnée à cette condition textuelle : « que icelle tierce partie de mon héritage l'en

---

[1] *Meschine.* Ce mot désignait également une fille en général, de quelque qualité qu'elle fût servante , jeune fille , demoiselle ou jeune dame. — *Gloss. de Rocquefort,* au mot ci-dessus.

« démourrait comme il seroit en sa veuveté, [1] et le surplus des biens
« est à donner au *salut de mame* (mon âme) » , etc.

Puis le testament se termine ainsi : « De ces choses donner et livrer,
« si comme j'ai par devant dit, je establis mes exéquteurs mon sei-
« gneur Pierre de Blamercourt, mon seigneur Hue de Plesseis che-
« valiers , et Pierre de Blarru Esquier , qui à ma requeste et à ma
« proiere reçurent en soi le fes de mon exéqution.

« Et en cest exéqution, et en cest escript pandirent leurs seans
« aveuques le mien scel, etc.

« Ce fut fet en l'an et o jour devant dit , etc. »

En général, la superfluité de langage, qui s'accroît progressivement
dans les xve, xvie et xviie siècles , se remarque surtout dans les actes
qui sont la conséquence des transactions et accords judiciaires. On y
retrouve le style de procureur, tant sont grandes les habitudes
de palais. Le plus souvent, la phrase est interrompue dans sa
marche par de lourdes phrases incidentes ; ce sont des périodes
quelquefois d'une page entière, et enchevêtrées elles-mêmes dans
un attirail de conjonctions tel qu'il n'est pas facile, soit de saisir
le sens de l'acte, soit de bien se pénétrer de son esprit, sans dé-
composer les parties, ou sans enjamber *ces entrelas* [2] *de paroles*. On
dirait d'une pelotte de fil mêlé dont il est difficile de retrouver les
deux bouts.

Il faut convenir aussi que la différence d'orthographe et de prononciation des mots , qui provenait surtout de la diversité de *dialectes*

---

[1] Notre savant commentateur Basnage observe, en cette matière, que l'on
trouve l'origine du droit de viduité dans notre ancienne coutume établie en Angleterre, sous le nom de *courtoisie*.

Ce droit résultait, en dernier lieu, de l'article 382 de notre ci-devant cou-
« tume, ainsi conçu : « Tout homme ayant eu un enfant *né vif* de sa femme,
« jouit par usufruit, *tant qu'il se tient en viduité*, de tout le revenu apparte-
« nant à sa dite femme lors de son décès, *encore que l'enfant soit mort* avant
« la dissolution *du mariage, et s'il se remarie, il n'en jouira que du tiers.* » N'é-
tait-ce pas offrir une prime au concubinage; surtout lorsqu'il n'existait pas
d'enfants ?

[2] Vieille expression employée par Pasquier, en ses *Recherches historiques* ,
p. 885, édit. de 1643.

Entrelas, entortillement , embarras. - *Glossaire de Rocquefort.*

ou de *patois provinciaux*, [1] n'était pas de nature à faire progresser la langue sous le rapport de l'unité qui, sous l'empire des diverses coutumes, était difficile à obtenir.

En effet, la *langue parlée réagissait sur la langue écrite*; mais peu à peu ces inconvénients disparurent après la rédaction de ces mêmes coutumes qui, une fois imprimées, finirent par asservir la langue et l'oreille, indépendamment des nouvelles communications qui développèrent la civilisation, surtout après que la féodalité se fut affaiblie sous l'autorité royale. N'oublions pas d'ailleurs « que si le besoin « crée les langues, le temps les forme, le talent les perfectionne, et « le génie les fixe [2]. »

Mais aussi, ajoutons avec un auteur estimable, « que, plus le lan- « gage artificiel se perfectionne, plus la langue de la nature se perd; « à tel point que, dans un état social comme le nôtre, il faut une « grande force de réflexion et de longues études pour en recouvrer « l'usage. [3] »

[1] Ainsi à Rouen, jusque dans les actes notariés du commencement du xvᵉ siècle, nous trouvons les mots *cuer* et *suer* pour cœur et sœur; l'*ue* tenait lieu de la diphtongue *eu*. C'est ainsi que Jacques-Cœur, conseiller et *argentier* du roi Charles VII, est dénommé *Jacques-Cuer* dans un acte du 14 mars 1449, où il figure comme l'un des trois exécuteurs testamentaires d'Agnès Sorel, décédée le 9 février de la même année. (Abbaye de Jumiéges. — *Archives du département.*)

On disait encore *ael* pour aïeul, comme dans les chartes de la deuxième moitié du xiiiᵉ siècle et du xivᵉ. Ces désinences sont encore usitées dans la campagne du Bourgtheroulde (Eure), notamment à Infreville, et sans doute ailleurs, tant est grande la force de l'habitude! Il y a plus: même dans la première période du xviiᵉ siècle, on lit dans les actes d'état civil, le *nouer*, le *noer*, pour le *noir*. (Commune de Lintot, 1632-1635, registres de protestants déposés au greffe du tribunal civil d'Yvetot.)

La locution *si mestier est* pour *si besoin est*, qui était usitée dans le xvᵉ siècle, se retrouve encore dans les parages de Lyons-la-Forêt.

Il serait facile de multiplier les exemples, mais nous devons nous borner à ces simples aperçus.

.... *Varios linguæ sonitus natura subegit*
Mittere, et utilitas expressit nomina rerum.
(*Lucrèce, de naturâ rerum*, vers 1034.)

[2] *État de la poésie en France*, par Rocquefort, déjà cité.

[3] *Philosophie de Dugald Stewart*, p. 49, traduction de M. Jouffroy.

C'est surtout à l'époque de la renaissance des lettres, sous François Ier, que le style même des praticiens, tout diffus qu'il est, commence à s'améliorer. En effet, quoique nos contrats notariés, même avant l'ordonnance de 1539, soient en langue vulgaire[1], il n'en est pas moins vrai que les tournures latino-galliques des rédacteurs, en ce qui touche surtout les vieilles formules de garantie, de renonciation et autres ajoutées dans les expéditions, trahissent souvent en eux des habitudes cléricales.

Beaumanoir, bailli du Vermandois, qui écrivait dès la fin du XIIIe siècle sur les coutumes du Beauvoisis, s'exprime ainsi dans son curieux recueil : « Les clercs, si ont une manière de parler moult bel le « latin, mais les lais qui ont à plaider contre eux en cour laye, n'en- « tendoit pas bien les mots qu'il disent en françois, tant soient-ils « beaux et convenables au plaid, etc., etc. » Peut-être aussi le besoin de se faire comprendre des parties fut-il la cause que les praticiens accommodèrent insensiblement leur langage à celui de leurs clients, avec lesquels ils étaient en relation d'intérêt, ce qui dut contribuer à l'altérer ou à le rendre plus prolixe par l'emploi de circonlocutions explicatives; ou bien encore, doit-on considérer que ces clercs ou praticiens devenaient souvent inintelligibles en cherchant à éluder, comme aujourd'hui, les *prohibitions de la loi*, au moyen de contre-lettres, surtout en matière de vente ou de prêt. Aussi, pour couper court à ce genre d'abus qui existait dès le XIIIe siècle au préjudice du retrait lignager (*in fraudem heredum*), le roi Louis IX (saint Louis), sur les instances du maire et des bourgeois du Pont-Audemer, ordonna qu'à l'avenir les contrats de vente seraient passés devant le

[1] A ce sujet, nous croyons devoir encore citer M. Charles Nodier, en ses notions de linguistique, p. 255. — « Les sociétés savantes qui s'efforcent si noblement à interpréter quelques traits indécis sur les marbres pulvérulents des « étrusques, un glyphe de la Haute-Egypte, une ligne des Atellanes, ne dé- « daigneraient peut-être pas *nos titres de famille*, ces témoins progressifs de « tant d'efforts rivaux, qui ont amené notre littérature au point de supériorité « où l'ont placée les admirables écrits du XVIIe siècle. *Elles avoueraient même*, « *au besoin, que cette inconcevable variété de dialectes*, luxe ingénu et sans « faste des langues *neo-latines*, leur a prêté souvent un *attrait de jeunesse* et « d'originalité, qu'on serait tenté de ne demander qu'aux langues primaires, etc. »

maire de la ville non, et plus en secret (*in occulto*) ; errement qui, par ce motif, put s'introduire aussi dans d'autres localités [1].

Quant à l'emploi successif des mêmes formules dans les actes, le notaire Massé [2] observe avec raison : « Que ce fut sans doute la « crainte d'innover dans une matière qui intéressait si vivement la fa- « mille, qui fut cause que nos pères conservèrent religieusement, « dans leurs actes, des formes banales qui, pour être souvent obs- « cures et inintelligibles, [3] n'en étaient que plus respectées d'eux. » Mais ces habitudes diminuèrent au fur et à mesure que l'emploi de la langue française devint plus familier, et que des laïques furent mieux en état de rédiger les conventions des parties. De leur côté, les ecclésiastiques qui, avant l'ordonnance de 1539 (art. III) et nonobs- tant celles antérieures (1490, 1510 et 1535), rédigeaient des actes en latin, même en matière temporelle, suivirent insensiblement pour eux-mêmes le mouvement d'impulsion donné à notre langue. C'est ainsi que, dans certaines paroisses, les actes d'état civil commencent à être rédigés en français dès la fin du XVIe siècle, et que les registres capitulaires de Notre-Dame de Rouen le sont en 1564.

Ce fut sans doute en vue principalement du midi de la France, que l'ordonnance de Villers-Cotterets (1539) prohiba l'usage de la langue latine dans les actes publics, surtout en matière civile et contentieuse; quant à la Normandie, la langue française prédominait depuis long-

[1] « Quædam consuetudo diù obtenta fuerat apud Pontem Audemarum, quod « quando aliquid ibi vendebatur, *in occulto faciebant partes-litteras et instru-* « *menta sua* super hujus modi venditionibus, *in fraudem heredum qui debet* « *retrahere. Dominus Rex*, ad instantiam majoris et Burgensium dicti loci, ad « amovendam fraudem hujus-modi, voluit, quod in talibus contractibus, ve- « nirent partes *coràm majore ejusdem loci* et ibidem *in aperto* instrumenta « sua conficerent. » Collect. Secousse, *Ordonnances royales*, t. I, p. 294.

[2] En l'introduction de son ouvrage : *Le Parfait notaire.*

[3] Ne peut-on pas appliquer à ces vieux praticiens attachés à la forme, comme l'étaient autrefois les esclaves à la glèbe, le langage que Voltaire, dans son *Temple du Goût*, prête plaisamment aux Scholiastes *Lexicocrassus* et autres, dont les noms se terminent en *us.*

.... pour notre étude,
Le goût n'est rien, nous avons l'habitude
De rédiger au long, de point en point,
Ce qu'on pensa, mais nous ne pensons rien !

temps dans l'administration de la justice ; en effet, les arrêts de l'échiquier, consignés à Rouen dans le plus ancien registre (1318), sont rédigés, en français[1] ; mais, soit que l'ordonnance précitée eut pour but de faire cesser ou simplement d'empêcher, pour l'avenir, l'emploi abusif de la langue latine dans certaines localités, pour la rédaction des actes de telle ou telle nature, toujours est-il qu'elle dut, comme elle le fit, en proclamer la prohibition absolue pour tout le royaume, en toute matière autre que celle bénéficiale. Ajoutons à cela que la défense réitérée, faite aux notaires ecclésiastiques, de recevoir des contrats entre particuliers laïques, contribua efficacement à l'exécution de l'ordonnance de 1539, qui prohibait en cette matière l'usage de la langue latine.

Peut-être aussi faut-il reconnaître, à ce sujet, comme plusieurs l'ont pensé, l'influence de la réforme religieuse qui s'efforça toujours de détruire la langue latine, dont l'église se servait presqu'exclusivement depuis son origine. Quoiqu'il en soit, n'était-il pas temps, enfin, que les parties comprissent mieux l'étendue de leurs engagements? Aussi les esprits étaient-ils préparés à ce changement d'état de choses qui devait s'opérer naturellement à la première occasion.

A ce sujet, tous les historiens[2] rapportent une anecdote qui ne fut pas, dit-on, sans influence sur la grande révolution opérée dans la langue des actes : Jacques Colin, lecteur et aumônier du roi, ayant perdu un procès au parlement, et ayant entendu le premier président prononcer l'arrêt en ces termes : « *Dicta curia debotavit* « *et debotat dictum Colinum de sua demandâ* », prit texte de cette décision pour faire de piquantes plaisanteries[3] sur le style des arrêts, delà peut-être l'ordonnance de 1539 (art. iii). Dans un pays comme le nôtre, où l'*acre ridiculum* d'Horace s'accommode si bien de la verve française, il n'est pas plus difficile de croire à la réformation

---

[1] Archives du département. — Cependant, quelques années plus tard, vers 1336, diverses mentions latines figurent dans l'un des grands registres de l'échiquier. — Cour royale.

[2] Encyclopédie du Droit, t. I, v° acte, p. 179.

[3] « J'étais venu en poste, dit-il au roi, pour assister au jugement; à peine « suis-je arrivé, que votre *Parlement m'a debotté;* — comment débotté, reprit « François Ier; — oui on m'a débotté, *debottavit.* — Dans notre langage judi-« ciaire, le tribunal ne fait plus que *débouter.* »

de la langue par de fines plaisanteries, qu'à celles des mœurs au temps de la ligue, par le fouet de la satyre Ménippée, satyre qui, au jugement du président Hénault, ne fut guères moins utile à Henri IV que la bataille d'Yvry.

'XII. — Signature des parties et Marques.

Enfin, quant à la signature des parties, nous ajouterons, à ce que nous avons déjà dit, que les sigles, ou marques particulières, la suppléèrent d'abord, et l'accompagnèrent souvent ensuite, soit *dans les actes publics*, soit même dans ceux *privés*.

Toute incomplète que soit la simple marque tracée par les parties, au bas d'un acte authentique, elle se conçoit cependant, parce que son identité est certifiée par un officier public qui la sauvegarde. Aussi comprend-on que cet usage se soit perpétué fort long-temps en France. Mais que dire de ce mode appliqué à de simples actes privés, par des individus dont la profession faisait nécessairement supposer le savoir? Il faut bien reconnaître alors, dans l'emploi de ces signes abrégés, plutôt la force de l'habitude que l'empire de la raison; car, si, dans le principe, il fut nécessaire de recourir à l'emploi du monogramme ou du sceau, comme nous le remarquons dans les anciennes chartes, parce que l'écriture était peu répandue; continuer plus tard ces moyens dans les transactions privées, surtout après l'époque de la renaissance des lettres, c'était commettre un véritable anachronisme que rien ne justifiait. Aussi, de nos jours, sont-ils repoussés de nos actes comme offrant, d'ailleurs, un moyen trop facile à la fraude.

XIII. — Reconnaissance en justice de l'Acte privé et du Sceau.

Il est vrai de dire, cependant, que les parties, dans le xiiie siècle, et même dans le suivant, pour prévenir tout abus ou tout soupçon à cet égard, se présentaient quelquefois, soit devant le bailli, soit devant l'official[1], dont la compétence s'étendait alors sur presque

---

[1] Acte de 1275, aux transcrits des actes de Londinières, chap. Notre-Dame de Rouen.

toutes les matières tant ecclésiastiques que civiles, pour y reconnaître sincères à la fois, et *le contenu de l'acte* et *l'application de leur propre scel*, considéré alors comme *signature obligatoire*[1]; puis mention de cette double reconnaissance était faite sur l'annexe[2].

Ainsi, comme on le voit, on vérifiait le sceau en justice[3], comme aujourd'hui on y vérifie l'écriture d'un acte sous-seing privé et les signatures des parties.

L'errement en reconnaissance de sceau fut aussi suivi au sujet de *la marque des parties*[4], le plus souvent figurée en croix, comme le symbole religieux le plus révéré. Nous le voyons adopté, dès le xie siècle, notamment par Guillaume-le-Conquérant et par les personnages de son temps; il est mis en regard du nom de chacune des parties ou de chacun des assistants. Il y a plus, dans l'acte émané de Henri, roi d'Angleterre et duc de Normandie, qui confirme la fondation du prieuré du Plessis, nous trouvons formellement expliqué le motif de l'adoption de ce signe ou croix : « *Ut* « *autem hoc privilegium sanctionis nostre illibatum permaneat, pre-* « *sentem ejus epistolam, et sancte crucis signo manu firmavimus, et*

[1] Comme cela résulte des vers suivants :

> Comme ilz y sont tous obligiez
> Par leur foy et sceaulx fichiez
> Aux instruments qui furent faiz
> Quand le mariage parfaiz
> Fu du Roy et de sa Compaigne.

(Extrait du poëme sur la *Déposition de Richard II, roi d'Angleterre* (1399), p. 457, en l'*Appendice aux Chroniques de Jean Froissart*, collection Buchon-Verdière, t. XIV, à nous communiqué par M. Bertrand, juge de paix à Boos.)

[2] Par la même raison, la femme sous puissance de mari, et de lui autorisée ajoutait aussi son scel à l'acte privé qu'elle passait conjointement avec lui. (Ordonnance royale du mois d'avril 1339, Collection Secousse, t. IV, Table, p. 186.)

[3] Les Bénédictins, en leur *Diplomatique*, t. IV, p. 90, nous signalent bien cet errement, *comme ayant été suivi en Angleterre*, mais ils ne parlent pas de son application en France, *et surtout en Normandie*, où nous le trouvons établi dans le XIIIe siècle.

[4] Acte SS. du 12 janvier 1596, en forme de devis (Archives de l'ancienne abbaye de Saint-Ouen), par Jacques Le Vieil, vitrier, qui reconnaît, devant le Vicomte, les lettres initiales de son nom, qui accompagnent sa marque.

« *sigillo nostro munivimus* [1]. » On voit combien est grande la force
de l'habitude, puisqu'à une époque rapprochée de nos jours, jusque
vers la fin du xviii° siècle, nous voyons encore des actes revêtus de
la marque en croix des parties; cet usage n'a même cessé que par la
prohibition de la loi, qui l'a frappé de nullité pour l'avenir.

Après l'établissement des notaires ou tabellions en France au
xiv° siècle, les parties négligèrent bientôt dans les villes de recourir
à des écrivains sans caractère public. En un mot, elles préférèrent,
surtout en matière réelle, l'authenticité attachée aux actes du fonc-
tionnaire public, plutôt qu'à la formalité du sceau privé et de ses accessoires. Mais, en Angleterre, où les Normands, après la conquête,
avaient aboli presque entièrement l'usage des signes individuels, pour
vulgariser celui des sceaux [2], on continua l'emploi de ces derniers et
de l'endenture ou dentelure, comme une sorte d'authenticité donnée
à l'acte lorsque les parties ne l'avaient pas fait sceller par les dignitaires ecclésiastiques, qui, à cet effet, étaient tenus d'avoir un sceau
particulier pour suppléer au défaut de l'institution des tabellions [3]. Au
xv° siècle, il en est encore de même à Londres [4]; nous en puisons la
preuve dans un acte passé au tabellionage de Rouen, le 7 octobre

---

[1] Nous trouvons cette charte analysée par M. d'Anisy, aux *Mémoires des Antiquaires de Normandie*, t. VIII, p. 61, 1834.

« Quod quidem adhibuère ut plurimum fideles *tanquàm symbolum juramenti*
« seu *sacramenti :* cum duplex sic sacramentum, corporale scilicet, et quod
« in instrumento continetur : *instrumento enim jurare* dixit lex 3 Cod. — Do-
nationem *firmare manuque propriâ jurare*, id est, *subscriptione sanctæ crucis.* »
(*Glossaire* de Ducange, V. *Cruce subscribere.*)

[2] *Diplom. Benedict,*, t. III, p. 357.

[3] « Quoniam Tabellionum *usus in regno Angliæ non habetur*, propter quod
« magis ad sigilla authentica credi est necesse, ut eorum copia faciliùs habea-
« tur, statutum est ut sigillum habeant non solum Archiepiscopi et Episcopi,
« sed etiam Officiales, item Abbates, Priores, *etc., etc.*, in Henrico III, Matthieu
Paris. (*Hist. Angl. du* xiii° *siècle*); Ducange, v. *Tabellio*, t. VI, livraison 3,
p. 477, édition nouvelle.

[4] En Normandie, après l'institution des notaires, ces formalités extrinsèques
et les chirographes ou chartes mi-parties ne tardèrent pas à tomber en discrédit.
Aussi est-ce pour nous une exception rare que l'emploi d'un chirographe à
l'époque de 1591 (avril), terminé simplement par les lettres coupées H I,
et mentionné *passé devant les Mayeur et Eschevins de Denain*, lesquels cons-
tatent au verso de l'acte, par la signature des témoins, que « *la contre partie*

1421, à l'occasion de la rançon de Guillaume de la Ferté et de Thomas d'Erlandes, qui avaient été faits prisonniers de guerre ; les termes de la quittance qui les concerne, délivrée à Londres, y sont ainsi relatés : « Et quoscumque acquitamus per presentes (litteras) sigillis nostris « *sigillatas*, etc., valentes vigore et *auctoritate cujusdam indenture* « *facte Londonis*, etc., etc. » Voici qui est clair. Mais ce qui ne l'est pas moins, c'est que nos voisins d'outre-mer, même à cette époque (xve siècle), suivaient notre ancien errement : la reconnaissance du sceau, et appelaient des témoins pour constater, non-seulement qu'il était bien celui de la personne à laquelle il était attribué, mais même qu'ils le lui avaient vu apposer sur l'acte représenté ; ce qui devenait indispensable quand l'une des parties qui avaient figuré en l'acte, était depuis absente ou décédée ; c'est ce qui résulte d'un acte passé au même tabellionage, le pénultième septembre M.CCCC.XXX (1430), lors de l'occupation anglaise, dans lequel acte figure un seigneur anglais du nom de *Hollant de Huntington*, en qualité de mandataire. Pour constater la sincérité du mandat produit devant les notaires, et l'identité du scel privé dont cet acte est revêtu, comparaissent six témoins qui l'affirment pour vrai, comme ayant, au su et vu de plusieurs d'entre eux, été apposé par le mandant lui-même.

Ce mode de procéder que nous avons vu chez nous pratiqué, surtout à la fin du xiiie siècle, et qui n'est autre chose comme nous l'avons déjà observé, que le type de notre reconnaissance et vérification d'écriture en justice, n'était alors lui-même que le fruit de l'expérience et du progrès social ; en effet, jusque vers le milieu du xiiie siècle, les parties, pour mieux assurer la conservation de leurs actes synallagmatiques, se bornaient le plus souvent à déposer

---

« de cestes (lettres) *est reposante en leurs fermes et garde* dans l'intérêt de « Jacques *Le Cote et ses hoirs demeurant en la ville de Valenchiennes.* »

Cet acte, qui, depuis, a été déposé dans les Archives du département du Nord, a, sans doute, été dressé dans des circonstances exceptionnelles résultant du malheur des temps.

Le savant Ducange cite plusieurs chartes du xve siècle, scellées, en outre, du sceau des maires de ville, parce que les sceaux des particuliers, au nom desquels ces actes étaient passés, étaient inconnus à la plupart des personnes. (Voir *Paléographie* de M. de Wailly, v° *Sceaux des Maires*.) Mais n'était-ce pas aussi pour éviter l'abus de fausses énonciations, surtout en matière de prêt, ou celui des contre-lettres, comme nous l'avons vu plus haut ?

chaque double original dans plusieurs abbayes, en y joignant l'*empreinte en cire du sceau* dont elles usaient ordinairement [1]. Si la partie *s'était servie d'un sceau nouveau*, alors la charte faisait mention de cette circonstance et du dépôt qui était fait *du sceau lui-même* [2] dans une autre abbaye, pour offrir au besoin une preuve de confrontation sur son identité. Mais ces moyens si incomplets, lorsqu'ils étaient employés après le décès des parties, ne furent que le prélude de l'errement en reconnaissance de sceau, qui prévalut dans la suite pour mieux en attester à la fois l'identité et l'apposition par la personne même à laquelle il était attribué. Quelle confiance, en effet, ajouter au contenu d'une charte scellée simplement du sceau d'un tiers, comme dans celle-ci : « et quia sigillum non habeo, Helias filius meus sui munimine confirmavit anno 1258 [3]. »

Dès cette époque, l'usage des sceaux commença, en Normandie, à s'étendre dans toutes les classes de la société, même parmi les personnes d'une condition infime [4]. C'est alors, et nous l'avons déjà observé, que souvent l'attribut du métier, comme un maillet, des ciseaux, une hache [5], dénote l'état ou le nom de celui qui emploie le scel [6], ce qui n'exclut pas d'autres signes de fantaisie, par exem-

---

[1] « *Et ad majorem cautelam, exemplar sigilli mei ceris impressum in* « *duabus abbatibus reliqui.* » Charte de donation à l'abbaye de Fontenay, près Bayeux, en 1226, par la veuve ou déguerpie du chevalier de May, d'une moitié de pièce de terre (n° 49, Archives du Calvados, mémoires précités, 1re partie, 1334, p. 369.)

[2] « Et quia alias cartas nunquàm de predicto sigillaverat, communi assensu « de duabus partibus (sigillum) traditum est Abbatie beate Marie sancti An- « dree de Goufer custodiendum, anno Domini 1263. » Charte n° 321, émanée de Hello Pottier, escuyer (abbaye de Barberie, diocèse de Bayeux, ibidem.)

[3] Archives du Calvados, n° 51, 2e partie, 1834. — Abbaye de Longues.— *Mémoires des Antiquaires.*

[4] Vaissette, *Hist. du Languedoc*, t. IV, p. 516, observe même que, d'après des originaux de l'an 1344, *les simples trompettes* « de la garnison de Carcas- « sone donnoient des quittances de leurs gages sous leur sceau. » Voir aussi, *Paléographie* de M. de Wailly, t. II, p. 208.

[5] C'est ainsi que, dans un acte de cession d'une maison, sise à Béauté, par Guillaume Martel, à l'abbaye du Valasse, en 210, le vendeur appose son sceau figuratif d'un marteau. (Archives du département.)

[6] Sceau annexé à la Charte de 1258, dernier paragraphe de la page 16, Inventaire de l'Archevêché. (Archives du département.)

ple, une croix, une tête, une fleur-de-lis, etc., etc. Nous en avons la preuve en main : c'est une matrice de sceau en cuivre, du module d'une pièce de deux francs, lequel porte pour légende s. LOIS DV COVRTIL, et au milieu duquel est une fleur-de-lis évasée, à trait recourbé. Sur le revers est une petite attache supérieure, en forme de queue de bouton, pour en faciliter la suspension. La forme des lettres et de la fleur-de-lis prouve, au moyen de la comparaison qui en a été faite avec des empreintes en cire appendues à des chartes du xiiiᵉ siècle, que ce sceau se réfère bien à cette dernière époque[1].

On conçoit que, à une époque où l'écriture était peu répandue, et où le sceau tenait lieu de signature[2], les parties employassent en outre des formes solennelles lorsqu'il s'agissait de se dessaisir de leurs droits réels et fonciers, formes qui ne pouvaient être que le fruit de l'expérience. N'oublions pas non plus que le siècle de saint Louis est, pour le moyen-âge, comme l'énonce un auteur estimable[3], « ce qu'est le siècle de Louis XIV pour les temps modernes, notre « vieille littérature y parvient à son apogée. » Nous ajouterons : et avec elle surtout la calligraphie.

XIV. — Époque des Actes appréciée d'après les circonstances.

L'on appréciera mieux ce progrès qui influe sur le style et les formules des actes du xiiiᵉ siècle, si l'on songe à se reporter au xiᵉ siècle, époque du laconisme des chartes[4], qui est tel, que souvent même elles ne sont pas datées, ce qui se remarque aussi dans le xiiᵉ, et quelquefois même jusque dans le suivant[5]; alors il faut avoir recours aux

---

[1] Ce sceau curieux et bien conservé a été trouvé dans des fouilles faites à Rouen, et nous appartient.

[2] Il en était de même du temps des Hébreux. Les témoins n'apposaient pas leurs signatures, mais seulement leurs sceaux (*Jérémie*, chap. 23 versets 9 et 10.)

[3] Génin, *Variations du langage Français*, p 24, en son Introduction.

[4] Ainsi, dans une Charte d'acquisition opérée par les religieux de Jumiéges en 1109 (Vieux-Verneuil), la vente comprend : « Tantum terre quantum quatuor boves arare possunt in tribus temporibus anni, etc. » (Archives du département.)

[5] Charte non datée, passée devant Laurent Dulong (maire de Rouen, en 1229.) Liasse de Notre-Dame-du-Pré ou Bonne-Nouvelle. (Archives du département.)

circonstances accessoires de l'acte , pour en déduire l'époque , comme à l'intervention des témoins. Aussi voit-on parfois l'une ou l'autre des parties recourir aux expédients les plus bizarres , soit comme moyen supplétif de constatation et d'authenticité , soit , dans l'un et l'autre but , pour relier à ces incidents le fait principal qu'il s'agit de perpétuer par le souvenir et la tradition [1]. C'est ainsi qu'en l'année 1045, un comte de Toulouse, nommé Pons, pour mieux confirmer la donation qu'il fait à l'abbaye de Moissac , *se fend l'ongle jusqu'au sang comme moyen de souvenir* [2] pour les assistants. C'est encore ainsi qu'en 1050 Roger de Mont-Gommery, fondateur de l'abbaye de Troarn, en Normandie, pour déterminer au juste de quelles portions de marais les Religieux auraient la jouissance, *pousse dans un fossé bourbeux son jeune fils, richement vêtu,* pour qu'il lui en souvienne [3].

Dans d'autres circonstances, ce sont des soufflets distribués dans le même but aux plus jeunes des assistants : « quia tu junior me es, « et fortè multô vives tempore, erisque testis hujus rationis cum res « poposcerit [4]. Mais, dans le XII° siècle, l'emploi des moyens, comme

---

[1] La vente par signes symboliques avait lieu aussi du temps des Hébreux, surtout en matière *de retrait lignager* entre parents, comme le prouve ce passage suivant de la Vulgate (*Ruth.* , chap. 4 , v° 1 à 19.) « Hic autem mos « antiquitùs in Israël inter propinquos , ut si quandò alter alteri suo juri cede- « bat , *ut esset firma concessio, solvebat homo calceamentum suum* , et dabat « proximo suo, *hoc erat testimonium cessionis in Israel.*

Ainsi , la vente était réputée valable entre les parties quand l'une d'elles remettait sa chaussure à l'autre , en signe de dessaisissement.

[2] Dom Bouquet , t. XI , p. 387 ; cité aussi par M. Canel, en son *Essai historique sur Pont-Audemer.*

[3] Ibidem , dom Bouquet , t. XI , et l'*Essai archéologique* de M. Canel.

[4] Ibid., dom Bouquet , p. 387. — Ce fait qui , du reste , dérive de la loi des Ripuaires (*Origines du Droit* , p. 132, par Michelet), se passait à l'occasion de la donation de la terre de Toutainville , faite par le prince Robert à l'abbaye de Préaux.

Un *magistrat* de notre ville, auquel nous rappelions ce fait bizarre, nous racontait qu'il y a quelques années, un homme du peuple qui était venu, avec son jeune fils, assister au supplice d'un parricide, s'avisa , au moment même de l'exécution, de lui pincer fortement le bras, jusqu'au point de le faire pleurer; et, sur la plainte de cet enfant, il lui dit : *C'est pour qu'il t'en souvienne.* Il est assez singulier, après plusieurs siècles , de retrouver des faits analogues, du reste déjà signalés par Baluze, même de son temps (1677), en ses notes sur les Capitulaires.

but de souvenir, devient chez nous plus doux et plus charitable. On a recours au baiser, parce qu'ainsi que l'observe M. Michelet (en ses *Origines du Droit*, p. 133), « de tous les organes extérieurs de l'homme, la bouche (os sacrum) est en quelque sorte le plus intime ; c'est par elle que passe la pensée qui vient de l'ame, le souffle qui vient du cœur ; c'est elle enfin qui confirme et scelle les actes les plus importants. » En effet, après le serment prêté sur le texte des Évangiles par le vendeur et ses proches de ne rien réclamer sur les biens situés à Rouen, près l'Eau-de-Robec, l'acquéreur donne, en retour, *quelques pièces de monnaie* au fils aîné de celui-ci, *avec un baiser de paix*, et en distribue aussi à ses propres parents dans le même but [1]. L'acte qui relate ce fait n'est pas daté, mais il est passé devant Richard, abbé de Saint-Ouen, qui mourut en 1181, et est fait en la présence de témoins nombreux, sans doute afin que plusieurs d'entre eux *survécussent* à la plus longue prescription, sauvegarde de la propriété. Toutefois, remarquons que cette sorte de libéralité plus ou moins variable, suivant les circonstances, n'était souvent, en réalité, que la conséquence et le prix de la ratification donnée par anticipation à l'acte de vente ou de donation par les héritiers présomptifs du cédant qui y avaient assisté. Il y a plus, la donation mutuelle devient l'objet *d'une consécration religieuse* au xiiᵉ siècle par le dépôt qui en est fait sur l'autel, ou par toute autre offrande, en la présence de nombreux témoins, appelés sans doute aussi pour suppléer, s'il y a lieu, à l'insuffisance des clauses de l'acte, et à son laconisme.

C'est ainsi que, vers cette époque, s'opère la donation faite par Raoul de Beaumont, à Dieu et à l'abbaye du Bec, *de six hôtes*

---

[1] « Hato dedit primogenito tres solidos, *et in fidem osculati sunt;* Idem « pro autem concessione dedit Aelize sorori sue sex sterlingos, *et Agneli parve* «*sorori filiole Hatonis* decem Andegavenses, et unum sterlingum, et isti omnes « pepigerunt Hatoni, et suis hæredibus hanc mansuram guarantare contrà « omnes homines. »

A cette charte est resté appendu le sceau de l'abbé, représenté dans son costume, une crosse en main. Ce fut sans doute dans un but de conservation que cet acte fut déposé par les parties dans le prieuré de Bonne-Nouvelle. (Archives du département.)

avec *sept vergées de terre*, situées *au Petit Quevilly*, près Rouen, qu'ils faneront [1].

Mezeray, dans ses *Mémoires historiques*, t. Ier, p. 53, mentionne : « que ceux qui donnoient quelque chose aux églises, se désaisissoient « aussi, symboliquement parlant, par le moyen d'un *livre*, des « *Quatre Évangiles* [2], ou en embrassant le crucifix, l'abbé, et quel- « quefois même tous les religieux qui étoient au chapitre [3].

Le même historien constate, d'après un cartulaire qu'il ne cite pas, « qu'un certain Pons de Tiraquello en donnant aux moines de « Sainte-Marie de Long-Pont la terre de Yer, se mit, pour confirmer « ce don, *à rompre la pointe d'une broche* (veru), et qu'après l'avoir

---

[1] Voici, au surplus, la teneur de cette charte curieuse :

« Notum sit presentibus et futuris quod ego Rodulfus de Bello-monte, con- « cessi Deo et sancte Marie Becci pro salute anime mee, et omnium antecesso- « rum meorum in perpetuâ eleemosinâ quicquid habebam apud Cavilleium « parvum VI *hospites* videlicet cum redditibus suis et tenementis, et VII vir- « gatas prati quas homines fenabunt, et de caritate Ecclesie *accepit* predictus « Rodulfus *quadraginta libras* publice monete, et *soror sua Emma decem* « *solidos et nepos ejus Willelmus quinque solidos, qui hoc concesserunt*, et « *donum posuerunt super altare per unum candelabrum*. Testes magister Her- « bertus, Martinus de Hosâ, Michael serviens de Prato (sergent du Pré, prieuré « de Bonne-Nouvelle), Petrus famulus Abbatis, Petrus Le Gopil, Rodulfus « prepositus (prevôt) Cavilleii, et homines de predicto, et multi alii. » (Ar- chives du département.)

[2] Gislebert de Livet, chevalier, donne aux chanoines de Saint-Pierre de-Lisieux, *pour la rémission de ses péchés*, deux acres de terre situés dans le champ de l'Épine à Livet; et il ajoute : « Et eos de prædictâ terrâ *cum textu Évangeliorum ipsâ manu investivi.* »

Le sceau de cette charte sans date est brisé.

Charte n° 1er (paroisse de Saint-Jean-de-Livet de l'ancien évêché de Lisieux) 2e partie de 1831 des Mémoires des antiquaires de Normandie.

[3] Les cathécumènes, devenus chrétiens par le baptême, recevaient *le baiser de paix* (Panninus de Baptismate, p. 164, édit. de 1656.)

Les chanoines se recevaient aussi *per osculum*. (Reg. capit. de Notre-Dame du 17 mars 1522.) Lors de sa réception au canonicat, M. Godet, prêtre, qui était conseiller au Parlement, reçoit en outre *plusieurs pains après avoir prêté ser- ment sur les Saints Évangiles.*

Chez nous, lors d'une promotion dans l'ordre militaire, le récipiendaire ne reçoit-il pas encore de son supérieur *l'embrassade* ?

« bien essuyée, il la donna à l'abbé pour la présenter de sa part sur
« l'autel de Sainte-Marie, » puis il ajoute : « ô la belle allusion ! »

Ce trait, raconté par cet historien caustique, est plaisant, soit, mais
est-il exact? nous ne le pensons pas.

En effet, *veru*, dans le langage du moyen-âge, signifiait aussi une
flèche, autrement dite *vireton*, ou broche de fer pour le combat.
« Veruti dicti quod verubus pugnant. » (Ducange, au mot *veru*)

De leurs broches de fer s'en vont entracoulant.

Or, dans l'espèce ci-dessus, le fait du donateur qui rompt la pointe
de la broche ou lame n'implique-t-il pas de sa part une renonciation
symbolique à attaquer la donation par lui faite aux moines, puisqu'il
brise à l'avance son arme pour la déposer ensuite sur l'autel de la
Vierge? Nous ne pouvons recourir au manuscrit parce que Mezeray ne
l'indique pas ; cependant, par cela même qu'il constate l'expression
veru en regard de *broche*, il nous est bien permis de prendre ce dernier
mot dans une toute autre acception que celle d'une broche à rôtir,
quoique cet instrument culinaire convint fort bien aux moines; mais,
dans l'espèce, il n'eût pas été convenable de la déposer *encore fumante
sur l'autel* en leur présence, surtout lorsqu'il s'agissait d'un acte de
dessaisissement d'une terre, que les moines *n'acceptoient pas pour
rire*.

XV. — Passation des actes.

Enfin, pour mieux solenniser la promesse et en assurer l'exécution, on en dressait quelquefois acte *sur la tombe même* de ses
proches, sur celle *d'une épouse chérie*, en présence de plusieurs
personnes honorables qui y apposaient leur sceau avec les parties.
C'est ainsi que *Richard de Rovencestre*, du consentement de son fils
aîné, donne aux religieux du Plessis 40 sols tournois de rente *pour
le salut de l'ame de sa femme*, et la charte porte, qu'elle fut
signée et *scellée: « super tumbam Petronille, coram pluribu fide dig.
« nis, »* le mercredi avant le dimanche des Rameaux, l'an 1279
(Charte n° 478, archives du Calvados.)

Le cimetière, dans lequel le tabellion continua dans la suite de se rendre *à l'ouïe de messe* dans le but d'y recevoir des actes, offrait aux parties, outre l'avantage de la publicité, celui de pouvoir s'obliger en *adjurant les cendres* de leurs pères pris à témoin de la bonne foi des conventions.

Enfin, comme signe symbolique de renonciation aux dettes et aux meubles délaissés par leurs maris, les dames avaient coutume de déposer sur la tombe de ceux-ci leur ceinture ou courroies, bourses et clefs, et d'en demander acte aux notaires ou aux tabellions.

Monstrelet[1], qui écrivait au xv⁰ siècle, nous offre un double exemple de cet usage, en parlant de Marguerite, veuve de Philippe duc de Bourgogne, et de Bonne, veuve de Valeran ou Galeran, comte de Saint-Paul.

Voilà pour la convention; mais, s'agissait-il de sa réalisation? souvent les parties, pour se soustraire aux conséquences onéreuses et *arbitraires* de la mouvance ou censive du seigneur local, se retiraient sur un terrein de *Franc-Aleu*[2], où les sauvegardait la justice du Roi. C'est ce qui explique aussi, suivant nous, le fait de la passation des actes par les anciens tabellions, à la limite de la paroisse *de Saint-Jacques*, au lieu dit encore *la Table de Pierre*, dont nous avons parlé en notre première partie, P. 15, indépendamment des motifs de notoriété publique.

Il y a plus, nous trouvons que, dans ces parages, il existait encore, comme indication *de l'aleu*, en 1539, et comme limite entre la paroisse de Saint-Jacques et celle de Darnétal, *un vieux chêne*, dit le

---

[1] 1er Vol., chap. 17 et chap. 134, cité par Bouteiller, au Grand Coutumier revu par Charondas le Caron, édit. de 1611, p. 805.

[2] Art. CII de notre ancienne Coutume : « Les terres de *Franc-Aleu* sont « celles qui ne reconnaissent aucun supérieur en féodalité, et ne sont sujettes « à faire ou payer *aucuns droits seigneuriaux.* » On peut se faire une idée de la singularité des prestations attachées au régime féodal par la clause ci-après consignée dans un aveu rendu aux dames de Saint-Amand, vers 1530, par Robin de Forestel : « Chacun homme qui a chevaux, doibt une matinée en septembre « pour aidier à faire les blés, et pour ce, *doibt avoir à disner de la brioche* « *et la moitié d'un fourmage mol* pour son repas, ainsi qu'il est accoustumé « faire, etc., etc. »

Quesne au Leu, dont le nom était même appliqué au hameau où M. de Bonneville, alors lieutenant du capitaine du château de Rouen, possédait une terre[1].

On voit encore, sur le bord de la grande route de Duclair, non-loin de Saint-Georges, un très vieux chêne, nommé aussi le *Chesne au Leu*, ou *Quesne à Leu*, remarquable par son volume et l'étendue de ses rameaux desséchés.

Nous citerons encore le vieux chêne de la côte Saint-Haut, près Elbeuf-sur-Seine, sous lequel viennent se grouper chaque année, à la fête de Saint-Gilles, tant de joyeux convives adonnés au culte des traditions. C'est qu'en effet cet arbre était vénéré par leurs pères. N'était-ce pas aussi sur une place élevée, *dominée par un arbre antique*, que Pierre l'hermite prêcha la croisade devant une foule avide de l'entendre[2]? Il était donc tout naturel que ces arbres vénérés servissent de rendez-vous pour les affaires publiques ou privées en matière de transactions ou de jugement. Qui ne se rappelle, enfin, le chêne de Vincennes où Saint-Louis rendait la justice[3]!

Ailleurs, c'était sous l'orme que *le plaid* avait lieu, comme dans un village du bailliage de Remiremont[4]. N'était-ce pas *à l'orme Saint-Gervais*, qu'à Paris, les vassaux venaient payer leurs redevances[5]? Ce qu'il y a de certain, c'est que le jugement, dans ces temps reculés, avait lieu sous un ou plusieurs arbres, essence de *chênes, ormes, ou tilleuls*[6], plantés en nombre impair. Or, comme alors, ainsi que nous l'avons déjà observé, les notaires ressortissaient des juges, ils

[1] Ces détails ressortent d'une enquête dressée le 23 septembre 1539, à l'occasion d'un procès existant entre le curé de Saint-Jacques et celui de Darnétal, à raison de la perception de leurs droits de dîmes si vivement discutée entr'eux.

[2] Hist. des diff. religions, par Sureau de Lirey, p. 414.

[3] « Maintesfois, advint que en esté il alloit seoir au bois de Vincennes après sa messe, et se acostoloit à un chesne, et nous fesoit seoir entour li; et tous ceulx qui avoient à faire venoient parler à li, sans destourbier d'huissier ne d'autre, etc., etc.»
(Joinville, Hist. de Saint-Louis, 1re partie, édit. Michaud, p. 184.)

[4] Piganiol de la Force, XIII. — Voir aussi notre 1re partie, p. 16.

[5] Saint-Victor, Hist. de Paris, II — 2 — 814.

[6] C'est sans doute de là que provient la dénomination de *Tilleul* appliquée à plusieurs communes de France.

suivaient le même errement pour *les contrats* que les autres pour *les jugements*, quant au *lieu des assises*.

Si nous sommes remonté à divers usages antérieurs à l'établissement des tabellions proprement dits, c'est-à-dire avant le xive siècle, c'est qu'il nous importait de les constater ici, au moins comme types [1] de ceux qui se reproduisent plus tard comme faits principaux ou accessoires, et pour expliquer d'ailleurs certaines circonstances qui se rencontrent dans les contrats, comme les *arrhes de marché*, le *serment sur les Saints-Evangiles*, etc., et autres faits traditionnels, significatifs de la parole donnée; détails qui nous avaient échappé en notre première partie

Mais, une fois que l'institution du tabellionage, développée avec l'expérience, devint l'*Arche sainte* des conventions par l'effet de l'authenticité, il ne fut plus permis aux parties de recourir, comme complément de constatation, à des moyens plus ou moins directs, ou plus ou moins bizarres, puisque l'acte privé fut placé sous la sauvegarde du tabellion qui lui imprimait l'authenticité. A cet égard, il n'est pas sans intérêt de rappeler ici la formule employée par lui ou par le vicomte pour la délivrance du *Vidimus* :

« Savoir faisons que aujourd'hui viie jour de janvier mccccLxviii
« (1468) avons veu, tenu, et leu mot après mot, *unes lectres scellées*
« *en deux doubles queues en cire verte*, *saines et entières en sceaulx*,
« *saing et escripture*, desquelles la teneur ensuit :

« A toulx ceulx qui ces présentes lectres, » etc.

Plus tard, lorsque les parties déposent en l'étude du notaire le double de leurs conventions privées *pour y tenir minute*, surtout en fait de contrats de mariage ou de lots, actes qui intéressent si vivement la famille, voici quel est le style de la reconnaissance qui n'est plus délivrée cette fois en nature aux parties, mais bien par voie d'expé-

---

[1] C'est ainsi que, pour mieux marquer la libération définitive de l'obligation, les parties, comme pour *faire table rase* de toute réclamation ultérieure entr'elles, s'en expliquaient par un geste symbolique encore usité de nos jours, que l'on trouve même constaté dans les chartes de la fin du xiiie siècle par ces mots : « *Ma main passant à ma main demourant*. (Acte de renonciation à des droits de reliefs et autres par le chevalier *Guillaume de Cully* en faveur des religieux du Plessis, en l'an 1292. N° 1288 de la 2e partie des mémoires des antiquaires de Normandie pour les archives du Calvados).

dition ; aussi sommes-nous parvenus au xviie siècle (11 janvier 1658) :
— « A tous ceulx qui ces présentes lettres verront : savoir faisons que
« pardevant Pierre Crosnier et André Bonnel, notaires et tabellions
« royaux , à Rouen , etc. fut présent , etc. , lequel , à l'instance et
« requête de, etc., a volontairement recogneu le contenu en un escript
« en papier en forme d'obligation de laquelle cy attachée soubs
« le contre-scel des présentes, la teneur ensuit :

« Je soussigné , etc. , etc. »

XVI. — Marques ou Signatures.

Maintenant nous avons à spécifier plus particulièrement la manière
dont les parties attestaient, depuis l'institution du tabellionage , l'identité de leurs actes , soit privés , soit authentiques , au moyen des
signes, marques et signatures qu'elles apposaient au pied de ces actes.

Une première observation, c'est que l'on ne trouve guère de signature entière, sur les actes notariés en minute, que vers l'année 1524 ;
encore n'y sont-elles qu'exceptionnelles ; mais, après l'ordonnance de Villers-Cotterets , rendue au mois d'août 1539 par François Ier, les parties qui savent signer se dispensent en général d'apposer leurs marques isolées sur les actes publics , quoiqu'elles continuent à les employer indifféremment sur leurs actes privés pour tenir
lieu de leur signature ordinaire. Aussi voit-on, en 1440 , *les maistres
de machonnerie et charpenterie du roy* au bailliage de Rouen, *Symon*
et *Jehan Willenier*, chargés, avec Jehanson Salvart, maistre des
œuvres de l'esglise de Notre-Dame-de-Rouen, des travaux de l'église
de Saint-Ouen qu'il s'agit de continuer , se borner chacun à apposer
au pied de leur rapport du 23 janvier de la même année , *leurs signez,*
ou *petits sceaux* (aujourd'hui détachés) *de quoy ils usent en leurs
offices royaulx.*

Mais quant à Colin de Berneval, « *reçeu* par l'abbé et les religieux
« de Saint-Ouen a estre l'*ouvryer de Machonnerie de leur esglise,*
« pour le temps advenir en la semblable magnière comme son feu

---

[1] Ceci confirme l'opinion des Bénédictins (Diplôm. t. 4, p. 735) : *Teste signeto
« meo manuali huic presenti scedule apposito.* Mention qui doit s'entendre
« *du petit sceau* et peut-être mieux du paraphe dont, en effet, l'usage s'établit
« généralement vers le xve siècle.

père *Alexandre Berneval* [1] a esté en son temps, » il appose simplement sa marque *en forme d'étoile*, qui paraît être l'emblème de la belle rosace exécutée au côté nord de l'église.

Et sur cette marque, à côté de laquelle est *une lance séparée par un trait*, son nom est indiqué et paraît être de la même écriture que le rapport [2].

Si nous insistons sur ces détails, c'est qu'ils se reproduisent successivement sous diverses formes, selon la marque adoptive de chacun et comme emblème de l'état des parties jusque dans le xviiie siècle. C'est ainsi que les divers membres de la famille de notre *Jean Jouvenet*, peintre, qui exercent cette profession, dessinent, avec ou sans leur signature, selon que l'acte est public ou privé, *soit un oiseau* avec les initiales de leurs noms et prénoms, *soit une tête, soit un soleil, soit un bras* [3].

Lorsque la marque émane d'un artisan, comme d'un serrurier ou d'un charron, qui figurent l'un un marteau et l'autre une roue, alors le notaire entoure cette marque de ces mots, pour en attester l'identité : *Le merc de tel*, etc., sans qu'il résulte même de l'acte authentique que la partie ait été mise en demeure ou ait été interpellée de signer. C'est le fait seul de l'apposition de la marque qui prouve que la partie ne sait pas signer. Mais cette dernière n'appose pas son cachet particulier sur la minute du notaire *en guise de signature*, ce qui n'a lieu que dans le cas très rare où l'une des parties est atteinte *de cécité*. Alors le motif en est exprimé dans l'acte (Tabellionage de Rouen, acte du 14 août 1657 devant Me Maubert), encore n'est-ce qu'un cas particulier qui paraît résulter d'un arrêt de la cour.

Ce qui n'était autrefois qu'une exception en France, dans les actes notariés [4], paraît encore être l'errement suivi en Prusse, si nous en jugeons d'après l'insistance d'un individu de cette nation, à apposer son cachet particulier à côté de sa signature sur un acte authentique, malgré le refus du notaire, auquel le premier opposait l'usage de son pays.

[1] Celui-ci figure dans une quittance du tabellionage de Rouen de la fin de mai 1419, qui constate le paiement qui lui est fait de 35 livres par messire d'Estouteville, sieur de Torchy et de Blainville, *pour une tâche de maçonnerie faite à son moulin de Fontaine-sur-Préaulx*.

[2] Archives du département (abbaye de Saint-Ouen).

[3] (Liasse de Saint-Ouen). Quittance des 7 octobre 1576 — 13 mars 1595 — 12 juillet 1596, — et acte du tabellionage de Rouen, du 29 novembre 1608, et autres.

[4] Dans les aveux rendus au roi, le sceau armorié accompagne la signature au pied de l'acte. (Ancienne Chambre des comptes de Normandie.)

Dans les anciens actes, on ne remarque aucune ponctuation qui serve, comme aujourd'hui, à encadrer la phrase, ou à la suspendre pour en mieux faire ressortir le sens.

Puis, quant à l'orthographe, ce sont des diphtongues *eu* pour u, *lesquielx* pour lesquels, *usaige* pour usage, *se* pour si, *il voult* pour il veut, *vauldent* pour vaillent, *jamez* pour jamais, *cest* pour cet, *s'aucuns* pour si aucuns, *touchier* pour toucher, etc. etc. [1] Il faudrait plus d'un volume pour retracer tous les caprices du style résultant des divers dialectes locaux. Nous avons dû nous borner ici aux exemples des mots les plus usités.

XVII. — ABORNEMENTS.

Quant aux abornements, nos anciens contrats notariés, d'accord en cela avec les titres du xiii° siècle [2] ne désignent la plupart du temps par bouts et côtés, que le nom des voisins limitrophes ; de sorte qu'il devient fort difficile jusque dans le xvii° siècle, voire même dans le xviii°, de reconnaître les anciennes limites d'une propriété qui a subi le moindre changement ; aussi, pour constater l'identité des anciens possesseurs et de leurs successeurs, faut-il se livrer à des recherches minutieuses et très pénibles, que l'emploi des quatre points cardinaux, comme aujourd'hui, aurait évitées.

Rarement l'emploi des bornes ou *devises* est usité. Cependant, s'il s'agit de la vente d'un terrain nu, le tabellion en désigne l'emplacement comme indiqué *par des estibots*, qui ne sont autres que de simples marques fichées en terre [3], et, s'il se trouve un enhachement, on le désigne chez nous *par escachon*, synonyme aussi de saillie [4].

Dans les siècles antérieurs, des bornes n'étaient guère plantées que dans des cas de délimitation importante comme au xiii° siècle [5].

[1] Acte, entr'autres, du tabellionage de Rouen du 29 novembre 1668.
[2] C'est ainsi que, dans un titre de 1252 (Archevêché, liasse 1re, invre p. 17, archives du département), la masure sur laquelle est affectée une rente est dite située: *Inter masuram Renoldi Pasquier* ex unâ parte, *et masuram Aeliciæ de Wabenc* ex alterâ.
[3] Acte du tabellionage de Rouen du 14 juin 1563.
[4] Ibid. Acte du 30 juin 1649 devant Me Maubert Millot à Ve Dupuis.
[5] Charte de donation n° 17 au cartulaire de Jumièges, et sous le n° 20 bis, V° Genesville.

« Et colant monachi usque ad metas priùs à Hugone Brostin avo meo,
« posteà à patre meo Wuillelmo, denique à meo ipso positas etc. [1] »

État de choses, du reste, qui concordait avec le titre « de lineatione
« terræ (leges Burgorum caput 123, anno 1153, aux coutûmes an-
« glo-normandes par Houard t. 2) » ainsi conçu «— Si utràque parte
« presente, terra aliqua sit lineata, per Baillivos et fideles homines
« villæ, *et metæ positæ fuerint* et sæsina illarum metarum tenta, et
« *visa fuerit per unum annum et unum diem*, aliâ vice non debet
« lineari Sed si qua illarum metarum remota fuerit, Baillivus tenetur
« justiciam facere conquerenti. »

Si, de nos jours encore, la saisine annale a pour effet, à défaut de titres contraires et de la possession de trente ans, de faire attribuer la
maintenue de propriété au détenteur pour prévenir la violence [2], combien à plus forte raison devait-elle être invoquée à l'époque du
moyen-âge, où les conventions n'étant pas le plus souvent écrites,
il en résultait une grande incertitude dans la propriété, *ou au moins
dans ses limites*. Aussi saint Louis, dans le chapitre 63 de ses Établis-

---

[1] Voici un autre exemple que nous tirons d'une charte dont nous devons la
copie à l'obligeance de M. Auguste Le Prevost : — Ego Basiria de Glisoliis (Gli-
solles près Évreux) dedi monachis et Ecclesiæ S. M. de Noâ, terram meam et
boscum meum versûs Oisellum (Oisel près Conches) et Broquignelum per divisas
in circuitu positas per vallem de Pomercie et *per viam* Oiselli ad Conchas, per
viam quæ venit de Glisoliis ad Oissel, — actum anno ab Incarnatione Domini
M° CLXXX° IX° (1189). Voir aussi Glossaire de Ducange au mot *divisæ*, limites,
bornes.

Une remarque à faire à cette occasion, c'est que, de nos jours, des bornes
sont encore plantées dans nos campagnes, *au mitan* ou milieu des chemins
vicinaux, *per viam*, comme pour indiquer un point invariable quant à la direction du chemin, ou plutôt que chaque riverain en a fourni la moitié du terrain.

Et, afin de faire reconnaître en tout temps l'identité de ces bornes, on y place
au dessous *des témoins muets* mais significatifs, c'est-à-dire du verre, du tui-
leau ou du charbon. C'est ainsi que l'on procède encore dans nos campagnes,
et qu'ont procédé nos pères.

M. Michelet, en ses *Origines du droit* p. 101, constate que cet usage était suivi
dans *le Nord de la France*; et il ajoute p. 105 « qu'en Touraine on mettait à
chaque borne quatre moellons qu'on appelait *témoins*

En Normandie, souvent en guise de bornes, on employait des épines, ou un
fresne, taillé en tête, et par cette raison appelé *têtard*. Les premiers mar-
quent encore les limites de terres de labour — et le second sert plutôt de
limites pour les bois des particuliers.

[2] Discours sur l'hist. de France, par Moreau, t. 2 p. 165, édition de 1789.

sements, détermine-t-il les formes à suivre pour l'action possessoire [1], avec consignation de garanties, ou *pleiges*.

XVIII. — CLAUSES PÉNALES EN CAS D'INEXÉCUTION.

Dans les actes notariés des xvie et xviie siècles sont reproduites *des clauses pénales* empruntées à des siècles antérieurs, pour le cas de retard ou de refus apporté à l'exécution de la convention, sauf le cas de force majeure. En effet, dès 1209 [2], dans un accord relatif à la prestation annuelle de *quatre muids* de froment à livrer par le prieur du Pré, à l'abbaye de Saint-Amand, en échange des possessions de cette dernière, situées à Bures, celui-ci, en cas de retard au terme marqué, se soumet à livrer une surmesure d'un demi-muid aux mêmes religieuses, obligation qui ne doit fléchir, pour le cas de peste ou de guerre, que d'après l'arbitrage *de prud'hommes*; et telle est l'autorité de leur décision en général, que la cause pénale, en certains cas, s'élève jusqu'à 200 mars d'argent contre le contrevenant [3].

[1] Cette action découlait évidemment des lois romaines. Tel était en effet le respect du peuple-roi pour la propriété, que les limites en étaient confiées au dieu *Terme*, objet d'un culte particulier.

Ne trouvons-nous pas aussi dans la Bible, au livre des *Proverbes*, chap. 22 § 28 : ce précepte : « Ne transgrediaris terminos antiquos quos posuerunt patres tui ?

[2] Cette charte ou chyrographe offre pour détails que les quatre muids de froment étaient livrables chaque année, *au marché de Rouen, entre la fête Saint-Michel et les octaves de Saint-André;* que chaque muid de première qualité était évalué à *« quatuor solidis de undcumque summd »*, indépendamment de six deniers pour la voiture (*pro vehitura*).

Quant à la clause pénale, en voici les termes : « Si autem *infrà octavas sancti* « Andree, non reddatur hoc frumentum, prior et monachi predicti tenebun- « tur *in pend dimidii modii* frumenti ejusdem valoris solvendis eidem Abbatisse « et conventui sancti Amandi. *Si autem communis pestilentia vel commune exci-* « *dium guerre, quod Deus avertat, venerit, arbitrio et consideratione legitimo-* « *rum virorum predictus redditus moderabitur* (Archives du département, car- « ton de Saint-Amand). »

Observons en outre cette particularité qui touche à l'authenticité de cette charte *mi-partie* datée de 1209, c'est que le sceau du prieuré du Pré, qui s'y trouvait appendu, n'est reconnu véritable, par témoins, en l'officialité de Rouen, qu'en l'année 1367, c'est-à-dire 158 ans après sa confection, ainsi que le constate un petit acte sur parchemin annexé au chyrographe.

[3] Compromis en français en l'année 1287, entre l'archevêque de Rouen et le sieur de Hotot, au sujet de la haute justice d'Epinay. (Archives départementales, Inv[re] p. 28 de l'Archevêché.)

XIX. — Incapacité de la femme pour cautionner.

Enfin, quant à la capacité de la femme pour s'obliger, l'art. **538** de notre ci-devant coutume réformée déclarait bons et valables les contrats d'aliénation de ses biens dotaux sous l'autorité de son mari, sauf valable récompense ou remploi ; mais, s'agissait-il d'un cautionnement, elle avait les mains liées, parce qu'il était plus à craindre pour elle *de cautionner* que de vendre, vu l'imprévoyance des éventualités.

Si cette prohibition ne résultait point de notre ancien coutumier, elle n'en existait pas moins en vertu du sénatus-consulte Velleien, suivi en notre province au temps même de nos premiers ducs [1], et sans interruption depuis, nonobstant l'édit de 1606 qui l'abrogeait dans la plus grande partie du royaume, mais qui ne fut pas vérifié en Normandie. Aussi, les notaires n'avaient garde de faire renoncer les femmes au bénéfice de ce statut, parce qu'il était considéré *comme d'ordre* public, principe qui n'admettait aucune dérogation privée [2]. Ces dispositions romaines, qui faisaient défenses aux femmes *d'intercéder pour autrui*, avaient été accueillies avec faveur par les Normands, jaloux de perpétuer la propriété dans l'intérêt des familles, et de prémunir les femmes contre leur faiblesse naturelle, en conservant leurs propres. Aussi, la conservation de la dot est-il une sorte de principe inné chez nous et tellement inflexible, qu'à la campagne, où de pauvres filles n'apportent souvent qu'un simple bahut, leur contrat n'en proclame pas moins l'inaliénabilité de la dot.

A Rouen même, où les capitaux sont l'âme du commerce, ne les voyons-nous pas frappés, le plus souvent, d'immobilité *dans l'intérêt des femmes*. Aussi les maris normands considèrent-ils les biens de celles-ci comme ceux d'un étranger, dont ils seraient simples usufruitiers, et transmettent-ils à leurs fils ce vieil adage *qui sent le terroir:* « *Que sur le fonds dotal, le mari ne doit planter que des choux !* »

[1] Froland en ses Mémoires, p. 83 et 88. — Edit de 1729.

[2] Cette inflexibilité de principe fut sans doute consacrée par l'expérience pour couper court à des abus, car il n'est pas sans exemple dans des chartes du XIIIᵉ siècle, autrement dire avant l'institution du tabellionage en Normandie, de trouver comprise, au nombre des clauses générales de renonciation de la part des femmes, celle relative au bénéfice du sénatus-consulte Velleien.

FIN DU CHAPITRE PREMIER.

CHAPITRE DEUXIÈME.

Des principaux caractères ¹ extrinsèques ou externes des actes, et de quelques caractères mixtes.

La confiance de nos pères était telle dans le ministère des notaires, que ces derniers, dans leurs *minutes* ² du xvi⁰ siècle, ne se faisaient pas faute d'interlignes, de ratures, de mots et de lignes comme sur un brouillon, lesquelles n'étaient ni constatées ni approuvées.

I.— RATURES TRANSVERSALES SUR LES ACTES, COMME MARQUES DE LEUR EXÉCUTION

Il y a plus, même dans les registres, protocoles ou transcrits, on trouve des ratures transversales sur des actes du xiv⁰ siècle, *lorsque leur exécution avait eu lieu* et qu'ils étaient vides d'effet; non par le motif que la grosse de l'acte avait été délivrée, comme semblent le croire les savants auteurs du *Traité diplomatique*. (T. 4, p. 464.) Car le tabellion indiquait, par un signe *marginal* et particulier, la délivrance de l'acte. Ce qui, d'ailleurs, était conforme aux dernières dispositions de l'article 10 de l'Ordonnance de Philippe-le-Bel, de l'an 1304.

¹ Par caractères extrinsèques ou *externes*, on entend ceux qui sont tellement attachés aux originaux, qu'ils ne se reproduisent nulle part, pas même dans les copies; la forme des lettres, la matière et la forme des sceaux, les matières sur lesquelles, et avec lesquelles on a écrit les diplômes ou actes quelconques. *Dictionn. diplomatique*, par Dom. de Vaines, t. I, p. 257.

² Les *minutes* furent ainsi appelées, parce qu'elles sont généralement en écriture *plus menue*, comme les grosses empruntèrent leur nom, de ce qu'étant mises au net, les lettres en sont plus grosses et mieux formées. (*Diplomatique*, t. I, p. 438.)

Pour empêcher la fraude, ou de la supposer, le tabellion, *sans même signer*, ajoutait quelquefois ces mots en tête de l'acte, sur la partie grattée : « *Trachié et annulé du consentement des parties.* » (Acte du 15 août 1402, etc.).

Dans le xv° siècle, et au commencement du suivant, le tabellion, pour couvrir sa responsabilité, signe une mention marginale qui constate le consentement de la partie intéressée, et *la remise des lettres de l'obligation*, qui demeure ainsi non avenue par l'effet de la simple rature et de cette mention.

Ce n'était pas seulement pour attester l'annulation de l'acte écrit, ou son exécution, que le notaire était cru ; il y a plus, son témoignage en justice allait même jusqu'à faire revivre ou renouveler, même longtemps après, les termes de la convention écrite, dont l'une des parties s'était fait remettre les notes, comme vides d'effet, sur des prétextes fallacieux.

II. — L'AFFIRMATION DU NOTAIRE TENUE POUR VÉRITÉ DE L'EXISTENCE D'UN CONTRAT, QUOIQUE NON RÉALISÉ PAR L'EFFET DU DOL DE L'UNE DES PARTIES.

Nous en trouvons la preuve dans un acte de 1315, émanée des assises du bailliage du Pont-de-l'Arche [1]; voici le fait : « Jehan de « Préaux, demeurant à Paris, avoir vendu aux religieux de l'abbaye « de Saint-Ouen, *une arche du pont devers le Chastel*, avec la pes- « cherie d'icelle arche, choses qui alors *étoient de son propre héri- « tage*, suivant lectres passées en 1306, lui présent, devant mon- « sieur *Pierre de l'Ospital prestre tabellion pour le Roy, et garde,* « quant alors, du scel des obligations de la vicomté du Pont *de* « *l'arche.* »

Depuis, le vendeur ayant dit qu'il n'avait pas été payé à suffire, s'était fait remettre par le tabellion, *qu'il avait déceu*, les lettres comme vides d'effet; mais comme les religieux de Saint-Ouen te- naient à la réalisation de l'acte, *ils en demandèrent la délivrance* ou le renouvellement des lettres devant le bailli.

A cet effet, après ajournement donné aux parties, et nonobstant

[1] Cartulaire de l'abbaye de Saint-Ouen, intitulé : *Baronnie*, p. 80.

l'absence volontaire du sieur Préaux, le tabellion *recorda par ser-ment* [1] le fait de la vente qui s'était opérée devant lui, par 200 liv., avec les circonstances ci-dessus, dès l'année 1306.

Et il fut décidé sans descord par les chevaliers et les saiges [2] de l'assise dont le bailli avait pris conseil, que « as ditz religieux de-« voient estre bailliées lettres qui vauldroient pour la dicte vente, et « seroient d'une telle vertu, comme celles qui en furent faictes, que « le dit Jehan emporta *malicieusement en décevant le dit tabellion* ;

« Et fut commandé au vicomte du Pont-de-l'Arche, que par la « vertu de ces présentes lettres, il mist les ditz religieux en saisine, « sans interruption, dès le temps que la vente fût passée devant le « dit tabellion, *sauf le droit, le Roy et l'autry*.

« En témoing de ce, est mis le scel de la baillie de Rouen. » Ainsi, comme on le voit, la confiance était telle dans le témoignage du tabellion, qu'il suffisait aux yeux de la justice pour rétablir la con-vention sur les bases arrêtées entre les parties neuf années aupa-ravant, nonobstant les dénégations de l'une d'elles.

Mais si le tabellion, du consentement des parties, s'était borné à transcrire la cédule ou convention écrite et préparée qui lui avait été présentée par l'une d'elles, *sans même en donner lecture*, et qu'ulté-rieurement la partie lésée vint à attaquer l'acte pour *cause de dol*, alors on avait recours *au témoignage des tiers* pour l'appréciation des circonstances qui avaient précédé ou accompagné la cédule,

●

[1] Ce record de la part du tabellion, qui n'était autre que le juge volontaire des parties, dérivait lui-même de l'errement suivi pour les jugements rendus pendant les XI, XII et même une partie du XIIIᵉ siècle, qui étaient *oraux*. Il n'y avait guère que ceux qui intéressaient les ecclésiastiques dont on retrouve quelques transcriptions. Delà l'usage bizarre qui régnoit alors, *de recorder les juges*, quand un adversaire *dénioit qu'on eût jugé son affaire*, ou pour constater qu'ils l'avaient jugé de telle manière. (*Lettres historiques sur les Parlements*, édition de 1754.)

Mais plus tard, lorsque l'écriture fut plus répandue, et la justice mieux régularisée, il fut ordonné par notre échiquier du 7 mai 1366, « que aucuns « ne seront reçus à passer accord en icelui, se ilz n'ont leur accord *par cédule* « *escripte*, laquelle sera lue en jugement, et fu deffendu aux avocats sur peine « d'amende qu'ilz ne facent le contraire. » (Registre de l'Échiquier, Cour d'appel.) — Voir en corrélation la note de la page 141. —

[2] Les sages, *Sapientes*, ceux qui savaient, les légistes, les sages, hommes de lois (*Hist*. de l'Échiquier, par M. Floquet.)

parce qu'alors elle n'était plus le fait du tabellion, dont le ministère avait été purement passif. C'est ce qui ressort d'un arrêt de l'Échiquier [1] tenu à Rouen à la Saint-Michel m.ccc.xxxvi (1336).

Voici l'espèce : « Aux assises de Caen, tenues par le bailli, « s'étoit porté plaignant *Jehan Le Riche*, escuier, *contre Richard* « *Brise-Barre*, qui en faisant les cédules de l'échange d'un manoir « situé rue Guillebert, y avoit compris, *par malice*, un autre mes- « nage voisin en devisant d'autres mettes (bornes), et sans monstrer « les dites cédules au dit escuier, les avoit bailliées au tabellion, qui « avoit demandé au dit escuier, se il vouloit que les lettres fussent « faictes des cédules ? » Ce qui eut lieu de son consentement ; mais plus tard, après la découverte de la ruse signalée par la partie lésée, « ces lectres *ayant esté corrigiées* par justice, la cause fut apportée par voie de gage pleige, en la Cour de l'Eschiquier, qui confirma la sentence du bailli, *sur le témoignage* de M. Luce de Jouvigny, qui présent avoit esté au contrat, lequel dist en bonne foy que en l'es-change n'avoit eu que ung manoir. »

Nous venons de parler d'un fait prétendu de dol, qui donna lieu seulement à la rescision du contrat, parce que les parties étaient en désaccord sur l'identité de l'objet vendu, mais s'il y avait faux re-connu par supposition de personnes intervenues au contrat [2], alors la justice n'entendait pas plus raillerie qu'aujourd'hui, et sévissait très sévèrement.

En voici un exemple que nous puisons dans un registre de l'Échiquier, tenu à Rouen au terme de Pasques m.ccc.iiiixx et xviii (1398) [3] : « Un homme avoit vendu un septier de blé, livrable annuellement à un tiers, après la mort de sa mère, qui en jouissait pendant sa vie, avec faculté au débiteur d'éteindre la prestation, « s'il pouvait bailler « sur livres dedans certains temps, ce qui constituait une sorte de « réméré. » A cet effet, « Le vendeur mena avec luy ung estrangé « homme devant un tabellion, à Bernay, qui se nomma aussi comme « le dict achepteur en dit nom, et lui passa quittance des ditz quatre « liures.

[1] Archives de la Cour d'appel de Rouen.

[2] On voit que la scène du *Légataire*, de Regnard, n'est pas une idée neuve, en tant qu'il s'agissait de faire parler un mort ou un absent.

[3] Archives de la Cour d'appel de Rouen.

« Dict fu par aucuns *que il devoit estre pendu*, toutefoys il fu con-
« dempné à estre mys en pillori *et avoir la fleur de lys au front*; et
« parce qu'il n'avoit pas encore mys à exécution la dicte quittance,
« et disoit la plus saine et greigneur (meilleure) partie des advocatz,
« *que s'il s'en fut aydié, il eust été pendu*.[1] »

Mais si le tabellion était injurié dans l'exercice de ses fonctions,
comme il devenait accusateur, son témoignage ne suffisait plus, et il
devait invoquer celui des tiers pour obtenir une réparation en justice.

Un fait analogue, que nous trouvons consigné dans l'Echiquier de
Pasques, tenu à Rouen en l'année 1395[2], nous explique comment
s'opérait cette amende honorable; le voici :

« Un homme est venu à l'Eschiquier, avoir dit injures à un advocat
« en lui disant *qu'il est meneur de fausses causes de larrons, lequel*,
« après ce qu'il oult esté témongné par III tesmoings qu'il avoit dictes
« les dictes injures, *il en fit confession à justice* et audit advocat, en
« le prenant par le mantel, et lui criant mercy, que il luy voulsist
« pardonner. » Cependant, à cette occasion, n'omettons pas d'observer que le même Echiquier avait fait défenses expresses aux avocats
de s'abstenir d'injures inutiles[3], mais qu'ils n'en restèrent pas moins
coutumiers du fait, tant est grande la force de l'habitude !

III. — AU XVIe SIÈCLE, L'ÉMARGEMENT CONSTATANT LA QUITTANCE DE
L'OBLIGATION, EST SIGNÉ DES NOTAIRES. ANTÉRIEUREMENT, IL SUFFISAIT
DE BARRER L'ACTE SANS EN EXPRIMER LA CAUSE.

Vers 1550, le plus souvent, la mention de quittance est signée de
deux tabellions qui relatent l'acte en vertu duquel le contrat est biffé,

---

[1] Ce fut le sort de Guillaume Namps, tabellion à Lisieux, pour faux par lui
commis dans deux contrats, du 2 mars 1560 et 12 mars 1561. Quant à François
Lores, son complice, autre tabellion, après avoir fait aussi amende honorable,
en la manière ci-dessus, il fut chassé de la Normandie pendant dix ans; le
tout en vertu d'un arrêt de notre Parlement, du 24 juillet 1567, qui, à cette
occasion, ordonna que les actes des notaires du ressort de Lisieux fussent exac-
tement reliés en un registre dont les feuillets seraient cotés et paraphés par
justice, avec défense aux tabellions de recevoir aucuns contrats en l'absence
l'un de l'autre. (*Offices de France*, par Girard, t. II, p. 1764.)

[2] Ms. de l'Échiquier, Inventaire n° 5, p. 75, verso. Archives départemt.

[3] Ibid. p. 56, verso.

comme vide d'effet. Mais, ce qu'il est bon de bien constater, c'est que, dans le xive siècle, et même au commencement du xve, la simple rature transversale de l'acte, avec ou sans la signature du notaire, suffisait pour annuler la convention, surtout quand le tabellion s'en était formellement expliqué dans son émargement, *sans même que les parties* fussent intervenues dans un acte particulier, comme dans le siècle suivant, pour opérer ce résultat.

On conçoit que cet état de choses, qui pouvait facilement donner matière à la fraude, ou faire suspecter le tabellion, dut naturellement se modifier, comme nous venons de le voir, parce qu'en effet, les intérêts matériels se développèrent avec la société elle-même.

Nous citerons, à l'appui de ce qui précède, un exemple notable tiré des archives de notre tabellionage, en date du **25 juillet 1503** avec émargement.

Voici les faits qui en résultent : Louis XII avait informé *les bourgeois, manants et habitants de Rouen*, par lettres missives datées de Lyon, du 25 juin 1503, adressées aux conseillers de cette ville, des besoins de finances qu'il éprouvait, « pour faire face aux dépenses « des armées de terre et de mer qu'il avoit levées *pour le tortioner* « *empeschement* à luy donné tant en son royaulme de Naples que « ailleurz, en ce royaulme par les roy et royne d'Espaigne ses « adversaires. »

Il s'était bien tenu plusieurs assemblées générales de bourgeois, pour délibérer sur les subventions à accorder au roi dans ces fâcheuses circonstances, mais sans résultat utile ; aussi le roi crut-il devoir insister par de nouvelles missives, avec accompagnement de lettres-patentes dans lesquelles il rappelait *ses grans et urgens affaires*, et demandait à la ville par *l'organe de révérend père en Dieu monsieur l'abbé de Saint-Ouen*, l'un des présidents de la cour de l'Echiquier, de « messire Jehan de Vieuville, chevalier-bailli de Gisors, et de sire « Jehan Lallemand, son receveur-général en Normandie, la somme « de quinze mille livres. »

Cette proposition fut l'objet de longs et animés débats dans plusieurs assemblées des notables bourgeois, qui représentèrent humblement aux commissaires du roi les grandes charges qui pesaient sur la ville, notamment celle pour *la réédification urgente du pont* ; aussi finirent-ils par obtenir enfin, de ces derniers, que l'imposition fût réduite à *dix mille livres*.

Ce fut dans ces circonstances que les bourgeois, faute de possibilité d'emprunt, avisèrent aux moyens de subvenir par des constitutions de rentes hypothécaires sur les biens de la ville, à l'insuffisance de leurs deniers disponibles, qui ne s'élevaient *qu'à quatre mille livres.*

Aussi, au fur et à mesure qu'ils vinrent successivement à rembourser quelque somme partielle, ce qui n'eut lieu principalement que vers l'année 1506, *chaque acte fut biffé* sur la minute par le tabellion avec un simple émargement signé de lui.

Mais, quant à la rente de cent cinquante livres qui restait à acquitter par le prix de quinze cents livres: «pour autant que la ville avait reçue « de Jehan de Bresmes, sieur de Villiers, en quatre cent vingt-huit « escus d'or au soleil, et le demourant en monnaie de grans blancs « de xii deniers et pièces », l'acte fut conservé en force et en vertu, et demeura intact. Quant à l'emprunt fait par le roi Louis XII, il parait qu'il s'étendit à d'autres villes, car nous trouvons à la date du 7 août de la même année 1503, un acte d'emprunt sous forme de constitution de cinquante livres de rente et *sous ombre* de vente[1], opérée par les habitants de Vernon, pour prix de 500 liv. qu'ils reçoivent, et qu'ils se réservent d'acquitter, *à toujours par la foi et serment de leur corps*, à noble homme de la Roche, sieur de Vaudrimare, envers lequel Etienne Vaignart, procureur des bourgeois et autres, *obligent* leurs biens privés propres, indépendamment de ceux des autres habitants.

[1] L'église, d'accord en cela avec les lois civiles, prohibait les prêts à intérêt, même en matière de commerce, comme constituant l'usure; en effet, notre archevêque, Eudes Rigaud, en l'année 1248, (1ʳᵉ livraison, p. 35 M. Bonnin.) constate ce fait : « *Johannes Bordès diffamatus est de negotiatione, et diritur « quod pecuniam suam tradit mercatoribus ut percipiat in lucro;* toutefois, on excepta plus tard les actes de constitution de rente, parce qu'elles étaient *une véritable vente et un véritable achat*, et non le fruit d'un argent prêté à temps, que le vendeur (le débiteur) n'était pas forcé de rembourser. En un mot, il y avait *aliénation*, exception d'ailleurs conforme aux bulles des papes Martin V, Calixte III et Pie V.

Louis IX (saint Louis), en 1254, ordonnait aux seigneurs et à ses sénéchaux, de ne pas souffrir l'usure dans les lieux de leur juridiction: « Prohibemus « districtè quod nullas usuras haberi faciat barones seneschalli;» et *par usure* il entend tout ce qui excède le principal de la créance: « *Usuram intelligimus « quicquid est ultrà sortem.* »

Sous Philippe III, dit le Hardi, fils aîné de saint Louis et son successeur, intervient un mandement adressé de Gisors, à la date du mois de janvier 1270

Lorsque le remboursement eut lieu, l'acte fut aussi bâtonné avec mention marginale signée seulement de deux tabellions.

L'expédition signée de ceux-ci remettait l'acte au net à l'égard des parties, surtout lorsqu'il s'agissait d'actes dénommés *meubles*.

IV. — LES CLAUSES GÉNÉRALES DE GARANTIE, QUI, DANS LA MINUTE, ÉTAIENT OMISES APRÈS LES ETC., FIGURAIENT DANS LES EXPÉDITIONS.

C'était aussi dans l'expédition qu'étaient insérées les clauses explicatives de garantie ordinaire aux contrats après les etc., et après les mots *promettant et obligeant*[1] ; mais il était de jurisprudence que ces clauses d'usage ne pouvaient s'étendre à une clause particulière et extraordinaire ; cette formule habituelle remonte au xIII[e] siècle[2].

En matière de délit, quant aux effets civils, « le plege s'obligeoit *corps pour corps*, et avoir pour avoir, sur la foy et serment de son corps, en mettant la main dans celle du juge[3]. »

V. — LES REGISTRES, DITS HÉRITAGES, SE COMPOSAIENT DES ACTES RELATIFS AUX BIENS-FONDS.

Quant aux registres dénommés *héritages* comme contenant les actes relatifs *aux propriétés immobilières*, leur transcription s'en faisait, ainsi que nous l'avons fait observer, sur de grands registres en par-

---

à ses baillis de Normandie, pour réprimer et punir, comme de coutume, sur la demande de l'archevêque et de ses suffragants, les usuriers reconnus comme tels, et à ce titre excommuniés. (Archives du département. — Ancien archevêché.)

Les mêmes prohibitions résultent notamment des ordonnances royales ci-après; de Philippe le Bel, en 1311; de Louis XII, en 1510, art. 84 et 66; de Charles IX, 1567; d'Henri III, 1576, et des États de Blois, art. 202.

(Voir aussi le *Traité de l'usure*, condamnée par le père Dutertre, p. 61 et 84. Édition de 1697.)

[1] La clause entière était ; « promettant les parties par leur foi pour ce donnée ès-mains des notaires, etc. (*Consuetudines Burgundiæ*, édition de 1547, p. 346, n° 9).

Nous donnerons à la fin, aux pièces justificatives, la formule entière qui terminait le plus ordinairement les expéditions des actes, et qui était, en Normandie, beaucoup moins laconique que la clause précédente.

[2] *Dictionnaire diplomatique*, par Dom de Vaines, t. I, p. 275.

[3] Titre du 21 janvier 1380, inv[re] de l'archevêché, f° 41 v°, comté de Louviers.

chemin , non signés , mais qui étaient tenus conformément à l'article 2 de l'ordonnance précitée de 1535, laquelle s'exprimait ainsi : « quant aux registres et livres de protocoles , il n'y aura rien en « blanc , ains sera escript *tout d'un dactyle*, sans y faire apostille « en marge , ni en tête , et interlinéature, ni qu'ils y laissent aucun « blanc *entre mi*. Ce qui fut fidèlement observé à Rouen quant à ces transcriptions.

VI. — LES REGISTRES MOBILIERS DANS LE XVIᵉ SIÈCLE , ÉTAIENT DESTINÉS AUX CESSIONS DE MEUBLES ET OBJETS FONGIBLES.

Rappelons-nous [1] que les actes *mobiliers*, c'est-à-dire ceux qui avaient trait à des cessions de meubles, de denrées, etc. , ou à des stipulations de baux , plèges ou cautions , étaient, vers le milieu du XVIᵉ siècle, l'objet de registres particuliers qui, à raison de leur destination, avaient reçu chez nous la dénomination *de meubles* ; et que précédemment les actes de cette nature , consignés dans les grands cartulaires de nos tabellions , et ensuite dans leurs mains-courantes, n'étaient que l'exception. C'est qu'en effet, dans le commerce de la vie , ces sortes d'actes *sous seing privé*, nés de l'actualité et du besoin des circonstances , en suivaient les phases , et s'effaçaient avec elles. Toutefois, lorsqu'il devenait nécessaire d'imprimer à ces actes privés l'authenticité pour garantie future de leur exécution, comme en matière de baux et de cautionnement à terme , voici ce qui se pratiquait : la partie obligée se présentait devant les tabellions *jurés pour le roy* en la vicomté, ou devant le vicomte lui-même, et là, en « présence de l'autre partie, elle disait : *de mon bon gré et voul-* « *lonté sans aucune contraincte je recongnois et confesse le* « *contenu en l'autre part de la cédule pour estre mon faict, et avoir* « *faict le seing ou paraphe y apposé , promettant le tenir , et obligeant biens et héritages*, etc., déclaration que les tabellions, en présence de deux témoins , certifiaient sur le verso de l'*original* qu'ils remettaient aux parties intéressées *en l'annexant à la grosse qu'ils en délivraient en forme* [2].

[1] Voir page 20 de notre première partie.

[2] Bail d'Alibermont et de Douvrend, en 1514; autre idem, en 1517, etc. Archives du département pour l'archevêché, Inventaire , p. 30.

VII. — La reconnaissance des actes mobiliers pouvait avoir lieu en brevet devant notaires, sur le verso même de l'obligation sous seing dont ils délivraient une grosse. Exemple : le bail fait a Jehan Ango, l'armateur de Dieppe.

Tel est l'errement que nous voyons suivi au commencement du XVIᵉ siècle, et notamment pour l'archevêque de Rouen, (Georges d'Amboise le neveu), à l'occasion du bail du revenu de ses terres et seigneuries de Dieppe, de Bouteilles et du Pollet, fait par le prélat, en 1525, à honorable homme *Jehan Ango*, le fameux armateur de Dieppe, moyennant 4,500 liv., lequel[1] en 1532 et 1533 figure sous la qualification de *noble homme Jehan Ango sieur de la Ryvière, vicomte de Dieppe ;* soit comme obligé principal et signataire, soit comme caution, à raison de la prise à ferme des droits *tant spiri-*

[1] En 1514, dans un premier bail notarié relatif aux mêmes terres, figure honorable homme *Jehan Ango, bourgoys de Dieppe, à présent recepveur de la vicomté du dit lieu,* cautionné par noble homme Charles Blacbaston, sieur de Saint-Quentin. — (Liasse 4ᵉ de la p. 20, Inventaire de l'Archev. — Archives du département, tiroir 4ᵉ).

On se rappelle l'expédition hardie des vaisseaux de Jean Ango, dirigée contre le Portugal, pour obtenir satisfaction de l'avanie éprouvée par l'un de ses navires, et que le député de cette nation qui fut renvoyé par François Iᵉʳ à ce célèbre armateur, traita directement avec lui de la cessation des hostilités.

Longtemps après, l'hôtel que Jehan Ango avait occupé à Dieppe, et dans lequel ce dernier avait reçu le Roi avec magnificence, en l'année 1534, (*Mém. chron.* pour servir à l'histoire de Dieppe,) passa dans les mains du commandeur de Chastes, partisan dévoué à Henri IV.

Dans le titre du 27 décembre 1597 devant les tabellions de Dieppe, cet hôtel était désigné : « *Joignant le tènement de la Vicomté, et situé en la paroisse St-Jacques*, près les quays, comme étant la grande maison *du capitaine Jehan Ango, dite la Pensée,* propriété qui passa dans les mains du collége ou de l'oratoire. » (Archives du département. — Dieppe, verso, Oratoire et Collége).

La Pensée attribuée par son possesseur à cet hôtel, suivant l'usage ancien de désigner les maisons par une enseigne ou une marque quelconque, qui suppléait à nos numéros, usage encore suivi dans le XVIIᵉ siècle, et même après, rappelait l'heureuse expédition du *navire la Pensée,* de retour des Indes-Orientales, sous la conduite de Jean Parmentier, pour le compte du fameux Ango. — (Estancelin, en ses *Recherches sur les Navigateurs Normands,* p. 43-51-189, cite le journal de Parmentier, et les deux vaisseaux *la Pensée* et *le Sacre*).

tueulx que temporeulx, attachés aux domaines ci-dessus, moyennant le même prix , et en outre *un cierge de* 70 *liv.* de cire au profit des chanoines de Rouen , à l'évaluation de 25 livres tournois.

VIII. — CORPS DE L'ÉCRITURE ET ABRÉVIATIONS.

Si l'errement dont nous venons de parler , usité même dans le xv⁰ siècle , et que nous assimilons *aux brevets*, était simple dans la forme , il n'offrait par la même garantie au public que celle qui résultait du dépôt de l'acte sous-seing au rang des minutes du notaire , comme cela s'est pratiqué depuis, par la raison que ce dépôt, en assurant la conservation de l'acte , met toujours les intéressés à même de vérifier l'exactitude de son contenu.

Si nous passons au corps de l'écriture, nous remarquons que c'est vers la fin du xv⁰ siècle, et surtout dans le xvi⁰, sans même en excepter la première moitié du xvii⁰, que l'écriture formée d'abréviations¹, pour ainsi dire tachygraphiques , aussi informes que capricieuses, se devine presque autant qu'elle se lit. Il faut souvent se livrer à une sérieuse comparaison de mots pour transcrire l'acte en son entier, avant de pouvoir en certifier la copie. Ce n'est que par la connaissance approfondie du style habituel aux actes que l'on parvient à surmonter les difficultés de lecture ; véritable assaut de patience et d'études, qui explique pourquoi certains historiens ont mieux aimé reproduire ce qu'avaient écrit leurs devanciers, au risque de répéter des erreurs, plutôt que de se livrer à de nouvelles recherches dans les archives, où se trouvent pourtant les vrais matériaux de la science.

Cette décadence dans l'art d'écrire , qui était si brillant sous saint Louis , fut le résultat d'abord de la nécessité d'écrire davantage et plus vite , au fur et à mesure que les transactions se multiplièrent par suite du mouvement social , et aussi de l'estime moins grande attachée à cet art , depuis l'invention de l'imprimerie.

¹ M. Chassan, bibliothécaire de la ville d'Evreux, notre ancien collègue, vient de publier un traité pratique sur cette matière, et en a lui-même exécuté les planches avec un soin infini ; cet œuvre est digne de faire suite à sa précédente publication paléographique, où les principes théoriques sont exposés avec autant de netteté que de précision.

IX. — SCEL DES CONTRATS ; SON AUTHENTICITÉ A DÉFAUT DE LA SIGNATURE
DES PARTIES ET DES TÉMOINS.

Cette formalité fut toujours observée en France de siècle en siècle ;
c'est ce qui fait dire à Etienne Pasquier en ses recherches de la
France (édit. de 1643, page 386.) « Quand je voy que les contrats
« passés par devant notaire, ne portent exécution que par le moyen
« du scel, je me fais presque accroire que les anciens tabellions ne
« signaient[1] ; » observations qu'il puise, nous dit-il, dans la pro-
duction de vieux titres, faites de son temps au palais, mais qui
n'est applicable en Normandie qu'aux anciennes minutes de nos actes,
dont les expéditions, comme nous l'avons observé, étaient le plus
ordinairement signées d'un seul tabellion, et ensuite d'un adjoint.

L'apposition du scel était, en effet, la marque de la sanction
publique imprimée au nom de l'autorité aux actes dont elle voulait
garantir l'exécution, et servait souvent, en outre, *à tenir lieu de
signature et de témoins*[2] ; c'est sans doute à cause de cela que, dès

[1] Antiquitùs nec testes *nec notarii subscribebant*, posteà signârunt *signo
seu annulo*, alio verò jure subscripserunt : non ideò tamen contenta in instrumentis intelligebant : novo verò jure subscripserunt, et in instrumentis contenta sciverunt et intellexerunt. (*Offices de France*, par Girard, t. II. Édition
de 1638.)

[2] Cet ancien usage était surtout observé en Normandie dans le XIIIe siècle.
En effet, en consultant le *Livre des Visites* de notre archevêque Eudes Rigaud
(livraison 3e, p. 667, déjà citée), nous lisons, à la fin d'un acte pour résignation
de chapelle : *Et quia sigillum non habebam quo utebar*, dictos magistrum
« Richardum, et priorem de Aulâ puellarum (meselle) rogavi, *ut velint sigillis
« suis presentes litteras sigillare*, datum apud Delvillam (Déville près Rouen),
« anno Domini 1262. »

Dans le siècle précédent, saint Bernard, en sa 330e épître, à défaut de son
cachet, s'en référait à son style : Sigillum non erat ad manum, sed qui leget
agnoscet stylum, quia ipse dictavi ; ailleurs, il répète la même pensée : *Mate-
ries locutionis pro sigillo sit ; quia ad manum non erat*. (Etienne Pasquier,
Recherches de la France, p. 379, édition de 1643.)

A Rome, chacun avait anciennement son cachet particulier, qui était appelé
annulus signatorius ; de nos jours, en Allemagne, et surtout en Italie, l'usage
paraît s'étendre de même aux actes authentiques dans lesquels les parties figurent.

En France, au contraire, l'authenticité résulte du caractère de l'officier public
qui reçoit l'acte, alors que la partie déclare ne savoir écrire ni signer sur l'interpellation du notaire.

le xiv° siècle, on trouve cette formule finale dans l'expédition des actes notariés : « *En tesmoing de ce, nous, garde du scel à la relation* « *du tabellion, avons mis à ces lettres le scel des obligations.* »

Quoique plus tard la signature du tabellion accompagne le sceau, la formule n'en est pas moins conservée successivement, et de siècle en siècle, comme complément d'authenticité.

X. — LE SCEL DES OBLIGATIONS ÉTAIT MÊME APPLIQUÉ A DES ACTES DE SERGENT ROYAL, POUR PLUS DE NOTORIÉTÉ, A L'ÉPOQUE DU XIV° SIÈCLE.

Le scel des obligations de la vicomté, affecté spécialement aux actes notariés, servait cependant assez souvent de *contre scel* aux actes des huissiers ou sergents royaux, comme moyen plus puissant de notoriété, surtout à la fin du xive siècle. En voici un exemple entr'autres : « A mes très chers et redoutés seigneurs, Messeigneurs « qui tendront le prouchain Eschiquier de Normendie, Guillaume « Dufou, sergent du Roy nostre sire en la sergenterie de Fresneuse, « *vostre petit subjet honneur et révérence*, mes très chiers seigneurs « plaise vous savoir, que à la requeste du révérent père en Dieu « monseigneur l'Archevesque de Rouen, etc., ai signifié les lettres « ci-contre au procureur du Roy en la ville du Pont-de-l'Arche, etc. « (il s'agissait d'un conflit de juridiction, etc., etc.

« Lesquelles choses, je vous certifie par ces lettres, *scellées de* « *mon scel*, qui furent faites et données le xxi° jour d'octobre l'an « M.CCCIIIIxx et quatre (1384) [1], et *à grégneur congnoissance de mon* « *dit scel*, y a été mis, à ma requeste, *le scel des obligations de la* « *vicomté du Pont-de-l'Arche*, » qui n'était autre alors que le nôtre.

En conséquence, sur la même bande sont apposés, à la suite l'un de l'autre, le scel des obligations et le petit scel du sergent, où l'on remarque, au-dessus d'un écu incliné en armoirie, un petit chien, sans doute comme le symbole de la fidélité. Cet errement, nous le trouvons encore suivi dans les vicomtés d'Andelys et de Caudebec.

---

[1] Archives du département. — Archevêché, *Citations au Bailli*, p. 5, inventaire.

XI. — Sceau du Tabellionage de Rouen dans les XIVᵉ et XVᵉ siècles.

Le sceau du tabellionage de Rouen, en 1340, est de grandeur moyenne; il porte un écu chargé de treize fleurs de lys, entouré d'une espèce de cordelière simple avec cette légende : « *Scel des « obligations de la vicomté de Rouen* »; l'acte émane du bailli, quoique les parties comparaissent devant Nicole Lefebure, *clerc tenant à ferme le registre et le passer des lettres obligatoires de la ville de Rouen*. C'est le bailli qui déclare avoir fait mettre *le scel* comme marque d'authenticité [1].

Si, à cette époque, les officiers publics, conformément d'ailleurs à l'usage établi, au lieu de signer, apposaient leur sceau en cire sur les deux bouts réunis d'une bandelette de parchemin passée dans le repli de l'acte, c'était sans doute parce que ce sceau [2], d'ailleurs distinct et plus expéditif, était plus facile à reconnaître qu'une simple signature, par la masse ignorante, à laquelle apparaissait de suite le signe de l'autorité d'où il émanait [3].

Ce scel, dès 1327 employé *en matière non contentieuse*, était dénommé *scel des obligations* d'après cette formule : « Datum per « copiam sub sigillo obligationum vice-comitatûs Rothomagensis »; mais pour les actes qui émanaient du bailli ou du vicomte, *en matière contentieuse*, le scel, pour être distinct, n'en offrait pas moins *le type original* qui avait dû servir au précédent. C'est qu'en effet jadis le bailli et le vicomte de Normandie, ainsi que nous l'avons déjà observé, tenaient dans leurs dépendances, comme annexés à leur office de judicature, le greffe, *le tabellionage et le sceau*.

C'est du temps de la domination anglaise que le développement *du*

[1] Deux siècles plus tard, lorsque le pouvoir royal récupère l'émolument des sceaux comme domanial, et que les officiers publics tiennent leur puissance du monarque, il est extraordinaire de voir François Iᵉʳ, par son ordonnance du 3 mai 1519, permettre au bailly de Touraine de *s'intuler ès-contrats et obligations passés par-devant les notaires et tabellions dudit bailliage*. (T. II, p. 1832, édition de 1638, *Offices de France*, par Girard.)

[2] Ordinamus quod seneschalli, Baillivi, judices, et notarii nihil de suo sigillo recipiant. — Ordonnance de Philippe IV dit le Bel en 1303. (Charondas, t. I, p. 288.

[3] Ibid., t I, p. 238, qui cite aussi *Loiseau*, en ses *Offices*.

scel des obligations paraît avoir eu lieu ; du moins pouvons-nous l'induire d'une requête en date du 9 septembre 1428, transcrite dans le petit cartulaire de l'église de Saint Maclou de Rouen, p. 43, v° sous le n° 14 bis de notre inventaire départemental. En effet, l'une des parties qui avait figuré à un contrat notarié de l'année 1410, demande, en 1428, qu'il lui soit délivré une nouvelle expédition en forme de cet acte, « *sans aucune chose adjouster synon ce qui affiert* « (convient, *decet*) *à style de tabellion, et que la lectre soyt scellée* « *bien et dûment*, NONOBSTANT LA MUTATION DES SCEAULX [1].

Lorsqu'après la bataille de Formigny, en 1450, vint à cesser chez nous la domination anglaise, le sceau du tabellionage subsiste distinct ; seulement, à chaque côté de l'écu fleurdelysé[2], est ajoutée une couronne royale.

[1] Ce sceau fleurdelysé *sur queue de cire verte* est encore annexé à l'expédition d'un acte du 22 août 1443 devant les tabellions de Rouen, passé entre le Chapitre de Notre-Dame « et les exécuteurs testamentaires de *défunct révé-* « *rend père en Dieu monseigneur Pierre Cauchon* (il signait *Cochon*), *naguères évêque de Lysieux, conseiller du Roy notre sire.* » Ce prélat avait légué à l'église Notre-Dame 300 liv, à convertir en 10 liv. de rente, pour célébrer un obit solennel le 17 décembre de chaque année, avec une messe *de Requiem* le lendemain, *pour le salut de son ame.* (En effet, le sang de la Pucelle criait vengeance contre lui)! [*] A cet acte intervient « vénérab'e et *saige* personne *messire* « *Raoul Roussel, docteur en loys et decret, maistre des requestes de l'hostel et* « *conseiller du Roy nostre dit seigneur* (Henri VI [**], trésorier et chanoine de ladite « église [**], lequel oblige le trésor de l'église à fournir, en outre, *un luminaire* « *de douze cierges*, et à faire sonner *l'une des grosses cloches que l'on a accous-* « *tumé* de faire sonner en la dicte église à l'obit du roy Charles-le-Quint (cinq). » Dom Pommeraye (*Histoire de la Cathédrale*, p. 560), en parlant de ce chanoine devenu peu de temps après archevêque de Rouen, et sur le témoignage d'*Alain Chartier*, fait remarquer que ce fut aussi par l'effet de ses prudentes négociations que la ville de Rouen, occupée par les Anglais, rentra sous l'obéissance de Charles VII, en 1449.

[2] Les trois fleurs de lys avoient bien existé dans l'écu de France, du temps de Philippe-le-Hardy, en 1285, mais seulement au contre-scel ; un siècle avant, Philippe-Auguste avait commencé à se servir d'une fleur de lys au contre-scel de ses chartes. Ce qui fut continué par les rois Louis VIII et Louis IX, mais insensiblement les fleurs de lys sans nombre furent en usage. (*Dictionn. de Diplom.*, par Dom de Vaines, t. II, p. 266 et 273.)

[*] Il avait rempli le rôle odieux d'inquisiteur dans le procès.

[**] Il n'avait pas voulu participer au procès fait à Jehanne d'Arc.

XII. — FONCTION DE GARDE-SCEL DES OBLIGATIONS. — DROIT DOMANIAL. HONNEURS ET PRÉROGATIVES.

La fonction de garde-scel aux obligations, constituait en Normandie, un droit domanial au profit du roi, comme le tabellionage lui-même, dans les lieux de son autorité et de sa juridiction ; mais, dans le principe, le cumul de ces deux offices ne pouvait avoir lieu.

En effet, sous Philippe-le-Bel, une ordonnance de notre échiquier du 20 avril 1309, en son article huit, dispose que : « tuit ti (tous les) « baillis vendront les sceaux et les escriptures *non pas ensemble*, *à* « *une personne*, et cil (celui, *qui acheptera le scel ne le tendra pas en* « *sa main, ainçois sera mis* en la main d'un preud'homme, et l'acha- « teur en aura l'émolument[1]. » C'était afin d'exercer un contrôle utile sur le tabellion dont les actes devaient toujours être passés en la présence du bailli, du vicomte ou du garde-scel, mais lui seul *était chargé de les écrire et de les rédiger;* c'est ce qui résulte d'un réglement de notre Echiquier, tenu au terme Saint-Michel de l'année 1317.[2]

Cet état de choses qui considérait comme incompatibles les fonctions de garde-scel et de tabellion en la même main, subit, comme toutes choses, diverses modifications à des époques différentes. Ce fut ainsi que Charles IX, par son édit du mois de juin 1568, créa les offices de gardes-scel dans toutes les juridictions royales, tant pour les jugements que pour les contrats ; édit qui lui-même fut interprété par plusieurs autres, survenus successivement, et confirmé surtout, quant à la nécessité de sceller les actes des notaires, par un édit de Louis XIV du mois de novembre 1696.[3] L'année suivante, il y eut réunion de ces deux offices au corps des notaires et tabellions royaux.

---

[1] Ordonnances royales. *Collection Secousse*, t. 1, art. 8.

[2] « In scacario sancti Michaëlis CCCXVII (1317) preceptum est baillivis et vice- « comitibus ne tabelliones, qui ad firmam acceperunt, scripturam litterarum « regiarum, confessionnes gentium se obligantium audiant, *sed coram Baillivis* « *et vice-comitibus, seu sigilliferis vice-comitatûs transeant litteræ prædictæ*, « nec est tam intentionis curiæ quod propter hoc, dictis tabellionibus, firma- « riisque interdicatur *quod non possint facere et scribere litteras obligantium ;* « ità tamen quod transeant coràm sigilliferis prædictis. — Ms. de Dieppe au XIVᵉ siècle, sur les droits et coutumes de l'archevêque. (Archives du département).

[3] Jousse, t. II, p. 421, *Sur l'Administration de la justice.*

Puis, enfin, par un édit du mois de novembre 1706, ils furent supprimés, mais la formalité du sceau n'en resta pas moins prescrite comme essentielle pour l'exécution *parée*[1] des actes, et pût être effectuée par les notaires eux-mêmes, au moyen d'un sceau aux armes du roi, qu'il leur fut permis d'avoir sans payer aucun droit à Sa Majesté ; au contraire, les notaires furent autorisés à percevoir un sol pour chaque apposition.

Loiseau (*sur les Offices*), dit : « qu'au livre intitulé le grand cou-
« tumier de France, qui fut du temps de Charles VI, sont nombrés
« parmi les officiers du Chastelet de Paris, les greffiers, le *notaire*
« *et le scelleur qui est personne publique et moult notable*, bien que,
« dans les autres justices royales, les greffiers et notaires n'aient été
« pourvus en office que plus d'un siècle après.» Ils eurent même le droit depuis, de siéger immédiatement après les juges. (Edit de 1571.)

C'est pourquoi nous voyons de tout temps, en France, les plus grands honneurs attachés *à la charge de chancelier*, dont les offices de garde-scel des obligations ou des actes judiciaires n'étaient qu'une émanation. Aussi le greffier Jean Dutillet, qui dressa le procès-verbal de l'entrée du roi Henri II dans Paris, en 1549, a-t-il soin de mentionner[2], « que la hacquenée blanche qui portoit les sceaulx,
« étoit couverte d'une housse de velours pers (bleu foncé), semé de
« fleurs de lys d'or, traînant jusques à terre ; et étoit menée par deux
« laquais du chancelier, habillés de velours cramoisi, costoyée par les
« quatre chauffe-cire, revêtus de velours aussi cramoisi, qui tenoient
« les courroies dudit scel, eux et lesdits laquais, têtes nues, etc. »

---

[1] De nos jours, un acte authentique est dit encore *Paré* (Pareatis), quand l'expédition revêtue du sceau de l'autorité est délivrée en forme de grosse, et se termine par la formule ordinaire de : *Mandons et ordonnons.* (Loi du 28 floréal an XII. Art. 146 Cod. proc.

[2] *Cérémonies des Rois de France*, par Godefroy.)

FIN DU CHAPITRE II.

CHAPITRE TROISIÈME

Droits et Priviléges des anciens Notaires.

Jetons maintenant un coup-d'œil sur les prérogatives, avantages et priviléges attribués autrefois à cette profession en général, et particulièrement en Normandie.

I. — PRIVILÉGES DES NOTAIRES. — DISPENSES DES FONCTIONS DE MARGUILLIERS. — DÉLIVRANCE DE SEL.

Les notaires gardes-notes de Rouen jouissaient de l'exemption des fonctions de marguilliers comptables, ce qui n'était pas chose à dédaigner alors, puisque nous trouvons dans des registres de fabrique paroissiale, que certains individus, pour se faire dispenser de cette charge, avaient payé au trésor de l'église jusques à trois cents livres et plus. C'est sans doute à cette circonstance que nous devons de posséder, sur un grand registre (1651 à 1652), de l'ancienne paroisse de Saint-Sauveur où demeurait *Pierre Corneille*, les trente-trois pages d'écriture autographiques, aujourd'hui si rare, qui contiennent le détail des recettes et dépenses qu'il avait faites comme trésorier en charge. Lequel compte a fourni à la plume savante de M. Deville, de l'Institut, une note biographique intéressante sur ce grand poète, laquelle se trouve insérée au *précis analytique des travaux académiques de Rouen*, en l'année 1840.

Quant à la communauté des notaires de notre ville, elle avait le droit, par un édit royal, de se faire délivrer un boisseau de sel dans le courant de septembre à octobre de chaque année. Maintenant nous avons à considérer si cette profession jouissait de quelques prérogatives honorifiques.

II. — LA FONCTION DE NOTAIRE NE RELEVAIT PAS DE L'ÉTAT DE ROTURE AVANT LE XVII° SIÈCLE.

Nous trouvons en général qu'elle était assimilée à celle de procureur, et comme telle *considérée roturière*, nonobstant la qualification *de nobilis notarius*[1] prise dans un acte, même avant 1560[2], par la raison qu'il ne fallait pas, d'après le dire des commissaires du roi, une grande littérature pour dresser des contrats en latin. Ce qui pouvait bien s'appliquer surtout aux notaires apostoliques, ainsi qu'à l'exemple du jugement dont il a été précédemment parlé. Mais dans notre province, il en était autrement à l'égard des procureurs, quand ils exerçaient dans des juridictions royales. C'est ce qui résultait de plusieurs arrêts de l'échiquier normand[3].

« Dans le XV° siècle, plusieurs bons gentilshommes de diverses provinces étaient à la fois hommes d'armes et légistes ; et jusqu'au XVII° siècle, on *en a vu de notaires en Bretagne*[4].

« Mais il faut avouer que, dans cette province, certaines professions qui, ailleurs, pouvaient être considérées comme dérogatoires à la noblesse, n'étaient là envisagées que comme suspensives de cette qualité pendant le temps qu'elles étaient exercées. »

Si dans le principe, en Normandie, du moins dans certaines parties du duché, les notaires et autres officiers de justice jouirent de peu de considération, c'est que leurs habitudes excentriques concordant mal avec *le decorum* obligé de leur profession, étaient peu propres à les relever de l'état de roture dans l'esprit de la population. Nous trouvons la preuve de ce fait dans la prohibition qui leur est faite en l'échiquier de Saint-Michel 1403, ainsi conçu[5] : *Item que nul*

---

[1] On remarquait autrefois en France plusieurs notaires qualifiés *écuyers* dans les actes de leur exercice, et le notaire, *noble de race dans les pays de droit écrit*, portait le titre de *nobilis vir*. (*Dictionn. de la Noblesse*, par M. de Courcelles, t. II, p. 100.)

[2] De la Roque, *Traité sur la Noblesse*.

[3] Houard, *Dictionnaire du droit normand*, verso Noblesse, t. III, p. 351.

[4] Delaroque, *Traité de la Noblesse*, p. 524.

[5] Registre de l'Échiquier, f° 98 verso. Archives du département.

juge ou sergent royal, *ou tabellion ne soit tavernier ou hostellier commun sur peine de grosse amende* [1].

Pour qu'il en fût ainsi alors, il faut bien admettre, ou que ces fonctions, à raison de leur multiplicité, étaient d'un revenu insuffisant pour nourrir les titulaires, ou que ces derniers cédaient à l'appât d'un gain sordide, en se livrant à un cumul incompatible avec la dignité de leur état. Mais n'oublions pas non plus que tout ceci se passait à une époque d'anarchie, suite du malheureux état de démence du roi Charles VI.

Plus tard on apprécia mieux les fonctions de notaires et de greffiers à en juger par les vers ci-après.

> Egregius scriba et tenuem *perfectus ad unguem*
> Esto bonus, prudens, impiger, assiduus ;
> Arcani custos fidi-simus, utilis urbi,
> Lucrum ingens nolit, parva lucella velit
> Sit comis sermone, stylo gravis, arte politus ;
> Vividus ingenii, vividus et calamo [2].

Si nous consultons encore une époque postérieure, nous trouvons le règlement du conseil du 4 juin 1668, qui, dans son art. 7°, dispose « que les notaires, même avant 1560, seront censés avoir dérogé « et avoir exercé une profession roturière, » [3] ce qui confirme ce que nous avons dit plus haut. Il est probable que cette disposition avait plutôt en vue de repousser la prétention qu'avaient plusieurs notaires de tirer leur noblesse de leur office même, que de prononcer une déchéance de qualité contre les notaires, *nobles* de race. Ce qui le prouve, c'est que le roi, à l'égard des offices de notaires du Chatelet de Paris, pour éviter tout équivoque, a soin d'ajouter dans ses lettres patentes de 1673, « *Que ces offices ne pourroint être réputés déro-* « *ger à noblesse.* »

---

[1] Pourtant il faut le dire : L'ordonnance de Philippe IV, dit le Bel, du 25 juillet 1304, réglementaire du tabellionage (Voir aux *Ordonnances des Rois de France*, t. 1, p. 415.), avait défendu aux notaires et aux tabellions de n'exercer aucun métier contraire à la dignité de leur profession ; (vile officium) et de n'être *boucher ni barbier* (nec carnifices, nec barbitonsores), sous peine d'être déchus de leur emploi après avertissement préalable.

[2] Rebuffe. Édition de 1559, p. 128, *de Grapharits.*

[3] On tenait alors pour principe en droit civil et canon, que : « *Notarii non habent dignitatem sed officium. (Consuetudines Burgundiæ*, édition de 1547.)

Mais plus tard, on envisagea nécessairement, en France, les choses autrement. La noblesse ne fut plus regardée comme incompatible avec la fonction de notaire, parce qu'on fut forcé de reconnaître que le progrès des institutions civiles exigeait progrès de lumières pour les actes qui en étaient la conséquence. Aussi, dès la fin du xvie siècle, et surtout pendant le cours des xviie [1] et xviiie siècles, voyons-nous en Normandie et dans plusieurs autres provinces, comme dans l'Orléanais et la Picardie, etc., [2] les notaires gardes-notes se qualifier, d'après leurs provisions, *de conseillers du Roi et d'escuyers;* observations que nous appliquons surtout aux notaires de Rouen, où siégeait le Parlement, parce qu'à l'égard des sous-tabellionages, il en devait être autrement; par le motif que ceux qui les exerçaient ne relevaient pas directement du Roi, mais étaient sous-fermiers ou sous-locataires des offices, comme nous avons déjà eu occasion de l'expliquer.

III. — Costumes des notaires.

Le costume des notaires consistait en la robe noire habituelle aux praticiens, avec tocque et chaperon [3].

En effet, l'article 21 du réglement arrêté entre les notaires de Rouen, le **29 avril 1719**, homologué par arrêt de la Cour de Parlement le **23 janvier 1721**, disposait : « *Qu'après le décès des notaires* « *et de leurs épouses, tous les notaires* seraient invités et tenus d'as-« sister à leur convoi, *revêtus de leurs robes,* et dans la huitaine, au « plus tard, serait dit à l'intention du décédé, en la chapelle du « Saint-Esprit, de Notre-Dame, un service composé de Vigiles des

---

[1] « *Discours pour montrer qu'un gentilhomme ne déroge point à sa noblesse* « *par la charge de notaire au Chastellet de Paris,* par Pageau. — Paris, 1650, in-4°.

[2] Voir l'*État de la magistrature en France*, édition de 1788, p. 366. Cité par le *Dictionn. de la Noblesse*, t. II, p. 100, de M. de Courcelle. (1820.)

[3] C'est un point que nous développerons plus loin, après avoir parlé de la confrérie des notaires. — Millin, t. IV, p. 15, en son ouvrage sur nos *Antiquités nationales*, constate que dans la chapelle Saint-Yves, à Paris, section de Sainte-Geneviève, il existait une ancienne pierre tumulaire sur laquelle était gravé un personnage du nom de Claude Arnoult, vêtu *d'une robe de notaire, avec le chaperon sur l'épaule.* — C'était peut-être aussi parce que celui-ci était à la fois notaire et greffier des priviléges apostoliques de l'Université de Paris.

« morts, d'une haute messe de *Requiem*, en musique, le psaulme
« *De Profundis*, les versets, répons et oraisons accoustumés, où les
« notaires assisteront *aussi revêtus de leurs robes*. A chacun des
« assistants, sera distribué un jeton d'argent, immédiatement après
« l'évangile. »

Distribution qui n'était pas, à ce qu'il paraît, sans influence *sur
le nombre des assistants*, et qui pourrait bien servir de précédent
utile pour des circonstances analogues.

IV. — ANCIENS STATUTS DE CONFRÉRIE. — HONNEURS FUNÈBRES ET SECOURS MUTUELS.

Il est assez curieux de retrouver le type des dispositions ci-dessus,
dans les anciens statuts de confrérie autorisée par lettres-patentes
de Philippe-le-Bel, au mois de décembre 1308 [1], en faveur des notaires du Châtelet de Paris, confirmées par celles de Philippe-le-
Long, du mois de février 1316, et par celles de Philippe IV, dit le
Valois, en septembre 1330, qui rappellent les précédentes [2]. Voici la
disposition première : « Quand aucun confrère, ou *la femme d'au-
« cun* notaire ira de vie à mort, tuit li (tous les) confrères sont et
« seront tenus à aler au corps, aus vigiles et à la messe, à peine de
« deux deniers, s'il n'ont leel assoigne (loyale excuse), de laquelle
« il feront foy, en la manière qu'il est cy dessus, c'est à savoir à cens
« (ceux) qui seront establiz de par le commun à garder les choses de
« la dicte confrairie. »

Nous observerons à cet égard que ces statuts ne dispensent qu'un
seul membre d'assister à la « messe qui se dit chaque jour pour le
« Roy, sa famille, et pour *tuit li* bienfaicteurs : c'est le notaire
« occupé aux propres besognes de notre seigneur Roy. »

Il paraît cependant que cette assistance quotidienne aux offices
religieux, finit par être considérée par les notaires de Paris comme
trop assujétissante, ou peu conciliable avec leurs occupations habituelles ; car plus tard, (1557) nous lisons cette disposition modifica-

[1] *Livre III des Offices en France* ; par Girard, Édition de 1638, p. 1701.

[2] *Ordonnances des Rois de France*, collection Secousse, t. II, p. 52.

tive[r] de leur ancien réglement : « Item les dits notaires pourront
« eslire *et commettre un clerc* qui aura *la charge d'assister à tous les*
« *services, messes et vespres* qui seront dits en la chapelle des dits
« notaires, *et autres affaires* d'icelle communauté, ainsi pour le
« temps, *et aux gages* qu'il sera advisé par la dicte communauté. »

Assister à la messe et *à tous les services par un clerc procureur à*
gages, était, il faut l'avouer, chose fort commode à MM. les tabellions, mais fort peu édifiante en soi ! Mais on le voit, le mandat était
général *pour les affaires de la communauté !*

D'après le réglement primitif, l'association des notaires était non-
seulement religieuse, mais encore bienfaisante. En effet, il dispose
que : « Se il advenoit que aucuns diz confrères *déchée* de son meuble
« par maladie ou autrement, soit si povre, qu'il ne ayt dont vivre
« pourquoi il eust esté personne convenable, que l'en le pourverra
« convenablement des biens de la dite confrairie, selon ce qu'elle
« sera aysée de meubles »

A cette occasion, n'oublions pas d'observer qu'à la mort de chaque
confrère, il était payé 10 sols (droit double de celui perçu à l'époque
du mariage de chacun d'eux), indépendamment de la livraison de
ses meilleurs garnements[2] (effets mobiliers); le tout pour servir à
constituer *un fonds de secours mutuels.*

Dans le tableau des confréries religieuses[3], les notaires figuraient
des premiers parmi les notables de la cité. C'est ainsi qu'en visitant,

---

[1] *Trai é des Offices en France*, par Girard, liv. III, n° 4. p. 1703, et *Ordon-*
nances des Rois de France, t. II, p 52, collection Secousse.

[2] On dit, dans le langage vulgaire : *C'est un mauvais garnement*, pour assimiler un mauvais sujet à un *mauvais meuble.*
La Fontaine emploie cette expression dans la fable du Chat et du vieux Rat :

> Le galant fait le mort, et du haut d'un plancher,
> Se pend la tête en bas, etc., etc.
> Le peuple des souris croit que c'est châtiment,
> Qu'il a fait un larcin de rôt ou de fromage,
> Egratigné quelqu'un, causé quelque dommage,
> Enfin qu'on a pendu le *mauvais garnement*, etc.

[3] « Au moyen-âge, les membres des divers états et professions, rassemblés
« en communautés, cherchoient aussi, dans la réunion de leurs forces, *une*
« *garantie contre l'oppression*, et, pour rendre cette garantie plus puissante,
« ils lui donnoient un caractère re'igieux, en faisant de leur communauté *une*

il y a peu d'années, la belle cathédrale d'Amiens, nous avons remarqué, entr'autres noms inscrits en lettres d'or sur d'anciennes tablettes de marbre noir portant pour titre : *Alactoire de Dieu et de la saincte Vierge*, ceux des membres ci-après de la confrérie de *Notre-Dame-du-Puy*, avec leur devise particulière :

En « 1395, Pierre Erard, notaire : *Surgeon* (source) *d'amour et de miséricorde.*

« 1414, Jehan Hauguet De l'Escriptoire, *tente de paix de grâce trésorière.*

« 1438, Accart Doublet, notaire : *Gerbie de blé d'où vint le pain de vie.*

« 1462, sire Jehan de Pucheviller, prêtre chapelain et *notaire apostolique : Buisson ardent de feu de charité.*

« 1566, Nicolas Roche, procureur et notaire : *Roche d'où sourt la fontaine d'eau vive.* »

Enfin, les emblèmes ou devises font, le plus souvent, allusion soit à la profession particulière de chacun, comme on le voit surtout dans l'exemple ci-après :

« 1599, Nicolas Le Bel, *apotiquaire*, ton nom sur nous *est une huille de grâce*, etc., etc. »

Une chose à signaler, c'est que, pour mieux attirer l'attention des fidèles sur ces tablettes, qui auraient pu rester négligées ou inaperçues, quoique placées à l'intérieur de l'église, près le transept, sur

---

« confrérie religieuse, *qui avoit ses règlements, sa bannière* et son patron. » (Lacépède, *Hist. de l'Europe.*)

En veut-on la preuve? qu'on lise l'art. 33 des ordonnances et règlements de Simon, comte de Montfort, faits à Pamiers le 1er décembre 1212. (*Offices en France*, par Girard, t. II, p. 1804, aux additions.)

Le voici : « Item nuls barons, *bourgeois* ou ruraux soient tant osez, de faire « en aucune manière obligeance par foy ou serment, *en aucune conjuration* « *mesme sous pretexte de confrérie ou autre bien*, si ce n'est du consentement « et vouloir dudit seigneur ; et si aucuns sont prouvez *avoir ainsi conjuré contre* « *luy, ils seront, de leurs corps et biens, en sa puissance et volonté, et si la* « conjuration n'est contre ledit seigneur, ains au dommage de quelques autres, « les conjurateurs qui en seront confez ou convaincus, s'ilz sont barons, chacun « l'amendera de dix livres, si simples chevaliers de cent sols, *si bourgeois de* « *soixante sols, si ruraux de vingt sols ;* de cette peine sont exceptez négocia- « teurs et pellerins, qui jurent les uns aux autres garder leur compagnie et « société. »

l'un des piliers, des indulgences perpétuelles sont accordées par le pape Innocent X à ceux qui *liront l'entière nomenclature des frères de Notre-Dame-du-Puy, et prieront pour le repos de leurs ames.* C'est ce qui résulte de l'inscription faite au bas du marbre ; nous y renvoyons le pieux lecteur qui voudra faire usage de ce baume spirituel, parce qu'ici nous n'avons à parler que des notaires, objet spécial de nos recherches.

Il y a lieu de penser que les membres de cette association religieuse entretenaient avec soin des cierges en l'honneur de la Vierge, comme le faisaient anciennement les notaires du Châtelet de Paris, indépendamment *du luminaire* et des autres nécessités[1] *de la sainte chapelle*, auxquels ils étaient chargés de pourvoir. Mais ne perdons pas de vue qu'à l'instar des autres corporations, l'association des notaires était à la fois civile et religieuse ; ce qui résulte des lettres accordées à ces mêmes notaires de Paris, par Charles VI, le 1er juillet 1412, qui les autorise, sur leur demande[2], *à s'assembler en leur chapelle ou ailleurs*, pour communiquer *sur le fait de leurs statuts*, dans l'intérêt de leurs offices, causes et procès, comme ils le font de nos jours dans leur chambre de discipline.

V. — Dispositions légales sur le Costume des Gens de loi, et notamment des Notaires.

Revenons maintenant au costume des notaires. Ceux du Châtelet, et il devait en être de même ailleurs, pour être reçus en leur charge, se présentaient *en robe et en bonnet* en la Chambre du Conseil, *pour y prêter serment.* Un acte de notoriété, du 18 juillet 1688[3], constate qu'ils étaient en droit de porter la robe en toutes *assemblées publiques et particulières* ; mais s'ils joignaient à leurs titres la qualité d'avocat, ils n'avaient pas pour cela *le pas sur leurs confrères*, d'après l'arrêt de 1612

L'ordonnance de François Ier, en 1540, relative au costume des gens de robe en général, « leur défendoit de porter barbe, pour-

[1] *Recueil des Ordonnances des Rois de France*, t. III, p. 660, table CXX.
[2] *Code du Notariat*, par M. Rolland de Villargues, p. 107.
[3] Jousse, t. II, p. 414, *Sur l'administration de la Justice.*

« poinct ne chaussez déchiquetez et *autres habits dissolutz.* » Ces
derniers termes n'étaient, du reste, que la répétition de ceux consignés en une ordonnance du mois de novembre 1482, de Louis XI,
relative aux priviléges des notaires secrétaires du roi, qui leur prescrivait, en outre *de porter leur escriptoire honnestement* [1].

Nous voyons le clergé lui-même seconder plus tard cette réforme,
car, d'après un acte capitulaire de Notre-Dame, à Rouen, du 2 avril
« 1564 : « Il est enjoint à M. de La Fontaine, et à tous autres Mes-
« sieurs (du Parlement), de porter, pour l'avenir, *une cornette de taf-*
« *fetas par dessus leurs robbes* [2], aussy de se faire convoyer par ung
« serviteur, *affin d'estre plus honnestement.*

VI. — Préséance dans les cérémonies publiques, discutée entre les notaires et les procureurs.

Il ne parait pas que les notaires se soient toujours accommodé de
leur costume. En effet, en l'année 1612, lorsqu'il fut question de
préséance *entre les procureurs et les notaires,* dans des cérémonies
publiques, les premiers, qui portaient *robe longue,* reclamèrent le pas
sur les notaires, par le motif que ceux-ci portaient *l'habit court,* et
restaient confondus avec le peuple [3].

Cependant, les notaires, comme *juges chartulaires,* obtinrent bénéfice de cause par l'arrêt que Chenu rapporte ; mais, en même temps,

[1] *Ordonnances royales*, collection Isambert, t. x, p. 855.

[2] Il était déjà loin le temps où Charles VI, par ses lettres du 7 janvier 1407,
disait : « Pour ce que de nouvel, plusieurs, *nos conseillers, officiers et autres*
« *personnes ont accoustumé de nous demander robes chascun an qui, naguères,*
« *n'avoit onc esté accoustumé,* nous avons ordonné que, doresnavant, *nous n'en*
« *donnerons aucunes.* » Il en excepte, toutefois, ceux qui en recevaient de son
père, au nombre desquels figurent *les clercs et les notaires du Roy* pour le don
des manteaux. (*Ordonnances royales,* t. 9, p. 152 et 284.)

Il faut bien admettre que, dans ces temps calamiteux, les finances des fonctionnaires publics fussent aussi pauvres que celles de l'Etat, car il est constaté
dans les *Olim* du Parlement de Paris que nos seigneurs des chambres, ayant re-
clamé en vain leurs gages, en janvier 1369, vaquèrent, par cette raison, les 9,
13 et 17 du même mois, et le 2 février suivant. (*Manuscrit* de M. de Saint-Ouen.)

[3] De la Roque. *Traité de la Noblesse.*

il leur fut enjoint *de porter des robes longues dans les processions* et dans les assemblées publiques [1].

Lorsqu'en 1651, l'année même où Louis XIV fut déclaré majeur à l'âge de treize ans, on jugea nécessaire, par suite des troubles qui agitaient le royaume, de convoquer à Tours les Etats-Généraux, qui, d'abord, avaient été indiqués à Orléans, et, qu'à cet effet, il fallut procéder à de nouvelles élections dans chaque ressort, de la part des trois ordres, *averts à son de trompe et cri public* [2], que voyons-nous figurer, à Paris, en tête de la liste du *Tiers-Etat*, après, toutefois, les prévost et eschevins des marchands, les syndic et communauté des commissaires? Les *notaires* [3], les procureurs, les syndic et adjoints de l'imprimerie, les gardes des marchands

l es notaires, étaient, comme on le voit, *la fine fleur du Tiers-Etat*, et *prenaient rang des premiers* avant les procureurs.

Nec *sub judice lis est!*

Cependant, tous ne siégeaient, dans les comices, qu'après le clergé et la noblesse.

Il parait néanmoins que, sur la question de préséance, les procureurs ne se tinrent pas partout pour battus, car nous trouvons que, par arrêt du conseil du roi, en date du 12 octobre 1695, qui était invoqué comme jurisprudence par les notaires de Rouen, il fut déclaré que les notaires de Dijon précéderaient, en toute assemblée générale et particulière, les procureurs du Parlement de la même ville.

Dans les villes où la question était débattue, il fallait voir chaque ordre recourir, à l'envi, aux anciens *us et coutumes* et consulter les vieilles chroniques; aussi, les procureurs champenois, dans un cas semblable, ne manquèrent pas, sans doute, à l'appui de leurs préten-

---

[1] Voir aussi les autorités citées, en ce sens, dans le *Code du Notariat*, par M. Rolland de Villargues, p. 176 et 183. — Edition de 1836.

[2] Cet avertissement avait lieu pour la publication des arrêts de réglement du Parlement, par l'entremise de l'huissier principal, assisté de deux huissiers ordinaires, et par les *cris d'un trompette* juré du roi, accompagné de deux autres trompettes, dans les divers carrefours, et devant les églises et abbayes. (Procès-verbal du 23 janvier 1550. — Girard, *Sur les Offices*, p. 1925, aux additions du livre III, édition de 1638.)

[3] *Mémoire analysé sur les Etats-généraux*, p. 150. — Edition de 1788.

tions, de signifier aux tabellions copie des vers suivants, composés
à l'occasion d'une circonstance solennelle : l'entrée de Charles VIII,
à Troyes, en 1486. Nous laissons à décider, *si le mérite du poète fit
mentir le proverbe*; quand à nous, il ne s'agit ici que du fait qui a
trait à la question et s'y trouve relaté ; en voici l'extrait :

« Les gens d'Esglise furent premiers entrans
« Dedans la ville en leur possession.
« Et , après eux, les bourgeois et marchands,
« En leurs habits dont j'ai fait mention ;
« Puis, le prévost, ayant, à l'environ,
« Tous les sergents en leur belle livrée,
« Faisant honneur au roi ; c'est bien raison,
« En sa cité, à faire son entrée.

« Monsieur de Troyes, sa chape a renvoyée,
« Crosse, mitre, tasseau, pour maintenant ;
« Et puis après, sa mulle bien scellee
« S'en est venue avec le lieutenant.
« Les officiers suivoient honnestement
« Les conseillers, *praticiens*, *notaires*,
« De la cité, vestu comme devant,
« A les voir semblèrent grands commissaires !...

(Ephémérides troyennes)

Mais, sous Charles VII, les choses s'étaient passées tout autrement,
lorsqu'après avoir réduit la capitale sous son obéissance, en 1436, et
reconquis l'année suivante *plusieurs villes en Normandie*, il fit son
entrée solennelle à Paris dans l'ordre suivant :

« Après le prévost, *venoient les notaires*, procureurs, commis-
« saires, advocats, etc., etc, et gens du roi , du Chastellet, suivis
« des personnages représentant *les sept péchés mortels*, *et les sept
« vertus*, foy, espérance, charité, justice, prudence, force et tempé-
« rance, tous montés à cheval, habillés selon leur propriété[*].

O mores ! o tempora ! quantum
Deficimus, patrum ne manet umbrâ quidem.

Si , à Rouen, nous ne trouvons pas que la profession de notaire
pût s'allier à celle de procureur, cumul qui eût rendu inutile tout débat

[*] *Cérémonial des Rois de France*, par Godefroy, t. I, p. 654, édition de 1649.

de préséance, est-ce à dire pour cela qu'il en fût de même partout? Non, car au xve siècle, nous voyons *Martial d'Auvergne*[1], exercer simultanément, à Paris, ces deux offices : « ce qui ne l'empêcha pas, « dit l'abbé Dufresnoy[2], de rassembler, dans un charmant recueil[3], « cinquante et une causes d'amour avec les arrêts, *vrais* ou *fictifs*, « qui en furent la suite. » OEuvre de fine galanterie où les griefs du cœur sont respectivement exposés, et débattus par les parties *selon les règles ordinaires du droit et de la procédure;* sans, pour cela, recourir au *huis-clos*, tant est grande l'adresse des procureurs ! Toutefois, pour être vrai, ajoutons qu'en maintes occasions, la gravité des juges ne put les défendre toujours du soupçon de s'être portés à la fois *juges et parties.* Tant est grande aussi la fragilité humaine, et plus grande encore *la médisance* des plaideurs !

VII. — Siège de l'escriptoire ou de l'étude commune.

Maintenant passons à ce qui concerne le siége du tabellionage (*Scribania*).

Nous avons déjà eu occasion de parler de l'*Etude commune* des notaires ou tabellions de Rouen, désignée sous son ancien nom *l'escriptoire*[4]. Recherchons à présent le lieu où elle était située à Rouen, et quelle était son importance ? Elle comprenait plusieurs échoppes sises devant l'église Notre-Dame. Etat de choses que nous voyons

[1] Martial de Paris, appelé d'*Auvergne*, poëte français, dont on a les *Vigiles du roi Charles VII*, et les *Arrêts d'amour*, mourut en 1508. (*Dictionnaire historique*, édition de 1755.)

[2] *Recueil des Arrêts d'amour*, édition de 1731. On trouve, dans les OEuvres mêlées de La Fontaine, l'un de ces sortes d'arrêts imités par notre poëte.

[3] Il paraît qu'au nombre des notaires de Paris, il y avait des gens lettrés, et de plus poëtes; témoin le poëme intitulé: le *Chemin de Pauvreté et de Richesse*, composé en 1312, par *Jean Bruyant, notaire au Châtelet de Paris*, dont la publication, en deux volumes, vient d'avoir lieu, pour la première fois, par la Société des bibliophiles français

[4] L'étude d'un procureur était dite *compteur* ou *conteur* (inventaire de mobilier en 1425 à la suite du nécrologe de Notre-Dame, n° 4.)

Conteur était le nom donné *aux avocats* et *aux fabulistes* à l'époque du moyen-âge. Serait-ce un épigramme de nos pères ?

subsister jusqu'au moment de la séparation des offices rendus héréditaires en 1687.

Cette escriptoire n'était pas chose nouvelle, car nous lisons dans une quittance du 2 décembre 1690, passée devant Varnier, notaire à Cailly[1] que ces échoppes désignées comme les 4e, 5e et 6e faisaient *partie d'une maison depuis enclavée dans l'ancienne place du tabellionage.*

Ces échoppes qui, dans le principe, avaient sans doute été occupées par des écrivains publics, avaient leur sortie dans le cimetière de l'église Notre-Dame[2], transformé aujourd'hui en parvis qu'elles entouraient.

Il y en avait même une près du portail de Saint—Mellon[3] ; leur existence paraissait remonter au xiie siècle, époque à laquelle des clercs et scribes avaient dû s'y établir, comme autrefois à Rome dans le forum où l'on remarque encore d'anciens vestiges d'échoppes.

VIII. — LIEU DU DÉPÔT DES ACTES.

Avant l'année 1417, le siége du tabellionage était près des prisons du château, ainsi que cela résulte du passage suivant : « — Environ « le mois de janvier 1417, les prisons du château *et l'ostel du tabel-* « *lionage*[4] furent ars (brûles) ; cet ostel estait pour lors, jouxte les

---

[1] Cet acte est déposé au siége du tabellionage de Rouen ; dans une requête annexée à ce contrat, et adressée au lieutenant du balliage, » voici comme la communauté des notaires gardes-notes du roi, *héréditaires en la ville et vicomté de Rouen*, désigne les trois échoppes dont elle demande à être mise en possession : « trois petites échoppes réunies à *l'ancienne place* où *s'exerçait de tout temps immémorial* le tabellionage à Rouen, cédée à la « communauté desdits notaires, par le roy, par le traité de leurs offices *pour la* « *commodité du public*, et y mettre *les tableaux des noms de femmes séparées* « *de leurs maris* suivant l'arrêt du Conseil du 3 juin 1687.

[2] Registre capitulaire. — Délibération du 11 septembre 1441; soppæ exeuntes in cimeterio.

[3] 8 Janvier 1442, registre capit. de Notre-Dame :
« Domini concluserunt super locaglo soppæ (échoppe) juxtà *portalicium* « *sancti mellonis* ipsam non concedi ad locagium nisi sub pretio centum solido- « rum turonensium pro anno.

[4] Enquête de 1425 archives du chap. Notre-Dame, relatives à la Fierte, vo privilèges Ce renseignement nous a été communiqué par notre savant ami M. Floquet, membre de l'Institut.

« prisons du roy qui lors estoient *devant le chastel*, et les prisons du
« chastel *estant arses*, les prisons furent establies en la mairie,
« etc., etc. Il n'est pas dit où ces archives, qui avaient dû éprouver
« des pertes à cette occasion, furent alors transportées, mais nous
« lisons [1], qu'en l'année 1492, lorsque le duc d'Orléans, depuis Louis
« XII, fit son entrée solennel à Rouen, *il s'arrêta au coin du tabellio-*
« *nage devant Notre-Dame*; il y a tout lieu de croire que cette trans-
« lation avait eu lieu dans les échoppes ci-dessus.

En 1552, lors de la magnifique entrée de Henri II, à Rouen, il est
encore constaté que ce roi passa devant l'escriptoire des notaires.

C'est qu'en effet ce point central était très propre aux affaires civiles
qui se traitaient, soit à la sortie de l'office divin, *soit même autrefois
dans l'église*, et, le plus souvent, sous *le maître portail* [2], où les
contrats translatifs de propriété *étaient lecturés* comme moyen de
publicité, attestée par la signature des divers paroissiens présents.

IX. — LECTURE DES ACTES A L'ISSUE DE LA MESSE PAROISSIALE ; LEUR PASSATION MÊME A L'ENTRÉE DE L'ÉGLISE.

M. Danisy, du Calvados, observe [3] que la plus grande partie des
actes *privés*, après la mention de la fête du saint, du jour où ils sont

[1] Recherches historiques sur Rouen, par M. Richard, ancien conservateur
des archives municipales, en ses notes finales qu'il nous a communiquées.

[2] L'usage de traiter les affaires *sous le portail de l'église*, était fort ancien ;
en effet, les juges ecclésiastiques y avaient établi leur siége auquel *deux lions*
servaient de base pour imiter celui de *Salomon* ; ce qui explique pourquoi la
sentence se terminait par cette formule : *datum inter Leones* » (Paléographie de
M. de Wailly, t. 1er, p. 187.) Aussi dans les sceaux de nos rois, dès le 12e siècle,
(sous Louis VI dit le Gros, 1108), puis sous Philippe IV dit le Bel en 1286,
des lions sont-ils figurés comme supports du siége sur lequel le monarque est
assis. (Voir planche E. t. 2, p. 341 à 345 ibid.)

Long-temps, chez les anciens peuples, les portes de la ville furent le lieu où
se faisaient les traités, où se proclamaient les lois, où se rendait la justice.
C'est là que se faisaient aussi ordinairement toutes les conventions. (Code du
notaire, préambule, p. 12, par M. Rolland de Villargues.) Ce mode était suivi
aussi chez les Hébreux. *Genèse*, ch. 18, v. 10 et suiv.

N. B. (Ruth., ch. 4, v. 1er.)

[3] T. 7, *Mémoire des Antiquaires de Normandie*, édit. 1834, int. p. 13.

passés, et qui supplée au défaut de date, se termine par ces mots *coràm parochiá*, pour indiquer *qu'ils ont été lus devant la porte de l'église du lieu où les biens concédés étaient situés.*

En effet, cette mention se remarque notamment à la fin d'un acte de vente de l'an 1290, analysé sous le n° 341 des titres de l'ancienne abbaye d'Ardennes dans le diocèse de Bayeux; mais elle est peu fréquente dans les autres titres cités dans les Mémoires du même auteur, à moins qu'il ait évité de répéter cette formule finale.

Dans le diocèse de Rouen, au XIII° siècle, les contrats étaient aussi publiés *coràm parochiá*, mais le fait y est rarement constaté. Toutefois, nous le trouvons consigné ainsi à la fin d'une charte du mois d'avril 1212 [1], relative à la cession d'une rente de VI sols, par *Robert de Runcherio*, au profit des religieux de Jumiéges ; « Hoc autem « recordatum fuit *apud Duclarium coràm parochiá*. Dans ces temps reculés, où les actes, quand toutefois il en était dressé, ne contenaient guères que les noms des parties, l'objet de la vente, et se bornaient le plus souvent à l'intervention amiable des parents les plus proches, comme garants ou plèges de la convention, on conçoit qu'il devenait nécessaire, par prévision des difficultés à naître sur l'exécution du contrat, de s'assurer prudemment de la notoriété pour les cas imprévus, comme une sorte de commentaire du fait principal, ou comme moyen de publicité à l'égard des tiers. Aussi, au titre *de record de mariage pour la connaissance du douaire*, notre coutume normande, dans ses art. 386 et 387, d'accord en cela avec l'ancienne, avait-elle proclamé « *qu'en ce record ce que la plus grande partie des parents et amis* [2] *qui ont été présents au mariage, recordera, est tenu pour prouvé pourvu qu'ils parlent de certain* C'est qu'en effet, comme l'observe notre savant commentateur Basnage, « dans l'ignorance des siècles passés, « *les pactions de mariage* ne se rédigeaient que fort rarement par écrit, et cela se faisait le plus souvent à la porte du moûtier OU PLUTÔT DES EGLISES [3], *avec fort peu*

---

[1] Archives du département. — *Grand Cartulaire* de Jumiéges, n° 20 bis, charte 430.

[2] Aujourd'hui dans nos contrats de mariage, la présence des parents collatéraux et amis est encore mentionnée, mais seulement *ad honores.*

[3] Si l'époux de la veuve a *engagé le mariage* ou la dot (*Invadierit dotem*), de son épouse, du vivant de celles-ci, même en figurant, elle ne sera pas te-

« *de solennités*, comme nous l'apprenons de la charte de *Jean*, roi
« d'Angleterre : Assignetur viduæ pro dote suâ tertia pas, nisi de
« minori dotata sit *ad ostium ecclesiæ*. C'est pourquoi l'on avait be-
« soin de *records de mariage*, non seulement à l'usage du douaire,
« mais aussi à l'égard du droit de *viduité*, etc., etc. »

Quoique notre célèbre légiste observe que ces dispositions légales
étaient, de son temps, presque tombées en désuétude, sans doute
par suite du progrès des lumières et de l'écriture, elles n'en reflè-
tent pas moins les anciens *us* et *coutumes* de nos pères, qui traitaient en général leurs affaires *plutôt verbalement que par écrit*.

Il y a plus, l'invasion des Normands en Angleterre, sous la conduite de Guillaume, en 1066, avait importé ces usages dans ce pays
conquis, où ils eurent force de loi, comme le prouve cette définition
de la dot : « Dos *practicis Anglicis* quæ fit à viro uxori, *in ipso con-*
« *tractu ad ostium ecclesiæ* tempore desponsationis suæ [1].

X. — PASSATION DE L'ACTE MÊME DANS L'ÉGLISE. — LECTURE DES CONTRATS A L'ISSUE DE LA MESSE.

Cependant, s'agissait-il d'intérêts importants, la passation de
l'acte avait lieu quelquefois *dans l'église*, après la lecture de l'Évangile, de préférence *un jour de fête solennelle*, pour obtenir une
plus grande notoriété. C'est ainsi qu'en 1280 [2] « a lieu *dans l'Église*
« *de Saint-Aubin desus Arches*, *le jour même de la Toussaint, et à*
« *l'heure de la messe*, devant le bailli de Caux, en faveur de hounou-

que d'obéir à l'ordre de son mari. Si la dot de sa femme, lui a été donnée entière et *devant la porte de l'église*, elle intentera par merci l'action de parjure si
elle veut, et si elle obéit à l'ordre de son mari, *elle fait ce qu'elle doit*; car la
femme, en beaucoup de cas, dans la plupart, et presque dans chacun, *doit
obéir à son mari*. Assises et coutumes de l'Echiquier normand au XIIIe siècle
d'après le manuscrit, fol. 2 de la *Bibliothèque Sainte-Geneviève*, publié par
M. Marnier, p. 4.

[1] *Glossaire* de Ducange, verso *Dos*, qui cite Flete, Glanville, liv. VI, chap. Ier,
et Litlelon en ses *Institutes*, section 39 et 40, etc., etc.
Voir aussi Houard, *Sur les coutumes Anglo-Normandes*, t. I, p. 449, et *Lois
des Français*, t. I, p. 58.

[2] Archives du département. Archevéché. Cet acte, en français, figure à la fin
parmi nos pièces justificatives.

« rable messire Guillaume, archevesque *de Roen*, la renonciation
« du *Comte-Dammartin*, et de la vilée de Saint-Aubin, *aux droits et*
« *coutumes* qui leur appartiennent dans la forêt d'Alibermont, aux
« conditions stipulées dans les lettres qui en sont dressées et scellées
« à l'instant par le dit Bailli. »

Souvent même, pour mieux sanctionner l'accord après l'avoir
scellé, l'une des parties le déposait quelquefois *sur l'autel de la
Vierge.*[1]

Dès le xiᵉ siècle, se réalise ailleurs le fait que nous avons signalé
chez nous au xiiiᵉ.

En effet, dans l'histoire généalogique de la maison de La Trémoille, publiée[2] d'après le manuscrit de M. de Sainte-Marthe, et le
cartulaire de Saint-Aubin d'Angers, cité par ce savant auteur, il est
constaté : « Que Pierre, seigneur de la Trémoille, qui vivait sous
« Henri Iᵉʳ, roi de France, vers 1040, signa alors *une charte de
« manumission dans l'Église même* avec plusieurs autres sei-
« gneurs. »

Puis cet historien relate, (p. 65) d'après un cartulaire de l'Abbaye de Fontevrault, que « *Audebert*, autre seigneur de la même
« famille, donna aux religieuses du même monastère le lieu de ville
« salem, avec les droits de *haute et basse justice*, par acte passé
« *dans l'Église même de Saint-Pierre de Poitiers*, en 1089, règnant
« en France, Philippe, et du temps de Guillaume, duc d'Aqui-
« taine. »

Enfin le même auteur ajoute que le même seigneur *Audebert* assista,
en 1109, *dans l'église* cathédrale de Poitiers, à la sanction donnée
par l'évêque à l'accord et au concordat opéré par ce seigneur entre
l'abbé et l'abbesse de Fontevraud, en considération duquel il avait
reçu *un marc d'argent pour lui*, et *un manteau de fourrure pour
Pasquette, son épouse.*

Notre savant ami, M. Floquet, dans son *Essai historique sur
l'Echiquier de Normandie*, p. 13, constate qu'à Caen, où cet Echiquier siégea si souvent sous les ducs, il tenait ses audiences *au*

[1] Abbaye de Jumiéges. Charte de 1097. (Carton historique. Longueville.)
« Ipse Ricardus frater Odardi, *manu propriâ* cartam firmavit et posteà *super
« altare sanctæ Mariæ imposuit.* » Voir aussi p. 5 de notre première partie.

[2] Paris. *Sainte-Marthe*, édition in-8, 1668, p. 61

*château, dans la chapelle de Saint-Georges, petite église fort an-
cienne,* que l'on y voit encore aujourd'hui ; les vieux cartulaires des
abbayes de Troarn, d'Ardennes, de Saint-Étienne de Caen, et
nombre d'autres, sont remplis des décisions qu'y rendirent les
prélats, les barons de l'Échiquier, réunis là en jugement[1]. « Une
« grande idée avait fait choisir les églises du Très-Haut comme le
« lieu le plus convenable où l'on pût juger les différends des homme.
« Dieu séant au milieu des juges, et délibérant avec eux, comme le dit
« magnifiquement David[2], c'était là, dans ces temps de foi, une idée
« familière aux prélats, aux preux chargés de rendre la justice aux
« hommes. Faut-il s'étonner qu'ils allassent dans ses temples le cher-
« cher, s'inspirer de la présence plus immédiate de celui qui est la
« source de toute vérité et de toute justice ! »

Et plus loin, p. 16 ; « Rien n'étant plus solennel que les Audiences
« de ce tribunal souverain de la province, auquel assistait et présidait
« souvent le duc lui-même, on y fit plus d'une fois *la lecture des actes
« de donation ou de vente, qu'une si grande publicité* devait rendre
« irréfragables à toujours, et, au bas du texte, on ne manquait jamais
« de faire la mention de cette sanction solennelle, etc., etc. »

Cet état de choses, en empiétant trop sur le temps du service divin, finit par donner lieu, de la part de notre chapitre métropolitain,
à des prohibitions consignées dans un règlement du xiii° siècle, sous
Richard, de Coutances, doyen de la cathédrale de Rouen ; dispositions qui furent renouvelées et sanctionnées dans des statuts émanés
du chapitre général, le 20 octobre de l'année 1420 ; voici le passage
traduit : « Nous défendons très expressément à aucun juge ordinaire
« ou délégué, de se permettre, pendant la célébration du service
« divin, *d'entendre les causes* en notre Église ; nous voulons que les
« plaideurs en soient chassés par nos *custodes*[3],

[1] *Essais hist. sur la ville de Caen*, par G. Delarue, t. I, p. 84-85-90-91 ; qui
cite le Cartulaire de Troarn, et *Arresta* scacarii, ann. 1181, ibid.

[2] *Deus stetit in synagoga Deorum ; in medio autem Deos dijudicat.* Psalm
LXXXI, verset 1.

[3] Archives du département. Obituaire manuscrit de l'archevêché, du xiii°
siècle, n° 4, où sont : les *Consuetudines* ecclesiæ Rothomag.
Item, inhibemus ne aliquis presumat audire causas de cetero in ecclesiâ quam
« diù celebrabitur divinum officium ; indè volumus et precipimus quod si cus-
« todes, aliquos *clericos*, vel *laicos* invenerint in ecclesiâ *litigantes*, faciat eos

Si nous passons au xiv° siècle, nous trouvons positivement constatés la lecture des contrats et le nom des paroissiens, *au nombre de huit*, qui l'ont entendue.

Ce fait se remarque, en 1305, au verso d'un double de contrat de vente reçu par *Adam Dorliens, tenant à ferme les lettres de la vicomté de Rouen* au nom du bailli ou du vicomte, et où figure *monseigneur Michel D'Osberville, garde de l'ospital et trésorier, en la rue Saint-Ouen* [1].

Voici la mention : « Anno m°.c.c.c°. quintâ de die Innocentium, « lecta fuit littera, et fuerunt isti presentes (les huit paroissiens « dénommés). »

Cet errement, né du besoin de publicité [2], avait pour but d'instruire les tiers, des actes qui auraient pu être faits en fraude de leurs droits, actes qu'ils devaient attaquer *dans l'année de la lecture*; c'est ce qui ressort du passage suivant, consigné dans le registre de l'Échiquier tenu à Pasques en 1386 [3], « qu'il y avait sept ans passés *qu'il* « *avoit* achepté le dit marché, *et en avoit fait lire la lettre à ouye*

« extrà exire ad claustrum, vel ad alium locum, et si exire noluerint, con-« vocent aliquem canonicum qui eis prohibitionem nostram, si opus fuerit di-« ligenter exponat.

« Item prohibemus ne baillivus capituli de cetero *solvat pecuniam aliquam*, « dum celebrabitur divinum officium in conventu fratrum. »

Dans un concile provincial tenu dans le prieuré de Bonne-Nouvelle. (Aujourd'hui le faubourg Saint-Sever de Rouen.) en l'année 1299, on retrouve de semblables prohibitions, quoiqu'en termes plus laconiques, sous peine d'excommunication contre les contrevenants.

(*Conc. Rothom.*, par Dom Pommeraye, 1 vol., édition de 1677, p. 278.)

[1] Cet hôpital, en 1338, est dit : *l'ospital le Roy notre sire en la rue Saint-Ouen de Rouen*, depuis il devient la communauté de l'Oratoire (à l'encoignure de la rue des Arsins.)

[2] Indépendamment des criées faites par le sergent à l'oye des paroisses où les biens étaient situés, on en faisait d'autres pendant trois dimanches consécutifs, dans *les marchés, plez et assises, et autres lieux accoustumés*.— Titre du 25 juin 1363. Dieppe, archev., p. 16.

[3] Archives du département. — Registre de l'Échiquier, p. 52.

Nous observerons, à ce sujet, que les parties ne sont pas dénommées dans ce jugement, en tête duquel on lit : *Entre tel et sa femme et tel d'autre*, ce qui prouve qu'il servoit de simple formule pour rappeler un précédent, et constater un usage.

« *de paroisse*, à laquelle lecture *appelés tous ceulx qui aucune chose*
« *y vouloient et y devoient venir dedans l'an d'icelle lecture*, pour
« icelui demander fait *comme fraudeux ou autrement.* »

Il ne paraît pas, toutefois, que la mention de publication, faite *à
ouye de paroisse*, fit pleine foi de son contenu, car, en 1403, nous
voyons le sergent qui avait publié *les lettres de Baillie recorder par
serment* [1], devant le lieutenant du vicomte, la lecture du contrat, faite
à l'issue de la messe paroissiale, avec la désignation du nom des
paroissiens qui l'ont entendue. Puis l'acte de notoriété qui en est
dressé, est annexé au contrat principal au moyen d'une petite découpure du parchemin sur laquelle est apposé le sceau public.

Dans le cours du xv⁰ siècle, la mention de lecture est attestée par
un plus grand nombre de témoins *issants* de la messe *à jour de
dimanche;* on en compte jusqu'à vingt et quelquefois plus, et il est
encore dressé acte de cette lecture, certifiée par le vicomte, après le
record opéré par serment du sergent [2].

Ce fut pour obvier au scandale et au trouble que causaient, dans
l'église Notre-Dame ou à son entrée, *les réunions d'affaires* ou pro-
clamations étrangères au culte, que l'on songea à établir, à la fin de
ce même siècle, la grande salle dite aujourd'hui *des Procureurs*, en
notre Palais de Justice, mais qui, tout d'abord, devait servir *aux
gentz de tous estatz, pour y traiter de leurs intérêts et affaires.*

XI. — ABUS DE TRAITER LES AFFAIRES DANS LES ÉGLISES, PROHIBÉS DANS LE XVI⁰ SIÈCLE.

Il paraît que l'abus de traiter les affaires dans les églises, malgré
les prohibitions ci-dessus, n'étaient pas seulement attachées à notre
localité, car nous voyons le Parlement de Paris, par son ordonnance

---

[1] Cet errement est spécifié au chapitre 2 *de recordâ summonitionis per serjan-
dos faciendâ* des statuts de David II, qui commença à régner en Écosse en 1330;
à cette occasion, le savant Houard, dans son *Traité sur les Coutumes anglo-
normandes*, t. II, p. 685, observe, en note, que le sergent n'était pas toujours
obligé de savoir lire, tant l'ignorance était encore profonde. Et cependant on
était déjà loin du ix⁰ siècle, où l'on considérait *comme savant le moine qui
savait lire.* Capitulaire de 811, col. 482 ; Baluz, vol. 1ᵉʳ.

[2] C'est relativement à ce fait que les acolytes de l'huissier, qu'ils assistent
comme témoins, sont dits *records*.

du **22 janvier 1550**, publié le lendemain [1] par *le trompette juré du roi*, assisté des huissiers de la Cour, défendre *à tous manants et habitants* de Paris *et autres villes* du ressort, *de se pourmener ès esglises, et de ne tenir en icelles propos de négociation et affaires particulières* et temporels, sous peine d'amende et même de prison *en cas de récidive*, surtout *aux heures du service divin*.

Il fallut que chez nous l'abus fût poussé bien loin, tant est grande la force de l'habitude, pour que l'église fulminât de nouveau contre les infracteurs, dans les termes suivants, que nous extrayons d'un Concile provincial tenu à Rouen en 1581, sous le cardinal de Bourbon, qui, depuis, fut proclamé *Roi* de la Ligue sous le nom de Charles X [2].

« Il nous a paru indigne qu'aux dimanches et jours de fêtes, on « fasse d'une maison de prières une maison de trafic et d'affaires « séculières.

« En effet, au lieu d'exhorter le peuple et de lui prêcher la parole « de Dieu, les curés sont forcés, dans l'exercice de leur saint « ministère, de remplir l'office d'huissiers, de crieurs publics et « d'autres de ce genre, pour annoncer et proclamer soit l'enchère « des impôts, *des ventes* et licitations, soit enfin tous actes quel-« conques émanant des juges séculiers ou officiers publics.

« C'est pour purifier la maison de Dieu de ces profanations, *que « nous prohibons ces abus, sous peine d'excommunication*, en aver-« tissant les juges de faire publier leurs mandements par leurs ser-« viteurs *au-delà du cimetière* et de l'église, etc., etc. »

Quoi qu'il en soit, si les défenses de l'autorité ecclésiastique et

<hr/>

[1] Voir cet arrêt, rapporté au long dans le livre III des *Offices* de Girard, en ses additions, t. II, p. 1915, édition de 1638.

[2] *Conciles*, par Dom Pommeraye, p. 370, édition de 1677.
« Indignum nobis visum est Dominicis, ac festis diebus de domo orationis, « facere *domum negotiationis* aut fori secularis, nam pro populi exhortatione, et « divini verbi prædicatione coguntur curati sacris operantes, Lictorum et « præconum atque etiam publicanorum vices gerere auctiones vectigalium, « *venditionum, Licitationum* et quæcumque mandata secularium judicum, et « officiariorum recitare et proclamare; ad purgandam domum Dei his profa-« tionibus prohibemus, *sub interminatione divini judicii*, etc., etc., etc., et « monemus omnes judices ut sua quæcumque mandata per suos ministros, etc., « *publicari extrà Cœmiterium* et ecclesiam, etc., etc. »

séculière eurent pour effet de diminuer les abus, elles ne purent, toutefois, les détruire en entier, du moins dans l'église Notre-Dame, parce qu'en effet le concours du peuple, dans les jours de fête, offrait une occasion favorable pour s'entretenir d'affaires et de nouvelles, surtout vers le portail et à l'issue des offices. Aussi voyons-nous les notaires conserver *leur escriptoire* près l'église, dont le point central constituait *un bon pas*. Toutefois, leurs anciens registres, dans l'intérêt de leur conservation, furent transportés, et déposés sous les voûtes du Palais de Justice, qui furent appropriés à cet effet sur la fin du xvi⁰ siècle, aux frais *de la ville* ', et là, ils purent établir un bureau commun et secondaire. A Toulouse notamment, il existe, au Palais de Justice, un dépôt d'archives de l'ancien tabellionage qui remonte au xiv⁰ siècle, et beaucoup de minutes qui proviennent des douze anciennes études de notaires, supprimées avant 1790. Dans plusieurs autres départements, on remarque le même ordre de choses ', qui n'était, du reste, que le résultat de l'édit de Charles VII, du 26 juillet 1433, portant institution d'un tabellionage par châtellenie, et *d'un dépôt central* des protocoles ³, conséquence lui-même de l'art. 12⁰ de l'ordonnance première du mois de juillet 1304 sous Philippe-le-Bel.

Il paraît que cette mesure conservatrice fut négligée dans diverses localités de notre province, car, par arrêt du Conseil, du 16 août 1666, « le Roi ayant été averti qu'il se commettait un abus considé-« rable par les héritiers des tabellions, ordonna que toutes les minutes « des tabellions *de Normandie* seroient gardées en un seul lieu ⁴ ».

' Renseignement à nous communiqué par M. Floquet. Délibération ; registre ms. de l'Hôtel-de-Ville, 5 mai 1597.

« Les gens du Roy dirent à l'échevin Bigot qu'il y avoit une infinité de temps « que l'on avoit commandé de faire accommoder certaines voultes qui estoient « en l'enclos de ce palais, pour y faire mettre tous les registres du tabellionage « de cette ville, comme il avoit esté advisé pour ung bien public, et à quoy « toutesfoys lui et ses collègues n'avoient encore satisfait ; il promit de faire « diligence. »

² Rapport fait au Roi sur les Archives de France, le 8 mai 1841.

³ Collection Isambert, *Anciennes Lois françaises* ; et *Code du Notariat*, par M. Rolland de Villargues, p. 112.

⁴ *Abrégé chronologique des Édits*, par Cherin, p. 156, édition de 1788.

XII. — Origine des Panonceaux aux armes de France.

Maintenant que nous avons parlé du siége principal de notre tabellionage à différentes époques, il nous reste à mentionner les signes distinctifs *qui l'annonçaient extérieurement ;* on voit que nous voulons parler *des panonceaux.*

Si l'on recherche l'origine de ce mot, elle se rattache *à Penuncellus* [1], diminutif de *à Panno,* quod ex pannorum segmentis fierent vexilla vel à Panno :

> Li barons ourent Gonfanons [1]
> Li chevaliers ourent Penons.
>
> (*Roman de W'ace*, m⁵.)

C'est pourquoi les panonceaux et girouettes armoriés, élevés sur les tours et faîtes des manoirs seigneuriaux, étaient autrefois des marques de noblesse.

Par la même raison, les pennonceaux *royaux* apposés en un lieu marquant, signalaient *un endroit de franchise et de sauvegarde,* laquelle ne pouvait émaner que du roi [3] ou du duc seul.

Voici dans quels termes des lettres de *sauvegarde* sont accordées par Charles VI, le 21 juin 1407, à l'église collégiale de Notre-Dame-de-la-Ronde de Rouen [4] : « Dictamque nostram salvam gardiam « publicari ubi fuerit opportunum in signum ejusdem pennuncellos, « seu baculos regios nostros in bonis, *domibus*, et locis eorumdem « apponi faciant, ne quis de ignorantiâ possit se excusare. »

C'était donc aussi pour indiquer l'existence d'un dépôt public, placé *sous la sauvegarde du souverain,* qu'étaient apposés, comme aujourd'hui, deux écussons en cuivre doré, *aux armes de France*, sur

[1] Ducange, v° *Panuncellus*, t. V, 1re livraison, p. 187 et 188, nouvelle édition. — Sorte de bannière, enseigne, étendard, drapeau fait de riche étoffe ; par suite, on étendit le nom de *panonceau* aux écussons d'armes ou d'armoiries. (*Dictionnaire* de Roequefort.)

[2] Écharpe ou bandelette terminée en pointe, attachée aux lances.

[3] Au roy, duc seul appartient bailler sauvegarde, art. 28 au titre de la Coutume de Bretagne, édition de 1694.

[4] Ordonnances royales. — Collection Secousse, t. IX, p. 240.

la principale entrée du tabellionage auquel ils servaient d'*enseigne publique* [1].

L'usage de cette marque distinctive, fut autorisé d'abord en faveur des notaires du Châtelet de Paris, par lettres-patentes du mois d'avril 1411, adressées au prévôt de la même ville qui leur fut donné *pour gardien et juge* dans toutes leurs affaires [2].

« Et voulons que [3] de nostre dicte grace, il fasse publier par tous les
« lieux où il verra qu'il appartiengne, à la requeste desditz notaires,
« de leurs successeurs, ou d'aucun d'eulx, et, *en signe de nostre dicte*
« *sauvegarde espécial*, fasse *mettre nos pennonceaux royaux* ès-
« maisons, possessions, et aultres biens d'eux et d'*un chascun d'eulx*
« ou mestier (besoin) sera ; affin que nul ne se puisse excuser d'igno-
« rance, et intime et deffende à toutes les personnes dont il sera re-
« quis, de par les dessus nommés que à eulx, à leurs familiers, genz,
« biens, héritaiges ou possessions, ou qu'ils soient présents et avenir,
« ils ne m'effacent, ne facent meffaire en aucune manière, sur cer-
« taines peines à appliquer à nous, etc., etc »

Ces sauvegardes royales, accordées le plus souvent à des établissements publics, civils ou religieux, et même à de simples particuliers,
pour les mettre à l'abri des injustices des seigneurs, minèrent insensiblement le pouvoir féodal qui dût s'affaiblir, puis s'effacer devant la
suprématie et la souveraineté du roi. C'est sans doute dans ce but
que, *dans les Etablissements de Saint-Louis* (livre 1er, chapitre 31),
on trouve cette disposition : « Se aucuns s'avoe homs le roy, *le roy le*
« *tient en sa garde* jusques à tant que contrères soit prouvés. Ce qui,
« d'ailleurs, était conforme à ce qui se pratiquoit sous les rois de la
« première et de la seconde race, à l'égard des *féaux* qui avaient
« prêté serment de fidélité au roi [4]. »

Les infractions commises contre les lettres de sauvegarde étaient
réprimées, en Normandie, par la cour de l'Echiquier ; mais, à celui

[1] Girard, t. II, aux additions, p. 1942, neuvième ligne édition de 1638.

[2] Mais, ailleurs, leurs salaires, en cas de contestation, étaient, comme aujourd'hui, réglés par le président. — Art. 20 de l'ordonnance de Philippe-le-Bel, du mois de juillet 1304.

[3] *Ordonnances royales*, collection Secousse, t. IX, p. 594.

[4] Baluze *de Regis Antrustione*, cap., t. II, col. 386, et dom de Vaines. — Dictionnaire diplomatique, p. 197, v°, Précepte.

de Pâques de l'an 1374, « Il fu jugié que, en paroles, où il n'a point « d'effet, *il n'a point de sauvegarde en France*, et ce fu dit contre « l'abbé de Rouen et le procureur du roy[1]. » Ainsi donc, la protection royale réprimait sévèrement tout fait et toute atteinte coupable portée aux personnes et aux biens placés sous son autorité. Toutefois, en 1362, sous le roi Jean, nous voyons ces lettres accordées simultanément *au nom de nos seigneurs le roy de France et le duc de Normandie*, énonciation que nous puisons dans un arrêt de l'Echiquier tenu à *Roan* au jour de Saint-Michel mil cccxxxviii (1338), sur la plainte en violation de sauvegarde, formée par l'abbé de Saint-Wandrille[2].

Quoi qu'il en soit, lorsque Charles VI accorde ces lettres de sauvegarde à trois prieurés de l'ordre des Célestins, pour protéger leurs personnes et leurs biens « *dans l'étendue du pays régi par le droit* « *écrit, in terrâ quæ jure scripto regitur* », ce n'est que timidement qu'il ajoute : « *et ailleurs, seulement en cas de péril éminent, et alibi* « *in casu eminentis periculi duntaxat,* » mais, par cette exception, le principe exclusif de sa juridiction royale est posé ; et, sous ce rapport, il paraît vouloir déroger aux priviléges de la Normandie[3].

Telle était encore, plus tard, l'importance attachée par la royauté à la délivrance des lettres de sauvegarde, que Louis XII[4], en l'année 1512, défend à ses baillis d'en accorder *comme se les réservant en propre*. Seulement, c'était eux ou leurs vicomtes qui, en leurs assises, étaient chargés de les publier[5].

---

[1] Ms. n° 5, *Arrêts de l'Echiquier*, p. 42. — Archives du département.

[2] Registre ms de l'Echiquier, 1336 à 1342. — Archives de la Cour d'appel dont nous devons la communication à l'obligeance délicate de M. Vimard, greffier en chef.

[3] *Ordonnances royales.* — Collection Secousse, t. 9, page 70, v° Célestins. Voici le texte : « Et in signum hujus modi *nostræ* salvæ gardiæ Penuncellos seu « *baculos nostros regios,* in suis Ecclesiis et loc s possessionibus et rebus præ- « dictis in terrâ *quæ jure scripto regitur,* et alibi *in casu eminentis periculi dun-* « *taxat* apponant, seu faciant affigi, vel apponi ; inhibentes ex parte nostrâ, « omnibus illis de quibus fuerint requ siti, *sub certis magnis pænis nobis ap-* « *plicandis* ne eisdem religiosis, familiaribus, singularibusque personis dicto- « rum monasteriorum et membrorum eorumdem, ac hominibus prædictis seu « bonis eorumdem quibuscumque, quomodo libet forefacere presumant. »

[4] Rebuffe. Edits, p. 108, édition de 1559.

[5] *Ordonnances royales.* — Collection Secousse, t. IX, page 425.

XIII. — CIRCONSCRIPTION DES NOTAIRES.

La conséquence de cet ordre de choses fut que les tabellions royaux, à raison de leur circonscription et de l'importance de leur siége, jouirent des immunités attachées aux fonctions émanées du souverain même, comme le seigneur haut-justicier et supérieur de son royaume. Qu'en un mot, ils se ressentirent des effets de l'accroissement successif du pouvoir royal, qui ne considéra plus les justices seigneuriales que comme une sorte d'anomalie ou d'exception. Aussi, voyons-nous les justices inférieures et secondaires s'effacer devant les juridictions supérieures, telles que celles des Châtelets de Paris, d'Orléans et de Montpellier, dont les notaires, de première création, puisqu'ils remontaient au temps même de saint Louis, avaient, par privilége, le droit de pouvoir passer des actes dans tout le royaume. C'est pourquoi les actes de ces notaires, quelque part qu'ils fussent passés, emportaient hypothèque[1].

Quant aux autres notaires, soit royaux, soit inférieurs, ils n'avaient de caractère public que dans l'étendue de la justice où ils avaient été reçus pour y exercer leurs fonctions ; leurs actes ne devenaient exécutoires partout, aux termes de l'article 65 de l'ordonnance de 1539, qu'après avoir été revêtus du sceau royal.

Dans la pratique, on l'apposait au pied de l'annexe où était reconnu et approuvé le sceau particulier *de la vicomté* où l'acte avait été passé. C'est ainsi que dans un titre de 1351, concernant les habitants et marchands de Bayeux, on mentionne à la fin : « que le transcript « des lettres *a été scellé du sceau des obligations de la vicomté de* « *Bayeux*, lequel sceau *a été approuvé et reconnu* par un acte ci- « annexé, et passé sous le sceau du Chastelet de Paris. »

[1] Pothier, p. 529, édition Dupin, au titre de l'hypothèque.

Aussi, le roi, dans son ordonnance du 1er décembre 1437, « en considération de « ce que nombre de gens de divers états, qui affluent, à Paris, de toutes les « parties de son royaume, passent leurs actes sous le *scel du chastellet qui est* « *privilégié* PARTOUT, » ordonne-t-il des dispositions réglementaires pour la conservation des minutes des *actes des notaires qui sont en grand nombre*. (*Collection Isambert.*)

[2] *Ordonnances royales*, collection Secousse, t. III, p. 248.

Il y a plus , pour restreindre aussi le pouvoir de l'official aux matières purement ecclésiastiques et bénéficiales , surtout depuis l'institution des notaires royaux, notre Échiquier, dans ses assises de 1400
à 1403[1] , pour couper court aux abus nés d'un ancien état de
choses[2], attacha une préférence marquée aux actes reçus par les tabellions, quoique *leur scel* particulier fût moins notoire que celui de
l'official de la province de Normandie où il était un , et où ceux-ci
exerçaient *au nombre de deux cents* et plus. Dans l'espèce, il fut
même jugé que l'acte passé entre laïques, en l'officialité, quelqu'en
fût la date , *ne prenait pied* que du jour de la reconnaissance et de
l'approbation *en Cour-laye* , et ne pouvait être opposé à un acte notarié qui avait précédé cette reconnaissance, quoiqu'il n'offrît *qu'une
seule solempnité.* C'était , en d'autres termes , n'attacher l'authenticité et la force exécutoire qu'aux actes émanés des officiers royaux ,
et rendre hommage à la souveraineté du Roi, en ne considérant les
actes de la justice ecclésiastique , faits en dehors de ses attributions ,
que comme de *simples actes* privés non opposables aux tiers munis
d'un titre paré.

XIV. — Privilèges des notaires d'Orléans.

A l'égard du privilége dont jouissaient les notaires d'Orléans , le
savant jurisconsulte Pothier observe qu'il leur fut accordé par Philippe-le-Bel, en 1302, en considération de ce qu'à cette époque, ces
notaires étaient des personnes lettrées [3] qui avaient étudié dans l'école

---

[1] Ms. de l'Échiquier, p. 113 , n° 5 de l'inventaire. Arch. départementales.

[2] En effet , les parties se présentaient, en matière civile, devant l'officialité,
qui dressait acte de leurs conventions, et, sur leur requête, cette Cour faisait
apposer son sceau *sur le contrat.* C'est l'errement que nous voyons surtout suivi
à Rouen dans le XIIIe siècle. (*Grand Cartulaire de l'archevéché,* p. 757, anno
1243.—Archives départem.)

Dans le XVe siècle et le suivant, les contrats n'ont généralement lieu devant
l'official , que lorsque l'une des parties est ecclésiastique , ou que l'objet du
contrat concerne un établissement religieux.

[3] Témoin : Ferry Cassinel, qui mourut archevêque de Rheims , en 1390. Il
avait été d'abord *clerc et notaire du Roi,* puis archidiacre *du Vexin dans
l'église de Rouen.* Dans l'ordonnance du Roi du 20 janvier 1370, pour le service
des clercs, secrétaires et notaires, il est nommé Ferricus *Casinelli.* Charles VI

de droit d'Orléans[1], alors l'une des plus fameuses de l'Europe, et qui fut peu après érigée *en Université* par ce même Roi. Tel était encore plus tard l'honneur attaché au *grade de Docteur en droit*, dont plusieurs notaires étaient investis, que l'épouse du *docteur notaire*, à l'instar des femmes ou veuves de gentilshommes, pouvaient prendre la qualité de *Damoiselle*[2].

XV. — CONDITIONS D'ADMISSION ET D'EXCLUSION.

Quant aux conditions d'admission à l'office de tabellion, nous avons rappelé en notre première partie, (p. 22) la disposition de l'ordonnance de François Ier, du mois d'octobre 1535, qui prescrivait l'examen du candidat *par quatre des plus notables conseillers de la Cour*, mais il paraît que cette ordonnance sur ce point était mal exécutée dans le ressort du Parlement de Normandie ; car, par arrêt du 12 janvier 1574[3] « la Cour défend aux juges de recevoir « aucunes personnes des dits estats de notaires et tabellions, sinon « en pleine assise, *et par opinion de l'assistance*, et après qu'il leur « sera apparu suffisamment *de leur bonne vie et mœurs, et conversa-* « *tion catholique*, et qu'ils auront *esté trouvés capables, idoines et* « *suffisants, etc., etc.* »

l'honora de l'office de conseiller d'état, et le nomma à l'évéché de Lodève, en 1384.— Comme docteur distingué, ce fut lui qui prononça l'éloge funèbre de Bertrand Duguesclin, connétable de France, en présence de toute la Cour. (*Histoire de la Cathédrale de Rouen*, par Dom Pommeraye, p. 224, édit. pe 1686. —Anselme, t. VII, p. 587. E.)

[1] Si l'on en croit Martial Dauvergne, poëte renommé du XVe siècle, et *pourtant* procureur en la Cour du Parlement et notaire *au Châtelet de Paris*, la réputation de cette école n'était pas à l'abri de la critique :

> En justice il y a de grandz abus,
> Mais qu'en dit-on ? je m'y trouve confus :
> L'en fait juges, jeunes petits enfans !
> Scavent-ils riens ? ils viennent d'Orléans ;
> Qu'ont-ils appris ? à bien jouer des flustes.
>
> (*Biblioth. Française*, par l'abbé Goujet, t. II, p. 54.)

[2] Art. 334, au titre de la Noblesse.— Réglements des 13 mars 1619, et 30 Juillet 1629.— *Abrégé des Édits*, par Chérin, édition de 1788.

[3] *Offices de France*, par Girard, t. II, p. 1764.— Édition de 1638.

XVI. — LA LÈPRE ÉTAIT UNE CAUSE D'EXCLUSION.

En un mot, il fallait réunir les conditions de moralité et de capacité pour être admis aux offices ; mais pour en être exclu, il suffisait *d'être ladre*, autrement dit *enteché de la maladie de la Lèpre*. Notre Coutume faisait plus : « Dans son article 274, celui qui été jugé et « séparé pour cause de cette maladie, ne pouvait succéder, et s'il « conservait ses biens, ce *n'était qu'à titre d'usufruit.* »

Telle était, en effet, l'horreur qu'inspirait cette maladie dès le XIIIe siècle, en Normandie, que notre archevêque Eudes Rigaut, lors de ses tournées pastorales, en 1249[1], pour arrêter les voies de fait contre les lépreux, excommunie Richard d'Épaigne, *pour avoir brûlé* la cabane (Bordellum) d'un lépreux, peine dont il ne le relève que sur la caution de deux chevaliers.

Puis, afin d'empêcher toute méprise, il prescrit un vêtement distinctif pour les lépreux ; c'est pourquoi, dans le cours de ses visites, en 1251, à Saint-Wandrille, il constate ce qui suit : « *Reginaldus de* « *Caudebec* creditur leprosus, *nec fuit ostensus, licet preceperi-* « *mus*[2]. »

Nous avons cru utile de rappeler ces antécédents, pour faire apprécier la teneur de l'acte ci-après, qui, pour concerner un sergent, n'en était pas mois applicable dans ses motifs aux tabellions et à tous autres fonctionnaires.

Du samedi, troisième jour de mars M.CCCC et II. (1402) au tabellionage de Rouen : « Comme le Roy nostre sire, par ses lettres données « à Gillet Main, l'office de sergent de la vicomté de l'eaue de Rouen « que tient et occupe à présent Gaultier Vassal, cest don à lui faict « pour ce que l'en dist le dict Gaultier *estre ladre et enteché de la ma-*

---

[1] Troisième livraison. Reg. visit., appendix, p. 780.

[2] Ibidem, troisième livraison, appendix, p. 780. (Regest. Odonis Rigaldi.) « Regnault de Caudebec est réputé lépreux, il n'en porte pas le signe, bien que « nous l'ayons ordonné. » Dans les synodes de Rouen, recueillis par Dom Bessin, édition de 1718, p. 73, nous trouvons cette disposition rigoureuse : « Inhi- « beatur etiam leprosis, ne in tabernâ sedeant ad bibendum, etiam in villis ; « quia si hoc fecerint, *non exhibebimus eis justitiam de injuriâ factâ*. De « leprosis etiam inhibeatur sub pœnâ excommunicationis per omnes parrochias « ne aliquid detur eis in civitate vel oppido. »

« *ladie de leppre* tellement qu'il n'étoit digne de icelle office exercer,
« ne sa personne commisser *entre les gens sains* ; et en prenant pos-
« session d'icelle office par ledit Main eust été contredit et opposi-
« tion faicte par le dit Gaultier, et sur ce eust été jour assigné par
« devant les maistres des requestes de l'ostel du Roy nostre sire,
« où ils ont procédé, pendant lequel procès icelui Main a impétré du
« Roy nostre dit seigneur unes autres lettres adréchées au bailli et
« au vicomte de l'eaue pour faire *veoir et visiter le dict* vassal *par*
« *gens en se congnoissant* et par vertu d'icelles lettres eust obtenu un
« mandement de Guillaume Thoulouse, lieutenant commis du bailli
« de Rouen, pour faire *veoir* et visiter le dit vassal, et à ce dist
« estre contraint par Raoul de Gournay, sergent du Roy nostre sire,
« à Rouen, sur ce peut apparoir par les dictes lectres.

« Savoir faisons, etc., fu présent le dit Gaultier Vassal, demeu-
« rant en la paroisse *Saent-Jacques sur Darnétal, en la vicomté de*
« *l'eaue de Rouen*, qu'exerse à présent Frérot du Hazay *soubz le*
« *dict Gaultier par louage*, qui congnut avoir quitté et délaissé et
« pour certaines causes qui à ce le mouvoient et pour espargner à
« grègneurs faiz et inconvéniens *au dit Main* demeurant à Paris, en
« la paroisse Sainct-Eustace, la dite sergenterie avec les droits, pro-
« fits et émoluments à ce appartenant, et voult que il jouisse du don
« à lui faict par le Roy nostre dict sire jouxte ses lettres et que
« tous procès encommenchés et poursuivis à cause de ce, cessent du
« tout, et dès présent s'en départi et oultre establi et ordonna ses
« procureurs Jacques d'Entreleaue, Jehan d'Ellebœuf et chascun
« d'eulx auqueulx il donna pouvoir de icelle office résigner au dit
« Main IX liv. tournois, pour les dépens fais en ce pourvoiant donc
« etc. à payer, c. s. t. (cent sols tournois), à Pasques prouchain ve-
« nant, et IIII liv. à la Saint Jehan ensuivant, oblige biens, etc. »

Plusieurs siècles après, cette antipathie n'avait pas cessé, car Basnage, notre célèbre commentateur, à l'occasion du même article 274
de notre Coutume, constate le fait ci-après : « En l'année 1636,
il parut une cause pour un homme accusé d'être entaché de ce mal ;
Michel Piquet, avocat à Carentan, étoit appelant d'un mandement
accordé au nommé Paris, pour le faire ajourner aux fins de faire
ordonner qu'il *serait visité, et séparé comme lépreux*, et cependant,
avec défense *d'aller autrement que tête nue et la bouche voilée,*

par arrêt du 11 mars 1636 il fut décidé qu'il serait visité *par six des plus anciens médecins et quatre chirurgiens*, pour, leur rapport fait, être pourvu ainsi que de raison ; et cependant, que Paris baillerait caution de répondre des intérêts. *Les médecins et chirurgiens ayant attesté qu'il était sain*, le mandement *fut cassé comme injurieux et calomnieux*, et décret de prise de corps prononcé contre Paris. »

Nous avons cru devoir entrer dans ces détails, parce qu'ils peignent, mieux que ce que nous pourrions dire, la situation des choses à ces différentes époques, et servent à apprécier les progrès de l'esprit humain et de nos mœurs.

FIN DU CHAPITRE III° ET DERNIER.

APPENDICE.

———

Ier CHAPITRE.

———

Des notaires seigneuriaux, et principalement de ceux établis à Dieppe. — Leur origine.

Quoiqu'il n'entrât pas d'abord, dans notre sujet principal, de parler des notaires seigneuriaux, supprimés avec l'ancien ordre de choses, il ne nous a cependant pas paru indifférent d'en parler *in terminis*, ne fût-ce que pour mieux faire ressortir leur origine et leurs attributions de celles des notaires royaux.

Nous avons déjà dit, au commencement de notre première partie, que les évêques, les abbés et les comtes avaient *des notaires* ou *scribes*, dont le ministère leur était imposé par l'art. III du capitulaire de Charlemagne, de l'an 805.

Il y a plus, saint Grégoire de Tours, qui vivait au VIe siècle[1], en

———

[1] Lib. 9. c. 26, *Histor. Francor* (Anno 14, Childeberti Regis.)

« Vidi mulierem timentem Deum quæ cum me benignè excepisset *notarium*
« *vocat* et habito, ut dixi, mecum consilio, quædam ecclesiæ Turonicæ et
« Basilicæ sancti Martini quædam Cænomanicæ (Du Mans) ecclesiæ delegavit,
« ac post paucos menses subitaneâ ægritudine fatigata, migravit à sæculo, *mul.*
« *tos per Chartulas* servos derelinquens, etc. » *Offices de France*, par Girard,
t. II, p. 1935, aux additions du livre 3.

parlant de la reine Ingoburge (Chariberti[1] quondam relicta), mentionne qu'il fut consulté par elle pour ses dernières dispositions, et qu'ayant fait *appeler un notaire* à cette occasion, elle fit différents dons à l'église Saint-Martin-de-Tours et à une autre église, et mourut après avoir affranchi, *par lettres*, beaucoup d'esclaves.

Ainsi donc, le ministère des notaires, dès cette époque, *au moins pour les legs pies*, donnait l'authenticité aux actes ; ce qu'expliquerait la nature de l'acte *in extremis*, quoique, dans les cas ordinaires, il fallût recourir *à des formes complétives* et de publicité pour assurer la validité de l'acte au moins au regard du tiers ; acte dont la teneur était certifiée par les sceaux des parties [2].

Au commencement de la troisième race, lorsque les comtés eurent été inféodés et rendus héréditaires au profit de ceux qui les gouvernaient, les seigneurs (domini capitales) exercèrent les droits de justice, comme dépendances de leurs fiefs, mode qui se perpétua avec les sous-inféodations. Mais plus tard, si la royauté fut forcée de laisser subsister ces usurpations établies de longue main dans les terres des seigneurs châtelains [3], sans pouvoir y établir des tabellions de son autorité, il n'en fut pas de même dans les justices secondaires ou subalternes [4], parce que ce n'était pas à raison de

---

[1] Caribert, roi de Paris, mourut en 566 ; *Histoire du président Hénault*, t. I, p. 16.

En 562, il avait eu en partage le royaume de Paris, tel que Childebert, son oncle, l'avait d'abord possédé, auquel furent joints, par ce partage, le Querci, l'Albigeois, et toute la partie de la Provence située entre la Durance et la mer. (Ibidem.)

[2] Ce qui paraît certain, c'est que, dans les pays voisins de la Normandie, *les sceaux particuliers, en fait de testament*, n'auraient pas fait foi, puisque *Philippe de Beaumanoir* exige, pour la validité de l'acte, *qu'il soit scellé du scel autentique ou de plusieurs sceaux de nobles personnes de religion qui portent sceaux*. (M. Nathalis de Wailly, t. II, p. 208, qui cite les Bénédictins.)

[3] « Les barons et châtelains furent même autorisés, par un édit de François Ier, « du mois de novembre 1542, à établir des notaires dans leurs juridictions. « Lors de la rédaction des Coutumes, ce droit fut mis *au nombre des attributs* « *de leurs justices*. On peut voir, par exemple, celles de Blois, art. 17 ; de « Senlis, art. 93 ; de Poitou, art 2 et 375 ; d'Angoulême, art. 5 ; de Touraine, « art. 69 et 75 ; de Lodunois, art. 1er du chap. V ; de la Rochelle, art. 1er ; du « Perche, art. 5 ; du Maine, art. 50, et d'Anjou, art. 43. (*Théorie des Matières féodales*, par Hervé, t. IV, p. 84.)

[4] Loiseau, au titre : *Des Seigneuries et des abus de justice de village*.

l'inféodation primitive, mais bien d'une simple possession de fait opérée après coup, que les seigneurs avaient établi des tabellions, ce qui ne constituait pas pour eux un droit exclusif, mais de simple concurrence avec les notaires royaux.

C'était, comme on le voit, faire bon marché des droits de la couronne. Mais en présence du régime féodal qui enveloppait la France dans un vaste réseau, il fallait attendre tout de l'action lente du temps. Aussi les efforts de la royauté durent-ils tendre, en toute occasion, à miner *sourdement* le pouvoir féodal, qu'elle n'osait *pas toujours attaquer de front*[1] ; c'est pour cela qu'elle attacha partout le bénéfice de l'exécution *parée* (*pareatis*) aux actes reçus par les officiers publics de son choix, et qu'elle défendit, *sous peine de nullité, aux notaires seigneuriaux*, de passer aucuns contrats *entre particuliers*[2] demeurant en dehors de leurs juridictions, et pour raison d'immeubles

[1] En effet, tels étaient les ménagements à prendre avec les seigneurs du temps même de saint Louis, que l'historien de ce roi (le nain de Tillemont, t. II, p. 126, édition 1847), s'exprime ainsi : « Il étoit si exact à ne pas entre-« prendre sur les droits des moindres seigneurs, que voyant des fautes qu'il « falloit punir, ce roi s'informoit si la justice du lieu lui appartenoit », ce qui concorde, d'ailleurs, avec les établissements de ce prince. — Partie II, chap. 13 : « Se aucuns est appelé par devant le roi ou devant l'agent, par adjornement ou « par semonce, *il doit venir à la justice le roi*; et s'il n'est à l'obéissance, il « doit dire en telle manière : Sire, je ay seigneur par qui je ne ves nul droit, « et cuis couchant et levant *en tel lieu et en telle seigneurie* »; et il doit nommer son seigneur. Mais, toutefois, observons que la justice du roi (chez nous l'Échiquier, puis le Parlement), avaient seuls le droit de réformer en dernier ressort tous les actes de juridictions attachées aux fiefs, après en avoir reconnu et déterminé la compétence, ce qui constituait *une suprématie réelle*. C'est qu'en effet, dans l'ordre féodal, le dernier échelon était *le roi*, qui ne reconnaissait d'autre seigneur que Dieu, d'où cette formule en tête de nos anciens diplômes : *Francorum Dei gratia Rex*. (*Hist. de France*, par Moreau, t. XXI, p. 180, 186, 193 et 212 combinés, et *Dictionnaire diplom*, Dom de Vaines, t. II, p. 366.)

Au XVe siècle, Charles VII, jaloux des droits de sa couronne, ajoutait une telle idée d'indépendance aux termes de : *Par la grâce de Dieu*, qu'il en défendit l'emploi à ses grands vassaux. Depuis ce temps-là, cette formule a toujours été réservée aux souverains. Mais après la suppression de la féodalité, comment s'explique la reproduction de cette formule, autrement que par un étrange anachronisme ou un non-sens ?

[2] Loiseau, au titre : *Des Seigneuries et des abus de justice de village*, p. 45, chap. 8.

situés hors de leur circonscription, dans l'étendue de laquelle dut se restreindre l'apposition *du scel authentique à contrats*.

Tels sont les simples aperçus auxquels nous devons nous arrêter. Cependant, comme ce qui a trait à la Normandie a fixé particulièrement notre attention, nous avons cru qu'on nous saurait gré de rappeler ici en dernier lieu, *au moins comme particularité historique*, ce qui est relatif à l'ancien comté de Dieppe, qui était devenu l'apanage des archevêques de Rouen, en tant toutefois qu'il s'agit du tabellionage compris dans la juridiction de cette localité.

Cette juridiction appartenait à nos archevêques, par suite du fameux contrat d'échange fait en l'an 1197, du domaine de Dieppe, de Louviers, d'Alihermont, de Bouteilles, etc., etc., entre Richard Cœur-de-Lion, roi d'Angleterre, duc de Normandie, et l'archevêque de Rouen, Gaultier dit le Magnifique, en retour de la concession que l'église de Rouen avait faite à ce prince du manoir d'Andelys [1]; *Manerium de Andely cum novo castello de Rupe* et de ses dépendances, pour mettre à couvert la frontière de Normandie, en se fortifiant contre les entreprises et attaques de Philippe-Auguste.

Telle était l'importance attachée à cette transaction, qui mettait fin à l'interdit jeté sur la Normandie par suite des démêlés existants entre le duc et le prélat, que trois originaux de cette charte, au dire de dom Pommeraye [2], étaient conservés autrefois dans le cartulaire de l'église de Rouen, avec leurs sceaux, à l'un desquels *était un grand anneau d'or enrichi d'une escarboucle en rubis*, sans doute comme symbole d'investiture et de la paix opérée entre le prince et l'église; et que, sur quelques places publiques de notre ville, des croix de pierre furent placées en commémoration de cet événement.

C'est en conséquence de cet état de choses qu'à la fin du xıve siècle (1396), l'archevêque Guillaume de Vienne, pour constater les droits et coutumes spécifiés dans les anciens registres de la vicomté de Dieppe, dont étaient comtes, seigneurs-hauts-justiciers les archevêques de Rouen, fit dresser le curieux *Cartulaire*, conservé avec soin dans les archives de notre département.

---

[1] Archives du département, et *Histoire des Archevêques*, par Dom Pommeraye, p. 424.

[2] Archives départementales, *Cartulaire* de Notre-Dame, p. 672 et 674.

Ce manuscrit nous a fourni plusieurs dispositions réglémentaires sur le tabellionage. Voici ce qui concerne la ferme de cet office et de celui du sceau : [1] « Est assavoir que l'escripture et le scel des lettres « faictes *par le tabellion fermier* ou commiz et le droict du scel se « peuvent bailler à ferme au profit de Monsieur, et en appartient le « droict au fermier de toutes escriptures et scel des obligations de la « ville de Dieppe, dont le recepveur est garde, excepté procurations. « Ces vidimus, copies, approbations de sceaulx, jugnoz et rescrip- « tions d'anciennes denrées venus à Dieppe, dont le droit et scel ap- « partient au recepveur, *comme fait la lectre de faire Bourgeois* à Dieppe. »

Voici comment se trouvent plus tard reproduits les droits de juri- diction de l'archevêque dans un tarif imprimé au xviie siècle, art. 43 : « Le dit seigneur a droit de haute justice à Dieppe et au Pollet, en la- « quelle il a droit de pourvoir aux offices de bailly, de lieutenant- « général et particulier, procureur, avocat, greffier, *notaire* et ser- « gents. Droit de geôle à Dieppe et au Pollet, de faire mettre un « exécuteur de haute justice, et de mettre des fourches au dessus « *du Mont-à-Caux* sur les terres dépendantes du seigneur de Hautot, « et droit de police, deshérence et autres droits appartenant au « haut justicier [3].

Ab uno disce omnes!

[1] Ibidem et *Cartulaire* de Notre-Dame, p. 672, 674 et archevêché 1er tiroir. -- Archives du département où les Chartes, moins leurs sceaux et anneau, sont conservées.

[2] Nous donnerons aux pièces justificatives le tarif des actes des tabellions de Dieppe. D'après un tarif imprimé en 1695 *dressé sur un ancien chartrier* (sic) (inv. p. 15) on lit p. 18 « Aucun estranger ne pourra estre fait bourgeois *de* « *Dieppe*, qu'il n'ait demeuré *an et jour en la ville*, obtenu lettres de Monsei- « gneur l'archevesque, information préalablement faite de la Prudhommie, vie « et mœurs duement communiquée aux sieurs conseillers eschevins de la ville « et par eux certifiée, et qu'ils n'aient fait le serment accoutumé, inséré au « chartrier, et payé les cinq sols appartenant à la boîte de Monseigneur pour « un an après l'enregistrement desdites lettres, jouir pleinement d'icelles de « toutes les franchises et libertés de la ville comme les autres bourgeois « d'icelle.

[3] Dans l'article 41 du même tarif, on trouve cette redevance singulière : « les. « possédants le fief-Crespin le jour de l'Épiphanie, après vespre, doivent ap- « porter à la vicomté *trois têtes de porc crues garnies de lauriers et herbes*,

LE TABELLIONAGE ÉTAIT L'OBJET D'UNE ADJUDICATION PUBLIQUE.

Ces offices étaient l'objet d'une adjudication publique, pour un temps déterminé, au profit de l'archevêque : en voici la preuve consignée dans une lettre écrite à ce prélat (François de Harlay), le 14 octobre 1644, par son receveur de Dieppe : « Hédin et Maniche, vos tabellions, paraissent desirer reprendre *votre tabellionage*, mais avec diminution. »

Ce prélat répond de Gaillon, le 16 du même mois : « Je vous ai « mandé d'office, *qu'il les faut pousser*, et il ajoute : « je m'en rap-« porte à la prudence de M. de Marbeuf pour faire publier au prosne « des deux paroisses mon tabellionage, *à délivrer au plus offrant et* « *dernier encherisseur* (*sic*, lettre du 17 novembre. »)

Ajoutons que ce prélat, d'ailleurs estimable, n'attendait pas plus raillerie en fait de restriction à ses droits temporels qu'à ses droits spirituels. Car en marge de la lettre signée *Petit-Jean* qui lui est adressée de Dieppe, le 17 novembre suivant ainsi conçue ; « Vous verrez, s'il vous « plaît, Monseigneur, *les absurdes* et inutiles précautions portées par la « consultation dressée et escripte de la main d'un *jeune avocat* du « Parlement de Rouen, nommée *Basnage*[1], *lequel est de la religion* « *prétendue réformée*. Le prélat[2] met en marge cette annotation, en

« chacune dans un bassin, tenant en leur gueule orange ou pomme rouge ayant « une tasse d'argent en laquelle il doit y avoir cinq sols, et, accompagnés en « ceste manière d'un ménestrier ou tambour, doivent faire hommage auxdits « seigneurs archevêques, pour jouir des franchises des droits de coutume. » Dans un aveu du XVIIIe siècle relativement au même fief, on y ajoute la prestation d'une aune et demie de saucisses.

[1] *Henri Basnage*, fils de Benjamin, ministre protestant, devint l'un des plus célèbres avocats du Parlement de Rouen; il fut chargé de commissions importantes, et mourut à Rouen en 1695, à l'âge de 80 ans; on a de lui un Traité des hypothèques, et des commentaires sur la coutume de Normandie, fort estimés. L'Académie, sur le rapport historique du savant M. Floquet et à l'aide des pièces justificatives que nous avons découvertes dans les archives du notariat, a fait placer un marbre commémoratif sur l'emplacement de la maison que notre célèbre légiste habitait, rue de l'Ecureuil, 19.

[2] Messire François de Harlay (en octobre 1639, p. 20, § 1er inv. de l'archevêché) est qualifié dans un titre de *conseiller du roy* en ses conseils d'estat et privé, archevesque de Rouen, primat de Normandie, et abbé de l'abbaye de Saint-Victor lés-Paris.

parlant de celui qui produit le Mémoire : « *Voilà vne digne conduite*
« *d'homme ! dites-/ui que son Mémoire est bien hérétique !* [1] »

Quoi qu'il en soit, si les archevêques purent jouir successivement
de leurs droits de judicature et de tabellionage à Dieppe, ce ne fut pas
toutefois, sans contradiction de la part des *officiers royaux* qui exerçaient des fonctions dans les lieux circonvoisins, ni sans empiète-
ment graduel de la part des seigneurs particuliers des lieux où il y
avait des extensions de tenures, appartenant à l'archevêque ; « aussi,
« pour arrêter le démembrement qui s'exerçait surtout au préjudice
« de sa haute justice de Cliponville, il fut ordonné [2], de *par Monsei-*
« *gneur*, que tous les tenants *qui ont fait abattre les croix qui avoient*
« *été de tout temps immémorial placées sur le haut de leurs chemi-*
« *nées ou toicts desdites maisons, pour marque visible* desdites te-
« neures, ou qui en sont tombées par vétusté, ou par la violence des
« vents, seraient condamnés à les rétablir dans le mois du jour de la
« publication de la sentence sous peine d'amende de commise (con-
« fiscation) de leurs héritages, indépendamment des censures ecclé-
« siastiques et d'anathème en cas de recèlement des titres justificatifs
« des droits de l'archevêque, sur lesquels l'enquête est ordonnée. »
Ainsi, comme on le voit, la croix, qui dans le principe, avait été le
symbole vivifiant de la liberté et de l'affranchissement de l'esclavage,
devait plus tard, par un étrange abus du pouvoir féodal, servir
d'enseigne au vasselage !

Quoi qu'il en soit, malgré l'emploi des armes spirituelles, le pouvoir ecclésiastique ne dédaignait pas de recourir au pouvoir temporel
pour récupérer les droits seigneuriaux que lui contestaient les tenants
qui voulaient s'en affranchir en les éludant par tous les moyens pos-
sibles, comme aussi pour faire maintenir les prérogatives de justice
attachées à son fief.

C'est ainsi que nous voyons l'archevêque recourir à l'autorité de
l'Echiquier, du duc de Normandie, ou de *sire Jehan fils ainsnez du
roy de France* [3], pour réprimer, dès 1337, les entreprises du tabellion

[1] Inventaire p. 19, 4e tiroir, archevêché. Archives départementales.

[2] Ordonnance du sénéchal de l'archevêché de Rouen, en date à Lillebonne du
30 mai 1673, sur affiche, tiroir 2, 1, c. 4. Archives du département.

[3] *Ms. des droits et Coutumes de Dieppe*, inventaire n° 1er. — Archives départementales. — Voir aux pièces justificatives.

royal de la vicomté d'Arques, sur la terre de l'archevêque, vu l'indolence apportée par le bailli de Caux à les réprimer, et que, plus tard, pareilles contestations se renouvellent. Ce qui n'empêcha pas les tabellions Gueuffroy et Jehan de Mouchy, *jurés pour le roy nostre sire* en la même vicomté d'Arques, d'exercer leur ministère à Dieppe pour le receveur de cette ville établi par notre archevêque[1].

C'est que là, comme ailleurs, existait le conflit né de la diversité des intérêts généraux et individuels et de pouvoirs mal définis; qu'en un mot, le pouvoir féodal et ecclésiastique était sans cesse aux prises avec le pouvoir monarchique dont il entravait continuellement l'action ; car ce dernier avait sans cesse devant lui un ennemi à combattre ou à ménager : ce qui apportait, dans ses décisions, une hésitation ou une solution souvent en contradiction avec ses propres principes. Aussi cet état de choses anormal ne cessa-t-il qu'au moment où une nouvelle organisation judiciaire, née de notre révolution, concentra, dans la main dn chef de l'Etat. les pouvoirs judiciaires auparavant disséminés dans la main des divers possesseurs de fiefs[2]. Mais ce que ces derniers considéraient surtout, c'était moins le produit des offices seigneuriaux, que la consécration du principe de prééminence qui les constituait, et qui résultait de l'exercice du droit, abstraction faite de son évaluation, si minime qu'elle fût, en revenus. C'est ce qui nous explique pourquoi, en 1468, la ferme du tabellionage de la baronnie et de la haute-justice d'Hallebosc, dans le comté de

[1] Quittance du 11 novembre 1545, deuxième tiroir, 6ᵉ liasse, page 9 de l'inventaire.

[2] Sous le régime féodal, il arrivait que les parties qui avaient passé leurs actes chez un notaire seigneurial, avaient peine à se procurer des expéditions au chartrier du seigneur, où les minutes étaient déposées, quand, toutefois, elles ne restaient pas oubliées dans les mains d'un fermier-titulaire, ou bien n'étaient pas perdues après son décès. C'est ce qui rend encore aujourd'hui si difficile la recherche d'actes qui intéressent nombre de familles. Quelquefois même le notaire royal était à la fois notaire seigneurial, comme autrefois à Pont-Saint-Pierre, de sorte que même avec l'indication d'une date certaine, l'acte ne se trouve qu'autant qu'il fait partie des minutes du tabellionage royal. — Il est vrai aussi de dire que, dans beaucoup de nos localités, les minutes du notaire seigneurial, qui étaient déposées au château, furent confondues avec les titres féodaux et comme telles jetées aux flammes à l'époque de notre première révolution.

Tancarville, est *baillée* moyennant le prix modique de xv sols' par an, pour l'espace de trois ans, à Roger Ygouf et à Jehan Maillart, qui ne sont même tenus d'acquitter ce prix que *par moitié*, aux échéances de Saint-Jean-Baptiste et de Noël de chaque année.

Si nous descendons de trois siècles (en 1753), le montant annuel du bail du même office n'excède pas encore 40 liv., ces considérations sont également applicables aux prestations féodales², lors même qu'il ne s'agit que du paiement d'un *simple quart d'œuf*, ou d'un *demi-chapon*, comme subdivision symbolique d'un fonds primitivement inféodé à un seul. (Abbaye de Saint-Amand. — Aveux du 17 juin 1451 pour Le Hamel Dubosc).

Quant aux abus invétérés, en certaines provinces, qui étaient inhérents aux anciens officiers seigneuriaux, on peut juger de la profondeur du mal, parce qu'écrivait le jurisconsulte Loiseau ³, dans le xvii⁰ siècle : « L'un des grands inconvénients des justices seigneu- « riales, c'est que chaque gentilhomme veut *avoir son notaire à* « *sa poste* (puissance), qui refera trois fois, s'il est besoin, son « contrat de mariage, ou luy fera tant d'obligations antidatées qu'il « voudra, si ses affaires se portent mal, ou s'il y a un coup à faire ; « notaire qui, de longue main, se pourvoit de témoins aussi bons « que luy, ou bien qui en sait choisir après leur mort, de ceux qui « ne savoient pas signer, et s'il a reçu *quelques* vrais contrats d'en « mettre les minutes ès mains et *à la merci de son gentilhomme*, s'il « les demande, qui après les vend et en compose ainsy qu'il luy « plaist ».

---

¹ Archives départementales. — Inventaire général pour la baronnie d'Hallebosc.

² Qu'elles soient dues à la couronne, aux seigneurs suzerains, feudataires, ou en sous-ordre. C'est ainsi que les religieux de Saint-Ouen, à cause de leur fief de Gasny, « doivent, par chacun an au roy, en sa recepte ordinaire, à Vernon, « *une paire de bottes* et une *pelisse d'agneaux* au terme Saint-Michel, à l'ap- « préciation de personnes à ce cognoissantes, toutefois est couché aux comptes « anciens *la somme de soixante sols* pour ce :

« Une paire de bottes,	(Papier terrier du roy pour la vicomté de Vernon
« Et une pelisse d'agr⁰au,	) folio 31, verso. — Archives départementales.

On retrouve le même genre de prestation, en 1238, dans un titre transcrit au cartulaire de Saint-Wandrille, n° 37, page 80.

³ Edition de 1678, Loiseau, *Abus des Justices de village*, p. 11 et 14.

Puis, plus loin, il tire cette conclusion : « que les justices de vil-
« lage ont été mal concédées ou usurpées, que leur tolérance est ab-
« surde, et leur exercice plein d'abus et de malversations ; partant,
« qu'il est très expédient, très juste et très facile de les réunir en
« un seul degré de juridiction, *en un même siége*, qui seroit la *con-*
« *servation* de l'autorité du Roy, et surtout le soulagement du pauvre
« peuple. »

Il a pourtant fallu plus d'un siècle pour réaliser un vœu si légitime,
dont l'accomplissement ne pouvait être que la conséquence de l'u-
nité de législation ; tant est lente la marche de l'esprit humain et des
institutions !

ABUS DE JUSTICE ET DE JURIDICTION EFFACÉS PAR L'UNITÉ DE LÉGISLATION.

Enfin, comme s'exprime l'un de nos savants magistrats[1] « les évé-
« nements vinrent au secours de notre pays. L'élan patriotique de
« 1789 confondit toutes les pensées, toutes les volontés ; la France
« retentit de ce grand cri national : *nous ne sommes plus ni Bretons,*
« *ni Angevins ni Parisiens*, nous sommes Français[2] ; l'Assemblée
« constituante put décréter *l'unité de la loi*[3], et ce fut avec recon-
« naissance et bonheur que la nation reçut du premier consul le
« Code civil, ce chef-d'œuvre de législation qui atteste si merveilleu-
« sement la puissance synthétique de la raison moderne. »

C'est en conséquence de cet état de chose, qu'aujourd'hui, juges
et notaires, tiennent tous leur pouvoir du chef de l'État ; qu'en un
mot, la justice est une, comme émanant de la même autorité.

[1] M. Blanche, avocat général, discours de rentrée, 8 novembre 1847.

[2] Adresse des citoyens de Paris à ceux des autres départements, à l'occasion
de la Fédération de 1790.

[3] Constitution de 1791, titre Ier.

SUITE DE L'APPENDICE.

—

II° CHAPITRE.

—

Organisation judiciaire en Normandie. — Parlement. — Tabellionage. — Les six Sergenteries royales de la vicomté de Rouen. — Droit de guet.

Avant de spécifier l'organisation judiciaire et territoriale de notre province, d'où résultait celle des tabellions, mentionnons d'abord les douze Parlements de France suivant la date de leur érection.

Paris................	en 1302	Aix................	en 1501
Toulouse............	1303	Rennes.............	1553
Grenoble...........	1450	Pau	1619
Bordeaux...........	1452	Metz...............	1633
Dijon..............	1473	Besançon...........	1674
Rouen..............	1499	Douai..............	1674

NORMANDIE.

Au XIV° siècle, la population des cinq bailliages ci-après de la Normandie se composait comme suit :

| Caux.... | { 605 paroisses.... 41,901 feux |
| | { 323 — .... 18,349 — pour le Roi de Navarre et Mme de Valois. |

Cotentin.	642	—	.... 64,307 —
Rouen[1]..	602	—	.... 60,637 — non compté Rouen.
Caen.....	978	—	.... 61,204 — non compris le comté d'Alençon.
Gisors...	694	—	.... 61,981 —

N. B. Cet état du xiv° siècle résulte d'un m^** de la Biblioth. imp. sous le n° 8406, f° 238, v° et s. qq. dont nous devons l'indication à l'obligeance de M. Léopold Delisle, Membre de l'Institut.

Notre ancienne province distinguée en *Haute* et *Basse* Normandie qui, avant l'établissement à Rouen du Parlement en 1499, y possédait un échiquier dès 1302[2], était l'un des plus importants gouvernements du royaume, et figurait encore vers la fin du xvii° siècle sous le titre de *Duché-Pairie*.

Il est à remarquer que depuis la conquête de Philippe-Auguste, en 1204, les rois de France ont toujours possédé cette belle province, comme un duché réuni à la Couronne, tout en lui conservant son titre, ses lois et coutumes si chers aux Normands [3].

Maintenant, voyons, au point de vue de notre organisation judiciaire, comment elle se composait depuis l'érection de notre Parlement en 1499.

---

[1] Il s'agit ici du ressort.

[2] Nous donnons ci-après, pl. xv°, n° 4, le scel de l'Echiquier avec l'explication de l'établissement de cette haute Cour.

[3] C'est qu'en effet, Louis X dit le Hutin, peu après son avènement au trône, pour prévenir le soulèvement de la province surexcitée par l'énormité des impôts ou subsides, lui accorda en 1315 la *charte dite aux Normands* qui fut successivement confirmée par nos Rois, même par Louis XI, puis par Henri III en 1579.

Et telle était l'autorité de cette charte que, lorsqu'il s'agissait de faire quelque règlement qui intéressât la province de Normandie, on ne manquait jamais d'y insérer la clause suivante : *Nonobstant clameur de Haro et charte Normande.*

ÉTAT ET RESSORT

DES DIVERSES

JURIDICTIONS CIVILES ET SEIGNEURIALES

QUI RÉLEVAIENT DE L'ANCIEN PARLEMENT DE NORMANDIE.

Transcription littérale du manuscrit cité en notre Avant-Propos, page v°.

ROUEN.

Relever les appellations dans le délai du bailliage (sic).	Le bailli de Rouen ou son lieutenant au lieu.
	Le bailli de Rouen au siége du Pont de l'Arche [1],
	Le bailli de Rouen au siége de Pont Autou ou Pont Eaudemer.
	Le bailli de Rouen au siége de Pont l'Evesque.
XL *jours.*	Requestes du palais à bref jour.
Suivre l'ordonnance du bailliage	Prieur et consuls dans le délai du bailliage, et qu'ils ayent excédé leur pouvoir limité à IIᶜ Lᵗˢ.
Relever dans XXX *jours.*	Admirauté de France au siége général *de la table de marbre* du palais, à Rouen, à bref jour.

[1] Par édit du Roi du mois de septembre 1742, la vicomté du Pont-de-l'Arche est réunie au bailliage de la même ville.

N. B. Les notes (infrà) des édits ne sont pas au mˢˢ.

Relever dans XL *jours.* {

> *Eaux et forests*, au siége général *de la table de marbre* du palais, à Rouen, à bref jour, une partye à la Cour pour délicts, autre partye à la Chambre de la réformation, quand il est question d'usages et coustumes.

Relever dans les XL *jours.* {

> L'appel du grand maître des eaux et forêts au département de Normandie va à la Chambre de la réformation à bref jour.

XL *jours.* . . . . Appel *d'arbitres* à la Cour à bref jour.

Dans le mois. . . . . . Appel du bureau des valides à bref jour.

Appel de la taxe et despens d'un de MM^{rs} les conseillers de la Cour à bref jour relever et exploicter dans le délay du bailliage à bref jour.

XL *jours.* . . . . Hauts jours [1] à la Cour, à bref jour.

XL *jours.* . . . . Appel d'abus de la Cour, à bref jour.

Le mois. . . . . {

> Appel d'un de MM^{rs} les conseillers de la Cour à bref jour.

Relever dans le mois. . {

> Appel des esleus à la Cour des aydes à bref jour.

Appellations de vicomte à la Cour *obmisso medio.*

En exécution ou interprétation d'arrest, incompétence et réglement de juges.

Quand il est question d'interprétation de coustume.

Quand il est appelé de la taxe des officiers de vicomté.

Quand il est question du domaine du Roy.

Scavoir ou relever l'appel des sentences du général des monnayes de Rouen : on tient que partye relève à la Cour des monnoyes de Paris quand il est question de crime de fin aloy, et faux titre, qui est quand on obmet le nombre des grains et poids, mesalliage des

---

[1] Cette juridiction supérieure de l'Archevêché, d'origine ancienne, existait même encore à Rouen en 1788 ; M. Barabé père en était le greffier. Elle connaissait des appels des jugements du temporel de l'archevêque, rendus par les baillis de Dieppe, de Notre-Dame et de Saint-Nicolas-d'Alihermont, de Sainte-Agathe, de Cliponville, et autres dans le pays de Caux, de Déville, Louviers, Gaillon et de Fresne-l'Archevêque. (*Voir* ce qui est dit p. 156.)

orfèvres pour icelui subject; aultre partye à la Cour quand il est question de police entre les ouvriers, vol de matière, ou querelle entr'eux, faut relever les appellations dans xxx ou xl jours.

Haultes justices relevantes de la Cour :

Saint-Gervais.
La Magdeleine.
Vaudreuil.
Léry.
Heudebouville.
Préaux au siége d'Emandreville.
Le Verdier de Préaux à la Cour ou devant le juge de Préaux, à l'option.
Esneval, la juridiction de Bardouville y relève.
Esneval tient la juridiction à Pavilly.
Esneval au siége de Criquetot.
Maulny au siége de Plasnes et Eschauffroy.
Maulny' est du bailliage de Rouen, Plasnes et Eschauffroy soubs Evreux, il faut suivre l'ordinaire dudit bailliage d'Evreux.
La rue de Mauny relève à Mauny.

Haulte justice du Bourg-Achard :

Monville au siége de Blaqueville.
Quatre Mares.
Elbœuf au siége de Boissey le Chastel.

' Cette baronnie était possédée, au milieu du xvie siècle, par Diane de Poitiers, duchesse de Valentinois, femme de Louis de Brezé, sénéchal de Normandie, dont le tombeau splendide est en la Cathédrale de Rouen. Après la mort de son mari, en 1531, elle devint la favorite d'Henri II. Par arrêté de notre Parlement, du 12 novembre 1548, il fut ordonné qu'elle, et autres contendants en fait de patronage, justifieroient chacun en droit soi, du tems de l'érection de leur haute justice. (Voir aussi pl. XVIIe, no 1.)

La Bibliothèque de Rouen possède une copie du compte des dépenses faites en son château par cette duchesse, qui mourut en 1566.

Ellebœuf (sic) [1] est dans la vicomté du Pont de l'Arche.

Le Verdier d'Ellebœuf retourne à Ellebœuf par appel à raison que c'est bois de seigneur.

Ellebœuf au siége de la Haye du Teil et Leteil.

La Haye Malherbe à la Cour.

Annebault au siége d'Aubigny.

Hennequeville.

Grandmont à la Cour.

Harcourt, le bailly de la haulto justice de Garencey relève.

Routot.

Lalonde.

Briosne.

Sénéchal de Fontaine Le Bourg.

---

[1] Elbeuf. — L'importance aujourd'hui de cette ville nécessite de placer ici une mention historique sur son développement.

« Avant 1338, Elbeuf était une seigneurie d'une certaine importance. Philippe-le-Bel en fit *un comté* avec droit de haute justice, pour Guillaume d'Harcourt, seigneur d'Elbeuf et de la Saussaye, fondateur de l'église collégiale de ce dernier lieu.

« En 1554, elle passa dans la maison de Lorraine, par le mariage de Louise de Rieux, dame d'Ancenis, comtesse d'Harcourt, avec Réné de Lorraine, duc de Guise, et reçut bientôt le titre *de Marquisat.*

« En 1581, Henri III l'érigea en *duché prairie*, en faveur de Charles Ier de Lorraine, comte d'Harcourt, de Lillebonne, et de Rieux, fils du précédent et qui avait rempli avec distinction les postes les plus éminens, entr'autres ceux de gouverneur de Bourbonnais, de grand-écuyer et de grand-veneur.

« Le deuxième duc d'Elbeuf fut Charles II de Lorraine.

« Le troisième, Charles III de Lorraine.

« Le quatrième, Henri II de Lorraine, qui mourut à Elbeuf le 12 mai 1748, laissant un fils qu'on appelait *prince d'Elbeuf*, et une fille dite *Mlle d'Elbeuf*, l'un et l'autre décédèrent sans postérité.

« Après son neveu, Emmanuel Maurice de Lorraine, frère d'Henri II, prit aussi le titre de *prince d'Elbeuf.*

« Enfin, le dernier duc d'Elbeuf fut Charles Eugène de Lorraine, prince de Lambec.

« La famille de *Guillaume Le Roux* occupa *héréditairement*, pendant près d'un siècle, l'office de *vicomte* dans Elbeuf.

« Ce duché avait de grandes dépendances et *une haute justice* qui s'étendait *sur plus de vingt paroisses*, et relevait immédiatement par appel du Parlement de Normandie. »

(Voir *Revue de Rouen*, 2e livraison, août, p. 102, 1834), article de M. Ballin.

Baronnye d'Aizier et Sainte Croix sur Aizier.

L'église collégiale de Blainville,

Ernemont.

Blangy est soubs Rouen et soubs Evreux, ladite jurisdiction de Blangy se tient à Honfleur.

Le Verdier de Saint-Ouen.

Le Vivier, le fief de la Geolle scis à *Dernestal* dépendent de Mauny et viennent à la Cour, où il a arrest pour ce subjet.

Jurisdictions appartenantes à monseigneur l'Archevesque qui relèvent aux haults jours, et, il y a sceau particulier aux haults jours ; on peut pourtant l'obtenir en la chancellerie de Rouen :

Allihermont.

Cliponville.

Amfreville lès Champs.

Fresne l'Archevesque,

Louviers.

Déville.

Gaillon.

Dieppe.

Lesquelles hautes justices relèvent en la jurisdiction des hauts jours.

Londinières relève au Chapitre des hauts jours, tenus par les doyen, chanoines et Chapitre de Rouen, et l'appel des dits hauts jours du Chapitre relève à la Cour.

L'appel du Chapitre de l'église cathédrale Notre Dame de Rouen relève par appel comme d'abus à la Cour et en grief à Romme.

Appellations relevantes devant les Baillifs :

Bonnes Nouvelles, dit le Pré, au bailly de Rouen.

Fontaine Jacob au bailly de Rouen.

Saint Paul lès Rouen au bailly de Rouen.

Le Pont Saint Pierre au bailly de Rouen.

Fontaine le Chastel au bailly de Rouen.

Le vicomte de l'Eau, en faict de police, va à la Cour.

Crevecœur va au Pont de l'Arche.

Jouy et Ganciel relèvent devant le bailly de Rouen, attendu qu'il y a contention de jurisdiction.

L'appel d'une exécution ou d'une saisie en décret va pardevant le bailly (sic). . . . } Aquigny relève au Pont de l'Arche.

Le sénéchal de la baronnie de Beaufort va au Pont Levesque.

Cormeille va au Pont Eaudemer.

Le Bec Hellouin à Pont Autou.

Saint Philebert sur Risle aux plaids de Saint Philebert sur Risle va au Pont Autou.

L'appel du juge de Gretain va au Pont Audemer.

Saint Georges de Vièvre au Pont Autou ou au Pont Audemer[1].

Dunestal est un siége de vicomté démembré du vicomte d'Auge, qui relève au Pont Levesque.

Cambremey est aussi un siége démembré de la vicomté d'Auge qui relève au Pont Levesque.

Le vicomte d'Auge va tenir ses plaids à Roncheville qui est à Honfleur, dont l'appel relève au Pont Levesque.

Honfleur est soubs Rouen.

Ladite vicomté de Roncheville appartient *à Mademoiselle*, et le siége de Beaumont, qui sont subalternes et qui relèvent au Pont Levesque.

L'archevesque de Rouen, primat de Normandie : relèvent pardevant luy tous les officiaux de Normandie en cas de bref.

L'appel de l'archiprêtre de Hautot Saint Suplix va à Arques.

L'appel du Chapitre de Notre Dame de Rouen relève comme d'abus à la Cour, et de grief à Romme.

L'appel de la sentence du grand vicaire général de l'archevesque et députez du clergé du diocèse de Rouen, relève pardevant les conseillers syndics des députés généraux du clergé de France, ordonnés en la province de Normandie à Rouen.

L'appel du clergé de Lisieux va pour certains devant les dits syn-

---

[1] Par édit du mois de décembre 1741, il est ordonné que le bailliage du Pont-Autou et les quatre vicomtés qui en ressortissent seront réunis au bailliage du Pont-Audemer.

dies, il y a un sceau particulier ou bien à la chancellerie de Rouen à l'option.

L'appel du maître particulier de la romaine de Dieppe et autres lieux relève à la romaine de Rouen, le sieur de la Rozière est porteur d'arrest qui lui attribue la cognoissance des dites appellations, et l'appel de la Romaine va à la Cour des aydes.

L'appel des esleus à la Cour des aydes et du *Grenetier*.

L'appel de M⁰ Adrian Mallet, prêtre chanoine en l'église cathédrale de Lisieux prébendé adzifs (sic) fondée à la dite église ainsi que l'appel de tous les doyens et officiaux par appel d'abus viennent à la Cour.

L'appel du prêtre ou curé de sainte mère Église à l'official de Rouen et par appel d'abus à la Cour.

L'appel des délégués pour les estapes et subsistances relève à la Cour des aydes.

Autre appel des délégués pour le faict de la vente et revente du domaine et francs fiefs, relève pardevant les députés généraux à Rouen ¹.

CAUX.

Le bailly de Caux ou son lieutenant au siége de Caudebec.

Au siége de Cany :

Le vicomte de Caudebec va tenir ses plaids au siége de Cany et Baons le Comte, et les appellations relèvent à Caudebec.

Bailli de Caux au siége de Neufchastel.

Bailli de Caux au siége d'Arques.

¹ Les appellations des officiers du bailliage de Rouen, qui sont de l'édit, relèvent au provincial de Rouen, et les appellations et arrêts du dit provincial se scellent en la chancellerie de Rouen.

Pour les autres présidiaux de Normandie, les appellations et autres lettres qui dépendent du provincial, se scellent aux chancelleries des dits présidiaux, qui ont *un sceau de cire jaune*; néanmoins, on peut relever les appellations ou anticipations en la chancellerie de Rouen, parce que les clercs des dites chancelleries présidiales viennent compter à la chancellerie de Rouen.

Bailli de Caux à Montivilliers.

Bailli de Caux au siége de Hâvre de Grace [1].

Haultes justices venantes à la Cour.

Le bailly de Longueville ou son lieutenant au lieu [2].

Longueville au siége de Gaillefontaine.

— au siége La Ferté en Bray.

— au siége Gournay.

— au siége d'Estrepagny.

— en la prevosté de Bellencombre.

— au siége de Grainville.

Les verdiers de M' de Longueville par appel viennent à la Cour.

Longueville au siége de Ry.

— au siége d'Espoville.

— au siége de Longueil.

Monsieur de Chaligny est seigneur de Ry, Grainville, Vasqueil et Saint Denis le Thibout, dont les appellations relèvent pardevant le bailly de Longueville au siége de Ry, et les appellations du dit Longueville au dit siége de Ry viennent à la Cour.

Estoutteville.

Id.   au siége de Vallemont à la Cour.

Id.   au siége du bas de Hotot et siége de Foville.

Tanquarville : à la Cour, mais il y a vicomte de *Tanquarville* qui relève devant le dit juge *Tanquarville.*

Saint Romain de Collebose et Hallebose au siége de Bollebec en partie.

Londinières.

Lislebonne.

[1] Par édit du Roi, de septembre 1742, la juridiction de la vicomté du Havre est supprimée et réunie au bailliage de la même ville.

[2] Par édit du Roi, du mois de septembre 1744, la juridiction du bailliage de Longueville et de la vicomté d'Arques est supprimée et réunie et incorporée à celle du bailliage d'Arques.

Par autre édit du Roi, de février 1765, la suppression de notariats de Longueville et de Cropus est ordonnée, et trois offices de notaires royaux sont établis à Longueville, Bacqueville et Auffay.

Fescamp, il n'y a plus qu'un juge, le vicomte estant annexé avec le sénéchal, il y a une jurisdiction pour l'abbaye qui relève devant le dit sénéchal de Fescamp.

Vitefleur.

Id, au siége de Saint Valery,

Maulévrier.

Aumalle à la Cour, et la Vicomté du dit Aumalle relève devant le bailli.

Blosseville.

Fontayne le Dun au Bourgdun.

Cany-Caniel au siége de Canville.

Beaubec.

La Rozière.

Saint Saire.

Jardin sur Dieppe.

Yvetot.

Bec-Crépin au siége de Bretteville.

Haulte justice de Berville relève à la Cour pour y avoir en contention de juges.

Le bailli de la haulte justice du Vauroüy.

Juridictions relevantes devant les Baillifs :

Fontaine le Chastel relève au Neuf-Châstel.

Haulte justice du marquisat de Grâville relève au Hâvre de Grace.

Le bailli de Grâville, au siége de Canouville, relève pardevant le bailli de Caux au siége de Cany.

Les fiefs de Gaillon sont tenus par le sénéchal de Cany-Caniel et relèvent à la Cour.

Il y a une jurisdiction pour Vallemont qui relève à Eu.

Ourville, qui est en Caux, appartient à madame de Guise; il y a vicomte baillival qui relève à Eu.

Rommare relève aussi à Eu, et fault relever les appellations à Paris.

Le Valasse, qui est une haulte justice, relève à Caudebec.

Harfleur relève à Montivilliers, parce que le vicomte de Monti-

villiers vient tenir à Harfleur, dont les appellations relèvent à Montivilliers.

Le sénéchal des fiefs Duquesney et de la Brière relèvent au siége
de Cany.

La haulte justice de la Houssaye relève à Caudebec.

Le juge de la baronnie de Saint Martin Eglise relève à Arques.

Hotot Saint Suplix relève à Arques.

Les officiers de la jurisdiction des ventes d'Eauvy relèvent à Arques.

Le juge de la haute justice de Villedieu, qui est en Caux, relève
pardevant le bailli de Caux au siége du Neuf-Chastel.

La haulte justice de Fourquigny relève pardevant le bailli de Caux
au siége de........

Le juge de Rouveray en Bray, qui est enclavé dans le bailliage de
Rouen, relève pardevant le bailli de Rouen ou son lieutenant au lieu.

Le bailli de Longueville et ses lieutenants cognoissent de toutes
sortes de lettres, excepté de la rémission.

EVREUX.

Au siége de Conches et Bretheul, qui sont siéges séparés.

Ezy et Nonancourt, qui sont juges séparés.

Conches.

Passy.

Orbec.

Beaumont le Roger.

Il y a une jurisdiction pour le seigneur du Neufbourg qui relève
pardevant le dit juge de Beaumont le Roger :

Evreux au siége de Bernay en partye, aultre partye devant le
bailly d'Alençon au siége de Bernay.

Evreux au siége de Montreuil en partie, aultre partye devant le
bailly d'Alençon au siége de Montreuil.

Haultes justices relevantes à la Cour :

Haute justice et pairie Dauviller.

Le sénéchal de la prébende des Loges.

Garancières.

Mainières ; on tient qu'il va à Eu.

Vicomté du Sap, démembré du vicomte d'Orbec, va pardevant le bailli d'Evreux au siége d'Orbec.

Haultes justices allant pardevant le bailli d'Evreux ou ses lieutenants.

Haulte justice des baux devant le bailly d'Evreux au siége de Bretheuil.

Haulte justice du Tot, ou Hautot va à Conches.

Condé sur Yton va à Evreux, d'autres disent à Bretheuil.

Haulte justice de la Boullaye va à Evreux.

Haulte justice de Menneval va pardevant le bailly d'Evreux au siége de........

Le bailly de la haulte justice d'Illiers devant le bailli d'Evreux, au siége d'Ezy.

Sénéchal de Fauguenon relève à Orbec.

Le vicomte de Bernay relève à Orbec.

Le vicomte baillival d'Escandes et Normanville relève à Evreux.

Le sénéchal de Faveroles relève à Orbec.

Saint André à la Marche relève à Evreux.

Le vicomte de Boislaville relève à Bretheuil.

Le chastelain de Bretheuil relève pardevant le maitre des eaux et forêts au siége de Bretheuil.

Le vicomte de Moyaux relève à Orbec.

Lisieux relève à Orbec.

Folleville, siége de vicomté démembré de la vicomté d'Orbec, relève à Orbec.

Le bailli d'Ivery relève pardevant le bailli d'Evreux au siége d'Ezy et Nonancourt.

Croisy relève à Evreux.

Livarro relève à Evreux, d'autre à Orbec.

Le bailly vicomtal d'Illiers relève pardevant le bailli d'Evreux au siége de Ezy.

Le vicomte du Sap relève à Orbec.

Le vicomte de Lyre scavoir où il relève? (sic).

Briosne, qui est une haute justice relevant à la Cour, est enclavée en partye soubz Orbec et la plus grande partye du bailliage de Rouen et suit l'ordonnance du bailli de Rouen.

GISORS.

Au siége de Lyons.

Au siége d'Andely.

Au siége de Vernon.

Charleval, qui est soubz Gisors, vient à la Cour enclavé dans le bailliage de Gisors.

Le prevost de Vernon relève pardevant le bailli de Gisors ou son lieutenant à Vernon.

Le prevost vicomtal de Gisors relève pardevant le bailli de Gisors.

Haultes justices relevantes de la Cour :

Heuqueville.

Heudicourt.

Champs Noyon.

Longs-Champs.

Haultes justices relevantes devant les Baillifs :

Manneville relève à Lyons.

Le bailli vicomtal de Boutteville relève pardevant le bailli de Gisors.

Bailli de Heugleville relève pardevant le bailli de Gisors au siége d'Andely.

Haultes justices du Goullé relève pardevant le bailli de Gisors au siége de Lyons.

La haulte justice d'Escouys relève à Lyons.

Le bailli de la haulte justice de Grossœuvre relève à Gisors.

CAEN.

Au siége de Bayeux.

Au siége de Vire.

Au siége de Falaise.

Pavillon de la foire de Guibray.

Thorigny.

Sainte Clair.

Vassy est un siége de vicomté démembré du vicomte de Vire, qui relève devant le bailli de Caen au siége de Vire.

Bailli de Caen au siége d'Evrecy.

Il y a vicomte d'Evrecy démembré du vicomte de Caen, les appellations du dit vicomte d'Evrecy relève pardevant le bailli de Caen au siége d'Evrecy, les officiers de Caen vont tenir à Evrecy et les assises ne s'y tiennent que de six sepmaines en six sepmaines, et quand les causes sont provisoires on procède pardevant le bailli de Caen ou bien en vertu de brefvet, intervallées, l'on adresse les mixtions devant le vicomte d'Evrecy[1], des héritages enclavés dans sa vicomté.

Haultes justices relevantes à la Cour :

Haulte justice de la Corneille.

Haulte justice du Thury.

Haulte justice de Thorigny.

Baïli de Saint Aubert sur Orive.

Argences et Saint Gabriel au siége de Sainte Paix.

Le conservateur des priviléges de l'université de la dite (ville) relève à la Cour.

Jurisdictions relevantes des Baillifs :

Saint Pierre sur Dives va à Falaise.

Flaire va à Vire.

Briouze à Falaise.

Baronnage d'Ayrel et Crespin va à Thorigny.

Cérisy relève à Bayeux.

Il y a siége de vicomté à Saint Pierre sur Dives relève à Falaise.

COSTENTIN.

Au siége de Coustances il y a présidial.

Avranches.

Vallongnes.

Carentan.

Saint Lo.

---

[1] Par édit du Roi, du mois d'octobre 1741, enregistré en notre Parlement, il a été ordonné depuis que les vicomtés de Caen et d'Evrecy seront réunies au bailliage et siége présidial de la ville de Caen.

Trois siéges royaux enclavés dans le bailliage de Costentin relevants à la Cour.

Mortain au siége de Tinchebray, il a vicomte au siége de Tinchebray.
Saint Sauveur le Lendelin au siége de Periers.
Saint Sauveur le Vicomte.

Haultes justices relevantes à la Cour :

Le sénéchal juge politique de Saint Lô , à la Cour.
Condé sur Noreau.
Durencel au siége de Lingreville.

Haulte justice de créance :

Varenguebec.
Bailly d'Estreban.

Jurisdictions subalternes :

Le vicomte de Gauré relève à Coustance.
Le vicomte de Saint Côme devant le juge de Carentan.
Briquebec va à Vallongnes.
Haye-Dupuis à Vallongnes.
Bailli de Moyon à Coustance.
Villedieu à Coustance.
Le sénéchal Duverger Delauné va à Saint Sauveur le Lendelin.
Le vicomte du Pont Orson à Avranches.
Le vicomte de Grainville à Carentan.
Le vicomte de Gauré ; les appellations vont à Coustance.

ALLENÇON.

Au lieu[1].
Au siége d'Argentan et Exmes.
Essey.
Verneuil.
Dompfront.

[1] Edit du Roi , de novembre 1745, enregistré en notre Parlement, qui supprime la juridiction de la vicomté d'Alençon, ensemble celle des bailliages d'Essey et de Moulins , et les unit et les incorpore à perpétuité à la juridiction du bailliage et siége présidial d'Alençon.

Trun.

Argentan.

Moulins et Bons Moullins.

Allençon au siége de Bernay en partie.

Allençon au siége de Montereul en partie.

Maires et eschevins de Verneuil à la Coùr.

Bailly royal d'Allençon en Costentin, qui tient à la jurisdiction de Vallongnes, relève à la Cour aux jours ordinaires du bailliage d'Allençon.

Scavoir où relève Seez? (*sic*) '.

SERGENTERIES ROYALES

DE LA VICOMTÉ DE ROUEN.

Quant aux localités rurales qui dépendaient des six sergenteries royales enclavées dans la vicomté de Rouen, et au chef–lieu desquelles les douze notaires de notre ville avaient le droit, dès la fin du XVIIe siècle, de préposer pour leur compte des sous-tabellions fermiers, elles se composaient comme suit :

Pour le notariat de Saint–Victor évalué pour la finance à 5,000 livres..................	de 43 paroisses
Des Grand et Petit-Couronne, évalués à 2,000 livres...	de 6 —
N. B. La circonscription s'étendait en outre aux paroisses de *Moulineaux, Saint-Etienne-du-Rouvray, Orival et Oissel,* rive gauche de la Seine....................	
De *Saint-Georges,* estimé à 5,000 livres.......	de 30 —
De *Pont-Saint-Pierre,* estimé à 5,000 livres...	de 42 —
De *Cailly,* estimé à 3,500.......	de 56 —
Et enfin de *Pavilly,* estimé à 2,500 livres......	de 29 —
TOTAL............	206 paroisses

' Ici se termine la pièce m[••].

Il est bon d'observer ici que les Commissions temporaires de ces sous-tabellionages n'étaient chez nous que la continuation d'un état de choses fort ancien, à la simple différence qu'elles émanaient, avant 1687, de la ferme générale des Domaines du Roi, époque à laquelle les notaires de Rouen acquirent définitivement avec leurs charges ce droit de *committimus*, ainsi que nous l'avons expliqué pages 44 à 48.

Déjà, vers la fin du xv⁰ siècle (en 1485), le tabellionage avait été mis en régie pour le compte du Roi, et était devenu l'objet d'une adjudication publique qui comprenait un droit d'exercice et de sous-exercice dans toute l'étendue de la vicomté ; mais ces faits transitoires ne constituaient pas alors, comme plus tard pour les notaires de Rouen, *une aliénation, mais bien une simple Commission temporaire* qui expirait comme pour leurs sous-délégués au terme fixé par l'acte d'adjudication ou du bail de l'office ; c'est ce qui nous explique pourquoi dans un *vidimus* de l'an 1484 pour l'abbaye de Jumièges, touchant Saint-Martin de Boafle, nous trouvons cette formule : « *A tous ceulx qui ces lettres verront ou orront, Pierre Roussel, garde du scel des obligations de la vicomté de Rouen, salut !*

« Savoir faisons que par *Jehan Danneville* et Verdière *clercs tabellions commis pour le Roy, nostre sire, en la sergenterie de Saint-Joire* (Saint-Georges), *Soubz Robert Ygou tabellion juré de la dite vicomté*, nous a esté tesmoigné avoir veu, tenu et leu mot après mot, une lettre saine et entière en scel et escripture scellée en simple queue et cire jaune, de laquelle la teneur ensuit. » Dans l'espèce, il s'agissait d'une charte qui commençait ainsi : « In nomine sancte et individue Trinitatis, amen, ego Ludovicus ¹, Dei gratia Francorum Rex, etc., etc., » par laquelle le chevalier Pierre Herbeville, renonçait à la dîme dudit lieu, et qui se terminait ainsi : « Actum parisiis anno incarnationis, M. C. LXVIII, astantibus in palatio nostro quorum apposita sunt nomina et signa S', Comitis Théobaldi dapiferi nostri.

« S' Hugonis ? buticularii, S' Mathei camerarii ; S' Radulfi constabularii ; data per manum Hugonis cancelarii, et episcopi suessionis ; » puis est figuré le monograme de Ludovicus.

_____
¹ Louis VII, roi des Français.

Il est assez curieux de remarquer ici, « *que les hommes subjets et*
« *habitants des sergenteries* ci-dessus (moins le Grand et Petit-Cou-
« ronne qui sont omis) étaient assujettis à acquitter *le droit de guet qui*
« *au temps passé ont accoustumé paier ou (au) capitaine du chastel de*
« *Rouen, mais ne font compte audit guet aulcunes personnes de la*
« *ville et banlieue* de Rouen. » C'est ce qui résulte des termes d'un
acte passé le 11 mars 1421 (1422), devant les tabellions de Rouen,
durant l'occupation anglaise, par lequel « noble homme *Jehan de*
« *Harppeley escuier lieutenant de très noble haut puissant prince*
« *Monsieur le Duc de* EXESTER, *capitaine des villes et chastel de*
« *Rouen*, consent bail du droit de guet ci-dessus pour un an,
« moyennant quatre cents livres tournois à *Laurent la Chose* et à *Ri-*
« *cart Aubin son pleige*, tous deux de la paroisse Saint-Joire (Saint-
« Georges) de Bauquierville (Boscherville), lesquels s'obligent corps
« et biens, » etc., etc.

Ainsi, comme on le voit, *le droit* de guet perçu *d'ancienneté* par le
capitaine *du chastel* de Rouen sur les habitants des bourgs et paroisses hors banlieue, mais dans l'enclave de notre vicomté, n'était à
vrai dire qu'une contribution aux frais de sauvegarde pour la défense
commune du pays, mais qui, exigée par l'étranger, constituait ici un
désiroire abus de sa domination tyrannique.

FIN DES Ire ET IIe PARTIES, PAGES 54 ET 152,
ET DE L'APPENDICE EN DEUX CHAPITRES.

TROISIÈME PARTIE.

—

SIGILLOGRAPHIE NORMANDE.

—

183 SCEAUX

EN 24 PLANCHES.

TROISIÈME PARTIE.

SIGILLOGRAPHIE NORMANDE,

AVEC NOTES HISTORIQUES.

INTRODUCTION SOMMAIRE.

Philippe de Beaumanoir, bailli de Clermont et de Vermandois, qui nous a transmis les coutumes et usages du Beauvoisis à dater de l'année 1283, nous donne une idée bien précise des manières dont les obligations à son époque pouvaient se former.

Le chapitre 35 est intitulé : *de soi obligier par lettres*, et *qui ex lettres valent* et *qui ex non*, etc. Trois manières de lettres étaient alors usitées :

La première : *sous le sceau privé* de chaque gentilhomme;

La deuxième : en présence *et sous le sceau* du seigneur;

La troisième : par devant l'évêque et *sous son sceau*.

De là, vient que les seigneurs et *les évêques* [1] ne pouvant

---

[1] Quant aux notaires apostoliques nommés par les évêques, dont la création remonte en France au XIIIᵉ siècle, et dont le siège à Rouen était au cloître

eux-mêmes vaquer à recevoir les contrats des parties, substituèrent à leur place leurs notaires et tabellions, auxquels ils laissèrent, ou à autres par eux commis, la garde du scel à contrats.

Dans la première partie de nos recherches historiques sur le tabellionage, p. 1re à 12, nous avons jeté un coup d'œil sur les divers modes de contracter en France antérieurement au xive siècle, époque de la constitution proprement dite du tabellionage royal par Philippe le Bel; maintenant nous avons à spécifier les sceaux qui, dans la période ci-dessus, et jusque même au xvie siècle, servaient à assurer, soit au point de vue privé, soit public, l'effet des conventions.

Comme l'usage du sceau était général au Moyen-Age, on conçoit que nous avons dû nous borner à recueillir, dans le cours de nos études paléographiques, les divers sceaux qui se rattachaient principalement aux juridictions, aux tabellionages et à des familles Normandes, moins sous le rapport de la singularité que sous celui du mode habituel de contracter dans les divers ordres de la société.

A ce point de vue, le recueil de planches, au nombre de vingt-quatre, comprenant 183 articles ou sceaux presque tous inédits, que nous publions à la suite de nos recherches sur le tabellionage, peut en être considéré comme l'annexe nécessaire, puisque l'authenticité de l'acte se complétait par l'apposition du sceau de la main d'un officier public.

Plus heureux en cela qu'en numismatique, où la légende est souvent incomplète ou fruste, nous avons, avec le sceau,

Saint-Marc, paroisse Saint-Maclou, leurs fonctions consistaient à rédiger les actes qui émanaient de l'autorité ecclésiastique, et concernaient les fondations religieuses, les donations aux pauvres, aux églises et aux monastères.

l'acte qui lui sert de complément ou de commentaire. Aussi, dans l'analyse, avons-nous conservé la couleur et la naïveté des termes, car nous avions à présenter les scènes de la vie civile. Toutefois, lorsque ces actes se référaient à des personnages marquants ou avaient trait à des circonstances historiques, nous y avons ajouté des notes explicatives pour épargner au lecteur le soin des recherches.

De même que le *Trésor de numismatique*, nous n'avons pu nous astreindre à un ordre systématique ; cet ordre sera rétabli dans les tables qui termineront l'ouvrage, l'une chronologique, l'autre alphabétique.

Nombre de sceaux des grands feudataires *pour la Normandie* ont été reproduits en 1836, par le premier ouvrage (procédé Collas), sous la direction de feu M. Le Normand, membre de l'Institut, jusqu'à l'époque où, en 1468, notre duché étant reconnu aux États généraux de Tours, inséparable de la couronne de France, Louis XI, en retour de cet apanage, donne à son frère le duché de Guyenne (1469).

C'est avec raison que ce savant auteur observe qu'en France, « il semble qu'à mesure que l'importance des personnages diminue, celle de la composition des sceaux augmente par la variété des sujets et attributs ; et que le même intérêt de diversité se retrouve dans les sceaux des évêques, abbayes, communes, et dans ceux des moindres fiefs des particuliers, sceaux dont il se propose de publier *un choix* quand la série des grands feudataires sera épuisée. »

Il est bien regrettable que ce même auteur, trop tôt enlevé à la science, ait cru devoir depuis modifier ou intervertir son plan d'études préconçu ; quant à nous, nous serons trop heureux si notre publication peut fournir un jour à ses continuateurs sa part d'éléments pour cet intéressant travail. Si le nôtre n'excelle pas toujours par l'atticisme du style, au moins se recommande-t-il par la conscience des recherches et l'exactitude des documents inédits.

Quoiqu'il n'entre pas dans notre plan de nous étendre en fait de diplomatique et de sigillographie sur un sujet pour les développements duquel on peut consulter avec fruit les ouvrages [1] des doctes auteurs qui ont écrit sur cette matière, il convient cependant d'en donner ici un aperçu général, ne fût-ce que pour rendre plus facile l'intelligence et l'appréciation des sceaux qui font le sujet des planches ci-après.

A cet effet, nous ne pouvons mieux faire que de suivre l'ordre de classification, aussi simple que judicieux, indiqué par M. Hudson Turner dans le journal anglais l'*Archeological* [2]. Il est à remarquer, qu'au Moyen-Age, en Angleterre, les sceaux d'un usage pratique offraient, comme chez nous ou ailleurs, des types et sujets qui décelaient la même origine et une sorte d'affinité dans les relations habituelles de la vie. Toutefois, il convient de faire ici la part des us et coutumes qui étaient particuliers à la Normandie ; telle est la cause qui nous a fait modifier l'article dans certains détails et développements, tout en conservant ses dispositions de fonds.

---

[1] *La diplomatique*, par deux bénédictins. *Paris*, 1755, 6 vol. in-4°. Dom de Vaines. *Paris*, 1774, 2 vol in-8°. N. de Wailly, *Essais de Paléographie*, 2 vol. grand in-4°, dans le Recueil des documents inédits de l'*Histoire de France*, etc.

[2] *Revue de Rouen*, mars 1849. Article traduit, signé A. P.

Première Période.

XIe ET XIIe SIÈCLE.

« — Sur les sceaux personnels de la plus ancienne époque, c'est-à-dire du xie et du xiie siècle, que l'on peut qualifier de *première période*, les emblèmes sont entièrement arbitraires.

Les barons et les chevaliers se servaient de sceaux représentant un homme à cheval, armé de toutes pièces, s'élançant au combat.

Ailleurs, des volatiles, tels que des aigles ou des oiseaux de proie, des dragons de diverses formes, des croissants, des étoiles, puis des fleurs de lys sont les sujets les plus ordinaires, et dans leur contour est la légende applicable au personnage.

Pendant cette période, la forme des sceaux employés par les *personnes séculières* était généralement *circulaire* et d'une exécution grossière et négligée. — Quant aux sceaux des femmes nobles aussi bien que ceux des ecclésiastiques, ils étaient, la plupart, de forme ovale, terminée par deux pointes ogivales.

A cette époque, la cire employée pour l'impression est généralement blanche. Toutefois, vers la fin du xiie siècle, la cire verte devient très commune. »

Deuxième Période.

XIIIe ET XIVe SIÈCLE.

« Au xiiie siècle, jusqu'à la fin du xive, les sceaux du Moyen-Age se développent au point de vue de l'art; il y a progrès dans l'exécution. Les différents types d'emblèmes y sont de temps en temps combinés avec des détails d'architecture. » — Si les sceaux des chevaliers d'un large module restent circulaires, ou affectent parfois la forme d'un écu, ceux des particuliers ou du clergé séculier et régulier adoptent plus communément la forme ovale. — Et comme la nécessité légale s'attache aux sceaux comme sauvegarde du contenu de l'acte auquel il est joint, on conçoit quel soin chacun apporte à sa confection pour en rendre plus difficile la contrefaçon. — Quant aux sceaux des artisans, dont le sujet est le plus souvent l'emblème de leur état manuel, ils sont *peu compliqués*, parce qu'ils ne s'appliquent d'ordinaire qu'à des intérêts d'un ordre secondaire et de circonstance.

C'est vers le commencement de cette seconde période (1201) qu'apparaît, *au revers* du grand sceau des chevaliers ou des dignitaires ecclésiastiques, un petit sceau appelé *secretum* [1], appliqué sur la cire rouge, jaune ou brune, mais le plus souvent verte.

Ce contre-scel de forme circulaire, dont l'usage se répandit alors, est plutôt employé pour la confirmation du grand sceau, que comme sceau particulier et privé, dont chacun était d'ailleurs muni pour les lettres, missives ou actes courants de la vie.

Deux des témoins au moins qui avaient assisté à un acte important dûment scellé, étaient appelés devant le juge pour affirmer l'identité du sceau contre la personne de laquelle il était émané, et qui le niait; aussi celle-ci venait-

---

[1] Leyser a composé un ouvrage spécial sur les contre-sceaux du Moyen-Age, *De contra sigillis medii ævi*. Helmstadt (Bade), 1724, in-4°.

elle à succomber, elle était condamnée à une forte amende
envers le Roi. C'est ce que nous apprend encore Beaumanoir au chapitre déjà cité.

« Moult est vilaine chose de nier son scel, et pour che,
« en est la peine grant de cheli qui en est atteint, car il en
« est renommé *de tricherie*, et l'amande en est au souve-
« rain de 60 liv., etc., etc. »

Jusqu'à 1400, on remarque sur les sceaux des emblèmes
héraldiques [1] et sur les plus petits, les timbres ou cimiers.

Sur ceux des individus de la classe ordinaire, ce sont
des oiseaux, quadrupèdes ou fleurs, des effigies de saints,
patron du contractant ou des sujets de dévotion, tels que
les *Agnus Dei*, l'*Ave Maria*, etc., etc. Toutefois, ces derniers articles sont le plus souvent adoptés chez nous par les
ecclésiastiques.

Troisième période.

XVe SIÈCLE.

« On trouve dans ce siècle les types précédemment ré-
pétés, mais caractérisés par une exécution bien inférieure
à celle de l'époque antérieure. » Ce qui s'explique facilement par la désuétude successive des sceaux, par suite de
l'emploi de la signature qui apparaît chez nous simultanément dès la fin du XIVe siècle, et qui finit ensuite par les
remplacer *sur les actes privés* dans la seconde moitié du

---

[1] L'introduction du système armorial en Normandie ne paraît pas remonter plus haut que la seconde moitié du XIIe siècle.

Ce fut alors que les seigneurs, à l'exemple du souverain, embellirent leur
écu de figures *héraldiques*, et les firent passer bientôt après sur leurs bannières et jusque sur les murs, pavés et vitraux de leur manoir. — (M. Deville,
Sur le *Château de Tancarville*, p. 127).

xvᵉ siècle. Mais quand aux actes passés en justice ou en brevet devant les tabellions, pendant le cours du xivᵉ siècle, comme ils empruntent leur force et leur authenticité à l'intervention de ces officiers publics, et du sceau, en outre, de l'autorité, il en résulte que, dès lors, la marque ou la signature des parties se substitue au sceau personnel qui devient insensiblement sans objet; conséquence bien naturelle du progrès des lumières qui prélude à l'invention de l'imprimerie.

« Dans le xiiiᵉ siècle, un alliage métallique, ressemblant à l'airain, fut communément employé pour les matrices des sceaux, dont la fabrication fut longtemps concentrée dans la ville de Cologne, et continua de servir à cet usage jusqu'au xviᵉ siècle; » les matrices d'argent pour les sceaux personnels se rencontrent rarement; ils étaient fabriqués chez nous par les orfèvres, qui cependant façonnaient aussi les autres sceaux. A partir de cette dernière époque, les marques des marchands qui paraissent avoir été imitées de celles des Flamands, et qui devinrent très communes surtout dans le xviᵉ siècle et même après, tant sur les sceaux que sur les anneaux à cachet, sont généralement composées d'un chiffre particulier *numérique* combiné avec les initiales du nom du possesseur. Nous avons même rencontré ces marques figurées sur le ceintre en pierre de portes de plusieurs anciennes maisons de marchands dans le nord de la France (Abbeville, Boulogne, etc., etc.).

A Rouen même, on remarque, sur la façade en pierre de deux maisons de la fin du xviᵉ siècle, sculptées, adossées à l'Eglise Notre-Dame, rue du Change, nᵒˢ 2 et 6, près la place de la Calende, plusieurs médaillons ou écussons, dans l'un desquels, soutenu par un ange, est un petit cercle encadrant la lettre majuscule C, accolée à la diphtongue Œ; puis, le cercle est surmonté *d'un cœur ailé*, au-dessus duquel sont figurées *trois étoiles* dominées par une croix †. Ceci ne nous paraît être autre chose que le monogramme du nom *Le Cœur*, marchand, qui plaçait son commerce sous l'égide céleste, symbolisée par les trois étoiles. Puis la croix, en élévation, indique la propriété comme étant celle du chapitre, ainsi qu'on en voyait le signe anciennement appliqué au sommet des maisons de Cliponville, près Dieppe, pour marque des tenures de notre archevêché. (*Voir* notre vol., p. 159, et aussi rôles de l'Echiquier, p. 142.)

Ailleurs, sous un croissant, est figuré un cœur traversé par deux ancres de marine, avec cette devise : AV CŒUR ANCRÉ AN DIEV. Ces sortes de *Rebus,* ou signes allégoriques, étaient adoptés au Moyen-Age et servaient même d'enseignes depuis, à défaut de numéros, comme nous avons eu occasion de le remarquer en Hollande, et surtout à Amsterdam, où ils sont accompagnés de devises comme celle-ci : « *Si Deus pro nobis quis contrà nos ?* [1] »

Il nous est même passé par les mains un sceau métallique de grand module du XIIIe siècle, représentant d'un côté le *roi David* jouant de la harpe, et de l'autre un ouvrier frappant un marteau sur l'enclume, avec cette légende circulaire : « GE SVI VN REI KI ICI VOS ARP', A CEST ORFEIVRE METEVIN E. Autrement dire : Je suis un roi qui vous harpe[2] (happe,

[1] Ces devises sont quelquefois isolées dans un médaillon sculpté, comme celle-ci sur le linteau d'une ancienne maison rue Martainville, n° 88 : » *Pour tout espoir, Dieu à mon ayde !* »

[2] Sur une ancienne maison rue Eau-de-Robec, on voit une *harpe sculptée*, qui semble avoir donné son nom à la rue qui, en retour d'équerre, tend à l'église Saint-Vivien.

vous arrête) *a cest, ici, en ce lieu*, orfèvre·, Metevin est.

On pourrait citer d'autres exemples de ce genre.

Dans nos archives du tabellionage à Rouen, dans le cours du XVIe siècle, nous trouvons ces attributs apposés en guise de signatures au pied des actes *mobiliers* [1] souvent même par ceux qui savent signer.

Indépendamment des types ci-dessus, on se servait aussi pendant le Moyen-Age d'intailles ou pierres antiques gravées en creux, dont le sujet mythologique contrastait avec la position et le caractère des personnages ecclésiastiques, comme nous aurons occasion de le spécifier dans notre recueil. C'est ainsi qu'à une charte du mois de janvier 1279, contenant accord entre *Laurentius dictus Pavelli,* et le Chapitre de l'abbaye de Jumiéges, relativement à certaines prestations, le sceau du Chapitre qui représente de face et à mi-corps un abbé mitré ou un saint dont la tête est entouré d'un nimbe, porte sur le verso l'empreinte d'une Vénus *nue et debout.* Ce fait et d'autres de ce genre n'a pour nous d'autre signification, comme nous aurons d'ailleurs occasion de le faire remarquer en son lieu, que de rendre la contrefaçon du sceau impossible, par cela même qu'on employait pour scel des pierres ou *gemmes* antiques que l'inhabileté des graveurs à l'époque du Moyen-Age n'aurait pu imiter.

Nous retrouvons le même sujet *nature* sur un petit sceau privé ovale de *Teelinus le bas de Loviers* et d'*Ysabel* sa femme, apposé en 1220 à une donation de XXIX s. de rente en

---

[1] *Voir*, pour les marques et signatures, ce qui est dit en notre volume, p. 99.

faveur de l'abbaye de Bon-Port, à prendre sur l'héritage *Berengarii*, BONE TESTE, ce qui a lieu en présence de religieux titrés, et *Domino Johanne Capellano*, Domini regis *Francie* (archiv.<sup> département.). Comme on le voit, la gravité et la position des personnages témoins à l'acte, excluent toute autre idée que celle d'assurer son authenticité.

Le plomb, à cause de sa ductilité, dut servir de matière aux sceaux de la classe pauvre des artisans. Cependant, ils n'étaient pas très répandus en Normandie, à en juger par le petit nombre de ceux qui figurent dans les collections particulières ou publiques ; toutefois, si les types-matrices en sont plus rares encore au point de vue de *sceaux de la noblesse*, il arrivait cependant que des empreintes en plomb et en relief étaient frappées avec ce métal, mais dans un tout autre but. C'est ainsi qu'une empreinte de ce genre dont la légende s'applique au seigneur de Longueil (xive siècle) s'est trouvée dans un tombeau, près Louviers [1], sans doute comme moyen de constatation.

Le même fait s'est reproduit ailleurs. En effet, en visitant le Musée de Blois il y a quelques années, nous y avons remarqué l'empreinte en relief sur plomb, du sceau attribué à Rambaut d'Orange (xiiie siècle), trouvé à Orange même, près d'Avignon, dont il a été fait don à ce Musée par un particulier.

Dans le midi de la France, où les sceaux de cire étaient d'une conservation plus difficile que dans le nord, ils n'étaient guère en usage ; ce fut probablement par le même

---

[1] M. Guillard, avoué, qui la possède, a eu l'obligeance de nous la communiquer, il y a quelques années.

motif que les actes de Provence furent d'ordinaire revêtus de *bulles en plomb*, suivant l'usage papal[1]. » C'est ainsi que nous trouvons figuré en l'*Armorial général de France (d'Hozier,* regist. 3, 2e partie, art. 24), un sceau équestre en plomb, du chevalier Lambert Adhémar, sieur de Monteil, armé de droite à gauche, pendant à un acte original de l'an 1272, rapporté sous le no 21 des preuves de la généalogie Pracomtal. Nous en voyons dans ce volume trois autres du même genre en 1285, 1302 et 1330.

Au reste, l'apposition du sceau était moins nécessaire dans des pays où le notariat avait reçu dès le xiie siècle une organisation régulière, et où l'authenticité des actes rédigés avec les formules empruntées au droit romain, résultait plutôt de la présence *constatée du notaire* et des témoins que de son propre scel, que parfois il apposait cependant à l'acte qu'il écrivait lui-même sur la demande des parties. Mais alors l'acte qui était délivré en brevet original portait cette mention finale ou même genre : « *Et Ego Guillelmus charelli, publicus notarius, qui mandato et rogatu utriusque partis, hanc cartam scripsi, et hiis omnibus interfui.* » Au nombre des témoins dans l'espèce figure Stephanus de Insvla (Etienne Delisle), Monachus, Il s'agit ici de la vente d'un domaine au monastère de Saint-Victor (Ibid. t. II, p. 456, charte du 13 novembre 1214).

Il résulte même d'un accord conclu vers 1190 entre les représentants de deux Eglises, qu'une *charte* partie leur paraît

---

[1] *Voir* l'introduction au cartulaire de l'abbaye de Saint-Victor de Marseille (t. I, p. 17), publié en 2e vol. par M. de Wailly, continuateur de feu M. Guérard. Documents inédits de l'Hist. de France.

présenter plus de garantie qu'une charte scellée (Ibid. t. I,
p. 17., charte n° 973).

La savant Mabillon, *De re diplomaticâ*, p. 362, édition
de 1709, observe qu'à certaines chartes de donation, à
l'époque du xiiᵉ siècle, les attaches de sceaux étaient
munies de nœuds comme mode confirmatif et recognitif
de l'acte; et que les *nodatores* étaient distincts des témoins,
ainsi que cela ressort d'une charte de l'an 1125.

Nous n'avons rien rencontré de semblable dans les nombreuses chartes normandes qui nous sont passées sous les
yeux ; seulement, dans le cours des xiiᵉ et xiiiᵉ siècles, nous
avons remarqué que, parfois, les cordons de soie qui
traversaient des sceaux équestres pendants étaient régulièrement tressés en tout ou partie.

Nous avons maintenant à expliquer, comme étude com-
plétive, les divers sceaux que nous publions, qui, dans le
cours des périodes des temps ci-dessus, servirent en Normandie à garantir, au point de vue privé [1] ou légal, l'effet des
conventions, et à les revêtir de l'authenticité pour en mieux
assurer l'exécution. On voit que nous voulons parler, sous
ce dernier rapport, des sceaux de tabellionage et de justice
qui se rattachent principalement à la matière que nous
avons traitée. Toutefois, nous ajouterons indistinctement

---

[1] Par cet errement, nos pères ne firent que renouveler ce qui se pratiquait
habituellement chez les anciens, notamment à Rome. C'est ainsi que Sénèque
se plaint amèrement de la perversité humaine qui attache plus de foi *aux
cachets même qu'au témoignage de la conscience*, et s'écrie : « O turpem
« humano generi, fraudis ac nequitiæ publicæ confessionem, *annulis nostris
« plusquàm animis creditur !* » (De Ben., liv. iii, c. 15.) Ce qui revient
chez nous à ce vieux dicton populaire : « *Les écrits sont des mâles, les
« paroles des femelles.* »

et incidemment aux sceaux *privés ou publics* les notes particulières ou historiques que nous fourniront les titres mêmes, ou auxquels les événements se réfèreront; ne fût-ce en cela que pour rompre la monotonie des formules qui les accompagnent et servir de développement au sujet. C'est au lecteur à juger si nos efforts ont atteint plus ou moins heureusement leur but dans le sentier si ardu des recherches.

FIN.

PLANCHE Ire.

PLANCHE Iʳᵉ.

XIIᵉ ET XIVᵉ SIÈCLE.

5 SCEAUX.

Scel n° 1 . . . . . . , . . .   avril 1237.

— n° 2 . . . . , . . . ,   xiiiᵉ siècle.

— n° 3 . . . .   décembre 1309.

— n° 4 rᵒ ⎫
        ⎬ . . . .   1221.
— n° 5 vᵒ ⎭

OBSERVATION.

Voir *le texte qui suit la planche pour le sommaire des chartes et la légende des sceaux.*

SOMMAIRE DES CHARTES
ET
LÉGENDE DES SCEAUX.

PLANCHE Ire.

XIIIe ET XIVe SIÈCLE.

5 SCEAUX.

Archevêché.   Scel nº 1.

Avril 1237.

Sr HUGONIS PISANI
ARCHIDIACONI ROTHOMAGENSIS.

Sceau ovale.

Ce scel, de cire jaunâtre, est appendu à deux tubes de soie
cramoisie, reliés à une sentence arbitrale qui statue que la confirmation de l'élection du doyen par le Chapitre appartient à l'archevêque de Rouen.

Hugues Pisan était l'un des trois arbitres.

Scel nº 2.

Fin du XIIIe siècle.

S^r D'NE IO'H'E DE S'TO MARTINO
LE GAGLARI.

Scel de *Jehanne*, dame de Saint-Martin-le-Gaillard.

Elle tient un faucon sur le poing gauche, comme attribut de
noblesse, et une fleur de lys à la main droite.

Le dessin est fait, d'après la matrice en cuivre, d'un scel ovale
déposé en notre Musée d'antiquités.

Voir notre pl. xiv*, à la note du scel n° 2, où est mentionnée, en
1338, la fondation d'une chapelle par *Johan, sire de Saint-Martin-
le-Gaillart*, dans les bois de son domaine. En 1363, cette terre ou
baronnie, située dans le comté d'Eu, était passée, par voie d'échange
ou autrement, dans les mains de noble dame Aude de Saint-Martin
déguerpie (veuve) du chevalier seigneur Yon de Garenchières, qui,
par contrat passé *le 21 octobre de la même année, devant les tabellions de Rouen, la vendit*, avec le chastel, rentes et dépendances,
à messire *Jehan de Betencourt, chevalier seigneur de Grainville-
la-Teinturière*, et à *Jehanne de Saint-Martin*, dame de *Houdetot,
ses vrais et drois héritiers naturieulx*, en consentant que, par la
saisine desdits héritages, *ils entrassent en la foi et hommage des seigneurs* moyennant 200 livres de rente viagère au profit de la cédante.

Maintenant, un mot sur ce Jean de Bétencourt ou Béthencourt [1].

L'année suivante, en 1364, le *roi Jean* étant mort en Angleterre,
le dauphin son fils, devenu roi sous le nom de Charles V, se disposa
à se faire sacrer à Reims.

Sur ces entrefaites, Duguesclin qui voulait profiter de ses succès,
resta en Normandie pour surveiller les mouvements du roi de Navarre
Charles le Mauvais, qui, après la perte de ses places fortes (Rolle-
boise, Mantes et Meulan), tentait par de nouvelles levées de soldats,
sinon de reprendre ses places, au moins de mettre à couvert son
comté d'Evreux et ses autres possessions en Normandie, avec l'aide
de troupes anglaises et autres.

De son côté, Duguesclin, pour rassembler ses forces, se rendit à
Rouen. où sur son appel accourut une foule de nobles seigneurs, au
nombre desquels on distinguait le *chevalier de Bétencourt* [1], avec
leurs compagnies complètes et à bannières déployées.

Bertrand *les conduisit au Pont de l'Arche* [3], où il savait que le
captal de Burch devait arriver bientôt ; et après avoir mis lui-même
cette place en sûreté et s'être avancé entre Evreux et *Cocherel*, il y
remporta, le 17 mai 1364, une victoire signalée, qui lui mit aux
mains ce même captal (Jean de Grailly).

Ces succès eurent pour effet, en paralysant les efforts coupables de

[1] Dans les actes du tabellionage de Rouen, le nom est écrit de *Betencourt*.
[2] *Hist. de D. Duguesclin*, t. I, par Guyard de Berville, édit. 1821.
[3] *Voir* pl. xx°, n° 2.

Charles le Mauvais contre la maison royale, à laquelle cependant il appartenait [1], de consolider le trône de Charles V, et de lui soumettre nombre de places dont la fidélité était douteuse.

Aussi, le roi se rendit de suite à Rouen, où sa présence acheva de dissiper les troubles de la Normandie. Là, il donna à Duguesclin la dignité de *maréchal de la province*, et de plus le comté de Longueville (voir notre pl. xxi° et la note 4), en échange ou reconnaissance de laquelle il remit à Charles V le captal de Buch son prisonnier.

S'il nous a paru intéressant de distinguer ici le *chevalier de Bétencourt* parmi les autres seigneurs bannerets qui, comme lui, participèrent à l'honneur de la journée de Cocherel, si même il n'y succomba pas, c'est que d'une part son nom se rattache à notre histoire locale, et que de l'autre, son fils, *Jean de Bétencourt*, a mérité une page particulière et glorieuse dans nos annales maritimes. En effet, on sait que, cédant à un esprit d'aventure pour les voyages d'outre-mer, ce gentilhomme normand, *chambellan même* [2] *de Charles VI*, obtint de Henri III, roi de Castille, des lettres de navigation; et qu'ayant conquis les Canaries, de 1402 à 1405, il y fonda le premier établissement européen dont il laissa le gouvernement à *Maciot* de Béthencourt, son neveu, et lieutenant, à charge de rendre la justice suivant les coutumes de France et de Normandie; que de retour en France en 1406, il y mourut sans enfants en 1425 (d'après les biographes, et non en 1415 comme l'indique Duplessis), et fut inhumé dans l'église paroissiale et devant le maître-autel de sa seigneurie de Grainville-la-Teinturière dont il avait fait rebâtir le château dès 1388 (Dom. Duplessis, t. I, p. 191).

Nous ne trouvons pas dans nos archives que la terre de Saint-Martin-le-Gaillard, qu'il avait dû recueillir, comme aîné, en la succession de son père, ait été depuis vendue par Regnault, son frère puîné et son seul héritier.

[1] Charles V était petit-fils de Philippe VI, dit de Valois, qui avait épousé *Blanche de Navarre*, sœur de Charles, roi de Navarre, dit le Mauvais

[2] Il figure en cette qualité dans un contrat passé devant les tabellions de Rouen, le 22 décembre 1401, contenant vente au chevalier chambellan Hue de Donquerre d'une maison et manoir sis à Paris, aboutissant d'un bout à la rue Vaubourg et d'un côté à la rue des Quays.

Voir, pour Hue de Donquerre, ce qui est dit à la note du scel n° 1, pl. xxii°.

Dans un acte passé au tabellionage de Rouen, le 27 mai 1418, interviennent comme pleiges de la personne de noble homme Collart de Saint-Lucien, écuyer, retenu prisonnier du duc de Bourgogne, *Jehan ci-dessus et Regnault dits de Bétencourt frères*, lesquels s'obligent pour celui-ci, *corps pour corps, avoir pour avoir*, obligation à laquelle participent Louis de Franqueville, *escuier*, et Jehan de Croismare, avocat en cour laye. Remarquons que dans ce même acte, *Guillaume sieur de Houdetot et de Karville*, qui y figure *comme chambellan du roi et son bailly de Rouen*, se rattache sans doute de près par la famille à *Jehanne de Saint-Martin dame de Houdetot*, qui concourt avec *Jehan de Betencourt* (premier du nom), dans l'acquisition précitée de 1363, de la terre de Saint-Martin-le-Gaillard, et qui semblent n'être autres que les père et *mère* desdits frères *Jehan* et *Regnault* Betencourt, *escuiers.*

Il résulte d'un autre acte du xi février de l'année précitée, 1418, que ledit chevalier Guillaume de Houdetot, qui avait été l'un des ôtages de la capitulation de Rouen, était parvenu à se racheter des Anglais moyennant 4,000 écus d'or qu'il avait promis payer à Jehan de Robessart, chevalier seigneur d'Escalon.

Enfin, dans un acte du même jour, passé au même tabellionage, nous retrouvons *Lois de Franqueville, escuier*, qui cette fois « pleige « et *cauxionne Regnault de* Betencourt, escuier, le jeune, demeu- « rant à Saint-Moris, près Gaillefontaine, qui, *pour prix de sa* « *rançon et délivrance* de prison où il étoit, s'oblige à payer dans « le délai d'un mois, à Guillaume Merlin, escuier, natif du pays de « Guienne, comme aiant le droit de Guillaume Swynbourne, quatre « queues de vin bonnes, loyales et marchandes, *dont deux vermeilles* « *et deux blanches* qu'il devoit à ce dernier. »

En 1666, Adrien Baillard [1], sieur de la Hétrelaye, de la paroisse de Conteville, près Gaillefontaine, qui, rattachant sa noblesse et ses armes à celles de *la Pucelle*, en demandait la maintenue, était par sa mère, *Charlotte de Béthencourt*, l'arrière-petit-fils de *Regnault de Béthencourt*, prénommé.

[1] Lui-même eut pour arrière-descendant M. Adrien Baillard *du Lys*, qui est décédé le 2 janvier 1858 à Catteville, commune de Tourville-la-Chapelle, dont il était maire. (Voir *Revue de Normandie*, 9° livraison, 1862, article de M. Vaillant de la Fieffe.)

La relation manuscrite ¹ de la conquête des Canaries, écrite par les deux compagnons du navigateur, F. Pierre Bonté, religieux de Saint-François, et Jean Le Verrier, a été tirée de la bibliothèque de Galien de Béthencourt, fils de Galien, conseiller au Parlement de Normandie, où il fut reçu lui-même en 1626. Il était père d'autre Galien, écuyer, sieur de Mauquenchy, qui épousa Françoise Asselin, veuve de Nicolas Langlois, écuyer, sieur de Croixmare, et d'où sont issus *Jean* et *Louis.*

Le premier, comme aîné, succéda au titre et à la seigneurie de son père ; et le deuxième, qualifié d'écuyer, seigneur de Randillion et le Quesnay, épousa à Belbeuf, près Rouen, le 13 novembre 1710, *Suzanne Lucas de Boucourt*, dont le frère Adrien, président au bureau des finances de Normandie, était le trisaïeul maternel du marquis de Poutraincourt (Ch^{er}-Nicolas), décédé à Rouen en 1833.

Abbaye de Jumiéges pour   Grand scel n° 3.
        Génesville.

Décembre 1309.

PHILIPPVS DEI GRATIA
FRANCORVM REX.

C'est le sceau royal de Philippe IV dit le Bel, qui, à juste titre, peut être considéré comme le créateur des tabellions, à cause de la *sanction publique* qu'il accorda particulièrement à leurs actes dans l'étendue de ses domaines. (*Voir* p. 11 et 12 de notre texte, et *Ordonnances des Rois de la troisième race*, t. Ier, p. 417.)

Ce beau sceau en cire verte est appendu, par des fils de soie verte et jaune, à une charte de donation faite par ce prince à l'église de

¹ Cette relation manuscrite a été imprimée à Paris en 1630, et éditée par Pierre Bergeron, à qui l'on doit une collection de voyages faits en Asie dans les XIIe, XIIIe, XIVe et XVe siècles, dédiée au conseiller Galien de Béthencourt, deuxième du nom.

Jumiéges, de 61 arpents de forêts à défricher, situés en la paroisse de Génesville.

Pour supports du siége du monarque figurent deux lions, comme symbole de la force qui soutient la justice, à l'instar de celui du roi Salomon[1].

———

Abbaye de Fécamp.　　　　　　Scels nᵒˢ 4, 5 et dernier.

1221.

—

S' PRIORIS FRATRVM HOSPITALIVM IERVSALEM IN ANGLIA.

Petit sceau rond.

Ce sceau de cire verte, à l'effigie de saint Jean-Baptiste, est appendu à un cordon de soie mélangé de *fil d'or.*

Le nᵒ 5, petit sceau ovale, est le revers du précédent.
Il a pour légende :

SIGILLVM HVGONIS DE ALNETO.

C'est le sceau de *Hugues d'Aulnay*, prieur des frères hospitaliers de Saint-Jean de Jérusalem, en Angleterre (apud London), qui est annexé à un acte de délaissement de certaines possessions, *apud Wincheles,* au profit de l'abbaye de Fécamp, qui, en retour, leur transporta 10 sols de rente affectés notamment sur le ténement *Henrici filii Regis.*

Les chevaliers de Saint-Jean de Jérusalem, qui avaient succédé aux Templiers, abolis en 1312, possédaient à Sainte-Waubourg (Val-de-la-Haye), près Rouen, en aval de la Seine, une commanderie dont nous avons écrit la monographie.

---

[1] C'est au règne de Philippe-le-Bel que tous les historiens français ont rapporté l'origine des Etats généraux de la troisième race ; ce fut aux Etats de Paris, en 1302, que le Tiers-Etat fut admis *pour la première fois* dans ces assemblées.
(*Des Etats généraux,* par le marquis de S..., Londres, 1 vol., 1789, p. 12).
Voir aussi ce qui est dit pl. VIIᵉ, à la dernière note des nᵒˢ 8 et 9.

PLANCHE II°.

PLANCHE IIe.

XIVe ET XVe SIÈCLE.

4 SCEAUX.

Scel n° 1.	· 1322 à 1389.
— n° 2.	1348.
— n° 3.	23 janvier 1406.
— n° 4.	16 décembre 1450.

OBSERVATION.

Voir le texte qui suit la planche pour le sommaire des chartes et la légende des sceaux.

1

3

2

4

SOMMAIRE DES CHARTES

ET

LÉGENDE DES SCEAUX.

PLANCHE IIe.

XIVe ET XVe SIÈCLE.

4 SCEAUX.

Scel n° 1.

1322 à 1389.

SCEL DES OBLIGATIONS DE LA VICOMTÉ DE ROVEN.

Sur cire verte et queue de parchemin.

L'écu est chargé de treize fleurs de lys, plus d'une demi à chaque côté de haut.

Voir ce que nous avons dit p 14, 15 et 118 de notre volume.

De 1322 à 1350, nous trouvons que le revers du sceau, d'un petit module, a pour légende : ✠ 9' s (contre-scel) DE LA VICOMTE DE ROVEN, et que son écu est aux armes de France écartelées de *Navarre* comme au sceau du Bailliage de *Caux* en 1302 (pl. XIX, n° 3). *Voir* ce contre-scel, pl. XXII, n° 4.

Puis, de 1356 à 1389, les sceaux que nous avons vus, portent pour contre-scel : CÖT'S DES OBLIG. D. LA VIC. DE ROV., et leur écu est chargé du 1er au 4e quartier de chacun *cinq* fleurs de lys, — et du 2me au 3me, de Dauphins. (*Voir* notre pl. XXII, n° 12 et la note y jointe).

C'est qu'en effet, après la malheureuse bataille de Poitiers en 1356, où le roi *Jean* est fait prisonnier et conduit à Londres, son fils *Charles*

comme *Dauphin* prend la régence de l'État; ce qui explique alors
l'emploi *de ses propres armes* apposées au contre-scel ci-dessus, qu'il
continue même après la mort de son père, en 1364, et depuis son
avènement au trône, la même année. C'est le petit sceau, ou *scel du
secret*, connu à la chancellerie sous le titre de *sceau Dauphin*, quoiqu'il émane alors de Charles V, roi de France.

Enfin, à ce sage monarque, qui meurt en 1380[1], succède son fils
Charles VI, âgé de douze ans neuf mois, et quoique proclamé majeur
à cet âge, il n'en reste pas moins de fait sous la tutelle de ses oncles
dont les cruelles rivalités pour la régence occasionnent la guerre civile en France. Mais en 1389, le Roi, qui est parvenu à vingt-et-un ans
et qui se sent assez fort pour gouverner l'État, les éloigne de sa cour.

Comme on le voit, cette dernière époque, 1389, celle de la vraie
majorité, coïncide ici *comme point d'arrêt* avec l'apposition du scel à
l'usage du Dauphin viennois.

Néanmoins, si les armes de France écartelées du Dauphiné se reproduisent un peu plus tard sur le contre-scel des tabellions de
Rouen, c'est que la démence du Roi, survenue en 1392, soulève de
nouveau la question de régence, grosse de tempête, entre les princes
du sang, qui s'abritent de nouveau sous l'écusson du Dauphin et de
l'écu royal.

En 1398, nous trouvons que notre scel du Tabellionage a cessé de
porter le contre-scel ci-dessus (*Voir* la pl. xxii, n° 10). C'est l'écu de
France qui règne des deux côtés. — Mais le sceau de la Vicomté
(Même pl., n° 6), même en 1407, offre de face une grande fleur
de lys qui couvre à la fois et l'écu royal et l'écu du *Dauphin*, fils
aîné de Charles VI, jusqu'à ce qu'enfin la couronne royale, qui a perdu
ses fleurons pendant la domination anglaise, puisse les recouvrer et
se relever glorieuse en 1450, sous Charles VII, après l'expulsion de
l'étranger, comme on peut le voir en notre pl. ii°, n° 4, où la fleur
de lys, sur le scel des obligations du tabellionage, est couronnée, à

---

[1] Son cœur, renfermé dans une boîte métallique, fut déposé la même année
dans le caveau sépulcral que ce Roi s'était fait préparer sous les dalles du
sanctuaire de l'église Notre-Dame de Rouen, où il a été découvert tout récemment par les soins de M. l'abbé Cochet, et replacé dans une double boîte, en
la présence des dignitaires ecclésiastiques, ce qui sera constaté par un marbre
commémoratif.

chaque côté, de l'écu de France. — *Voir* aussi ce qui y est dit sur
l'occupation anglaise et les notes qui se réfèrent au n° 4 de la pl. ii*
et au n° 7 de la pl. vi*.

Abbaye   Scel n° 2.
de Jumiéges.

1348.

Du samedi après la feste saint Mathieu, apostre.

SCEL DES OBLIGATIONS DE LA CHASTELLENIE DE MELLENT [1].

Sur cire brune et queue de parchemin.

« A tous ceux qui ces lettres verront et orront, *le bailli de Mel-*
« *lent,* salut. Sachiez que par *devant Guillaume* Selier pour Jehan
« Le Monnier, *tabellion juré des lettres de Baillie de la Chastellenie*
« dudit lieu, *si, comme il nous a rapporté par son serment,* auquel
« nous adjoustons foi.

« Fu présent Jehan Morel de la paroisse de Ducler, etc., etc. »
N. B. Ce dernier fait une donation de 60 sols de rente aux religieux
de Jumiéges, à prendre aux termes de Noël, Pasques et St. Remy,
sur une maison et manoir, sis à Vitefleu, etc.

« Et nous (bailli) en tesmoing de ce, avons mis à ces lettres le *scel*
« *des obligations de ladite chastellenie,* sauf autrui droit, ce fut
« fait, etc. » (daté comme dessus).

La prevôté de Meulan au xiie siècle avait nn sceau dont le sujet

[1] *Meulant* (en latin Mellentum), sur Seine, ville de l'ancien Vexin français
(Seine-et-Oise), avait un bailliage, était du diocèse de Rouen et du ressort du
Parlement de Paris.

était *un personnage assis délivrant une lettre d'affranchissement à un vassal ayant genou à terre*, avec cette légende :

S' PREPOSITVRE DE MELLENTO.

Au revers, le contre-scel marquait *un petit château fort accolé à une demi-fleur de lys.*

Nous mentionnons ici simplement ce sceau, que nous connaissions d'ailleurs, parce qu'on peut le voir gravé dans le *Recueil des Antiquités nationales de Millin*, pl. 51, édition de 1837.

On y trouve même un autre scel à l'usage du prévôt S. PREPOSITI, dont l'écu est chargé de fleurs de lys dans un champ circulaire armé d'angles saillants.

Dans le cours de nos recherches en nos archives, nous avons été à même de remarquer un large sceau de la fin du XIIe siècle :

SIGILLUM CONCIONIS DE MELLENTO,

chargé de douze têtes. — Autrement dire les douze pairs ou échevins qui formaient le conseil de la ville.

En 1322, le 4 mars, nous voyons figurer *Guillaume Le Machecrier*, en qualité de *Prevost* de Meulan, et garde du scel de cette prevosté pour *Monsieur le Roy de Navarre* (sic), certifier par son scel la teneur du testament privé, et l'identité du scel de Jean de Maigny, clerc à Meulan, testament dont nous avons parlé en notre volume, p. 78. Voici, du reste, la formule de cette reconnaissance authentique : « Et nous Guillaume Le Machecrier a donc Prevost de Meulan « qui present fumes a toutes les choses dessus dites faire et ordener « par le dit mestre Jehan en tesmoignage de vérité que ainsi furent « ordenees par le dit mestre Jehan comme escriptes sunt en cest « present testament avec le scel dudit mestre Jehan, et à la requeste « de monsieur Thomas Cosson et Agnès qui le sert deux de ses « executeurs dessus nommes. En cest present testament *avons mis* « *le scel de la Prevoste de Meulan dont nous sommes gardes pour* « *monsieur le Roy de Navarre en lan et ou jour dessus dis* »

Fonds de Jumiéges pour   Scel n° 3.
    Saint-Maars.

23 janvier 1406.

Sur cire verte et queue de parchemin à l'écu de France.

LE SCEL DES OBLIGATIONS DE LA SERGENTERIE D'AUFFAY

en la vicomté d'Arques, à la garde de Guillaume Lesauvage, par
devant Guillaume Taillefer, prestre tabellion juré *des lettres de Baillie*.

Vente de deux sols de rente aux religieux de Jumiéges, par Guillaume Lecler, escuier, demeurant à Soquentot, paroisse de st. Mars,
moyennant neuf francs.

Le revers du sceau est aussi un écu *aux trois fleurs de lys*, mais
plus petit.

N. B. — Signé : Taillefer.

Par acte passé le 29 mars 1607 devant les tabellions de Rouen,
la baronnie d'Auffay était passée, en tout ou partie, aux mains de
messire *Claude Groulard ;* mais par acte du 21 avril 1608, cette
terre, en vertu d'un retrait lignager, rentra dans les mains de Jacques
Dangenne, héritier de Nicolas, qui la vendit le 4 août suivant à
messire Jacques Dyel, devant les mêmes tabellions[1].

[1] *Auffay.* — Lorsqu'en 1439, à l'époque de l'occupation anglaise, l'église
et le cimetière eussent été souillés par des voies de fait entre Anglais et
Français, il fallut, pour la réconciliation des lieux consacrés (*pro reconcilia-
tione*), recourir, comme dans les cas semblables où le sang avait coulé, à *l'eau
Grégorienne*, qui ne fut confiée à cet effet par l'autorité ecclésiastique à quatre
personnes dénommées, que sous la garantie encore de trois habitants d'Auffay
(*de Altis fago*), qui déposèrent même en nantissement *un Missel* de la valeur
de L. liv. t. (petit registre manuscrit de l'officialité aux grands comptes de
l'Archevêché).

Le fait suivant peut nous expliquer l'origine et la vertu merveilleuse que
l'on attribuait à cette eau : « Bodillon, l'un *des notaires* de Saint-Grégoire-
de-Tours (*anno* 589), étant tombé en défaillance sans pouvoir continuer à
écrire, ne fut à même de reprendre ses sens, et par suite son travail, qu'après
avoir bu une eau que le prélat versa dans une patène qu'il portait avec lui, eau
qui d'ordinaire, exposée au bourg de Condé (*apud condatensem vicum*), avait la
vertu de guérir les infirmes qui, animés d'une foi vive, en réclamaient le
secours. (*Hist. Francor.*, p. 1122.)

Archevêché.   Scel n° 4 et dernier.

16 décembre 1450 (1451.)

—

SEEL DES OBLIGATIONS DE LA VICOMTÉ DE ROYEN,

Sur cire verte et queue de parchemin.

Par devant Jehan Ducloz, clerc tabellion juré de la vicomté de Rouen.

Accord entre Jehan de Valliquerville, dit Valliquée, escuier sieur dudit lieu,

Et très révérend père en Dieu, *Monsieur* l'archevêque de Rouen.

Touchant le droit alternatif de patronage pour la cure de Valliquerville.

« En tesmoing de ce, nous (Jehan Gouel, garde du scel des obligations de la vicomté de Rouen), avons mis à ces lettres ledict scel. »

N. B. Le contre-scel au revers porte la même légende et le même écu fleurdelysé, mais plus petit.

Le sceau de *face* se trouve reproduit et annexé à un titre de rente de XL fr. due par Mahieu Valentin de Dieppe, à l'Archevêque, en date du 27 août 1473, *Jehan Courel* étant *alors garde du scel des obligations de la ville de Rouen*, mais *le contre-scel* offre cette particularité que l'écu est maintenant *fleurdelysé* et accompagné à chaque côté d'*une fleur de lys* couronnée, comme cela se remarque sur le sceau de face.

C'est qu'en effet, après la bataille de Formigny (près Bayeux), gagnée en 1450 par le fameux Dunois, les Anglais sont chassés de la Normandie, et avec eux les insignes de leur domination.

Aussi, le contre-scel ci-dessus n'est plus le même que celui de 1447 (*Voir* notre pl. XXII, n° 14), et la fleur *de lys couronnée* se pare de la couronne entière sur le sceau de l'autorité royale.

Maintenant, un mot sur la domination anglaise en Normandie.

Telle était en général l'antipathie du clergé normand contre l'occupation anglaise, que l'archevêque lui-même, faute de fournir le dé-

nombrement de ses revenus à Henri V, roi d'Angleterre, qui se qualifiait aussi roi de France, fut privé assez longtemps de leur perception
malgré les sursis ¹ qui lui furent successivement accordés à cet effet.

Dans le diocèse, si le cimetière même de l'une des églises vel *intrà*
vel *circà*, avait été le théâtre de voies de fait, jusqu'à effusion de sang,
entre Anglais et Français, il fallait, comme nous l'avons dit, *pour la
réconciliation de l'église et du cimetière, employer l'eau Grégorienne* (sic), qui était remise au curé de la localité ou à tout autre,
commissionné à cet effet. C'est ce qui résulte fréquemment des
registres de comptes de notre archevêché ². Cette ablution eut
souvent lieu dans les localités rurales pendant les trente ans de l'occupation anglaise, où les luttes de nationalités dégénérèrent en voies
de fait individuelles ou collectives, et en représailles de part et
d'autre, jusque dans les églises, et plus souvent même dans les
cimetières ou à l'entour, à la sortie des offices. Et telle est la violence
de l'agresseur étranger, qu'elle s'exerce en 1438, jusqu'à effusion
de sang, sur la personne même du curé et de *plusieurs femmes*,
dans l'église du Grand-Quevilly, près Rouen, *per quemdam Anglicum
cujus nomen ignoratur.*

En 1437, le 14 août, à Quillebeuf, les voies de fait sont opérées
*per quosdam armatos Domini nostri Regis inimicos, in personas plu-
res ibidem exeuntes.*

Même année, le 22 août, à Yville (Eure), elles sont exercées *per
quosdam Anglicos armatos qui manus violentas apposuerunt in perso-
nam Bertini ejusdem parocchiæ.* Cette alternative d'agression et de
représailles entre Anglais et Français se renouvelle donc, tant sur les
paroissiens que sur le curé, suivant les circonstances qui mettent à
l'épreuve, ou la faiblesse des uns, ou l'énergie des autres. Partout,
c'est la haine qui déborde contre l'étranger qui, le plus souvent, n'ose
s'aventurer isolément et sans armes dans les campagnes et jusque
même aux environs des villes (*Voir* notre page 29). Car, dans chaque

---

¹ Grand compte m⁰ de l'archevéché, 15° feuillet, année 1426.
² Idem pour Criel, année 1425.
Entre autres chroniques rimées au point de vue historique à cette époque
du XV° siècle, on peut citer celle de Guillaume Le Doyen, *notaire à Laval*, sur
laquelle M. Eugène de Certain a publié un article en la bibliothèque de l'école
des Chartes, t. 3, 3° série.

buisson, il redoute un ennemi qui le guette ; et partout où le sang
anglais souille les dalles de l'église, la tombe des cimetières ou bien
le sol d'alentour, c'est une profanation qu'il faut s'empresser d'effacer
par l'*eau Grégorienne* qui arrosera ainsi la palme du martyr, dont le
premier sera peut-être le prêtre lui-même, parce qu'il n'aura pas
voulu courber la tête devant l'insolence de l'étranger, et encore
moins servir d'instrument à sa domination. C'est du moins ce que
l'on peut induire des voies de fait exercées à la fois, et contre les pas-
teurs et contre les fidèles, dans les lieux saints et leurs dépendances.

Ce n'est pas à dire pour cela qu'il n'y eut pas dans l'ordre du clergé,
notamment dans les villes, de regrettables exceptions qui cédèrent,
comme dans l'ordre civil, ou aux faveurs intéressées de l'étranger, ou
à la peur qu'il inspirait ; mais, dans les campagnes, où le sentiment
du devoir était moins exposé à ces défaillances, le patriotisme capitu-
lait peu, et éclatait avec énergie à la moindre occasion favorable,
nonobstant les menaces de mort édictées pour sa répression, parce
qu'il était confondu le plus souvent *avec le brigandage* ; c'est ainsi
qu'on voit figurer dans les grands rôles normands (édition de 1743),
relevés dans les titres déposés à la tour de Londres, un mandement,
année 1418-1419, dont voici le titre : *De assignando Galfridum
fitz-hugh et alios, ad executionem faciendam de Brigantibus.*

Si la métropole gémissait en secret contre l'oppression, elle protes-
tait du moins indirectement, soit par les prières qu'elle ordonnait
en faveur des victimes, soit même par voie de répression contre
les ecclésiastiques de son diocèse qui outrepassaient ses instructions. C'est ainsi qu'elle va jusqu'à condamner à la prison *in pane
et aquâ per mensem*, Robert Frébourg, prêtre à Gisors, qui, indépendamment des griefs qu'il a encourus sur la discipline, a osé solenniser,
sans permission supérieure, le mariage de deux femmes avec *deux*
« *Anglais, Etiam solemnisavit matrimonia inter duos Anglicos et*
« *duas mulieres sine litteris Domini*[1]. »

Si nous sommes entré dans ces détails, c'est qu'ils retracent à
grands traits la physionomie d'une époque calamiteuse, et résultent

---

[1] Reg. m^{us} des amendes de la Cour d'Église, réuni aux grands reg. de l'archevêché, année 1425. — V° Informations et compositions.

des actes qui nous sont passés sous les yeux, que nous ne pouvions transcrire ici *in extenso*, sans nous écarter de notre sujet.

En fait de dévoûment, quoi de plus beau que celui du curé de Saint-Vivien, *Jehan Secart* (Acte du tabellionage du 28 mars 1421), qui délègue *les fruits et revenus presens et futurs de sa cure*, pour rembourser les 480 liv. t., qu'il avait empruntés et payés pour subvenir tant aux GRANS *affaires et charges* précédentes *de la ville, qu'à celles de sa composition,* [1] *dont il s'était entremis, et pour contribution de laquelle il s'était même constitué prisonnier ! ! !*

On nous,pardonnera cette petite digression, qui cependant a son point de contact avec l'époque de l'acte que nous analysions, parce qu'elle nous a permis d'*exhumer* [2] de nos archives des faits inédits de patriotisme qui honorent à la fois, et le clergé normand, et les habitants de notre cité, en tête desquels a droit de se placer glorieusement *Jehan Secart*, *curé de Saint-Vivien.*

Voir aussi pour le sceau ce qui est dit au n° 1ᵉʳ, *suprà*;

Et pl. vıᵉ, à la suite du scel n° 7, sur les courses maritimes contre les Anglais par les marins Dieppois.

---

[1] Le 18 janvier 1419, Rouen, après un siége à jamais mémorable et des plus calamiteux, avait été forcé d'ouvrir ses portes au Roi d'Angleterre.

[2] « Exempla omnia jacerent in tenebris nisi iteratum lumen accederet. — « Cicér. pro Arch. poet. »

PLANCHE III.

PLANCHE IIIᵉ.

XIIᵉ ET XIIIᵉ SIÈCLE.

5 SCEAUX.

Scel nº 1 . . . .   1196.

— nº 2 . . . .   1243.

— nº 3 . . . .   août 1237.

— nº 4 . . . .   décembre 1212.

— nº 5 et dernier . . . .   1189 à 1208.

OBSERVATION.

Voir *le texte qui suit la planche pour le sommaire des chartes et la légende des sceaux.*

1

2

3

4

5

SOMMAIRE DES CHARTES

ET

LÉGENDES DES SCEAUX.

———

PLANCHE IIIe.

XIIe ET XIIIe SIÈCLE,

5 SCEAUX (CHARTES LATINES.)

▬▬▬

Abbaye de Jumiéges   Sceau n° 1,
pour Génesville.

1196.

Légende : SIGILLUM PAGANI BROSTINI.

Sceau équestre de CIRE ROUGE [1] appendu à des fils de soie.

Délimitation de propriétés et reconnaissance de bornes (*Sicut mete posite sunt de lapidibus) apud Genesvillam.*

[1] Dans le courant du XIIe siècle, et même ensuite, les rois, les seigneurs ou dignitaires ecclésiastiques employaient quelquefois *de la cire rouge*, particu-lièrement pour sceller les actes de leur justice.

Entre *Payen Brostin* et les religieux de Jumiéges qui se plaignaient d'une anticipation de chemin sur leurs terres.

Ceci a lieu en pleine assise des justiciers de Philippe II (Regis Francorum), et des barons du Vexin (et Baronibus Wilcassini), à la saint Ouen de Gisors — et *posteà* coràm domino Rege *Francorum*, P. II (Philippe IIe).

————

Abbaye de Jumiéges pour Joiiy.   Sceau n° 2.

1243.

Scel équestre en cire verte sur queue de parchemin.

Charte scellée de *Henri de Pissy* (*miles de Pissiaco*), chevalier de Pissy.

Délaissement de son droit d'usage dans le bois de Créine, près Jouy (Juxta Joiacum), au moyen de 40 livres tournois payés par les religieux, par voie de transaction et d'après le conseil de prud'hommes.

La charte se termine ainsi :

« Actum apud Rothomagum in *Scacario*[1] domini *Regis* anni do-
« mini m^o cc^o xl^o tertio, in crastino apostolorum Philippi et Jacobi,
« coràm, (Pluribus denominatis) — et *Johanne de Vineis* tunc
« Baillivo Rothomagensi et multis aliis. »

[1] La cour de l'Échiquier — avant le Parlement de Normandie. *Voir* ce qui est dit, pl. **XV**, n° 4.

————

Sceau n° 3.

Août 1237.

—

(**Religieuses de Gomer-Fontaine**).

Sigillum GVILLERMI CRESPIN[1].

Grand scel équestre *sur cire brune*, suspendu à un lacet et à deux cordonnets de soie jaune et blanche.

Le contre-scel non figuré ici représente un petit écu de chevalier avec ces mots : ✠ CUSTOS SECRETI [2].

Willelmus Crespin, chevalier comme seigneur cheftain (*dominus capitalis*), confirme la donation annuelle d'un boisseau de blé, en la terre de Dangu, faite par le chevalier Robert de Plesseis et ses fils, aux religieuses de Gomer-Fontaine (de Gaumerii Fonte) ; en regard figure le sceau du donateur comme au n° 2.

Guillaume Crespin qui avoit pour femme *Jehanne dame du Bec de*

[1] *Voir* aussi pl. VII°, n°° 3, et 8° et 9°.
Dans une charte de l'année 1263, passée en l'*Echiquier de Pasques* à Caen, « Guillelmus Crespin, miles Dominus de *Danguto et Johanna ejus uxor*, » confirment à l'abbaye de Jumiéges les droits qu'ils possèdent en l'eau de Seine, entre Jumiéges et Yville. (Archives de Jumiéges.) Cette charte est transcrite aux pièces justificatives, t. II, *Du Commerce maritime*, par feu de Fréville.

[2] Ce contre-scel, CVSTOS SECRETI, ou *parvum secreti*, servait aux grands personnages pour leurs affaires importantes et privées, mais en général il n'était employé qu'à l'envers du grand sceau — et rarement isolément. Avant le XII° siècle, on n'en remarque pas. — Il était conservé soigneusement par ceux-ci dans des bourses de luxe.
Voir pour exemple de ci-dessus, le n° XI de notre pl. IX°, qui est le contre-scel de Hugues d'Amiens, archevêque de Rouen en 1101. C'est le plus ancien que nous connaissions.
Puis, comme style de testament en français dès 1255, *voir* celui fait aux *povres nonnains* de Gomer-Fontaine par *Caterine de Corcelles*, en notre vol., p. 80.

Mortemer (n° 3 de la pl. VII°), figure en 1256 dans un accord privé passé entre lui et les frères de la chevalerie du Temple relativement à des droits de pâture et de pasnage, à raison de leur maison de *Burgout*, mais desquels droits il excepte ses bois de Lysore et de Gisencour.

L'acte, qui est en français, se termine ainsi :

« *Ceste presente ordenance* et pour *le salu de m'ame et de mes*
« *ancesseurs*, etc. »

« *En temoing deluqueul chose je dit Guillaume Crespin ai mis au*
« *présent escrit, le garnissement de mon scel, et ce fu fet en l'an de*
« *grace* ». cc. *et* LVI *en jor de samedi après l'invention seinte croiz*
« *en meis de mai.* »

N. B. Guillaume (V° du nom), qui s'y qualifie de *seignor de Dangu*, se dit fils de *Guillaume* et *neveu de Robert Crespin*. Il suivit saint Louis dans son expédition d'outre-mer en 1269, et devint maréchal de France et connétable héréditaire de Normandie. Voir *Histoire généal.*, par Dom Anselme, t. VI, p. 631 et 633, lettre D.

Cette famille est ancienne en Normandie, car nous voyons Gisle-bert Crespin, I°r du nom, figurer dès 1050 dans la charte de dona-tion de Hauville, confirmée par le duc Guillaume, que nous transcri-vons à la fin de ce volume[1].

Il est à remarquer ici que le *contre-scel* losangé de Guillaume Crespin en 1256, est le même, quant à l'écu, que celui dénommé CUSTOS SECRETI, qui forme le revers du sceau apposé à l'acte de 1237; ce qui prouve bien l'identité du personnage qui n'emploie ce contre-scel que dans une affaire importante pour sa seigneurie de Dangu, mais alors il porte pour légende : S. c. *Willermi Crespin...* D[ANGV (n° 4182 de sceaux. — S. en arc V. Orig. scellé aux AN. —

---

[1] Le savant abbé Delarue, dans son *Histoire des Trouvères*, t. I, p. LVII, mentionne ce qui suit : « *Robert du Bec-Crespin*, expulsé de la Normandie par « Guillaume le Conquérant, va visiter ses compatriotes devenus maîtres de la « Sicile ; déjà ils y avaient établi l'usage de leur langue normande, dit Guil- « laume de la Pouille, et par là même le goût de leur poésie, et surtout celui « des *lais* bretons; aussi *Robert*, dit un de nos anciens trouvères : »

> ROBERT CRESPIN entre el palais
> Où on cantoit, et sons et *lais*
> Li uns harpe, li autres vieille.
> Etc., etc.

Carton S. 5, 192, 15. — M. L Delisle a eu l'obligeance de nous donner copie de cette pièce, qui est à la bibliothèque impériale.

Abbaye de Jumiéges. Sceau n° 4.

Décembre 1212.

SIGILLVM : WILLERMI DE BONESBOS [1].

Sceau équestre en cire jaune, sur ruban broché vert et blanc.

Guillaume de Bonesboz, chevalier (miles), donne pour le salut de son âme et celles de ses parents, le patronage de l'église de Saint-Denis, de Magneville, près le Pont-Audemer (Juxta pontem Audomari), avec les prérogatives qui en dépendent, aux chanoines de l'église Saint-Antoine, de Gaillon.

Le même, par une autre charte de l'an 1214, accompagnée du même sceau équestre, confirme à l'abbaie *de Jumiéges* la possession du moulin de Saint-Pierre-sur-Risle, qu'elle tient depuis long-tems de ses ancêtres, avec faculté aux religieux d'établir à ce moulin et à celui du Ponchel (de Poncello) des écluses à deux ventaux qu'ils tiendront fermées quand il y aura nécessité pour eux de moudre ou de pêcher; mais autrement elles seront ouvertes et disposées de telles manières que les *échaudes* [2] du donateur puissent y passer.

[1] Voir le scel équestre de *Robert* de Bonesboz ou Bonebos, XII° siècle, pl. V°, scel n° 3.

[2] La charte dit : *quod escaudæ meæ « per illas poterunt transportari. »*
On désigne encore sous le nom d'*échaude* dans LA VALLÉE DE RISLE, un petit bateau plat, en forme *de flette*, qui sert à traverser la rivière à la perche, et à transporter la récolte des foins.
Dans un manuscrit des archives impériales, p. 307, n° CLXXVII, — V° *Condé sur Risle*, on lit ce qui suit : 1403 : « Vieulx vavassours doivent toutefois que « eulx ou leur aisné fils se marie *jouxter en la rivière de Risle*, trois corps de « lame à ung pieu fichié en une fosse qui est nommée *la Quittaive* qui est en « la dite rivière, et doivent estre en ung batel, lequel l'on *maine* à quatre « hommes aval la dite rivière. »

FIN DU XIIe SIÈCLE.

Archevêché pour Fontaine.   Sceau n° 5 et dernier.

1189 à 1208 (non datée.)

—

✠ SIGILLVM MATHEI DE GAMACHES.

Sceau équestre en cire jaunâtre, sur queue de parchemin.

Mathieu de Gamaches promet rendre à l'archevêque de Rouen, *Gautier* [1], la terre de Fontaine, avec moulin et autres dépendances, aussitôt qu'il aura reçu de lui les L livres tournois qu'il lui avait confiées. Le tout indépendamment de XVIII livres parisis, dues à raison dudit moulin. C'était, comme on le voit, ce que nous appelons un contrat d'antichrèse [2], autrement dire un nantissement immobilier avec la jouissance des fruits, affecté à la garantie *d'un dépôt d'argent* purement temporaire, qui n'était autre chose en réalité, qu'un véritable prêt d'argent déguisé sous cette forme, comme l'étaient tous autres actes de ce genre, *sub umbrà venditionis* [3], pour échapper au reproche

[1] Ce prélat occupa son siége de 1189 à 1208; il était surnommé *le Magnifique*, et se rendit célèbre par ses démêlés avec Richard Cœur-de-Lion, qui se terminèrent en 1197 par le fameux contrat d'échange du domaine de Dieppe et de ses dépendances, qui appartenaient au duc, contre le manoir d'Andelys, sa forteresse et ses dépendances, qui furent cédés en retour par l'Église de Rouen, ce qui mit fin à l'interdit jeté sur la Normandie. (*Voir* ce que nous avons dit p. 156 de notre volume.)

[2] Code Nap. articles 2,085, 2,087.

[3] Il y a plus, pour le cas d'empêchement ou de trouble apporté dans la possession de la chose cédée, on stipulait, en prévision de cette éventualité, la garantie résultant d'un échange de valeur équivalente à opérer entre les parties. C'est ainsi que dans une charte de l'abbaye de Jumiéges, du mois d'octobre 1280, relative à l'affranchissement *sous ombre de vente*, moyennant

d'usure que l'église réprouvait et qui s'attachait en général aux contrats de prêts[1], encore bien qu'èlle même, dans des circonstances calami-teuses, fut parfois obligée d'y recourir comme nous l'avons déjà vu, p[es] 63, 68, 69 et 83 de notre volume. Tant il est vrai, avons-nous dit, que la nécessité agit toujours en souveraine! Comme exemple assez rare de genre et de style, il nous a paru intéressant de transcrire ici en entier la charte originale ci-dessus qui se réfère à la fin du xii° siècle :

« Omnibus ad quos presens scriptum pervenerit Matheus de Ga-
« mach!s salutem in domino, sciant pro certo quod in terrâ de fonte,
« aut in molendino aut in aliis pertinentiis ejusdem terre cujus *custo-*
« *diam* dominus, *Walterus rothomagensis archiepiscopus* mihi
« commisit, nichil amplius reclamo, nec reclamabo preter *quinqua-*
« *ginta* libras turonenses quas de câdem terrâ predicto archiepiscopo
« tradideram, et quas ipse mihi se redditurum promisit sicut in cartâ
« suâ quam inde habeo plenùs continetur, et preter decem et octo
« libras parisienses pro facto molendini de fonte quas ipse archiepis-
« copus mihi similiter se redditurum promisit ; post quàm autem

x liv. t., *in numeratâ pecuniâ* d'une rente, de tunique de *drap vert* ou de *brunette*, estimée à xx s. t. due chaque année par l'abbaye à Dionyse dite la Marescale, et à Jehan dit Martel ; ces derniers, en renonçant par serment sur les saints Evangiles à rien réclamer *in aliquo foro ecclesiastico vel seculari*, stipulent, en outre, cette garantie : « ipsam tunicam annul redditûs sic *vendi-* « *tam*, eisdem religiosis, eorum successoribus in perpetuum *garantizabimus*, « contrà omnes, vel *excambiabimus* eamdem in proprio hereditagio nostro, « *valore ad valorem.* »

A cette charte, dont la teneur et les sceaux sont reconnus devant l'officialité, est ajoutée cette clause au regard de la femme : « Et specialiter dicta Dionysia « spontaneâ voluntate suâ, et *non vi coacta, nec propter metum, qui possit* « *cadere in constantem virum.* » On reconnait ici le style du légiste. Cette disposition de la loi romaine était passée dans notre ancienne coutume (*art.* 538).

[1] En France, pendant treize siècles, la doctrine de l'Église, d'accord en cela avec la loi de Moïse et les législateurs de la plus haute antiquité, fut constam-ment appliquée, *en matière d'intérêt*, par la loi civile. Charlemagne aussi bien que Henri IV et Louis XIV, confondirent dans leurs prohibitions le simple prêt à intérêt avec l'usure ; ce ne fut que le 2 octobre 1789 que la loi permit de sti-puler un intérêt (article analytique de M. H. de Saint-Albin, conseiller à la Cour impériale de Paris. *Gazette des Tribunaux*, 8 juin 1862).

« *de exitibus ejusdem terre predictam integrè recepero, vel cum citò*
« *ipse archiepiscopus* mihi indè satisfecerit ; ego predictam terram
« cum molendino et omnibus pertinentiis sinè omni reclamatione et
« dilatione domino archiepiscopo restituam, et ad ejus rei testimonium
« presenti scripto sigillum meum apposui. » — Puis est appendu le
sceau équestre ci-dessus.

PLANCHE IVᵉ.

PLANCHE IVe.

XIe ET XIIIe SIÈCLE.

7 SCEAUX.

———

Scel nº 1 . . . . février 1239.

— nº 2 . . . . avril 1239.

— nº 3 . . . . février 1239.

— nº 4 . . . . fin du xie siècle.

— nº 5 . . . . 1228.

— nº 6 . . . . mai 1227.

— nº 7 et dernier. . . . . juin 1235.

———

OBSERVATION.

Voir *le texte qui suit la planche pour le sommaire des chartes et la légende des sceaux.*

1. + S WILLARMI S ES D'NS

2. + S VILLARMI PILIGRIM ROVS

3. + S AELIGIELASGENESS D'SS

4. + SIGILL PHILIPPI D'QVITARICVS

5. + SIGILL WILLGRMI BHVDRI

6. HENRIG RAD

7. + S ROBGRCLAS

SOMMAIRE DES CHARTES

ET

LÉGENDES DES SCEAUX.

———◆———

PLANCHE IV°.

XI° ET XIII° SIÈCLE,

7 SCEAUX (CHARTES LATINES).

———

Abbaye de Jumiéges.   Scels n° 1 et 3

Février 1239.

SIGILLVM WILLERMI LE SESNE.

Scel de Guillaume Le Sesne.

S'AELICIE LA SENESSE.

Ce sont les sceaux du mari et de la femme, apposés à un acte de transport de 5 sols de rente, à titre gratuit.

Sur queue de parchemin et cire verte.

———

Jumiéges pour Hauville.

Scel no 2.

Avril 1239.

—

S' WILLERMI LE ROVS (dans l'acte : WILLERMVS RVFVS.)

Rente d'un chapon moyennant 3 sols tournois payable à la Nativité.
Ce sceau en cire verte offre au milieu du champ le type général des
monnaies de Saint-Louis.

Jumiéges.

Scel no 3.

1239.

Il est réuni au premier article.

Abbaye de Jumiéges
pour Longueville, près Vernon.

Scel no 4.

Fin du XIe siècle.

—

✛ SIGILLVM PHILIPPI DE ALTARIBVS.

Sceau en cire rouge (deux autels) apposé sur deux cordonnets bleu et blanc.

C'est une donation faite par Philippe *des Autels* (des Autieux), en
présence de *Guillaume*, son fils, aux religieux de Jumiéges, de trois
muids de vin, et de terres et vignes situées à Longueville, près Vernon.
Voir la note du scel no 6 de la pl. viiie.
Il s'agit *des Autieux*, sur le port Saint-Ouen (ancienne vicomté du
Pont-de-l'Arche et du bailliage de Rouen.)

OBSERVATIONS.

Les autels ou autieulx : plusieurs localités de la Haute-Normandie portent ce nom accolé à un autre ; c'est qu'en effet, lorsque le Christianisme vint à y pénétrer, ce qui n'eut guères lieu dans le pays de Caux avant le ivᵉ siècle de notre ère, *des autels y furent* dressés çà et là, comme ailleurs, avant qu'il fût possible de construire des églises qui demandaient le concours des fidèles ; ce que d'ailleurs le malheur des temps rendait presqu'impossible avec l'irruption des hommes du Nord. Ce progrès ne pouvait donc être que l'œuvre du temps, surtout au milieu d'un peuple ignorant et grossier. Mais dans la suite, la foi ayant pu s'étendre, elle dut, pour en consacrer le triomphe, rappeler les lieux où elle avait pu dresser *ses premiers autels,* en y rattachant le nom de *ces derniers (les Autieulx),* dénomination historiquement religieuse qui a évidemment précedé celle tirée de noms de saints de temps moins anciens, attribués à d'autres localités, comme *Saint-Aubin, Saint-Léger, Saint-Ouen,* etc., etc.

Cette remarque que nous fournit Dom Duplessis (t. I , p. 37 et 38) nous paraît aussi simple que juste ; et le sceau que nous publions *Philippi de Altaribus* avec *la forme des deux Autels isolés* et drapés , nous confirme dans l'appréciation des faits ci-dessus, dont il nous semble être la consécration , par le sujet traditionnellement conservé dans la famille qui en aura tiré son nom, parce quelle fut sans doute l'une des premières à embrasser la foi du Christ , ou à la propager dans les terres de sa dépendance ou au delà.

Quant à la forme des Autels au Moyen-Age, voici ce que nous dit le savant curé Thiers dans son ouvrage sur nos rits religieux (t. XVI, p. 120, édition 1688).

« Avant le ixᵉ siècle, on ne mettait point de reliques sur les Autels ; avant le xᵉ, on n'y mettait point d'images ; avant le xiiᵉ, on n'y mettait point de fleurs, le plus ordinairement, les Autels *étoient tournés vers l'Orient. Ils étoient alors isolés , et tendus de voiles des quatre côtés ;* on marchait à l'entour, comme à ceux des Juifs et des payens, et n'étaient pas fermés de balustres.

« Avant le xᵉ siècle, il n'y avait sur l'autél ni croix , ni cierges , ni chandeliers. — Il ajoutait alors (en 1688), il n'y a pas deux cents ans que les gradins sont inventés. » C'est dire qu'ils datent du xvie siècle [1].

Fonds de Jumiéges.   Scel n° 5.

1228.

✛ S' WILLERMI BAVDRI, au titre : (DE KESNEI).

Donation de terre sise à Beaunai.

Les religieux accordent en retour au donateur 40 sols tournois à titre gratuit.

N. B. *Le sceau est d'emprunt ou bien le donateur s'appelait Baudri Duquesney.*

Abbaye de Jumiéges.   Scel n° 6.

Mai 1227.

✛ S' RADVLFI HENRI.

Scel en cire verte appendu à un cordon de soie verte.

Donation de terres situées à Varengéville [2].

---

[1] Dans l'*Histoire des Trouvères*, déjà citée, t. 3, p. 205, nous lisons : « Baudouin des Autieux (de Altaribus), possédait cinq fiefs de chevaliers dans la mouvance du château de Bonneville sur Touque, et entre autres *la terre des Autieux*, près Pont-l'Evesque; il n'a laissé que *deux chansons.*

[2] On remarque, dit M. Depping, *Hist. marit. des Normands*, que les noms terminés en *ville*, du latin *villa*, et commençant par un nom étranger, abon-

Pour plus de solennité et d'authenticité, lorsque ces donations étaient faites à un établissement religieux, elles étaient soumises à la sanction de l'officialité. C'est ainsi qu'en avril 1212, Robert, archevêque de Rouen, confirme la donation faite à la fois à l'abbaye de Jumiéges par *Adeline la Wauman* et par *Philippe de Longueville*, d'une tenure ou tènement situé à Warengéville, *pour l'usage des pauvres.*

Le préambule de la charte est à noter : « Omnibus, etc. Robertus « Dei gratiâ rothomagensis Archiepiscopus salutem in domino : officii « nostri cura nos admonet ut ea quæ *filiis nostris* karitativâ·pietate « conferuntur, *auctoritate nosrrâ* debeamus confirmare ; qua prop- « ter, etc, etc. » — Sceau brisé.

Ainsi,.comme on le voit ici, il y a concours et du seigneur temporel et du seigneur spirituel pour la sanction de cette donation.

Abbaye de Jumiéges.   Scel nº 7 et dernier.

Juin 1235.

✠ Sʳ ROBERTI ASE.

Fieffe de terre sise à Hauville.

A la charte est joint le sceau de la femme dudit Robert ASE sur queue de parchemin à droite du scel de ce dernier. Il porte pour lé-

---

dent dans le département de la Seine-Inférieure, sans doute parce que Rollon y fit le plus de partages de terres entre ses compagnons, dont les noms se sont dès lors attachés à leur propriété rurale.

Et il ajoute : La plupart de ces sortes de localités indiquant la propriété d'un étranger, sont situées entre Rouen et la mer ; il y en a très peu sur la lisière nord-est de la Normandie.

gende : s' Asɛ FILIE-OS-B. (Osberti) HOVDOF ', — le milieu du
sceau représente deux poissons.

' Dans une charte de 1227, annotée au scel n° 2 de la pl. XI*, nous trouvons
le nom ROBERTUS HOVDVF, qui décèle bien une origine du Nord. *Voir* aussi
notre vol., p. 55 et 58, sur les prénoms et noms propres

Dans un savant article de M. Adam Fabricius, professeur d'histoire en Dane-
mark, intitulé : *Recherches sur les traces des hommes du Nord dans la Normandie*, publié dans les Mémoires de la Société des antiquaires (1re livraison, décembre 1856), on lit page 6° :

« Les prénoms des hommes du Nord ne se sont pas conservés longtemps; encore
dans les anciennes chartes, par exemple dans celle de l'abbaye de Bernay de
1027, on en trouve beaucoup, mais ils disparaissent peu à peu, et sont remplacés
par des noms de baptême chrétiens, *auxquels on ajoute les noms des pères*,
par exemple, *Thomas Filius Héroldi* ; d'où viennent les noms de *Fitz*, par
exemple *Fitz Harold*, *Fitz Hamon*, si communs en Angleterre. Bientôt cependant
on a omis *Filius*, et on a dit simplement *Thomas Heroldi*, ou enfin sans le signe
du génitif, *Thomas Heroult*, d'où vient que tous les anciens *noms normands*,
originairement *prénoms* qui se sont conservés jusqu'à nos jours, sont devenus
des noms de famille. » (*Voir* ce que nous avons dit p. 58.)

C'est ainsi que dans une charte de donation de cent acres de terre sis à
Hauville, faite à l'abbaye de Jumiéges par Guillaume et Osbern de Hotot
(cartulaire n° 22), dans le XI° siècle, nous voyons figurer comme témoins
Ricardus *filius Harini*, Robertus *filius Dodonis*, et Robertus *filius Manardi*.

Nous pouvons ajouter qu'au point de vue de la célébrité, le prénom d'un
grand homme efface le nom patronymique; c'est ainsi que l'histoire moderne
désigne simplement *Frédéric II*, roi de Prusse; et NAPOLÉON Ier, parce qu'en
effet, ces prénoms sont ceux du baptême de la gloire.

N. B. Nous trouvons dans Rymer, t. 2, p. 684 qu'en 1288, un chanoine de
Lincoln (Angleterre), était dénommé NAPOLEO; nous n'avons pas rencontré ce
nom ailleurs, soit dans les anciens titres normands, soit dans ceux anglo-
normands. Au sujet des prénoms, noms et surnoms en général, on peut encore
se reporter à la savante introduction au cartulaire *de Saint-Père de Chartres*
publié par feu M. Guérard, de l'Institut, en la collection des documents inédits
sur l'*Histoire de France*. On lira avec intérêt le chapitre relatif à *l'hérédité des
noms*, p. XCVII, n° 72. Comme singularité, entr'autres, p. 242, un chanoine
est désigné dans une charte sous la qualification caustique de *non bibens
aquam* (non buveur d'eau), ailleurs, p. 385 et 389, dans une autre charte de
l'an 1102 figure un dénommé *osculans diabolum*, dont le père est qualifié aussi
de *demonem osculans baisé Diable*, etc., etc., puis on trouve Ecorcheville
dérivé d'Ecorche-Villain; ce dernier nom existe encore en Normandie.

PLANCHE V°.

PLANCHE V⋅.

XII⋅, XIII⋅ ET XIV⋅ SIÈCLE.

8 SCEAUX.

—

Scel n⁰ 1
— n⁰ 2 $\Big\}$ . . . . décembre 1300.

— n⁰ 3, ... 1171 à 1178,

— n⁰ 4
— n⁰ 5 $\Big\}$ . . . . 1178 à 1187.

— n⁰ 6 . . . . xii⁰ siècle.

— n⁰ 7 . . . . 1207.

— n⁰ 8 et dernier. . . . . 1219.

———

OBSERVATION.

Voir *le texte qui suit la planche pour le sommaire des chartes et la légende des sceaux*

1

2

3

4

5

6

7

8

SOMMMAIRE DES CHARTES
ET
LÉGENDES DES SCEAUX.

PLANCHE V.

XII⁰, XIII⁰ ET XIV⁰ SIÈCLE.

8 SCEAUX (CHARTES LATINES).

Jumiéges pour le prieuré de
Longueville (Eure).

Scels nᵒˢ 1 et 2.

Décembre 1300.

Charte en latin de *Guillaume* Ays de Galloncel, qui, du consentement de *Pierre* Ays, son frère, dont le scel figure à côté, vend et concède à l'abbaye de Jumiéges 3 sols et 6 deniers parisis de rente avec un chapon, au moyen de 16 sols parisis qu'il a reçus desdits religieux, etc.

A deux petits cordons de soie cramoisie sont appendus les sceaux (nᵒˢ 1 et 2), en cire verte.

Les instruments de travail figurés aux scels, dénotent l'état de vigneron des contractants. (*Voir* ce que nous avons dit p. 90 de notre volume).

Fonds de Jumiéges.   Sceau nᵘ 3.

Charte non datée, mais de 1171 à 1178.

SIGILL' ROBERTI DE BONEBOS '.

Sceau équestre en cire verte, sur queue de parchemin.

Robert, abbé de Jumiéges ', cède à **Robert de Bonebos**, chevalier, le droit de franche moulte pour les hommes de son fief, à **Saint-Pierre apud Hausvillam** (Hauville), moyennant 60 sols de rente.

' *Voir* le sceau équestre, sur *cire jaune*, de *Guillaume de Bonebos*, chevalier, année 1212, pl. IIIᵉ, scel nᵒ 4.

' Robert exerçait à Jumiéges, comme *abbé*, de 1771 à 1778.

COULEUR ET MODE D'EMPLOI DE LA CIRE A SCELLER.

Au XIIᵉ siècle, comme au XIIIᵉ, chacun employait de la cire *blanche*, *jaune* ou *verte*, à son gré, ainsi qu'on le voit ci-dessus, et que cela est démontré par le scel nᵒ 4 de la pl. IIIᵉ, tandis que sous les rois des deux premières races, et sous les premiers de la troisième, le sceau royal fut toujours blanc, comme le remarquent les diplomatistes.

Il existe aux archives de la Seine-Inférieure une charte de Charles le Chauve en faveur de l'abbaye de Saint-Ouen, de la deuxième moitié du IXᵉ siècle, où le sceau du Roi, intaille de tête antique, est appliqué en *cire blanche* ou *jaunâtre* sur le diplôme même en parchemin. Nous n'avons pas été à même de signaler d'autres sceaux de ce genre, parce que les chartes d'une époque aussi reculée ne figurent guères que par leur transcription dans les cartulaires; mais au XIIᵉ siècle, nous trouvons les sceaux pendants aux chartes mêmes, soit qu'ils émanent des seigneurs ecclésiastiques, séculiers, soit même de nos rois, usage qui se généralisa alors et se perpétua dans la suite.

Le Recueil de Migien, pl. XVIᵉ, donne le dessin du scel de *Charles le Chauve* en 840. C'est une tête romaine ceinte de lauriers, avec agrafe de la toge sur l'épaule. L'intaille antique est enchâssée dans un cercle autour duquel on lit : + KAROLUS GRATIA DI REX.

Voir, pour le *costume*, notre pl. VIIᵉ, nᵒ 2.

Sceaux n° 4 et 5.

1178 à 1187 (sans date.)

Sceaux en cire verte, sur queue de parchemin.

Transaction en latin entre les abbayes de Sainte-Marie de Walmont, de Montivilliers et de Saint-Georges-de-Boscherville, touchant les églises et les dîmes du *pourpris* de la forêt de Lillebonne (Lislebone).

Le n° 4 représente l'abbé de Saint-Georges assis, tenant de la main droite une haste [1], et de la gauche un livre.

Le n° **5** porte pour légende :

SIGILLVM CAPITVLI. S. MA. DE WALMONT.

L'abbé de droite présente un lys en signe de paix.

Prieuré de Longueville-la-Giffard [2].   Sceau n° 6.

Commencement du XII° siècle (sans date.)

Sceau équestre en cire rouge appendu à un tube de soie verte.

Légende fruste.

Willelmus de Hūm [3] confirme aux religieux de Longueville les donations de l'église et dépendances *sancti Petri de Apegard* (Aup-

[1] La haste chez les Romains était comme chez les Juifs le symbole de l'autorité, c'est pourquoi les décemvirs *in litibus judicandis* présidaient *hastæ*; c'est-à-dire aux ventes à l'encan (Loi II, §, 29, digeste) *de origine juris*.
En France, au Moyen-Age, on disait: *sub haster*, dans les mêmes circonstances.
Voir la note du scel n° 2, pl. XVI°, *criées* d'immeubles ou *sub-hastations* en 1337.

[2] *Voir* Duplessis, t. I, p. 122, *Description de la Haute-Normandie*.

[3] *De hummis* — Du homme, ou houlme-sous-Rouen. — Ce nom, comme l'observe Dom Duplessis, n'est autre que le teutonique hom ou *ham*; c'est-à-dire en français, demeure, village, *hameau*. — Dans l'ancienne liste des 119 gentils-hommes qui, en 1423 et 1424, défendirent, sous la conduite du sire d'Estouteville, le Mont-Saint-Michel contre les efforts impuissants des Anglais, figure obert D t Homme. (Masseville, p. 145, 4° partie, *Hist. norm.*)

pegard), que leur en ont faites le comte Giffard et ses antécesseurs, pour le salut de leur âme.

A cette charte figurent treize témoins y dénommés, — et *pluribus aliis* (sic).

———

Jumiéges   Sceau n° 7.
pour Saint-Martin-de-Boafle.

1207.

S' PHILIPPI DE BVELEIA MAILLARD.

Sceau de cire verte sur queue de parchemin.

Confirmation par Philippe DE BVELEIA MAILLARD, des dons que *Evrardus*, son père, et ses *antécesseurs* ont faits à l'église de Jumiéges,

La légende circulaire a été mal reproduite sur le sceau lithographié, dont le champ est un griffon ailé [1].

———

Abbaye de Jumiéges.   Scel n° 8 et dernier.

1219.

✚ SIGILL' WIL' DE INSVLIS.

Sceau de cire verte pendant à un tube de soie rouge. — Tête informe.

Sceau de cire verte pendant à un tube de soie rouge.

Guillaume Des Iles vend deux sols de rente annuelle aux religieux de Jumiéges, moyennant 20 sols tournois, et il confirme cette vente par l'apposition de son sceau.

Actum apud Gemeticum (Jumiéges) anno incarnati Domini M˙ CCᶜ nono decimo.

[1] Dans l'*Archæol. angl.*, t. XXX, pl. 18, est figuré sur un onix un pégase ou griffon ailé avec cette légende autour :

✚ NVNTIO VOBIS GAVDIVM ET SALVTEM.

———

PLANCHE VI.

PLANCHE VI°.

XII°, XIII° ET XIV° SIÈCLE.

9 SCEAUX.

—

Scel n° 1, équestre . . . . mai 1293.

— n° 2 ⎫
— n° 3 ⎬ 4 petits sceaux aux quatre
— n° 8 ⎪ angles de la planche. . . 1285.
— n° 9 ⎭

— n° 4. . . . . 2° moitié du XII° siècle.

— n° 5. . . . . juin 1219.

— n° 6. . . . . juillet 1382.

— n° 7, ovale. . . . . 1252.

—

OBSERVATION.

Voir *le texte qui suit la planche pour le sommaire des chartes et la légende des sceaux.*

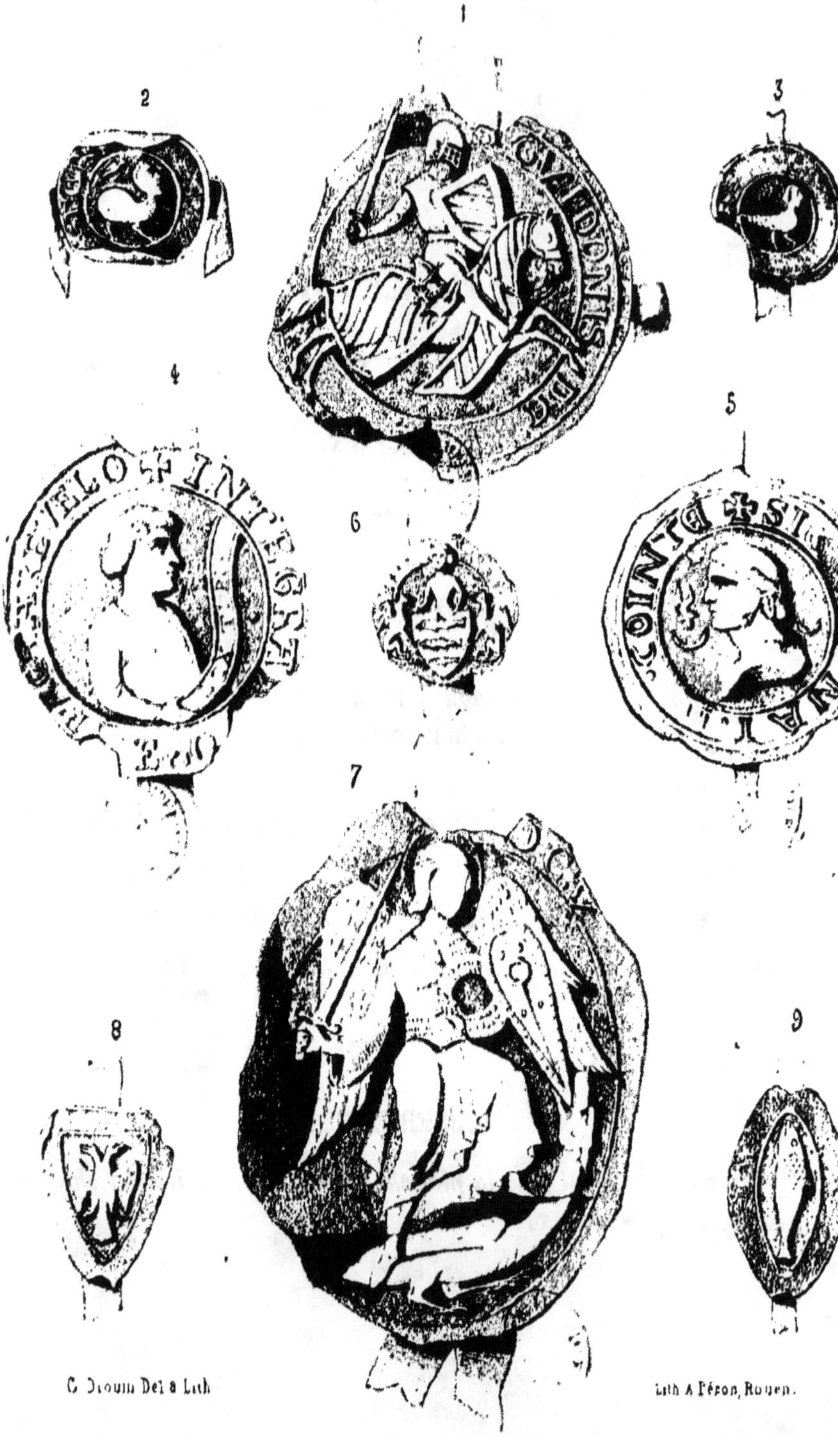

C. Drouin Del. & Lith.　　　　Lith. A. Péron, Rouen.

SOMMAIRE DES CHARTES

ET

LÉGENDES DES SCEAUX.

———

PLANCHE VIe.

XIIe, XIIIe ET XIVe SIÈCLE.

9 SCEAUX (DONT 8 A DES CHARTES LATINES.)

———

Abbaye de Saint-Ouen.   Scel n° 1.

Le sceau équestre en tête a pour légende :

S' GVIDONIS DE RVPE, MILITIS '.

Mai 1293.

———

« Guy, seingneur de la Roche-Guion ², chevalier, confirme *par*
« *l'empreinte de son propre scel* (sic), la vente faite par Guillot

' Dès l'année 1187, les chevaux bardés étaient en usage dans le nord de la
France (Voir *rerum Gallic.*, t. XVIII, p. 386, ad annum 1187).

Ce fut là, apud *castrum Andeliaci*, qu'eut lieu, au mois d'août 1200, le traité
intervenu entre le roi d'Angleterre et le comte de Flandre et de HAINAULT,
auquel Hugues de Gournay et Robert comte de Meulan apposérent leur sceau.
(*Thesaur. anecdot.*, t. I, *Miscellanea*, p. 772.)

² En 1419, la Rocheguion, qui, avec le château Gaillart, etaient les plus fortes
places du duché de Normandie, fut forcée de se rendre après un siége de deux
mois, au roi d'Angleterre.

Dans le manuscrit de Thorigny publié par M. Dubosc, archiviste de la Manche, dans le Journal des savants de Normandie, 3[e] livraison 1844, p. 213, pour
l'époque de l'occupation anglaise, on lit : « *Roche-Guyon :* 1 lancea equestris
« et XX archiers et dictum fortalitium de Roche Gyon erit custoditum pro
« summa VIII[c] lib., t. per annum incipiendo primo die maii anno Christi
« mil CCCC XL VI (1446). »

« d'Oynville, écuyer aux religieux Saint-Ouen, de Rouen, *d'un tra-*
« *vers* (sic) qu'il avoit en lisle de Gâani. »

Au revers : Le contre-scel porte l'*écu* du chevalier avec ces mots :
SIGILLVM SECRETVM.

N. B. La charte est en français.

« Ce fut fet len de grace mil deux cenz quatre vinz et treze, le sa-
« medi après la Trinité, et mois de may. »

Archevêché   Aux quatre angles, petits
Le lundi avant la St-Mathieu.   scels 2, 3, 8 et 9.

1285.

Mandement de l'archevêque de Rouen, *Guillaume*, contre les frères
prêcheurs Gautier du Pont-Audemer, Pierre de Sauquetot et autres,
qui, à tort, s'arrogent le droit de prêcher le peuple, *quoique l'époque*
de prêcher la croisade soit depuis longtemps expirée. (Licet tempus
predicandi de cruce jam dudum transierit); c'est pourquoi défense
est faite au clergé de les admettre à aucune assemblée, sous peine
d'encourir l'excommunication.

L'acte se termine ainsi : « Datum sub sigillo curie nostre Rothoma-
« gensis, anno domini Mº CCᶜ octogentesimo quinto die Jovis ante
« festum beati mathei apostoli. »

N. B. Le parchemin offre cette particularité qu'il est découpé à
droite en petites bandelettes, à l'extrémité de chacune desquelles
figure le petit scel de chacun des membres du conseil de la cour
ou de l'officialité, dont le nom écrit le précède.

Le n° 2 représente une tête humaine sur le corps d'une chimère[1].

[1] Dans le Recueil de sceaux publié par Migien en 1779, on voit figurer sous le
n° 12 de la pl. IIᵉ des sceaux du XIIIᵉ siècle, un petit sceau ovale qui représente un sphinx ayant tête humaine *avec un capuchon*, le corps et les pattes
d'un oiseau, et la queue d'un dragon. S. *Johannis Nicolaï.*

Ibid. en la pl. IVᵉ, sous le n° 17 : une chimère à tête de femme.

Le scel de Nicolas de *Deppa* en 1212, représentait un singe *en capuchon*,
sorte de satyre qui se remarque encore à l'entrée nord de notre église Notre-
Dame.

Le n° 3, qui est celui du doyen de Pavilly, est le *corps d'une pie, implanté* d'une tête de femme.

Cette charge burlesque se remarque aussi dans un des cadres de pierre, à droite de la porte d'entrée de notre église Notre-Dame, côté nord.

Le n° 8, qui est un aigle à deux têtes, et dont le champ est en forme d'écus, est celui du doyen de Pont-Audemer.

Et le dernier, n° 9, dont le champ *est un poisson*, est le scel du doyen de Neufchâtel.

Jumiéges pour Pont-Authou.   Scel n° 4.

2° moitié du XII° siècle (sans date.)

Sceau en cire jaune sur queue de parchemin, avec cette légende circulaire :

INTEGRA PERACTA REVELO[1].
(Je révèle tout ce qui a été fait).

Le sceau figure le buste d'un homme dont la main droite tient une bandelette flottante avec ces mots : LEX TIBI. — *C'est ta loi.*

La charte est la concession faite par *Roger* [2], abbé de Jumiéges, et par le couvent, aux chanoines du Bourg-Achard, d'un emplacement (sedem) pour la construction d'un moulin au Pont-Autou (*apud Pontem Autou et Altou*), moyennant c sols par an ; payable la moitié à la fête Saint-Remi, et l'autre moitié, le premier jour de mars.

---

[1] Dans l'archœol. anglic., vol. XXX, pl. XVIII°, n° 12, est gravée une tête d'homme à barbe frisée, d'après une intaille antique employée pour cachet avec cette légende circulaire : EGO SECRETA TEGO. C'est la devise retournée.

[2] Roger fut élu abbé de Jumiéges en 1169, et mourut en 1177.

Jumiéges.   Scel nᵒ 5.

Juin 1219.

Il a pour légende :

SIGILLVM HENRICI LECÓINTE.

C'est une intaille antique dont le sujet est le buste d'une femme grecque ¹ entre deux croissants.

La charte est une donation par *Henri Lecointe*, d'un masage entier sis au bourg de Jumiéges, sous la réserve d'habitation viagère pour lui et sa femme, en payant 12 deniers par an.

Abbaye de Fécamp.   Petit scel nᵒ 6.

25 juillet 1382.

Au milieu : petit scel privé soutenu par deux griffons.

Quittance par *Jehan de Rochois*, procureur de tres révérend père en Dieu mons. le cardinal d'Amiens, à honneste Dampt Anceaume, gouverneur du prieuré de Saint-Gervais-lès-Rouen, de 250 livres tournois dus audit seigneur.

¹ *Voir* une petite tête grecque, pl. IXᵉ, nᵒ 3, pour contre-scel de l'archevêque Guillaume.

Dans l'archeol. anglic., t. XXXᵉ, pl. XVIIIᵉ, nᵒ XI. — C'était aussi *une tête de femme* ceinte de lauriers intaille antique, employée pour le sceau de *Willaume*, archidiacre official au XIIIᵉ siècle (Archives du collège de Winchester).

Ces pierres rapportées de l'Orient à l'époque des croisades, par les chevaliers ou les pèlerins, étaient adoptées de préférence pour sceller les actes, parce que la contrefaçon du scel était impossible à l'époque du Moyen-Age, où les arts étaient tombés en décadence, comme nous l'observons pl. VIIᵉ, nᵒ 1.

Ce petit sceau, soutenu par deux griffons, dont l'écusson porte *trois poissons* ¹, est à l'extrémité d'une découpure de l'acte.

———

Scel n° 7.

1252.

Grand sceau ovale en cire verte sur queue de parchemin,
L'archange saint Michel ² *terrassant le dragon.*

—

Ce sceau est apposé à un accord passé entre le frère Guillaume, abbé du monastère saint Michel du Tréport (de ulteriori portu), pour lui et son monastère, d'une part, et le vénérable père Odo, archevêque de Rouen, d'autre part, au sujet du droit de patronage des églises de Réalcamp (de regali Campo) et de Albinimonte, — dont la dernière seulement restera dans la dépendance de l'abbé, comme provenant de la collation de noble dame comtesse d'Eu (comitisse de Augo).

N. B. *Les petits scels 8 et 9 sont réunis aux n°⁵ 2 et 3 comme étant de la même année 1285.*

La chronique de Monstrelet nous apprend que les Anglais, en 1413, étant débarqués en grand nombre *au Tréport*, pillèrent la ville, et y mirent le feu, « et *pareillement ardirent l'église* ³ *et monastère* « *d'illec et aucunes villes assez près,* » et qu'après être restés à terre

¹ Au Moyen-Age, ainsi qu'au temps des premiers chrétiens, les anneaux sigillaires portaient des signes symboliques et particuliers de la foi avec certaines lettres initiales, comme pour recommander la prudence et les autres vertus, manifestées aussi par une colombe, *les poissons, une nef* ou une ancre significative du salut.

² A une *Minerve armée de sa lance*, intaille antique, a été ajouté depuis pour scel, un cercle portant cette légende . *Angelus consilii fortis gladiator.* Voir ce sceau en l'archéol. anglic., vol. XXX°, p. 440.— C'est le même symbole.

A Paris, la corporation des pâtissiers, d'institution fort ancienne, avoit pour sujet de jeton au XV° siècle, le *saint Michel ci-dessus* (Plombs historiés, notice par A. Forgeais, 1858. Paris, p. XL).

³ Cette église est pittoresquement située à plus de cinquante mètres au-dessus du port. Elle appartenait à un couvent de l'ordre de Saint-Benoist, qui subsista au Tréport jusqu'à la révolution de 1792, et dont il ne reste plus aujour-

vingt et une heures, ils se rembarquèrent pour l'Angleterre *avec toute leur proie.*

Si l'occupation anglaise paralysa quelques années après le pouvoir royal en Normandie, il n'abattit pas du moins le courage de nos marins dieppois ; en effet, les voici qui réunissent leurs barques de pêche dites *Baleiniers* pour aller exercer des représailles en Angleterre, en la ville d'*Aurneulles?* d'où ils rapportent nombre d'effets mobiliers et marchandises.

Ce fait inédit et glorieux pour nos annales résulte du grand compte de l'archevêché de Rouen, tant en 1431 qu'en l'année 1450 à 1451 (vieux style), qui constate les droits d'entrée perçus par le receveur du prélat, comme seigneur haut-justicier de Dieppe. (Voir ce qui est dit p. 157, de notre volume).

Voici les noms de ces braves marins qui figurent au compte de juillet 1451 (vieux style) :

Robin Laimot; Jean Huet ; *Guillemim Harenc* ; Colin le Villain ; Pierre le Loue ; Jehan Le Moigne ; Massin Pillemart; Jacquet Héricher; Jehannot Bense ; *Robin Achier*, ce dernier, maître *d'une barque à Château*, et les autres, *maîtres de baleiniers* (ou *balenjers?*[1]).

Il est à remarquer que dans la recette de Dieppe, dès le 19 octobre 1437, nous voyons figurer *Guillemin Harenc* qui acquitte 2 s. 6 d. et 3 s. à raison de la prise de deux *vaissels prins sur les ennemys,* dont l'un était chargé d'étoffes, draps et peaux, et l'autre de xie *de poix, raisine.*

d'hui aucune trace, excepté l'inscription latine qu'on trouve au milieu du chœur de l'église sur un marbre noir, et dont voici la traduction :

« A la mémoire éternelle des princes sérénissimes le comte d'Eu (Robert), et « Béatrix, son épouse, fondateurs de ce monastère en l'an 1036. Ce prince ma- « gnifique mourut le 6 des ides de septembre 1080, et la noble Béatrix le 6 des « ides d'avril 1060. Tous deux reposent dans cette église. Le temple et le mo- « nastère furent détruits par la fureur des Anglais, dans les années 1339, « 1384, 1413 et 1545. Le monument des fondateurs fut aussi détruit. En témoi- « gnage de leur vénération, de leur amour et de leur gratitude envers leurs « nobles patrons, le prieur et les moines du Tréport de la congrégation de « Saint-Maur ont fait poser cette pierre l'an 1777. »

(Revue française, t. IV, n° 1, 1837. — Article de M. Le Roux de Lincy, — sur le Livre Rouge de la ville d'Eu.

[1] Le balenger était un navire de troisième ou de quatrième rang. Voir *Magn. rot. scacc. norm.,* p. 275. — Note de M. de Fréville, *Comm. mar.,* t. II. p. 280.

Mais en janvier 1450 [1], les prises deviennent plus importantes, car *Guillaume Harenc*, *Robin Achier* et Jehan Desmarques, maistres *estoreurs* [2] *de plusieurs navires de guerre*, déclarent une prise de xLV milliers de fer pour laquelle ils acquittent vii liv. 10 p. t.

Puis, en mars suivant, ledit *Robin Achier*, *tant pour lui que pour les autres quarteniers et advitailleurs de plusieurs navires de guerre*, déclare Lx milliers et demi de fer pris avec une nef sur l'ennemi.

N. B. *Il résulte du compte précité de 1437 que les marchands de Castille étaient francs de tous droits d'entrée*.

Si ces détails paraissent ici trop accessoires à notre sujet, ils n'en sont pas moins intéressants à consigner pour notre histoire locale.

Ces courses maritimes toutes spontanées, et comme représailles de la part de nos marins pêcheurs, eurent leur retentissement. En effet, les Normands, loin même du littoral, non contents d'avoir purgé le sol de l'étranger, résultat de la bataille de Formigny, gagnée en 1450, voulurent encore le harceler jusque dans ses propres foyers. C'est ainsi que la *Chronique* de Monstrelet nous apprend que quelques années après, en août 1457, « le grand-sénéchal de Normandie, les baillifs *de Rouen*, de Caen, d'Evreux, de Gisors, et plusieurs autres seigneurs de cette province, équipèrent à Honfleur une flotte de quatre mille hommes, avec laquelle *ils descendirent en Angleterre*, prirent d'assaut la ville de Sandowic (Sandown?), y tuèrent trois cents Anglais et la saccagèrent, mais furent forcés de se rembarquer avec leur butin. » Succès qui devenaient l'objet de manifestations à la fois religieuses et publiques; c'est du moins ce que l'on peut induire des fêtes et *mystères* dont la célébration [3] avaient lieu dans l'église *Saint-Jacques* de Dieppe, parce qu'en 1443 les habitants, avec le secours du dauphin, étaient parvenus à expulser les Anglais de la ville et de sa forteresse. Aussi y révérait-on *la grande image de la Vierge en pur argent* que ce prince avait donnée à cette

---

[1] *Voir* ce qui est dit pl. IIe, à la suite du scel n° 4, sur l'occupation anglaise en Normandie sous le rapport du changement de sceau.

[2] C'est-à-dire maîtres d'équipement. *Voir* le mot *estorement* employé pour *ameublement* dans un titre du 28 mars 1421, cité au n° 2 de la pl. VIIe.

[3] *Notice sur Dieppe*, par Licquet. Rouen, 1817, p. 366. A Rouen, on célébrait le *mystère de la Passion*, comme cela est consigné dans l'un des registres des délibérations de notre Hôtel de-Ville, à la date du 18 août 1491.

église[1]. On conçoit aussi que dans ces sortes de *scènes*, *l'archange saint Michel terrassant le Dragon* y figurait des premiers ; et tel était le prestige qu'il exerçait sur les esprits, qu'en 1469 Louis XI, par lettres-patentes du 1er août, datées du château d'Amboise[2], institua l'ordre de Saint-Michel, en mémoire de ce que cet archange avait particulièrement protégé contre les Anglais le mont de notre province qui lui est consacré, et où sa statue, couverte de lames d'or[3], avait toujours été en grand honneur et figurait encore en 1567 sur la plus haute des flèches du mont. Il est curieux de rappeler le préambule de ces lettres : « A l'honneur de monseigneur saint Michel, « archange, *premier chevalier*, qui, pour la querelle de Dieu, *victo-* « *rieusement batailla contre le Dragon, et le tresbucha du Ciel*, e « qui son lieu ordinaire, appelé le *Mont-Saint-Michel*, a toujours « sûrement gardé, préservé et défendu sans être prins, subjugué, ne « mis ès mains des anciens ennemys de nostre royaulme, etc., etc. »

Comme on le voit, telle était la foi de nos pères en la puissance de cet archange, que pour mieux glorifier son courage, ils honoraient ce saint du titre de *premier chevalier,* et lui en attribuaient le costume et les insignes en l'invoquant comme leur patron et chef de l'ordre de chevalerie, qui comptait trente-six membres, et dont les séances se tenaient au Mont-Saint-Michel.

Peut-être dans cet article nous sommes-nous trop complu dans les détails; mais comme ils révélaient certains faits inédits et glorieux pour notre province, nous avons cru devoir les exhumer de nos archives.

N. B. Les scels n°s 8 et 9 sont réunis au n° 2 ci-dessus, comme annexés à la même charte.

---

[1] Masseville, *Hist. norm.*, p. 194.

[2] Masseville, *ibid.*, t. IV, p. 285.

[3] *Annales religieuses de l'Avranchin.* — *Mont-Saint-Michel*, par M. l'abbé Desroches, curé d'Isigny. — *Mémoires des Antiq. de Norm.*, XVIIe vol., 1847.

PLANCHE VII.

PLANCHE VIIe.

XIIIe ET XIVe SIÈCLE.

9 SCEAUX.

—

Scel n° 1 . . . .   août 1224.

— n° 2 . . . .   juin et août 1222.

— n° 3 . . . .   juin 1259 (en français).

— n° 4 . . . .   mars 1207.

— n° 5 . . . .   1219.

— n° 6 . . . .   1235.

— n° 7 . . . .   vers 1220.

— n° 8 }
— n° 9 } . . . .   novembre 1310.

———

OBSERVATION.

Voir le texte qui suit la planche pour le sommaire des chartes et la légende des sceaux.

2

1

3

4

6

8

7

9

SOMMAIRE DES CHARTES
ET
LÉGENDES DES SCEAUX.

PLANCHE VIIe.

XIIIe ET XIVe SIÈCLE.

9 SCEAUX (7 CHARTES LATINES, 2 EN FRANÇAIS.)

Scel n° 1 (Hercule.)

Août 1224.

✚ SIGILLVM (S') WILLERMI DE MORT' MARI.

Scel en cire verte sur ruban id.; et pour contre-scel un quadrupède.

Donation par Guillaume de Mortemer [1] (de mortuo mari), *miles* de XL sols tournois de rente *Abbati et fratribus sancti Leonardi de Calmis*, pour le salut de son âme et *de ses ancesseurs.*

C'est une intaille antique entourée d'un cercle portant la légende ci-

---

[1] A la charte de 1216, pl. XIe, n° 9 (*de Lunda*), au nombre des témoins figure *Henricus de mortuo mari* miles.

A la charte de juin 1259, n° 3 de cette pl. VIIe, figure *Johenne*, dame *du Bec de Mortemer*, femme du seigneur Guillaume Crespin. La baronnie du Bec-Crépin dit *Mortemer*, située dans le bailliage de Caux, était possédée en 1672 par Nicolas Rômé, de Fresquienne, conseiller au Parlement de Rouen, qui en rendait aveu au Roi. — Dom. Duplessis, t. I, p. 327.

D'après cet auteur, il ne faut pas confondre ici cette seigneurie avec le Mortemer-sur-Eaulne, situé entre Aumale et Neufchâtel, où durent être enterrés les Français qui, surpris par l'armée du duc Guillaume, périrent dans une bataille de l'an 1055, qui en a retenu le nom, et que le *Roman du Rou*, par Robert Wace, signale ainsi :

> Franceis, Franceis, levez vous !
> Tenez vos veis, trop dormez !
> Allez vos amis enterrer
> Ki sont occis à *Mortemer*.

C'était sans doute le refrain d'une ballade normande du temps.

dessus, et dont le sujet représente *Hercule* [1] *étouffant le lion de la forêt de Némée.*

Abbaye de Jumiéges.   Scel n° 2.

Juin 1222, août 1222.

SIGILLVM RADVLFI DE BOS-ROBERTI.

Tête d'empereur romain [2], en cire verte sur lacs le soie rose.

Radulfus *Recuchon* miles (de Bos-Robert [3]) concède aux religieux de Jumiéges le droit qu'il pouvait réclamer sur le fief de Neuvilette,

[1] C'était à l'occasion des fêtes instituées à Héraclée, en l'honneur de ce héros, que des pierres gravées à son effigie se répandirent dans l'Orient, d'où elles furent rapportées au Moyen-Age par les pèlerins et les Croisés.

Dans un Traité de *Annulis* qui est à la bibliothèque de Rouen, au chap. XXI, p. 156 et 346, de *annulis magicis* (des talismans), l'auteur cite un passage d'auteur grec, d'où il résulte que chez les anciens, des médecins empiriques recommandaient, comme un puissant spécifique contre certaines affections morbides, l'usage d'un anneau d'or enchâssant une pierre gravée ayant pour sujet : Hercule, erectum suffocans *Leonem*. Le même sujet se remarque sur le nœud de la tige qui supporte le précieux reliquaire émaillé du XIIe siècle, que possède l'église cathédrale de Reims, connu sous le nom de *Sanson*, comme provenant de la libéralité de l'archevêque de ce nom.

[2] Cette tête ceinte de lauriers nous rappelle ce que Suétone *in Augustum* dit de cet empereur : « Dona militaria, aliquantò faciliùs, phaleras et torques « quidquid auro argentoque constaret, quàm *vallares* ac *murales coronas*, « *quæ honore præcellerent dabat.* »

Ainsi, c'était parce que le laurier était la plus haute récompense militaire, qu'il décorait le front des Césars.

Le champ du sceau entouré d'un cercle où se lit l'inscription ci-dessus, n'est autre qu'une intaille antique représentant le *buste d'un empereur romain* tel que celui d'Auguste ou de Jules César.

Pareille tête était figurée sur un onyx à trois couleurs qui décorait le fond d'une paix, ou patène en vermeil de l'église Notre-Dame, de Rouen.

Le Chapitre, pour complaire à Louis XIV, lui en fit don en 1686 ; et le Roi fit déposer cette pierre précieuse en son cabinet des médailles, avec un grenat de la même provenance. (Ancien inventaire m^{it} du Chapitre Notre-Dame de Rouen.)

[3] Le nom de *Boisrobert* appartient à la Normandie ; il rappelle celui de l'un des fondateurs de l'Académie française, né à Caen en 1592 et mort en 1662. Ses œuvres de poésie lui ont peu survécu.

comme héritier de *Nicolas Burnel* (voir le sceau de ce dernier, pl. xv°, n° 4), dont était tenant *Nicolas Dutuit, dit le sénéchal* [1], lorsque celui-ci leur en fit don.

Actum apud Burgum-Acardi (Fait et passé au Bourg-Achard).

Dans une charte de la fin du xii° siècle à laquelle la précédente (1222), est annexée, figure *Nicholaus de Lunda*, qui confirme à Nicolas le sénéchal, toute la tenure (tenementum), avec fief, homme et dépendances, que Nicolas Burnel lui avoit donnée pour son service, à Neuvilette *(apud Neuvilette)* sans autre réserve *qu'une demi-livre de poivre* de rente annuelle au profit du cédant.

Puis on lit à la fin : « Pro hujus hereditatis concessione donavit « mihi ipse Nicholaus (seneschallus), *unum annulum auri de reco-* « *gnitione*, et fecit mihi homagium.

Cet anneau d'or [2] dénote à la fois l'investiture symbolique du fief, et l'aveu de la vassalité du tenant, comme homme lige sujet à hommage [3].

A cette charte (xii° siècle), est appendu un sceau de cire rougeâtre

[1] *Voir* le scel de Nicolas Dutuit en 1216, pl. xi°, n° 9.

[2] *Voir*, quant à l'emploi de l'anneau d'or dans les conventions, l'exemple notable que nous citons dans notre ouvrage, p. 156. Mais par la raison inverse, si l'accord était révoqué entre les parties, on brisait *publiquement* l'anneau qui en était le symbole. C'est ce qui eut lieu en l'audience de notre échiquier le 9 novembre 1469. *Voir* notre introduction au sujet de la réversion de la Normandie à la couronne de France, qui n'en avait été détachée que peu de temps : « Annulus quo Carolus Ludovici XI frater, sibi Normanniam « desponserat, Regis jussu, senatûs auctoritate fractus. » Tel est le sujet historique d'une gravure en médaillon qui figure en tête d'une thèse philosophique imprimée et soutenue en 1684, que possède M. Lormier, avocat, et qui, à l'époque du règne de Louis XIV, avait bien sa signification.

[3] Ce mode d'investiture n'était pas le seul ; ainsi, dans une charte de 1194, conservée dans notre ancien Chapitre Notre-Dame, nous voyons l'hommage recognitif s'opérer *par une guimpe* offerte à la femme du seigneur, ou par *une paire d'éperons* offerte à son fils. — Il s'agissait, dans l'espèce, d'un voyage à *Jérusalem* et du retour, à effectuer par Guillaume Grognet et les siens, sous les auspices de Gautier de Castellon, qui, au moyen de valeurs échangées entre eux, et de l'hommage ci-dessus, les admettait à la participation d'un cinquième dans les bénéfices de l'entreprise. « Et hoc mihi tenendum *sicut* « *domino* juravit, et ego ei *sicut legitimo homini meo*. Actum fuit coràm Luca « *de Donjon*, tunc majore rothom, testibus, etc., etc. »

Cette charte, sous le n° XVI, a été transcrite en entier dans l'ouvrage de M. de Fréville, t. II, *Sur le Commerce maritime de Rouen* (édition 1857).

sur cordon de soie verte figurant un *petit cavalier avec guidon*, qui
paraît être l'empreinte d'une intaille antique enchâssée dans un petit
cercle qui porte pour légende en lettres retournées :

SIGILLVM NICOLAI DE LVNDA.

Ce sceau de *Nicolas de Lunda* [1] (Delalonde) est dans le genre de
celui de Pierre de Longueville au n° 9 de la pl viii°.

Dans les rôles de l'Echiquier Normand. *sub regibus Anglie*, publiés
en 1840 (t. Ier. p. cxliii), par *Thomas Stapleton*, nous trouvons
cette mention : « Nicolas Delalonde (De Lundâ) pro Ballia suo et pro
« escaetis et pro vinagio — I-E pro vice comitatu inter Rislam et
« secanam. »

Cet auteur a aussi publié une carte des possessions anglaises sur
notre continent vers 1200.

En la pl. xi°, n° 9, anno 1216, figure le scel de Johan de Lundâ.

Abbaye du Valasse.   Scel n° 3.

Juin 1259.

Scel ovale de Johenne, dame du Bec de Mortemer [2], *femme du seigneur*
Guillaume Crespin [3].

Fondation de xl sols de rente annuelle au profit des religieux du
Valasse, pour obit, à prendre *sur ses hommes du devant dit Bec de*
Mortemer.

A cette charte qui est en français, circonstance rare pour l'époque,
est appendu le sceau ci-dessus, en cire blanche sur queue de parchemin, le contre-scel en mi-partie losangé, c'est celui de son mari.

---

[1] Ce personnage figure encore pl. xiv°, n. 4.

[2] *Voir* ci-dessus n° 1er, le sceau de Guillaume de Mortemer.

[3] *Voir* le sceau de Guillaume Crespin, pl. iii°, n° 3, du mariage de ce seigneur
(v° du nom), avec Jehanne de Mortemer naquirent *Jean*, baron du Bec Crespin
— et *Jean* Crespin , sieur de *Dangu et de Mauny*. — (*Histoire généal.*, par
Dom Anselme, t. VI, p. 633, D).

Voici d'ailleurs la teneur de cette charte :

Juin 1259.

Fondation de xl *s. de rente annuelle aux religieux du Valasse,*
pour obits.

« Sachent touz ceus qui ces lestres verront et orront, que je *Johenne*
« *Demne du Bec de Mortemer*, femme mon dit *seigneur Guillaume*
« *Crespin* par l'octroi du devant dit Guillaume et par sa volenté ai
« lesie et donné à labé et au couvent du Val (Valasse) a ce xl souz
« de tournois de rente a pitance au moignes pour fere chacun an
« mon anniversaire, et l'anniversaire mon segneur apres son deces,
« et voulons et otroion que les devanz diz xl sous soient pris chacun
« an suз nos rentes du devant dit *bec de Mortemer* à la feste Sainte-
« Croiz en septembre et se les devantz diz xl souz n'estoient paiez au
« terme devant nommé, nous voulons et otroions que le devant dit
« abé et tous ceus qui apres li seront, puissent fere justise sus nos
« hommes du devant dit bec de Mortemer jnsques a tant que les de-
« vanz xl souz soient paiez, et que ce soit ferme et estable, je johenne
« et moi dit segneur avon confermé cest present escrit de nos sceaux.
« Ce fut fet en l'an de grâce mil cci. et neuf (1259), en mois de juin
« feste saint Johen Baptiste. » ·

Abbaye de **Jumiéges**.   Scel n° 4.

Mars 1207.

SIGILLVM GAVTERII DE GORNAI[1].

Sceau équestre en cire rouge sur queue de parchemin.

Confirmation par Walterius de Gornaio, en faveur de l'abbaye de

[1] *Voir*, pour les seigneurs de Gournay-en-Bray, ce que dit Dom Duplessis,
t Iᵉʳ, p. 17, etc., et l'*Essai historique et archéologique*, par l'abbé Decorde (1861).

Jumiéges, de toutes les donations que *Ricardus*[1] *filius Garini*, son père, et *Garinus frater ejus* et ses ancêtres, ont faites auxdits reli‑ gieux et des dimes du vieux Verneuil (Veteris Vernolii); et du patro‑ nage réputé lui appartenir en l'église de Saint-Denis de Puisens.

Hoc actum apud Gemeticum in capitulo (Passé au Chapitre de Ju‑ miéges).

M. Daniel de Gurney, anglais de distinction (esquire), qui rattache l'origine de sa famille à celle des anciens seigneurs de Gournay, a recueilli, tant en France qu'en Angleterre, divers documents rele‑ vés sur pièces originales dont il a composé dans sa langue un re‑ cueil historique formant un volume imprimé à Londres en 1848 *The record of the house of Gournay*, qu'il a distribué à ses proches et amis.

Ayant été à même de parcourir momentanément ce volume chez M. le Maire de la ville de Gournay, nous y avons remarqué en l'*appendice* LXXI, le testament en latin de Thomas Gurnay, anno 1469, en la neuvième année du règne d'Edouard IV, extrait du registre of the Bishop of Norwich reg. Jekkis 211 b. — Le testateur après avoir légué ou *recommandé son âme à Dieu, à la Vierge* et aux *Saints du paradis*, dispose ainsi : (Voir deuxième partie, p. 396 :) « Item « capelle annuntiationis beate Marie de Walsinghon *annulum meum* « *aureum* cum uno pretioso lapide vocato unum Turkeys (Tur‑ « quoise) *in eodem annulo impresso*, post mortem meam oblatu‑ « rum.

« Le surplus des joyaux est légué à Marguerite sa femme avec « tous les vêtements personnels au défunt, moins celui qui lui est « réservé. »

---

[1] *Richard*, fils de *Garin*. — *Voir* notre observation sur les noms patronimi‑ ques nº 2 de la pl. XIIᵉ. Ainsi, Gautier de Gournay est fils de Richard, lui‑ même fils de Garin ou Warin, dont le frère est dénommé Garin. Nous voyons figurer *Ricardus filius Warini* comme l'un des témoins en la charte finale de donation du XIᵉ siècle, par Gislebert Crespin, comme nous l'avons vu inter‑ venir au même titre dans une autre charte de la même époque, en la note 7 de la pl. IVᵉ, pour donation de terres à Hauville par Guillaume et Osbern de HOTOT.

Abbaye de Jumiéges.   Scel n° 5.

1219.

—

SIGILLVM WILLERMI FORTIN.

Sceau de cire verte sur cordon de soie rouge. — Sujet : deux poissons.

Vente privée par Guillaume Fortin à l'abbaye de Jumiéges, de ses droits sur le tènement que Nicolas Le Machon tenait de lui à Conihou ; lequel sera libre du service annuel de vavassorie, au moyen de la somme de 60 livres tournois qui a été payée au vendeur.

(Pas de témoins).

Abbaye de Jumiéges.   Scel n° 6.

Anno 1235 in die Sancti Georgii.

—

S' ROBERTI QVENTIN.

Sceau ovale en cire verte sur queue de parchemin.

Robert Quentin vend à l'abbaie de Jumiéges deux sols d'annuelle rente à prendre sur une masure sise à Jumiéges, que Jehan, dit le Roi, tenait de lui moyennant 16 sols tournois.

Abbaye de Jumiéges.   Scel n° 7.

Sans date, mais du commencement du XIIIe siècle.

—

SIGILLVM WLL'MI DE MESNIL.

Sceau équestre en cire rouge sur cordon de diverses couleurs.

« Willelmus de Maisnillo (Guillaume Demesnil) ' abandonne à

' Ce chevalier intervient pour ratifier une charte du mois d'octobre 1238. Voir infra la note du scel n° 2 de la pl. x^e.

« l'abbaye de Jumiéges son pré de Fontaine (apud Fontanas) qu'il
« détenoit des fils de Gislebert et d'Amaury. »

On remarque cette particularité pour la date à la fin de l'acte :
« Actum eo tempore quo Robertus de Harecurt[1] habebat custo-
« diam Ebroice civitatis (coram testibus). »

Scels n°ˢ 8, 9 et dernier.

Novembre 1310.
Après feste saint Roumain. (En français).

N° 8. — Scel ovale de Roger le Cauf, chanoine de Rouen.

S' ROGERII LE CAVF CAN. ROTHOMAG.

N° 9. — Scel ovale de Guillaume de Trie, archidiacre du Vexin en l'Eglise
de Rouen.

ARCHID' WEGASSINI IN ECCLESIA ROTHOMAG'.

Accord entre messire *Grimer de Arcelles*, chanoine de Rouen
(En la présence des arbitres ci-dessus[2]), d'une part. — Et messire
Guillaume Crespin[3], chevalier, d'autre part, par lequel : toutes
choses tenant état, il est entendu que le cheval, drap, et autres choses
indûment arrêtées par ledit chevalier *au trèves de Saint Cler
sur elle comme forfaiz*, seront restitués audit chanoine, qui, en conséquence, consent à la main levée de l'excommunication lancée
contre le ravisseur à ce sujet.

[1] Ce seigneur ne paraît être autre que Robert II, de Harcourt, qui fut l'un
des personnages princiers présentés à Philippe-Auguste, roi de France, pour
servir de caution et de plège à *Jean sans Terre*, roi d'Angleterre et duc de Normandie, pour sûreté du traité fait entre eux, en 1200.

(*Voir* La Roque, histoire Des Harcourt, t. I, p. 10, édition de 1662.)

[2] Et en la présence encore de Guillaume Delisle, chancelier, et de Guillaume
Desessarts, chanoine de Notre-Dame.

[3] *Voir* le sceau de Guillaume Crespin, pl. III°, n° 3, anno 1237.

Voici, du reste, la teneur de cette charte curieuse, qui prouve jusqu'à quel point la force morale triomphe de la force matérielle, et comment la féodalité orgueilleuse se vit plus d'une fois contrainte de courber le front devant l'autorité de l'Eglise, qui était considérée alors comme le refuge des faibles et des opprimés lorsqu'ils réclamaient son appui, même dans des circonstances de peu d'importance en apparence; mais c'est qu'alors le principe de liberté était violé, comme on peut le voir ci-après.

1310.

Le merquedy devant feste saint Roumain.

« A tous ceus qui verront ces lettres. *Guillaume de Trie*, arcediacre « de Veugessin le Normant en l'Eglise de Rouen; Guillaume de Lille, « chancelier; Rogier le Cauf et Guillaume des Essarts, canoines de « Rouen, salut. Sachent tous que l'an de grace *mil trois cens dis*, le « merquedi devant feste Saint-Roumain, au traitié de composition « aimable sur le descort meu entre honorable homme *messire Grimer* « *de Arcelles*, chanoine de Rouen, d'une part; et noble messire « *Guillaume Crespin*, chevalier d'autre, pour reison de un cheval, « drap, et autres choses dudit chanoine arrestes et détenus *au treves* « *de Saint Cler sus ette* (Epte) par le commandement dudit chevalier « comme forfaiz[1], si comme il maintenoit par plusieurs raisons Ledit « chanoine affermant le contraire par autres raisons, fusmes presens et « sommes certeinement remembrans que accordé fu des deus parties « que ledit chevalier avant toutes choses restabliroit et rendroit plenie- « rement audit chanoine lesdis cheval, drap, et toutes autres choses *ou* « *le pris*, et ledit chanoine souffriroit que ledit chevalier fut absouz de « la sentence dont il estoit *escommenié*[2], pour la prise et retenue desdis « biens, et que se les arbitres esleuz sus le descort ne le fixoient

---

[1] Confisqués, sujets à amende : sans doute pour cause de prétendue contra-vention au droit de péage du seigneur.

[2] L'affaire, dans l'espèce, avait même été portée jusqu'à Rome, où le pape, par une bulle expresse, avait autorisé l'Eglise de Rouen à lancer l'excommuni-cation contre le seigneur récalcitrant.

C'était justement l'époque des fameux démêlés entre Boniface VIII et Phi-lippe-le-Bel, et l'on voit jusqu'à quel point le pape était jaloux des prérogatives

« dedens le terme qui a ce fu assigne, ce compromis ou acort qui feit
« fu, ne porteroit prejudice aus parties que eus ne peussent l'un vers
« lautre leur droit de moner et poursuivre sans ce que des biens
« dessus dis ou de leur pris deust estre faite resaisine audit chevalier
« quar de ce ne fu riens traitié ne accorde.

« En tesmoing de ce nous avons mis as presentes lettres nos seauls
« lan de susdit le vendredi apres feste saint Roumain. »

Quatre sceaux de petite dimension en cire verte, dont deux ovales
et deux ronds, sont pendants sur cire verte.

Le 1ᵉʳ sceau (pl. vɪɪᵉ, n° 9), une Vierge tenant l'Enfant-Jésus porte
cette légende :

AB/CHID' WECASSINI IN ECCL'IA ROTHOM.

Le 3ᵉ sceau (pl. vɪɪᵉ, n° 8) :

S' ROBERII LE CAVF CAN. ROTHOMAG.

Pour le 2ᵉ sceau (*voir* pl. xɪɪᵉ, n 10), Guillaume De l'Ille, chanoine et
chancelier en l'église Notre-Dame.

Pour le 4ᵉ — (*id.* pl. xɪɪᵉ, n 11), Guillaume Desessarts, chanoine.

du clergé, alors même qu'il ne s'agissait, comme dans l'espèce, que d'un simple
fait individuel, mais exercé violemment contre l'un de ses membres.

Peut-être aussi est-il vrai de dire que les esprits, dans les divers ordres de
la société, étaient alors surexcités contre le clergé à raison des prétentions
excessives de la Cour de Rome, qui s'opposaient à la moindre taxe sur ce même
clergé, et contre lesquelles le Roi de France, pour renforcer son pouvoir et
maintenir l'indépendance de sa couronne, *s'était vu obligé* de convoquer une
assemblée nationale où les députés des communes furent même admis, et que
nous voyons désignés plus tard aux Etats généraux sous le nom de Tiers-Etat.
(*Voir* le sceau de Philippe-le-Bel, pl. 1ʳᵉ, n° 3, et la note.)

PLANCHE VIII^c.

PLANCHE VIII°.

XII°, XIII°, XIV° ET XV° SIÈCLE.

11 SCEAUX.

—

Scel n° 1 . . . . xv° siècle.

— n° 2 . . . . 20 juin 1405.

— n° 3 . . . . 1408.

— n° 4. . . . . 1re moitié du xiii° siècle.

— n° 5. . . . . xii° siècle.

— n° 6. . . . . 1228.

— n° 7. . . . . 1331.

— n° 8. . . . . 1410.

— n° 9 . . . . xii° siècle.

— n° 10 sous le 7° . . . . 1339.

— n° 11 et dernier . . . . 1410.

—

OBSERVATION.

Voir *le texte qui suit la planche pour le sommaire des chartes et la légende des sceaux.*

1

2

3

4

5

6

7

8

9

10

11

SIGILLVM·BILLVM·BVRONO

S

SIGILL·M·BERNARDI BATISCREVALL

IHS·DE·MILI... S·DOMING·REG...

SIGILL·VRIG OTOMAGENSIS

DG...

S·SIGILL·VRB

SIGILL·ALBERKIDS PONCEFP

...LEGORI·CONTRAC...

C·Drouin Del & Lith

Lith A Feron Rouen

SOMMAIRE DES CHARTES

ET

LÉGENDES DES SCEAUX.

PLANCHE VIII.

XII°, XIII°, XIV° ET XV° SIÈCLE.

II SCEAUX.

Scel n° 1.

XV° siècle.

SIGILLVM BALIVIE DE TYRONIO [1].

Scel de la baillie du Tyron.

Un dextrochère vêtu, et mouvant du côté gauche du sceau, et tenant une crosse en pal. Cette crosse est adextrée d'une étoile, surmontée d'une fleur de lys, et sénestrée d'une fleur de lys, surmontée d'une étoile.

N. B. *L'empreinte en cire de ce scel nous a été communiquée par feu M. Auguste Le Prevost, membre de l'Institut.*

---

[1] *Tiro* seu *Tironium.* Voir *Gallia Christ.*, t. VIII, p. 1257. — *Voir* aussi l'*Hist. de l'Eglise gallic.*, par le père Longueville, liv. 33, etc.

La baillie de Tyron relevait autrefois d'une célèbre abbaye de l'ordre de saint Benoist, qui avait tiré son nom du village même où elle était située, entre Chartres et Nogent-le-Rotrou; son premier fondateur fut Bernard du Tyron, qui mourut canonisé vers l'an 1147. — Louis-le-Gros, Henri Ier, roi d'Angleterre, David, roi d'Ecosse, firent de grandes libéralités à ce monastère, qui vint à posséder jusqu'à cent prieurés pour cent cellules (*Dictionnaire de Moreri*, t. X. v° Tyron, édition de 1760).

———

Archevêché.   Scel n° 2.

20 juin 1405.

———

SIGILLVM VICE-COMITATVS AQVE ROTHOMAGENSIS.

Scel de la vicomté de l'Eau de Rouen, en cire verte sur queue de parchemin appendu à un mandement de justice.

La vicomté de l'Eau, juridiction particulière à la ville de Rouen, était à la fois une ferme de recette de droits, ou coutumes assez analogues à nos droits d'octroi, et un tribunal qui se fit assimiler, en maintes occasions, à la Prevôté de Paris. Son ressort s'étendit sur la Seine normande et sur ses principaux affluents; la police des quais, les péages, bacs et passages, le halage, le flottage, la surveillance administrative des eaux étaient de sa compétence. Un édit du 22 mai 1544 attribuait force de loi à son coutumier.

M. de Beaurepaire, archiviste du département, a publié en 1858 un volume in-8° qui traite de la vicomté de l'Eau de Rouen et des coutumes au XIIIe et XIVe siècles, qui lui a valu de la part de l'Académie des inscriptions et belles-lettres une mention très honorable.

Quelques pièces intéressantes, tirées des Archives de la Seine-Inférieure, sont éditées en appendice; nous remarquons parmi elles une quittance pour la gravure des sceaux de la Vicomté de l'Eau en 1425

(Article analyt. de la *Rev. contemp.*, liv^{on} de février 1859, par
M. Bordeaux).

Sous la domination anglaise, nous voyons que, par acte passé devant les tabellions, la ferme de la vicomté de l'Eau est prise à bail
pour un an, par Michiel Delamare, moyennant quatre mille livres
tournois, payables au receveur de la ville de Rouen, avec le droit de
percevoir à son profit v sols t. par chaque queue de vin entrant ou
sortant de la ville, soit par terre, soit par rivière de Seine.

A la même époque, dans les rôles normands (édition de 1743),
nous trouvons cette mention : « De officio vice-comitatus de l'eau
« de Rouen, *dato Rogero Mustel;* » ce qui est conforme à l'énonciation d'un acte des 28-29 mars 1421 de notre tabellionage, où il est
qualifié ainsi : « *Hounorable homme et saige Rogier Mustel, vicomte de
l'Eaue de Rouen.* »

Puis il résulte d'un autre acte passé au même tabellionage le 4 avril
suivant : que ce vicomte est décédé sur la paroisse de Saint-Eloi de
Rouen, et a laissé pour veuve *Isabel Alorge,* qui a repris ses joyaux
de noces, avec tous les *estorements* [1] (l'ameublement) *de son hôtel,*
comme sa légataire de moitié avec Marguerite Roger, sœur du défunt, et femme de Jehan Hellart.

A cet acte interviennent *Alise,* veuve de feu Robert Alorge, mère
de ladite *Isabel,* et Jehan Le Tourneur, oncle de cette dernière.

Si nous donnons ces détails de famille, c'est qu'ils paraissent se référer à la branche des Alorge de la paroisse Saint-Martin-du-Bout-du-
Pont, dont l'un des membres, Robin Alorge, paya de sa tête son dévoûment à la cause de son roi (Charles VII), en outre de la confiscation
de ses biens, prononcée *pour cause de lèze-majesté* sous la domination anglaise. (Archevêché. *Comptes de Déville,* cinquième feuillet,
1424-1425.)

Enfin, il résulte d'un acte passé devant nos tabellions le 1er décembre 1421, que la maison dudit *feu Alorge,* située comme dessus,
fut louée dès le mois précédent à Jehan Adreton, Anglais, par le vicomte de Rouen, pour le roi d'Angleterre.

---

[1] *Estorement* s'entend de tout ce qui garnit une maison ou un navire,
estoreur ou approvisionneur. *Voir* note 2, p. 251, pl. VI°.

Archevêché. Scel n° 3.

1428.

—

SIGILLVM VICE COMITATVS ROTHOMAG[ENSIS ¹.

Scel de la vicomté de Rouen sur cire verte, aux armes écartelées de France et d'Angleterre, appendu *à un vidimus de lettres royaux* de Henri V, roi d'Angleterre ², touchant l'aveu à rendre par l'archevêque de Rouen.

Tels étaient les ménagements employés à l'égard du haut clergé normand par le roi d'Angleterre pour le soumettre sans violence à son autorité, tant il redoutait les effets de son influence, qu'il accorde à notre prélat des délais successifs pour lui faire le dénombrement de son temporel et lui prêter serment.

Il y a plus : cette politique du vainqueur s'étend même aux abbayes de la province, car il résulte du Rôle normand (édition de 1743) que défense est faite (années 1418-1419) de molester l'abbé de Saint-Evroult dans le comté d'Orbec, sous prétexte du serment de fidélité non rendu au roi : « De non molestando Abbatem sancti Ebrulfi in « comitatu d'Orbec prætextu fidelitatis sacramenti Regi non præs- « titi. »

Nous trouvons qu'à cette dernière époque l'office de vicomte de Rouen est attribué à Jacob Poignant. — En 1421 figurait Michel Durant.

¹ Pour le sceau antérieur, *voir* la pl. XXIIe, n° 6. — Puis, en 1443, *ibid.*, le n° 7.

² En 1428, nous retrouvons le même écu de sceau appl'qué à celui des obligations de la vicomté de Condé-sur-Noireau. Un autre plus petit, du même genre, est aussi employé par Mathon, sénéchal de Bayeux. (Abbayes d'Aulnay, pl. 23, n°s 310, 12 et 39, en l'atlas normand des Mémoires des Antiquaires de l'année 1834.)

Scel n° 4.

1re moitié du XIIIe siècle. — Grand scel ovale.

S' DOMINE AGNETIS DE MILLI '.

Sur cire rouge, encadré dans un fond de cire blanche relevée autour en bourrelet.

Les femmes nobles eurent des sceaux comme leurs maris ; ils étaient alors d'une forme ovale ; debout, elles tenaient le plus souvent un lys à la main droite ; et sur leur poing gauche, était perché un épervier comme attribut de noblesse. (*Voir* pl. 1re, scel n° 2 ; pl. viie, scel n° 3 ; pl. xe, scel. n° 3.)

Leur tête était ordinairement coiffée d'un chaperon, le corps offrait une robe serrée à la taille par une ceinture, dont les plis retombaient sur les pieds qu'ils cachaient. Dans la seconde moitié du xiiie siècle, elles portent un manteau par derrière.

Scel n° 5.

XIIe siècle.

✝ SIGILLVM BERNARDI ABBATIS CLARE VALLIS ',

Sceau ovale de Bernard (saint), fondateur et abbé de Clairvaux.

La matrice en cuivre de ce sceau est déposée en notre Musée d'Antiquités, par suite du don qui en a été fait en 1837 par M. Deville,

' *Voir Hist. généal.* du père Anselme, v° Milli.

' Ce sceau en cuivre jaune gravé en creux, l'un des plus précieux du xiie siècle, provient de l'ancienne collégiale de Saint-Cyr d'Issoudun, affilié à Clairvaux. — M. Deville en a publié la notice et le dessin en 1837.

Voir aussi Bulletin de la Société libre d'Émulation de Rouen, 1er trimestre 1838.

*archéologue distingué, qui a concouru par ses soins à la formation
et à l'accroissement de cet important établissement.*

Saint Bernard, né près de Dijon en 1091, mort en 1153, prodigieux météore du Moyen-Age, devint, par ses vertus et son génie, presque l'arbitre de la chrétienté qu'il poussa en Orient pour la croisade (1146).

L'édition de ses œuvres, en deux volumes in-folio, donnée par D. Mabillon en 1690, contient entre autres matières 439 lettres, t. I.

Il est piquant de rapporter ici le final de la 284ᵉ qu'il adresse au *pape Eugène* vers l'année 1151, en faveur de l'archevêque de Rheims, et d'autres personnes, pour qu'il se mette en garde contre les faux frères, qui, en maintes circonstances, ont osé *contrefaire son sceau* pour sceller des lettres supposées, qui déjà peut-être, et c'est là sa crainte, lui seront parvenues. Aussi, pour obvier à de tels abus, il annonce au Souverain-Pontife qu'il se sert maintenant *d'un nouveau sceau contenant son image et son nom*, sans autre exception d'exclusion de tout autre signe, qu'en faveur de la lettre qu'il a pu délivrer à l'évêque de Clermont, *parcequ'il l'a donnée sous le sceau d'un autre, n'ayant pas le sien.* Du reste, voici les termes :

« Periclitati sumus in falsis fratribus, et multæ litteræ falsatæ sub
« falsato sigillo nostro in manus multorum exierunt, et (quod magis
« vereor) etiam usque ad vos dicitur falsitas pervolâsse. Hâc neces-
« sitate abjecto illo, novello quod cernitis *de novâ utimur, continente*
« *et imaginem nostram et nomen.* Figuram aliam, tanquàm ex nostrâ
« parte jàm non recipiatis, nisi fortè pro episcopo clarimontis, cui
« *sub altero sigillo litteras dedi,* cùm necdum *istud haberem*[1]. »

---

[1] Dans la 298ᵉ lettre (t. I, p. 123), saint Bernard se plaint des fraudes et infidélités commises *par son notaire Nicolas,* qu'il avait pourtant connu bien auparavant, mais qu'il a dû congédier ; car sans compter les livres et les deniers d'or qu'il lui a soustraits, on a trouvé sur lui, au moment de sa sortie, *trois sceaux*, l'un qui lui était *propre*, un autre qui était *celui d'un prieur*, et le dernier, qui était *le sien* (celui de saint Bernard), non pas l'ancien, mais bien le nouveau. Il avait espéré ou qu'il se convertirait à Dieu, ou que, comme Judas, il se trahirait lui-même, le dernier fait s'est réalisé. Déjà, dans un autre passage, saint Bernard, en mettant au nombre des faux-frères *ce même Nicolas,* qui pourtant avait capté l'estime de Pierre, abbé de Cluny, s'écrie : Fiez-vous donc au jugement des hommes ! ! *En fallacia hominum indicia !*

Dans l'espèce, l'emploi du sceau d'autrui, même pour simple mis-
sive, avait ses dangers; car, en détournant ce sceau de son application individuelle et nominale, la teneur de l'écrit, auquel il était joint,
n'était plus sauvegardée contre la fraude au respect de la personne à
laquelle le scel avait été prêté. Aussi voyons-nous vers la fin du
xiiie siècle cet usage proscrit ainsi par la coutume de Beauvoisis
(chap. 4, p. 28. *Beaumanoir*, édition 1690.)

« Chascuns gentils hons puet sceller procuration en sa cause, et
« en soi défendant de *son seel; mes pour aultruy que pour li, elle ne*
« *rauroit pas,* car li seaus de chascen gentilhomme n'est pas auten-
« tique ne n'a foi en court, fors contre le gentilhomme qui *li*
« *séans est.* »

Il paraît que les faussaires profitèrent, à diverses époques, de circonstances calamiteuses pour contrefaire *des Bulles,* car nous trouvons que l'Eglise de Rouen, en 1425, fut obligée de sévir contre eux
de la manière suivante, ce qui résulte de deux articles de compte
que nous extrayons du registre Mss. du trésorier de l'Archevêché.

« A Drouyn Martin, carpentier, pour ung escharfaut par luy faict
« en l'aistre Notre-Dame de Rouen, *pour prescher* iii cabuseurs
« (trompeurs) *faux questeurs,* paié suivant l'ordonnance de M. le
« vicaire xlvii s. vi d. (47, s. 6 d.)

« Item à Guillaume de Grantville *pour deux mitres* par lui faits
« pour deux cabuseurs porteurs de *fausses bulles* et *baptizeurs* de
« campanes (cloches) paié par ladite ordenance, xii s. vi d. »

Nous trouvons le premier article de compte reproduit en 1431,
et appliqué *pour le fait de la foy* à deux individus exposés sur un
eschaffault faict au cimetière de Notre-Dame, sous l'empire de la
domination anglaise, — *le siége archiépiscopal vacant* (sic), année
même du martyre de Jeanne d'Arc.

Mais revenons à saint Bernard; nous le voyons ici représenté
assis, en costume monacal, la tête tonsurée et nue.

Sur l'empreinte, il tient de la main droite une sorte de bâton ou
rouleau que le savant Mabillon a pris pour un livre (volumen).
M. Deville croit y reconnaître une sablière, et, dans les supports du
siége, *deux têtes de serpents mal conformées.*

Puisque nous sommes dans le champ des hypothèses, pourquoi ne
pas plutôt admettre que le saint qui de la main gauche tient une

crosse *fort simple*, comme abbé de Clairvaux, mais qui n'en était pas moins un personnage fort considérable, ait voulu emprunter à la Bible le *sceptre* ou la *verge*[1] *d'Aaron*, qui avait le don des miracles, et qui, jetée à terre, devint un serpent qui dévora sur-le-champ ceux que les magiciens d'Egypte avaient osé faire paraître devant le roi Pharaon? (*Exode*, chap. VII, n°s 12 et 15, etc., etc.) Cette version expliquerait à la fois et l'emploi *symbolique du sceptre* en la main droite du personnage, et les deux têtes de serpent figurées ci-dessus comme attributs de puissance.

C'est bien à lui qu'on peut appliquer ce vers qui contient, sur la forme de la crosse, son application mystique :

Curva trahit mites, pars pungit acuta rebelles.

En effet, il suffit de lire son épître 152e pour se faire une idée de l'énergie de son style quand il s'attaque aux abus du clergé :

« Dant episcopi sanctum canibus, et margaritam porcis, etc., etc.

« Alienis nimirum laboribus locupletantur, etc., etc.

Et plus loin : « insurrexerunt testes iniqui ; homines quos delectat « *vitam semper alienam rodere, negligere suam*, etc., etc. C'est pour opposer la simplicité des crosses de bois de la primitive église à celles des évêques de son temps, époque d'ailleurs de dissensions religieuses, que Guy-Coquille, jurisconsulte publiciste du XVIe siècle, dans son histoire du Nivernois, cite ce quatrain populaire reproduit dans les notes de la nouvelle édition de Guillaume Durand, *de Divinis officiis*.

Au temps passé de siècle d'or,
Crosse de bois, évêque d'or ;
Maintenant changent les lois,
Crosse d'or, évêque de bois.

On nous pardonnera cette petite digression, parce que nous avions à parler d'un personnage aussi éminent par ses vertus que par son génie, qui fut l'honneur de son siècle, et que l'Eglise a sanctifié.

---

[1] Le bâton, la haste ou la verge étaient adoptés comme signe d'autorité. *Voir* pl. V, note 1re du n° 4. — Idem, pl. XVIe, n° 2.

Le bâton de constable, en Angleterre, en est un exemple ; comme chez nous, encore dans un ordre plus élevé, *le bâton de maréchal*.

Abbaye de Jumiéges   Scel n° 6.
pour Tourville-sur-Seine.

1228.

SIGILLVM CVRIE ROTHOMAGENSIS.

Scel de l'Officialité de Rouen, de forme ovale [1] sur cire verte et queue de parchemin.

Willelmus de Tourvilla Miles confirme à l'abbaye de Jumiéges la vente du bois et de la terre qu'il lui avait faite pour autant qu'il en possédait en la paroisse Saint-Martin-de-Tourville-sur-Seine, moyennant XL l. t., le tout situé entre les terres du fief *Willeimi de Altaribus* [2], et la voie publique qui conduit du port d'Oissel au Pont-de-l'Arche.

« Datum anno Domini MCCXXVIII (1228) die Dominicâ proximâ « post festum Apostolorum Philippi et Jacobi, per manum Mathei « Fabri, tunc curie nostre *notarii.* (Th. archiepiscopo.)

Archevéché.   Scel n° 7.

1331.

Sceau du bailliage de Caux à l'écu de France aux trois fleurs de lys, en cire verte, apposé sur queue de parchemin à une lettre du bailli touchant le patronage de l'église de Réalcamp, près Blangy.

Nous trouvons, dans les grands rôles normands publiés en 1743, que, sous la domination anglaise, en 1418-1419, l'office de bailli de Caux fut confié au chevalier Roger de Ficules.

---

[1] Le même scel est mentionné appendu à la reconnaissance du testament de Pierre Deboos, par Nicholas-Richard de Boos, son frère, et héritier, en 1270 Voir pl. XVIII°, note n° 5. Et encore *idem*, note 4, pl. XVI°.

[2] *Voir* pl. IV°, n° 4, le sceau de Philippe des Autels — (des Authieux) de *Altaribus*, et la note y jointe.

Jumiéges. Scel n° 8.

1410

Scel des obligations de la vicomté de Verneuil, écu fleurdelysé surmonté d'une tour et placé entre deux autres plus petites, sur cire verte et queue de parchemin pendant à des lettres de tabellion.

N. B. Voir le scel de la baillie de Verneuil, pl. xv, n° 1er, janvier 1284.

Abbaye de Jumiéges. Scel n° 9.

XIIe siècle.

Donation de terre à Warengéville [1].

Sceau petit module représentant un cavalier tourné à gauche, armé d'un guidon ou pennon, dont le cheval nu est lancé à la course.

Le dessin de l'empreinte dénote l'emploi d'une intaille antique qui a été enchâssée dans un cercle autour duquel est l'inscription ci-après renversée : VTTIAVONOTIƎD IЯTƎꟼ MVTTIƆIS : SIGILLVM PETRI DE LONGA VILLA [2].

[1] Les mots de *Varengéville* et de Varenguebec, comme Varengefiord en Norwège, viennent des *Varengues* (Barengol), et des Warègues, c'est-à-dire hommes du Nord qui parcouraient les mers. (Depping, *Histoire maritime des Normands*, p. 450, 1844.)

Le nom *Varengue* est aussi patronimique dans nos contrées.

C'était à Varengéville-sur-Mer qu'était le manoir du célèbre armateur Jean Ango, où il reçut François Ier. Il était vicomte de Dieppe en 1532. (*Voir* notre p. 114.)

[2] La charte de 1222 — (scel n° 2), pl. VIIe, est annexée à une charte originale de la fin du XIIe siècle où figure *Nicholaus de Londd*, dont le scel, *un petit cavalier avec guidon*, formé d'une intaille antique est aussi encadré dans un cercle, portant les noms ci-dessus, *en lettres renversées*, sans doute pour rendre plus difficile la contrefaçon du scel.

C'est le sceau de *Pierre de Longueville*, en cire blanchâtre sur ruban plat, en soie rose, attenant à une charte qui commence ainsi : Petrus de Longa Villa *amicis et fidelibus suis, salutem, notum sit vobis quod ego*, etc., d'où cette formule, que nous n'avons vu employée depuis *que dans les lettres royaux : A nos amés et féaux*, etc. Il confirme *sur l'autel* [1] *et en plein Chapitre*, par un motif pieux, la donation de vii acres de terre sises à Warengeville, dépendant de son fief, que Guillaume, fils de Ranulfe, a faite à l'église de Jumiéges, plus celle *d'un hôte* nommé Osmund tenu à certaines prestations, et à l'acquit de ii sols (*quando fiet collecta Domini Normannie*), lors de la collecte du seigneur de la Normandie.

Puis est constatée la présence de nombreux témoins : coràm Bartholomeo de Boloneio. — Rogerio filiolo. — Roberto de Leuca. — Radulfo Portario. — Roberto Taupini. — Hermanno. — Roberto de Hauvilla. — Columbello. — Et multis aliis, in Capitulo gemmeticensi.

———

Pour les religieuses   Petit scel n° 10.
   de Montivilliers.

Acte de 1339.

———

CONTRA. S' VIC'. MAL' LEPOR'.

Contre-scel de la vicomté de Maulevrier.

Il figure au revers du sceau qui représente de face une fleur de lys entre deux lévriers tournés à dos.

Voir pl. xvii°, n° 1.

Sur le champ du contre-scel figure ici une petite levrette lancée, surmontée d'une fleur de lys.

[1] « Celui donc qui jure *par l'autel*, jure par l'autel et par *tou? ce qui est dessus.* » *Evangile selon saint Mathieu*, chap. xxiii, v. 18, 19, 20.

Scel n° 11 et dernier.

1339.

Légende fruste.

C'est le petit scel du *bailli de Caux* sur cire verte, appliqué sur un mandement de justice.

PLANCHE IXe.

PLANCHE IX°.

XII°, XIII° ET XV° SIÈCLE.

17 PETITS SCEAUX.

—

Scels 1 à 17, moins les deux suivants . . . en 1285.

Sous le n° 3, charles analysées de. . . . . $\left\{\begin{array}{l} 1478. \\ 1479. \\ 1480. \end{array}\right.$

N° 11 (xi°) . . . . 1161.

———

OBSERVATION.

Voir le texte qui suit la planche pour le sommaire des charles et la légende des sceaux.

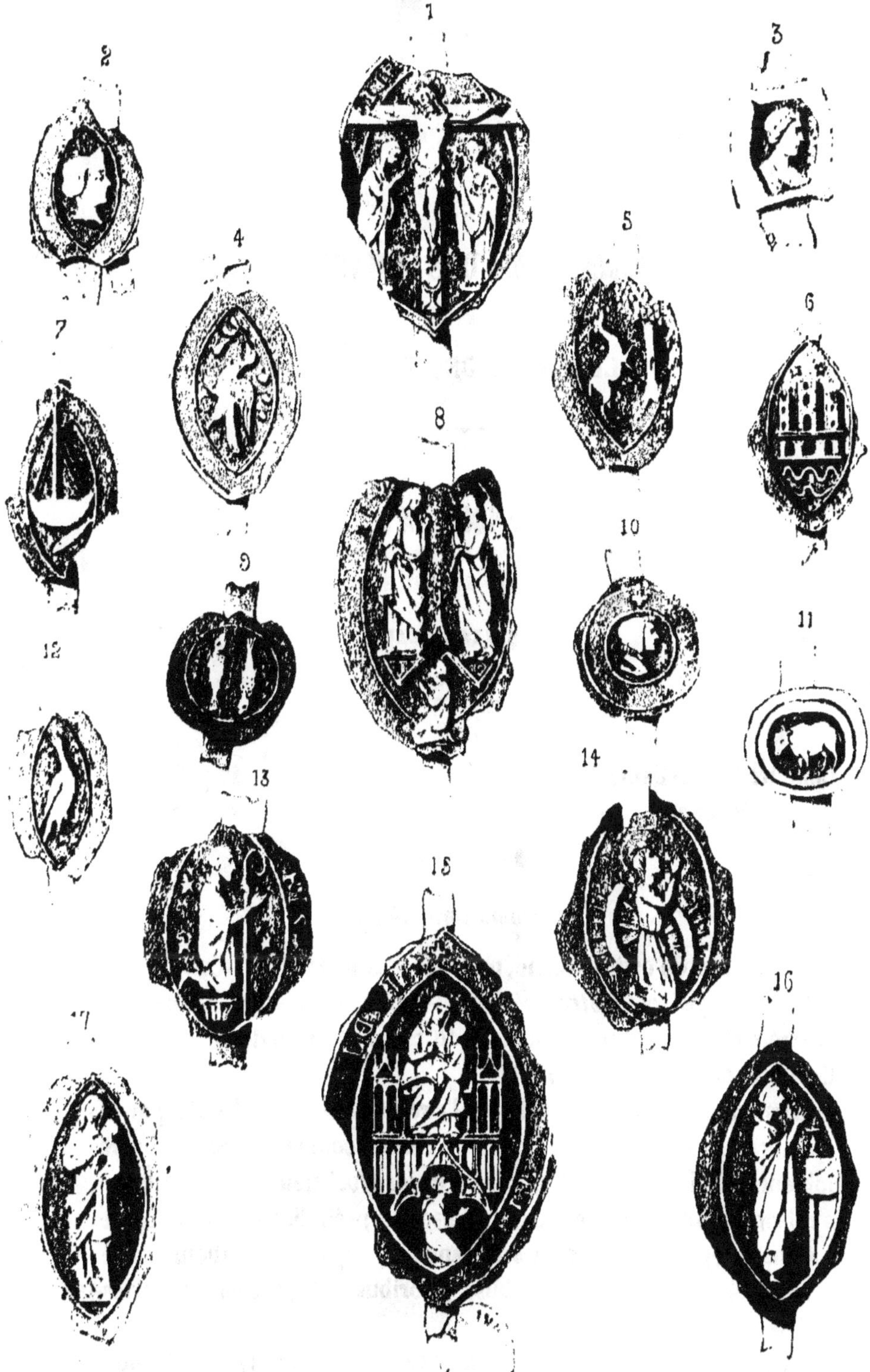

[illegible]

Lith. A. Péron Rouen

SOMMAIRE DES CHARTES

ET

LÉGENDES DES SCEAUX.

PLANCHE IXe.

XIIe, XIII° ET XV° SIÈCLE.

17 PETITS SCEAUX.

Chapitre Notre-Dame   17 petits scels
de Rouen.   ecclésiastiques.

Anno 1285.

Excommunication.

Les sceaux de cette planche, moins le 3e et le 11° (xie), d'une époque différente, *qui vont être spécifiés ci-après*, sont apposés chacun à l'extrémité de chaque découpure de parchemin graduellement pratiquée à même le bas de l'acte.

C'est une sentence en latin *de l'excommunication* lancée par les membres du Chapitre de l'Eglise de Rouen contre l'ordre des Frères mineurs de Normandie, et contre *Nicolas Hoel* sieur *de Bacqueville*[1], à raison des vexations par eux commises au préjudice de ladite Eglise. La charte commence ainsi : « Decanus et capitulum rothomagense, « universis et singulis abbatibus, prioribus, et personis ecclesias- « ticis, etc. »,

Et se termine ainsi : « In signum presentis mandati, à vobis fide- « liter executi presentibus litteris sigillum suum apponatur.

---

[1] *Voir* aussi en la pl. VIIe, scels n°s 8 et 9, anno 1310, pour l'excommunication qui avait été fulminée contre le chevalier *Guillaume Crespin.*

« Actum et datum anno Domini m°cc° octogesimo quinto die
« veneris in festo Mathei apostoli et evangeliste. »

N. B. Le scel n° 1 est celui d'un prêtre de *Noyon*. — Le petit scel
ovale n° 4, dont le sujet est une colombe tenant au bec un rameau
d'olivier, rappelle le contre-scel des Templiers, pl. x11°, n° 6, et
celui de l'abbaye du Valasse, dont il est parlé pl. x111°, n° 2. — Le
n° 10 est le scel du prieur de Saâne ; les autres légendes sont frustes.

Archevêché.

Contre-scel annulaire n° 3,
sur cire verte, appendu
au grand scel aux causes
de l'Officialité.

1478, 1479 et 1480.

Petit buste de femme grecque [1].

Intaille antique, scel sur cire verte et queue de parchemin.

C'est le signet (signetum) du cardinal *Guillaume* d'Estoutteville,
archevêque de Rouen, mort en 1482. Il est apposé par le vicaire
général du prélat absent comme contre-scel et en contrebas du grand
sceau de la Cour de l'Officialité, au pied des lettres encycliques
adressées tant aux fidèles qu'à tout le clergé pour les exhorter à subvenir aux nécessités de l'hospice Saint-Antoine de Chaumont, fondé
en l'honneur de la *Sainte Trinité* et de *la très* Sainte Vierge, *de
Calvo Monte* (Chaumont en Vexin français), et à réparer les désastres
causés à l'hôpital de Gaillefontaine (près Forges) *par la dernière*

[1] *Voir* une tête du même genre, d'après une Intaille antique plus grande, en
la pl. v1°, scel n° 5.

N. B. Dans l'*Archœol. anglic.*, déjà citée, t. XXX, pl. 19, n° 2, une Intaille
antique, *la tête de Socrate*, figure comme sceau de Richard, abbé de Selby,
avec cette devise circulaire :

✝ IESVS EST AMOR MEVS.

incursion des Bourguignons [1], parce qu'au moyen de leurs pieuses offrandes, ils mériteront d'obtenir le bonheur éternel.

N. B. Voir Dom Pomeraye, *Hist. des Archev.*, p. 576.

La queue de parchemin du scel ci-dessus est insérée dans le repli des chartes.

DU MODE DE SCELLER LES ANNEXES DES ACTES PRIVÉS ET LES LETTRES CLOSES.

Au XIII⁰ et au XIV⁰ siècle, la manière la plus habituelle de fermer les lettres, consistait à y pratiquer une ou deux incisions qui servaient à faire passer par tous les plis, des lacs de soie ou une découpure de parchemin prise à même ou en dehors de la pièce, et cette bandelette à l'extrémité des replis qu'elle traversait, était scellée à son extrémité. — M. L. Delisle mentionne à ce sujet des pièces originales conservées à la Bibliothèque impériale. (Biblioth. des chart., juillet 1853.)

Nous ajouterons que, même au XVI⁰ et au XVII⁰ siècle, nous trouvons des exemples de ce genre dans les lettres de recommandation adressées par certains personnages au chapitre Notre-Dame de Rouen, à l'occasion de la levée de la fierte, lesquelles sont traversées par de simples fils de soie de couleur, le plus souvent rose, dont l'extrémité porte les vestiges d'un sceau annulaire.

Mais s'agit-il d'un acte privé relié à un acte authentique, avec lequel il fait corps, comme dans l'espèce ci-dessus (en 1480), c'est la bandelette de parchemin, formée d'une découpure du premier acte, qui reçoit graduellement les deux cachets qui en arrêtent l'extrémité; car il ne s'agit plus ici d'un acte *officieux*, mais *officiel* comme dans le cas précité, où on lit, au pied de l'acte d'annexe : « *Datum Rotho-* « *magi sub sigillo magno curie Rothomagensis unacùm signeto nostro,* « *anno Domini* M°CCCC° octuagesimo die nonâ Julii.* (9 juin 1480.)» Le même errement, quant à l'emploi *de la soie ou du lin*, se

---

[1] Il résulte d'un acte passé devant les tabellions de Rouen, le 22 mai 1419 (vieux style), que Mahiet Godefroy, bourgeois de Rouen, cède aux charges de droit, à Girot Dubosc, sergent du Roi, son droit de geôlage qu'il tient du Roi jusqu'au jour de *Pasques prouchain*, et en ce compris ce que lui doivent les prisonniers détenus *en l'hôtel de la Cloque, tant en despences que aultrement*, « depuis le XII⁰ jour de janvier M. IV⁰ XVII (1417-18) *que les Bourguignons* « *entrèrent en la ville de Rouen.* »

pratiquait à l'occasion des bulles papales, dont les lacs pendans, scellés de plomb, ne sont d'ordinaire en fils de soie qu'autant qu'elles s'appliquent à des actes de juridiction *gracieuse* comme pour octroi d'indulgences ou de priviléges, tandis que ces bulles sont munies et traversées dans leur repli d'une double cordelette de lin, scellée de plomb, lorsqu'elles prescrivent certaines dispositions obligatoires.

On peut voir en matière civile, à la pl. XVI, n° 4, un exemple de découpure en parchemin, mentionnée comme reliant *par entrelas* un acte testamentaire de l'an 1284, avec l'acte émané de la Cour de l'officialité, qui y appose son scel comme complément d'authenticité au point de jonction et d'arrêt.

Quant au mode suivi anciennement en France pour sceller les lettres, on le retrouve usité du temps même des Romains, comme on le voit notamment au § V de la troisième catilinaire de Cicéron, dont voici le passage : « Primùm ostendimus Cethego *signum, cognovit.* « Nos *linum incidimus* : Legimus ; *erat scriptum ipsius manu,* etc., « que l'abbé d'Olivet traduit ainsi : J'ai d'abord montré la lettre à « Cèthégus, *il a reconnu son cachet,* j'ai coupé *le fil* (linum), j'ai lu, « *il écrivait de sa main au Sénat,* etc.

Le même accompagne ce passage de la note suivante : Quand la « lettre était pliée, on passait de part en part un fil dont on arrêtait « les deux bouts avec de la cire, sur laquelle on imprimait son « cachet. Il n'y a pas soixante ans (il écrivait en 1742) que c'était encore « assez l'usage en France, surtout pour les personnes de la Cour. »

De ce qui précède, deux choses sont à remarquer : et le mode de *clôre* la lettre, et celui de la *sceller en guise de signature,* de la part de celui-là même *qui l'avait écrite ou fait écrire,* ce qui se pratiquait d'ordinaire à l'époque du moyen-âge, où l'usage du scel prédominait.

Enfin, comme *spécimen* de style épistolaire au XIII° siècle, le lecteur nous saura gré de reproduire ici la lettre adressée en Français, en 1280, par Philippe III, dit le Hardi, roi de France, père de Philippe-le-Bel, à Edouard I°r, roi d'Angleterre, *de statu utriusque,* extraite des Archives de la tour de Londres (*Rymer,* t. II, p. 585, in-f°, édit. angl.) La voici textuelle :

« Ph' par la grâce Dieu Rois de France a très noble Prince E. par « cele mesme grace, Roi d'Engleterre, seign' d'Irland' et duc d'Ac- « quitaigne ;

« Saluz et acroisement de vraie amour, tres chere cousin, nous
« vous prions affecteusement que vous, par ces noz messagez, que
« nous envions à vous, nous senefiez la certaineté de votre estat le-
« quel nostres sires Diez face, en maintiegne bon et joiex tout tens.

« Quar nous sommes mult desirrant de sauvoir souvent comment
« il vous plest, et mult sommes lie (gai) quant nous oons (du mot
« ouïr) bones noveles.

« Et dou nostre Estat, lequel nous creons que vous vez volontiers
» bon, sache vostre amite, que nous sommes sain et haitié (dispos)
« de la merci Dieu.

« Donné à Paris le vendredi après la Nativité saint John Bapt'. »

Edouard, comme duc d'Aquitaine, relevait de la couronne de
France, mais à la différence des ducs de Normandie, qui étaient plus
puissants chez eux que le Roi, et dont la justice était souveraine, l'appel des jugements des sénéchaux ou baillis de ce haut feudataire
étaient reportés à un bailliage royal, et même en cas d'abus de justice,
jusqu'à la Cour du Roi à Paris, depuis, le Parlement ; ce qui ressort des
lettres patentes de Philippe-le-Hardi, données au mois de juin 1283.

Il en était de même pour le duché de Guyenne, comme pour celui
de Bourgogne ; c'est que d'après de Beaumanoir, célèbre juriste
contemporain, il était de principe : « que le roi est souverain par-
« dessus tout, et a de son droit *le general garde du Reaulme*,
« pourquoi il peut faire liex, établissemens, comme il li plest pour
« le quemun profict, et che que il établit i doibt estre teneu. » *Voir*
observations (*Hist. fr. présid. Henault.* T. 3, p. 949 et suivantes).

———

Prieuré de Longueville
pour l'église d'Angiens.

Contre-scel n° 11 (xie)
et dernier.

Anno 1161.

———

Petit bœuf, intaille antique, sur fond de cire jaune enduite de couleur verte.

Le sceau de face, qui représente *Hugues* (d'Amiens), archevêque de
Rouen, assis et crosse en main, est suspendu à la charte par une
petite lanière de peau qui la traverse ainsi que la cire.

C'est la confirmation du patronage de l'église d'Angiens, en faveur du prieuré de Longueville

Dans le préambule, on lit : « Hec (est) Ecclesiastice regula sanc-« tionis et ipsius forma justicie ; ut ea que filiis nostris legitima do-« natione contulimus scripti nostri auctoritate firmemus. »

Et à la fin : « Hec confirmatio roborata est xvi K' L' sept' anno domi-« nice incarnationis m°c°lxi (1161) en présence des trois témoins « ci-après : un sacriste, Berard l'archidiacre et Benedict Grognet, « chanoine. »

Dom. Mabillon *de re Diplomaticâ*, p. 147, reporte l'emploi du contre-scel [1] de cet archevêque à l'année 1138, tandis que les Bénédictins, t. iv, p. 327, le font remonter dix ans plus loin ; mais il paraît qu'alors ce prélat avait deux contre-scels. Le nôtre, au dire de ces derniers, aurait été appendu à une charte de 1145, accordée par celui-ci à Fréhier, abbé de Saint-Ouen ; mais nous ne connaissons que celle de 1161, où le bœuf figure comme contre-scel.

---

[1] *Voir* notre observation pl. iii°, scel n° 3, sur l'usage du contre-scel, et aussi notre Introduction, p 190.

PLANCHE X^e.

PLANCHE X^e.

XIIIe SIÈCLE.

5 SCEAUX.

—

Scel n° 1 . . . .   janvier 1277.

— n° 2 . . . .   octobre 1238.

— n° 3, ovale . . . .   1206.

— n° 4 . . . .   septembre 1201.

— n° 5 et dernier . . . .   mai 1224.

OBSERVATION.

Voir le texte qui suit la planche pour le sommaire des chartes et la légende des sceaux.

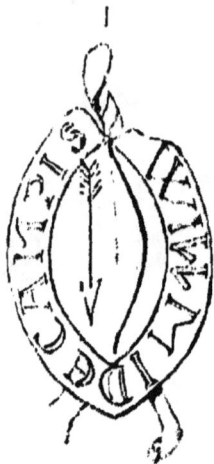

1

2

3

4

5

SOMMAIRE DES CHARTES

ET

LÉGENDE DES SCEAUX.

PLANCHE X°.

XIII° SIÈCLE.

5 SCEAUX (CHARTES LATINES.)

Jumiéges
pour Trouville.

Scel n° 1.

Janvier 1277.

--

S' WILL'MI DE CAMPIS.

Le scel ovale représente un arc *et une flèche empennée*, [1].

Willelmus de Campis (Guillaume Deschamps) vend à l'abbaye une pièce de terre sise à Trouville (*in parrochia*

---

[1] A l'époque de la conquête de l'Angleterre par les Normands, sous la conduite de *Guillaume* — (1066), beaucoup de fiefs furent distribués par simple investiture, *à l'aide d'un arc, d'une flèche* barbelée, d'un casque, d'une épée ou d'un éperon. *Ingulphi hist., rer. anglic. script.*, t. I.

Par acte passé devant les tabellions de Rouen, le 15 avril 1412, Jehan Brigolles, demeurant à Tancarville, s'oblige, sous la garantie de *maitre Nicolle Billart, artilleur du Roy,* chargé de la réception, de bien et dument *empenner* à ses frais quatre milliers de *viretons* (dards ou flèches), moyennant la somme de XVI liv., que Guillaume Cavelier a faits pour le compte de Raoul Guifard, qui s'est chargé d'en livrer IIII^{xx} III milliers (83 milliers) *pour la garnison du chastel de Rouen* [2], ces derniers « *seront tenus de parfournir de casses, mais « ne doibt point,* ledit Brigolles. *appiquer ledit trait.* »

Quelques années après, le mode d'investiture ci-dessus est suivi en Nor-

---

[2] Nous savons bien qu'à la bataille de Crécy, en 1346, sur les bords de la Somme où tant de Français périrent, les Anglais furent les premiers à se servir de canons qu'un faux point d'honneur nous avait fait négliger; mais leur service imparfait, et d'ailleurs mal exécuté, fut longtemps à se généraliser.

de Trovilla), entre la terre Isabelle *Latabar* et celle de Roger
Vitecoq.

Jumiéges   Scel n° 2.
pour Ste-Opportune   *Un poisson.*
   de la baronnie
   de Trouville.

Octobre 1238.

Scel en cire verte de Richard Delamare.
(*Ricardus De mara* miles).

Échange entre les religieux de Jumiéges et Richard Delamare,
chevalier, par lequel celui-ci, pour l'abandon qu'il leur fait de quatre
acres de terre sises à Sainte-Opportune, obtient d'eux en retour *les
deux bateaux* qu'ils avaient *sur la mare* avec les pêcheries, sauf celle
appelée *le Dan* qui dépend de la prevôté de Quillebeuf [1] (KILEBOR).

mandie, lors de la réduction du duché par Henri V, roi d'Angleterre. En
effet, Delaroque, *Sur la maison d'Harcourt*, t. I, *in fine*, relève ce qui suit
sur un ancien rôle *mss* de la Chambre des comptes : « Geffroy, fils de Henne
« Chevalier, a eu les terres qui furent à *Jacques de Harcourt*, à charge d'une
« *flèche ferrée à sang* estre payée à Falaise à la fête de l'Assomption de Nostre
« Dame. »

Plus tard, en 1450, nous trouvons porté dans les grands comptes de l'archevêque de Rouen, pour son domaine de Louviers, qu'il lui est dû pour la tenure
de l'Ile de Vauvray en *l'eaue de Seine*, *deux saiettes* (flèches) barbelées empen-
nées de plume de paon et d'aigle = XII deniers par chascun an; mais cette
prestation n'était pas nouvelle; elle procédait de l'investiture primitive.

[1] Gautier d'Argis est qualifié en 1274 de « seigneur de Quillebeuf (*Hist. de la
maison d'Harcourt*, p. 1127).
La famille de ce seigneur *Trouvère* (dit M. Delarue, t. III, p. 205) a donné
plusieurs grands baillis au bailliage d'Evreux.
Il a laissé vingt-sept chansons, toutes sur l'amour, sujet ordinaire de nos
preux chevaliers (m^{te} de Cangé).

De **Kilebok**, même *terminaison* que les mots danois en Bok, qui signifient : *demeure.*

Cet échange est ratifié par *Willelmus de Maisnillo, miles*, comme père de l'épouse de Richard Delamare fils, qui, lors de son mariage, avait obtenu la saisine desdites terres.

Voir le scel de *Guillaume* Du Mesnil, pl. vii°, n° 7.

———

Jumiéges   Scel ovale n° 3.
pour Bouquetot.

Charte non datée, mais se référant à 1206.

———

SIGILLVM AELICIE LA MIGRESSE.

Sceau ovale sur cire verte et queue de parchemin.

Aeliza **BIGRESSA** (*sic*) donne à l'église et aux religieux de Jumiéges, pour le salut de son âme, de celle de ses père et mère, de son fils et de *son seigneur Richard* Le Bigre [1], *deux hommes de son fief, apud Buchetot* (Bouquetot) : Robert Le Sellier (*Sellarium*) et Robert *Soliman*, avec le tènement qu'ils tiennent d'elle, et les services et prestation au mois d'août de charrue et quadrige qui y sont attachés (cum servitio aratri et quadrige in Augusto mense). La dona-

---

[1] Richard Le Bigre (Bigredis), que *Aeliza Bigressa* appelle *Dominus meus*, n'est autre que son mari qui, par une charte datée du mois d'avril 1206, à Jumiéges, donne lui-même aux moines de la même abbaye plusieurs acres de terre situées à *Brachetuit* (Bracquetuit). Cartulaire : Mst de Jumiége, p. cci.

Dominus, le maître, est encore l'expression usitée dans la bouche de nos femmes normandes dans la campagne du pays de Caux, et même ailleurs, pour désigner le *mari*. Cela tenait aux prérogatives accordées aux maris par notre ancienne coutume. — *Voir* notre volume, p. 59.

trice se détermine aussi par le motif qu'elle a été *reçue comme sœur* (*in sororem*) par lesdits religieux pour la faire participer pendant sa vie et après sa mort aux bienfaits de l'église.

Étant accordé aussi que, pendant sa vie, elle et son servant recevront chacun en droit soi, en nourriture et en vêtements, l'équipollent de ce qui est fourni à l'un des moines et à l'un de leurs serviteurs, et en plus outre, un pain pour elle-même. De son côté, celle-ci ajoute à sa donation huit acres de terre, sises à *Brachetuit*.

Jumiéges pour Joüy.   **Scel n° 4.**

Septembre 1201.

✠ SIGILLVM PETRI DE RVNCIA.

Sceau de cire rouge sur queue de parchemin de Pierre *de Runcia*.

Il confirme aux religieux la donation de quatre sols de rente qui leur a été faite par Henri *de Runcia* (de la *Roncière*) et la leur garantit à perpétuité.

A raison de ce fait, *Radulfus tunc prior de Joe* (Joüy) lui remet à titre gratuit ʟ sols d'Angers.

Ce qui a lieu dans le chapitre, en la présence de tous les religieux et de nombreux témoins , *et coràm Matheo et Willelmo filio ejus marescallis* [1].

[1] *Voir* le scel équestre BICARDI LE MARESCAL, pl. XIV°, n° 1, qui porte en main une branche de laurier ou d'olivier en guise d'épée, ce qui se remarque rarement.

Scel n° 5 et dernier.

Mai 1224.

SIGILLVM STEPH' I (Stephani) DE BELMONCEL.

Sceau de cire verte sur queue de parchemin (une chouette).

Etienne de *Biaumoncel*, pour lui et ses hoirs, s'oblige à garantir à Libert Dumesnil (*Liberto Dumesnil*), en considération du mariage de sa sœur contracté avec celui-ci, quatre livres huit sols de rente annuelle comme augment de dot qui retournera au donateur à défaut d'héritier direct de cette union [1].

Témoins à l'acte quatre chevaliers y dénommés, et *coràm pluribus aliis.*

Il nous a paru intéressant de transcrire ici la teneur de cette charte :

Mai 1224.

DONATIO *propter nuptias*, AVEC DROIT DE RETOUR.

« Noverint universi presentes et futuri, quod Ego DE BIAVMONCEL
« dedi et concessi Liberto de Mesnil [2], quandò duxit in uxorem
« Dionisiam sororem meam IIII^{or} (quatuor) libras VIII solidos annui
« redditus in agmento maritagii primo facti, scilicet apud sennevillam
« de feodo de Trublevilla LII S in terris *et hominibus* in molendino de
« *Biaumoncel* xxxvIII solidos tenendum, habendum et possidendum
« liberè, quietè, et pacificè sibi et heredibus suis de me et heredibus
« meis ; in purum in quietum in liberum maritagium, ità scilicet

[1] Article 951 du Code Napoléon : « Le donateur pourra stipuler *le droit de retour* des objets donnés, soit pour « le cas du prédécès du donataire seul, « soit pour le cas du prédécès du *donataire et de ses descendans.* »

[2] *Voir* pl. VIIe, n° 7, le scel d'un Guillaume DE MESNIL, 1re partie du xIII^e siècle.

« quod habeant simul heredem. — *Si verò, contigerit quod non*
« *habeant simul heredem, maritagium prenominatum ad me, ut*
« *justè, et heredibus meis continget.* Sciendum autem est quod ego
« jàm dictus *Stephanus* et heredes mei dictum maritagium tenemur
« garantizare, vel *competenter* excambiare. Ut hoc autem firmum et
« stabile futuris temporibus teneatur, presenti scripto sigilli mei
« testimonium apposui. Actum anno Domini ᴍ⁰ ᴄᴄ⁰ xxiiii⁰ mense
« maii (1224).

   « Testibus hiis Willelmo *de Mesnil.* — Willelmo Cardon de
« Carebec. — Rogerio Tronel militibus. — Galterio Cordoano et
« pluribus aliis. »

                        (Sigillum Stephani Dᴇ Bᴇʟᴍᴏɴᴄᴇʟ).

PLANCHE XI.

PLANCHE XI.

XIIIe SIÈCLE.

10 SCEAUX.

———

Scel n° 1 . . . .   mai 1235, avec le n° 8.

— n° 2 . . . .   id. id.

— n° 3 . . . .   1228.

— n° 4 . . . .   février 1206.

— n° 5 . . . .   janvier 1260.

— n° 6 . . . .   septembre 1257.

— n°[s] 7 et 10 . . . . . .   1216.

— n° 8, *voir* le n° 1 . . .   1235.

— n° 9 . . . .   1216.

— n° 10 réuni au n° 7 . . .   1216.

———

OBSERVATION.

Voir *le texte qui suit la planche pour le sommaire des chartes et la légende des sceaux.*

1

2

3

4

5

6

7

8

9

10

C. Drouin, Del & Lith.

Lith A. Peron, Rouen.

SOMMAIRE DES CHARTES
ET
LÉGENDES DES SCEAUX.

PLANCHE XIe.

XIIIe SIÈCLE,

10 SCEAUX (CHARTES LATINES).

Jumiéges pour Hauville.   Scels n°s 1 et 8.

Mai 1235.

N° 1. ✠ S' ALLIZ VXORIS PETRI GVEROVT.
N° 8. S' PETRI GVEROV.

Ces deux sceaux, *sur cire brune* et queue de parchemin, sont
pendants, le premier à droite et le deuxième à gauche, d'une
petite charte latine portant création de iv sols de rente au profit
de l'abbaye de Jumiéges, en retour de xxxiii sols tournois payés par
les religieux audit Pierre Guerout et à sa femme dénommés ainsi :
Petrús Guerot, et *Aaliz uxor*.

Jumiéges pour   Scel n° 2
Saint-Pierre-de-Hauville.

Mai 1235.

—

SIGILLVM (S') ANDREE DE BELLAMARI.

Sur cire verte et queue de parchemin.

André de Bellemare vend à l'abbaye de Jumiéges un terrain situé à Saint-Pierre de HAVVILLE¹ (*in parrochiâ sancti paterni de Hauvillâ*), moyennant LXX s. t., donnant en revenu annuel IV sols et VI deniers, à la fête de saint Remy, deux chapons et deux deniers *ad natale* (à la Nativité), et XX œufs et II deniers à Pasques.

Le sceau forme une sorte de roue.

Jumiéges pour   Scel n° 3,
Saint-Médard de Beaunai.

1228.

—

SIGILLVM (S') ANCELMI DE BEAVMONT.

Scel en cire verte représentant une fleur de lys, sur lacs de soie verte.

Transaction sur procès entre l'abbaye de Jumiéges et Ancelme de Beaumont, touchant la possession d'un pré situé en la paroisse

---

¹ En 1227, *Radulfus filius Bartholomei Le Bret* donne à l'abbaye de Jumiéges deux acres de terre *(juxta masagium de Robert Houdui)*, situées aussi en la paroisse Saint-Pierre de Hauville. L'acte est passé en la même année *dans l'église même le jour de l'Ascension. Die Ascensionis Domini in ecclesiâ sancti paterni de Hauvillâ.*

Le sceau qui confirme ce don est en cire, sur tube de soie rouge, et porte le nom ci-dessus avec sa filiation à la légende.

sancti Medardi de Beaunai, au moyen de xx s. t. payés audit Ancelme.

———

Jumiéges pour   Scel n° 4.
Saint-Médard de Beaunai.

Février 1206.

———

Cyrographum[1] ou *charte privée* (sic).

S^l WALTERI LE MVONNER.

Petit scel en cire verte sur cordon blanc.

Il figure l'*x*, l'anille d'une meule.

C'est un échange fait *coràm Parocchiâ* devant l'église, et les paroissiens, de la moitié d'un moulin, entre WALTERIVS MOLENDI-NARIVS, Gautier Lemounier et l'abbé de Jumiéges contre treize acres de terre situées à Saint-Médard, exemptes de tous droits et servitudes, et moyennant xxiv livres t., payées au vendeur, à son père et à l'épouse de chacun d'eux.

[1] Cyrographum, ou *chartæ pariclæ* ou *particulæ*, désignaient les deux doubles d'un même acte qui coïncidaient entre eux en rapprochant les parties de lettres intermédiaires coupées par moitié, comme de nos jours pour les passeports, ou les livres à souche.

Pour assurer la conservation de l'acte, l'un de ces doubles était déposé dans une abbaye, et l'autre était remis à la partie la plus intéressée. (*Ibid.*, p. 9 de notre volume.)

C'est ainsi que dans une charte originale, vers 1060, relative à la possession de la terre de *Llelellot*, contenant accord entre Robert, abbé de Jumiéges, et Hugues de Montfort, on lit cette clause finale : « Et ad hec confirmanda « factum est *ambarum partiam testimoniale scriptum, unam eamdemque ra-*« *tionem habens.*

« *Unum in loco sancti Petri servatur*, alterum supra dictus Hugo *suum* « *retinet*, tali modo ut si ipse illud perdideret, perdit similiter, et terram « de quâ loquimur.

(*Voir* aussi pl. XVIIe, note du n° 4). C'est, comme on le voit, notre acte sous seing-privé synallagmatique régi par l'art. 1325 du code Napoléon.

Jumiéges pour Hauville.   Scel n° 5.

Janvier 1260.

———

Légende ✠ S' RICART BEDENGVE.

Le scel est en cire brune sur queue de parchemin; son type est monétaire.

Dans la charte on lit : *Ricardus* BERNENGVEL. — Il vend au couvent de Jumiéges tout l'héritage qui lui provient de la succession
de HVGVES (Hugonis), son frère, situé en la paroisse de Hauville,
en la présence de nombreux témoins, dont cinq sont désignés
comme suit : Coràm : Roberto Bariole, Radulfo De Valle, Johanne
Ferrant, Guillelmo Ausquier, Durando de Valle, et multis aliis.

———

Abbaye de Jumiéges.   Scel n° 6.

Septembre 1257.

———

✠ S' RADVLFI SALOMON.

Sceau à rosace sur cire verte et queue de parchemin.

Il délaisse *à Dieu*, à l'église de Notre-Dame et Saint-Pierre
de Jumiéges et aux moines qui y servent Dieu (« Deo et Ecclesie
« beate *Marie*, sanctique Petri Gemmeticensis et monachis ibi-
« dem Deo servientibus »), *pour le salut de son âme* et *de ses
antécesseurs*, tout le bien-fonds qu'il a et peut avoir en ladite paroisse de Jumiéges (hereditagium quodcumque, etc.) et partout
ailleurs, sans aucune réserve ni réclamation de sa part, soit de ses
héritiers, soit de tous autres, et avec toute garantie de droit, parce
que de leur côté l'abbé et ses religieux fourniront au donateur et à
sa femme, pendant leur vie commune, deux pains miches ' (de
minetâ), *un petit pain blanc du couvent*, et deux mesures de
vin, de la qualité de celui qui est donné journellement à leurs
meilleurs serviteurs '.

De plus, pour chaque année, le mari recevra *huit* aunes d'é-
toffe (panni) et *quatre* autres pour sa femme.

' Un pain *miche*, à Bernay, pèse 3 kil.; à Lisieux, il en pèse 4.
' *Voir* idem, p. 292 et 312, et pl. XVIIIᵉ, n° 7.

Si cette dernière lui survit, elle conservera ses mêmes pitances (moins toutefois le petit pain blanc), comme aussi les quatre aunes d'étoffe (panni).

Si c'est au contraire le mari qui reste, rien ne sera excepté de ses fournitures de bouche, mais aussi il ne recevra plus que quatre aunes d'étoffe au lieu de *huit*.

« Ità quod si uxor mea vixerit post meum decessum, duos panes « de minetâ, et unam mensuram vini singulis diebus habebit, et « quatuor alnas panni per annum. Et ego post mee uxoris de- « cessum, si vixero, habebo singulis diebus unam mensuram vini, « et unum panem album parvum de conventu et unum de mi- « netâ; et per annum quatuor alnas panni. — Quod ut ratum et « stabile, etc., etc. »

Enfin, l'acte ci-dessus analysé[1] se termine par la désignation des six témoins ci-après : Rogerio Le Moigne, Roberto de Porta. — Willelmo Biaufiz. — Roberto de Alnevillâ, Willelmo le Valeis. — Anquetillo Piquart et aliis multis (sic), et par le nom de l'écrivain (Willelmus scriptor).

———

Jumiéges pour Neuvilette.   **Scels n°⁵ 7 et 10.**

1216.

—

✚ S' IOHAN[NIS DVTVIT.

Sur cire verte, avec lacet de soie violette.

✚ S' NICHOLAI DVTVIT.

Sur cire verte et cordon de soie rose.

Nicolas Dutuit (cognomine *senescallus*)[2] du consentement de ses fils ; *Guillaume*, prêtre, et de *Johan* (ci-dessus), pour le salut de

[1] *Voir* un acte en français du même genre, pl. XXIII°, à la date du 6 juillet 1458.

[2] Il est mentionné aussi avec le surnom *Le Sénéchal*, en la charte de l'an 1222 du scel n° 2, pl. VII°.

Le scel de Nicolas Dutuit, où *figure un oiseau* sous le n° 10 de cette plan- che XI°, se trouve aussi le sujet d'un ancien sceau publié dans l'Archœol. anglic., n° 6, pl. XIX, t. XXX, avec cette légende : « PETRE : SEQVERE : ME. » (Paroles du Christ à Saint-Pierre, Math., IV, 19.)

son âme, de celle de Nicolaë, sa femme, de ses fils et *de ses antécesseurs*, donne à Dieu, à l'église de Jumiéges, et aux moines qui y desservent Dieu et le desserviront par la suite, pour l'office de chantre (*ad opus cantorie*), tout ce qu'il possède ou pourra posséder à Neuvilette sur le tènement de Roger de Neuvilette, avec toutes ses dépendances.

Outre les sceaux ci-dessus figure aussi au pied de la charte celui dudit Guillaume Dutuit.

S¹ WILLELMI DUTUIT.

Fait en l'an 1216, à Jumiéges, en présence de trois ecclésiastiques et de nombreux témoins.

N. B. *Le n° 7 est réuni au n° 8.*

Jumiéges pour Neuvilette.   Scel n° 9 et dernier.

(N. B. *Le n° 10 précéde.*)

1216.

✠ S¹ IOHAN DE LVNDA ¹

Sceau en cire verte sur un petit lacet de soie verte.

Johannes de Lunda (Jean de Lalonde) confirme la donation faite par Nicolas Dutuit (scel n° 10), dit le Sénéchal, et renonce à rien demander à ce sujet aux religieux de Jumiéges, sauf une demi-livre de poivre (preter dimidiam libram piperis).

Actum apud Gemmeticum (Jumiéges), l'an de l'incarnation de Notre-Seigneur : anno m° cc° sexto decimo (1216).

En témoins : quatre chevaliers, dont le second est : *Henricus de Mortuo mare* (de Mortemer);

Deux clercs (d'église),

Et trois laïques.

¹ Par une charte de la fin du XII° siècle, *Nicolaus de Lundd* avait confirmé à Nicolas Le Sénéchal la tenure de Neuvillette, pro servitio suo par l'apposition de son scel dont la *légende est retournée* et enchâsse un petit cavalier tenant un guidon. — Voir ce qui est dit à la note faisant suite au n° 2, de la pl. VIII°).

PLANCHE XII.

PLANCHE XIIᵉ.

XIIIᵉ ET XIVᵉ SIÈCLE.

11 SCEAUX.

—

—

OBSERVATION.

Voir le texte qui suit la planche pour le sommaire des chartes et la légende des sceaux.

2

3

5

6

7

8

9

10

11

SOMMAIRE DES CHARTES

ET

LÉGENDES DES SCEAUX.

———◆———

PLANCHE XII°.

XIII° ET XIV° SIÈCLE.

11 SCEAUX (CHARTES LATINES, SAUF LE N° 5 ET DERNIER).

═══

Abbaye de Jumiéges.   Scel n° 1.

Mars 1247.

—

S' ROBERTI HOSMONDI.

En cire verte sur petit ruban de fil vert.

Robert Osmont cède à l'abbaye de Jumiéges viii deniers de rente *sous forme de rente*, moyennant xii s. t., qui lui sont payés ; il cède aussi xi deniers et une poule de rente.

On remarque cette clause finale qui termine assez souvent des actes du xiii° siècle :

« Sed tenemur garantizare illos predictis, abbati, et monachis in
« perpetuum *ad usus et consuetudines Normanie* contra omnes, vel
« excambiare ad valorem, si non potuerimus in aliquo tempore
« garantizare. »

═══

Abbaye de Jumiéges   Scel n° 2.
    pour Vieux-Port.

1225.

—

S' RICARDI BAVDOIN.

Richard *Baudouin*, fils de Guillaume *Farsi* (sic) [1], confirme la cession de vIII sols de rente faite par son père aux religieux de Jumiéges, à prendre sur son tènement situé au Viel-Port, cession qui avait été consentie moyennant LXX s. t.

Une circonstance à remarquer, c'est que le père du vendeur est dénommé Guillaume *Farsi*, et que son fils Richard est dit *Baudouin* [2], d'où la conséquence que la filiation s'attachait plus aux prénoms des individus qu'à leurs surnoms, le plus souvent variables à chaque génération, et qui, plus tard, restèrent patronmiques. (*Voir* notre volume, p. 55, et notre pl. vII^e, note 2 du scel n° 4.)

Abbaye de Jumiéges.   Scel n° 3.

1224.

—

SIGILL' SEHERI LE MAIGNEN.

Sceau en cire verte sur lacet de fil de soie, blanc, vert et rouge.

Donation par *Seherus Le Maignen*, aux religieux de Jumiéges, de tout ce qu'il pouvait posséder en rentes sur le tènement Rodulfe Hartel, situé *in vico au Hairez*.

Actum die sancti Nigasii martiris coràm multis.

[1] Le nom propre *Farsi* se retrouve encore chez nous.
[2] *Voir* autre exemple de ce genre au texte n° 4 de la pl. vII^e.

Abbaye de Jumiéges.   Scel n° 4.

Août 1212.

—

S' GVILLERMI BENGARI.

Scel en cire verte de Guillaume Baingnart (*sic*).

Guillaume, fils aîné d'Anfred Baingnart, et Robert Boufe, écuyer, petit-fils de ce dernier, renoncent, sous la garantie du serment prêté sur les saints Evangiles, à attaquer la donation qui avait été faite par Anfred à l'abbaye de Jumiéges du tiers des gerbes de la dîme de Puisens et de la moitié du patronage de la même église.

Guillaume Gervais et Radulfe, autres fils du même Anfred, approuvent aussi cette donation.

⸻

Abbaye de Jumiéges.   Scel n° 5.

Janvier 1335.

« *Scel* dont usait Jehan de Foumichon, bailli d'Alençon, du Perche et de *Vernueil.* »

Il *authentique* une sentence arbitrale au sujet de rentes réclamées par les religieux de Jumiéges sur le fief de l'Epinay, contre Jehan de Choenel, chevalier après lecture de cette sentence, *ès assises françaises tenues audit Vernueil;* puis l'acte qui la constate est relié par une petite découpure, au compromis et au mémorial y relatifs qu'elle traverse, et sur l'extrémité de la bandelette est apposé le sceau, suivant le mode indiqué pl. IX°, n° 3.

A *Falaise*, le même errement se remarque en l'année 1570[1].

Les lettres du contrat de vente *d'un ouvroir* (boutique), de maison située *près la porte Mauduit*, passées devant les tabellions *Pierre Clément et Bartholomy Boutery*, sont annexées à celles émanées des

[1] Liasse de titres en ma possession.

pleds *de la commune et mayrerie* [1] *de Falaise* tenus par *Jehan Morel, licentié aux loix, vicomte dudit lieu,* qui en a constaté la lecture suivie de transaction sur procès, et sur les deux bouts réunis de la bandelette qui traverse les actes notariés, *le garde des sceaux de la ville et vicomté de Falaise* appose le scel affecté aux obligations. Ce scel, du module d'un franc, offre un écu couronné chargé de trois fleurs de lys, et est empreint sur papier enduit de cire.

En 1574, le 22 février, nous retrouvons le même scel couronné, mais surmonté d'une petite croix sans autre mention que la date de 1569 séparée par l'écu, et apposé par le même garde-scel qui figure au préambule de l'acte, avant les tabellions, suivant la formule ordinaire.

L'abbaye du Valasse   Scel n° 6.
   et les Templiers.

Mars 1253.

Petit scel des Templiers, en cire brune. — Colombe avec branche *d'olivier.*

Fratres milicie....., confirmant vineam sitam in suo feodo inter Aubergenvillam et Felins, emptam a Wuillelmo humili abbate de voto (le Valasse).

[1] En 1255, il intervint, entre l'évêque Geoffroy de Séez *et les maires et bourgeois* de Falaise, une charte communale *en français* qui mit fin aux débats de compétence, soulevés à raison de la justice temporelle et spirituelle du prélat, et dont le siége fut principalement établi à Falaise pour connaître des causes n'excédant pas une valeur de XXVI livres, comme aussi des cas en main levée d'excommunication.

Au nombre des dispositions statutaires que la charte renferme touchant l'appel, il s'en trouve encore quelques-unes applicables à notre droit actuel.

(*Extrait libre d'un cartulaire du* XIIIᵉ *siècle, de la bibliothèque de M. Auguste Le Prévost; pièce communiquée par M. L. Delisle.*)

La charte se termine ainsi :

« In cujus rei testimonium et firmitatem perpetuam presentes
« litteras *sigilli nostri* munimine roboravimus. Actum anno Do-
« mini m° cc°, L. III, mense marcii. »

Ce sujet sert aussi de contre-scel au sceau du Valasse, n° 2 de la
pl. XIII*, et figure aussi pl. IX*, n° 4, en 1285 ; il rappelle la colombe
de l'arche de Noë.

Plaintes des Templiers contre le Maire et la Ville de Rouen, en 1276.

« A tous cheus qui ches letres verront et orront le ballif de Rouen
« salus, sachies que comme content (contestation) fust *entre les*
« *freires de la chevalerie du Temple* d'une part, *et le Mere et la*
« *vile de Roen* d'autre por, une injure que le Mere devoit avoir
« fait as devans dis freires, si comme eus disoient, à la parfin le
« Maire por li et por la vile par le consel de bones gens le mist du
« tout a peine de 11* mars (200 marcs), sur le trésorier du Temple
« de Paris, et li gaja a amender par tel condicion que le tresorier doit
« enquere du fait et se il treuve enqueste faite que il appartieigne
« amende li tresorier puet l'amende tausser à sa volenté et li maires
« por li et por la vele feroit l'amende tele comme elle sera taussée
« par le tresorier et se il ne trouvoit que il fust coupable, le maire et
« la vele, sen devoient partir tous quites. En tesmoing de cheste
« chose nous avons mis a ches letres le scel de la ballie de Rouen.
« Che fu fait en lan de grace mil CCLXXVI, le vendredi avant
« Pentecoste. » — A. N., 55,199, n° 45 (Biblioth. impériale).
Communiqué par M. L. Delisle.

Les Templiers, ou frères de la milice ou chevalerie du Temple, s'é-
tablirent à Rouen, vers l'an 1160, dans les limites de l'ancienne paroisse Saint-Etienne-des-Tonneliers, où ils bâtirent dans le siècle
suivant une maison et une église entre la rue des Cordeliers et la
porte de l'Estrade. L'emplacement qu'ils occupèrent s'étendait jusqu'à celui sur lequel a été édifié dans le siècle dernier l'hôtel des
Juges-Consuls, *la Bourse*, dont le nom fut même appliqué à la rue
qui précédemment s'appelait la rue *du Temple*.

Dom Duplessis (t. I, en sa description de la Haute-Normandie,

p. 118, édit. 1740) nous dit que les Templiers eurent deux couvents à Rouen, celui ci-dessus, et un autre qu'ils bâtirent vers le milieu du XIII° siècle *dans la rue des Hermites*, sur la paroisse Saint-Martin-sur-Renelle. Nous ajouterons, ce qui semble ignoré de nos annalistes, qu'ils *possédaient une troisième maison à Rouen, rue Saint-Éloi*, car il existe une charte ou plutôt une copie authentique constatant, en 1227 [1], l'acquisition de *l'hôtel des Templiers*, en la paroisse Saint-Éloi, de Jehan Salle-Hodin, opérée devant Thibaultt (d'Amiens), archevêque de Rouen, qui, pour plus d'authenticité de la vente, fait apposer à l'acte le sceau de la cour (autrement dire de l'officialité), et dont la tradition foncière s'opère *per chirotecas*, au moyen de gants donnés ou constitués en rente, circonstance symbolique que nous avons consignée p. 8 de notre 1re partie.

En 1173, Henri II, roi d'Angleterre, leur donna sa maison de plaisance avec le parc de *Sainte-Wauboury*, situés en aval de Rouen, sur la rive droite de la Seine, et après la suppression de leur ordre, en 1312, ordonnée par le concile de Vienne, sous Philippe-le-Bel, leurs maisons de Rouen rentrèrent dans le Domaine ; mais celle de Sainte-Waubourg fut donnée aux hospitaliers de Jérusalem, depuis l'ordre de Malte, qui en fit une de ses commanderies.

---

[1] Cette charte est transcrite en entier dans le livre terrier de Sainte-Waubourg de l'année 1672.

Elle énonce ce qui suit :

« Quoddam *tenementum* quod situm est apud Rothomagum in parrochiâ « sancti Eligii Ligneum et lapideum integrum *cum omnibus pertinenciis* « inter terram Wuillelmi de sancto Eligio (saint Éloi), et terram Andreæ de « Pratellis (de Préaux). (Archives du département.)

En 1483, notre rue Saint-Éloi était dite de *la Monnaie* ; — même dénomination en 1680, où à cette époque, le tènement de maisons ci-dessus est rappelé comme appartenant aux chevaliers de Jérusalem, puis, en 1750, autre terrier qui relate comme possession des mêmes : l'hôtel de Ste-Waubourg et tènement de maisons adjacentes, situées à Rouen, rue et paroisse Saint-Éloi.

Les plus anciens titres de cet établissement sont déposés en la Bibliothèque impériale, rue Richelieu, section des M^{ss}, et les autres plus récents, relatifs aux biens, font partie de nos Archives départementales.

Abbaye de Jumiéges. Scel n° 7.

1233.

SIGILLVM RICARDI EP'.

Au revers : une tête avec ces mots : AVE MARIA PLENA [1].

Contre-scel en cire jaunâtre sur queue de parchemin.

Les religieux de Jumiéges et les doyen et chapitre d'Evreux ac-
quiescent à la sentence arbitrale rendue entre eux pour cause d'héritage (Vieux-Verneuil) par l'evêque d'Evreux (Ricardus episcopus),
et par M° Ricardus de Passorio.

On remarque la clause pénale de xl livres tournois qui avait été
stipulée contre la partie qui se refuserait à exécuter la sentence à
intervenir.

Abbaye de Jumiéges. Scel n° 8.

Janvier 1241.

S' ADE : DE LIVET.

En cire verte sur queue de parchemin.

L'acte mentionne Adam de Livet de Conihou.
Il concède à l'église et aux moines de Jumiéges, pour l'usage des

[1] La même légende *Ave Maria gratia plena* entourait le contre-scel du
sceau de l'église Notre-Dame de Noyon, au xii° siècle, dont le champ formé
d'une intaille antique, représentait *une tête de Minerve* (Docum. inéd. de
l'*Histoire de France*, vol. 1845, dessin, en la monogr. de l'égl., p. 3).

Dans l'Archæol. anglic. déjà citée, pl. xix°, n° 6, on retrouve la même inscription appliquée autour d'une pierre grecque à usage de scel, dont le sujet
probable est la petite scène du retour d'Ulysse en ses foyers.

Enfin, dans un acte passé devant les tabellions de la ville de Rouen, en 1485,
l'initiale H présente une bandelette contournée, portant ces mots : « *Ave Re-*
gina cælorum. »

pauvres, sa maison de Conihou, située en la paroisse Saint-Philibert-du-Mesnil, avec le masage où elle se trouve, et plusieurs pièces de pré, savoir : *le tiers*, à titre de don ponr le salut de son âme et de celles de ses antécesseurs, et *les deux autres tiers* pour subvenir tant à ses nécessités qu'à celles de sa femme, savoir : pour chaque jour, trois pains, trois mesures de vin, et à la cuisine ce que le dépensier pourra leur procurer et au gré des religieux.

Quant aux vêtements et aux chaussures, il leur seront fournis de même en quantité suffisante.

Après le décès du mari, si la femme lui survit, les religieux subviendront à ses nécessités pendant sa vie dans une juste mesure et en autant de temps toutefois qu'elle voudra bien adhérer à leurs conseils (*quandiù eorum consilio voluerit adherere*) actum etc. coràm pluribus testibus denominatis.

Dernière clause qui aujourd'hui vicierait l'acte comme potestative.

« Videlicet tres panes *in die* et tres mensuras vini, et de coquinâ
« secundun quod Elemosinarius habebit, et nobis viderit expedire;
« et de vestimentis, et calceamentis sufficienter nobis similiter prc-
« videbunt. Post decessum meum si uxor mea supervixerit, provi-
« debunt et in vite sue necessariis secundum quod juste expedierit,
« *quandiù eorum consiliis voluerit adherere*, etc , etc.

        (*Coràm pluribus testibus denominatis.*)

(*Voir* un acte du même genre , p. 300, scel n° 6).

(*Voir* un acte du même genre , p. 300, scel n° 6).

Scel n° 9.

XIII° siècle.

S' MASCE DE COEME.

C'est la matrice d'un sceau en bronze du xiii° siècle qui nous a été commuiquée.

Ce sceau de chevalier paraît s'appliquer à une famille de Bretagne, divisée en plusieurs branches, dont une possédait la seigneurie de Lucé au Maine.

Dans l'ancienne abbaye de *Bon-Port*, près du Pont-de-l'Arche (Eure), on voyait le tombeau de Louis de Rouville, grand-veneur de France, et celui de *Suzanne de Coësme, son épouse,* dont les pierres tumulaires sont reproduites en l'atlas qui accompagne le cartulaire de cette abbaye, récemment publié par M. Andrieu.

———

Chapitre Notre-Dame.   Scels n° **10, 11.**

1310.

Ces sceaux en cire verte sont pendants à l'acte de novembre 1310, analysé aux n° 8 et 9 de la pl. vii°.

Le prémier est celui de Guillaume de Lille, chancelier en l'église Notre-Dame de Rouen ;

Et le second est celui de Guillaume des Essarts, chanoine de la même église.

Voir, pour les deux sceaux qui accompagnent ceux-ci, même pl. vii°, n° 8 et 9.

———

Hauville   Supplément — n° 12 et dernier.
(Fonds de Jumiéges).

1254.

———

CHARTE PRIVÉE D'APRÈS L'ORIGINAL. — VENTE D'UNE PIÈCE DE TERRE. — EN FRANÇAIS, *circonstance très rare à cette époque.*

———

Transcription littérale.

« Sachent tous ces qui ses presentes lettres verront et orrunt qui je Symon Fresnel de la paroisse de Hauville doi a dame Lorenche qui fu fame Pierres Inax de Caudebec, c et x s. de torneis de vins quelle ma vendus et livres a Caudebec de quoi je me tieng bien

a paie a rendre a li ou a son commandement qui ces lettres aportera
a Caudebec a la Candelor par et tel maniere que se je ou mon commandement ne li rendion a ceste prouchene feste Notre Dame
Candelor, je lor oblige une pieche de ma terre asize en la paroisse de
Hauville entre la terre Ricart Pinchon d'une partie, et la terre Robert
Ballol d'autre partie abotant a kemin le Rei et a mon masage dautre
partie apres le devant dit terme a fere tote lor volente ou de vendre
ou dengagie si comme de lor propre heritage, salve la rente as
chiers seignors se les devans dis c et x s. de torneis ne lor estoient
rendus audevant dit terme, et je Symon Fresnel nen poon ne mon
commandement ne poon aler en contre par privilege *de crois prinse*
ne a prendre ne promis autre franchise et a tesmoing de vérité je
Symon Fresnel a la dite Lorenche ay donées ces letres *pendans
seelees de mon seel* qui furent escrites *a Caudebec* len de grace
mil. cc. et L. IIII. et mois de *optembre tesmoins* ices. Willelme
Le Moigne. Willelme Goubert. Willelme Le Forestier du Lendin.
Robert Le Fraucheis, et Renolt Le Clere.

(Sceau détaché.)

Comme on le voit ici, le style de cette charte est simple et coulant;
l'obligation tire sa force et du *sceau privé* du débiteur, et de l'*intervention de quatre témoins.* Pas d'autres formalités. Mais dans le
siècle suivant, au XIVᵉ, la prolixité des termes envahit les actes, il y
a redondance de style qui trahit la main des cleres praticiens, surtout
dans les clauses finales de garantie (*Voir* notre vol., p 74.)

PLANCHE XIII.

PLANCHE XIIIe.

XIVe ET XVe SIÈCLE.

5 SCEAUX.

Scel n° 1 . . . . au commencement du xve siècle.

— n° 2 . . . . vers le xve siècle.

— n° 3 . . . . 1302.

— n° 4 . . . . commencement du xve siècle.

— n° 5 . . . . fin du xiiie siècle.

OBSERVATION.

Voir le texte qui suit la planche pour le sommaire des chartes et a légende des sceaux.

1

2

3

4

5

SOMMAIRE DES CHARTES
ET
LÉGENDES DES SCEAUX.

PLANCHE XIII⁰.

XIV⁰ ET XV⁰ SIÈCLE.

5 SCEAUX (AU MUSÉE D'ANTIQUITÉS DE ROUEN.)

Scel n° 1.

✠ SIGILL' BALLIVIE ' ROTHOMAGENSIS.
Commencement du XV⁰ siècle.

Fleur de lys évasée sur cire verte avec deux oiseaux [2] perchés.

Le revers porte la même légende au contre-scel, dont l'écu est chargé de quatre bandes droites.

En 1411, Hue, sieur de Dunquerre, était chambellan du roi et son bailli de Rouen. *Voir* pl. XXII⁰, n⁰ 1.

En 1550, le scel *du Bailliage* de Rouen, quoique un peu moins large, est de même forme que le précédent, dont il reproduit la légende latine, mais sans accessoires, *et en lettres dites gothiques.*

Son empreinte a cela de particulier, qu'elle est *à sec* sur une petite bande de papier enduit de cire, adhérent au parchemin qu'il traverse. C'est un mandement émané de Jacques de Brevedent, lieutenant-général du bailli de Rouen, pour autoriser les tabellions à délivrer une seconde grosse d'un acte passé devant eux le 23 avril 1535, et auquel il est resté annexé.

---

[1] *Voir* le sceau du même bailliage en 1432, pl. XXI⁰, n° 1.

[2] Ces deux oiseaux sont ici ou deux colombes, symboles *de l'innocence*, ou deux passereaux, symboles *de la vigilance.* En effet, on lit dans le ps. CI-8 : « *Vigilavi* et factus sum *sicut passer* solitarius in tecto. » *Voir* Spicilegium solesmense, t. III, p. 481 *de passere.*

Ce sceau judiciaire, quant à son attache en papier, offre le même
mode que celui que nous avons constaté pour le tabellionage de
Montivilliers à un acte du 8 août 1535, pl. xviii°, n° 4; puis en 1613
et plus tard, pour les notaires de Rouen. (*Voir* pl. xiv° et l'observation finale, comme aussi les scels n°s 2 et 3 de la pl. xxiv°.)

Abbaye du Valasse.   **Scel n° 2.**

Vers le XV° siècle.

✣ S' CVRIE ABBATIE DE VOTO.

Sur le champ du scel est figuré un dextrochère ¹, tenant une crosse en pal, sinistré de
deux étoiles entre les mots IN CA — LETO (en Caux) sur cire brune et queue de
parchemin.

C'est le scel AVX CAVSES DE L'ABBAYE DV VALASSE, près de Lillebonne.

Primitivement fondée dans le xii° siècle, par VALERAM, comte de
Meulan, en exécution d'un vœu, elle en avait tiré son nom DE VOTO;
mais, dans le langage usuel, le nom de sa situation prévalut.

Ces religieux, à raison des grandes libéralités qu'ils reçurent de
l'impératrice Mathilde, fille de Henri I°r, roi d'Angleterre, la considérèrent comme leur principale fondatrice ².

Le revers a pour *contre-scel* une colombe avec une branche d'o-
livier, comme celui des Templiers en 1253, pl. xii°, n° 6, et aussi,
en 1285, petit scel ovale, pl. ix°, n° 4.

Cette abbaye jouissait d'une grande prérogative, au nombre desquelles était celle de *Franche nef ultrà mare*, comme le prouve l'article suivant extrait du compte m°° du monastère, de Pasques 1515
à Pasques 1516 :

« Receu de M° Jehan Le Roux, prêtre pour la droicture d'une
« *franche nef*, qu'avons par la mer exempte d'aquitz et tribuz par
« tous les portz des royaulmes de *France*, et *Engleterre*, duchés
« de Normandie, Angou, et Acquitaine, x liv. »

¹ *Voir* le scel de l'abbé de Tyron, du même genre, pl. viii°, n° 1.

² Notre Musée d'antiquités possède la croix enrichie de pierres fines qu'elle
avait donnée à l'abbaye.

De plus, on trouve porté au compte de 1516 la somme de v sols
« comme payée « aux tabellions pour escripre et signer la quictance
« de six milliers de hareng sor (saur), et de L sols tournois qu'avons
« droit de prendre tous les ans sur le domaine du Roy »

Grand scel ovale n° 3.

1302.

S' IOHANNE COMITISSE AVGIENSIS '.

C'est celui de Jehanne, comtesse d'*Eu.* — L'écu de gauche est fruste, celui de droite paraît
imbriqué ou semé de billettes, sur cire verte et queue de parchemin.

Ce sceau paraît s'appliquer à *Jehanne* (comtesse de Guines),
femme de Jean de Brienne, *comte d'Eu*', qui fut tué en 1302 à la
bataille de Courtray, livrée contre les Flamands. — Elle-même étant
décédée en l'an 1331, fut enterrée près de son mari dans l'abbaye de
Foucarmont, dont ils avaient été les bienfaiteurs.

(Anselme, t. VI, p. 135).

COSTUME.

' Du sommet de la tête du sujet pend sur son dos, *jusqu'à terre*, uu arrière-
voile dit *bavolet*, ornement des femmes de qualité de cette époque ; les bour-
geoises ne le faisaient tomber qu'aux épaules.

Au XVᵉ siècle, le bonnet s'élève, en forme de pain de sucre, avec le même accessoire. Nous le retrouvons moins élevé, mais plus effilé et légèrement recourbé
dans les campagnes de notre pays de Caux, jusque sous le premier Empire.

Placé comme une sorte de diadème sur le front de nos beautés villageoises,
il y brille de tout son éclat par la richesse de son tissu d'argent et de ses
longues dentelles plissées. Aujourd'hui, cette coiffure n'est plus guère qu'un
souvenir, car la mode a tout nivelé.

' *Voir* à la pl. XIVᵉ, n° 2, le scel de Raoul, son fils, comte d'Eu en 1338.

Scel n° 4.

Commencement du XVe siècle.

———

✠ S' PARVVM CAPIT'I (capituli)
ECCLESIE ROTHOMAGENSIS.

Petit scel ovale du chapitre de l'église (Notre Dame) de Rouen, à l'effigie de la Vierge qui porte du bras gauche l'Enfant-Jésus, et de la main droite un lys, symbole de paix.

Sur cire verte et queue de parchemin.

═══

Scel ovale n° 5 et dernier.

Fin du XIIIe siècle.

———

S' ROB'TI P'RI DE TAV. NIS.

(Sigillum Roberti presbyteri de Tavernis). Scel de Robert, prêtre de Tavernes.

Au XIIIe siècle (1275), Odon Rigault, archevêque de Rouen, dans un synode avait interdit aux doyens ruraux et aux prêtres de confier leur sceau à leurs clercs ou à tous autres pour sceller leurs lettres, à moins d'être présents eux-mêmes ; et cela, pour obvier aux dangers qui pouvaient résulter d'une confiance inconsidérée.

(Voir *Concilia* de Dom-Pomeraye, p. 259).

Dans d'autres diocèses, à la même époque, pareille injonction est faite à tous les prêtres, qui devaient être munis chacun *de deux sceaux*, dont l'un pour les citations monitoires, et l'exécution des mandements, et l'autre *pour certifier les mariages*.

Aussi, telle était l'importance attachée à la conservation de ce dernier sceau, qu'il est formellement défendu à tout prêtre de s'en dessaisir, et de ne le prêter en aucun cas à qui que ce soit, tant est grande la crainte de son emploi abusif! *Propter pericula quæ contrà matrimonia accidere possunt*

Statuta ecclesiæ meldensis ex m^{ss} codice monasterii, Dom Martène, t. IV. — 906. A thes. Anecdot.

PLANCHE XIV.

PLANCHE XIV°.

XII°, XIII° ET XIV° SIÈCLE.

6 SCEAUX.

—

Scels

n° 1 . . . . janvier 1217.

n° 2 . . . . 1338.

n° 3 . . . . xiii° siècle.

n° 4 . . . . fin du xii° siècle.

Mairie { n° 5 . . . . 1369.

de Rouen. { n° 6 et dernier . . . . id.

—

OBSERVATION.

Voir *le texte qui suit la planche pour le sommaire des chartes et la légende des sceaux.*

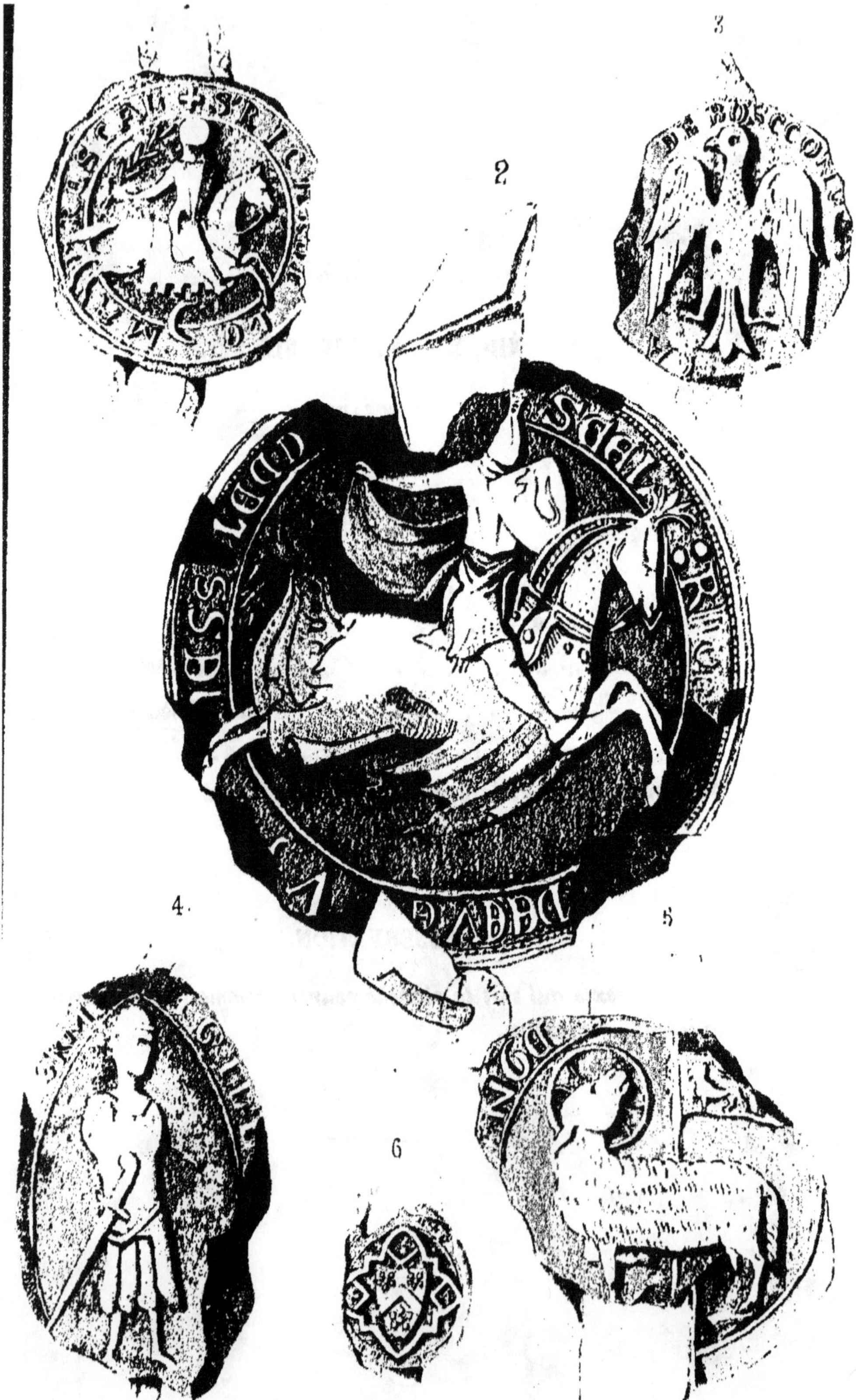

G. Drouin Del et Lith

Lith A. Peron Rouen

SOMMAIRE DES CHARTES

ET

LÉGENDES DES SCEAUX.

PLANCHE XIVᵉ.

XIIᵉ, XIIIᵉ ET XIVᵉ SIÈCLE.

6 SCEAUX.

Abbaye de Jumiéges.   Scel n° 1.

Aux Kalendes de janvier 1217.

✠ Sᵗ RICARDI LE MARESCAL.

Sceau sur cire verte pendant à un cordon tressé en fil bleu et blanc.

Il représente un personnage à cheval, dont le bras gauche est armé d'un écu, et dont la main droite tient une branche de laurier ou d'olivier ¹ au lieu d'un glaive ; ce qui se rencontre très rarement dans l'espèce, et ne peut être ici qu'un symbole de paix.

¹ L'ancien sceau du maire de La Rochelle le représentait bien revêtu d'une *cotte de mailles*, à cheval tourné à droite, et avec *une tunique*, mais il était tête nue *et tenait une massue en guise d'épée*.

En 1195, le sceau du maire de Meulan le représentait à *mi-corps*, la tête nue,

L'acte est relatif à une renonciation en faveur de l'église de Jumiéges et des religieux , *et in manu Domini Roberti archiepiscopi*
aux droits de dîmes tant en blé que vin et fruits, que le donateur,
Dionise sa femme et *Albin* son fils aîné, avaient le droit de percevoir
chaque année sur le fief de la maréchaussée (in feodo mareschausie
apud Gemeticum) et à titre de champart sur le tènement ou la tenure
de Willermi Saukes. Divers témoins assistent à cette charte de délaissement que confirme par son scel *Richard Le Marescal. Testibus :*
Willemo de Leuga (Guillaume.....) Reginaldo proposito (Regnault
Le Prevot) — Martino de Annevillá (Martin d'Anneville) Roberto
Filluel (Robert Filleul) Petro Hartel (Pierre Haretel) et multis
aliis '.

Archevêché.   Scel n° 2.

1338 le vendredi après les Brandons.

SEEL : RAOUL DE EV
CONNESTABLE DE FRANCE '.

Grand scel équestre de cire jaunâtre sur queue de parchemin, armes d'azur au lion d'or,
semé de billettes de même.

Il confirme la fondation faite par *Johan , sire de Saint-Martin-*

revêtu d'une tunique, et *tenant un bâton à la main* (T. V, p. 9, pl. IIIe. — *Tré-*
sor de numismatique, aux sceaux des communes).

(*Voir* aussi note n° 2 de notre pl. IIe, pour le scel *des obligations* de la
châtellenie de Meulan.)

Le bâton ou la verge n'était autre, comme chez les anciens, qu'une marque
d'autorité. (*Voir* pl. V^e, note 1 du n° 4), et dont la fable avait armé Minos et
Radamanthe à titre de sceptre, comme juge souverain des actions des hommes.
(*Voir* aussi pl. VIIIe, n° 5.)

« Le scel du maire de l'île d'Oléron, en l'an 1235, représentait un cavalier galo-
pant à gauche, *la tête nue*, vêtu d'une longue tunique, chaussé de mailles, épe-
ronné, et *tenant un oiseau sur son poing droit.* (Ecole des Chartes, 1858, 2e trim.)

' A la fin d'une charte de septembre 1201 (pl. X^e, n° 4), nous trouvons qu'elle
est passée notamment *corâm* « *Matheo et Willelmo filio ejus, marescallis.* »

' *Raoul Ier* de Brienne , *comte d'Eu et de Guines*, connétable de France, était,

le-Gaillart [1], *d'une chapelle en ses bois dudit lieu*, avec institution de deux chapelains, en l'honneur de Dieu, de la Vierge et de tous les Saints, pour le salut de son âme, de celle d'*Isabel Martel*, son épouse, et de tous ses parents et amis (*feals*) *trespassés* et à trespasser.

N. B. Notre pl. Ire, scel n° 2, représente Johanne, dame de Saint-Martin-le-Gaillard.

Nous avons vu comment, au xiv° siècle, le pouvoir féodal exerçait un droit de regard sur les biens situés dans l'étendue du comté d'Eu, lorsqu'ils étaient vendus par les tenanciers; maintenant voici une charte du xiii° siècle où le pouvoir municipal, *en dehors du comte*, intervient pour sceller l'acte de vente, sur la demande des parties, parce qu'il s'agit de maisons situées dans l'enceinte même de la ville d'Eu, constituée *en état de commune*.

Nous transcrivons donc cette charte au double intérêt du *fonds* et

en 1338, établi lieutenant du Roi sur les frontières de Hainault et ès-parties de Languedoc, sous le règne de Philippe VI de Valois. Il mourut le 13 janvier 1344 d'un coup de lance qu'il reçut au tournoi qui se fit à Paris aux noces de Philippe de France, duc d'Orléans, et fut regretté de tous les grands et princes du royaume. (Anselme, *Histoire généal.*, t. VI, p. 135, et *voir* en notre pl. xiii°, n° 3, le scel de Jehanne la mère). Raoul II de Brienne son fils, comte d'*Eu* et de Guines, homme d'armes non moins courageux qu'expérimenté, lui succéda dans sa charge de connétable. Par un revers de fortune, étant devenu dans la suite le prisonnier d'Édouard III, roi d'Angleterre, qui prétendait à la couronne de France par sa mère, depuis la mort de Charles IV dit le Bel, arrivée en 1321, il fut, à son retour en France, accusé de félonie, et par suite décapité sans jugement à Paris, en novembre 1350. Ses biens et le comté d'Eu furent confisqués et donnés la même année à Jean d'Artois. Ce fut en faveur du petit-fils de ce dernier que le même comté fut érigé en pairie. (*Voir* ibid., *Hist. généal.*, p. 161.)

[1] *Idem.* — Dom Duplessis, t. I, p. 681 (*Description de la Haute-Normandie*), rappelle cette fondation et son patronage, et observe que *le Gaillard* ajouté à *Saint-Martin*, est *un nom d'homme* que divers seigneurs ont porté, et qui s'est communiqué à leurs terres ou à leurs fiefs.

D'après les rôles normands déjà cités, nous voyons qu'en 1418-1419 le roi d'Angleterre prend sous sa protection les hommes et manants de la ville et comté d'Eu, et de plus ceux reséants dans le camp et châtellenie de *Saint-Martin-le-Gaillard*. « Rex suscepit in protectione homines et habitantes in « villâ et comitatu de Eu, etc. ac etiam in castro et castellaniâ de Saint-« Martin-le-Gaillard. » *Ibid.*, édition de 1843.

de *la forme*. — Cartulaire nᵒ 28. — Saint-Martin-aux-Bois (membre du Bec-Hellouin). Archives du département.

CONTRAT DE VENTE EN PRÉSENCE DE GUILLEBERT DE LA BARRE, MAIRE D'EU, EN 1225.

« *Carta Roberti de Fréauville de quâdam domo apud Augum.*

« Sciant presentes et futuri quod Robertus de Fréauville vendidit « et *forsjuravit* et omnino dereliquit priori et *monarchis sancti* « *Martini in Bosco*, domum cum pertinentiis quam de iisdem tenebat, « quæ domus est apud Augum *in foro Equorum*, item domum Helie « Brassatoris et domum *Reveri de Ponte*. Hanc autem domum cum « pertinentiis predictis Robertus et Elisabeth uxor sua propriâ « voluntate suâ, *coram majore Augi* abjuraverunt itâ quod nec ipse « Robertus, nec heredes sui, nec Elisabeth uxor sua *nomine dotis* « nec *nomine* hereditatis in predicta domo et in pertinentiis quidquid « de cetero reclamabunt sed pro posse suo predictis monachis contrà « omnes garantizabunt.

« Quod ut ratum maneat et stabile *ad petitionem* ipsius rotberti « et Elisabeth uxoris sue, presens scriptum *sigillo communie Augi* « *confirmatum est, et signatum. Actum anno gratie* Mᵒ ccᵒ xx. vᵒ « testibus hiis Wilberto (Guillebert) de Barrâ tunc *in loco majoris*, « Roberto de Peulni — Nicolao Ade — Hug[one Wastel] — Thoma le « Mercier — Radulpho Longarde — Giroldo Wastel *tunc scabinis?* « et pluribus aliis. »

Abbaye de Jumiéges.   Scel nᵒ 3.

Commencement du XIIIᵉ siécle.

Sᵗ RICARDI DE BOSCO GEROLDI.

Sceau en cire verte (un aigle) sur queue de parchemin.

Richard de Boisgueroult renonce, en faveur des religieux de « Jumiéges, aux prestations qu'ils étaient tenus de lui faire le jour

« de la fête des saints Apôtres Pierre et Paul, et qui consistaient en
« *quatre pains, en la moitié* d'un septier de vin, de Cervoise (bière),
« et en un quartier de mouton. En retour desquels avantages l'abbé
« lui a donné seize sols tournois. »

Cette charte, octroyée par Richard de Boisguerout, du consentement de *Jehan* son père, et d'*Emeline* sa mère, est passée *apud Du-
clarum* (Duclair), en présence de divers témoins, au nombre desquels figurent *Ricardus Marescallus* (*Voir* le n° 1er de cette planche),
et Robertus *mal norri*. (*Voir* aussi pl. xviii°, n° 7, charte de 1595.)

Abbaye de Jumiéges   Scel ovale n° 4,
pour Neuvilette.   Cotte d'armes
                                                         romaine.

Fin du XII° siècle.

SIGILLVM, NICHOLAI BVRNEL [1].

Sur cire blanche et lacs de soie verte.

Charte de concession par Nicolas Burnel, du fief de Neuvilette à
Nicolas de *Londa pro servitio suo*. Ce dernier sera obligé de venir
une fois l'an aux plaids du fieffant, qui se tiennent entre la Risle et la
Seine (*inter Rislam et Secanam*), y reconnaître pour lui et ses hoirs
ladite tenure du fief [2] et dépendances avec homme libre (cum homine
integro). Et à titre d'aveu de cet héritage, il a, dès à présent, remis
au cédant xv livres de monnaie d'Angers.

Au nombre des divers témoins figure en tête *Henricus* de Lundâ.

[1] *Voir* l'annotation du scel n° 2 de notre pl. vii°.

[2] Notre ancienne coutume, art. civ (Terrien, édit. 1594), disposait ainsi :
« Il y a deux sortes de foy et hommage, l'un lige deu au Roy seul, à cause de
« sa souveraineté, l'autre deu aux seigneurs qui tiennent de luy médiatement
« ou immédiatement, auquel doit estre exprimée la réservation de la féaulté
« au Roy. »

Archevêché.

Grand scel n° 5.

Petit scel n° 6.

ARMES DE ROUEN.

9 Juin 1369.

—

GRAND SCEL AUX CAUSES DE LA MAIRIE DE ROUEN, sur cire verte et queue
de parchemin.

Il s'agit de la fondation de 60 livres de rente à percevoir sur une
maison de Rouen, au profit d'une chapelle de l'église Saint-Martin-
du-Pont.

L'acte commence ainsi : « A tous ceulx qui ces lettres, etc., etc.

« Jehan de Buchy, lieutenant pour sire Godefroy Duréaume ¹, maire
« de Rouen, salut. — Fut présent; etc., etc. »

Il se termine ainsi : « En tesmoin de ce, nous avons mis à ces
« lettres le scel *dont nous usons au dit office* (c'est le scel n° 6) ce qui

---

¹ Geoffroy ou Godefroy Duréaume qui, en 1369, était à la fois *maire et capitaine
de la ville, sut la protéger contre les attaques des Anglais* qui étaient débarqués
près d'Harfleur sous la conduite du duc de Lancastre. (Reg. cap. 1366-1373,
p. 48 v°; Archiv. du départ.).

On peut voir dans l'église Saint-Vincent de Rouen la pierre tumulaire de
Duréaume et de sa femme, où elle fut transportée après la suppression de l'église
Saint-André-des-Fevres (rue aux Ours, autrefois dénommée *aux Oues*).
M. Chéruel, en tête de son deuxième volume de l'*Histoire communale de Rouen*,
a reproduit le dessin de cette tombe.

*Sur les sceaux de la commune de Rouen , voici comment s'exprime cet esti-
mable auteur. t. I, p. 153;*

« Le droit d'avoir un sceau et de l'apposer à ses actes était un des priviléges
communaux. Les maires de Rouen en ont joui aux xII°, xIII° et xIv° siècle.

« Leur sceau a d'abord représenté *un lion de face ou léopard*, puis *un agneau
portant guidon* ². La transition est marquée par le lion figuré *dans le guidon
de l'agneau*. Le dernier sceau au lion que nous connaissons est de l'année 1309
(Biblioth. pub. de Rouen); le premier sceau avec le mouton date de 1362; il est

---

² Ces symboles alternatifs de la force et de la douceur nous rappellent l'épitaphe
tumulaire de *Richard Cœur-de-Lion*, roi d'Angleterre et duc de Normandie, blessé
mortellement en 1199 au siége de Chalus en Limousin :

     « *Hic ferus, hichumilis, hic agnus, hic leopardus.* »

« fut faict et donné en l'an et jour, et ès pleds dessus dis et *à Gre-*
« *gneur* (plus grande) *confirmation* y avons fait mettre *le grand scel*
« *aux causes* de ladite mairie donné comme dessus. »

Ce mode usité de passer les conventions devant le maire de Rouen
dès le XIIe siècle, comme nous l'avons dit p. 9 de notre volume, et
qui se reproduit ici au XIVe, s'étendit même à certaines villes d'un
ordre inférieur, comme nous l'avons vu ci-dessus pour Eu, au n° 2,
et même ailleurs, dans le cours du XIIIe siècle, pour couper court
à des abus résultant notamment du défaut d'authenticité des actes
en fait de conventions privées.

Ce fut ainsi, *qu'au Pont-Audemer* en l'an 1263, pour empêcher
à l'avenir de rendre illusoire le droit de clameur viagère à cause de
la clandestinité des actes privés, il fut ordonné par la cour du Roi
que dorénavant *les instruments* des contrats seraient passés notoire-
ment (in aperto) devant le maire de la ville (coràm majore).

(Recueil des arrêts dits olim., t. Ier, p. 562, n° XIV. — XIIIe siècle,
publié en 1839 par M. Beugnot, et notre 2e partie, p. 83)

suspendu à une charte de Symon du Broc, maire de Rouen, conservée aux archives départementales, etc., etc. Le changement a donc eu lieu au XIVe siècle. »
   Puis il ajoute, p. 355 :
   « Le nimbe crucifère (voir notre pl. XIVe, n° 5) qui entoure la tête de l'agneau,
sur le sceau de la commune, pourrait le faire prendre pour l'agneau pascal. On
serait porté à supposer que les Rouennais en renonçant au lion, empruntèrent
à l'Église leur nouveau symbole. »
   L'auteur d'un Mémoire édité en 1790, sur l'ancien état du commerce de
France, M. Cliquot de Blervache, lauréat de l'Institut en 1789, dit, p. 102 :
« La ville de Rouen, persuadée que la province devait sa force et sa richesse
« à ses nombreux troupeaux, a pris pour emblème *un agneau*. C'est par le
« même motif, ajoutait-il, que le Parlement d'Angleterre siège sur des balles
« de laine, afin que les représentants de la nation n'oublient jamais que la
« prospérité de la Grande-Bretagne repose sur le produit de ses troupeaux et
« sur la main-d'œuvre de leur toison. »
   Cette induction est ingénieuse, soit, parce qu'en effet la ville de Rouen
possédait, au XIVe siècle et plus tard, de nombreuses draperies; mais comme
la manufacture de draps y avait pris une grande extension dès le règne de
Philippe-Auguste et de Louis VIII, autrement dire dès le commencement du
XIIIe siècle, (*Voir* t. I, p. 199, *Du Commerce de Rouen*, par M. de Fréville.)
Pourquoi l'agneau n'aurait-il pas figuré dès lors sur le sceau municipal ? Or,
il ne date que de 1362.

        Et adhuc sub judice lis est!

Mais comme le sceau alors était l'un des attributs de la juridiction municipale, on en perdait le droit, en perdant celui d'avoir des consuls et une commune.

(Voir, vol. XVI, des ordonnances des rois de France, p. 526 et 527.)

Nous avons vu, p. 9 de notre volume, que dès la fin du xⅡᵉ siècle, le Maire de Rouen, en vertu des anciens priviléges accordés à la ville par les ducs de Normandie, confirmés par Philippe-Auguste en 1207, pouvait recevoir les conventions des particuliers à Rouen et même dans la banlieue (infrà banleugam); comme aussi y tenir les plaids de justice (sans préjudice de ceux des seigneurs terriers) : c'est ce que l'on comprenait alors sous le nom de FRANCHE MAIRIE.

(Paroisse de Darnétal, Matières diverses ᴀ à z liasse vᵒ Pierre de Carville, Arch. départ.)

En voici un exemple dans le contrat de mariage et les donations qui en sont l'objet, passés entre Otton et demoiselle Isabelle, en présence de témoins, devant le maire de Rouen *Lucas* qui remplissait cette fonction en l'an 1194. (Cartulaire de l'abbaye de Saint-Ouen, nᵒ 29.)

Il nous a paru intéressant de transcrire ce document.

« Sciant presentes et futuri quod Ricardus Brito donat Ottoni,
« Ysabel neptem suam in uxorem et donat in maritagio eidem nepti
« sue Domos suas de Rothomago *de ligno et lapide* prope sanctum
« Laurencium que sunt de feodo abbatisse monastervillaris et abbati
« sancti Wandregilii ità quod prefatus Ricardus retinet in elsdem
« Domibus Dominium et hostagium suum in tota vita sua; donat etiam
« Ricardus prefati nepti sue in maritagio centum *libras* ¹ *andegavenses*
« de quibus debent redditus, emi, vel vadimonia fieri, per consilium
« amicorum utriusque partis. Otto verò prenominatus donat in dotem

---

¹ Avant 1204, c'était la monnaie d'Angers qui était la plus usuelle en Normandie; après cette époque, c'est la monnaie de tours. Nous voyons même Louis-le-Hutin, après son avénement à la couronne, en 1315, tout en confirmant les *priviléges des Normands*, s'interdire, tant pour lui que pour ses successeurs, dans le premier article de la charte, de ne laisser de cours dans le duché de Normandie à d'autre monnaie qu'à *celle de Tours et de Paris au poids légal.* (Terrien, p. 199, éd. de 1594 *Charte aux Normans*) « *Nec aliam monetam cur-
« sum habere quoquo modo.* In ducatu Normanie; » afin sans doute de prévenir toute altération de monnaies, comme sous Philippe-le-Bel. « Ce fut de son temps qu'une monnaie avait été frappée sous le nom de *florius*, parce que ceux-ci

« prenominate Ysabel *uxori sue domos* et redditus, in *tota terra*
« quam emit de Werwino Domeario *duas marchas* auri ; et ut ista
« convencio rata sit et inconcussa permaneat ea presentium sigil-
« lorum testimonio confirmata est. Teste hugone Cellario Fiscan-
« nensi. — *Luca majore Rothomagi*-Gaufrido Cambitore (le chan-
« geur) Roberto clerico fiscannensi-Odone Vageth , Mattheo Parvo.
« Rainaldo de Martino-Will-Bacun , Gaufredo et Radulfo de Martino
« Gaufredo fratre Ottonis et pluribus aliis. »

(Registrum thome Lescarre, fᵒ 81 , rᵒ cxxii ; c'est le titre du
cartulaire.)

Comme cette matière tenait à l'histoire de nos anciennes institutions locales, nous avons cru devoir nous étendre davantage dans
cet article.

Petit scel nᵒ 6 et dernier,
réuni au nᵉ 5.

Annexe, 9 juin 1369.

Scel pour l'office de Jehan de Buchy, lieutenant pour *sire Godefroy Duréaume, maire
de Rouen* — ès pleds de la ville.

La famille Duréaume tint longtemps à Rouen un rang distingué ;
c'est ainsi qu'en 1492, nous voyons figurer avec honneur *Mahieu*

avaient d'un côté une croix *fleurdelysée*. Avant ce monarque, l'on fabriquait peu
de monnaie et seulement pour la nécessité du petit commerce. Le roi et les
particuliers gardaient leur argent et leur or en masse, c'est pour cela que rien
n'est plus fréquent *dans les actes publics*, que les payements ou les amendes
à marc, ou à livre d'or ou d'argent au poids. Ainsi il reste très peu de pièces de
monnaie de la 1ʳᵉ et de la 2ᵉ race. Quand les Francs s'emparèrent de la Gaule,
ils empruntèrent des Romains la fabrication des monnaies, et les imitèrent
jusque dans le nom et le poids. Il est souvent fait mention dans la loi salique
de sous, et demi-sous d'or et deniers d'argent. Les Romains s'étaient servis des
mêmes espèces.

« Sous Charlemagne, on ne taillait que vingt sous dans une livre d'argent : et
delà vient qu'une livre est encore comptée pour xx sous (*Voir* Cl. Bouteroue
Le Blanc et le père Mabillon); mais le métal différa depuis. On commença à
mêler du cuivre à l'argent sous Philippe Iᵉʳ (1060), et, depuis, la valeur des
deniers qui d'abord étaient d'argent fin, alla toujours en diminuant, de telle
sorte qu'on les fabriqua de billon jusqu'à Henri III où on les fit de cuivre pur. »
(Voir *Journal des Savants*, vol. an. 1701, p. 254.)

Duréaume dans la députation de la ville adressée à Charles VIII,
pour obtenir l'allégement d'un impôt ou d'un emprunt de xv m. francs
demandé par le roi. Dans de telles circonstances, le procureur des
États de Normandie *Allorge* eut à subir des retards ; il rapporta au
conseil assemblé qu'en passant avec le roi par les galeries de l'hôtel
du Palais à Paris, il fut mis ès-mains *de M. Le Mareschal*, « *lequel*
« *soubs l'autorité du Roy le feist mettre à veoir les esbatements des*
« *jeux de la Bazoche* ¹ *avec les dames et damoiselles de la reine ;* » et ,
après deux jours de gracieusetés qui couvraient un refus évasif, le roi
lui dit *qu'il n'estoit plus que à luy* ; mais n'en persista pas moins
dans l'allocation demandée, à laquelle notre ville fut forcée à la fin
de souscrire, encore bien qu'elle lui eût exposé l'état des sacrifices
énormes qu'entraînaient pour elle les fortifications nécessitées par
les guerres, et qui étaient tels que *quand l'artillerie marche, chacun
jour il couste* au Roi xii cents livres.

    (Registre mss des délibérations de l'Hôtel-de-Ville de 1491 à 1501,
à Rouen.)

---

  ¹ La Basoche était la juridiction disciplinaire des clercs du Palais de Justice.
Elle nommait ses propres officiers ; mais *ses ébats*, parfois trop libres, furent
l'objet d'admonestations.

  Ainsi qu'à Paris, la Basoche de Rouen avait ses statuts et règlements particuliers approuvés par l'autorité *judiciaire*.

  Elle a été l'objet d'études historiques de la part de M. Fabre, lauréat de l'Institut en 1857.

PLANCHE XV.

PLANCHE XVe.

XIIIe, XIVe ET XVe SIÈCLE.

5 SCEAUX.

Scel n° 1 . . . . janvier 1284.

— n° 2 . . . . 1432.

— n° 3, ovale . . . . 2e moitié du XIVe siècle.

— n° 4 . . . . 1426.

— n° 5 et dernier . . . . . { 1401.
20 février 1366.

OBSERVATION.

Voir le texte qui suit la planche pour le sommaire des chartes et la légende des sceaux.

1

2

3

4

5

SOMMAIRE DES CHARTES

ET

LÉGENDE DES SCEAUX.

———

PLANCHE XV°.

XIII°, XIV° ET XV° SIÈCLE,

5 SCEAUX.

———

Abbaye de Jumiéges.   Scel n° 1.

Janvier 1284 (en français).

———

SIGILLVM BALLIVIE VERNOLII.

SCEL DE LA BAILLIE DE VERNEUIL[1], sur cire verte et queue de parchemin.

Dans le champ est une grande fleur de lys entre deux petites tours. Ce sceau est appendu à une sentence arbitrale rendue *ez pleds franceis qui furent à Vernoel*, entre Guillaume de Maheru, écuyer, et les religieux de *Jumiéges*, au sujet de pièces de terre.

Le *contre-scel* porte un écu au milieu duquel est une fleur de lys coupée à moitié dans sa longueur, et autour : CONTRA SIGILLVM BALLIVIE.

Nous voyons bien les parties ci-dessus. dont l'une tenait à l'ordre religieux, recourir simultanément à la voie arbitrale ; mais, comme en maintes circonstances, le système des garanties judiciaires était vicieux et impuissant, et que d'ailleurs l'action du pouvoir royal se trouvait alors circonscrite sur le terrain féodal, comme le prouve l'ordonnance de Louis IX en 1260, qui, prohibitive des duels, n'était cependant obligatoire que dans les lieux dépendant de son domaine ; de là ces appels en champ clos, suivant les formes déterminées *par le grand coutumier de Normandie*, au XIII° siècle.

———

[1] *Voir* le scel des obligations de la vicomté de Verneuil, pl. VIII°, n° 8, en 1410,

C'est ainsi qu'en l'an 1240, *au vieux Verneuil*, sur un débat lignager élevé dans la cour même du seigneur abbé de Jumiéges, entre
Gautier Megremeins, Gautier Pigot *d'une part*, et Guillaume d'autre
part, *au sujet de la prevosté de Capellariâ*, dont ce dernier jouissait
comme époux de la fille de feu Geoffroi, nous voyons celui-ci dé-
cliner la justice séculière qui lui est offerte, pour recourir à la voie
des armes qui, à cet effet, sont remises au champion de chacune des
parties. — Le sort du combat ayant été favorable à celui de Guillaume, ce dernier fut maintenu dans ladite prevôté, pour lui et les
siens. Et, en conséquence, la partie du champion vaincu paya audit
abbé LX sols et 1 d, comme seigneur du fief où le combat avait eu
lieu, plus au champion victorieux XVI sols pour chaque plaie où la
peau avait été déchirée jusqu'au sang [1].

Scel n° 2,
au Musée d'antiquités.

1432.

SIGILLVM DOMINE... (Fruste.)

Notre-Dame, patronne d'une confrérie ?

La Vierge, dont la poitrine est marquée *d'une croix*, porte sur
le bras gauche l'enfant Jésus, et à ses pieds sont quatre suppliants
à genoux.

Le dessin de la Vierge couronnée offre, par sa pose et sa dra-
perie, beaucoup d'analogie avec le scel ovale n° 4 de la pl. XIII. Celui
ci-dessus serait-il aussi le sceau, durant l'occupation anglaise, d'une
juridiction de *l'église Notre-Dame* de Rouen, voire même de celle du
monastère *Notre-Dame du Pré*, dont le scel, à la fin du XVe siècle,
figure au n° 7 de notre pl. XVI ? Rien de certain à cet égard.

[1] *Voir* ce que nous avons dit, p. 4, et le *Novum chronic. normann.*, publié par
M. Chéruel, p. 24, d'où le fait ci-dessus est extrait et mentionné plus au long par
M. Canel, en sa *Notice sur le Combat judiciaire en Normandie*, p. 68.

Archevêché.   Grand scel ovale n° 3.

En *cire rouge* sur queue de parchemin.

C'est celui de l'archevêque de Rouen, *Guillaume* de Flavacourt, n° du nom, mort en 1359.

La Vierge, tenant l'enfant Jésus, est couronnée par un ange et accompagnée de plusieurs autres, sous *dais* gothiques.

Au contre-scel, à l'extrémité de la bande de parchemin, le prélat est représenté à genoux dans l'attitude de la prière.

Scel n° 4.

1426 (Occupation anglaise).

✠ SIGILLVM REGIMINIS SCACARII DVCATVS NORMANIE.

Scel du gouvernement de l'Echiquier du duché de Normandie.

Ce sceau est en cire rouge sur queue de parchemin ; dans l'écu sont deux léopards, surmontés d'une fleur de lys. Il figure en notre Musée d'antiquités.

L'échiquier [1] fut institué par les ducs de Normandie pour rendre la justice sur appel, et *en dernier ressort*. C'était une haute juridiction, composée uniquement des dignitaires ecclésiastiques et des seigneurs les plus puissants de la Province. Ses séances avaient lieu pendant six semaines, à Pasques et à saint Michel, tantôt à Caen, tantôt à Falaise, mais le plus souvent à Rouen.

« Un mandement du 4 mai 1204 nous apprend que le roi Jean fit transporter en Angleterre les archives de l'Echiquier de Normandie ; il n'est donc pas étonnant que nos voisins conservent encore plusieurs de nos comptes originaux du xiii° siècle [2]. » nonobstant le retour de la Normandie à la couronne de France, opéré sous Philippe-Auguste, en l'année ci-dessus.

En 1302, Philippe-le-Bel fixa le siège de l'Echiquier à Rouen ; mais

---

[1] Notre savant confrère, M. Floquet, en a écrit l'histoire comme introduction à celle du Parlement de Normandie.

[2] Préface du t. I des *Rôles normands*. — Collection 1840. — *Mémoires des Antiquaires.*

il ne devint perpétuel que sous Louis XII en 1499, époque qui concorde avec la construction de notre remarquable Palais de Justice dans l'ancien clos aux Juifs, mais six ans après celle de la salle *dite des Procureurs*, qui primitivement devait servir de lieu de réunion aux marchands.

D'après le manuscrit de Thorigny, déjà cité, nous voyons qu'en l'année 1433, durant l'occupation anglaise, les terres domaniales *dictes* le *Domaynes de Normandie* avec le *fuage* (fouage, impôt sur les feux), sont évaluées à un revenu de L. m. lib. t. (50,000 l. t.), indépendamment des impôts sur les denrées, et que les frais d'occupation militaire et du gouvernement civil, au point de vue de la défense et du maintien de la tranquillité dudit duché, s'élèvent, pour les gages des officiers des trois ordres, à une somme qui n'est pas moindre de cIIII^{xx}x mille lib. t. (190,000 liv. t.), correspondant à 21,090 liv. sterling, *in monetâ regni Anglie.*

Quelques années après, par suite de la trève arrêtée entre les deux rois, d'après le même m^{ss}, figurent au dénombrement du rôle anglais pour la défense et la garde *de Rouen* « v *lanceæ* équestres, xı *lanceæ* « *pedestres*, et IIII^{xx}x (90) *Archiers.* »

« Item pro defensione *de le Palais de Rouen*, ın lanceæ equestres, « xvıı lanceæ pedestres et Lx archiers.

« Item pro tuitione in Castro de Rouen ı lancea equestris et vıı « lanceæ pedestres et xxvıı archiers.

« Item : Pro salvâ custodiâ *de le pont de Rouen* ı lancea equestris, « ıx lanceæ pedestres et xxx archiers.

Enfin : « Item apud monasterium sancte Katerine propè Roen « ı lancea equestris, ıx archiers. »

Scel n° 5.

7 janvier 1401.

SCEL DV BAILLIAGE DE LA CONTÉ DE TANCARVILLE.
(Sans contre-scel).

GRAND SCEL AUX CAUSES DU BAILLIAGE DE TANCARVILLE, A L'ÉCUSSON ÉCARTELÉ DE TANCARVILLE ET DE MELUN.

Il est apposé sur cire verte et queue de parchemin à une sentence du bailli dudit lieu, en la cause d'entre le seigneur de *Valliquerville*, et l'archevêque de Rouen, au sujet du patronage de *Valliquerville-en-Caux* (dans les chartes : Walekervilla), Archives de la cath. de Rouen, et *Hist. des Sires de Tancarville*, par M. Deville, p. 169.

Tancarville, situé sur le bord de la Seine, vers le Havre, était jadis la demeure de barons chambellans nés, des ducs de Normandie. Ils obtinrent du roi *Jean*, en 1352, l'érection de cette baronnie en comté.

Le comte de Tancarville, compagnon d'armes du connétable Raoul de Brienne, IIe du nom, comte d'Eu, sous le règne de Philippe VI de Valois, tombèrent prisonniers tous deux, aux mains des Anglais, lors de la prise par assaut de la ville de Caen, en 1343, qu'ils avaient défendue contre ceux-ci avec un grand courage, et furent envoyés en Angleterre. (*Hist. généal.* Anselme, t. VI, p. 161.)

(*Voir* aussi notre pl. XIVe, note du scel n° 2.)

A l'époque de l'occupation anglaise (au XVe siècle), le manuscrit de Thorigny, déjà cité, mentionne ce qui suit :

« TANKARVILLE : lancea equestris XIV, V lanceæ pedestres et XVIII « archiers, et dicta duo fortilitia erunt custodita per annum pro XIC^v « lib. Turon, incipiendo primo die aprilis anno mil ccccxLv (anno 1445).

Il n'est pas sans intérêt de remarquer ici, que ce comté et le château fort qu'occupaient alors les Anglais, fut possédé plus tard par François, comte de Dunois, fils du fameux *Jehan*, celui-là même qui, quelques années après, en avait affranchi notre sol. Cette terre lui provenait, ainsi que celle de Blangy, près de Poix, de la succession de Jehanne de Harcourt, comtesse de *Tancarville*.

Dans un contrat de vente relatif à cette dernière terre, passé devant les tabellions de Rouen le 1er avril 1489, nous trouvons les qualifications ci-après : « Haut et puissant seigneur *Francoys*, comte de « Dunoys, de Longueville et de Tancarville, connestable hérédital « de Normandie, et grant chambellan de France. »

Ce fut en sa faveur que le roi Louis XII, en l'année 1505, unit la baronnie d'*Auffay* au comté de Longueville, en érigeant le tout en duché, ce qui résulte plus au long des lettres données à Blois, au mois de mai de la même année, et enregistrées au Parlement de Rouen le 18 novembre suivant.

(*Voir* les pièces de cette érection, t. I, p. 212, et t. V, p. 532, en l'*Hist. généal. des grands officiers de la couronne*).

Abbaye du Valasse.   Autre scel n° 5.

(Pour annexe). ,

20 février 1366.

GRAND SCEL DE LA VICOMTÉ DE TANQUARVILLE (porte crenelée [1], surmontée de *trois tours*, dont celle du milieu est la plus élevée), en cire jaune sur queue de parchemin appendu AU VIDIMUS ci-après.

« A tous ceulx que ces lettres verront, Colardin de Beffresnil, *vicomte*
« *de Tanquarville* salut : savoir faisons que, l'an de grâce mil ccc'LXVI
« le XX de février, avons veu unes lectres saines et entières en toutes
« choses, contenantes la forme qui en suit : notum sit, etc., etc.

Il s'agit d'une donation privée faite à l'abbaie de Valasse, etc.

Et à la fin : « En tesmoing desquelles choses nous dit vicomte avons
« mis à cest present transcript le *grand scel de la vicomté* en l'an et
« jour dessus ditz.

Enfin, dans une charte latine datée de Pont–Audemer, apud Pontis
(Audomari), du mois de décembre 1248 [2] (Liasse des Cordeliers, matières diverses D à G), Guillaume, chambellan de Tancarville (Willelmus, camerarius de Tanquarvillâ), *reconnaît devant la reine Blanche*
(Dei gratia Francorum Regina), avoir donné en pure et perpétuelle aumône, aux frères mineurs de Rouen, tout ce qui lui appartenait dans
le manoir, dit le Donjon (in manerio quod dicitur le Donjon), situé à
Rouen, sans autre réserve pour lui et ses hoirs que les franchises et
tous les droits qu'il avait à exercer en dehors de ce manoir.

---

[1] C'est le même dessin, mais plus grand, que celui des trois tours, qui est reproduit à droite de la fleur de lys dans le sceau de la prevôté de Paris, pl. XVIIIe,
scel n° 2.

[2] 1248. Première croisade de Louis IX (septième générale) pendant *laquelle*
Blanche de Castille, sa mère, était régente ; elle mourut en 1252.

PLANCHE XVI.

PLANCHE XVI.

XIIIe, XIVe ET XVe SIÈCLE.

7 SCEAUX.

Scel n° 1 . . . . mars 1315.

— n° 2, avec contre-scel . . . . 1337-1338.

— n° 3 . . . . décembre 1373.

— n° 4 . . . . 1284.

— n° 5 . . . . février 1395.

— n° 6 . . . . décembre 1493.

— n° 7 et dernier . . . . novembre 1494.

OBSERVATION.

Voir le texte qui suit la planche pour le sommaire des chartes et la légende des sceaux.

1.

2.

3.

4.

5.

6.

7.

SOMMAIRE DES CHARTES

ET

LÉGENDES DES SCEAUX.

—••—

PLANCHE XVI°.

XIII°, XIV° ET XV° SIÈCLE,

7 SCEAUX.

——

Abbaye de Saint-Amand   Scel n° 1.
pour Varvanne.

Mars 1315.

—

✠ S' : VICE COMTATVS DE ARCHIS.

Scel de la vicomté d'Arches.

Il est apposé par « *Jehan Marel, clerc establi par les lettres nostre*
« *sire le Rey, de l'escripture des lettres le Rey* (le Roy) *en la vicomté*
« *d'Arches,* », à un acte de cession du III deniers de rente passé
devant lui par Regnault Dumoustier, de la paroisse de *Varvanne,* aux
religieuses de Saint-Amand de Rouen et sous le scel de celui-ci.

N. B. Le champ du sceau représente un pont fortifié [1].

---

[1] *Voir* pl. XXIII°, n° 2, le scel du Pont-au-demer, ou pont crénelé; c'est ainsi
qu'à l'extrémité Sud de notre ancien pont de pierre, il existait un petit fort

Archevêché
pour
Fresne-l'Archevêque.

Le mardi *après oculi mei* **année 1337 et 5 mai 1338.**

SIGILL' BALLIVIE DE LOCOVERIS.

SCEL DE LA BAILLIE DE LOUVIERS avec *petit contre-scel annulaire* sur cire verte, appendu en contre-bas, sur queue de parchemin, où sont figurés les attributs du prélat comme seigneur haut justicier de Louviers (*voir* p. 150 du volume).

Ce sceau est apposé à un mandement de Pierre de la Palu, bailli de Louviers, qui met l'archevêque de Rouen *en saisine et possession corporelle* d'un *franc fief de haubert*, situé à Fresne, qui lui a été adjugé par onze cents livres sur l'évaluation de *vingt quatre preud'hommes* des plus anciens aux assises d'Andely en 1337, « après « les criées et *subhastations* (voir note 1re du n° 5 de la pl. ve), « par quatre dimanches à oye de la paroisse, heure de messe, sur « *Guillaume de Fresne* escuier, et damoiselle Johenne sa femme, « ses débiteurs et fermiers de la paroisse de Fresne-Larche- « vêque. » Les prestations en nature comprennent les *oefs de Pasques* et les *capons de Noël*. Comme Pâques était alors l'époque du renouvellement de l'année, les œufs en étaient le symbole, *ab ovo*.

nommé *La Barbacane*, élevé sur un massif entouré de tous côtés par les eaux de la Seine.

En 1419, Henri V, roi d'Angleterre, le remplaça par une *redoute* qui en conserva le nom, et était désignée aussi sous celui de *Petit-Château*; il fut démoli en 1779, comme étant devenu sans objet par suite de la rupture de plusieurs arches dans le cours du XVIe siècle.

La construction de ce pont, qui datait du XIIe siècle, était généralement attribuée à l'impératrice Mathilde, fille de Henri Ier, roi d'Angleterre et duc de Normandie.

QUELQUES MOTS SUR LE *fief de Haubert* EN NORMANDIE.

Le haubert était une sorte de *jaque, ou cotte de mailles* particulière aux chevaliers. « Le possesseur d'un fief devait en être muni pour servir le roi à la guerre, comme on peut le voir au chap. 2 des lois de Guillaume Ier, roi d'Angleterre *a qui per loricas terras suas deserviunt.*» lois qui n'étaient à vrai dire qu'une importation de Normandie dans le pays vaincu (1066), où beaucoup de fiefs avaient été distribués par notre duc à ses compagnons d'armes au moyen des diverses armes et attributs de guerre, comme marques d'investiture. (*Voir* la note de notre pl xe, no 1.)

On trouve un exemple de tradition *loricale*, à l'occasion d'une donation de cent acres de terre situées à Hauville (Eure) faite à l'abbaye de Jumiéges vers la fin du xie siècle par Willelmus et Osbernus de Horor. (Jumiéges pour Hauville, cartulaire no 22, Arch. départ.)

Par l'ancienne coutume de Normandie, ceux qui possédaient *plein fief de haubert* devaient servir *au ban et arrière-ban par pleines armes.* c'est-à-dire par le cheval, *par l'écu, par l'espée et par le heaume.* (Partie Ire, son 3, chap. 8, Berault, sur l'art. 156 de la coutume norm.)

Telle était l'importance attachée au fief ci-dessus, que, d'après les articles 336 et 360 de la même coutume, encore bien que tous fiefs nobles fussent *impartables*, et considérés comme *individus*, néanmoins, quand il n'y avait que des filles *heritières* (à défaut de frère), le fief de haubert pouvait être divisé jusques en huit parties, dont chacune avait droit de cour, usage, juridiction et gage-plege.

Divisé en plus outre, il perdait *toute nature et dignité de fief.*

C'est encore ainsi que nous voyons spécifié plus tard *un quart de fief de haubert* dit de Courcelles, *comme il s'estend en chief et en membres*, assis en la paroisse du même nom, à raison duquel le *chevalier de Courcelles* rend aveu à l'archevêque de Rouen le 29 septembre 1452, en conséquence des droits et priviléges qui y sont attachés, en vertu de la coutume de Normandie, et ajoute : et « si « (aussi) fus *tenu faive service* à mon dit sieur *de dix jours d'un* « *homme d'armes entre la rivière d'Aize et celle d'Andelle* aux fraiz « coûtz et despens de mon dit sieur Archevesque et *en sa compaignie*

« *s'il estoit en guerre pour son archevesché en cas que j'en serois due-*
« *ment sommé ou requis,* et se (si) en ce faisant, aucuns de mes
« chevaulx estoient mors ou affolés, mon dit sieur l'Archevesque les
« me seroit tenu rendre et restituer[1]. »

« En tesmoing de ce, j'ai scellé ce présent adveu *de mon scel*
« *d'armes,* le xxix° jour de septembre l'an de grâce m. cccc cin-
« quante-deux. »

Le scel en cire est appendu à une petite lanière de cuir.

Ce quart de plein fief de haubert, qui s'étendait en outre à Port-
Mort et aux environs, était *mouvant de l'archevéché,* à cause de sa
baronnie et haute-justice de *Fresne-l'Archevêque.*

Il était passé successivement des mains du chevalier Philippe de
Courcelles en celles de Richard et Bernardin Guerre ; puis, en 1583,
à la chartreuse de Bourbon-lès-Gaillon qui en rendait aveu à l'archevéché en 1753.

Cependant nous trouvons qu'en 1744, la *comtesse de Polignac*
avait possédé temporairement la terre de Courcelles.

On peut voir, p. 80 de notre volume, le testament de dame *Caterine, femme monseigneur Gautier de Corceles chevalier, fait en
Français en 1255,* circonstance rare pour l'époque.

Les armes de ce chevalier étaient d'azur à six oiseaux et un croissant en cœur avec cette légende : S' GALTERI DE CORCELLES.

On le trouve joint en 1265 à une charte ainsi désignée (*Voir*
Aveux Fresne-l'Archevêque, p. 56 de l'inventaire) : « Carta Agnetis
« de Corcellis super venditionem terre predicte totius hereditatis
« quam habebat in territorio de Loco-Veris » (Louviers).

Si nous sommes entré dans ces développements sur les fief, terre
et seigneurie de Courcelles, c'est qu'ils nous servent d'exemple pour
l'explication en général des anciens fiefs *de haubert* en Normandie,
et que, d'ailleurs, ils se rattachent à la baronnie de Fresne ci-
dessus.

[1] Pendant la féodalité, le service militaire comprenait *la chevauchée* qui était
due au seigneur, comme celle ci-dessus et le service *d'ost* qui se rendait au roi
pour le *ban* et arrière-ban à raison desquels les possesseurs de fiefs devaient
déclaration. Il existe aux Archives d'Evreux un rôle de taxes dressé pour le
bailliage en 1562 sur cette matière, publié récemment avec une introduction
historique, par M. Beurier, archiviste de l'Eure.

Enfin, un mot sur *la baillie de Louviers* :

Occupation anglaise. — *Louviers-le-Franc* (armoiries).

La ville de Louviers, lors des diverses excursions des Anglais en Normandie, s'étant signalée par les services rendus à la monarchie et par une belle défense, fut honorée par Charles VII du titre de *Louviers-le-Franc*, indépendamment des priviléges et franchises qui lui furent accordés par le roi avec autorisation aux habitants de *porter sur leurs habits* une L (*L couronnée*) *en broderie ou orfèvrerie*, par toute l'étendue du royaume et en vertu de laquelle ils pouvaient trafiquer en exemption de tous tributs Ce qui résultait de *lettres royaux* qui leur auraient été délivrées en 1401 et 1448, comme l'énonce une copie de requête présentée au roi dans le xviiiᵉ siècle, en laquelle ils se plaignaient d'être troublés dans l'exercice de leurs priviléges acquis *par le sang de leurs pères.* (Arch départ., inventaire de l'archevêché, p. 41.)

M. Delpitt, dans sa collection de documents français qu'il a relevés à la tour de Londres, signale sous le nᵒ 343, à la date du 5 juillet 1418, une lettre du duc de Clarence adressée au maire de cette capitale pour lui annoncer la prise de Louviers [1].

Nous voyons, au mois d'août 1430, Henri VI demander *aux États* tenus à Rouen un subside de 10,000 livres tournois pour le siége de Louviers et de Bons-Moulins, qui s'étaient affranchis de la domination anglaise. On commença par Louviers ; on espérait qu'il suffirait de cent lances, et d'un mois de siége, mais le mois s'écoula sans résultat. Il fallut faire venir des renforts et imposer un nouveau subside de même importance. (M. J. Quicherat, *Procès de la Pucelle*, t. V, p. 178 et suivantes.)

Plus tard, Louviers dut céder à la force ; d'ailleurs, l'intrépide Lahire, qui s'était cantonné dans cette ville dont il avait fait la place d'armes des Français en Normandie, avait été fait prisonnier dans une sortie ; aussi la reddition de cette place n'eut-elle lieu au mois

---

[1] A cette époque, l'office de bailli de Louviers fut confié à Guillaume Pailleux. (*Rôles normands*, éd. 1743).

d'octobre 1431 qu'au moyen de la liberté de ce vaillant capitaine, et d'une capitulation honorable pour ses compagnons d'armes.

(*Histoire de France*, t. VII, p. 206, par Henri Martin, 1840.)

Mais en 1440, les habitants avaient repris leur revanche ; car le roi d'Angleterre en était aux expédients « pour résister aux entre-
« prises des ennemis qui puis aucun temps en ça estoient venus à
« puissance occuper la ville de Loviers. »

(*Etats de Normandie*, p. 73, par M. de Beaurepaire.)

———

Abbaye du Valasse.   Scel n° 3.

2 décembre 1373. (Scel privé.)

Buste de personnage barbu [1] supporté par deux griffons, au-dessus d'un écu oblique
au signe d'un dauphin.

C'est le petit scel de *Guiffroy de Buffresnil* apposé au pied de l'acte portant règlement de compte de sa pension avec les religieux du Valasse.

A la fin on lit : « Ceste lettre *signée de ma main* et de *mon propre*
« *scel.* »

Toutefois, on ne remarque que le scel ; mais la signature figure sur les autres pièces.

———

[1] C'était un usage assez fréquent dans les XI° et XII° siècle de porter *de* longues barbes ; de là ces surnoms de *barbus* appliqués à divers personnages, comme à *Baudouin*, comte de *Flandre*, et à Godefroy, duc de Lorraine, aïeul maternel de Godefroy de Bouillon. Si cet usage ne se généralisa pas, c'est parce que le clergé s'y montra hostile. On peut voir, dans notre pl. III°, les sceaux équestres des XII° et XIII° siècle, où les chevaliers sont représentés sans barbe ni longs cheveux. C'est qu'en effet les papes, les conciles, et entre autre *celui de Rouen* en 1096, avaient proscrit *les longues chevelures* comme chose efféminée, et allaient même jusqu'à excommunier ceux qui se refusaient à les couper.

(M. Canel, du Pont-Audemer, a traité ce sujet d'une manière aussi piquante qu'instructive.)

———

Abbaye de Saint-Amand.   Scel n° 4.

Juin 1284.

Sceau annulaire de Guillaume, curé de l'église Saint-Sauveur de Boes (Boos), près de Rouen

C'est une petite intaille antique, tête de Minerve.

Ce curé, après avoir fait son testament en latin dans un style religieux, dont le préambule mystique se reproduit jusque dans le xvii° siècle, appose son sceau au pied de l'acte qui est écrit en présence de témoins *par un notaire de la cour ecclésiastique.* Puis, pour plus d'authenticité de l'acte, il comparaît en l'officialité et reconnaît *comme sien* le sceau ci-dessus, ce dont il est dressé acte particulier qui se *relie au testament par une découpure* [1], sur laquelle le sceau de l'officialité est appliqué, et plus bas, *pour contre scel,* le testateur imprime lui-même son anneau ci-dessus [2].

En d'autres parties de la France, on suivait le même errement pour les testaments ; c'est ainsi qu'à l'officialité de Besançon (en Franche-Comté), ces sortes d'actes de 1255 à 1500 y étaient déposés et reconnus.

Leur inventaire en a été dressé dans le cours du xviii° siècle par le savant bibliothécaire Berthold et par D. Grappin. (*Mémoire de l'Académie de Besançon* en 1839.)

Dans un concile provincial célébré à Rouen en l'an 1231, sous l'archevêque Maurice (Voir *Dom Martène,* t. IV, p. 178, thes. anecd.), il est enjoint par l'art. xxiii, aux laïques, de ne pas se servir pour leur testament du ministère d'un laïque, et aux prêtres de ne pas souffrir, sauf le cas de nécessité, que le testament soit fait hors la présence de l'un d'eux ; ainsi que cela se pratique d'ailleurs en Normandie ; *Maximè cum in Normania talis consuetudo existat.*

Ceci nous explique pourquoi, dès le commencement du xiii° siècle surtout, et même après (*Voir* notre vol, p. 79, note 4°), nous voyons presque toujours les testaments passés ou reconnus devant l'officialité, ou la cour ecclésiastique. Il y a plus, comme *l'intestat,* faute

[1] *Voir* sur le mode de clôre les lettres au moyen de lacs de soie ou de fil, ce que nous avons dit pl. ix°, n° 3.

[2] En 1276. *Voir,* pl. xviii°, note n° 5, le scel annulaire de Nicolas Richard de Boes, héritier de Pierre, curé de Cregny, et celui de l'Officialité de Rouen, pl. viii°, n° 6.

d'avoir légué une partie de son avoir aux pauvres et à l'Église, était réputé mort inconfès, *non confessus*, c'est-à-dire hors le sein de l'E-glise, il en résultait cette conséquence abusive que, même dans l'ordre civil, étant assimilé au suicidé, ses biens meubles étaient acquis au roi, ce qui s'étendit même alors aux seigneuries, dévolution qui, pour les biens du suicidé, leur fut ensuite interdite par la coutume réfor-mée dans son article CXLIX (149). [Terrien, édit. de 1594.]

Notre ancienne coutume de Normandie, comme l'observe Secousse (t. Ier des *Ord. roy.*, p. 372), n'avait fait en cela que copier l'enquête faite en 1205, sur l'ordre de Philippe-Auguste, pour constater le droit de cette province :

En effet, voici comment elle s'exprimait : « Nous deismes de celui « qui muert *intestat*, se il gît en son lit par trois jours ; tous ses « biens meubles doibvent estre à notre sire le Roy, etc , et tout est–il « de cheux qui ochient (tuent) eulx mesmes de leur propre voulonté. »

Ne perdons pas de vue que cette obligation testamentaire, qui aujour-d'hui constitue à nos yeux un blessant anachronisme, avait pris nais-sance à l'approche du XIe siècle , époque à laquelle les esprits, frappés de stupeur par une fausse interprétation de l'Apocalypse , avaient cru alors à la fin du monde [1] ; ce qui fit que chacun, pour racheter son âme, avait converti à l'avance ses biens en fondations pieuses, dont le motif était même exprimé au préambule de l'acte. Fondations qui se perpétuèrent dans la suite, *in extremis*, comme une sorte de pres-cription religieuse que l'usage sanctionna ainsi en disposition légale.

La peine comminatoire contre l'intestat, tout abusive qu'elle fût, pro-duisit du moins cet effet, qu'elle créa des ressources au clergé pour rele-ver de l'état de décadence la plupart de nos monuments religieux, et dans

---

[1] Qu'à la fin du Xe siècle, la crainte effroyable d'une catastrophe ait poussé les esprits à se dessaisir des biens de ce monde, pour désarmer la colère divine, en se réfugiant dans le sein du clergé, nous le concevons ; mais cette préoccupation fataliste était partagée bien antérieurement, même par des doc-teurs ecclésiastiques. C'est ainsi que dans l'Apologétique de Tertullien, ce père si remarquable de l'Église, qui vivait sous l'empereur Sévère en 202, s'exprime ainsi : « En demandant à Dieu que la fin du monde, avec ses affreuses calamités, « soit retardée, nous demandons par conséquent que la durée de l'empire « romain soit prolongée ; — et ailleurs, Dieu a renvoyé après la fin du monde le « jugement éternel de tous les hommes. » (Apolég., traduction de l'abbé de Courcy, 1 vol., 1780, p. 240 à 202.)

l'ordre civil pour nourrir les pauvres que le malheur des temps faisait affluer de tous côtés; et telle était, en effet, la crainte que les va-
gabonds ou les malfaiteurs inspiraient encore en 1231, époque du
concile ci-dessus, que l'article xxii contient cette disposition :

« Districtè præcipitur ne sacerdotes *magnos cultellos* cum cuspide,
« enses, *Gladios, vel lanceas portent*, nec clerici sacerdotum, vel alii
« in sacris ordinibus constituti, *nisi justâ causâ timoris.*

Ainsi, il était défendu aux prêtres, à *leurs clercs* et à ceux engagés
dans les ordres sacrés, de porter des glaives ou des lances, à moins
d'une juste cause de crainte ! Mais, sous le règne de saint Louis, où
l'ordre tend à se rétablir avec l'institution judiciaire, *ses établissements*
réprimèrent les odieux abus signalés ci-dessus ; et si parfois on les
vit se manifester de loin en loin, ce n'était plus qu'un écho du passé,
que la distance rendait presque insensible.

A la vérité, l'influence du clergé continua de réagir sur les donations pieuses, mais elles ne furent plus du moins soumises à aucune
prescription obligatoire, et purent être considérées comme volontaires, sauf même répression en cas d'abus.

Tel a été le progrès du temps et des institutions sociales.

Abbaye du Valasse.   Scel n° 5.

12 février 1395.

Petit scel dont l'écu est supporté par deux personnes. Autour est écrit SCEL MORELET.

C'est, en effet, celui de *Jehan Morelet*, sénéchal du Valasse, apposé
par lui à une quittance privée de huit livres tournois pour un terme
de ses gages.

En voici les termes : « Sachent tous que, je Jehan Morelet, *sénes-*
« *chal de Valasse*, congnois avoir eu et receu des religieux abbé et
« couvent du lieu la somme de huit livres tournoiz pour un terme de
« mes gaiges escheu à la feste de Nouel derrain passé, de laquelle
« somme je quiete mes diz seigneurs et tous autres. *Tesmoing* mon
« propre scel mis à ceste quictance le lundi xii° jour de février mil
« ccc' iiii** et xv (1395). — *Signé:* BASTON. »

Abbaye de la Sainte-Trinité   Scel n° 6.
         de Fécamp.   La Sainte-Trinité.

14 Décembre 1493.

S' OBLIG. BALL' FISCANENSIS.

Scel des obligations du bailliage de Fécamp.

Fieffe faite par le pitancier à Pierre Le Cerf, de deux pièces de terre sises en la paroisse d'Eslectot, moyennant neuf sols six deniers, et un chapon de rente.

L'acte commence ainsi : « A tous ceulx qui ces présentes lectres « verront ou orront le bailli de Fescamp garde du scel aux obliga- « tions dudit baillage, salut. Savoir faisons que pardevant Jehan « Gueroult et Jehan Durant clers tabellions jurés endit bailliage et « haulte justice dudit lieu de Fescamp, si comme ils nous ont rap- « porté fut present Pierre Lecerf de la paroisse d'Eslectot, lequel, et « congnut et confessa avoir pris à fieffe à rente, etc. »

L'acte se termine ainsi : « et nous en tesmoing de ce à la relation « desdits tabellions avons mis a ce presentes le scel des dites obliga- « cions. Ce fut fait l'an de grace mil quatre cens quatre vingt et treize « le samedi quatorzième jour de décembre présent a ce Thomassin « Davy, escuier, seigneur de Reneville et Moulin Lecerf, tesmoings.
                                   « Signé : GUEROULT. »

Le scel qui est sur cire verte est le symbole de la *Sainte-Trinité* en la personne du Père, du Fils et du Saint-Esprit, figuré par une co- lombe au-dessus du sommet de la croix, vocable de la principale paroisse de Fécamp.

Infrà, sont les armes aux trois mitres de l'abbaye. (En voir l'expli- cation pl. xx°, n° 4.)

N. B. *Il n'y a pas longtemps que l'on voyait à Rouen le même sujet religieux en relief au-dessus de la porte d'une vieille maison, à l'en- coignure de la rue Saint-Etienne-des-Tonneliers et des Iroquois.*

Le symbole de la Sainte-Trinité domine aujourd'hui le portail de notre église de Saint-Maclou. — Notre Musée d'antiquités en conserve deux semblables.

Prieuré Notre-Dame-du-Pré,   Scel n° 7 et dernier.
   dit Bonne-Nouvelle,

19 Novembre 1494.

SIGILLVM OBLIGATIONVM MARIE (ME) DE PRATO
(Notre-Dame-du-Pré).

Scel des obligations de la vicomté du Pré-lès-Rouen (Bonnes-Nouvelles).

Sur cire verte et queue de parchemin.

A côté de la Vierge, tenant l'Enfant-Jésus, est *l'écusson de la Normandie.*

Acte de cession de rente passé devant Denis Quimbel et Ancel Vi- « vien, clercs tabellions jurés en ladite vicomté, » auquel est apposé le scel ci-dessus *par le garde scel* frère Robert de Saint- Symphorian, religieux.

La matrice en cuivre de ce sceau est aux mains de M. Jouen, chanoine à Evreux.

Notre Musée d'antiquités possède l'empreinte en cire verte d'un scel ovale qui paraît se référer à la fin du siècle précédent, dont le champ a beaucoup de rapport avec celui du n° 4 de la pl. xiiie, pour la pose de la Vierge ; mais en dehors de l'ovale, il y a de plus une fleur de lys à chaque côté ; il porte pour légende : Sigil' prioris conventvs Beate Marie de Prato Rothomagensis.

Par transaction passée pardevant les tabellions de Rouen le 10 mai 1493, entre les religieux de *Bonnes-Nouvelles* et les habitants et bourgeois de cette ville, ces derniers s'obligent à leur payer xxx livres de rente au sujet *du droit de vicomté* qui leur est dû pendant les huit jours qui précédent la fête de l'Ascension.

La foire, dite *Notre-Dame-du-Pré,* qui se tenait autrefois dans le faubourg de Saint-Sever, alors de la dépendance principale du

Prieuré (à Rouen), était l'objet d'une ouverture solennelle de la part de nos échevins et autres personnages.

Le même faubourg (à l'est) s'étendait aussi sur la seigneurie d'*Emendreville* qui, en dernier lieu, relevait de celle de Préaux, appartenant à la famille Rohan de Soubise.

Dans l'appendice des rôles de l'Echiquier, publiés en 1834 par la Société des Antiquaires de Normandie, nous trouvons au t. VIII, IIe partie, p. 392, sous le n° 157, que Guillaume de la Morissière, prêtre recteur de l'église de Saint-Pierre-le-Vigier, et seigneur de Vieques, vend le 14 juillet 1381 la terre d'Ermentreville (Emendreville), *située dans la paroisse Saint-Sever de Rouen, à Nicolas Dubosc, évêque de Bayeux*, et à Jean Dubosc, son neveu, pour le prix et somme de 300 livres tournois, dont le vendeur se tint pour bien payé, somme qu'il reçut en florins d'or, nommés écus à la couronne du prix de 22 sols 10 deniers la pièce, tous de bon or et de bon poids, du coing et alloy du Roy.

Il était intéressant pour l'historique du faubourg Saint-Sever, qui, aujourd'hui, forme pour ainsi dire une seconde ville sur notre rive gauche, de relever ces documents.

L'ancien prieuré de *Notre-Dame-du-Pré* (aujourd'hui converti en caserne de cavalerie) était une fondation de *Guillaume le Conquérant* et de la *reine Mathilde, sa femme*.

Nous avons vu dans les actes ci dessus qu'il portait tantôt ce nom et tantôt *celui de Bonnes-Nouvelles*; c'est qu'en effet, d'après la tradition, cette dernière dénomination aurait été donnée au prieuré par la princesse elle-même, quand elle y reçut la *bonne nouvelle* de la victoire d'Hastings, en 1066, qui assurait à son époux la couronne d'Angleterre.

PLANCHE XVII.

PLANCHE XVIIe.

XIIIe, XIVe ET XVe SIÈCLE.

12 SCEAUX.

———

Scel n° 1 . . . .   1339.

Contre-scel n° 2 }
Scel n° 3 } . . . . 19 décembre 1396.

— n° 4 . . . .   janvier 1387.

— n° 5, cachet hexagone . . .   fin du XIVe siècle.

— n° 6 . . . .   XIVe siècle.

— n° 7 . . . .   1210.

— n° 8 . . . .   21 août 1455.

— n° 9, chevalière armée debout.   XIVe siècle.

— n° 10 . . . .   12 mars 1272.

— n° 11 . . . .   novembre 1258.

— n° 12 et dernier . . . . . .   9 mai 1477.

———

OBSERVATION.

Voir *le texte qui suit la planche pour le sommaire des chartes et la légende des sceaux.*

1

2

3

4

5

6

7

8

9

10

11

12

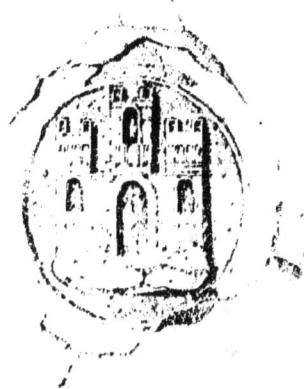

SOMMAIRE DES CHARTES

ET

LÉGENDES DES SCEAUX.

PLANCHE XVII°.

XIII°, XIV° ET XV° SIÈCLE,

12 SCEAUX.

Religieuses de Montivilliers.   Scel n° 1.

1339, après la saint Jacques et la saint Cristophe (sic).

SCEL DE LA *VICONTE* DE MAVLEVRIER.

Dans le champ est figurée une fleur de lys entre deux lévriers à dos.
En cire jaune sur découpure de parchemin.

Le contre-scel est une levrette courante, surmontée d'une fleur de lys, avec ces mots : CONTRA S' VICE COM. MAL' LEPOR'. Il est reproduit en la planche VIII°, n° 10.

Il s'agit ici d'une information de patronage pour l'église de Gueutteville, faite auprès de onze vieillards de cette localité, pardevant le tabellion de Cany, commis à ce siége par le vicomte de Caudebec.

Dans le recueil de sceaux du marquis de Migien (Paris, 1779), on trouve, sous le n° 9 de la pl. III°, un sceau d'assez large module, aux armes de la Savoie, accostées de deux lévriers, avec cette légende :

S' LE CONTE DE SAVOIE DE LA BAILLIE DE MAVLEVRIER.

C'est qu'en effet, dès 1304, le comte de Savoie possédait cette terre, qui n'était cependant, à vrai dire, *qu'une vicomté*, ainsi dénommée jusqu'au commencement du xve siècle (1410), où figure encore un *comte de Savoie.*

Dom Duplessis (t. I , p. 216) ajoute : « que par lettres patentes du roi Louis XI, du mois d'octobre 1481, cette terre fut donnée à *Louis de Brézé*, qui prit alors le titre de *comte de Maulévrier*, qualification qui n'était inhérente qu'à la personne du précédent possesseur, mais que l'usage avait consacrée pour la terre, encore bien que son érection en comté ne résultât d'aucun titre antérieur. » Cet auteur paraît avoir oublié ici que Pierre de Brézé, dont *Louis était le petit-fils*, était qualifié lui-même de *comte de Maulévrier*, comme l'indique son inscription tumulaire qui relate aussi son titre de *grand-sénéchal de Normandie* [1]. Ce personnage de distinction , cité avec honneur dans nos annales, fut tué à la bataille de Montlhéry le 16 juillet 1465. Ce fut lui qui avait reçu à composition le château d'Harcourt , de Gisors, et le *château Gaillard*, et qui *était entré à Rouen le premier*, lorsque cette ville ouvrit ses portes à Charles VII, et d'où il avait aidé puissamment à chasser les Anglais.

C'est de son chef et de celui de *Jehanne du Bec-Crespin*, son épouse, fille de Guillaume, sieur dudit lieu et de *Mauny*, que sont passées avec les titres y attachés, les terres nobles ci-dessus à *Louis de Brézé*, devenu lui-même *grand-sénéchal et gouverneur pour le Roy en ses pays et duché de Normandie, comte de Maulévrier, baron de Mauny et du Bec-Crespin*, etc., etc. Ce dernier mourut à l'âge de soixante-douze ans, le xxiiie juillet M.V^cXXXI (1533). Un tombeau princier, surmonté d'une statue équestre, où gît au-dessous, sur un cénotaphe de marbre noir, la statue en marbre blanc de ce personnage, lui fut élevé à grands frais à côté de celui de Pierre de Brézé, son aïeul, dans la chapelle de la Vierge, en l'église de Rouen, par les soins de la fameuse Diane de Poitiers, duchesse de Valentinois, sa seconde femme [2], qui figure en tête, en habit de deuil, agenouillée, dans l'at-

---

[1] D. Petrus de Brezé dom. de la Varenne, de BRISSAC,*comes* de MAVLEVRIER, magnus Normannie senescalus anno MCCCCLXV.

[2] Nous trouvons dans un acte de notre tabellionage du 6 février 1536, que le fief du Vivier, près de Rouen, qu'elle tenait de Jehan de Marbeuf, lui fut confirmé

tente de l'heure dernière qui doit la réunir à son époux, ainsi que l'indique ce final d'inscription :

« *Indivulsa tibi quondam et fidissima Virgo*
« *Ut fuit in thalamo, sic erit in tumulo.* »

Or, comme en 1566 elle fut inhumée ailleurs, à Anet, au château qu'elle habitait, après avoir été, comme l'on sait, la favorite de Henri II, dont elle partagea les grandeurs, cette inscription tumulaire s'est tournée par le fait en épigramme contre la duchesse, au point de vue de sa fidélité conjugale, *avant et après.*

Aux qualifications ci-dessus de son mari décédé, Diane de Poitiers[1], dans l'acte précité du 6 février 1536, ajoute celles *de sieur et chastelain de Nogent le-Roy, Anet, Bréval et Mont-Chauvet.* (*Voir* le scel de Chastellenie de Bréval, pl. xxiiiᵉ, nº 1.)

Quant à Maulévrier, c'était une haute-justice qui relevait de la cour du Parlement de Normandie. (*Voir* notre p. 167, et la note y jointe.)

Enfin, dans l'église de Bourg-Achard (Eure), on lit dans un ancien écusson de marbre noir :

« Cy gist haute et puissante dame Catherine de Boucquetot, dame
« de Rabbu de l'Espinay, cy devant dame de Gonsseville, en son vivant

par lui moyennant diverses *fournitures de drap de soie* et la somme de cinq mille livres, au moyen de quoi il renonça à l'exercice du droit lignager.

Ces sortes de stipulations, en choses de luxe, par compensation totale ou partielle d'un prix de vente immobilier qui se rencontrent parfois dans nos contrats des xvᵉ et xviᵉ siècles, se remarquent ailleurs aux mêmes époques.

C'est ainsi que M. H. Hucher, en ses études historiques sur le département de la Sarthe, relève à Sillé-le-Guillaume l'acte de vente de la terre et baronnie de ce lieu, du 27 juin 1406, consenti par Bertrand de Beauveau à Anthinume, son fils, moyennant un prix stipulé payable pour les trois quarts *en vaisselle et bijour*, et le surplus en numéraire.

Il résulte d'un acte passé le viiᵉ jour d'avril 1423 au tabellionage de Routot (Eure), que Jehan de la Houssaye, escuier, qui avait été fait prisonnier par ceux du parti Armagnac, s'était racheté de leurs mains par lx escus d'or et *deux tressus de soie.* (Arch. départ. Seine-Inférieure.)

[1] Notre Bibliothèque publique possède, sous le titre de *Caternes*, un cahier manuscrit dont la date remonte au mois de décembre 1552, qui contient un compte détaillé par Claude Godart des *dépenses faites au château de Mauny, pendant le séjour de Madame et de son train.*

Cet état de compte a été donné par feu M. Dossier, ancien magistrat, qui, dans un article de la *Revue de Rouen*, en mai 1824, p. 265, le croit relatif au séjour à *Mauny de Marguerite de France*, sœur du roi *Henri II*, avec son royal neveu François II, alors âgé de huit ans.

« épouse de haut et puissant seigneur Messire Jacques Dufay, che-
« valier, *comte de Maulévrier*, sieur de Belletot, d'Estannemare et
« comte du Bocachard, capitaine d'une compagnie de cavalerie au
« régiment du Roy, laquelle décéda en son chasteau, à Limésy, le
« xx septembre M.VI^cLXV (1665. ») Priez Dieu pour son âme.

Abbaye de Montivilliers.   Le n° 3 est le scel, et le
n° 2 le contre-scel.

19 Décembre 1396.

SCEL DES OBLIGATIONS DE LA VICOMTE
DE MONSTIERVILLIERS.
(Monasterii villaris).

Sur cire verte et queue de parchemin. Son contre-scel en regard sous le n° 2, est un écu supporté par deux griffons, et surmonté d'une tête de face.

Le champ du scel n° 3 représente une jolie église de style ogival, au pied du portail latéral de laquelle est figurée, à gauche, une sorte de lézard par allégorie de la petite rivière *la Lézarde*, qui arrose la vallée.

La charte à laquelle le sceau et celui d'à côté sont pendants est un *vidimus* ou transcription certifiée d'un mandement accordé aux religieuses du Montivilliers par Charles VI, roi de France, pour ajourner *Hue*[1] *de Donquerre chevalier bailli* de Caux au prochain échiquier de Normandie, faute par lui d'avoir déféré à certaines *lettres royaux* d'évocation, pour cause de patronage.

« Et a greigneur congnoissance et confirmation (est-il dit à la fin),
« nous Billart Levasseur, lieutenant-général du vicomte de Monstier-
« villiers, avons mis à ces présentes *le scel des obligations de ladite*
« *vicomté.* »

Voir la pl. xvIII^e, scel n° 4, pour le sceau de l'abbaye.

[1] Pour *Hue de Donquerre. Voir* aussi, pl. 1re, note du scel n° 2, et pl. xxII^e, note du scel n° 3.

Abbaye du Valasse.

Scel n° 4.

Main levée.

—

Serment.

janvier 1387.

Petit scel en cire verte sur parchemin.

C'est le scel de *Jehan Langlois*, sénéchal des religieux du Valasse, apposé à une quittance privée de huit livres, pour le terme de sa pension et pour *greigneur congnoissance* est ajouté à l'acte le *scel aux causes du bailliage.*

Le champ de l'écu du petit scel porte une *main levée*, symbole de l'un des attributs de justice.

Lorsque le sceau présentait la jonction de deux mains droites, il avait plusieurs significations.

Dans le cas le plus ordinaire, c'était un symbole de bonne foi ; mais, au point de vue des conventions, il était, de plus, l'expression de *la foi jurée.* C'est qu'en effet le serment était *réellement prêté ès-mains du tabellion*[1] ; locution qui ne s'entend plus maintenant qu'au figuré, mais qui n'en révèle pas moins son origine.

DU MODE DE PRESTATION DE SERMENT.

[1] Au moyen-âge le serment judiciaire se prêtait le plus souvent en tenant la main droite levée, comme on le voit pl. XXIVe, n° 1 ; mais en certains lieux et pays, les parties contractantes en élevant la main, ne laissaient apparaître que les deux premiers doigts, les autres restant abaissés, devant le tabellion qui figurait le même signe pour recevoir le serment ou pour le provoquer, comme on le voit au dessin du XVe siècle reproduit au trait en tête de notre volume.

Vers la fin du XVIe siècle (acte *mobilier* de notre tabellionage du 17 avril 1595) nous retrouvons le même mode de serment consigné dans une obligation commerciale émanée d'un marchand de Bruges, en regard de laquelle est la traduction du texte flamand en français affirmée véritable *ès-mains du notaire*, qui, d'ordinaire, constate en outre *le serrement* de mains ; usage qui s'est perpétué jusqu'à nous entre particuliers dans les marchés publics, où l'accord est réputé conclu définitivement par la jonction de la main droite des parties. (*Voir* aussi notre vol., p. 65).

Il est évident que la prestation du [serment opérée *ès-mains* des tabellions n'était autre que celle pratiquée depuis longtemps pour l'hommage-lige de la

Cette sorte de sceau, en signe d'alliance, servait aussi de marques particulières pour réclamer en voyage, et dans certains lieux,
à titre gratuit ou onéreux, le privilége de l'hospitalité[1]. comme
aujourd'hui en fait de franc-maçonnerie; on conçoit qu'à l'époque
du moyen-âge, où l'éloignement des lieux rendait les relations si
difficiles à entretenir entre des familles ou corporations dont les chefs
avaient été unis par des liens de parenté, de religion, d'intérêt, ou
d'amitié, il fallait bien recourir à des signes extérieurs et particuliers
de reconnaissance réciproque pour soi et les siens; c'est ce que
facilitait la comparaison de l'empreinte avec le sceau lui-même, ou
toute autre marque qui se transmettaient de famille en famille.

Nous n'avons rien sur ce sujet de plus ancien que ce qui est dit
dans l'Histoire-Sainte, où l'on voit que Juda, fils de Jacob, *donna son
anneau ou son cachet à Thamar* pour assurance de sa parole.

A Rome, même errement; on se servait aussi d'une pièce métallique divisée en deux parties guillochées, à la manière sans doute de
nos chartes dentelées (*Voir* notre vol., p. 10, et aussi pl. xie, note du
n° 4), que l'on pouvait confronter par la réunion des deux doubles,
comme maintenant pour nos livres à souche.

L'usage des sceaux fut introduit par les Romains dans la Gaule.
Les Francs qui, au ve siècle, l'y trouvèrent établi, l'adoptèrent. Les
premiers étaient des anneaux qui se portaient au doigt. Aux anneaux
succédèrent les sceaux qui donnèrent de plus longues empreintes.

part *du vassal noblement tenant* qui, obligé *d'étendre ses mains entre celles de
son seigneur* disait ces mots sacramentels: « *Je deviens vostre homme, à vous
porter foi et hommage contre tous, sauf la féaulté au Roi*, (Terrien, *Cout.
norm.*, art. CVII.)

Cette petite scène est reproduite sur le sceau de Raymond-Dragon, figuré à
genoux devant un personnage debout, l'archevêque d'Arles, qui n'est révêtu ici
que d'une simple robe *comme seigneur temporel.* (*Voir* Très. numism., 5° vol.,
pl. XXIIe, n° 2. Verbo Provence.)

Quant à la Normandie, nous avons vu qu'au xiie siècle, le sceau de la prevôté
de Meulan (pl. IIe, n° 2) reproduisait un sujet analogue, à l'occasion d'un acte
d'affranchissement.

[1] « Ut etiam hospes adveniens jure *hospitii* utens pro mercede, justè quies-
« cendi et refficiendi sul causâ in alienâ republicâ, cauponâ, tabernâ, vel hospitio
« publico vel privato, *pro pretio*, vel ex *tesserâ hospitalitatis*. » (Joan-Adam
Schiller, dans son livre intitulé: *Nomenclator philologus*.)

« Ces sortes de pièces ou empreintes que les Romains dénom-
maient *tessera hospitalitatis*, servaient aussi de marques d'alliance et
de confédération entre certaines villes, ce dont la loi postliminii § *de
captivis*, entend parler par ce mot *hospitium*. » C'est ce que Danty,
qui rapporte cette loi au titre x de la preuve testim édit⁰ⁿ 1737,
appelle des témoins *sourds et muets* [1], et il ajoute :

« De là vient que, si, ces signes symboliques s'appliquaient à un
sauf-conduit, on les dénommait chez nous *tesseræ securitatis*, et à
des armoiries, *tesseræ gentilitiæ*. »

Ces sortes de constatations, quoique imparfaites, suppléaient à l'é-
criture, qui est bien à la vérité la plus sûre garantie en fait de preuve,
mais qui, au point de vue du contrat, n'en était pas l'*essence*, à une
époque surtout où elle était peu répandue ; ce qui faisait recourir
d'ordinaire aux signes matériels et symboliques auxquels on confiait
d'ailleurs des secrets intimes; soit qu'on employât ces signes isolément, soit qu'ils servissent à cacheter des lettres closes.

Le cabinet de la bibliothèque Sainte-Geneviève *sur les Antiquités*, etc., etc., par le père Claude Dumoulinet, en 1692, t. XX,
in-f°, p. 413, s'énonce ainsi :

« Entre plusieurs cachets qui se trouvent dans ce cabinet, il y en a
« un sur lequel sont ces paroles : *in Deo vivas;* il servait à cacheter
« *les lettres d'hospitalité* que les chrétiens portaient dans leurs
« voyages pour être reçus dans l'église des pays par où ils passaient.
« Jacques Thomassin en a fait un livre, imprimé in-4° à Udine
« en 1647.

« Il y a aussi environ mille pierres gravées par les anciens, *ou pour
« leur servir de cachet*, ou pour leur procurer quelque autre utilité.

« Ils mettaient les premiers *au doigt* et pendaient les autres au
« cou »

Le *Museum romanum*, par Delachausse, in-f° 1692, s'applique en sa
première partie, aux pierres gravées au point de vue mythologique ou

---

[1] Ces expressions sont ici renouvelées de celles de Baldé, le disciple et rival de
Barthole au xɪvᵉ siècle, qui les avait appliquées à l'emploi du scel privé, lorsqu'il n'était pas accompagné de signatures ou de circonstances déterminantes
ou probantes.

Voir ce que dit Dumoulin au chap. des fiefs, § 8 et 11, cité par Danty, *ibid.*,
p. 574.

historique, et dont diverses figures ou autres servaient de cachet ou d'ornement.

Chez les Hébreux, où les actes par écrit étaient peu fréquents, on se servait de la preuve testimoniale.

Quant à la forme des actes, lorsqu'ils étaient constatés par écrit, elle se retrouve dans le contrat de vente mentionnée soit dans *Tobie*, 1-19, soit au chap. xxxii de *Jérémie*, verset 10, et se rapprochait beaucoup des formalités imposées pour nos testaments mystiques. (Art. 976, C. Nap.)

On peut voir dans le commentaire de J. Vatable, savant hébraïsant du xvie siècle, l'explication qu'il donne sur le contrat ci-dessus, et que reproduit le jurisconsulte Danty.

Une remarque qu'il nous paraît bon de faire en général, c'est qu'au moyen-âge, où le clergé était considéré comme le centre des lumières, il puisait dans les Ecritures, *comme dans un Code suprême.* non-seulement les règles de devoirs religieux, mais *celles du droit civil*, qu'en beaucoup de cas il introduisait et appliquait dans les affaires de la vie. L'étude des chartes nous a offert diverses clauses qui décelaient cette origine, soit au point de vue symbolique, soit en général sous d'autres rapports ; par exemple, pour la publicité donnée aux actes et contrats par la lecture faite à l'entrée ou à la sortie des temples, ou ailleurs (*Voir* l'Histoire de Ruth.), etc., etc.

Comme notre sigillographie se réfère à l'étude des actes, on s'expliquera *l'étendue de cet article.*

Scel n° 5 et n° 9.

Fin du XIVe siècle.

Cachet en bronze de forme hexagone, dont le sujet est une femme debout, tenant à droite une épée, et à gauche un écu de chevalier.

Le n° 9 est l'empreinte qui porte pour légende :

s' IEHAN DV CYGNE.

Ce cachet, *doré en creux*, provient d'une fouille pratiquée à Saint-Etienne-du Rouvray, près Rouen.

Il nous a été communiqué par feu M. Delahaye, conseiller à la Cour.

Dans l'*Histoire de la ville d'Eu*, par M. Désiré Le Beuf, 1844, on lit, p. 289 et 290, au sujet de l'entrée du duc de Limbourg, comte d'*Eu*, en 1566: « On y figura allégoriquement *deux cygnes*, parce que, « d'après de vieilles chroniques, la maison de Clèves était descendue « *d'un chevalier du Cygne*, célèbre dans les anciens romans. »

Petit scel n[°] 6.

Fin du XIVe siècle.

Petit scel privé chargé en sautoir des lettres l ^L l.

Abbaye du Valasse.   Scel n° 7.

1210

Actum anno M[°]cc[°]x[°] incarnati verbi apud Breaute.

✠ WILLERMI MARTELLI.

Scel en cire jaune de Guillaume Martel.

Charte de confirmation par lui accordée aux religieux du Valasse de la vente du tènement que Geoffroy (Gaufridus Martel), son père, *filius Ranulfi* de Fouquervilla, leur avait consentie.

A cette charte, scellée à la sortie du monastère (*ad Egressionem monasterii*), sont dénommés plusieurs témoins, dont deux sont chevaliers : *Ricardus de Breaute* et *Osbertus de Foumeril*; et coràm Roberto presbitero de Grocheto (il figure le premier), Andrea Foumeril, Gaufrido Wandart de Lislebone Nicolao *Porte sel* de Bloput, Galtero le Forestier de Godervilla, et Galtero Coispel.

Comme exemple de rudesse de mœurs au XIIIe siècle, même entre chevaliers, il est piquant de voir *un Guillaume Martel*, écuyer (ar-

miger), oser, en pleine assise de justice (aux plaids de la vicomté),
frapper avec la corne (l'écritoire ') d'un notaire le chevalier (miles)
Mathieu de la Poterie (Poteriâ).

Aussi, pour représailles, est-il condamné par la Cour souveraine
à cl livres t. envers le roi, et à une somme égale envers l'offensé.

(Anno 1298, *Recueil des Olim*, t. II, p 426, n° 21, publiés en 1839
par M. Beugnot aux documents inédits sur l'*Histoire de France*.)

C'était bonne justice, car Philippe-le-Bel, à l'occasion de la guerre
étrangère, ayant, en l'année 1296, interdit les guerres intestines, et
ordonné qu'il ne serait reçu pendant ce temps aucun gage de duel ou
de bataille, force fut bien de recourir à la justice du roi, qui, par ce
moyen indirect, battait en brèche la féodalité. (*Voir* ibid, t. II,
p. 405, n° 15, et notre vol., p. 136.)

———

Archevêché de Rouen   Scel n° 8.
pour Saint-Martin-de-Cérisy,

21 août 1455.

—

GRAND SCEL AVX CAVSES DE LA VICOMTÉ DE BAYEVX.

A l'écu de France, sur cire verte, *entourée de paille* adhérente à la cire.

L'acte commence ainsi : « A tous ceulx qui ces présentes lettres
« verront, Guillaume Rat, escuier, *vicomte de Bayeux*. — Salut sa-
« voir faisons que aujourd'hui, xxi° jour d'août, heure de trois heures
« après midi, en nostre presence, révérend père en Dieu Richart
« abbé de Cérisy et Roger Desmaines, procureur du couvent dudit

---

' Sous Louis XI, les écritoires étaient suspendues à la ceinture. En effet, ce
roi vient à savoir un jour que plusieurs des gentilshommes de sa maison n'avaient
pas *d'armures* ; alors il charge par ironie *Jehan Leclerc, son notaire* et secrétaire,
d'acheter des ecritoires pour leur suspendre en guise de *harnoiz*, ce qui eut lieu,
puisque la dépense figure au compte pour xvvii s. vi d. (*Chron. de Louis XI*,
m°° de Clairambault, publié par M. Guicherat.)

« lieu, estant avec grand nombre d'autres personnes notables *devant*
« *la cohue* et auditoire royal à Bayeux.

   « Exposent à Jehan de Saint-Froment, illec present, et lieutenant
« audit lieu de Bayeux, de noble homme monsieur le bailli de
« Caen, etc., etc. »

   Il s'agissait d'une information sur un débat de patronage d'é-
glise.

   L'acte se termine ainsi : « Pour tesmoing d'icelles choses, avons
« scellé ces lettres *du grand scel aux causes*[1] *d'icelle vicomté*, l'an et
« jour dessus dits. — *Signé :* FOUBERT. »

   M. Frédéric Pluquet, dans son *Essai historique sur la ville de
Bayeux*, p. 215, mentionne ce qui suit : Un contrat daté du samedi
devant Pasques flories 1298, fait mention pour la première fois d'un
Nichole Plesance, garde du scel de la vicomté de Bayeux ; cependant,
le vicomte continue à figurer sur les contrats, et ce n'est qu'en 1308 ou
1309 que l'institution des *gardes* du scel des obligations[2], et celle des
tabellions paraissent prendre une forme stable. Ces derniers prirent
d'abord le titre *de clercs-commis et jurés*, mirent l'initiale de leur
nom sur le repli des actes, et signèrent ensuite en toutes lettres.
(*Voir* notre volume sur le tabellionage, p. 28.)

────────

Scel n° 9,

Fin du XIVe siècle.

   C'est l'empreinte du cachet hexogène ci-dessus du n° 5, déjà
décrit de Jehan du Cygne.

                    S' JEHAN DU CYGNE.

────────

[1] Le sceau du conseil du roi, en Normandie, dont le champ fleurdelysé portait *deux léopards*, était aussi entouré d'une torsade de paille, pour indiquer
une saisie. (Voir *l'Atlas normand* en 1834 ; *Mémoire des antiq.*, pl. 23, n° 5, par
M. L'Echaudé d'Anisy.)

[2] Lors de l'occupation anglaise (1418-1419), la garde des *sceaux des obligations* de la vicomté de Bayeux avait été confiée à Pierre Taillebois. (Rôles normands, édition 1743.)

Abbaye de Saint-Wandrille   Scel n° 10.
  pour Aupec, près Poissy.

12 mars 1272.

Château fort à 3 tours, dont celle du milieu est plus élevée.

C'est le scel de *la chastellerie* de Poissy, à la garde de Thoumas *Huelin*, sous-bailli *de par madame la reine de France* (sic).

Vente opérée devant lui, *par dame Aaliz, femme jadis de Jehan de Fresne, chevalier, à messire Jehan* DE BOUTREINGNY, chevalier, de tout le domaine qu'elle avait *en la seingnourie d'Aupec* et de *Marly*, moyennant 40 livres parisis [1].

Le sceau est en cire brune sur queue de parchemin.

Le contre-scel a la même légende que dessus, mais se compose d'une demi-fleur de lys accolée à une tour.

Abbaye du Valasse.   Scel n° 11.

Novembre 1258.

✠ S' GILLES HATON.

EGIDIVS *dictus* HATO de la paroisse de Sanwic, accorde en pur don, pour le salut de son âme et de celle de sa famille, à l'église de Sainte-

---

[1] En juin 1273, cette vente est reconnue et confirmée devant l'officialité, qui y appose son scel, par la dame *Aaliz*, renuncians in hoc facto exceptioni doli mali, *non numerate pecunie* non tradite, et non recepte, etc.

Marie (Notre-Dame) du Valasse et aux moines qui la desservent, v sols de rente annuelle, assignés sur un pré que Guillaume *dictus Haton* tenait de lui à Corneville. De nombreux témoins, prêtres ou laïques, figurent au pied de la charte.

Sceau en forme d'écu de chevalier, pendant à la charte, sur queue de parchemin et *en cire brune*

———

Orbec.   Scel nᵒ 12 et dernier.

9 mai 1477.

SCEL DES OBLIGATIONS DE LA VICOMTÉ D'ORBEC ¹ à la garde de Johan Le Gras escuier, sur cire verte et queue de parchemin.

Par-devant les deux tabellions ci-après, jurés en ladite vicomté *en siége de Vimoutiers*, en présence de trois témoins.

Transaction sur procès en réduction de rente entre le prieur de Tiegeville et Jehan Le Carpentier.

N. B. L'acte, indépendamment du scel, est signé des deux tabellions, Robert et Jehan Thieullin.

Il existe au dépôt des Archives de notre Cour d'appel au rapport de feu M. de Fréville, un registre dit de l'Echiquier pour l'année 1463, qui cependant ne contient que des contrats concernant *Orbec* ou ses environs. Nous pensons qu'il y aura été produit pour quelque vérifica-

¹ En l'an 1277, un homme *de la vicomté* d'Orbec, qui avait vaincu en champ-clos et fait pendre son adversaire, demandait, en vertu de la coutume de Normandie, la remise des biens de celui-ci, saisis pour le roi par le vicomte. Il fut statué *par l'Echiquier de Pasques*, que le réclamant aurait les biens meubles, et que les immeubles appartiendraient aux seigneurs des fiefs desquels ils dépendaient, si c'était un privilége de leur terre ².

² *Mémoires des Antiquaires de Normandie*, t. XV, p. 150. — *Ibid.*, Canel, *Du Combat Judiciaire*, t. XXII. — *Voir* ce que nous avons dit sur le duel judiciaire, p. 4, et pl. xve, au scel nᵒ 1.

tion judiciaire, et y sera resté oublié, ou bien, il aura servi *pour la lecture de donations ou de ventes*, qui se faisait en certains cas devant la Cour pour plus d'authenticité des actes, quoique le plus souvent on dût employer, comme depuis, des expéditions d'actes au pied desquels on faisait mention de cette lecture, qui, la plupart du temps, avait lieu à la porte des églises à l'issue de la messe. (*Voir* notre vol., p. 137 et 139.)

PLANCHE XVIII.

PLANCHE XVIII.

XIIIe, XIVe ET XVe SIÈCLE.

9 SCEAUX.

Scel n° 1 . . . .   mai 1405.

— n° 2 . . . .   10 avril 1410.

— n° 3 . . . .   avril 1399.

— n° 4 . . . .   10 juin 1371.

— n° 5 . . . .   1276.

— n° 6 . . . . octobre 1491.

— n° 7 . . . .   1265.

— n° 8 . . . .   avril 1450.

— n° 9 . . . .   juin 1449.

OBSERVATION.

Voir *le texte qui suit la planche pour le sommaire des chartes et la légende des sceaux.*

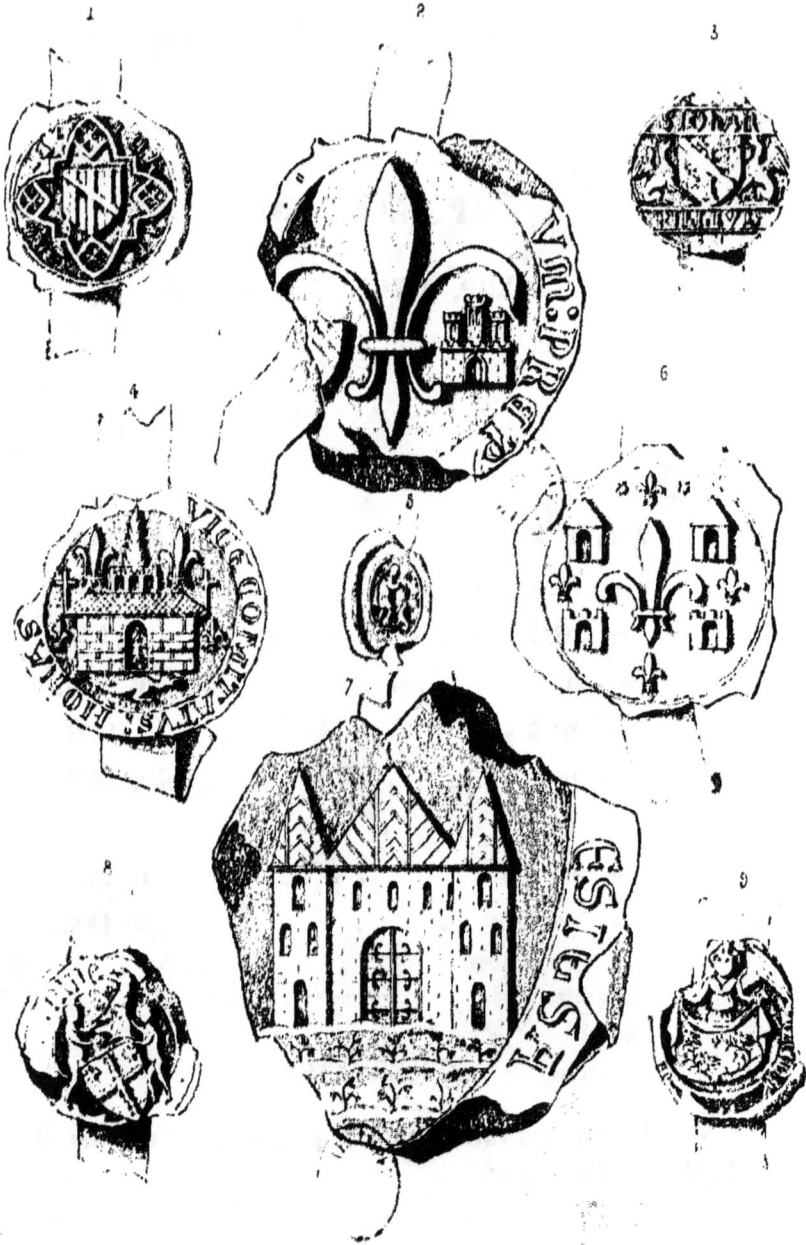

1

2

3

4

6

5

7

8

9

C. Droum & Mauss.   Lith A. Péron, Rouen

SOMMAIRE DES CHARTES

ET

LÉGENDES DES SCEAUX.

— ◆ —

PLANCHE XVIIIe.

XIIIe, XIVe ET XVe SIÈCLE;

9 SCEAUX.

— ◆ —

Scel n° 1.

7 mai 1405.

Sceau en cire verte sur queue de parchemin, avec cette légende :

IOHAN LEGIER [1].

Il est employé par Guillaume Le Dyacre, vicomte de Rouen, et appendu à un mandement de justice qui retient en prison séculière Robin Duboys, accusé de vol de grand chemin, nonobstant la réclamation de sa personne faite par l'official, *comme estant clerc.*

[1] Jehan Léger était neveu et lieutenant du bailli de Rouen, *Raoul de Gaucourt.* En 1416, ils furent massacrés l'un et l'autre lors de l'émeute populaire suscitée en cette ville par la faction du duc de Bourgogne.

(*Chronique de Monstrelet,* collection Buchon, 1836, p. 461.)

Voir pour Raoul de Gaucourt, pl. XXIe, n° 1.

Couvent
des
Chartreux.

Scel n° 2.

10 avril 1410.

—

SIGILLVM PREPOSITVRE PARISIENSIS [1].

Scel de la prevosté de Paris.

—

Vidimus.

« A tous ceulx qui ces lettres verront, Pierre des Essarts, chevalier
« conseiller, maistre dostel du roy, notre sire et garde de la prevosté
« de Paris [2], salut.

« Savoir faisons que nous, l'an de grace mil cccc et dix, le jeudi,
« x[e] jour d'avril, après Pasques, veismes unes lettres scellées du scel
« de la prevosté de Paris, desquelles la teneur s'ensuit. »

A tous ceulx qui ces lettres verront Pierre des Essars, chevalier, etc., etc. (même formule),

Savoir faisons que pardevant « Jehan Huré et Thomas de Savoye,
« *clercs notaires jurés* du roy, notre dit seigneur de par luy establis

---

[1] Ce sceau, d'après le trésor de Glyptique, t. V, n° 2, à l'époque de 1323,
chap. des Communes, etc., est figuré de même ; seulement, le petit écu de
gauche *est aux armes de Navarre*, aux chaines d'or posées en orle en croix et
en sautoir, réunies à celles de France, parce que Philippe-le-Long, qui venait
de mourir en 1321, gouvernait ces deux royaumes ; à cette différence toutefois qu'il n'était que simple régent du royaume de Navarre pendant la mino-
rité de Jeanne de Navarre, sa nièce, fille et héritière de Louis le Hutin, *et à laquelle* il ne fut rendu qu'en 1328, sous Philippe VI, dit de Valois. A ce moyen,
Philippe d'Evreux, son mari, devint roi de Navarre. (*Hist.* par le présid. Hénault.)

D'après Réné Chopin, jurisconsulte renommé du xvie siècle, en son traité de
Dominio Franciæ, t. I, p. 529, il n'y avait que trois sceaux en France qui por-
tassent attribution de juridiction, celui de la *prévosté et vicomté de Paris*, le
petit scel de Montpellier, et celui des foires de Brie et de Champagne. — *Voir
aussi notre vol., p. 147.*

[2] Comme attribut de sa dignité, le prevôt de Paris tenait son bâton couvert
de toile d'argent lorsque le roi tenait son lit de justice. *Histoire des grands
officiers*, par Jean Le Feron, en 1555.

« ou (au) Chastellet de Paris, furent personnellement establis nobles
« et puissans personnes monseigneur *Jaques de Bourbon*, chevalier
« du roy notre dit seigneur de Desgrés, de Preaulx, de Dangu et de
« Tury, et madame Marguerite de Préaulx, sa feme, dame desdiz
« lieux, etc., etc. »

Il s'agit d'un contrat de vente passée par les parties ci-dessus aux
religieux de l'abbaye de Sainte-Catherine-du-Mont de Rouen, du fief
de Quevréville-la-Milon, tenu par foy et hommage desdits religieux à
cause de leur fief de Saint-Jacques.

L'acte se termine ainsi : « En tesmoing de ce, nous à la rela-
« tion desdiz notaires, avons mis le *scel de la prevosté de Paris*, l'an
« et le jour dessus diz. — *Signé* : HURÉ. »

Sur le repli inférieur de l'acte, on lit : Collation faite par moi Huré,
et par moi T. de Savoye.

Sur l'emploi de ce scel, *voir* notre vol., p. 147.

En 1605, *le scel de la vicomté et prevosté de Paris* est du même
module que celui ci-dessus, avec la même légende ; mais il en
diffère en ce que la fleur de lys évasée est garnie de deux pistils et
placée entre deux petits écussons, dont l'un à gauche est chevroné,
tandis que le nôtre, qui n'a qu'un écusson à gauche aussi chevroné,
offre à droite une porte surélevée de trois tours.

Ce scel, de 1605, figure dans un atlas de sceaux m^{ⁱⁱ} de la Bibliothèque impériale.

———

Couvent
des Dames Emmurées,
à Saint-Sever,
faubourg de Rouen.

Scel n° 3,
et signature.

7 avril 1399.

Ecu armorié supporté par deux griffons.

C'est un transport de viii s. de rente ainsi formulé :

« Le mercredi vii° jour d'avril mil ccc° iiii xx et xix avant
Pasques.

« Sachent tous présens et avenir que *Jehan Filleul* congnois et
« confesse avoir transporté et quicté aux religieuses Prieure, et

« Couvent des Emmurées ¹ lès Rouen , tel droit et action comme je
« avoie en huit soubz de rente, contenus et desclairées ès-lettres an-
« nexées avec le droit d'iceles, etc., etc. »

« En tesmoing de ce, j'ay icelles ches lettres du scel dont je use
« et signées de *mon signe manuel.* »

Suit la date ci-dessus et la signature FILLEUL. »

N. B. Le scel privé porte les prénom et nom du signataire.

Dès 1341, nous voyons figurer comme maire de Rouen un Jehan
Filleul, et en 1364, un Jacques Filleul , présumé de la même famille.

Abbaye du Valasse.   Scel n° 4,
                                                        et signature.

10 juin 1371.

. S' VICE COMITATVS, MONASTERII — VILLARIS.

Scel de la vicomté de Monstiervilliers.

Le lézard tourné à droite ici, est figuré à gauche, et expliqué au
scel n° 3 de notre planche xvii°, qui reproduit la jolie église du monastère en 1396, dont nous avons publié la monographie en 1847.

L'acte en français est passé devant J. Haucourt pour Jacques Faucon, *clerc tabellion juré des lettres de baillie* de ladite vicomté.

Il contient le racquit de LIV francs *d'argent sec* (sic) qui avaient été
prêtés aux religieux du Valasse par *Jehan Andrieu, sergent d'armes
du roy au grenier à sel de Harfleu.*

Au pied de l'acte, la signature *J. Harcourt*, accompagne le scel,
circonstance assez rare à cette époque.

N. B. Aux lettres de ratification de prise de dimes par les habitants de la paroisse de Manneville-la-Goupil, près Goderville, du
8 août 1535, passées par-devant *Jehan de Bréville* et Taurin Le Fé-
bure, tabellions jurés *pour le roy nostre sire* en la vicomté de Monstiervilliers *en siège et sergenterie de Saint-Romain de Collebosc*, en la
présence de deux témoins.

Pierre de Cresteville, *le garde-scel des obligations de ladite vi-*

¹ *Voir* pl. **xxii°**, n° 4, acte de 1350.

comté en appose le scel, figuratif d'une église de campagne, surmontée de l'écusson royal, et au pied de l'entrée latérale de laquelle *est le lézard* ci-dessus, tourné à gauche.

Voir pl. xiii°, n° 1, à la fin.

Ce scel a cela de particulier et de nouveau, qu'il est apposé *à sec* sur papier enduit de cire, sur queue de parchemin, et est d'un autre genre. Ce mode de sceller ne se répand guère que dans le xvi° siècle.

Religieuses   Petit scel n° 5.
de Saint-Amand.

1276.

Sceau annulaire employé pour contre-scel [1].

(Un chasseur et son chien).

En l'officialité se présente *Nicholaus Ricardi de Boes* (Boos), qui, en sa qualité de frère et d'héritier de *Pierre*, ancien curé de l'église de Cregny, reconnaît que celui-ci, par un motif pieux, a légué une acre de terre située à Boos, près la grande mare, aux frères Mineurs de Rouen, et renonce à troubler les religieuses de Saint-Amand de Rouen dans leur acquisition. — ACTVM ANNO M.CC°LXXVI (1276).

A cet acte est appendu le scel en cire verte de l'officialité (pl. viii°, n° 6), sur queue de parchemin, à l'extrémité de laquelle est le petit contre-scel ci-dessus, qui est l'empreinte d'une intaille antique.

Voir pl. xvi°, n° 4, tête de Minerve, pour semblable emploi.

[1] Dans l'ancienne Grèce, une pierre figurative d'un cerf, d'un lièvre, *d'un chasseur ou d'un chien*, attribuait la vertu de guérir les démoniaques, les frénétiques, et de chasser les apparitions nocturnes. (Ibid., *Archæolog anglic.*, t. xxx, p. 68.)

On comprend par là comment l'antiquité a pu produire et laisser tant de *pierres gravées*, que le moyen-âge a utilisées pour le scel des actes, lorsqu'elles étaient taillées en creux, avec addition de nom, ou pour l'ornement des dames quand les pierres étaient en relief; et alors on les enchâssait (en broche) comme aujourd'hui, dans un cercle métallique d'or ou d'argent, avec devises, telle que celle-ci :

JE SUS FERMAIL, PUR GARDER SEIN
KE NVL VILEIN N'I METTE MEIN.

Ibid., tiré du *Collectanea antiq.*, vol. 4, ornem., publication anglaise.

Scel du n° 6.

3 octobre 1491.

—

SEEL DES OBLIGATIONS [DE LA VICOMTE DE NEUFCHATEL [1].

Sur cire verte et queue de parchemin.

—

Fieffe d'héritages à Bures.

« A tous ceulx qui ces lettres verront ou orront, Jehan Le Carpen-
« tier, lieutenant en la vicomté de Neufchâtel, de monsieur le *bailli*
« *de Caux* et commis par justice *à la garde du scel des obligations*
« *de ladite* vicomté, salut :

« Savoir faisons que, aujourd'hui, par-devant Guillaume Hamart
« et Colin Lemercier, *tabellions jurés* pour le roy nostre sire en ladite
« vicomté, comme ilz nous ont tesmoingné. Fut present Pierre
« Bigot demeurant en la paroisse de *Bures*, lequel congnut avoir
« prins à rente de Jehan Martin demeurant audit lieu, les héri-
« tages, etc. » (y spécifiés.)

===

Religieuses de Saint-Amand   Scel n° 7.
       de Rouen.   Un château.

1265.

Contre-scel en cire verte, sur queue de parchemin, figurant *un château*, étant le revers
du sceau représentant de face un abbé assis.

Il est appendu à une *lettre de recommandation* adressée par l'abbé
Fulcon, de l'ordre de Saint-Amand, aux religieuses du même ordre
à Rouen, « Predilectis in Christo ac religiosis sororibus venerabilibus
« Abbatisse in Rothomago totiusque ejusdem loci sanctissimo con-
« ventui, » pour leur recommander *vivement* [2] d'admettre en religion
comme sœur parmi elles, *Jehanne*, fille de noble homme *Eloi Del
Lokeron, chevalier,* aussi distinguée par ses mœurs que par sa science,

[1] Sous l'occupation anglaise, d'après le dénombrement du manuscrit de Thorigny, déjà cité, on voit pour la garde de NEWCHASTEL : x lanceæ equestres
x lanceæ pedestres et LX archiers.

[2] « Ea est lex amicitiæ, et conditio caritatis, ut amici in mutuis postulatio-
« nibus suos interiores affectus operum prosequentur effectu, etc,. etc.

• Quatenus rogamus ex affectu dilectam nostram Johannam filiam viri noet qui, depuis sa plus tendre jeunesse, aspire à entrer dans leur congrégation, etc., etc.

Datum m°cc°lx°v° (1265) feria quarta propter festum omnium sanctorum.

TABELLIONAGE DE ROUEN. — PROFESSION DE RELIGIEUSE A 10 ANS. — LE SAMEDI XVI° D'AOUT MIL CCCC° ET DEUX. (1402)

« Comme descort fust meu ou esperé à mouvoir entre Jehan Varin, de la paroisse ce Grant-Camp, d'une part, et *Jehan Gosse*, père de Jehanne, femme dudit Varin d'autre, tant sur le fait du mariage fait traitie et accorde entre ledit Varin d'une part et ladite Jehanne sa femme, fu présent ledit Jehan Gosse, lequel de sa bonne volenté pour le bien de pais, et *nourrir bon accort et amour parfaicte entre lesdits mariés et pour* ausmentation du mariage fait entreulx et affin que lesdits mariés *demeurent et soient ensemblez* paisiblement *en lien de mariage*, ainsi qu'il appartient, ledit Gosse prinst la charge et gouvernement de Jehanne, fille de ladite Jehanne, sa fille, et *la promist nourrir* et lui trouver toutes ses nécessités de boire, mengier, cauchier, vestir, coucher jusques l'âage de x ans, et *après* ce la rendre et *faire vestir* en *ordre de religion* ' *de dames* à ses propres coultz et despens, sans que ledit Varin y mette riens du sien, etc., et ainssi ledit Varin ne pourra, ne sera tenu de demander audit Gosse aucune chose *à cause du service* de ladite filleute (fillette), ou autrement fors que de acomplir ce que dit est. »

« bilis Egidii Del-Lokeron militis, scientiâ competonti et moribus pollentem,
« et ad sanctam religionem à primerio flore juventutis, toto corde suspirantem
« in vestrâ congregatione laudabili, gratiâ nostri, et amore admittere *velitis in*
« *sororem*, etc., etc.
« Quam multa vobis de dilectione diffusi scriberemus, sed dilectis fratribus
« nomiais presentis latoribus, commisimus vobis verbo tenùs explicanda.   »

Voir pl. XXII°, n° 4, et pl. XXIII°, n° 3, pour constitutions viagères monastiques en 1350 et 1458.

¹ D'après les statuts au XIV° siècle du couvent Saint-Hounouré, des Filles-Dieu de Rouen, nulle n'y était admise *avant sept ans* ni après vingt ans, ni à faire profession avant l'âge de douze ans passés, et après une année de noviciat.
Cartulaire n° 19, Archives départementales.

D'après ce manuscrit du XIV° siècle, voici quelle était la formule de la profession :

« Je fais profection, et me offre à Dieu et à la Beneette Virge Marie et à saint

Abbaye
de Saint-Amand.

1295.

—

Familiers monastiques.

« A tous ceus qui ces presentes lettres verront et orront, Biatris par la grace de Dieu abbeesse de Saint-Amant de Roen ; et tout le couvent de chu mesme lieu. Salut en nostre seignor vous aiez conneu que en l'an de grace ᴍ.ᴄᴄⁱⁱⁱˣˣ et quinze, à la feste de la Nativité saint Jehan-Baptiste, d'un asentement et d'une volenté et d'un courage ; nous recheusmes en nostre maison en plain capistre *Guillaume de Saint-Amant et Giefroy son fiz.* C'est à savoir pour quarante livres tournois quil nous paierent avant la main et desquiex deniers nous nous teinsmes adonques pour bien paiés, et dichele somme de monnoie dut estre leur pitance pasée. Si comme il lour fu convenant et pour toute la terre et l'erritage et la rente que les devant nommez

« Hounouré, et promet à garder chasteté et povreté, et obédience à toi Prieure « selon la *rieule* (règle) saint Augustin. »

N. B. Cette formule figurait dans les statuts approuvés sous le pape Clément VI, ancien abbé de Fécamp, qui avait été élu au Pontificat en 1342 et mourut en 1352.

OBLATS.

Dans le principe, la vie monastique était volontairement embrassée par les adultes ; mais dans la suite, elle put l'être *par la destination d'autrui*, dès l'âge le plus tendre, en exécution des dernières volontés d'une mère, d'un père ou des plus proches parents. L'enfant ainsi admis à la vie religieuse après les cérémonies prescrites, ne pouvait plus rentrer dans le monde ; il perdait tout droit à la succession de ses parents, qui, d'ailleurs, en l'offrant à Dieu, gratifiaient le monastère de certaines démissions de biens. C'est pourquoi ces jeunes adeptes étaient désignés sous le nom d'*oblats.* (*Voir* le *Glossaire* de Ducange, verbo *oblatus.*)

Nous pouvons citer notamment pour exemple de ci-dessus, une charte du xɪᵉ siècle, reproduite dans une ancienne copie de cartulaire, n° 22 du fonds de Jumiéges pour ʜᴀᴠᴠɪʟʟᴇ, laquelle commence ainsi :

« *Willelmus et Osbernus de Hotot obtulerunt Deo*, et sancto Petro in Gemetico, « *Johannem* Fratrem illorum, patre defuncto. Sub jugo regule militaturo hanc « offerentes oblationem *cum puero, obtulerunt* centum acras terre quas tenebat « Gislebertus Stricarius de eis in hasvilla, » etc., etc.

N. B. Au nombre des témoins figurent à la fin ʀɪᴄᴀʀᴅᴠs filius ᴡᴀʀɪɴɪ, et ᴀɴꜰꜰʀᴇᴅᴠs prepositus de ʜᴀʟᴛᴇʟᴠɪʟʟᴀ (ɪʜᴀᴠᴠɪʟʟᴇ.) — Le premier est aussi témoin en notre charte finale de Gislebert Crespin.

avoient adonques en la paroisse Saint-Pierre-de-Fresnes-Lespellent et meesmement pour tout le blé qui creissoit adonques en une partie de ladite terre ; et quant ils ont trespasez de cest siècle, meesmement le derrenier d'icheuz, *nous devon avoir touz lour bienz meubles et non meubles presenz et avenir quiex quil soient*, et en quiconques lieu qu'il soient, essientée toute lor robe, linge et lange, de laquelle pourront faire lour plainne volente as jours de lour trespasement ; et les pouront donner et départir pour Dieu, au profit de lour ames et *pourront faire lor testament.* Et pour icen nous lour otreasmes pleniere *perchonnerie* (garantie) en touz noz bienz fes espirilueux, et en nos biens temporex, en itelle menniere que nous les recheumes pour demourer en nostre albeie, sanz faire transmutasion aillours se lour volonté ni estoit. Et doivent avoir enclos de nostre ostel a touz les jours de lour vies as heures convenables tel pain et tel vin et *teles viandes* comme nous arons por nostre uzer. Soit en sale ou en couvent ou en quiconques lieu que cen soit, et si doivent avoir *vesteure* et *caucheure* soufiszante toutes heures que il en aront mestier (besoin) et pourront entrer et esir nostre porte sanz contredit à toutes eures convenables que il en auront mestier. Et ces convenanches dessus dittes lor permettons nous en bonne foi à tenir et à enplir pour nous et por nos successores en tans a venir, et il nous promistrent adonques de lour bonne volenté a estre gardes de la porte de nostre abbeie as jors de lour vies, se nous velon que ce fust à nostre profit. Et que cen soit ferme chosze et estable et de nostre volenté fette, je la devant ditte Biatris, abbeesse en ai baillie audit Guillaume de S. Amaz et audit Giéfroy son fiz, ceste presente lettre scellée *de mon scel pendant* ave *le seel de nostre* convent. Ce fut fet et lan desus dit, et à la feste de la Nativité dessus dite qui fu de saint Jehan-Baptiste. »

Remarques.

Notre Musée d'antiquités possède une crosse du xiie ou xiiie siècle, de cuivre doré, et à volute, qui fut trouvée il y a quelques années dans le tombeau d'une abbesse de Saint-Amand, lors des fouilles pratiquées sur une partie de l'emplacement de ce célèbre monastère, dont il ne reste plus qu'une petite dépendance.

Fondé vers 1030 par la pieuse Aymeline, femme de Goscelin,

, vicomte d'Arques, et enrichi des libéralités de notre duc Robert dit le *Magnifique*, père de Guillaume-le-Conquérant, il fut successivement honoré de la protection de nos rois.

C'était des mains de l'abbesse que nos archevêques tenaient leur anneau d'investiture.

————

Scel n° 8.

24 avril 1450.

Sur cire verte et queue de parchemin.

Petit scel de Guillaume de la Fontaine [1], lieutenant général de noble homme, *Guillaume Cousinot* [2], conseiller du roy, et son BAILLI de Rouen.

Mandement de justice ou lettres *de pareatis* adressées au premier ou au sous-sergent du bailliage de Rouen.

Voir pl. XXI⁰, n° 1, ce qui est dit sur les sceaux du bailliage.

————

Petit scel n° 9
et dernier.

17 juin 1449.

Petit scel de Guillaume Le Melle, lieutenant général de noble homme Henri Redford, chevalier bailli de Rouen.

En cire verte, sur queue de parchemin, annexé à un mandement de justice, comme le précédent.

[1] En 1439, un conflit de juridiction s'éleva entre ce lieutenant du bailli et l'official de l'archevêque, au sujet de l'emprisonnement de *Jehan Dandin*, épicier à Rouen, qui avait voulu faire *chevaucher* l'âne à un mari *battu par sa femme*, et qui invoquait le privilége de clerc.

[2] *Guillaume Cousinot*, seigneur de Montreuil-sur-Bois, s'occupa comme bailli de Rouen de relever les manufactures de draps, c'est pourquoi il révisa, le 2 juillet 1451, le règlement de 1424 sur la draperie de cette ville. *Voir* ses prescriptions au t. I⁰ʳ, p. 278, sur le commerce maritime de Rouen, par feu M. de Fréville. Il était chancelier du roi Charles VII, et comparut en l'Echiquier normand en 1452. (Voir *Histoire de Rouen*, édition 1731.)

————◆————

PLANCHE XIXe.

PLANCHE XIXe.

XIIIe, XIVe ET XVe SIÈCLE.

5 SCEAUX.

———

———

OBSERVATION.

Voir le texte qui suit la planche pour le sommaire des chartes et la légende des sceaux.

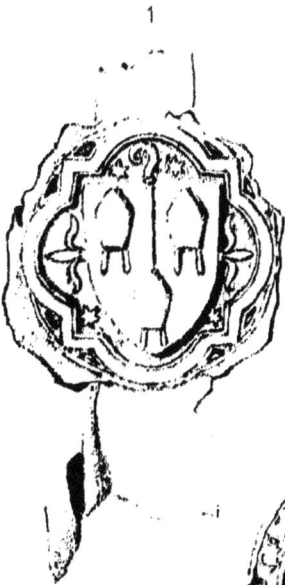

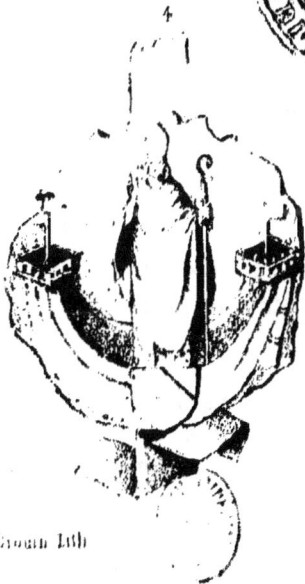

1

2

3

4

5

G. Brown, lith.

Mauss, del.

Imp. A. Penon, Rennes

SOMMAIRE DES CHARTES

ET

LÉGENDES DES SCEAUX.

PLANCHE XIXe.

XIIIe, XIVe ET XVe SIÈCLE.

5 SCEAUX.

Abbaye de Fécamp.   Scel n° 1.

12 janvier 1423.

GRAND SCEL AUX CAUSES DE LA SÉNÉCHAUSSÉE
DE SAINT-GERVAIS[1].

Sur cire verte et queue de parchemin.

« A tous ceulx qui ces lettres verront ou orront, *Guillaume de*
« *Croismare, sous-sénéschal* de Saint-Gervais, salut, etc., etc. (Maintenant faubourg nord de Rouen.)

[1] L'abbaye de Fécamp de l'ordre des Bénédictins, dont les terres étaient cons-
tituées *en autant de Baronies de premier ordre,* jouissait du privilége de ne relever pour l'appel des sentences de ses baillis ou sénéchaux que du Parlement
de la Province. (Voir *Dom Duplessis,* t. I, p. 90, et notre vol., p. 167.)

Quant au sceau ci-dessus, où figurent *trois mitres et une crosse d'évêque*
(*Voir* ce qui est dit, à ce sujet, pl. XX_e, n° 4 et pour le scel des obligations de la
même localité (le n° 4 de cette pl.)

On se rappelle que ce fut au siége de Mantes, en 1087, que Guillaume,
duc de Normandie, éprouva l'accident dont les suites causèrent sa mort le
9 septembre de la même année, dans le prieuré de Saint-Gervais, où il s'était
fait transporter.

L'histoire de ce prieuré, aujourd'hui détruit sauf la cripte de l'église, a été
publiée en 1859 à Rouen, en un volume, par M. Jules Thieury.

Fieffe par l'abbaye de Fécamp à *Jehan le Varrognier*[1], d'un jardin sis audit lieu, proche le Lion d'Or, moyennant xxv s. de rente annuelle.

« Ce fut fait en l'an et jour ès plés dessus dits, et à gregneur con-
« firmation et congnoissance, à nostre requeste y a esté mys *le grand*
« *scel aux causes* (ci-dessus.)

———

Prieuré   Scel n° 2.
de Notre - Dame - du - Pré,
dit de *Bonnes-Nouvelles*.

1478 et 21 décembre 1497.

—

✚ SEEL DES OBLIGATIONS DE LA VICONTE DE BVRES.

Ecu aux trois léopards.

Sur cire verte et queue de parchemin.

Constitution de 16 s. de rente au profit de l'église Notre-Dame-du-Pré-lès-Rouen, par *Robinet de Guerbeval*, de la paroisse de Craudalle.

Voir le scel de la baillie de Bures, en 1311, pl xxe, n° 3.

L'acte est passé par-devant Guillaume Fournier et Jehan Dumouchel, *clercs tabellions jurés* en ladite vicomté, en présence de deux témoins.

Le garde du scel est le frère saint Symphorien, religieux en l'église Nostre-Dame-du-Pré-lès-Rouen, maintenant le faubourg Saint-Sever.

N. B. Les notaires ont signé à l'acte avec paraphe.

———

[1] Il figura comme procureur fondé des religieux de Fécamp, en leur terre et seigneurie dans l'accord passé entre eux et les paroissiens de Saint-Gervais, relatif à la réédification de l'église, le 19 juillet 1428, en la présence de l'official de l'abbaye et *des notaires publics, Pierre Abecire* et *Roger Martel*. Même vol., p. 133.)

Abbaye de Jumiéges. Scel n° 3.

1302.

Le jordi (jeudi) devant la Nativité de saint Johan-Baptiste.

———

✠ VECI LE SEEL DE LA BAILLIE DE CAVS '.

En l'acte : *Grand scel de la baillie de Cauz,* sur cire verte et queue de parchemin,
annexé à la sentence ci-après.

L'écu mi-fleurdelysé est aux armes de France écartelées de Navarre.

Pour les assises tenues au *Neuf-Castel* par Mahieu Le Vilain, au
lieu de *Johan de Trie* ², Bailli de Caus, *avec l'assistance des chevaliers
et des autres sages.*

Sur débat de patronage touchant l'église Saint-Martin-de-Hotot, accordé à l'abbaye de Jumiéges.

' Le scel du baillif de Cauz est apposé en 1280 aux lettres passées devant lui
en l'église Saint-Aubin, *dessus Arches,* à heure de messe solennelle, par lesquelles *Johan de Trie, comte de Dam-Martin et la villée* de Saint-Aubin, renoncent en faveur de l'archevêque de Rouen aux droits et coutumes qui leur appartiennent dans la forêt d'Alihermont. (*Voir* p. 137, de notre vol.)

M. Delarue, *déjà cité,* t. III, p. 209, mentionne que « autre Jehan, seigneur
« de Trie, dans le Vexin (*voir* le n° 5 de cette pl.), est désigné, avec ses
« autres possessions dans la Haute et Basse-Normandie, au registre de Philippe-
« Auguste, » — que ce seigneur combattit à la bataille de Bouvines, suivant les
rôles du Ban et de l'arrière-Ban en 1214, et que les chansons de ce guerrier
trouvère sont adressées à la comtesse de Blois, et consignées dans les manuscrits
de Cangé.

² A Gomer-Fontaine-en-Vexin, l'église de l'abbaye renfermait, près du sanc-
tuaire, le tombeau attribué à quelques seigneurs de la maison de Trye. En 1428,
Yolant de Trye, femme de Robert VI, de Dreux, seigneur de Beu, y fut enterrée.
(*Dom Duplessis,* t. II, p. 335.)

———

Archevêché de Rouen.   Scel n° 4.

10 Septembre 1428.

SCEL DES OBLIGATIONS DE LA VILLE DE DIEPPE [1].

En cire brune, sur queue de parchemin

L'archevêque est représenté sur le sceau, *dans une barque à deux châteaux, debout, crosse en main*, parce que, lors de l'échange fait en l'an 1179 entre l'archevêque de Rouen Gâuthier dit le Magnifique, et Richard-Cœur-de-Lion, duc de Normandie et roi d'Angleterre, de son manoir d'Andely et de ses dépendances, contre le domaine de Dieppe, d'Alihermont, de Bouteille, qui appartenait au duc, les archevêques de Rouen étaient devenus *seigneurs* hauts-justiciers de Dieppe, et comme tels y avaient établi des officiers de justice.

(*Voir* p. 156 de notre vol., et ce qui est dit pl. vi[e], n° 7, sur les marins de Dieppe, au temps de l'occupation anglaise.)

---

[1] Le même scel se remarque de face à un acte de 1475, passé devant le tabellion de Dieppe, *Michel Blanebaston.*

En 1428, le contre-scel du sceau, du module d'un franc, porte cette légende circulaire :

SCEL DES OBLIGATIONS DE LA VILLE DE DIEPPE.

Et au milieu est un écu à quatre quartiers, dont le premier et le quatrième portent chacun *deux léopards*, et les deux autres sont traversés obliquement à gauche par une bandelette.

En 1401, l'abbaye de Bonport, près du Pont-de-l'Arche (Eure), avait pour contre-scel *une barque* dans laquelle était aussi implantée *une crosse d'abbé*; à l'arrière était figurée une fleur de lys, et une autre était surélevée au côté opposé, comme une sorte d'étoile polaire. (*Atlas de l'abbaye de Bonport*, par M. Andrieu.)

C'est pourquoi l'acte ci-après et ci-dessus daté (1428) commence ainsi :

« A tous ceulx qui ces lettres verront ou orront, Nicolas Pintel, « recepveur et *garde du scel des obligations* de la ville de Dieppe « *pour très révérend père en Dieu et seigneur monsieur le cardinal* « *archevesque de Rouen*, salut :

« Savoir faisons que par-devant Pierre *Gaultier, clerc tabellion* « *juré* audit lieu, se comme il nous a tesmoisgné, furent pré- « sents, etc., etc. »

Il s'agit d'une cession de xl s. de rente par *Freminot* Gosselin et *Michielle sa femme*, de la paroisse Saint-Jacques de Dieppe.

A *Guieffray Miffant* bourgoiz de la ville, etc.

Puis l'acte se termine ainsi : « En tesmoing de ce, nous à la re- « lacion dudit tabellion, avons mys à ces lettres, *le scel desdites obli-* « *gations*. Ce fut fait l'an de grâce m°cccc xxviii, le x septembre, » signé *Gaultier* avec paraphe.

———

Archevêché,   Scel n° 5
     pour   et dernier.
l'église de Fontenay.

17 juillet 1341.

—

SCEL DE LA CHATELERIE D'ANDELI [1],

Ecu aux armes de France, sur cire verte et queue de parchemin.

Fondation de trois messes de *Requiem* par semaine en l'église de Fontenay, moyennant x livres x s. parisis de rente annuelle par noble dame madame *Jehanne* de la chapelle dame de Fontenay, *jadis*

---

[1] Nous voyons, par les *Rôles normands* (édition de 1743), qu'en 1418-1419, l'office de bailli d'Andely, de Gisors, Lyons et Vernon, est confié à Richard de Wideville (Ricardo de Wideville).

fame *monsieur* de *Jehan de Trie* [1], sire de Fontenny, pour le repos de leurs âmes.

Estienne Mansel, prêtre, est le garde dudit scel, *lequel a commis pour faire l'acte* Etienne Biaufrère. Ce dernier affirme *par serment* que la donation ci-dessus a eu lieu devant lui. — (*Voir* le contre-scel du sceau ci-dessus, pl. xxiie, n° 2.)

[1] *Voir* même pl., n° 3.

PLANCHE XXe.

PLANCHE XXe.

XIVe ET XVe SIÈCLE.

5 SCEAUX.

—

Scel n° 1 . . . .   21 mars 1478,

— n° 2 . . . .   { 15 août 1470,
                                    1400,

— n° 3 . . . .   1311.

— n° 4 . . . .   8 mars 1449.

— n° 5 et dernier . . . . 26 septembre 1447.

———

OBSERVATION.

Voir le texte qui suit la planche pour le sommaire des chartes et la légende des sceaux.

1

2

3

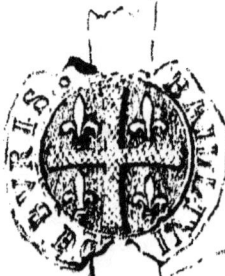

4

5

SOMMAIRE DES CHARTES

ET

LÉGENDE DES SCEAUX.

PLANCHE XXe,

XIVe ET XVe SIÈCLE.

5 SCEAUX.

Abbaye de Jumiéges,   Scel n° 1.
pour son prieuré
de Saint-Liénard de Montaterre.

21 mars 1478.

SCEL DE LA CHASTELLENIE DE CREEIL.

Sur cire verte et queue de parchemin, appendu à l'acte d'inféodation, dont l'extrait suit

« A tous ceulx qui ces présentes lettres verront, Estienne Menton,
« *garde de par le Roy nostre sire du scel de la chastellenie de Creil,*
« salut : Savoir faisons que par-devant *Noël* Le Bel, *clerc tabellion*
« *juré de par icelui seigneur en ladite chastellenie* ¹.

---

¹ On remarquera ici l'institution *du garde-scel royal* sous la dépendance
duquel est placé le *tabellion seigneurial* C'est que nous sommes sous le règne
de Louis XI, le roi anti-féodal.

« Vint et comparut en sa personne, *Jehan de l'Espée*, escuier,
« homme d'armes des ordonnances du Roy nostre sire soubz la
« charge de *monsieur de Lo-Hent, mareschal de France*, lequel, etc.

    « A prins à tiltre de droit, cens, une pièce de terre en prairie as-
« size près de la rivière d'Oize, appelée *la Cousture de Saint-Liénard*, en mauvais état, tenant d'une part à la terre qui fu au *commandeur de Longueville*, et d'aultre à l'abbé de Royaumont, etc.

    « En tesmoing de ce, nous à la relacion dudit juré, avons scellé
« ces lettres dudit scel. Ce fut fait l'an de grace mil cccc soixante-
« dix-huit au mois de mars vingt-et-un jours,

                      « *Signé:* Le Bel avec paraphe. »

Archevêché.   Scel n° 2.

4 mai 1400. — Même scel en 1470.

SCEL DES OBLIG' ¹ DE LA VICOMTE DV PONT-DE-LARCHE.

Ecu fleurdelysé à chaque côté et au-dessus duquel une arche est figurée sur cire verte,
et queue de parchemin.

    A la garde de Henri Thiboult ².

    Il est apposé à la suite d'un acte passé devant le tabellion royal du-
dit lieu, contenant reconnaissance du scel particulier appliqué par le
sergent de Crasville, aux actes de son ministère. (*Voir* ce petit scel,
pl. xx°, n° 1.)

---

  ¹ En 1344, ce scel portait dix fleurs de lys à l'écu, au lieu de sept, et Jehan
Courtcheuse en avait la garde.

  En 1447 Jehan Lancelin était vicomte du Pont-de-l'Arche.

  ² En 1441, c'est Guillaume Langlois qui figura comme garde du même scel,
Guillaume Loisel étant tabellion.

Pareil errement est suivi en 1411, le 28 octobre, pour le fait d'un acte passé, même dès 1404, par un ci-devant bailli de Louviers, Nicolas Delatour, qui reconnaît la sincérité de son contenu, et l'identité du scel privé dont il avait usé à cause de l'absence des sceaux du *bailliage*. (*Voir* cette formule, p. 117 de notre vol.)

Le 15 août 1470, le scel des obligations de la même vicomté reste le même, à la garde de Pierre Martel. Il est joint à un acte de constitution de rente.

Signalons ici comme souvenir historique l'inscription latine ci-après, qui figurait sur une ancienne maison élevée au-dessus des fondations d'une vieille tour qui défendait à droite, du côté du pont, l'entrée de la ville, et d'où sans doute elle avait été relevée ; la voici :

REX DOMINIVM, VRBS LOCVM, ANGLVS, ANGVLVM VNVM.

« *Au Roi le domaine, à la ville l'emplacement, à l'Anglais un seul* « *angle.* »

On voit par là combien les Normands, animés par le patriotisme, disputaient pied à pied le terrain à leurs ennemis, auxquels ils ne laissaient le plus souvent que la mesure d'un tombeau.

La maison ci-dessus, qui, par son contour, rappelait le massif de pierre, a été démolie depuis quelques années, et est remplacée maintenant par un bâtiment dont l'extension de face est comme le masque du passé.

La ville du Pont-de-l'Arche, siége d'une ancienne vicomté, se relie par ses phases historiques aux faits les plus marquants du passé.

Son pont[1], construit et fortifié au ixe siècle par Charles-le-Chauve, pour s'opposer aux invasions des hommes du Nord, n'a pu trouver grâce de nos jours devant l'action du temps. Cette page de pierre nous rappelait à la fois les alternatives et les vicissitudes de la domination

---

[1] *Pont-de-l'Arche*, dit le Brasseur, a pris son nom de son pont de pierre ; il en est fait mention dans les anciens actes, il y a près de sept cents ans ; on l'appelle *Pons arcûs* ou *arcuatus*, et quelquefois de *Arcis*. Cette place importante a toujours été célèbre dans l'Histoire de France. (*Hist. du Comté d'Evreux.*)

« Pontem miræ firmitatis... positis utriusque capitibus castellis artificiosissimè fundatis » (de re diplomaticâ.) Aujourd'hui tout est nivelé. — *Voir* aussi la notice sur la ville de Pont-de-l'Arche, par M. de Duranville. — *Revue de Rouen*, 1843, 11e sem., et 1844, p. 39.

française et normande, comme aussi des pages sinistres de nos annales.
A cet égard, nous nous souvenons qu'Edouard III, roi d'Angleterre, pour
se venger de son exclusion de la couronne de France, dévolue par la
loi salique à Philippe de Valois en 1328, à défaut de postérité du roi
Charles IV (*Voir* note 2 du n° 5 ci-après), lui suscita nombre d'hostilités ; et lui-même s'étant, en 1343, après la prise de Caen, rapproché
de Rouen, remonta la rive gauche de la Seine en brûlant les faubourgs *du Pont-de-l'Arche*, de Vernon, etc., tristes pronostics des
événements ultérieurs [1].

C'était sans doute aux circonstances de ces premières excursions
britanniques qu'avait trait l'inscription latine ci-dessus, à moins
toutefois qu'on ne veuille l'appliquer à celles qui précédèrent la bataille de Cocherel, gagnée en 1364 par le fameux Duguesclin, laquelle inaugura glorieusement l'avènement de Charles V au trône.
(*Voir* ce qui est dit au n° 2 de la pl. 1°, p. 202.)

Plus tard, lorsque la ville du Pont-de-l'Arche, où commandait messire
Jean de Gràville, fut forcée, après un siége de trois semaines, de céder
aux forces de l'invasion anglaise, résultat de nos dissensions civiles,
il s'opéra une sorte de trève entre Henri VI sous la régence du duc
d'York, et Charles VII, qui donna lieu au dénombrement des troupes à
répartir dans les diverses places soumises à l'étranger, et que constate le manuscrit de Thorigny, déjà cité. On y trouve cette mention :
« Pount de large, et l'eisle de Ellebeuff II lanceæ equèstres, XII lanceæ
« pedestres, et XLII archiers. »

Il existe dans les archives de la tour de Londres une lettre de
Henri V à la date du 21 juillet 1418, adressée à la commune de cette
cité, pour lui annoncer la prise du Pont-de-l'Arche. (Collection
Delpitt, n° 344.)

[1] Fatale bataille de Crécy en 1346.

Prieuré   Scel n° 3.
Notre-Dame-du-Pré,
dit de Bonnes-Nouvelles.

1311.

S' BAILLIVI DE BVRIS.

En l'acte ; SCEL DE LA BAILLIE DE BURES ¹,
Sur cire brune et bandelette de parchemin annexée à un acte privé.

Johanne, femme de Ganteur de Greigny, ratifie devant le tabellion de Bures la vente faite par son mari aux religieux de Notre-
Dame-du-Pré, de xxx s de rente à prendre sur les héritages de
celui-ci.

On y remarque cette clause finale : « Et a cheu enteringner ele a
« *obligié son cors à estre mis en pryson*, et tous ses biens meubles et
« immeubles présens et avenir où que eulx soient à camp ou à
« ville, etc. »

Et à la suite on lit :

« En tesmoing de cheu nous avons sceleez chez lettres du scel de
« la baillie de Bures à la requeste des parties, sauf nostre droit et
« l'autrui.

« Che fut fet en l'an de. grace mil m° et onze le vendredi après
« feste de l'Ascension Notre-Seigneur. »

N. B. Une petite bande de parchemin traverse le repli de l'acte
privé, à l'extrémité de laquelle est apposé le petit scel ci-dessus de
cire brune.

---

¹ *Voir* à la pl. xix*, n° 2, le scel des obligations de la vicomté de Bures en
1478 et 1497, dont l'écu est chargé de trois léopards, et notre p. 64.

Abbaye de Fécamp.   Scel n° 4.

8 mars 1449.

✝ LE SEEL DES OBLIGAT' DE SAIN GERVÈS.

Sur cire verte et queue de parchemin.

En l'acte : « Le scel des obligations de Saint-Gervais ¹, à la garde
« de Guillaume Varin, recepveur de la terre (seigneurie) dudit
« lieu ; » (aujourd'hui faubourg côté Nord de Rouen).

Fieffe d'un logis et héritage nommé *le Lion-d'Or* par xx livres de
rente, envers l'abbaye de Fécamp, par-devant Guillaume Hérouart,
tabellion juré de ladite terre.

Le champ du scel porte *trois* mitres surmontées d'une crosse
d'évêque ; c'est qu'en effet, lorsque l'abbaye Sainte-Trinité de Fécamp
eut été relevée de ses ruines au commencement du xe siècle, et successivement augmentée et enrichie par les libéralités des ducs de
Normandie, Guillaume dit *Longue-Epée*, Richard Ier et Richard II,
ses fils et petits-fils, qui y établirent leur sépulture, elle obtint à la
recommandation de ce dernier dit *le Bon* et de l'agrément de Robert,
archevêque de Rouen, son frère, une charte papale, qui en même
temps qu'elle affranchissait ce monastère de la juridiction épiscopale,
étendait la sienne sur trente-six paroisses, onze prieurés et quatorze
chapelles.

Il y a plus : en l'an 1012, la mitre fut accordée à ses abbés ; et,
comme dès le commencement du xiie siècle, les abbayes de Notre-
Dame de Bernay, de Saint-Taurin d'Evreux et de Sainte-Berthe de
Blangy au diocèse de Boulogne, étaient sous sa domination, c'est
sans doute à *cette trinité monastique* qu'il convient d'attribuer l'ori-

---

¹ *Voir* le grand scel aux causes de Saint-Gervais, pl. xixe, n° 1, et le scel des
obligations du bailliage de Fécamp, pl. xvie, n° 6.

gine *des trois mîtres* qui figurent dans l'écu ci-dessus, et dont plusieurs se remarquent encore dans l'église de Fécamp et ses anciennes dépendances. (*Voir* la Notice de M. Germain sur Fécamp).

Archevêché de Rouen.   Scel n° 5
                                                        et dernier.

26 septembre 1447.

SIGILLVM [VICE COMITATVS ROTHOMAGENSIS].
(On ne lit plus que le premier mot latin).

GRAND SCEL AUX CAUSES DE LA VICOMTÉ DE ROUEN.

C'est un double écu couronné ¹, aux armes de France et d'Angleterre ², sur cire verte et queue de parchemin, apposé par Jehan

¹ Nous ne voyons guère l'écu de France couronné avant cette époque sur les sceaux de la vicomté ou du tabellionage.

² L'écu aux trois lions passants, regardants, est le type des armoiries des rois d'Angleterre, qui sont ici alternées, au premier et au quatrième quartier, chacun de trois fleurs de lys, et voici pourquoi :

Charles IV, troisième fils de Philippe-le-Bel, étant mort sans enfants en 1328, Edouard III, roi d'Angleterre, prétendit au trône de France comme neveu par sa mère du feu roi. La loi salique lui était contraire; aussi les pairs décidèrent-ils que Philippe-de-Valois, qui descendait de saint Louis par une branche cadette, devait être préféré. Edouard se trouvant ainsi exclu de la couronne, en devint l'ennemi implacable, et comme symbole de son prétendu droit, il chargea en outre son écu léopardé de fleurs de lys, que ses successeurs conservèrent dans les armes d'Angleterre, malgré l'opposition réitérée de nos rois à diverses époques, mais restée sans effet.

On conçoit qu'à l'époque du XVe siècle, sous la domination anglaise en Normandie, le mariage de Henri V avec la fille de Charles VI, pendant la démence de ce malheureux roi, était de nature à ressusciter les mêmes prétentions que dessus à la couronne de France, et à faire replacer le signe symbolique; mais, après l'expulsion des Anglais en 1451, notre bannière fleurdelysée se releva pure et sans mélange, et le double sceau disparut.

Lemoyne, vicomte de Rouen, à une transaction passée devant lui
entre Richard de Brumare, marchand à Rouen, et Jehan de Rynel,
relativement à une rente de xvii liv,

   N. B. Le contre-scel, qui est du module d'un franc, représente
au revers les mêmes écus accolés tenus par un ange aux armes
réunies de France et d'Angleterre. — *Voir* pl. xxiiᵉ, nᵒ 14.

PLANCHE XXIe,

PLANCHE XXIᵉ.

XIIIᵉ, XIVᵉ ET XVᵉ SIÈCLE.

4 SCEAUX.

Scel nᵒ 1 . . . . février 1432.
— nᵒ 2 . . . . août 1398.
— nᵒ 3 . . . . xiiiᵉ siècle.
— nᵒ 4, chaîne et 2 cachets accessoires. août 1432.

OBSERVATION.

Voir le texte qui suit la planche pour le sommaire des chartes et la légende des sceaux.

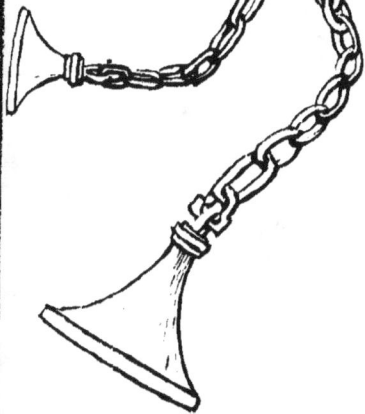

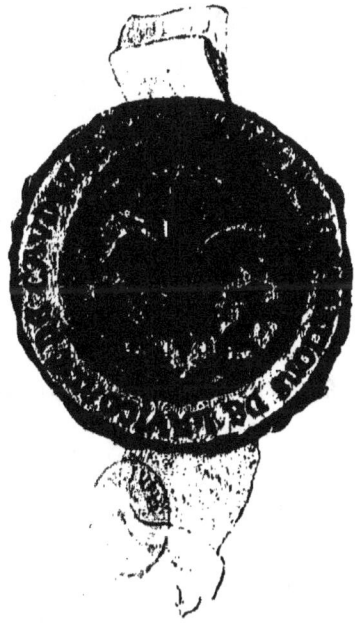

SOMMAIRE DES CHARTES

ET

LÉGENDE DES SCEAUX.

——

PLANCHE XXIᵉ.

XIIIᵉ, XIVᵉ ET XVᵉ SIÈCLE.

4 SCEAUX.

——

Archevêché.   Grand scel nº 1.

SIGILLVM BALIVIE ROTHOMAGENSIS.

Sur cire verte et queue de parchemin, sans contre-scel.

Dans la mention finale de l'acte du 4 février 1432, on lit :
Grant scel aux causes du bailliage de Rouen [1].

Il est annexé au *vidimus* émané de *Jehan Salvain*, bailli de Rouen
et de Gisors, qui y relate la teneur d'un mandement accordé deux
mois auparavant par Henri VI, qualifié de roi de France et d'Angle-

---

[1] *Voir* le scel nº 1 de la pl. XIIIᵉ, antérieur à l'époque ci-dessus.

En 1243, *Johannes de Vineis*, Jean des Vignes ou de la Vigne, était bailli de
Rouen. Il assiste comme témoin. (*Voir* la charte, pl IIIᵉ, nº 2.)

En 1400, Hue sʳ de Donquerre, chambellan du roi, *était bailli de Rouen*.
(*Voir* pl. XXIIᵉ, nº 1.)

Dans un acte de notre tabellionage du 27 mai 1418 (vieux style) figure *Guillaume* sieur de *Houdetot* et de *Karville*, comme chambellan du roi et bailli de
Rouen. (*Voir* pl. Iʳᵉ, 3ᵉ fᵉᵗ vº).

Il résulte d'un acte du XI février précédent, que ce chevalier avait été l'un
des otages de la capitulation de Rouen, et n'était parvenu à se racheter des
Anglais que moyennant 4,000 écus d'or.

terre, à *Hugues*, archevêque de Rouen, pour autoriser ce prélat à porter devant l'Échiquier de Normandie les divers procès relatifs à lui ou à ses prédécesseurs, nonobstant toute péremption.

En 1416, sire Raoul de Gaucourt, seigneur de Maison-sur-Seine, chambellan de Charles VI, *était bailli de Rouen*, et avait pour lieutenant *Jean Léger* ou *Légier*, son neveu. (*Voir* pl. xviii°, n° 1.)

Tous deux tombèrent alors victimes de la fureur populaire dans une émeute suscitée par la faction du duc de Bourgogne; mais l'année suivante, le Dauphin étant entré à Rouen, excepta du pardon qu'il accorda aux habitants, les meurtriers de son bailli, qui furent exécutés, et y établit pour successeur en cette fonction (1417) le seigneur de Gamaches[1]. Tels sont les faits qui ressortent de la chronique de Monstrelet. (*Voir* coll. Buchon, 1835, p 481.)

Feu M. l'abbé de La Rue, dans son ouvrage sur les Trouvères normands, t. III, p. 319, cite au nombre de ceux-ci : *Raoul de Gaucourt*, dont les poésies légères dans le goût de son époque consistent, dit-il, en ballades, rondeaux, etc., etc , qui sont recueillis à la bibliothèque royale sous le n° 2344, dite Saint-Germain; mais comme il ajoute que ce personnage continua d'être *grand bailli à Rouen* en 1417, et qu'en 1422, après la conquête, ses biens en Normandie furent confisqués par Henri V, roi d'Angleterre, qu'il n'avait pas voulu reconnaître pour souverain, il est évident que ces faits postérieurs à sa mort, ne peuvent s'appliquer qu'à *Raoul son fils, sieur de Gaucourt*, qui figure glorieusement dans l'histoire pour ses nombreux faits d'armes et son attachement inviolable à la cause de Charles VII, qu'il aida puissamment à combattre ses ennemis. Deux fois il tomba au pouvoir des Anglais qui le retinrent prisonnier pendant plusieurs années, ce qui lui permit sans doute d'adoucir sa captivité par le charme de poésies légères; mais, de retour en France, nous le voyons reprendre l'offensive en 1427, et se mêler glorieusement aux diverses péripéties relatives à la con-

---

[1] Nous trouvons dans les rôles normands déposés à la tour de Londres et publiés en France en 1743, qu'en 1418-1419, l'office de *bailli* de *Rouen* fut accordé par Henri V au chevalier Gaultier-Beauchamp.

Nous trouvons aussi dans un acte du 22 avril 1421 (vieux style) de notre tabellionage, que Johan Crygley était bailli de Rouen et réclamait sa part dans le prix de la rançon d'un prisonnier de Picardie.

quête de la Normandie. Aussi assista-t-il comme premier chambellan à la magnifique entrée que Charles VII fit en la ville de Rouen
en 1449, où il fut établi capitaine, ainsi qu'en celle de Gisors; mais
nous ne l'y voyons pas figurer comme bailli. (Voir, *pour la généalogie de la maison de Gaucourt, l'ouvrage du père Anselme sur les
grands officiers de la couronne, t. VIII, p. 368*). C'est qu'en effet,
d'après un acte du xxiv avril 1450 (vieux style), indiqué en notre
pl. xviiie, n° 8, *Guillaume Cousinot* était devenu bailli de Rouen.

Abbaye   Scel n° 2.
de Saint-Wandrille
(île de Belcinac).

Août 1398.

SCEL DES OBLIGATIONS DE LA VICOMTE DE CAVDEBEC [1].

Sceau de cire brune sur queue de parchemin.

Ce sceau a servi à *authentiquer* [2] le scel du sous-sergent du roi
qui appelle au prochain Échiquier les parties en litige au sujet de
l'île de Belcinac « par suite des criques et dégâts opérés à cette ysle
« par les eaux, flots et marées de la mer qui y viennent et affluent
« deux fois jour et nuit. »
Ce grand procès qui s'agitait entre le procureur du roi du bailliage

[1] Caudebec, anciennement *Caldebec*, comme Bolbec et autres noms de localités
terminés en *bec*, paraissent dériver du mot scandinave BEKR ou du saxon BEKE,
qui tous deux signifient *ruisseau*.
Dans le nord de l'Allemagne, en Danemarck et ailleurs, la terminaison *bec* se
trouve fréquemment.
Il y a en Danemarck un *Bolbec*, comme en France un *Holbec*, etc., etc. (*Hist.
mar. des Normands*, Depping, p. 451.)
[2] Caudebec était le siége du *bailliage* de Caux.

de Rouen et l'abbé de Saint-Wandrille n'a pu se renouveler dans la
suite, l'île étant disparue complètement.

N. B. Elle était située en face de Caudebec-en-Caux. (*Voir* p. 117,
de notre volume.)

───────

Fond   Suite du n° 2,
de Saint-Wandrille[1].

1282.

──

CONFIRMATION DE LA VENTE D'UN VASIER A CAUDEBEC (EN CAUX),
pour l'établissement d'un quai[2].

A tous cheus qui ches lettres verront, le ballif de Caux, salut.
Sachies que par devant nós furent presens Nicole Pelehons et Anastase sa femme de la paroisse de Caudebec de lor volenté et sans
contreignement, recognurent que eus avoient ballié et otroié en fié
et héritage à hommes religious l'abbé et le couvent de Saint-Wan-
drisle, lor wasier que eus avoient à Caudebec assis si comme il est
contenu en une chartre *scelée de lors sceaus qui est annexée à ches
presentes lettres* par teles franchises comme il a contenu en la dite
chartre. Et jura la dite Anastase par devant nos sur les saintes
Evangiles de sa volenté et sans contreignement de l'autorité audit
Nicole son mari que contre cheste vente ne vendra desoreenavant
pour raison de don de douere, de mariage encombré, de conquest
de partie de héritage de don por meches ne por nule autre reson, et
ache tenir et garder a emplir et enteriner eus *ont obligié lors cors*
à prendre et à tenir en *la prison du Roy*, et tos lors biens muebles
et immuebles presens et à venir à prendre et à vendre par la justise
le roi par les convenanches enteriner se mestier en estoit, et a che

────

[1] Un ancien sceau de l'abbé de Saint-Wandrille, avec sa presse, est déposé
en notre Musée d'antiquités, auquel nous en avons fait don.

[2] Archives du département, matières diverses, verbo acquisitions.

eus ont renonchié *à la loi Velleien* et à cete aide de droit et à tos
priviléges *de crois prise* et à prendre, et à tos autres priviléges,
exceptions, fuites et dilations par quoi les convenanches peussent
estre empiriés en aucune manière, en témoing de laquelle chose
nos avons scelé ches lettres *de la ballie de Caut* sauve la droiture
le roi et l'autrui. Ghe fu fet l'an de grâce m. cc. et octante et deus, le
vendredi devant la Magdalène.

OBSERVATION.

La charte ci dessus est annexée à la charte principale de délaissement émanée de *Nichole dit Peilhous*, et *Anastase sa femme,* sous
leurs sceaux privés. En un mot, c'est l'authenticité donnée à l'acte privé
par l'entremise de la justice.

La charte principale est l'octroi d'un vasier à titre de *fié* aux religieux de Saint-Wandrille dans la longueur de la masure des vendeurs pour établir *un quai* à Caudebec, avec dispense de droits
de *quayage* pour les marchandises, et de coutume, et pour avoir
lesdits vendeurs *main mole* (main morte, exemption de droits) à
moudre leur gru (orge) *et leur brais* (orge ou autre grain pour
bière.)

Scel n° 3.

XIII° siècle.

Matrice de sceau en cuivre, portant pour légende : s' LOIS DV
COVATIL. Au milieu est une fleur de lis évasée, à trait recourbé.

Sur le revers est une petite attache supérieure, en forme de
queue de bouton, pour en faciliter la suspension.

Ce sceau, qui se réfère au XIII° siècle, a été trouvé dans des fouilles
faites à Rouen. — *Voir* p. 91 de notre vol.

PLANCHE XXIᵉ.

Scel nᵒ 4 et dernier
(chaînette
avec scel et petit scel).

19 août 1402.

Le mot *samedi*, à l'initiale duquel se rattache la chaîne où pendent les scel et contre-scel, commence la teneur d'un acte du 19 août 1402, dans le registre de notre tabellionage : *Jehan Segouin, juré garde-scel des obligations de la vicomté de Rouen, Raoul de Guiffard et Henri Le Vigneron, tabellions*.

C'était l'usage au moyen-âge de suspendre le sceau par une chaînette au cou ou à son côté. Ceux de justice étaient attachés à une chaînette d'argent.

Dans un inventaire du bailli de l'abbaye de Saint-Ouen, en 1477, nous trouvons cet article : « Ung scel à *chaînette d'argent* ordonné « pour servir au bailli de l'église. »

Dans un grand compte de l'archevêché, du 6 novembre 1433, pour Desville, près Rouen, nous lisons cet article : « Payé à Allain « Dupré, pour une onche d'argent *mise ès chaînes du sceau* de la « cour de mon dit seigneur, *tant pour l'argent* que pour la fa- « chon... xxvˢ ıx d. »

La ville de Neufchâtel-en-Bray possède en sa bibliothèque un beau scel, marqué à l'envers *M. Balevia.* et un contre-scel du xvıᵉ siècle[1], suspendus l'un et l'autre *à une chaîne* avec agrafe, un peu plus torse, mais du même genre que celle de cette planche ; le tout d'argent, dont les armes paraissent s'appliquer à Léonor d'Or- léans duc de Longueville, seigneur de Gournay, qui fut tué à 33 ans en 1573, au siége de la Rochelle. Ces objets ont été découverts il y a quelques années, au pied d'un vieux chêne à *Beaubec-la-Rosière* près de Forges-les-Eaux. *C'est le scel aux causes de la vicomté de Gaillefontaine*, aux armes de Bourbon et Orléans réunies. Là venait siéger le bailli de Longueville, ou son lieutenant, dont les sentences, ainsi que pour les hautes justices *de Beaubec* et de la Rosière, étaient

[1] Nous en devons la communication à l'obligeance de M. Mathon, biblio- thécaire et libraire à Neufchâtel, avec une note explicative.

portées à la cour de notre Parlement. (*Voir* notre page 173).

Il est à croire que l'un de ces juges nomades aura perdu le scel ci-dessus sous l'arbre même qui lui servait de prétoire, ainsi qu'on l'a vu aux pages 16, 96 et 97 de notre volume au sujet du *chesne au leu*, sous lequel les vassaux rendaient aveu au seigneur, et où se tenait le plaid.

Ces sortes de juges subalternes chez les Romains étaient-appelés *pedanei* parce que, venus à pied, ils rendaient la justice en plein vent, *stantes in comitio jus reddebant*. (*Cicero de Clar*, orat., etc., etc., — et Cornel., Tacite, libro III°, annal.)

Nous avons vu cependant que Louis IX (saint Louis) en usait ainsi à l'ombre du chêne de Vincennes : c'est qu'il ne faisait en cela que suivre les us et coutumes du XIII° siècle, comme le prouve d'ailleurs, le fait suivant extrait *des Olim*. (1261), autrement dire des arrêts de la cour souveraine, publiés aux *documents inédits de l'Histoire de France*, I°ʳ vol., § : « Quedam ulmus ceciderat juxtà « Crispiacum (Crespy) *in viâ ubi magister Theobaldus de Nantolio* « *habet justitiam*, sicut dicebatur ; Baillivus petebat ipsam ulmum « (orme) pro Rege ; audita quadam carta comitisse Crispiaci, quam « idem magister exhibuit, *deliberata fuit ulmus ipsi magistro Theo-* « *baldo*. » Ainsi, c'était sous un orme (ou tout autre arbre) que se tenait le plus ordinairement le plaid, voire même jusque sur la voie publique, *stantes in comitio*.

A ces détails, nous pouvons ajouter les suivants, au point de vue surtout de la publicité :

Dans une mention dressée le 29 octobre 1642, au bas de l'expédition d'un contrat passé devant François Dusauchay, tabellion royal en la sergenterie de Saint-Joire (Saint-Georges-de-Boscherville), pour une rétrocession de pâture opérée au profit des religieux de Jumiéges, l'huissier constate pour notoriété en avoir fait la lecture a oye (ouïe) *heure et issue* de la messe paroissiale, en la présence des *paroissiens de Jumiéges* « estant ensemble *sous l'if du cimetière*. » Nous retrouvons le même errement pratiqué sous l'if de *Heurteauville* par le notaire De la Vigne, de la sergenterie de Saint-Georges, suivant acte passé le 25 juin 1673. Ce mode de publicité en Normandie se continua jusque vers la fin du XVIII° siècle, soit devant, soit sous le porche de l'église, soit sous l'if qui remontait à plusieurs siècles, et tel qu'il en existe encore dans certains cimetières de campagne, comme à Offranville, à Longueil, où ces arbres ont acquis un énorme volume [1]. C'est qu'en effet, ces sortes de patriarches de la nature rappelaient les touchants souvenirs de la famille, qui d'âge en âge était venue s'abriter et *contracter* sous leur ombrage hospitalier, en invoquant la foi jurée.

Ces détails, pour être prolixes, ne se rattachent pas moins à la matière que nous avons traitée et à laquelle, d'ailleurs, ils servent de développement comme le fait notre sigillographie.

[1] Les deux ifs de Longueil, dont le tronc *primitif* est extrêmement noueux, mesurent huit mètres de circonférence; quant au tronc *secondaire*, il forme deux branches ayant chacune trois mètres de tour.

Le bois provenant du jet de ces deux branches est parfaitement lisse et uni (Rouen, journal du 27 juillet 1857.)

En la commune des *Trois-pierres*, l'if renferme une charmante chapelle ornée de tous ses accessoires, qui rappelle celle du chêne d'Allouville, et dont la cavité n'a pas moins de deux mètres de diamètre.

PLANCHE XXIIe.

PLANCHE XXIIe.

XIIIe, XIV° ET XVe SIÈCLE.

15 SCEAUX.

Scel n° 1. . . . . 3 mai 1400,

Contre-scel n° 2. . . . . 17 juillet 1341,

— — n° 3. . . . . 1er février 1385,

— — n° 4. . . . . 1322 à 1350,

Scel n° 5. . . . . 21 novembre 1406,

— n° 6. . . . . 1379 et 1407,

— n° 7. . . . . 22 août 1443,

— n° 8. . . . . 29 décembre 1370,

— n°s 9 et 15, ovale. 1267,

— n° 10. . . . . 19 février 1398,

— n° 11. 1300,

— n° 12. . . . . 1356 à 1389,

n° 13, contre-scel du n° 10 . . . 1398,

Contre-scel n° 14. . . . . 26 septembre 1447,

Scel n° 15 et dernier, réuni au n° 9 . . 1267,

OBSERVATION.

Voir *le texte qui suit la planche pour le sommaire des chartes et la légende des sceaux.*

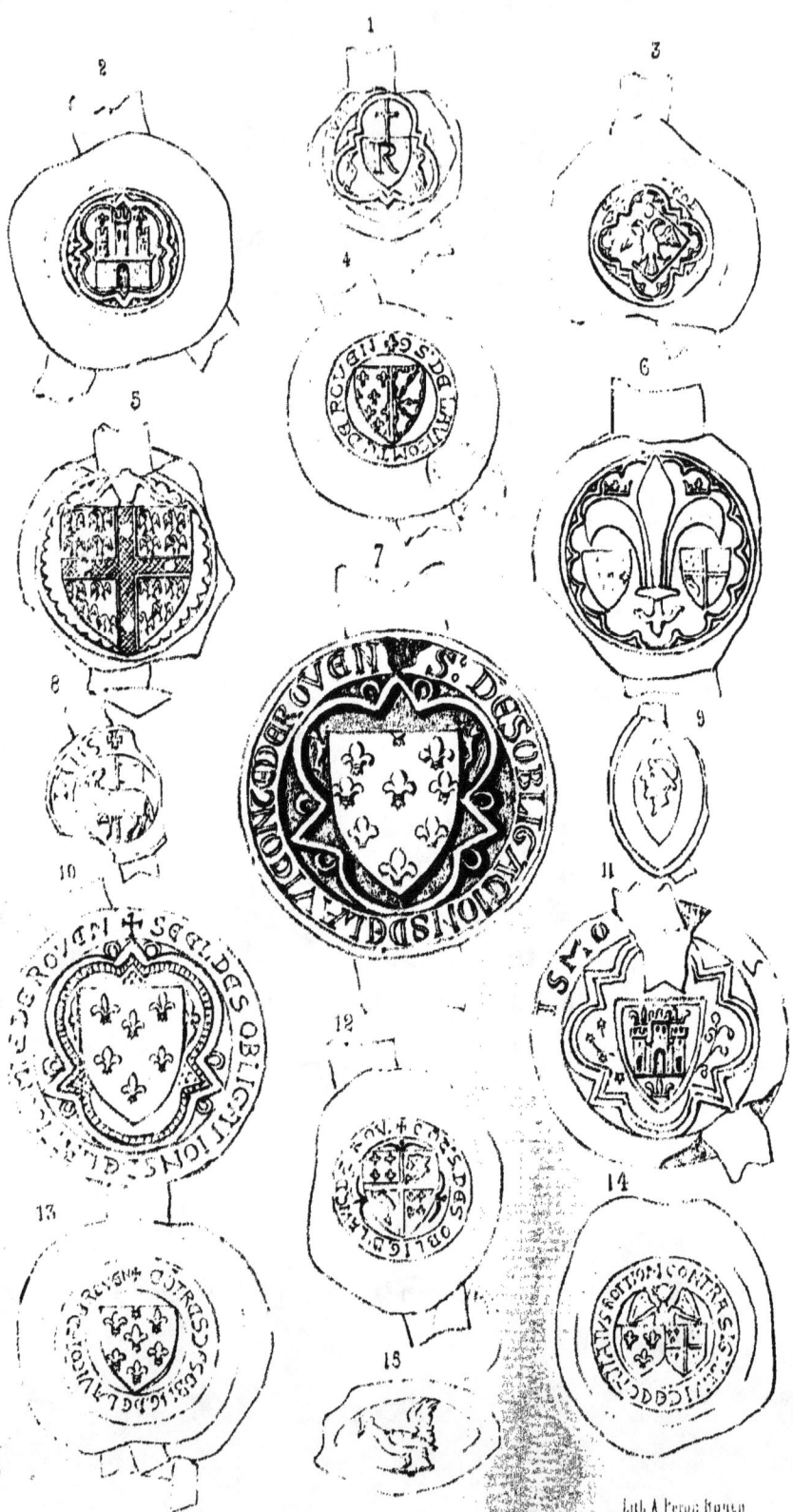

SOMMAIRE DES CHARTES

ET

LÉGENDES DES SCEAUX.

PLANCHE XXIIe.

XIIIe, XIVe ET XVe SIÈCLE.

15 SCEAUX.

Scel n° 1.

Mai 1400.

Scel de *Bobin Dumesnil*, sergent de Crasville, en la vicomté du Pont-de-l'Arche, *à l'usage de son office*, il accompagne sa *signature*; et pour plus d'authenticité, il reconnaît à la fois et l'identité du scel et de la signature pardevant le clerc tabellion du Pont-de-l'Arche, qui contre-appose à l'acte du sergent *le scel des obligations* dudit lieu, comme pour les actes privés soumis à l'authenticité. (*Voir* le scel pl. xxe, n° 2, et ce qui est expliqué en notre vol., p. 87, 88, 117 et 118.)

Il s'agit ici d'un ajournement fait à la requête de l'archevêque de Rouen, « délivré à *heure de messe*, le 18 mars précédent, *devant* « *l'église Notre-Dame de Louviers, à l'encontre de monsieur Huc* « *de Donquerre* [1], *chevalier chambellan du Roy et · son bailly de*

---

[1] Pour Huc de Donquerre, *voir* pl. 1re, n° 2.

Il résulte d'un acte passé devant les tabellions de Rouen, le 25 juin 1411, « que Mr *Huc*, sieur de Donquerre, en son vivant conseiller chambellan du « Roi, était trépassé en juin 1406, » laissant pour fils aîné *Guillaume* et sa fille, noble dame, Marguerite de Donquerre, mariée à noble homme M. Régnault de Roix, le jeune chevalier.

« *Rouen*, pour en venir au prouchain Echiquier à raison des tors ou
« griefs à lui reprochés. »

L'acte commence ainsi :

« A mes très chiers et très redoubtés seigneurs, messeigneurs
« tenant l'Eschiquier de Normendie de par le Roy nostre sire, *Robin*
« *Dumesnil*, sergent de Crasville en la vicomté du Pont-de-l'Arche
« et ce, votre honneur et révérence aveucques toute obéissance mes
« très chers seigneurs, plaise vous savoir, etc., etc.

Puis il se termine ainsi : « *Je vous certifie estre vray*, et avoir
« ainsi fait par ceste presente relacion scellée de mon propre scel,
« auquel je use en mon dit office, faisant et sy ay de mon signe ma-
« nuel escript le iiii° jour de cest present moys de mai l'an mil
« quatre cent, *signé Dumesnil*. »

Archevêché   Scel n° 2.
pour l'église de Fontenay.

17 juillet 1341.

C'est le revers du sceau ou CONTRE-SCEL de la *chástellerie* d'Andeli.
Voir le scel de face, pl. XIX°, n° 5.

Abbaye de Jumiéges   Contre-scel n° 3.
            pour
le prieuré de *Saint-Maars*.

1er février 1385.

Aigle éployé à deux têtes.

C'est le contre-scel des obligations de la vicomté de Longueville,
près Dieppe, dont était comte Bertrand Duguesclin.

Pour le sceau de face, voir *la pl.* XXIII°, *scel n° 4, et la note y
jointe.*

Voici comment, en termes de blason, sont définies les armes du connétable : « Il s'armoit d'argent à l'aigle à deux têtes, ou esployé « de sable, membré et becqué de gueule *au baston* en bande de « même brochant sur le tout. » (*Hist. des Offic. de France*, par J. Le Féron, 1555, édit. de 1658.)

On se rappelle l'insigne honneur rendu à la mémoire du connétable par le gouverneur de Château-Neuf de Rendon, qui *déposa sur son cercueil* les clefs de la ville assiégée, qui avait capitulé avec lui.

Et tel était l'éclat de sa renommée, que les plus valeureux capitaines qui avaient servi sous lui, se refusèrent après sa mort (12 juillet 1380) à recevoir l'épée de connétable, qu'Olivier Clisson fut enfin forcé d'accepter; tant le poids leur en paraissait lourd ! !

———

Scel n° 4.

1322 à 1350.

—

Légende : ✚ 9' S. (contre-scel) DE LA VICOMTE DE ROVEN.

Sur cire verte.

Aux armes de France et de Navarre, comme sur le scel de *la baillie de Caus*, en 1302, pl. XIX°, n° 3.

Le scel de face, dont l'écu est chargé de treize fleurs de lys, est celui *des obligations* de ladite vicomté. — *Voir* pl. II°, n° 1.

Il émane soit du bailli, soit du garde-scel. — *Voir* p. 14 et 15 de notre volume.

Ainsi que nous l'avons observé, c'est en 1350 qu'intervient, pour la première fois, le nom *du clerc tabellion juré* de la vicomté de Rouen, pardevant lequel comparaissent les parties, et qui, à cette époque, était *Guillaume Pongnant*.

Comme exemple et comme style d'acte au XIVe siècle, nous transcrivons celui ci-après :

1350.

Constitution viagère [1].

Religieuses emmurées (sic), OU COUVENT DE SAINT-MATHIEU.

« L'an mil ccc cent chinquante avant la saint Marc évangéliste.

« A tous ceulx qui ces lettres verront Philippe de Mangneville,
« garde du scel des obligations de la vicomté de Rouen, salut :

« Sachez que pardevant Guillaume Pongnant, *clerc tabellion* juré
« des obligations de ladite vicomté,

« Furent presens Pierres Cappedelaine et Perronelle sa femme, de
« la paroisse de Saint-Vivien de Rouen, les quiex de leur bonne vo
« lenté recongnurent que il avoient donné et délessié à tous jours as
« religieuses de Saint-Mahieu [2] de Rouen, tous les biens meubles,
« héritages que eulz avoient et povoient avoir aujourd'hui en quel lieu
« que ce soit, ainsi que les diz mariez demourront en manoir que
« les dites religieuses ont à Sainte-Gennevieve, tant comme euls vi-

---

[1] *Voir* aussi pl. XVIIIe, scel n° 3.

[2] *Anteâ* les frères prêcheurs, fondés en 1269 par saint Louis, dans le manoir
Saint-Mathieu, au faubourg Saint-Sever, hors le pont, que le roi avait acquis
dès 1261, de l'archevêque Odo Rigault, en échange du vivier de Martainville,
et auxquels succédèrent les religieuses dites Emmurées, et antérieurement
sœurs de Saint-Dominique.

Farin nous apprend qu'on lisait autrefois, à l'entrée de l'église, la vieille
épitaphe sur pierre, ci-après :

> *L'an mil deux cent soixante-neuf,*
> *Ce monastère fut fait neuf*
> *Que l'on dit les sœurs Emmurées,*
> *Et lequel en temps ancien*
> *Saint Louis, roi très chrétien,*
> *De François fonda en ce lieu*
> *Au titre de saint Mathieu*
> *De son règne l'an troisième*
> *Avec le quarantième.*

> (*Histoire de Rouen*, édition 1738.)

On voit encore à l'intérieur des vestiges de l'écusson royal.

« vront, et celui des deux qui plus vivra, et leur trouveront les dites
« religieuses *touz leurs nécessaires, de boire, de mengier, de vestir* et
« de cauchier, sy comme à iceuls gens appartient, et leur garderoit
« les diz mariés les biens dudit manoir, bien et loyalement, et aront
« à leur déceps chascun d'eulz soixante sols tournois pour faire leur
« volenté, et quant eulz seront trespassés les dites religieuses les
« feront apporter ès despens d'icelles en leur *hostel oultre Seine*[1], et
« les *feront enterrer en leur dit hostel*, etc., etc. (ce qui est accepté
« par celles-ci.)

« En tesmoing de ce, nous à la relacion du tabellion, *avons mis à*
« *ces lettres le scel desdites obligations*, sauf aultry droit. Ce fut fait
« comme dessus, etc. »

Abbaye de Jumiéges   Scel n° 5.
        pour
le prieuré de *Saint-Maars*.

21 novembre 1406.

SCEL DES OBLIGATIONS DE LA VICOMTE DE LONGUEVILLE.

Aux armes de Montmorency LAVAL, d'or à la croix de gueules cantonnée de *seize*
alérions d'azur, sur cire verte et queue de parchemin [2].

Sur le revers figurent les mêmes armes d'un plus petit module.
Ce scel est appendu à un acte de *transport* d'une rente annuelle de
x deniers tournois, moyennant le prix de x sols tournois *francs*, fait

---

[1] Le couvent a été détruit, mais l'ancienne église des Emmurés, dont on aperçoit le pignon au milieu de la rue Saint-Sever, qui remonte au XIIIe siècle, a été reconstruite en 1666 dans le style gothique ; elle sert maintenant de magasin à fourrage.—*Voir* pl. XVIIIe, n° 7, et pl. XXIIIe, n° 3, pour admission aux monastères moyennant constitution viagère.

[2] Le roi Philippe-Auguste, en commémoration du fait d'armes de Mathieu de Montmorency, qui, en 1214, à la bataille de Bouvines, avait pris XII enseignes impériales, lui accorda d'ajouter XII alérions aux IV autres qui figuraient déjà sur ses armes ; puis, en 1218, il le fit connétable de France. (*Histoire généal.*, t. II, p. 593.)

à l'abbaye de Jumiéges par Michel Auber, de la paroisse de Berne-mesnil, à prendre sur Guillaume Doullé, à la mi-carême, et assise sur deux acres de terre en la paroisse *de Saint-Maars*.

L'acte commence ainsi : « A tous ceuls qui ces lettres verront ou « orront , Jehan de Saint-Nazar, *vicomte de Longueville* pour mon-« *sieur de Laval* et de *Vitré*, salut. Savoir faisons que pardevant Guil-« laume Ogier, clerc tabellion juré commis à passer les lettres de « baillie en ladite vicomté, fut présent, etc., etc.

Et *se termine ainsi* : « En tesmoing de ce, nous à la relacion dudit « tabellion, avons scellé ces lettres du *scel des obligations de ladite* « *vicomté ;* sauf aultrui droit, etc. » Ce fut fait l'an de grace mil IIII° et VI, le XI° jour de novembre, signé Ogier.

Comme on le voit, ces armes, en 1406, diffèrent de celles du n° 4 de la pl. XXIII°. C'est qu'en effet, *Jeanne de Laval*, deuxième femme *de Bertrand Duguesclin*, dont elle devint veuve en 1380, épousa, quatre ans après, *Guy*, XI° *du nom, seigneur de Laval et de Vitré*, son parent, qui avait contribué à réconcilier *Jean* V, duc de Bretagne, avec le roi Charles V [1]. Or, comme *Olivier*, frère du con-nétable et son seul héritier, eut à liquider le douaire de ladite *Jeanne de Laval*, il lui assigna à cet effet, en 1384, la moitié du comté de Longueville [2]; et lorsque plus tard, en 1391, il vendit cette châtellenie à Charles VI, il s'en réserva la jouissance, sans doute aussi sans pré-judice de celle déjà attribuée en partie à ladite veuve, avec les pré-rogatives y attachées.

Ces faits nous expliquent donc pourquoi, d'une part, nous voyons figurer en 1385 sur le scel des obligations de la vicomté de Longue-ville les armes de la famille Duguesclin, autrement *dire l'aigle éployé à deux têtes*, tandis qu'en 1406, c'est-à-dire trois ans après le décès dudit Olivier, les armes du scel de la même vicomté sont à celles des Montmorency-Laval [3], armes qui ont dû se continuer ainsi jusqu'à l'extinction du douaire viager de ladite Jehanne de Laval.

[1] Voir *Hist. généal.* de dom Anselme, t. III, p. 186 et 7.

[2] *Anselme*, Ibidem.

[3] *De Laval :* noble et ancienne maison de France, qui tire son origine de la ville de ce nom. Le titre *de Laval* resta, à partir du XIII° siècle, dans la maison de Montmorency, d'où sortirent grand nombre de branches. (*Biogr. univ.*, édit. 1844.)

Nous voyons d'après ce qui précède, que l'intérêt s'attache aux différents sceaux des tabellions de châtellenies et de vicomtés, puisqu'ils révèlent le plus souvent par leurs armes la famille seigneuriale du lieu où ils exercent ; sujet d'études pour l'histoire des petits feudataires à l'époque des xive et xv[o] siècles.

Chapitre   Scel n° 6.
Notre-Dame.   Sans contre-scel.

1379. (**Un autre en 1407** [1]).

✠ SIGILVM VICE-COMITATVS ROTHOMAGENSIS.

Scel de la vicomté de Rouen.

Sur cire verte et queue de parchemin.

Grande fleur de lys surmontée de deux COURONNELLES [2] placées entre deux écussons.

[1] *Voir* en 1428, à la pl. VIIIe, n° 3, le scel de la même vicomté.

[2] Dans sa sigillographie du Maine (Etudes historiques), M. H. Hucher constate ce qui suit : « Un sceau dont la légende se lit aisément! SCAVLX REAVLX « DV BOVRG NOVVEL, *une grande fleur de lys surmontée de deux couronnelles* « occupe seule le champ ; *c'était l'indice d'un sceau public.*

« C'est la matrice de l'un des sceaux dont se sont servis les notaires du « Maine, depuis le xive siècle jusqu'à la fin du xvie, pour sceller les actes de « leur ministère *dans le ressort alors fort étendu de la juridiction royale* « *établie au château du Bourg-Nouvel* (Mayenne).

« A ce sujet, *un mot de rectification* :

Le Bourg-Nouvel ne fut réuni au domaine de la couronne qu'à la fin du xvie siècle, ou au plus tard au commencement du xviie, par suite de la condamnation pour félonie, encourue par le seigneur de cette terre, sur lequel elle fut confisquée ; ce qui explique pourquoi on remarque alors dans l'intitulé des contrats, cette mention : « *En nostre Cour royale de Bourg-Nouvel.—Voir* René Chopin *de Dominio-Franciæ*, p. 531, éd. de 1621, au titre de *Regiis tabellionibus.* »

Puisque M. Hucher constate ici un sceau royal de tabellionage qui, d'après

Celui de gauche est chargé de neuf fleurs de lys, et celui de droite est à quatre quartiers, alternés chacun de trois fleurs de lys et d'un dauphin¹. Ce dernier écu ne diffère de celui *du contre-scel des obligations* sous le n° 12 de cette planche, en ce qu'il n'a que *trois* fleurs de lys au quartier, au lieu de *cinq; mais le dauphin est le même.*

Ce scel n° 6 de la vicomté est apposé à un *vidimus* signé *Symon de Baigneux*, vicomte de Rouen, pour certifier véritables les lettres de trois contrats relatifs à des rentes, dont un est passé le 14 novembre 1366, devant Pierre de la Ferrière, maire de Rouen, au profit du chanoine de Rouen Regnault, docteur en droit *canon* et *civil*, par Andrien Desneus et *Isabel* sa femme, *qui renoncent* notamment à *out privilége de croix prise ou à prendre.* (*Voir* p. 74 de notre vol. pour cette clause), et les deux autres actes, des 11 novembre 1368 et 18 janvier 1369, devant les tabellions de Rouen.

REMARQUES.

Notre Musée d'Antiquités possède l'empreinte d'un sceau de la vicomté, sur cire verte, de 1407, dont la légende latine est la même que celle ci-dessus, qui, sur le sceau même, n'est qu'en partie fruste. On voit figurer sur le sceau du Musée une fleur de lys entre deux étoiles.

En 1428, sous la domination anglaise, le sceau de notre ancienne vicomté apparaît en la forme de celui n° 3 de notre pl. viii°.

son type remonterait au xiv° siècle, et aurait servi aux notaires du Maine jusqu'à la fin du xvi° siècle, dans le ressort fort étendu du Bourg-Nouvel, il faut bien admettre que pendant cette période ils y ont exercé leur ministère; mais, disons-le, c'était plutôt par voie d'extension d'un siége à un autre, qu'à titre de résidence fixe, ou tout au moins en ce dernier cas, par concurrence avec les officiers de la seigneurie, dont la haute-justice était établie au château même, parce qu'en effet ce ne fut que vers 1600 qu'il devint le centre de la juridiction royale qui *substitua ses panonceaux* aux armes du seigneur dépossédé.

En dehors de ces détails historiques, il n'en est pas moins curieux de reconnaître le même type dans les sceaux mis en comparaison pour le tabellionage royal de Rouen et celui du Bourg-Nouvel, dès l'époque du xiv° siècle.

¹ *Voir* notre observation en la note du scel n° 12 de cette planche, sur la qualification de *dauphin* appliquée au fils ainé du Roi de France.

En 1437, comme en 1447, le grand *scel aux causes* de la même vicomté est aux armes accolées de France et d'Angleterre. — *Voir* pl. xxe, n° 5.

———

Chapitre   Scel n° 7.
Notre-Dame.

22 août 1443 — Idem en 1447.

———

S^l DES OBLIGATIONS DE LA VICOMTE DE ROVEN.

Sur cire brune et queue de parchemin.

L'écu est chargé de huit fleurs de lys, et accompagné de deux léopards, type des armes de la Normandie.

Il est annexé à l'expédition d'un acte passé devant les tabellions de Rouen, à l'époque ci-dessus, relatif à l'exécution du testament de *Pierre Cauchon* [1] *naguères* ÉVÊQUE DE LYSIEUX! *conseiller du Roy*, pour fondation d'une messe *de Requiem* en l'église Notre-Dame de Rouen, *pour le salut de son âme! — Voir* notre vol , p. 119, note 1re.

Indépendamment du grand scel ci-dessus, il existait encore un petit scel qui était appliqué *en fait de reconnaissance de dettes*, et dont la garde constituait un office particulier. C'est ce que constate cette mention extraite des rôles normands (édition de 1743). — « Année « 1418-1419, de officio custodis minoris peciæ, sigilli ordinali *pro* « *recognitionibus debitorum*, concesso Thomæ Mansfels. »

———

[1] Il ne faut pas confondre cet évêque, qui n'est autre que CELUI DE BEAUVAIS, si tristement célèbre par le procès de la Pucelle, et que l'acte ci-dessus évite de qualifier ainsi, avec le *Pierre Cochon*, prêtre, notaire apostolique de Rouen, auteur d'une *Chronique normande contemporaine*, publiée en 1859 par M. Vallet de Viriville, et sur lequel M. de Beaurepaire, notre confrère, a ajouté des détails biographiques intéressants. (*Précis de l'Acad. de Rouen*, 1860, p. 299.)

Scel n° 8.

29 décembre 1370.

——

PETIT SCEL DE EUDES CLÉMENT, MAIRE DE ROUEN,

Apposé sur mandement ès-pleds d'héritage aux fins de nomination d'experts. Sur cire verte et queue de parchemin.

Agneau portant guidon, sur cire verte et queue de parchemin.

Ce symbole de l'Agneau pascal, qui était celui du chapitre Notre-Dame, était un diminutif du sceau de face appliqué alors aux armes de Rouen, dont le guidon porte un lion ou *léopard*, pour signifier sans doute *que la force* doit être alliée à la douceur qu'elle prédomine. — *Voir* ce qui est dit pl. xive, n° 5.

——

Chapitre   Petits scels ovales,
Notre-Dame.   n°s 9 et 15.

Une tête, — un coq.

1267.

Datum die lunæ proximâ post Nativitatem beati Johannis Baptiste.

(Le premier lundi après la Nativité de saint Jean-Baptiste.)

Ces deux petits sceaux, en cire jaune et sur queue de parchemin, font partie des sept appendus à une lettre obligatoire, émanée de *Félicie*, épouse de Guillaume de Chaeni (militis), avec le concours de ce chevalier, envers le chapitre de Rouen *super manerio de Oteri.*

Il s'agit d'une prise à ferme de ce manoir pour l'espace de dix ans, moyennant l'annuité de cent dix marcs sterlings, payable au nouveau temple de Londres, « *apud novum templum Londonense in festo sancti* « *Edwardi quod est in quindenâ sancti Michælis in monte Gar-* « *gano.* »

Pour en assurer le paiement, interviennent deux fidéjusseurs, et, en outre, la femme, laquelle, sous l'autorité de son mari, oblige par généralité tous ses biens présents et futurs, en meubles et immeubles, etc., et par privilége sa terre de Spondon, mordōn, et Stanton, et de plus renonce expressément au bénéfice du *senatus-consulte Velleien* et *epistole divi Adriani;* senatus-consulte qui interdisait à la femme *de cautionner.* (*Voir* notre vol°, p, 104.)[1]

Nous avons trouvé dans un titre de 1318, déposé à Rennes, qu'en Bretagne, cette loi romaine avait aussi cours, puisque le tabellion fait aussi renoncer la partie à *l'establissement du Velleien* et à *l'épitre Adrien,* indépendamment de tous priviléges de *croiz prise.*

Abbaye de Jumiéges. Scel n° 10.
et contre-scel n° 13.

19 février 1398.

✚ SCEL DES OBLIGATIONS DE LA VICOMTE DE ROVEN.

Sur cire verte et queue de parchemin.

Transport de III sols de rente à l'abbaye de Jumiéges, par Aelys Déguerpie (veuve) de Jehan Lequeu.

[1] Voici le final de cette charte :
« In cujus rei testimonium presentibus litteris sigilla nostra unacùm sigillo
« dicti militis apposuimus. Has autem conventiones pro ut superius sunt ex-
« presse, promittimus, nos unanimiter *juramento* à nobis *prestito corporali* [*]
« (*serment de corps*) inviolabiliter observaturos, non contrà-venturos pen-
« dente termino dictorum decem annorum. Hiis testibus : Henrico de GANI-
« WILL° KIRTELIN-REGINALDO ANGLICO-LAVRENTIO GILBERTO, et aliis, etc.
« Datum die Lune proxima post nativitatem Beati Johannis Baptiste apud
« Exōn anno Domini M° CC° Sexagesimo septimo. »

[*] Pour la forme du serment, *voir* notre pl. XVII°, n° 4. — Le serment était dit
corporellement prêté, parce qu'il faisait *corps* avec l'acte qui le constatait « *Instrumento*
« *enim jurare*, dixit, lex 3 cod. » (*Voir* la note 1 de la p. 88 de notre volume.)

« A tous ceulx qui ces lettres verront *Jehan Almaury*, garde du
« scel des obligations de la vicomté de Rouen, salut :
  « Savoir faisons que pardevant *Guillaume Roberge*, soubz *Robert*
« *Falue*, tabellion juré de ladite vicomté, fut présente, etc., etc. »
  A la fin, l'acte est signé par ces deux derniers.

Ce scel *de face*, dont l'écu est chargé de six fleurs de lys, semble
n'avoir été adopté qu'en l'année 1398, du moins nous ne l'avons vu
figurer pour la première fois qu'au mois de février de la même année
au contrat ci-dessus.

Quant au contre-scel n° 13 DES OBLIGATIONS DE LA VICOMTE DE ROVEN,
il porte le même écu, mais moins grand que le précédent, dont il est
le revers et non le pendant.

———

Abbaye de Jumiéges   Scel n° 11.
        pour le
prieuré de Dame-Marie.

1300.

Le jeudi après la Saint-Martin d'hyver.

—

SCEL DE LA CHASTELLERIE DE BELLESME [1]
(près Mortagne.)

Petit château fort, crénelé, sur cire rousse et queue de parchemin.

Vente de pièces de terre situées en la paroisse de *Dame-Marie*,
par Macé Jarri et Agnès sa femme, à l'abbaye de Jumiéges.
  « Pardevant monseur Guillaume Deshayes, prêtre à ce establi. »
  Aux lettres auxquelles sont pendants les sceaux des parties est

---

[1] Nous avons vu l'empreinte en cire du sceau ci-après (module d'un franc):
scel D. L. VICONTE DE BELESME. Dans le champ est l'écu de France aux trois
fleurs de lys, surmonté de la couronne royale à trois fleurons, qui sépare à sa
base le mot ED-IT, sous lequel on lit : 16-96.

apposé *le scel de ladite chastellerie*, par *Geoffroy le Chastellain*, et *Guillaume Galeran*, *clercs*, gardes dudit scel, tant pour attester l'authenticité de l'acte que la vérité de son contenu.

———

Chapitre
Notre-Dame
et Jumiéges.

Contre-scels n°ᵒˢ 12 et 13.

✠ CŌT'-S' DES OBLIG' D'LA VIC' DE ROVEN.

Contre-scel des obligations de la vicomté de Rouen.

Anteà dénommé seulement de la vicomté, aux armes de France et de Navarre.

Il est déjà cité en la note explicative *infrà* du scel n° 1 de la pl. 11ᵉ aux armes alternées, de cinq fleurs de lys ¹ et d'un dauphin.

En 1389, même contre-scel au sceau des tabellions, appendu sur cire verte et queue de parchemin à plusieurs actes de vente au profit de l'abbaye de Jumiéges, et qui ne sont autres que des transports de rentes, notamment de xvı d. annuels, moyennant la somme capitale de xııı sols *tournois, francs et quittes venant* ès-mains desdits vendeurs, et xıı d. pour vin.

Ce même contre-scel a dû être reproduit parfois dans l'intervalle de 1389 à 1398, comme nous le trouvons du moins en 1392 et 1395 ; ce qu'il y a de certain, c'est qu'en 1398 ² il change complètement avec le scel principal, et est remplacé par un contre-scel à l'*écu fleur-delysé*, figuré au n° 13 de cette planche, où à tort il est marqué comme

---

¹ En 1349, l'année même qui précéda sa mort, Philippe de Valois, pour augmenter le domaine de la couronne, fit l'acquisition du *Dauphiné* et du comté de Montpellier, qui lui fut consentie *par le Dauphin* Humbert II, dernier dauphin de Vienne, à la condition que le fils aîné du roi de France, autrement dire le prince royal, porterait désormais le nom et les armes du dauphin.

² Contrat du 19 février 1398 devant les tabellions de Rouen, énoncé ci-dessus au n° 10.

le pendant du scel n° 10, tandis qu'il n'en est que le revers, ainsi que nous l'avons observé en son lieu. Alors, c'est l'écu de France qui règne des deux côtés.

====

Chapitre
Notre-Dame.

Contre-scel n° 14.

N. B. Voir *le scel de face*,
pl. xx°, *n°* 5.

26 septembre 1447.

—

CONTRA SIGILLVM VICE-COMITATVS ROTHOM'.

C'est un double écu de petit module accolé *aux armes de France et d'Angleterre*, tenu par un ange aux ailes étendues. Autour de ce double écu est la légende ci-dessus.

Il sert à la fois de contre-scel *durant l'occupation anglaise* au grand scel aux causes de la vicomté de Rouen, qui figure au n° 5 de la planche xx°, et au scel n° 7 (1443) de la présente planche, qui est celui des obligations de la vicomté de Rouen.

====

QUANT AU N° 15 ET DERNIER, IL EST RÉUNI AU N° 9.

Dans le langage mystique, *Gallina significat christum*, quia Gallina affectuosius fovet et nutrit pullos suos quam alia avis. (*Voir* spicilegium solesmense), t. II, p. 493.

PLANCHE XXIIIe.

PLANCHE XXIII'.

XIVᵉ, XVᵉ ET XVIᵉ SIÈCLE.

4 SCEAUX.

———

Scel nº 1 . . . .   12 juin 1473.

— nº 2 . . . .   14 mai 1513.

— nº 4 . . . . 1ᵉʳ décembre 1463.

— nº 5 et dernier, armes Duguesclin .   1ᵉʳ février 1385.

———

OBSERVATION.

Voir le texte qui suit la planche pour le sommaire des chartes et la légende des sceaux.

1

3

2

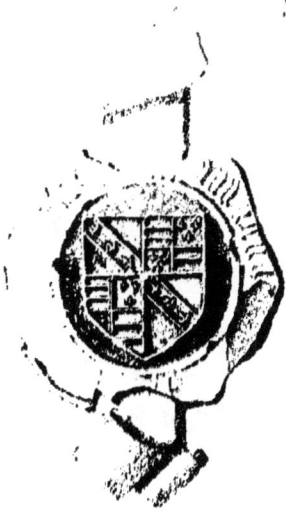

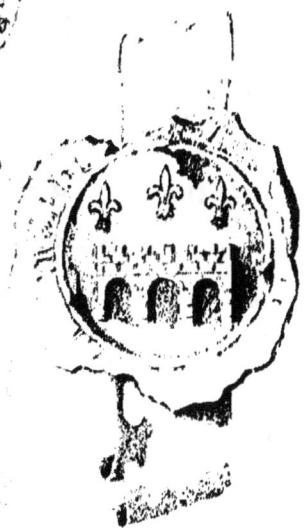

4

SOMMAIRE DES CHARTES

ET

LÉGENDES DES SCEAUX.

—

PLANCHE XXIII°.

XIV°, XV° ET XVI° SIÈCLE.

4 SCEAUX.

—

Jumiéges   Scel n° 1.
             pour
le prieuré de Beu.

12 juin 1473.

—

SCEL DE LA CHASTELLENIE DE BREVAL.

A l'acte : Scel de la chastellenie de Bréval [1]. Sur cire verte et queue de parchemin.

« A tous ceulx qui ces presentes lettres verront, Gilles Manterne,
« escuier, sieur de Ruflin, *bailli de Breval*, salut :
« Savoir faisons que, par devant Cardin de Bournouville, clerc
« tabellion de la chastellenie du dit Breval, juré et establi à ce, vint
« et fut présent en sa personne Machelin Didier, demeurant à Beu
« (Bu), lequèl etc., etc., prend à cens annuel et perpétuel des reli-
« gieux de l'abbaye de Saint-Pierre-de-Jumiéges à cause de leur
« terre et prieuré de Beu, une masure et jardin etc., etc, et plusieurs
« arpents de terre, etc.

[1] Louis de Brézé, grand sénéchal de Normandie, époux de Dyane de Poitiers,
entr'autres qualifications, était dit, châtelain de *Bréval.* (*Voir* notre pl. XVII°,
au n° 1, p. 359.)

« En tesmoing de ce , ont été mis les *sceaux* aux obligations de la
« chastellenie de Breval le douze juin mil quatre cent soixante-treize.
« Signé *de Bournouville*, avec paraphe. »

Abbaye de Jumiéges.   Scel n° 2.

14 mai 1513.

À l'acte : SCEL DES OBLIGATIONS DE LA VICOMTÉ DU *PONT-AUTOU* ET *PONT-AUDEMER*.

Il représente trois arches *crénelées* [1] surmontées de trois fleurs de lys , sur cire verte
et queue de parchemin.

Fieffe de terre et masure par l'abbaie à Pierre Le Mercher.

L'acte commence ainsi : « A tous ceulx qui ces lettres verront ou
« orront , Jacques de Fréville, *garde du scel des obligations de la*
« *vicomté du Pont-Autou et Pont-Audemer*, salut :
    « Savoir faisons que par-devant *Jehan Harel* et *Jehan le Barbier*,
« *tabellions jurés* en la dite vicomté en siége du *Boucachart* (*Bourg-*
« *Achard*), *pour le Roy* nostre sire, fut présent, etc., etc.
    Puis à la fin : « En tesmoing de ce, nous à la relation des diz tabel-
« lions avons mis à ces lettres le scel des dites obligations. Ce fut
« fait le xive jour de may l'an de grâce mil cinq cent treize. — Pre-
« sens Robert Delamare et Andrieu Harel. » Ce dernier signe avec
paraphe.
    A cette époque, les sceaux judiciaires et de tabellionage conservent
leur importance, quoiqu'ils soient assez souvent accompagnés sur
l'acte de la signature des tabellions, qui ne devient généralement
obligatoire qu'en 1539. (*Voir* notre vol., p. 21 et 22.)
    Mais, quant aux sceaux privés, ils deviennent moins usuels, en ce
sens qu'ils ne suppléent pas à la signature, dont ils ne sont plus
que l'accessoire : ce qui est le résultat de l'écriture qui se vulgarise.

------

[2] *Voir* ce que nous avons dit pl. XVIe, n° 1.

Abbaye du Valasse. Scel n° 3.

1ᵉʳ décembre 1463.

***

En l'acte : SCEL AUX OBLIGATIONS DE LA VICOMTÉ DE LILLEBONNE.

Sur cire verte et queue de parchemin.

Fieffe de pièces de terre situées à Claville, par les religieux du Valasse à Guillaume Le Parmentier.

« A tous ceulx qui ces lettres verront ou orront le vicomte de « Lillebonne, salut :

« Savoir faisons que par-devant Colin Vauquelin [1], et Gilles « Rigault, *tabellions jurés* en la dite vicomté.

« Fu present Guillaume Le Parmentier de la paroisse de *Claville*, « *près Cany*, etc., etc.

Et à la fin : « En tesmoing de ce, nous avons scellé ces lettres *du* « *scel aux obligations de ladite vicomté*, etc.

Du cartulaire du Valasse, 2° vol., f° 74, v° Bolbec, a été extrait ce « qui suit : »

Délais (délaissement) à nous faict par Guillaume Pouchet et Tho-massine sa femme, de tous les héritages qu'ils tiennent de nous afin d'estre sustentés le reste de leur vie en la maison de céans [2].

vi juilllet 1458.

« A tous ceulx qui ces lettres verront ou orront le vicomte de Lille-« bonne, salut :

« Savoir faisons que par-devant Colin Vauquelin, tabellion juré de « ladite vicomté, sy comme il nous a rapporté, fu present Guillaume

---

[1] *Voir* l'acte du 6 juillet 1458, passé devant ledit Colin Vauquelin, par lequel les époux Pouchet se démettent de leurs biens en faveur de l'église et abbaye du Valasse *pour y servir et y être reçus familiers.*

[2] Constitution viagère. — *Voir* aussi pl. XXII°, n° 4, en 1350; et pl. XVIII°, n° 7, pour admission comme serviteur en 1295.

« Pouchet de la paroisse de Boleville, lequel de sa bonne volenté sans
« aucune contrainte tant pour lui que pour Thomassine sa femme, cong-
« nust et confessa soy et sa dite femme estre rendus et *donnés frères*
« rendus et *familiers* à l'église et abbaye de Notre-Dame-*du-Valasse*
« pour avoir leur vie et estat en icelle abbaye et aussy *avoir leurs sa-*
« *crements* en ladite église tant à vie que à leurs déceps. Et après leurs
« déceps tous leurs biens meubles quelconques qu'ilz soient céants et
« demeurant à ladite église par ainsy que quant l'un d'eulx ira de vie à
« trespas, la *moitié* de leurs dits biens sera et demoura à ladite église
« et aux religieux d'icelle pour y avoir leurs *droictures et sacrements.*
« Et après le déceps du derrain trépassé tous iceulx *biens meubles y*
« *demourront comme dit est.*

    « Et pourront avoir icellui Pouchet et sa dite femme une vache, et
« deux pourceaux allans par les paturages du dit ostel pour leur usage,
« sans ce qu'ilz les puissent vendre ne mettre hors de l'hostel d'icelle
« église, et sy auront avec ce, une douzaine de poulaille par la court ;
« et pour avoir leur demeure ilz auront logis en ladite abbaye ou
« ailleurs en l'un des hostels d'icelle abbaye ou bon semblera à mon-
« sieur l'abbé dudit lieu, et si auront du boys pour eulx chauffer suffi-
« sance et pour leur vivre et sustentation auront chacun jour huit pains,
« quatre blans, et quatre bis, tels comme l'en baille aux serviteurs de
« ladite église, et pour leur boisson auront chacun an ung *pouchon de*
« *sidre* et ung vacal de cervoize (bierre), la quelle cervoize ils auront à
« quatre termes en l'an. Et sy auront toutes les sepmaines deux pièces
« de cuysine avec ung beessel de sel, par chacun an de leur vie durant
« et pour leur vesteure et chausseure et anltres nécessités, ils pourront
« avoir douze bestes à layne qu'ilz mettront ès pasturages dudit lieu
« avec cellez où ils demourront dont ilz prendront le prouffit et mont
« ploit sans ce que l'en leur en puisse aucune chose demander.

    « Et iceux Pouchet et sa dite femme *seront tenus de servir* en l'hos-
« tel de ce qu'ilz pourront et sauront faire sans en avoir aucun
« payement ou satisfaction synon ce qui dit est. Et pour avoir les choses
« dessus dites le dit Ponchet bailla, quitta et délessa à toujours pour
« luy et pour ses hoirs afin d'héritage aux dits religieux et à leurs suc-
« cesseurs tous les héritages, maisons, édifices et possessions qu'ilz
« avoit et tenoit des dits religieux en leurs fiefs, seigneurie et haulte
« justice ou qu'ilz solent situés ou assavoir sans y rien retenir ne ré-

« server en aucune manière par les rentes, faisances et redevances telles « comme deubz leur en sont par chacun an aux termes, et ainsi qu'il « est accoutumé. Et payer avec ce, à révérend père en Dieu monsieur « Labbé dudit lieu la somme de xx l. tournois pour une fois payer « moitié à Nouel, et moitié à Pasques prochain venant sans aucun def- « fault sur l'obligation de tous ses biens et ceulx de ses hoirs meubles « et héritages presens et advenir, à prendre, vendre, justicier et des- « pendre par tous lieux où ilz seroient trouvez ; et rendre et payer tous « coustz aussy dommages et despens qui en ce pourchassés seroient « faitz et soustenus dont le porteur de ces lettres seroit creu par son « serment, sans autre preuve faire. Et si jura icellui Pouchet aux « saincts Evangiles de Dieu, à non jamais venir ne faire venir contre ce que dit est. Renunchant à toutes choses par quoy venir y pourroit.

« En tesmoing de ce, nous avons scellé ces lettres du scel de ladite « vicomté sauf autry droict. Ce fu faict l'an de grâce m. IIIc LVIII le « jeudi VIe jour de juillet. Presens Jehan Deschamps, Jehan Petit et « Henry Boyvin et signé Vauquelin, ung paraphe. »

Abbaye de Jumiéges
pour
le prieuré de *Saint-Maars*.

Scel n° 4 et dernier.

Armes Duguesclin.

1er février 1385.

SCEL DES OBLIGATIONS DE LA VICOMTÉ DE LONGUEVILLE.

Sur cire verte et queue de parchemin. (*Voir* le contre-scel n° 3, pl. XXIIe, et la note y jointe).

« A tous ceulx qui ces lettres verront ou orront, le vicomte de « Longueville, salut :

« Sachez que par devant Robin Aubin commis à ce, sous *Raoul « Le Jemble, tabellion de ladite vicomté ;* fut presents Pierre Maillard « et Jehanne sa femme autorisée de son dit mari. »

Lesquels *ont vendu* aux religieux de Jumiéges cinq sols de rente, etc.

QUELQUES DÉTAILS HISTORIQUES SUR LE SCEAU.

L'écu du sceau ci-dessus qui porte l'aigle éployé à *deux têtes, au bâton en bande brochant sur le tout*, n'est autre que celui du connétable Bertrand Duguesclin [1], auquel Charles V, en récompense de ses bons et loyaux services, avait donné, en 1364, l'investiture du comté de Longueville, qu'il avait confisqué sur le roi de Navarre, Charles-le-Mauvais.

Le connétable étant mort en 1380, Olivier, son frère puîné et compagnon d'armes, devenu son seul héritier, lui succéda dans cette châtellenie avec les dignités et prérogatives qui y étaient attachées.

Prérogatives qu'il se réserva même avec la jouissance de ce domaine *pendant sa vie*, lorsqu'il le vendit le 10 octobre 1391 [2] à Charles VI. C'est ce qui nous explique pourquoi Olivier, peu de temps avant sa mort, dans un acte de notre tabellionage à la date du 18 *octobre* 1403, figure encore en qualité de *comte de Longueville*, comme il avait déjà *figuré* en la même qualité dans un acte précédent du 29 janvier 1394 devant les tabellions de Rouen, relatif à la réversion *à son estoc et ligne* de la dot de dame *Jehanne de Saint-Jehan*, décédée sans enfants, femme du chevalier Pierre de Tournebu [3].

Des circonstances ci-dessus, il résulte donc que le scel de la vicomté de Longueville, *soit pour les actes judiciaires, soit pour les obligations*, avait dû se maintenir *aux armes Duguesclin* pendant l'existence même des deux frères [4].

---

[1] *Voir* note n° 2 de la pl. 1re.

[2] T. III. Anselme, p. 187. Il cite le *Trésor des Chartes*, layette de Normandie, cotté 44.

[3] Dans la liste déjà citée des cent dix-neuf gentilshommes qui, en 1423 et 1454, défendirent vaillamment le *mont Saint-Michel* contre les Anglais, on voit figurer S. (sieur) de *Tournebu*; c'était sans doute *Jehan, escuier* sieur de Tournebu, neveu de Pierre, et son héritier, qui en cette qualité figure dans un acte de notre tabellionage à la date du 12 octobre 1411, relatif à la liquidation du douaire de la dame *Jehanne* de *Saint-Jehan*, prénommée.

4 Toutefois, *voir* ce qui est dit à la note 5 de la pl. xxiie relativement à l'exercice du *douaire* de la veuve du prédécédé sur partie de cette terre.

COMTÉ DE LONGUEVILLE.

———

Recherches sur les deux Du Guesclin (BERTRAND ET OLIVIER.)

———

NOBLESSE ILLÉTRÉE. — IDÉE TROP GÉNÉRIQUE.

—

Ier §. — Sceau ou signature à la fin du XIV° et au XV° siècle.

II° §. — Extrait de quelques lettres du connétable Bertrand du Guesclin, d'après le manuscrit de Saint-Evroul , de la Bibliothèque impériale, qui prouvent qu'il savait signer.

III° §. — Particularités de famille relatives aux deux frères Bertrand et Olivier, successivement *comtes de Longueville*, d'après plusieurs actes du Tabellionage de Rouen.

IV° §. — Aperçu rapide sur les possesseurs de ce comté jusqu'à la fin du XVII° siècle.

En nous occupant des divers modes de contracter en France et de l'emploi du sceau au moyen-âge comme marque d'authenticité et pour tenir lieu de la signature des parties, nous avons ajouté que ce fut vers le XIV° siècle que les signatures commencèrent, sinon à le suppléer, au moins à l'accompagner ; et que les préjugés de la noblesse, qui jusqu'alors avait dédaigné l'étude, avaient eu pour effet de maintenir l'usage du sceau *parmi ceux-là même qui, peu nombreux d'ailleurs, savaient écrire et signer* [1].

Comme en rassemblant quelques faits de cette nature, nous avons découvert divers renseignements intéressants, disséminés ou inédits sur le connétable Bertrand Du Guesclin, cette grande figure historique du XIV° siècle, et sur Olivier, son frère puîné, son digne compagnon d'armes, nous nous sommes trouvé amené à étendre notre sujet, en le faisant suivre d'un aperçu rapide sur les phases du comté de Longueville, dont les deux Du Guesclin eurent la possession et le titre.

[1] *Voir* notre vol°, p. 6.

Tel est le double but de cet article ¹ à la fois paléographique et en partie historique.

MISSIVE DE BERTRAND DU GUESCLIN.

A l'occasion d'un procès de chasse, fait au veneur du connétable aux assises de Pont-Antou (Eure) par Gui Chrestien, bailli de Rouen et de Gisors, à la requête des religieux de l'abbaye de Saint-Evroul, nous avons extrait la lettre suivante, du 1ᵉʳ juin 1380, dont le style et les détails nous ont paru intéressants, à raison surtout de la haute position de son auteur.

En titre : « *La fourme et la manière comme monsieur le connétable de France, escript à l'abbé Philippe pour la cause devant dite, chest à scavoir de Bosc-Guillaume et de Bellemare* (*veneurs*).

« Révérent père en Dieu, chiers et grans amis, nous avons ordonné nostre amé escuier et veneour Jehan de Bellemare chassier pour nous as cherfs en vos bois et allours ou il en sera repairé, si li vuilliez fere garder aucun bon buisson, afin quand il yrra il truisse (trouve), à quoi chassier et li faictes fere aidé et reconfort, comme se present y estions, et comme avois faict et en cest, nous ferez plesir ; et quant est du procès que vous avez au seigneur du Bosc-Guillaume et à nostre dit escuier, nous en avons parlé de bouche à nostre amé le bailli de Roen, afin qu'il meste la besogne en l'estat ou elle estoit au-devant de ce que le procès commenchast, lequel le nous a accordé si ne vuilliez plus procéder as dessus dits, quer nous avons ordoné nostre dit escuier de venir après nous en pays de Languedoc en service du Roy et en nostre, après chest mi-aust (mi-août) prouchain vénant, si voulons qu'il soit hors de procès a vous et a tous aultres. Et afin que vous soiez certain que chest nostre volonté d'estre ainsi fait et de nostre propre mouvement, NOUS AVONS SINÉES CES LETTRES DE NOSTRE MEIN ; si nous en rescrivez par le porteur ce que fere en voudriez réverent père en Dieu, chers et grants amis se aucune chose voulez que nous puissions, escripvez le nous et nous le ferons très volontiers, nostre Seignour vous ayt en sa garde. — Escript et scellagne à

---

¹ L'Académie Impériale de Rouen, qui en a entendu la lecture, l'a fait insérer dans son *Précis* de l'année 1860-61.

la Ferté *neḇt* (sic) le premier jour de juing м. ccc° ıııᵗˣˣ (1380), signé B̄ᴛʀᴀɴ. ¹ »

Le connétable, né en 1314 d'une ancienne famille bretonne, était l'aîné de dix enfants. Il mourut de maladie, le 13 juillet 1380, à l'âge de soixante-six ans, devant Château-Neuf de Rendon (Lozère), qu'il assiégeait. Il fut enterré à Saint-Denis, auprès du tombeau que Charles V s'était fait préparer ². Son dernier adieu aux vieux capitaines fut : « qu'en quelque pays qu'ils fissent la guerre, *les gens d'église, les femmes, les enfants et le pauvre peuple* n'étoient point leurs ennemis. » (*Hist. président Hénault*, t. I⁰ʳ, p. 323.)

Ces paroles expliquent la modération de sa conduite à l'égard des religieux de Saint-Evroul, et témoignent de son respect pour leurs droits de propriété, si peu importants qu'ils fussent.

Dans une précédente lettre relative au même procès, *il excuse son veneour* par cela même qu'il *estoit porteour* d'une lettre de lui, *quoique non scellée*, ce qui indique bien ici qu'il signoit *manuellement*, ou simplement scellait ses lettres selon son bon plaisir. Toutefois, observons ici que, pour plus grande authenticité de la teneur de la lettre et *de son scel*, elle constatait parfois finalement la présence d'un certain nombre de témoins (*ibid*. mss. n° d'ordre 1131), comme s'il se fût agi d'un acte public, mais peut-être aussi était-ce pour la garantie personnelle du secrétaire qui écrivait sur l'ordre du maître.

Nous constatons ici cette alternative du sceau ou de la signature, parce que si l'emploi du sceau qui, dans les chartres des xiii° et xiv° siècles, et même auparavant, avait succédé aux monogrammes et aux croix formées par les parties, au pied des actes, solennisés d'ailleurs par la présence de nombreux témoins qui y apposaient un

---

¹ On retrouve ce même *fac simile* reproduit dans la *Bibliothèque de l'Ecole des chartes*, t. I⁰ʳ, 3ᵉ §, p. 529, au pied d'une quittance du 23 novembre 1374.

² Chaque année, un service funèbre était fait pour le connétable, et une lampe ardente brûlait devant son tombeau ; comme depuis, tout ceci avait été parfois négligé ou interrompu, *monsieur* Duguesclin, conseiller en la Cour, à Rennes, présenta requête aux Etats de Bretagne, qui, y faisant droit *dans leur* session du 2 janvier 1674, ordonnèrent que les députés qui iraient en Cour, solliciteraient Sa Majesté d'ordonner le rétablissement de l'ancien état de choses. (Registre mss. 1674, f° 96, *Archives départementales*. — Communiqué par M. Quesnet.)

signe du même genre, se trouve ainsi généralisé, ce n'est pas à dire
pour cela que cet usage, surtout jusque vers la fin du xive siècle, fût
le résultat d'une ignorance générale, puisque les clercs eux-mêmes
suivaient le même mode. Ce fut ainsi que plus tard, en France, les
parties qui savaient signer suppléaient même capricieusement à leur
signature par des signes ou dessins arbitraires, surtout dans leurs
actes privés qui pourtant avaient le plus grand besoin de garantie[1].
Quoi qu'il en soit, s'il faut reconnaître avec Alain Chartier, secrétaire
des rois Charles VI et Charles VII, « que l'on tenoit à reproche de
Gentillesse (noblesse) de bien lire et bien escrire, » il faut bien aussi
admettre que ce préjugé ne faisait pas loi pour tous, car ces deux rois
signaient en entier leurs diplômes, ainsi que les archives en fournis-
sent la preuve[2].

   Or,

        Regis ad exemplar totus componitur orbis !
                      (HORACE.)

Aussi, voyons-nous notre historien et poète poser en adage :
« *Qu'un roi sans lettres est un asne couronné.* »

        Roy sans lettres comme un asne seroyt,
        S'yl ne scavoit l'escripture ou les lois ;
        Chacun de ly partout ce moqueroit[3].

Mais c'est à tort, suivant nous, que Sainte-Palaye, sur l'appréciation, non d'un historien contemporain, comme nous l'avions cru
d'abord, mais d'un simple trouvère, répète que notre illustre connétable Du Guesclin *ne savoit écrire ni signer*[4], tandis qu'au contraire le
fac simile de sa signature au pied d'une lettre *qui la mentionne*, atteste
une main suffisamment exercée. Pour remonter à la source de cette
assertion, nous avons consulté, à la Bibliothèque de Rouen, fonds Le
Ber, sous le n° 3,825, la chronique publiée en 1618 par Claude Mé-

---

[1] *Voir* notre vol[e], p. 99 et 100.

[2] La même remarque s'applique au duc d'Anjou, l'un des oncles de
Charles VI.

[3] (Cité par Sainte-Palaye, p. 105, t. II, en son Mém. sur l'anc. chev.)

[4] Cette erreur a été reproduite par le docteur Robertson dans son Introduction à l'histoire de l'empereur Charles-Quint.

nard, conseiller du roi à Angers, contenant l'histoire de notre personnage d'après *Jehan d'Estoutteville, capitaine de Vernon-sur-Seine et
escripte en prose en 1387* [1], à la requête de ce dernier, en laquelle
le connétable est qualifié en outre de duc de Molines, de *comte de
Longueville* et de Burgos.

Nous savons, en effet, qu'il était devenu comte de Longueville,
parce que Charles V, roi de France, ayant confisqué ce comté sur le
roi de Navarre défait à la bataille de Cocherel, près d'Évreux,
en 1364, l'avait donné [2] à Bertrand Du Guesclin devenu *maréchal de
Normandie* [3] en récompense de ses hauts services, et pour en chasser,
d'ailleurs, les Navarrais qui l'occupaient encore.

Mais revenons à notre sujet; voici ce que dit la chronique ci-
dessus, p. 34 :

« Le duc estant assiégé dans Rennes, et en recevant un hérault
du duc de Lancastre, qui lui apportoit un sauf-conduit pour venir
parler à ce prince, il prit le sauf-conduit et le bailla à lire, *car rien ne
sçavoit de lettres* ne oncques n'avoit trouvé maistre, de qui il se laissa
doctriner, mais les vouloit-il toujours férir. »

L'auteur ajoute : « Du moins ne fut-il pas du nombre de ceux qui
se laissoient asservir et dominer par les clercs ! » Exclamation qui
révèle bien ici la répugnance des hommes d'épée à se soumettre aux
clercs chargés de leur instruction civile.

L'induction ci-dessus ne nous semble pas encore inconciliable
avec les lettres citées plus haut, car, que le connétable eût été un
disciple d'un caractère indocile et fougueux, est-ce à dire qu'il n'eût
pas appris comme ses frères, sinon les belles-lettres, au moins à
écrire ou à signer son nom ? Le fait rapporté d'avoir fait lire la lettre
de sauf-conduit à son secrétaire, n'est pas non plus décisif, car, le

---

[1] C'est la traduction du trouvère Cuvellier du XIV* siècle, publiée par
M. Charrière, en 1839, aux documents inédits de l'histoire de France, et dont
l'œuvre rimée existe en un beau mss. à la Bibliothèque de Rouen.

[2] Charles V donna aussi au connétable la seigneurie de Thuit en Normandie.
(Chopin, de *Dominio Franciæ*, p. 310.)

[3] Nous trouvons dans un contrat de notre tabellionage, à la date du 18
octobre 1403, que « noble et puissante *dame Isabel de Trye* était veuve de feu
noble et puissant seigr monsr *Claudin de B allenvilliers*, en son vivant maréchal de Normandie.

plus souvent, les grands personnages en usaient ainsi [1], et la preuve d'ignorance absolue que déduit de ce fait non pas l'historien, mais bien le trouvère, ne nous paraît pas, de sa nature, concluante.

Nous avons aussi consulté, sous le n° 3826, même fonds Le Ber, l'histoire du même connétable par le conseiller Hay du Chastelet, éditée en 1666; nous y avons trouvé la teneur d'une autre lettre, p. 477, terminée par ces mots : « Vostre petit serviteur *Bertran de Guesclin.* Il est vrai qu'il écrivait au duc d'Anjou (*Louis*, frère du roi, p. 122).

En voici l'extrait, curieux quant au style et aux mœurs :

« Mon très redoubté et puissant seigneur, plaise vous scavoir que mardi à vespres y receu vos très gracieuses et aimables lettres qu'il vous a plu m'escrire *par mon hérault*, faisant mention de vostre arrivée devers le Roy, etc. »

Et à la fin : « Je me recommande à vous comme vostre serviteur, et vous supplie de me tenir et mettre bien en gré du Roy, et me recommande à ly, et je prie *le Saint-Esprit* qu'il vous donne bonne vie et longue. Escript à Saint-Malo le dix d'aoust (sans indication d'année). » Et plus bas est écrit : « Vostre petit serviteur *Bertran de Guesclin* [1] » sans mention du *scel* qu'il n'eût point cependant manqué de faire apposer sur la lettre, si elle n'avait pas été signée de lui.

Et au-dessus de la lettre : « A mon très redoubté et très puissant seigneur le duc d'Anjou et de Touraine. »

---

[1] Ce fut ainsi qu'à l'approche du combat du Pont-Valain, Thomas de Grançon, chevalier anglais, ayant écrit à Bertrand pour l'appeler en champ clos, le *duc bailla la lettre à lire à un sien secrétaire* à l'audience des barons qui là estoient (même chron., p. 410).

[1] Dans le nouveau *Traité de diplomatique*, t. III, pl. 60°, p. 457, nous retrouverons cette formule finale dont l'écriture cursive, imitée de celle du temps, ne diffère pas de celle de la signature qui la suit; mais à vrai dire, elle nous paraît être plutôt l'œuvre d'un secrétaire du connétable que de lui-même, si toutefois elle n'a pas été une simple transcription faite à la même époque par toute autre main.

Les bénédictins doutent, d'après Ménard, que le connétable ait su signer; nous avons démontré que cette autorité est fragile et s'efface devant les faits contraires.

Si nous nous sommes appesanti sur ces particularités, c'est qu'il nous a paru intéresssant de repousser pièces en main le reproche d'ignorance absolue attribué à un héros dont la mémoire appartient aussi à notre province, soit comme maréchal de Normandie, soit comme comte de Longueville. L'examen de ces faits se rattachait d'ailleurs à l'état des lettres à la fin du xive siècle, époque à laquelle Charles V qui lui-même savait écrire et signer, et dont on conserve un précieux autographe aux archives de l'Empire[1], fondait la bibliothèque royale composée à sa mort de 900 volumes M. SS., nombre bien considérable pour ce temps qui précéda de près d'un siècle l'invention de l'imprimerie.

Comme détails biographiques et de famille, nous croyons pouvoir indiquer plusieurs actes inédits que nous avons découverts dans le tabellionage de Rouen :

Le premier, du 29 janvier 1394 (vieux style), constate « que haut et puissant seigneur feu *Bertran de Guesclin*, comte de Longueville, alors connestable de France, avait marié *Jehanne de Saint-Jehan*, *sa niepce*, à noble et puissant seigneur messire Pierre de Tournebu, chevalier, sieur dudit lieu et de Grimbost, et, qu'en faveur de ce mariage, il avait donné 6,000 fr. d'or, sous la condition que 4,000 fr. seraient reversibles à la ligne du chef de cette dame, si les époux mourraient sans descendance. »

Ce fait se réalisa après le décès du connétable ; aussi voyons-nous son frère puisné, messire Olivier de Guesclin, devenu comte de Longueville, et son seul héritier, se présenter pour réclamer la reversion de la dot ci-dessus.

Ce Pierre de Tournebu, comme seigneur Banneret, comptait un chevalier et huit écuyers dans la *montre* tenue à Carentan le 9 août 1378, et s'était placé sous les ordres du connétable qui avait sans doute voulu récompenser ses services en l'attachant à sa famille. (*Voir 2e Hist. de Hay*, in-f°, p. 396).

Nous trouvons relaté dans un second acte de notre tabellionage, à la date du 12 octobre 1411, « que le douaire de la dame *de Saint-Jehan*, veuve dudit sieur chevalier, avait été liquidé entre elle et noble homme *Jehan*, escuyer, sieur de Tournebu, neveu de ce der-

---

[1] *Carrière, ibid.*, p. LXXXI.

nier, à 200 *livres de rente viagère* sur les terres de Tournebu, du Bec Thomas, de la Motte-de-Cesny, en bonne et suffisante assiette au Bailliage de Caen. »

Le troisième acte notarié de notre dépôt, du 17 janvier 1401, nous révèle sur messire *Olivier de Guesclin*, plusieurs détails curieux Disons, d'abord, qu'indépendamment de son titre de comte de Longueville, il se qualifiait, en 1388, de seigneur de la Rochetesson, et que, de plus, « il était désigné, en 1401, *escolier* [1] à Paris, et avait pour compagnon *maistre* Robert Flambart, aussi escolier à Paris, qualifié en outre de *Secrétaire du Roy nostre sire*, » alors même que messire Olivier avait été, dès son jeune âge, au service de son frère, son vaillant compagnon d'armes ; ce qui reporte son âge à une époque assez avancée, puisqu'il devait être plus que majeur à l'époque de la mort de son frère aîné, ou tout au moins, en 1388, époque à laquelle nous le verrons bientôt contracter en son nom personnel. *D'où la conséquence, que le désir de s'instruire avait prévalu en lui sur les anciens préjugés de la noblesse*, comme il avait pu réagir sur le connétable, et, qu'en un mot, il y avait progrès dans les esprits.

La chronique déjà citée du capitaine d'Estoutteville (p. 4), nous apprend, en divers passages, que le connétable était l'aîné de ses frères, et (p. 31) qu'Olivier, son *frère germain*, qui était sorti en armes de Dinan pendant la trève, et au mépris de laquelle il avait été fait prisonnier, *n'était qu'un enfant*. Aussi, Bertrand, avec l'appui du duc de Lancastre, força-t-il les Anglais à remettre son jeune frère en liberté, *sans rançon* : Olivier disant, d'ailleurs, dans cette circonstance, « qu'il étoit le *mainsné* (puîné), et que son frère aîné étoit *povre chevalier et povrement hérité*. » (*Ibid.*, p. 48.)

Si nous entrons dans ces détails de famille, c'est qu'ils rehaussent la générosité du connétable envers ses proches, comme envers ses compagnons d'armes. (Voir *Hay*, p. 139. in-f°)

Quant à ses divers exploits, qui se lient à l'histoire du règne de Charles V, ils sortent du cadre que nous nous sommes tracé, n'ayant voulu faire entrer ici comme accessoires que les détails qui pouvaient

---

[1] Ecolier pourrait bien ici n'être pas synonyme d'étudiant, et signifier *e schold parisiensi*, c'est-à-dire de la Faculté de Paris, de l'Université.

éclairer les actes exhumés par nous des archives, afin d'offrir un
faisceau de recherches utiles au point de vue de la famille Du Guesclin et de son illustration.

Quant aux armes de Duguesclin, voici comment l'un des notaires
apostoliques en l'officialité de Rouen [1], chroniqueur au xv° siècle,
les désigne dans une espèce de ballade sur la mort de ce héros :

> L'escu d'azur a ung Esgle (aigle) de sable
> A deux testez (têtes) et ung rouge bâton,
> Portoit le preux, le noble connestable,
> Qui de Bertren *Glesquin* portoit le nom [2].

Au verso du premier feuillet d'un manuscrit de la fin du xv° siècle,
contenant les faits et gestes de messire Bertran *de Guesclin*, on lit ce
quatrain ajouté et écrit dans la moitié du xvi° siècle :

> L'homme à bien dire et bien parler enclin,
> Peult mains pays préserver de souffrance
> Car par sa pleume, Clement Marot en France,
> Autant aida que par lance *Clesquin*

Biblioth. de Rouen, n° 132 catal.

Le nom du connétable est diversement orthographié ; c'est ainsi
que dans l'acte notarié du 29 janvier 1394, ci-dessus analysé, il est
spécifié *de Guesclin*, comme dans sa lettre au duc d'Anjou. C'est
donc à tort qu'un de nos anciens poètes, cité par F. Noël, en son
Dictionnaire historique, p. 51, *Jean Vauquelin*, dans un de ses
ouvrages imprimé à Caen, en 1605, en parlant de la manie d'ajouter
des articles au nom propre, s'énonce ainsi :

> Le DE, le DU, n'étoient point encore en usage,
> Et le fameux Bertrand, si vaillant et si sage
> Baron de Briquebec, qui conquit l'Arragon,
> De DE ne mit jamais à Bertrand sur son nom. Etc., etc.

Si nous consultons les archives de Rennes (fonds de la chapelle

[1] *Notice sur P. Cochon et sur sa chronique*, par M. Vallet de Viriville, Paris,
1859.

[2] Les armes existaient autrefois au chancel de l'église *de Sens*, près de Fougères.
Nous tenons ce renseignement de M. Quesnel, archiviste du département. C'est,

chaussée), nous voyons, qu'en 1318, un chevalier de cette famille, seigneur dudit lieu, que nous soupçonnons fort être l'oncle de notre héros, y est désigné sous le nom de *Bertrand Duguerclin*.

Ailleurs prédomine le nom Du Guesclin, qui a prévalu comme ayant été inscrit sur son tombeau, à Saint-Denis, peu de temps après sa mort.

Si la nature avait refusé à ce personnage illustre les avantages de la figure, elle lui avait, du moins, accordé les dons du cœur qui font les héros. Aussi avait-il adopté pour devise : *dat virtus quod forma negat*.

Son portrait se trouve dans le tome Ier, livre xi, p. 393 de l'*Histoire de Bretagne*, publiée par Dom Lobineau en 1707. Cet auteur annonce qu'il a été reproduit la même année, d'après l'original conservé dans le cabinet de M. le comte de Rieux.

C'est celui qui a été suivi pour la statue en marbre, érigée depuis au connétable, dans le jardin public de Rennes.

Toutefois, la médaille de bronze frappée récemment à la Monnaie de Paris, qui le représente d'après le portrait qu'en avait donné le conseiller Claude Ménard, dans sa chronique de 1618, diffère du précédent. La physionomie du personnage est plus allongée, ce qui tient peut-être à la différence d'âge.

Maintenant, si nous considérons messire Olivier Du Guesclin au point de vue de sa carrière militaire, elle a été très honorable, sans doute, mais secondaire. Nous le voyons figurer, en 1370, dans *la montre* mensuelle de son frère, comme le treizième chevalier sur vingt-sept ; et il devient successivement le huitième à celle du 1er août de l'année suivante. Puis, enfin, le 11 juin 1378, étant devenu lui-même chevalier Banneret, c'est-à-dire ayant le droit de porter ses armes en bannière, et non plus en écusson, il fournit sa montre à Vincennes, laquelle comprend trois chevaliers bacheliers, et vingt-six escuyers. C'est alors qu'il est désigné sous le titre de messire Olivier Du Guesclin, sire *de la Roche-Tesson* parce qu'il a *gagné ses éperons* dans les batailles sous le commandement du Connétable, qui,

---

qu'en effet, cette seigneurie, dont il eut l'investiture en 1361, était échue à ce personnage de la succession de Jehanne de Malesmains, sa mère. *V.* l'hist. mss. des barons de Bretagne, par Dom Lobineau. Biblioth. de Rennes, n° 1034, p. 311, où l'acte est transcrit.

de l'agrément du roi Charles V, lui a transmis ce titre en récompense de sa valeur, en l'année 1375, pour jouir de cette châtellenie, lui et sa descendance *mâle* (p. 465 et 466, ibid., in-f°), et, à défaut d'elle, faire retour à la couronne. *Il paraît* que le roi, après 1403, fit fléchir la rigueur de cette réserve, quant à la descendance mâle, du moins pour cette seigneurie, car nous voyons que cette terre, située en Normandie, et dont Bertrand avait assiégé et pris le château-fort, fut transmise, par la fille d'Olivier Du Guesclin, dans la maison de Goujon de Matignon, qui la possédait encore au xviiᵉ siècle (Hay, lib. ii, in-f°, p. 48, éd. de 1666).

Si après la montre ci-dessus, de 1378, nous ne voyons plus Olivier figurer dans d'autres montres, c'est qu il y a lieu de penser qu'après le décès de son frère, il ne voulut plus servir sous un autre chef; mais il est piquant, nous le répétons, de le trouver, en 1401 deux années avant sa mort, qualifié d'*écolier à Paris*, ainsi que nous l'avons dit ci-dessus. Avec lui s'éteignit la jouissance des châtellenies de Longueville et de plusieurs autres terres qui rentrèrent dans la main du roi, lequel en gratifia son fils Loys, duc de Guyenne, dauphin de Viennois (Ibid., Hay, p. 466). Toutefois, la transmission de cette châtellenie, si complète qu'elle fût au regard de la famille Du Guesclin, ne pouvait cependant pas nuire au douaire que le connétable avait assigné, sur la terre de Longueville, à la dame Jehanne de Laval, fille unique de Johan de Laval, seigneur de Châtillon, et d'Isabelle dame de Tinteniac, sa seconde femme, qu'il avait épousée à Rennes en janvier 1373 ; aussi voyons-nous en 1406, c'est-à-dire trois années après le décès d'Olivier, figurer *les armes de Montmorency-Laval sur le sceau des obligations de Longueville*, apposé par le vicomte dudit lieu à un acte passé le 21 novembre de la même année devant le clerc tabellion juré, au sujet d'une cession de rente entre particuliers. (Prieuré de Saint-Maars, pl. xxiiᵉ, scel n° 5. — Abb. de Jumiéges.) *V.* aussi Anselme, t. III, p. 186 et 187.

Ce Comté passa ensuite à Jean, Bâtard d'Orléans, comte de Dunois, par lettres-patentes du roi, confirmées à Jumiéges le 15 janvier 1449. A sa mort, arrivée en 1468, il fut recueilli par son fils François, comte de Dunois, que, dans un acte de notre tabellionage du 1ᵉʳ avril 1489, relatif à la vente de Blangy, près Poix, nous trouvons qualifié ainsi : « haut et puissant seigneur *François comte de*

« Dunoys *Longueville* et de *Tancarville* ¹, connestable hérédital de
« Normandie, et grant chambellan de France. » Ce fut en sa faveur
que le roi Louis XII, en l'année 1505, unit la baronnie d'Auffay au
comté de Longueville, en érigeant le tout en duché; mais *à la charge
de réversion* au domaine de la couronne, à défaut de descendants
mâles, etc. Ce qui résulte, plus au long, des lettres données à Blois,
au mois de mai de la même année, et enregistrées au Parlement de
Rouen le 18 novembre suivant.

Enfin, Jean-Louis-Charles d'Orléans, *duc de Longueville* et
d'Estoutteville, dernier mâle de cette maison, mourut en l'abbaye de Saint-Georges, près de Rouen, le 4 février 1694, et, par
son décès, le duché de Longueville retourna au domaine de la
couronne ².

Peut-être nous sommes-nous trop complu dans notre sujet,
dont nous avons cependant resserré le cadre autant que possible ; toutefois, nous n'avons pu séparer deux nobles familles
des lieux où elles ont laissé de si touchants souvenirs ; car
les Du Guesclin et les Dunois, inséparables dans leur patriotisme ³. le sont également dans leur gloire ; ils se sont acquis des droits imprescriptibles à la reconnaissance du pays pour
en avoir chassé l'étranger, et relevé glorieusement la bannière de
la France.

---

¹ Cette terre, et celle de Blangy près Poix, à 18 kilom. d'Amiens, lui
provenaient de la succession de Jehanne de Harcourt, comtesse de Tancarville.

² *Hist. généal. des grands officiers de la Couronne*, t. Iᵉʳ, p. 212, et t. V,
p. 532, pour les pièces qui concernent l'érection du duché de Longueville.

³ Il paraît qu'anciennement les deux statues de Bertrand Du Guesclin
et de Jean comte de Dunois figuraient en regard au château de Longueville.

PLANCHE XXIVe

ET DERNIÈRE.

PLANCHE XXIV· ET DERNIÈRE.

3 ARTICLES.

—

———

OBSERVATION.

Voir *le texte qui suit la planche pour l'explication du principal
article ci-dessus*, et des clauses qui se rattachent au sujet.

La Vitre du Parjure.

Ancienne Église
Saint-Nicolas de Roüen [1].

1531.

LA VITRE DV PARJURE.

ANECDOTE.

Clause de numeratâ pecuniâ. — Vel non.

Dans diverses chartes des xiii° et xiv° siècle, authentiquement scellées, on trouve assez souvent exprimé « que le vendeur recon-

---

[1] Nous devons au zèle du prêtre Baré, ancien clerc et sacristain de l'église *Saint-Nicolas*, maintenant détruite, la conservation en 1720 de l'esquisse ombrée, genre grisaille, des seize vitres remarquables qui décoraient cette église, laquelle, à cause de leur mérite, était dite *Le Peinteur*, et parmi lesquelles on distinguait *la pêche miraculeuse*, dessin auquel il a joint l'annotation de l'origine des vitraux, de leur sujet, et la date des fondations faites à cette église pour leur établissement ; le tout tiré, dit-il, « de *la quintessence* des archives du « trésor, et par lui humblement offert aux curés et trésoriers de la paroisse « *comme petit échantillon de sa petite volonté* (m°°. archiv. départem.)

La paix d'Amiens, de si courte durée entre la France et l'Angleterre (25 mars 1802 à juin 1803), eut cela de très fâcheux qu'elle permit à nos voisins d'outre-Mer d'envahir à bas prix nos richesses artistiques que notre révolution avait négligées ou éparpillées. Ce fut ainsi que la verrière représentant *la rencontre de la Vierge Marie et d'Élisabeth*, qui ornait la fenêtre de l'aile sud de notre église Saint-Nicolas, en fut détachée, et passa en Angleterre aux mains du comte de Carlisle, chevalier de la Jarretière, qui en fit don en 1804 aux doyen et chapitre de la ville d'York. (*Cathédrales*, par Winkles, t. I, p. 51).

On suppose, dit le même auteur, qu'elle fut exécutée d'après un dessin de Sébastien del Piombo, élève de Giorgione, peintre du pape Clément VIII, contemporain du roi Henri VIII.

Il a en a été de même pour la belle verrière de la pêche miraculeuse ci-dessus, et autres (renseignement de M. E. De la Quérière).

naît avoir été payé en espèces NOMBRÉES, *numeratâ pecuniâ*[1] et simplement dans d'autres, que le vendeur *se tenant pour payé*, renonce à opposer l'exception *de non numeratâ pecuniâ*[2]. C'est parce que nos pères en contractant, auraient dévié du premier errement, *l'actualité* du payement effectif et *réel*, *numerata pecunia*, qu'ils auraient laissé la porte entr'ouverte à la mauvaise foi. Telle est du moins la conséquence naïve que l'auteur de la chronique de l'église ci-dessus veut tirer du fait ci-après, qui était mis en scène sur la seconde vitre du chœur dont nous reproduisons le dessin.

Si l'on en croit, dit-il, l'*histoire apocryphe*, cette vitre représente un homme qui devait une somme considérable à un autre. Actionné devant le juge pour le payement, il résiste ; alors le serment lui est déféré.

Pour être plus à même de jurer, il remet aux mains de son créancier le bâton creux ou roseau qu'il tenait lui-même, et qui recélait, à l'insu de ce dernier, somme égale à celle qu'il réclamait. Fort de cette circonstance, il affirme, *la main levée*, qu'il[3] a remis la

---

[1] Dans le cartulaire mss. de l'abbaye du Valasse du XIIIᵉ siècle, on trouve, p. 82, « à la date du 1ᵉʳ février 1291, une ratification de vente, par *Nicolasse*, veuve de Guillaume Fosse (Nicola relicta Guillelmi Fosse), moyennant C sols t. *in pecuniâ numeratâ*.

Ibidem, mss. p. 53 ; acte du 27 mai 1327 portant constitution de XL sols de rente, moyennant XXII livres tournois *in pecuniâ numeratâ*.

[2] *Clause de renonciation à l'exception, non numeratâ pecuniâ* :

Dans le cartulaire mss. de l'abbaye *de Saint-Wandrille* (vol. 1ᵉʳ, p. 74, n° 37. — Archiv. départem.), est transcrite une charte du mois de novembre 1261, par Jaquelle Raoul Dupré (Radulfus de Prato), et Aelicia sa femme, renoncent devant l'officialité aux prestations en nature qui leur sont dues par cette abbaye, moyennant C sols t. *dont ils se tiennent pour bien payés*, en renonçant à l'exception *de non numeratâ pecuniâ*.

Dans le cartulaire mss. du Valasse déjà cité, p. 79, se trouve un acte du mois de janvier 1252 qui est la cession d'une rente de XI s., moyennant C sols, dont le vendeur *s'est aussi reconnu pour bien payé devant l'officialité* : renuntians exceptioni non numeratâ pecuniâ.

Enfin la même formule finale se remarque en l'acte de reconnaissance de son contenu devant l'officialité en juin 1273. — Acte qui accompagne la charte datée du 12 mars 1272. — (*Voir* la note infrà n° 10 de la pl. XVIIᵉ).

Il est *inutile de multiplier les exemples*.

[3] *Voir* pour les divers modes de prestation de serment, la pl. XVIIᵉ, n° 4, note 1. — Comme autrefois le serment était prêté *la main levée sur les Saints*-

somme demandée. Le voici donc déchargé de l'action avec dépens.
Alors, lui, de reprendre au plus vite son bâton, et de sortir tout
joyeux de l'audience avec la précipitation d'un heureux plaideur.
Mais, ô fatale destinée! il est renversé en chemin par la charrette
d'un meunier dont le cheval est élancé, et, qui pis est, la canne
étant brisée sous la roue, les écus qu'elle renfermait s'étalent à nu.
Vite l'argent est compté par les témoins du fait, et comme il égale le
taux de la demande, la fraude est découverte. Oh! alors, le débiteur
est forcé par le créancier de se laisser conduire à nouveau
devant le juge qui, cette fois, le condamne, après vertes réprimandes,
à remettre au plaignant non plus un bâton creux, mais bien les bons
écus qu'il y avait précédemment cachés, sans tenir compte de ses
exclamations d'innocence intentionnelle *renouvelée des Grecs*, et
que Cicéron[1] d'après Euripide, traduit ainsi :

> Lingua juravit, mentem injuratam gero.

> *Serment de bouche, mais non de cœur.*

C'est à raison de cette circonstance que, d'après le chroniqueur, il
fut dit que « *doresnavant* l'on payeroit ses debtes à *deniers comptés*
« et *nombrés* comme *devant notaires*, ce que ceux-ci ont exercé et
« exercent actuellement il y a plus de sept cents ans ! ! ! [2] Puisqu'il
« y a ung titre dans le trésor de saint Nicholas en écroës [3] (décla-
« ration) où il est parlé *que Jehanne* déguerpie (veuve) vend au
« curé de Saint-Nicholas, *numeratâ pecuniâ coràm vobis et benè
« pagata.* »

Évangiles, on continua dans la suite à lever la main, en l'absence même des
livres saints.

[1] Cicero, *De officiis*, liv. III, chap. XXIX, édit. de Barrett, 1809.
Même pensée dans ce vieux dicton populaire ironique :

> « *Serment de bouche,*
> « *Le cœur n'y touche.* »

[2] A juger l'acte qu'il énonce ci-après, *d'après sa formule* et son style, il
paraît se référer seulement aux premières années du XIV° siècle.

[3] *Écroë*, synonyme de *déclaration*, article CLXXV (175) de notre ci-devant
coutume de Normandie. — « En toutes aìnesses, les puìnés sont tenus baìller
« à l'aìné *écroë* ou *déclaration* signée d'eux, de ce qu'ils tiennent sous lui, afin
« que l'aìné puisse baìller *écroë* entière de l'aìnesse au seigneur, laquelle tous
« les puìnés doivent avouer et signer chacun pour son regard. »

La morale de cette naïve historiette, mise en scène sur une des vitres principales de l'église, prouvait que le parjure ne reste jamais impuni : c'est pourquoi elle fut dénommée *vitre du parjure.* Toutefois, ce sujet n'est pas neuf, car on le trouve consigné, à quelques variations près de détails, en *l'histoire de Dom Quichotte*, qui n'est encore en cela que l'écho de nos anciens fabliaux ; mais il a fourni du moins une belle page à nos artistes verriers.

Il paraît que cette vitre fut donnée à l'église ci-dessus en 1531, par Guillaume Le Gras, doyen de l'église cathédrale de Rouen, en mémoire de ses père et mère qui avaient été inhumés dans le chancel de Saint-Nicolas, et en laquelle, autre Guillaume Le Gras père, conseiller de ville, avait fondé une messe de chaque jour par contrat passé devant les tabellions de Rouen le 2 mai 1507, vers l'époque de la reconstruction de cette église.

Quant aux deux sceaux détachés qui figurent ici au-dessus de la vitre, il va sans dire qu'ils sont là un hors-œuvre pour éviter une planche spéciale. Celui de droite, n° 2, porte cette légende : SEEL DV TABELLIONNAGE DE ROVEN. — Nous le voyons employé dès l'année 1613 ; et celui de gauche, n° 3, qui est ovale, a pour légende : « SEEL ROYAL DV TABELLIONNAGE DE LA VILLE DE ROVEN ; il figure en 1655 et en 1656. Ces deux sceaux ont cela de particulier, que leur empreinte *à sec* est plaquée en relief sur papier au moyen de la pression qu'il a subie sur la cire, et étaient annexés à des expéditions d'actes.

Le premier timbre *à sec* qu'il nous a été possible de signaler, est celui de la vicomté de Montivilliers, en 1535, comme nous l'avons observé pl. xviii*, n° 4, et pl. xiii*, scel n° 1 ; puis, dans les xvii* et xviii* siècles, et même jusque dans le suivant, on ne pratiqua pas d'autre errement ; mais, depuis un certain nombre d'années, on a trouvé plus expéditif et plus sûr *d'imprimer* le sceau sur les copies mêmes, et plus particulièrement sur les grosses emportant formule exécutoire, pour qu'il ne puisse s'en détacher.

AUTHENTICITÉ DU SCEAU ROYAL

ENTIER OU PARTIEL.

XIIIᵉ siècle.

RECONNAISSANCE DE SCEAU. — LOYAUTÉ DE LOUIS IX.

Afin de bien faire apprécier quelle force l'apposition du sceau du prince imprimait alors aux actes soumis à sa sanction, il nous a paru intéressant avant de terminer, de reproduire ici pour exemple le fait notable suivant, rapporté par *Jehan* sire de Joinville en sa chronique sur saint Louis, dont il avait été le conseiller et l'ami (1 vol*, édit. 1608, fin de la 1ʳᵉ partie), en ce qui touche le comté de Dam-Martin, qui était réclamé au roi *par Regnaut de Trye* [1].

Tout d'abord il dit : « que plusieurs fois il a vu le bon Roi, à la sai- « son d'été, au jardin de Paris, habillé d'une cotte de *camelot* [2] d'ung

---

[1] La famille de Trye (et non pas de Troie, comme l'indique la version Peti- tot) tenait un rang très distingué en Normandie, et s'y était alliée aux plus nobles familles. (*Voir* Farin, *Hist. de Rouen*, 3ᵉ vol. in-12 ,vᵒ de Trye, édit. de 1608.)

Aux assises de l'Echiquier normand de Pasques 1306, figure mestre Jehan de Dom-Martin.

Mathieu de Trye, maréchal de France, époux d'Isabeau de Rosny, comtesse de Dreux, avait été inhumé dans l'ancien monastère de Sainte-Trinité-du- Mont de Rouen.

Le couvent de Saint-Amand, de la même ville, comptait parmi ses abbesses Aalix de Trye, dont l'aïeule maternelle avait épousé *Raoul, comte d'Eu*, frère lui-même de Béatrix, 12ᵉ abbesse du même monastère, tante du maréchal Ma- thieu ci-dessus. — *Voir* pour de Trye, notre pl. VIIᵉ, nᵒˢ 5 et 9.

[2] *Camelin*, ou camelot d'Amiens, c'était une espèce d'étoffe faite de poil de chameau.

Surcot : espèce d'habit ou de robe, commun aux hommes et aux femmes. (Ducange.)

« *surcot* de tirretaine, sans manches, ayant ung manteau pardessus, de
« sandal noir, et faisoit estendre des tapiz [1] et puis donnoit audience,
« et faisoit justice à tous ceus qui venoient devant luy. »

Puis il ajoute, et c'est l'important : « Le saint Roi monstra sa
« grand'loyauté au fait de *monsieur* Regnault de Trye, lequel un
« jour apporta des lettres au Roi, par lesquelles il monstrait que le
« Roi avoit donné aux hoirs de la comtesse de Boulogne [2] qui puis na-
« guères étoit morte, le comté de Dam Martin ; et les sceaux d'icelles
« lettres estoient tous brisés et cassés, en sorte qu'il n'en restoit
« autre chose que *la moitié des jambes* de l'image du Roy *et le chan-*
« *tel* [3] sur quoi le Roy avoit les pieds. »

« Le Roy nous monstra les dites lettres, qui estions de son conseil,
« pour lui donner advis de ce qu'il devoit faire ; et tous fusmes d'opi-
« nion qu'il n'estoit tenu de mettre icelles lettres en exécution. Et
« tantost il appela Jehan Sarrazin son chambellan [4], et lui dit : qu'il
« lui baillast une lettre qu'il lui avoit commandé faire ; et quant
« il eut la lettre veue, il regarda au seel qui y estoit, et au remenant
« (au restant) du seel des lettres dudit Regnault, et nous dit : sei-
« gneurs veez ci le scel qui estoit de quoi j'usois avant mon partement

---

[1] La chronique de la collection Petitot porte : « et faisoit là estendre des
« tapiz pour nous seoir emprès lui, et, là, faisoit despescher son peuple di-
« ligemment, comme vous ay devant dit du bois de *Vicennes*. »

[2] La comtesse de Boulogne dont il s'agit ici était Mathilde, fille unique et hé-
ritière de Renault, comte de Dam-Martin, et d'Ide, comtesse de Boulogne.
Le comté de Dam-Martin échut à la ligne de Trye, côté dont il procédait.
(Ducange, vie de saint Louis.)

[3] Le *chantel* ou *chanteau*, c'est-à-dire le côté du sceau où les pieds du Roi
devaient être.
Philippe Mouskes en la vie de Robert, roi de France :
                    La lance et l'escu *en cantiel*.
C'est-à-dire de côté, ainsi que les escus et les boucliers se portaient ordinairement *sur le côté* et sous le bras gauche. (*Ibid.*)
En Normandie, on désigne encore sous le nom de *chanteau* la part du gâ-
teau des Rois, sur le côté de laquelle a été placée la fève.

[4] *Jehan Sarrazin, chambellan* : « Ce fut en cette qualité que le roi saint Louis
le manda pour comparer le sceau qui étoit aux lettres de Renaut de Trye, avec
celui qui étoit à d'autres, qu'il avoit fait expédier, parce que le grand chambellan *portoit le scel du secret du Roi*, et en scelloit les lettres du prince. » (Ducange, *Vie de saint Louis*, in-f°, p. 43).

« du voyage *d'outre-mer*[1] et ressemble ce demeurant de seel à
« l'impression du seel entier. Pourquoi je n'oserais, selon Dieu et rai-
« son, retenir le comté de Dam Martin.

Et alors il appela mon dit sieur Regnault de Trie, et lui dit :

« Beau sire, je vous rens le comté que vous demandez.

OBSERVATIONS.

Reconnaissance du scel et sa révocation.

Le scel-matrice venait-il à être changé, perdu ou soustrait, il y
avait lieu de le révoquer authentiquement pour en prévenir l'emploi
abusif dans la main des tiers; ce qui explique pourquoi, dans certains
actes du xiiie siècle, les parties s'obligeaient à contre-sceller leur
charte du sceau nouveau qu'elles substituaient à l'ancien qu'elles bri-
saient en présence de nombreux témoins, si mieux elles n'aimaient renouveler la charte même avec le scel; ce qui équivalait à nos actes de
révalidation périodique. Voici, du reste, la clause finale que nous trouvons dans divers actes du cartulaire mss. de l'abbaye de Saint-Evroul,
t. Ier, p. 59, bibl. imp. — « Et ut hoc sit firmum et stabile, pre-
« sentem cartam dedi dictis Abbati et conventui sigilli mei munimine
« roboratam, ità videlicet *quod si me sigillum mutare contigerit,*
« *Egò presentem cartam, vel alteram novam* hujus forme sicut in
« ipsis expedire videbitur, quotiens *sigillum meum mutavero,* teneor
« sigillare. — Actum anno mo cco xl sexto (1246) mense Julii. »

Exemples : En 1232, l'archevêque Guillaume, en brisant coram
multis le scel d'os ou d'ivoire affecté à l'usage de l'église Saint-Remy
de Reims, le remplace par un nouveau qu'il représente. — (Thes.
anecd., t. Ier, p. 972 e f.)

[1] (12 juin 1248, après la Pentecôte.) La reine Blanche, mère de saint Louis,
qui n'avait pu le détourner de son entreprise, fut régente du royaume en son
absence :

Voir en effet une charte analysée pl. xve, fin du no 5 *bis*, datée de 1246, en
laquelle Guillaume de Tancarville, le chambellan, reconnaît devant la reine
Blanche, (Dei gratiâ Francorum regina) une donation de *Manerio le Donjon,*
faite aux frères mineurs de Rouen.

En 1329, aux plaids du bailliage de la Ferté (Registre-Fonds du Pont-Saint-Pierre, Arch. du dép¹) *Pierre de Dourier* représente un scel à sa légende marqué d'une demi-fleur de lys, surmonté d'une molette, qu'il *recoignoit*, et « *veult de icheli user par l'obligation de* « *tous ses biens et de son temporel.* »

Puis, suivant un registre du Châtelet de Paris, à la date du xiii décembre 1412, « *Robert de Pont-au-de-Mer, escuyer,* affermant que « hier de relevée, luy estant au palais du Roy, en la compaignie du « seigneur de Boissey, ou lui estant ès galleries de Monseigneur de « Guienne, *une sienne manche en laquelle estoit son scel* luy fut « coppée par un malfaicteur qu'il ignore, parquoy *rappelle révoque* « *et casse ledit scel*, auquel il y a ung escu, ou il *y a deux lions* « *passans à deux lambeaux*, et ung timbre dessus, et deux pannons à « une patte de lion, et autour R. DE PONT AU DE MER, et aux deux « costés du scel avoit ung lion, et ung griffon qui soustenoit « l'escu. »

Enfin, suivant acte passé devant les tabellions de Rouen le vii juillet 1419, nobles personnes Thibault, sire de Moreul chevalier, Jehan de Saenne, *dit le Russe escuier*, sieur de la Rivière, certifient et « *tes-* « *moingnent* que les lettres y annexées sont scellées des propres « sceaulx, et aux armes dont usent les neuf chevaliers et escuiers y « dénommés et sont bien leur propre fait. »

(*Voir* ce qui est dit p. 87 à 91, sur la reconnaissance des sceaux en justice, ou devant les tabellions.)

Enfin, on se rappelle le bris de l'anneau ducal en l'audience de notre Echiquier, le 9 novembre 1469, au sujet de la réversion de la Normandie à la couronne de France : « Annulus quo Carolüs Ludo- « vici XI frater, sibi Normanniam desponserat, Regis jussu, senatûs « auctoritate fractus. » (*Voir* note de notre p. 257.)

Honneurs rendus au scel *royal lors de l'entrée pompeuse de Charles VII*
  à Rouen le x *novembre mil* CCCC XLIX (1449), *d'après une chro-*
  nique mss. de la bibliothèque de Poitiers.

En voici le récit :

« Le Roy fist son entrée à Rouen, qui fust belle et honnourable ;
« et estoit le Roy tout armé à blanc et son cheval couvert d'un drap
« d'or tout semé de fleurs de lys, et devant lui son chapeau
« royal, et pourtoit Fonteuil, son manteau, et Poton, son épée. Et
« devant eulx veult le Roy que monseigneur le chancelier fust en
« habit de chancelier, et tout son manteau fourré, et devant lui, le
« *scel sur une haquenée blanche* que on menoit en main, *couverte*
« *d'ung drap d'or* pareil de celuy du Roy, et n'y avoit personne
« dessus ; ains (mais) *y estoit le scel seulement lié sur une hault selle*
« *et la sainture qui pendoit,* et entre les armes *estoit le scel.*

« Au nombre des personnages figuroient le bailly de Rouen et
« l'argentier nommé *Jacques Cœur* bien richement abillés sur che-
« vaux couverts à *croix blanches* [1] ; et entre les archiers et eulx,
« estoient les hairaux, trompettes et ménestriers Au cousté destre
« l'escuyer de lescurie estoit monsᵍʳ de Dunoys [2], bien richement
« abillé et cheval couver à grand croix blanche. Et estoit prisée
« seulement la garniture de son espée, vingt mille escus, etc., etc. »
(*Extrait de la Revue anglo-française*, mai 1835, qui cite le mss. ci-
dessus.)

Voir aussi notre volume p. 121, pour l'entrée du roi Henri II à
Paris en 1549. — Cérémonial du même genre.

[1] Et figurait aussi en première ligne Raoul de Gaucourt, comme premier
chambellan. ~ *Voir* pl. XXIᵉ, nᵒ 1.

[2] Il étoit le lieutenant et chancelier du Roy.

RÉSUMÉ.

—

On peut juger par ce qui précède quel intérêt s'attache à l'étude des actes du passé, au point de vue du fond et de la forme. C'est qu'en effet ils sont l'expression de la pensée de chacun, comme la note est celle du chant; tout est animation; c'est une chronique journalière de la vie sociale, dont les échos se répercutent d'âge en âge; c'est bien ici qu'il faut appliquer ce mot de Buffon : *le style c'est l'homme,* car il offre un cachet particulier de naiveté et de bonhomie qui dénote celle de nos ancêtres dans leurs transactions privées.

Si, comme l'a dit un célèbre écrivain de notre temps [1], *vivre c'est observer, vieillir c'est apprendre,* l'étude du moyen-âge, sous le rapport à la fois historique et philosophique, a des charmes indicibles pour tous les esprits sérieux qui s'y appliquent; c'est ainsi qu'en remontant le cours des âges, elle permet de découvrir de quels éléments la société antérieure se composait, tant sous le rapport des idiômes ou langages, que sous celui des lois, coutumes, mœurs et croyances; enfin, de reconnaître le trait d'union qui la relie à la nôtre, et par suite le chemin que nous avons parcouru.

Parallèle plein d'intérêt, puisqu'il nous met à même de rompre ainsi la monotonie de nos mœurs actuelles, par le contraste d'une nature souvent moins façonnée il est vrai, mais aussi plus âpre, plus accidentée et par cela même plus énergique; en un mot, on peut dire ici, comme M. Villemain dans son Étude sur Shakspeare : « *C'est une secousse violente, qui distrait et éveille des âmes blasées par l'élégance sociale.* »

C'est aussi parce que le temps est justement considéré comme le

[1] M. de Lamennais, *Quest. philos.*, t. II, p. 141, petit in-12, 1840, en son Discours sur l'ignorance.

xix de mars mil' iiii' lxbiii· dieu luy face Pardon

cy gist perette toustin en so Duraut femme du dit

sieur de grainville et trespassa le xii jo'

Dautil lan mil iiii' lxix ᵻ cy gist noble homme

henry hurel seigneur de grainville sur sleury et de lanterou le boracp qui trespassa le plus sûr creuset des bonnes institutions, que la Compagnie des notaires de Paris a fait inscrire en guise de bannière sur le fronton de l'hôtel de ses réunions, placé du Châtelet : 805, *Capitulaires de Charlemagne* ; 1270, *Edit de Louis IX* ; citations qui rappellent les plus anciens titres de leur ordre, précurseurs des ordonnances royales de 1302 *et* 1304 de Philippe-le-Bel.

Maintenant que nous avons parcouru les différentes phases du tabellionage royal en France et en tant qu'elles se lient surtout à notre province, nous ne pouvons mieux faire, pour terminer ici, que de résumer en quelques lignes et par aperçu l'état juridique de nos coutumes en citant ce passage par extrait, écrit de main de maître[1], qui rappelle chez nous leur origine, leur établissement ou leur confirmation :

« Qui ne connaît ces grandes révolutions qui modifièrent successivement et si profondément l'état, les mœurs et la législation de notre province ?

« Et d'abord, la Gaule, conquise et civilisée par les armes romaines, perd ses antiques coutumes, dont on ne retrouve plus de trace que dans Jules César et Tacite, pour subir les lois du vainqueur, qui bientôt furent elles-mêmes altérées et humanisées par le christianisme.

« Au vᵉ siècle, et quand les Barbares eurent envahi le monde romain, comme pour rajeunir et renouveler le sang appauvri et corrompu d'une société décrépite, la Neustrie se trouva soumise à l'empire des lois *franques*[2] et des capitulaires.

« Au xᵉ siècle, les Normands s'en emparent, lui imposent, avec leur nom, les coutumes scandinaves, et fondent ce grand établissement de la féodalité, qui exerça sur le monde et la civilisation une si haute et si longue influence, et qui ne fut définitivement renversée que par le cataclysme de 89.

---

[1] *Mémoire sur l'ancien Droit coutumier normand*, par M. A. Trolley, professeur de droit à Caen, président de la Société des Antiquaires normands, XVIIᵉ vol., 1ʳᵉ liv., 1847, p. 93, etc.

[2] *Voir* la précieuse collection des formules usitées dans l'empire des Francs, du vᵉ au xᵉ siècle, récemment publiées en trois volumes par M. E. de Rozières. — Paris, Durand, libr., rue des Grès, et dont en quelque sorte notre ouvrage est la suite par abrégé.

« Au xiiie siècle, Philippe-Auguste ramène à l'unité de la monarchie française la Normandie, qui ne devait plus supporter le joug anglais que par intervalle, et en frémissant.

« C'est surtout depuis le xe siècle qu'il est curieux de suivre la marche et d'étudier le développement du droit coutumier.

« Il se divise en trois grandes périodes ; du xe au xiiie siècle, c'est la tradition qui gouverne seule ; au xiiie siècle commence l'empire des légistes. Les coutumes sont *rédigées par écrit*, et après avoir été pendant trois siècles soumises au contrôle et à la révision des commentaires et de l'expérience, elles obtiennent, par les lettres-patentes du sept octobre 1585, l'autorité législative et un véritable caractère de fixité et de permanence.

« Puis enfin, *en 1587 et en 1588*, on s'occupe de réformer et de rédiger les usages locaux des divers bailliages. [1] »

La coutume n'était pas seulement féodale en réglant les rapports du vassal et du seigneur, mais encore en réglant l'état de la famille bourgeoise. Le frère aîné qui représente le père, prend seul la presque totalité de ses biens ; les filles ne succèdent pas, et le père, en les mariant, ne leur doit *qu'un simple chapel de roses.* »

O tempora ! ô mores !

C'est aux diverses dispositions statutaires de notre ancienne coutume, *usagères ou écrites*, que se réfère la teneur de nos différents actes analysés, et c'est bien ici qu'il convient de répéter : la législation est l'œil de l'histoire, puisqu'elle n'est que la sanction des faits pratiques reconnus bons.

Si l'étude des faits prépare à l'esprit des éléments de science, c'est le jugement, fruit de la réflexion, qui les mûrit et coordonne.

Principium doctrinæ est in lectione, consummatio in meditatione.
(*Thes. anecd.* de Dom Martène, f° 887 du t. V fin A.)

Il y a plus, le cœur y trouve sa part de douces émotions ; car l'amour de la patrie s'accroît de la somme des souvenirs privés ou publics qui s'y rattachent. C'est ainsi que l'aspect d'un vieux monu-

[1] *Voir* le procès-verbal détaillé des coutumes locales de Normandie, dressé le 29 mars 1586. (Terrien, p. 251, Rouen, édit. 1594.) Après conférences relatées dans celui du 17 juillet 1577. — P. 224, ibid. *Coutumes de Normandie.*

ment réveille en nous des sentiments complexes, qui évoquent à la fois et les siècles passés et les personnes qui ont figuré sur la scène. Ces pages de pierre, pour être muettes, n'en sont pas moins significatives pour un œil exercé, qui en décompose les symboles, reflet de la foi de nos pères, et de leurs institutions unies ensemble, comme le lierre à l'ormeau, et qui ne sauraient être détachées ni séparées sans anachronisme. Tel est le jour sous lequel il convient d'envisager dans leur ensemble les titres, pour reproduire fidèlement le tableau de notre ancienne société. Que chacun donc fournisse sa pierre à l'édifice, car il s'agit de conserver le culte des traditions, qui est celui de toutes les gloires, qu'il ne faut pas laisser s'effeuiller ni périr avec le temps[1]. Ne sont-elles pas, en effet, la dette inscrite de la patrie ?

> « Pour remembrer des ancessours
> « Les fez et les diz et les mours
> « Doibt-on les livres et les gestes
> « Et les estoires lire as festes. »
>
> (*Roman du Rou* (Rollon), par Robert Wace, 1170).

---

[1] La pensée sur l'instabilité humaine nous rappelle les paroles finales et touchantes de notre vieil historien *Orderic Vital*, à l'occasion de la mort de Guillaume-le-Conquérant, en septembre 1087, dans l'ancien prieuré de Saint-Gervais-lès-Rouen, où le corps s'était trouvé délaissé par ses serviteurs infidèles : « Si les richesses vous abondent, ne leur livrez pas votre cœur, car « toute chair est comme l'herbe, et *toute gloire comme une fleur*. L'herbe « se dessèche et *la fleur tombe* ; *mais la parole de Dieu* DURE ÉTERNEL-« LEMENT.

« *Divitiæ si affluant, nolite cor apponere, omnis enim caro est fœnum, et* « *omnis gloria ejus est flos fœni. Exaruit fœnum, et flos ejus cecidit. Verbum* « *autem Domini manet in æternum.* » Comparaison, du reste, qui ressort des Ps. 36, 101 et 102, et dont le 101ᵉ a servi de texte à Fléchier, en tête de l'oraison funèbre de Marie-Anne-Christine de Bavière, dauphine de France en 1690 : « *Dies mei sicut umbra declinaverunt, et ego sicut fœnum arui.* » — « *Tu autem Domine, in æternum !* » etc.

J.-F. Laharpe, dans son Discours préliminaire sur les Ps. qu'il a traduit (Lyon, édit. de 1818, p. 60), rappelle le verset du Ps. 102, analogue à celui ci-dessus, et observe que les mots qui le terminent : « *Ab æterno usque in* « *æternum* », dont le but est d'exprimer l'éternité qui a précédé la naissance de l'homme et celle qui suivra sa mort, a fourni à Pascal ce mot si souvent cité et admiré : « *L'homme est un point entre deux éternités.* »

S'il n'est donné qu'à certains hommes d'élite de servir de jalons à la science, et même de la devancer, il est donné à tous d'en être *l'humble serviteur*, dévoué et utile. Tel a été le but de notre travail.

Maintenant, nous laissons le lecteur à juger si nous avons été ou trop long ou trop court; concision, d'ailleurs, qui, dans un sujet aussi vaste, s'expliquerait par ce précepte de l'orateur romain :

« *Oportet ut is qui audiat et legat, cogitet plura quàm videat.* »

Cicér., *De orat.*

ANNEXES.

Ire.

XVe siècle. Pierre tombale. — Armoiries. — Costume. — Fief. — Noblesse.

IIe.

14 juillet 1485. Vente d'un fief de haubert à Jehan Baucher, *roi d'Yvetot*.

IIIe.

20 novembre 1498. Double contrat de mariage de *Jehan Chenu* avec Marion Courault, et de Jehan Courault avec *Perronne Chenu* (enfants de Perot Chenu, *roi d'Yvetot*).

IVe.

Bans de mariage, bénédiction du lit nuptial au XVe siècle, lecture d'actes, etc., etc.

V[e].

1306. Des Baillis en Normandie. — Règlement de l'Echiquier. — Sceaux. — Garde-scels. — Lettres le Roi. — Affermés pour le Roi.

VIe.

Conflit de juridiction entre le Bailli royal et l'Official de l'Archevêque de Rouen. — *Un mari battu par sa femme ; chevauchée de l'âne.*

VIIe.

Scel aux causes et des obligations, spécial aux Juifs. — Lombards. — Usure, change monétaire.

VIIIe.

L'abbé des Conards. — Sceau (mascarades). — Arrêt du Parlement de Rouen, 27 janvier 1574.

IXe.

1066. Mont Sainte-Catherine. — Donation de dixme *in extremis* par Osmont de Bodes, l'un des chevaliers du duc Guillaume.

X[e] ET DERNIÈRE.

Vers 1050. Fac-simile de la charte de donation de Hauville par Gislebert Crespin, avec notes historiques.

ANNEXES.

PIERRE TOMBALE,

XVe siècle.

Armoiries. — Costume. — Noblesse attachée au fief.

En l'assise d'*Andely*, tenue par Simon Duhamel, lieutenant-général du bailli de Gisors, le 27 janvier 1448 (vieux style), *le fief noble de Grainville-sur-Fleury* ayant été décrété en justice sur Jehan de Poissi, passa dans les mains de Guillaume Angot, écuyer, qui, par contrat passé devant les tabellions de Rouen, le 6 avril 1462, le transmit à *Henri Hurel, bourgeois de Rouen* moyennant le prix principal de ccc° xx liv., avec lx s. au vin et l'extinction *d'un viage* (viager) de xx livres.

Rappelons-nous que sous Louis XI *le fief anoblissait le possesseur;* moyen de finance qui s'alliait chez ce prince aux sentiments de haine contre la noblesse de race qu'il voulait humilier et affaiblir, pour s'affranchir à *tout prix* du joug des hauts seigneurs, ' se montrant, comme dit Commines, *l'ami des gens de moyen état.*

' Sous la fin de la deuxième race, dit Mézerai, lors de l'avènement de Hugues Capet, en 987, *le royaume étoit tenu selon les lois des fiefs, se gouvernant comme un grand fief, plutôt que comme une monarchie;* résultat de l'usurpation des seigneurs qui se fit ressentir pendant plus de trois cents ans (Hénault, *Hist. de Fr.*, 3e vol., p. 944). Aussi nos rois, pour restreindre autant que possible les conséquences d'un tel état de choses, s'efforcèrent-ils en maintes circonstances de battre en brèche le régime féodal par des mesures le plus souvent indirectes ou impuissantes, tant les racines en étaient profondes !!

Ceci nous explique pourquoi *Henri Hurel*, prénommé, devenu, après son acquisition en 1462, *de bourgeois gentil-homme*, est qualifié six années après, en son inscription tumulaire : de *seigneur de Grain-ville-sur-Fleury* ; et pourquoi *Perette Toultin*, sa femme, qui gît à côté de lui, a, dans un écusson parallèle à celui de son mari, des armes en mi-partie les siennes.

Ces armoiries, jointes au *spécimen* du costume et à l'intérêt des détails architectoniques qu'offrait la pierre tombale ci-après en notre ancienne église de Saint-Lô [1], où les époux Hurel avaient été inhumés, nous ont paru mériter de trouver place ici.

Au sommet des deux tours est une figurine assise, symbolique d'Abraham, qui reçoit dans son sein l'âme des défunts. — Aux quatre encoignures de la pierre sont les animaux et signes, attributs des quatre Evangélistes, le plus souvent objet d'incrustations en marbre blanc, comme pour les armoiries.

Le dessin ci-contre et inédit nous a été communiqué par feu M. de Jolimont, artiste distingué, qui l'avait relevé du portefeuille Gaignières au cabinet des estampes de la Bibliothèque impériale, sous le n° 12, lettre P.

ARMOIRIES.

L'écu du mari porte une *hure de sanglier* et *trois besans*.

COSTUME.

Son vêtement n'est autre qu'une espèce de soutane qui descend jusqu'aux pieds ; il n'y avait que les chevaliers qui eussent le droit de porter en dessus un manteau ou casaque à manches très larges et pendantes par derrière jusqu'aux genoux, et rattachées par-devant sur le pli du bras. Ces casaques étaient des plus belles étoffes et garnies de riches fourrures.

Quant à la coiffure, elle consistait en un chaperon, espèce de capu-chon, avec un bourrelet en haut et une queue pendante par derrière ; il était ordinairement de la même étoffe que le manteau ou la soutane,

---

[1] La coutume d'enterrer dans les églises remontait au xie siècle ; c'était une source féconde de fondations pieuses. — *Hist. de Bretagne*, t. I, p. 205, par le P. Lobineau.

et fourré des mêmes peaux. — Saint-Foix dans ses *Essais historiques*, t. II, p. 198, éd. 1770, ajoute que ce chaperon devint l'épitoge des présidents à mortier, l'aumusse des chanoines et la chausse qu'on voit aux avocats, conseillers, docteurs et professeurs de l'Université.

Une longue bourse pendante à la ceinture était une marque de noblesse et se portait aussi par les femmes. (Pl. viii°, n° 4.)

NOBLESSE INHÉRENTE AUX FIEFS.

Remarquons ici en outre que Henri Hurel, est qualifié de *seigneur de Cantelou-le-Bocage*, dans la légende tumulaire. C'est qu'en effet, il possédait ce fief noble du chef de Perette, sa femme.

Après leur décès, cette terre noble désignée aussi sous le nom de *Cantelou-en-Bocage*, passe aux mains de Catherine Dubosc, nièce de ladite Perette qui lui en avait réservé la propriété, d'accord avec son mari, en considération du mariage de celle-ci avec Pierre Piquenot, lesquels en récompense des services de collaboration qu'ils avaient rendus aux époux Hurel, avaient reçu de ces derniers, *comme augment de dot*, iii° écus d'or. (Acte de notre tabellionage du 1er mai 1465.)

C'était comme on le voit, de bons bourgeois enrichis par le commerce !!!

Quelques années après (autre acte du 29 décembre 1491), s'élève un curieux débat de tenure entre Jehan de Douville, écuyer, possesseur d'une autre partie du fief noble de Cantelou, et Catherine Dubosc. devenue veuve Piquenot, *dame dudit lieu,* au sujet de la prééminence de l'une ou l'autre partie du fief et de ses franchises respectivement invoquées.

Comme singularité des faits et comme étude féodale, nous ne pouvons mieux faire que de laisser parler l'acte, dont voici l'extrait :

« Comme descord et procès fust meu et pendant ès plés de la
« sergenterie du Pont-Saint-Pierre pardevant monsieur le Vicomte
« ou son lieutenant, entre noble homme Jehan Douville, escuier,
« sieur de Cantelou en aultre partie ; sur une contrainte ou arrest
« à forfaiture, que le dit Douville avait, par son prevost, fait faire *sur*
« *deux pains bis*, estant en l'ostel ou *fournil* du manoir *en chefmois*
« du dit fief, et seigneurie de ladite veufve au dit lieu de Cantelou ;

« soustenant ledit Douville, *le dit pain arresté estre à lui forfait* pour
« ce quil disoit quil avoit esté fait *de blé qui avoit creu sur certains*
« *héritages tenus de sa seigneurie*, appartenant à la dite veufve ou à
« ses enfants, que tient à louage Olivier Bertin, l'un des fermiers de
« ladite veusve ; disant ledit Douville que les diz héritages sur quoy
« avoit creu le dit blé, mesme les héritages du domaine du fief et sei-
« gneurie d'icelle veufve, et des hommes tenant et subjects dudit fief
« d'icelle veufve, estoient tenus et subjects au *ban du moulin* appar-
« tenant au dit escuier assis sur la rivière d'Andelle en la paroisse
« de Périers, *de nouvel illec construit et édiffié*, lequel droit de
« moulin ledit Douville disoit avoir été pieça, baillé et transporté par
« les religieux abbé et couvent de Saint-Ouen aux prédécesseurs
« du dit Douville, etc., etc. »

A quoi il était répondu par la dite veuve : « que les hommes et
« tenans de son dit fief n'estoient aucunement tenus ne subjects
« envers ledit escuier en dit ban de moulin ne en quelqu'autre droic-
« ture ne redevance, mais estoit ledit fief de ladite veufve un fief divis
« et séparé tenu nuement et sans moyen (immédiatement) desdits
« religieux de Saint-Ouen, en quoy elle avoit droicture de *cour et*
« *juridiction* et tous *aultres droiz seigneuriaux* sans ce que le dit
« escuier y eust quelque droicture de lever subjection de ban de
« moulin ne aultre redevance, etc. »

Ces moyens ayant prévalu contre le sieur de Douville, d'après
l'avis de ses conseaulx, force lui fut bien de se désister avec dépens
de ses indues prétentions, devant nos tabellions qui en dressèrent
l'acte ci-dessus (1491).

———

II°.

14 Juillet 1485.

Vente de fief de haubert et de vavassorie par Thomas de Congny,
à Messire Jehan Baucher, Roy d'Yvetot.

—

Du quatorzieme jour de juillet mil quatre cent quatre vingt cinq,
devant Jean Vatier et Jean Godefroy tabellions à Rouen,

« Thomas De Congny escuyer seigneur de Lorray vend et transporte afin etc., etc., à messire Jehan Baucher Chevalier *Roy d'Yvelot*[1], etc., etc., etc., seigneur de la forest conseiller et chambellan du Roy notre sire, *un fief de haubert*[2] ou autre portion de fief noble nommé le Bosc-Girould[3] à cour, usage, justice et jurisdiction, assis en la paroisse de Creton et ès parties d'illec environ en baillage d'Evreux en la chatellenie de Nonancourt, ainsi que ledit fief se remeut et estend tant en domaine fieffé et non fieffé cens, rentes, reliefs, oiseaux, prez, bois, pastures, teneures, patronages d'Eglise, s'aucune en y a que generalement toutes autres droitures prerogatives et preemynences à noble fief appartenant rien, etc., etc., et en outre vendit et transporta afin etc., audit Chevalier une vavassourie ou metaerie nommée Boutegny assise auprès de Nonancourt et illec, environ ainsi que ladite vavassourie et metaerie se revient tant en domaine, rentes, que autrement generalement en toutes ses appartenances et appendances; lesquels fief, Vavassorie, et metaerie, ledit vendeur disoit lui competer, et appartenir au droit de ses predecesseurs. Cette vendue tant pour la somme de six cens livres ᴛᴏᴜʀɴᴏɪꜱ[4], que pour les bons et agreables plaisirs et services que ledit vendeur disoit lui avoir été *faits par le-*

---

[1] Voir *Lettres patentes de Louis XI*, données à Rouen en octobre 1464, relatives aux droits et exemptions des *seigneurs d'Yvetot*, citées par M. Pastoret, 16e vol., 1463 à 1467, des ordonnances des Rois de France. (Trésor des Chartes reg. 199, p. 107.)

Voir *l'annotation en l'acte ci-après transcrit.*

[2] *Voir* ce qui est dit sur le *Fief de Haubert en Normandie*, pl. xvi°, scel n° 2, p. 345.

[3] *Voir* le scel de Richard de Boisgueroult, de Bosco-Geroldi, pl. xiv°, n° 3, xiii° siècle.

[4] La stabilité du type de ces monnaies, jointe à leur bonté réelle, leur assura, du xi° au xiv° siècle, un cours universel, non-seulement dans toutes les parties de la France, où elles étaient recherchées avec empressement, mais encore dans le reste de l'Europe et dans l'Orient, où elles furent répandues par les Croisés. (*Journal des savants*, p. 67, 1844, en Normandie.)

Avant 1204, époque de la conquête de notre province par Philippe-Auguste, c'était la monnaie d'Angers qui était la plus usuelle en Normandie. Elle fut surtout en grande circulation dans le diocèse de Bayeux. Les cartulaires du chapitre, connus sous le nom de livres *rouge* et *noir*, contiennent un grand nombre de donations, dont le prix est spécifié en cette espèce de monnaie.

Voir notre note de la p. 330.

dit Chevalier et autres ses predecesseurs et amis, et qu'il esperoit encore lui faire faire le temps advenir, avec six livres pour le vin de ce present marché dont de tout, etc., et promit ledit vendeur faire consentir à cette presente vendue Remond de Congny escuyer, son frère, et qu'il aura agreable cette presente vendue et lui fera ratifier toute fois, etc., et en outre se submist bailler audit Chevalier toutes les lettres, papiers, chartres, adveux et escriptures qu'il a et poura recouvrer touchant et faisant mention desdits fiefs, vavassourie et metaerie, et iceux fiefs vavassorie et metaerie, garantir vers tous en tant qu'il y auroit du fait et obligation dudit vendeur et de sondit frère et de leurs predecesseurs dont ils sont héritiers, et a ce tenir etc. oblige biens et heritages presents : Jehan Dubois et Robinet Langlois temoingts.

IIIᵉ.

20 Novembre 1498 ¹, reconnu le 3 Février même année.

Deux traités de Mariage dans le même acte. 1° Entre Jehan Chenu, fils aîné de Perot Chenu, Roy d'Yvetot et Marion Courault. 2° Et entre Jehan Courault avec demoiselle Peronne Chenu fille aînée dudit Perot Chenu.

—

« Du Dimence troisieme jour de fevrier mil quatre cent quatre vingt dix-huit devant Robert Ygou et Jacques Houel tabellions à Rouen.

« Noble et puissant Seigneur Perot Chenu *Roy d'Yvetot* ² d'une

¹ L'année commençait à Pâques, ce qui ne cessa qu'à dater de 1567.

² Depuis le règne de Henri II, les qualifications *de Roi* et de Royaume d'Yvetot, purement honorifiques, se sont effacées (édit du 26 décembre 1553); ce qui explique pourquoi, dans un acte de notre tabellionage du 8 mars 1575 (meubles et héritages), nous trouvons dame Isabeau Chenu, veuve de Martin Dubellay, simplement qualifiée de *princesse d'Yvetot*, laquelle affecte 400 livres à son receveur pour les réparations nécessaires à faire aux édifices et bâtiments *de la principauté*. Dans

part, et honorable homme Robert Courault sieur de Saint-Aubin advocat et conseiller en court-laye d'une part, lesquels confesserent que le contenu en cette demie-feuille de papier etoit leur fait et obligation et ycelle avoir signé de leurs signes manuels le contenu en laquelle ils promirent chacun de soy et en son fait et regard tenir sur l'obligation de biens et héritages fait comme dessus. Présents Nicolas Potier et Loys Desessars à la confession dudit *Roy d'Yvetot* et en celle dudit Courault ledit Potier et Jehan Quesnel.

« *Pour parvenir aux traités de Mariage* qui au plaisir de Dieu sera fait et solempnisé en face de Sainte-Eglise. Entre Jehan Chenu fils alné et presumptif héritier de noble et puissant Seigneur *Perot Chenu Roy d'Yvetot* Seigneur de Saint-Cler-sur-les-Monts, Notre Dame-Deschamps, Ecalles Alix, Lasse-le-Plessis, Rougebec, Putilles Rignous-Semilly et Pontereau.

Et de *Marion Courault* fille de noble homme Robert Courault et Isabeau sa femme sieur de Saint-Aubin.

Et *aussi pour parvenir au traité du Mariage de Jehan Courault* fils alné presumptif et heritier desdits Robert Couráult et sadite femme et de damoiselle *Peronne Chenu* fille alnée dudit Perot Chenu recon-

une quittance antérieure du 8 mai 1554, elle figure aussi avec la qualité de *princesse d'Yvelot*, et comme épouse de *haut et puissant seigneur messire Martin Dubellay*, chevalier seigneur de Langny, au sujet de l'amortissement de 100 livres de rente, en quoi Perot Chenu, en son *vivant prince du dit lieu « d'Yvelot*, ayeul de la dite dame princesse, s'estoit obligé envers *dame Har- « douine Chenu, sœur du dit* Perot, par lettres passées devant nos tabellions le « 28 décembre 1498. (D'après cet acte, cette dernière était dite veuve de *noble « homme Robert Le Bœuf, chevalier sieur de Bonneville*.)

La terre d'Yvetot qui, au XVIᵉ siècle, était tenue par la maison du Bellai, passa en celle de Crevant, qui la posséda, au dire de Dom Duplessis, pendant vingt-cinq ou trente ans, jusqu'à ce que Julie-Françoise de Crevant, par son mariage avec Camille, marquis d'Albon, l'eût fait entrer vers 1686 dans la famille d'Albon, qui la possédait encore dans le XVIIIᵉ siècle. — Voir *Descript. de la H. norm.*, t. 1, p. 184, Ed. de 1740.

On y rappelle cet ancien quatrain :

Au noble pays de Caux,
Y a quatre abbaies roiaux,
Six Prieurés conventuaux,
Et six Barons de grand arroi,
Quatre comtes, trois ducs, *un Roi*.

gnoist ledit Jehan Chenu son fils aîné pour son vrai héritier et propriétaire desdits fiefs, terres et seigneuries, audit Perot appartenant et autres en quelques lieux qu'ils soient situés et assis, et pour ce que lesdits Jehan Chenu et ladite Peronne Chenu enfants dudit Perot *sont de bas âge* en attendant qu'ils soient mariés pour leur aider à vivre, icelui Perot Chenu consent et promet payer et faire delivrer par chaque an à son dit fils et à sa dite fille *la somme de deux cens livres tournois* et ledit Mariage consumé, icelui Perot Chenu promet et accorde rendre et payer par chacun an à son dit fils et à sa dite femme la somme de deux cents livres tournois à prendre sur tous les biens et héritages, et outre *leur querir leur boire, menger, maison, feu, lit, et coucher leurs enffans et serviteurs* ainsi qu'il leur appartindra selon leur estat, et si a promis et promet, icelui Perot Chenu *vestir et atrousseler iceux* Jehan Chenu et ladite Marie Courault de robbes, habillements, bagues, joyaulx d'or et d'argent, bien et duement selon leur état; et s'il etoit ainsi que ledit Chenu allast de vie à trespas au devant dudit sieur Perot son père, icelui Perot consent et accorde que ladite Marion ait, pour son douaire, la somme de deux cens livres tournois franchement par chacun an; en attendant tel douaire coutumier qui lui peut et poura competer et appartenir.

Item ledit sieur Perot Chenu donne audit Jehan Courault et à ladite *Isabeau* Chenu sa fille la terre et seigneurie d'Escalles-Alix avec toutes les appartenances et appendances d'icelle, pour en jouir après le trepas d'icelui Perot Chenu; et outre les choses dessus dites ledit *Perot Chenu Roy d'Yvetot* donne et promet payer à sadite fille lors des épousailles la somme de quatre mille escus d'or comptant et icelui Robert Courault accorde de habiller icelui Jehan Courault et ladite damoiselle Peronne Chenu, de robbes, habillements et leur trouver bagues, joyaulx et autres choses nécessaires selon l'état tel qu'il leur appartient ledit mariage consumé et *leur trouver leurs vivres, de boire, de menger, coucher, leur feu, lit, en hostel bien et honnestement* à eulx et à leurs enfans selon leur estat; et si a ledit Courault accordé donner à sa dite fille la somme de quatre mille livres tournois. Ledit mariage consumé; et aussi ladite *Ysabeau* Chenu prendra en attendant douaire coutumier la somme de deux cents livres tournois s'elle survivoit son mari. Item ledit Robert Courault donne à sadite fille le manoir et terres labourables, nommé Maribrasse *assis à Quinquempoix* pour être l'héritage de ladite Marion sa fille et de ses hoirs pour en jouir après le trepas d'icelui Robert Courault et de sa femme ; en tesmoing de ce nous Perot Chenu et Robert Courault avons signé ces presentes de nos seings le vingtième jour de novembre, l'an de grâce mil quatre cent quatre vingt dix-huit en la presence de Loys Desessars Verdier de Lussy de Jehan Boullon, ainsi signé Perot Chenu et R. Courault, et en cas ou ledit Jehan Chenu *venu en âge de quatorze ans à contracter mariage* ne prendroit à femme et épouse ladite Marion, ou en seroit refusant ou delayant, icelui Perot Chenu promet consent et accorde la somme de deux mille escus d'or à ladite Marion pour le dedommagement et entretenement d'icelle Marion, et à ce, me oblige moy Chenu *Roi d'Yvetot* comme dessus, Ainsi signé Perot Chenu, R. Courault. (D'après le transcrit.)

Remarques. — Mariages. — Enfants de douze ans. — Dépôt du contrat.

Dans une promesse de mariage passée au mois de mars de l'année 1284 (Biblioth. imp., fonds Dudoat, t. I*er*, n° 38, section des mss.) traduite du langage gascon, en laquelle figurent Jean Colom, citoyen de Bordeaux, comme père de damoiselle *Trancaléon,* —

Et Bernard d'Escossan, *seigneur de Logoiran,* pour son fils *Bernard,* — le premier s'oblige à *bailler et octroyer* sa fille à ce dernier, aussitôt *qu'elle aura douze ans accomplis*; obligation qui devient réciproque entr'eux.

La dot est fixée au capital de mille livres productif de ι livres de rente, cautionné par plusieurs intervenants qui renoncent au *bénéfice des nouvelles constitutions des fidéjusseurs, de deux et de plusieurs débiteurs, et à l'épitre Divi Adriani,* et à tous priviléges de croix prise, etc., etc.

Puis l'acte se termine ainsi : « Et de ceci furent faites *deux cartes* « d'une teneur, de la volonté des dites parties, desquelles eut Jean « Colom, *l'une,* et ledit seigneur de Logoiran, l'autre.

« *Actum fuit* xi*mâ* die exitûs martii m° ii° octogesimo quarto « (1284). — Regnant Edoard, Roy d'Angleterre, le siége de *Bour-* « *deaux* vacant, divers témoins laïcs et non laïcs, et P. Gombaut « *qui cette carte retint, laquelle l'elegrin Guarin escrivit.* »

Ailleurs, à défaut de notaire, alors surtout qu'ils n'étaient pas établis, on avait recours au cyrographe dont le double restait déposé dans une abbaye, comme en matière de donation ou de vente d'immeubles. (*Voir* p. 90 et 98 du vol.) C'est ainsi que nous trouvons dans Rymer (édit. de 1816) des lettres d'attestation de mariage sous le titre de : *litteræ testimoniales de maritagio comitissæ Hollandiæ*, sous la date de 1207, avec cette mention finale : quæ omnes litteræ patentes missæ sunt Abbati de Rading *ad custodiendum.*

Georges de Brancas sieur de Villars OBLAT A DOUZE ANS DANS L'ORDRE DE MALTE.

Nous avons cité dans notre avant-propos, p. III, le contrat de mariage de messire Georges de Brancas, gouverneur du Havre, avec *demoiselle Julienne d'Estrées,* sœur de Gabrielle, marquise de Monceaux, dont l'acte passé devant nos tabellions, à la date du 7 janvier 1597, est signé par Henri IV.

Mais une circonstance, que sans doute on ignore, nous est révélée par un précédent acte du 13 octobre 1595 (registre-meuble); la voici : c'est que ce personnage qui y est qualifié de « Illustre et puissant « seigneur *Georges* de Brancas, sieur de Villars, capitaine de cin- « quante hommes d'armes des ordonnances du Roy pour Sa Majesté, « au Hayre-de-Grâce, et en la ville et château du Pont-de-l'Arche, « en la province de Normandie, *avait été reçu à l'âge de douze ans* « *religieux de l'ordre de Saint-Jehan de Jérusalem en l'ysle de* « *Malte, en l'hôpital duquel il était resté un an et plus,* » mais sans avoir alors été admis au serment qui ne pouvoit être prêté pour la profession qu'à l'âge de seize ans. Or, comme avec le temps de son séjour il comptait à peine quinze ans, ce qu'il a affirmé sur les saints Evangiles, il ne devait donc être réputé profès. C'est pourquoi il chargeait *plusieurs nobles et circonspectes personnes* de se pourvoir devant Sa Sainteté, ou l'illustrissime légat d'Avignon, pour obtenir *sentence déclarative* à cet effet, et qu'il lui fût licite *de contracter mariage.*

Tout ceci complète ce que nous avons dit p. 379 et 380, dans les notes de la pl. XVIII, *sur les oblats monastiques.*

———

IV°.

PAROISSE SAINT-GODARD, ROUEN. — STATUTS.

26 septembre 1474.

Règlement pour le service de l'Eglise. — Bans de Mariage. — Lecture d'actes. — Bénédiction du lit nuptial.

Extrait.

—

BANS DE MARIAGE.

Se aucun fait faire trois bans en cas de mariage en la dicte paroisse, icellui clerc sera tenu nommer *les noms, les surnoms,* de ceulx pour qui les bans se feront, au curé ou chappellain ; et pour ce faire en la dicte Eglise, ilz auront la somme de quinze deniers pour tous eulx clers ensemble.

BÉNÉDICTION DU LIT NUPTIAL.

Item quant len vouldra *beneir le lit daucuns nouveaulx espousez* lung diceulz clers sera tenu de aler avec le curé ou chappellain *pour aidier à benir le lit ;* et pour ce faire, aura cinq deniers tournois.

PUBLICATION DE CONTRATS.

Item se au clerc ou clercs dessus dis, sont *aucunes lettres obliga- toires présentées pour estre leues à loye (l'ouïe) de la paroisse,* ils seront tenus de les lire, et pour chacune lettre au dos de laquelle ils seront tenus escripre icelle lecture et les présents a ce, et les signer auront dix deniers t.

COUVRE-FEU.

Item les diz clercs ou l'un deulx seront tenus chacun jour de sonner *quevrefeu* à heure de la grant Eglise, et aussi sera tenu de fermer ladite Eglise à heure compétente et raisonnable.

———

V°.

DES BAILLIS.

1306.

Réglement de l'Echiquier de Normandie.

—

SCEAUX OU TABELLIONAGES LETTRES LE ROY.

Nous avons vu, p. 14, que les baillis, dès la fin du XIII° siècle, faisaient intituler les contrats *en leur nom* pour leur donner force exécutoire, et qu'ils s'arrogeaient même le droit de nommer des tabellions et des gardes-scel, cela nous amène à parler ici de l'institution des baillis et de leurs attributions en Normandie, d'où dérivaient celles des tabellions. (*Voir* p 11.)

Le plus ancien monument qui fasse mention de la juridiction des baillis, est l'ordonnance du roi Louis-le-Jeune, intitulée : *Statuta Ludovici septimi* de l'an 1154. (*Voir* cette ordonnance dans le t. I, Thes. anecd. de Dom Martenne, p. 436.)

Philippe-Auguste, avant son départ pour la Terre-Sainte, en 1190, régularisa par son testament cette institution dans les principales villes du royaume, pour rendre la justice, et suppléer les fonctions que les comtes avaient rempli sous la première et la deuxième race de nos rois. Il leur était ordonné de tenir chaque mois *des placités* qui ne furent plus appelées autrement qu'assises. (*Voir* Rigord, t. XVII, au *Rec. des Hist. de Fr.*; et Brussel, *Sur les Fiefs*, t. I, p. 495.)

En 1302, le siège de l'Echiquier n'eut pas été plutôt fixé à Rouen par Philippe-le-Bel, que cette cour souveraine s'empressa de régulariser, et de renfermer dans de justes limites les attributions des baillis de Normandie, dont les fonctions participèrent à la fois du pouvoir administratif et judiciaire.

Voici l'ordonnance inédite que, par une heureuse exception, nous avons trouvée consignée dans un cartulaire mss. de l'époque, sous le n° 170, intitulé *Paparum, regum et litteræ*, p. VIII^{xx}VII (167), déposé à la Bibliothèque impériale.

Anno 1306, XXIII avril.

ORDINATIONES SCACCARII NORMANNIE :

« C'eest lordenace en l'Eschequier de Pasques lan M.CCC.VI, commandée au baillis de Normandie par Monsieur l'Arcevestre de Narbonne, Monsieur le comte de Saint-Pol, le seigneur de Chambli, Monsieur *Enguerran de Marigni* [1], Monsieur Guillaume de Harcourt, Monsieur Mahi de Té, le trésorier du Temple, mestre *Jehan de Dom-Martin* [2], mestre saire de la Charmoie, Renaut Barbo, mestre Jehan de Saint-Just en la presence *de leurs vicomtes.*

« Premierement tuit li bailli vendront et se presenteront pour compter sans faillir au jour de l'Eschequier accoutumé, cest assavoir aus octaves de Pasques et de saint Michiel, ou au jour qui leur sera mandé du Roi ou de la Cour, et cil qui enfriudra encourra la peine establie par le Roi, cest assavoir x livres pour les despens dés gens le Roi par chascun jour, se il na essoinne (excuse) loial.

« Li bailli qui baillent ou baudront fermes à heritage quant il leur sera commandé, praudront contre plage souffisant du cinquième au moins, et baudront terre, et prendront du dit bail et mettront en leur premier compte le nom de celui à qui la ferme sera baillée, et le contre pleige au blanc, ou au dans du compte, et rapporteront au dit compte la lettre dudit bail, ou le transcrit *sous soeel authentique* pour faire enregistrer, et baudront les dites fermes à ces de proche et par enchierement si comme il est accoustumé, et de celles qui sont sa baillie à hériteige, il rapporteront ainsi à leur premier compte les noms de ceux qui les tiennent et les contreplages.

« Ils baudront les fermes non fieffées, et *les Prevostés* à oie (ouïe) de parroche, et par enchièrement et douront lettres du bail et rap-

---

[1] En 1315, Louis X, dit le Hutin, laissa condamner à mort le surintendant des finances, Enguerran de Marigny, pour cause de prétendues exactions, lequel périt victime de l'inimitié de Charles de Valois, oncle du Roi.

[2] Maître *Jehan de Dom-Martin* figure dans une charte en français de 1280, sous le nom de *Jehan de Trie, comte de Dam-Martin*, citée p. 137 de notre vol. — *Voir* aussi pl. XIX°, n° 3, un *Johan de Trye*, bailli de Caux, en 1302, et note.

Observons d'après le président Hénault, t. I, p. 267, que ceux qui exerçaient les fonctions de premier président avant Philippe de Valois (1328) étaient appelés *maîtres du Parlement.*

porteront ausi a leur premier compte les noms de ceux qui les tiennent et mesmement des fermes qui montent à x livres au plus, et les noms des plages ausi, et ausi douront li lettres et les vicomtés à tous ceux de qui ils retinront deniers.

« Il noutront riens aus Prevostes ne aus fermes, fors ce qui est accoutumé a estre baillié es dites fermes, aincois celles qui seront trop grans et trop grosses se illes peuvent desjoindre en bonne manière, et il voient le profit du Roy, il les baudront par membres par le conseil, toutefois des gens de l'Eschequier de la chambre des comptes.

« Il baudront (bailleront) *les prevostés*, les paages[1], *les seaulx, les escriptures et tous les aultres marchiez du Roi à personne soufisanz* et les baudront en cette manière que cil qui les prendront ne porront demander dommage *pour raison de guerre, par mer, ne par terre,* ne pour deffense qui soit faite du Roi pour cause de guerre, ne pour autre deffense, établissement, ordenance ou ban faitz pour le profit du Royaume ou de Bailliée.

« Il rapporteront en leur premier compte les noms des achepteurs des ventes des bois, et les noms des plages (pleiges) au blanc ou au dens de leur compte de celles qui sont à bailier, et qui ja faites bailliés, et les noms des enchérisseurs.

« Il baudront a oie de parroche et par enchièrement les gardes qui escharront et raporteront en leur premier compte le jour que elles escharront, et en quoi les rentes des dites gardes seront, et diront aussi les sommes assenées pour vivres, et pour douaire en leur premier compte, et quant li Roi rendra aucune garde, et raporteront par escrit le jour que la lestre leur sera présentée.

« Il ne vendront pas les *sceaulx* et les *escriptures ensemble à une personne, et cil qui achètera le scel ne le tendra pas en la main ;* « aincois sera mis en la main d'un prud'homme, et li acheteur en « aura l'émolument, et seront le dit sceau vendu si comme il a esté « commandé autrefois, especianment ceus qui sont ès-mains des vi- « comtes contre la défense pièça faite en Eschequier.

« Il compteront des blés, et des avoesnes par parties convenables

---

[1] Le péage, *Pedagium*, était un droit de passage qui se percevait dans certains lieux déterminés, sur les routes et au bord des rivières.

en un raoulle par soi ou au dous du compte de la Baillée, et en diront
le pris, ne nacheteront pas autres blés ne aucunes pour poier rentes
ne ausmones que li Roi doit, ainçois les paieront des diz blez, ou les
feront paier aus acheteurs des blez par les mcesmes pris que il les
acheteront et en feront mencion au marchié, fuire se n'estoit einsi que
li Rois deust à aucun terme blez, et en ne lieu deust a aucun terme
blez et en ne lieu deust pas a celui terme ne a plus hâtif; de quoi il
les peust à ce terme paier.

« Il mettront en leur comptes tous les noms de ceux dont il
comptent en despens, flez, aumosnes, gages, pensions et salaires, soit
à héritages ou a vie ou a volonté.

« Il défendront des oran droit aus charpentiers, et aux maçons
combien que *il soient juré le Roi* que il ne facet nulles euvres sans ce
que il laient dénuncié au bailli, et sans son commandement, se n'est
destuier, ou semblable chose petite, pour oster péril si hâtif que il
neussent pas espace de le montrer au bailli, et se il le fout autrement
li bailli ne leur compteront ne les œuvres ne leur gages.

« Li bailli ne feront nulles nouvelles œuvres ne souffreront estre
fuictes pour le Roi en leur baillies, se n'est du commandement du
Roi ou de la Cour, et des œuvres que il feront pour soustenances ou
pour nécessité, il les verront avant ou feront (voir) vousir, et les feront faire a moins de coust que il pourront, regarde le profit du Roi
à la condition de l'œuvre, et le moyen qui sera nécessaire pour les
dites euvres, il prendront es ventes par pris acostumé et deu, et non
pas ailleurs ès forez le Roi, et se il le font autrement en ne leur
comptera riens.

« Nul bailli ne mettra en son compte chose qui li ait esté raiée au-
trefoiz se il na noveau commandement ou congié de meittre li autre-
foiz de ce chief sur peinne de XL sous que le clerc au bailli paiera aux
clercs des comptes.

« *Li sergent du Plet de l'espée douront plagerie soufisant pour
eux et pour leur sous-sergents de loiaument sergenter et de respondre
de leur feiz, et ne seront pas li bailli deschargié de ce que il devront
pour deites que il aient bailliées a lever aus sergens.*

« Chascun bailli sera chargié en sa baillie de la recette, et prendra
seurté de ses vicomtes de ce qu'il recevroit, et aux vicomtes qui ne
voudront donner seurté, il leur soupendra leur office.

« Tuit li Verdier[1] apporteront aus baillis leur comptes, et les parties de leur esploiz un mois devant l'Eschiquier, et qui ne le fera, il prendra ses gages de ce terme, et seront li vicomte a taxer les amendes, et debvront li verdier seurté aus baillis de ce que il recevront ou la receite leur sera ostée.

« Li bailli ne vendront nuls des grains le Roi, à nuls des verdiers le Roi ne nules des fermes, ne des marchiez le Roi a nuls officiaus du Roi, ne ne soufreront que il en soient parchonniers (garants ou participants).

« Chascun bailli sera tenu à obéir à l'autre bailli pour esploiter les deites le Roi, et qui ne le fera, il sera chargié de la deite.

« Li bailli paieront à chascun eschequier à l'ancienne coutume, et celui par qui deffaut, le trésorier demourra, paiera les despens du trésorier, et paiera li baillis de Gisors, et l'Eschequier ainsi comme les autres.

« *C'il qui tendront* (tiendront) *les sceauls ne scelléront nulles* « *leittres se il ne voient les personnes qui se lieront, ou se il ne les* « *font vouair par certaines* personnes souffisanz. »

Nous avons vu, d'après l'une des dispositions de l'ordonnance ci-dessus, que les *sceaux et les écritures le Roi*[2] ne peuvent être réunis dans la même main.—Il y a plus, le garde-scel va devenir le témoin, ou plutôt le contrôleur obligé des actes des tabellions.

En effet, pour donner plus de garantie et d'authenticité aux actes des notaires fermiers du Roi, notre échiquier normand, dans sa session de Saint-Michel 1317[3], prescrivit cette disposition, qui s'étendit aussi aux notaires seigneuriaux.

« In scacario santi Michaëlis m ccc XVII (1317) Preceptum est « Baillivis et vice comitibus, ne tabelliones qui ad firmam acceperunt « *scripturas litterarum regiarum*, confessiones gentium se obligan-« tium audiant, sed *coràm Baillivis*, et *vice comitibus* seu *sigilliferis* « vice comitatùs, transeant litterae predictae. Nec est tamen intentio-« nis Curiae quàm propter hoc, dictis tabellionibus firmariis interdica-

---

[1] Officier des forêts.

[2] Les *écritures le Roi*, c'est-à-dire les tabellionages.

[3] Mss de Dieppe, XIVe siècle, coutumes de la ville, archevêché. (Archives du département.)

« tur quod non possint facere et scribere litteras obligationum, ità
« tamen quod transeant coràm sigilliferis predictis. »

Ainsi : « Il est ordonné aux Baillis et Vicomtes que les tabellions
qui ont pris *à ferme les écritures, les lettres le roi* n'entendent les
parties qui s'obligent entr'elles, qu'autant que la passation de ces
actes s'opérera en la présence des Baillis, de leurs vicomtes, ou des
gardes-scel de la vicomté; sans toutefois qu'il soit dans l'intention de
la Cour, qu'à ce sujet il soit interdit aux dits tabellions fermiers de ne
pouvoir faire ni écrire eux-mêmes lesdites lettres d'obligations, mais
de telle sorte cependant qu'elles soient passées devant les dits gardes-
scel [1]. C'est ce qui peut expliquer aussi jusqu'à un certain point pourquoi nous voyons en Normandie, et notamment à Rouen, dans le
xive siècle, les actes des tabellions intitulés soit au nom du bailli [2],
soit en celui de son vicomte, soit même du garde-scel, sans pour cela
que le tabellion tienne nécessairement ses pouvoirs de ces officiers de
judicature au détriment des droits royaux placés, au contraire, sous la
sauvegarde du Bailli.

L'ordonnance de 1306 qui précède, ou celle qui en est la suite en
la même année, offre cela de particulier qu'elle s'occupe de la composition des deux assises du Parlement, fixées l'une à Pâques et
l'autre à la Toussaint, pour ne durer dans la même année que deux
mois chacune. (*Voir* le mss. déjà cité p. viii^{xx}· ix – 169e fu) avec
cette curieuse distinction, qu'*aux enquêtes de la Langue d'oc* (sic),
seront :

« Le prieur de St-Martin-Deschamps,
« Mesire Philippe de Mornai,
« Mestre G. Flote,
« Mess. P. de Sainte-Croez, »

---

[1] La cour de l'officialité de Reims, vers l'an 1300, statuait aussi que les obligations ou reconnaissances valables devaient être passés *coràm nobis « sigilliferis, seu registrariis curiarum*.

Voir aux documents inédits, archives de Reims (année 1840), p. 311. Le même
vol. p. 14 et 15e année, 1267, énumère, avec détails intéressants les devoirs d'un
tabellion.

[2] Suivant une ordonnance du 3 mai 1519, art. 1er, rapportée par Jousse, t. I,
p. 559, les contrats et autres actes des notaires et tabellions royaux devaient
être intitulés *du nom* de Bailli.

Et aux registres de la *langue française* (sic), seront :

« Mestre Raoul de Millent,

« Mestre G. du Buisson,

« Mestre Lambert de Voyssi,

« G. de Vin : Le chastellain de Neelle, »

C'était sans doute pour que le commerce du midi trouvât en l'échiquier des garanties dans l'administration de la justice devant laquelle les parties plaignantes pouvaient être entendues elles-mêmes dans leur propre langage en matière d'enquête.

En effet, comme nous l'avons observé à la note de la p. 63 de notre volume, la France était alors partagée en deux langues dont la Loire formait la séparation. La langue provençale, dans laquelle on prononçait *oc* pour *oui*, donna son nom aux pays méridionaux, connus alors sous le nom générique de la langue d'*oc*. Les provinces septentrionales étaient connues sous celui de la langue d'*oïl* ou langue d'*oui*[1]. Différence de dialectes qui s'explique facilement par suite du séjour des tribus différentes qui ont occupé ces deux parties du territoire.

Puis l'ordonnance ci-dessus (1306) se termine ainsi : « Et voulons « encore que li *simples clercs*[2] qui seront à nostre *Parlement* qui « soloient (avaient coutume *solebant*) prendre x sols par jour à la forte « monnoye en preignent x sols par jour *tant que la monnoie qui à pré* « *sent a cours, soit ramenée au point de l'ancienne monnaye*, et li « *simple lays* (laïques), qui prenaient x sols *en aient X·V tant que* « *ceste monnoye ait fait son cours*.

C'est que Philippe-le-Bel, qui avait ébréché le crédit public en altérant les monnaies, avait par cela même déprécié les nouvelles qui, en fait, ne représentaient les anciennes qu'au moyen d'une addition d'espèces.

Quant aux *simples clercs* dont il s'agit ici, tenant à l'ordre ecclésiastique ou aux *simples lays* (laïques), ils étaient attachés à la haute cour pour faciliter l'expédition des affaires, auxquelles ils étaient plus

[1] Charles V fit, le 14 juillet 1376, un édit qu'il ordonne être publié dans chaque diocèse de son royaume, de *langue d'oul*. (*Voir* Fontanon, p. 1161 et suiv.)

[2] Le nom de *clerc* pris isolément était, dans les xiie et xiiie siècles, synonyme de celui de *savant*. *Voir* notre p. 8.

habitués que les personnages qui la composaient ; soit parce que plusieurs de ceux-ci étaient étrangers à notre province, soit parce que
la plupart étaient hommes d'épée, et d'ordinaire peu familiers avec
l'écriture; aussi leur servaient-ils de *conseillers* pour l'application
des anciens us et coutumes ou de législation particulière, que malgré
la conquête de la Normandie par Philippe-Auguste, en 1204, cette
province avait conservés. Au reste, cet état de choses se remarque
dans l'ordonnance de St-Louis en 1254, sur le fait de l'administration
de la justice, qui avait pour but, en rendant l'étude des lois nécessaire,
de faire passer du côté des lettrés et des gens de robe une partie de
l'autorité et de l'influence qu'avaient usurpées les gens de guerre [1].
Si, comme nous l'avons observé p. 10, le droit romain, appliqué aux
Cours de justice, contribua à l'établissement et à la fixité des Parlements, nous pouvons ajouter qu'il eut aussi pour effet de faire une
large brèche à la féodalité qui dédaignait l'étude des lois. Observons
qu'à cette époque et même avant, le mot *Parlement*, qui, dans le langage vulgaire, signifiait *entretien* [2], *discours*, servit à désigner la *Cour
des Plaids*, qui définitivement prit le nom de *Parlement* et le conserva.

Par l'ordonnance de 1306 ci-dessus transcrite, nous avons vu
quelle était alors la compétence du Bailli en matière administrative;
maintenant, au point de vue judiciaire [3], il suffit de se reporter aux dispositions de notre coutume, d'après le commentaire de Terrien, en
1594, au *titre de la juridiction*, et des appellations, d'où ressort l'en-
chaînement des justices royales et féodales, sièges des divers tabellionages, lesquelles relevaient pour les cas déterminés de notre

[1] *Voir* aussi ce qui est dit en notre p. 34, même état de choses depuis, en
1560.

[2] En *voir* un exemple p. 16 de notre volume.
Voir aussi ce passage dans les Capitulaires de *Charles-le-Chauve*, tit. 12, chap.
1, « usque modò non fuit opportunus locus, ut ego, et iste meus carissimus nepos in simul *parabolare* potuissemus, etc., etc., d'où le mot *parole*, puis dans
un sens allégorique *parabole*. *Parlement* comme synonyme de colloque est aussi
employé par Jehan de Meung dans le roman de la Rose au x⁰ siècle. (*Voir* le
glossaire ajouté à ses œuvres.

[3] *Voir* aussi pour les fonctions, droits et devoirs des baillis et sénéchaux,
le *Traité de l'administration de la justice*, t. I, p. 557, édit. de 1771, par
Jousse.

ancien Parlement, suivant l'ordre des juridictions, indiqué dans le tableau de notre Appendice, chapitre II, p. 163.

Enfin observons, quant à l'exécution des obligations volontaires passées devant les tabellions ou notaires *royaux* sous SCEL ROYAL, que si elles étaient exécutoires par tout le royaume, il n'en était pas de même des sentences des juges royaux qui, hors du territoire de ceux-ci, ne pouvaient être exécutées dans celui d'une autre juridiction sans la permission du juge local, constatée *par attache* ou apostille, ce qui d'ailleurs était commun aux tabellions et juges des hauts-justiciers féodaux ; sauf les cas pourtant où la sentence était émanée, non pas d'un lieutenant particulier du Bailli royal, mais de son lieutenant général, dont l'autorité alors s'étendait par tout le bailliage. (Ibid. Terrien, p. 29.)

VIe.

Dernier août 1439.

CONFLIT DE JURIDICTION ENTRE LE BAILLI ROYAL ET L'OFFICIAL DE L'ARCHEVÊQUE DE ROUEN.

Anecdote.

Un mari battu par sa femme. — Chevauchée de l'Ane.

(Archevêché. — Liasse des clercs, arm. 6, - c. 6, — *Voir* notre vol., page 50 suprà.)

L'an de grâce mil quatre cens trente-neuf, le lundi derrenier jour d'aoust, devant nous *Guillaume De la Fontaine*, lieutenant général de noble homme Monsieur Jehan Salvain, chevalier bailli de Rouen, comme nagueres Jehan Dandin, espicier demourant en la paroisse Saint-Denis de Rouen, ait esté mis ès prisons du Roy nostre sire audit Rouen par nostre commandement pour ce qu'il estoit trouvé

chargié d'avoir voulu faire *chevauchier l'asne* [1] et pour ce, faire assemblée de peuple en la ville de Rouen, pour ce que la femme d'un
de ses voisins *avoit batu son mari*, comme icellui Dandin disoit, depuis lequel emprisonnement nous avions esté admonestez de par l'official de Rouen, de lui rendre ledit Dandin *disant qu'il estoit clerc
portant habit et tonsure,* pourquoi le procureur du Roy nostre sire
ait voulu prendre brief, de lay, fieu, ou d'omosne disant que non
obstant que icellui Dandin ait eu couronne, et que au temps de sa
prinse fust en habit et tonsure, si ne devoit il jouir de privillège de
clerc, mais estoit bigame, et pour ce ne devoit estre restitué par ladite monicion pour ce qu'il disoit quil s'estoit marié à une femme,
laquelle avoit esté corrompue au devant dudit mariage; et certain
brief temps après ledit mariage, elle avoit eu ung enfant d'autre
personne que de son dit mary ; de laquelle chose ledit mary avoit
eu cognoissance, et avoit prins argent pour la défloracion d'i-
celle [2], et le promotteur d'office de très révérend père en Dieu monsieur Louys de Luxembourg, archevêque de Rouen, voulloit dire et
soustenir que la femme dudit Dandin estoit une jone femme qui
oncques n'avoit esté mariée que audit Dandin, et l'avoit prinse créant,
comme il disoit, quelle fust bonne et vraye pucelle, et se après
ledit mariage, elle avoit eu enfant au devant du temps deu, ce n'estoit chose qui deust empeschier la restitution dudit Dandin *portant
habit et tonsure* [3] et autres causes et raisons par quoy il devoit estre

[1] Dans l'histoire des ouvrages des savants par Basnage de Beauval, (fils de
de Henri, le savant commentateur de notre coutume, mort à Rouen en 1695),
édit. 1700, t. 16, p. 407. Il y est fait mention des inscriptions anciennes recueillies à *Rome* par Raphaël Fabretti. Nous y lisons ce passage : « Ce dernier rap-
« porte une inscription tumulaire du fait des chrétiens, dans laquelle ou sou-
« haite à un homme qu'il ait le sort de *Pilate et de Judas* (sans doute en cas
« de violation de sépulture), et que pour comble de honte, il soit obligé *de
« monter dans la ville sur un âne, la tête tournée du côté de la queue, qui lui
« servira de bride.* »
On voit que cet usage date de loin et n'était pas particulier à notre pays.

[2] Nous avons hésité à transcrire *in extenso* cet acte, car *le latin seul brave
l'honnêteté,* mais la difficulté de l'analyser sans nuire à la naïveté du récit
nous a fait craindre de commettre des anachronismes de style.

[3]   TONSURE. — PRIVILÉGE DE CLERC. (*Ibid.,* Archev.)
Telle était l'importance attaché à ce privilége de clerc, qu'en l'échiquier de
Pasques tenu à Rouen en l'an de grâce 1342, les religieux de St-Wandrille,

restitué. Sur quoy les parties estoient en voye de mouvoir, et en commencier ung grand et sumptueux procès pour lequel eschiver et aussi pourveoir à la délivrance du corps dudit Dandin qui a esté détenu ès dites prisons par trois sepmaines ou environ, et encore pourroit longuement demourer prisonnier à l'occasion dudit procès se encommencié estoit, icelles parties se sont condescendus en appoinctement en la manière qui ensuit : c'est assavoir que ledit official retraira ladicte monicion, et ce fait *ledit Dandin sera par nous mis à plaine délivrance veu son cas et longue prison*; sans ce que ce face ou porte aucun préjudice au Roy nostre dit sire, sa justice ou sa juridiction, ne à mondit sieur Larchevesque sa justice ou juridiction, ne que l'un s'en puisse aidier vers l'autre en pocession ou propriété, en aucune manière pour le temps advenir ne qu'il puisse estre ramené à conséquence, mais fu mis et demoura comme cas non advenu. Desquelles choses le procureur de mondit sieur Larchevesque obtint ce mémorial pour lui valloir ce qu'il appartiendra. — Donné comme dessus.   Signé BIENVENU, avec paraphe.

VII•.

Aux XIII•, XIV• et XV• siècles.

SCEL AUX CAUSES, ET DES OBLIGATIONS, SPÉCIAL AUX JUIFS.

Lombards. — *Usure, change monétaire.*

Dans la plupart des provinces de France immédiatement soumises au Roi, des juges particuliers étaient établis *pour les causes des Juifs.* (*Voir* Brussel, *Sur les fiefs*, t. I, p. 603.

s'étant plaints que nonobstant le privilége de clerc invoqué par un sieur Guillaume, ce dernier n'en avait pas été moins justicié pour cause de forfaiture par l'avis des réformateurs derniers envoyés en Normandie, *quoiqu'il se fût rendu à la franchise de saincte Eglise.* Sur l'enquête faite par le bailli de Caen, qu'en effet le dit Guillaume estoit clerc au moment de son exécution, il fut ordonné par le jugement des chevaliers et autres sages que son corps *par figure* (effigie) *serpit enterré avec solempnité, attendu que le condamné étoit en possession de tonsure* et reçu par l'official de l'évêque de Baiex, de la justice duquel il relevoit de droit, ce qui eut lieu et mit fin au procès qui duroit depuis un an.

Pour assurer aussi l'authenticité des conventions passées entre les chrétiens et les juifs, tant en France *qu'en Normandie*, deux hommes libres (prud'hommes) étaient élus dans chaque ville, qui, dépositaires jurés, l'un *d'un scel spécial*, l'autre *de la bulle ou minute* de l'obligation, scellaient et expédiaient les actes de prêt, à la demande de l'une des parties. (*Veter. script.*, t. I, p. 1181, et *Statut de* 1206, Brussel, t. I, p. 177), ce qui fut modifié sous Louis VIII, *ibid.*, p. 585.

A Dieppe même se tenait cette sorte de pieds en l'an 1217, *comme au temps de l'archevêque Gautier*, ainsi que le relate une charte de Robert III, son successeur, datée du mois d'avril de la même année. (Lib. de Saint-Just f° 44, v°). Toutefois, cet état de choses offrait peu de sécurité, car nous voyons Philippe-Auguste ordonner à tous ses baillis de Normandie de poursuivre comme de coutume, à la demande de l'archevêque de Rouen et de ses suffragants, les usuriers établis dans leur juridiction, *et qui avaient encouru l'excommunication*. Voici les termes de la charte déposée en original aux archives de notre département (Archevêché).

« Philippus Dei gratiâ Francorum Rex, universis Baillivis suis
« de Normanniâ, salutem mandates vobis precipimus, quatenus *usura-*
« *rios* in vestris baillivis constitutos, et *excommunicatos sicut consue-*
« *vistis*, ad petitionem dilectorum et fidelium nostrorum Archiepiscopi
« rothomagensis, et ejusdem suffraganeorum justicietis. Durent littere
« iste usque ad quintanam.

« Actum apud Gisorcium anno Domini M° CC° septimo decimo
(1217) mense Januario.

Dans la publication des grands Rôles normands, faite en 1846, t. V, p. 203, par la Société des Antiquaires, on peut voir la quittance d'un juif donnée *devant Guillaume Baudri*, *bailli des juifs en* 1204, et une ratification consentie en présence *de Raoul de Cailli*, *maire de Rouen*, *de Radulpho de Cailleio tunc majori Rothomagi*, souscrite de signes hébraïques.

Chronique.

Maintenant, nous extrayons d'une chronique manuscrite qui se trouve à la suite d'un registre de l'échiquier normand de l'année 1316, qui figure sous le n° 5 de notre inventaire départemental, le passage suivant touchant la persécution exercée contre les juifs, à raison de leurs personnes et de leurs biens sous Philippe-le-Bel[1], Elle débute ainsi : « En ce temps (1302) la monnoie fut appetichée « au dommage grant de plusieurs, etc,. etc.

« Ly Rois avoit si fort appeticié sa monnoie que ly parisis ne va- « loit pas d'assez ung parisis ancien.

« En ce temps *deux Lombards*, frère Mache, Richer..... s'entre- « mettoient de la monnoie, appeticiée dont ilz, et Enguerran (de « Marigny) en ourent très grant émolument, mais maint en furent « dommagiés, et ly Rois en oult pou de profit.

« En l'an M. CCC. VI (1306) ly Juifs (p. 177) furent mis hors du royaume de France [2], laquelle chose eust esté bonne se l'en eust mis conseil à un grant inconvéniant qui en avint, car il avient moult de foiz que aucuns combien qu'il soit bien chesés, *il y survient un besoing si grand* d'avoir argent tantost que se ilz ne l'ont prest *ou ilz perdent héritage, ou ilz sont escommeniez* ou puniés ou encourent grant peine ne ilz ne peuvent si prestement recouvrer leurs debtes ou leurs reutes, mais assez tôt l'auront après et si peussent trouver emprunt par un pou d'usure ilz eschappassent, mais lors n'en povoit on point trouver; se ce n'estoit de celle *d'aucuns crestiens clercs et lays* qui parmi au- cuns courretiers *prestoient à si grand usure que elle passoit à double celle que ly juif prenoient* et ne savoient ly emprunteors qui avoit leurs gaiges ; dont il y avoit grant péril, car se ly courretiers mouroit ou s'en finoit, ilz ne savoient à qui recourir, *ils furent tuit pris par le royaume* le jour d'une feste de la Magdeleine et *tous leurs biens ly Rois oult.* Toutefoys aucuns d'eulz vendient au Roy, et ly denom- cèrent que il seroit trop dommagiez, se les debtes que leur devoit par le roiaume qui montoient à grant chose n'estoient recouvrées, si que ilz ourent congié de demouier (demonneir) pour les recouvrer en telle guise que ly Rois en avoit les deux pars et il la tierce. »

Comme exemple de la vie pratique au point de vue de l'intérêt de

___

[1] En l'an 1311, Philippe-le-Bel fixa à vingt pour cent l'intérêt légal de l'ar- gent pour les foires de Champagne (ordonnance, t. I, p. 484).

[2] En 1223, les Juifs avaient déjà été expulsés de la Normandie par ordre du roi Louis VIII. (*Mémoires des Antiq.*, t. VI, n° 331.) — Dans le mss. *Chronicon triplex et unum* de notre Bibliothèque publique, édité au t. XVIII de la Soc. de Antiq. de Normandie, on lit : « Anno Judæi de Regno Franciæ, per preceptum « Domini Regis (Louis IX) sunt expulsi. »

l'argent dans le cours du xve siècle, en Normandie, nous transcrit vons les documents ci-après :

TABELLIONAGE DE ROUEN.

Le mardi deux juin XIII^c et ung (1401).

Lombards ou Lambards, usure.

« Comme messire Jehan Boullenier prestre, soy disant procureur des doyen et chapitre de Saint-Hildevert de Gournay, tant en son nom comme au nom que dessus se fust pieça trait de vers les *Lombars* de Rouen ou leurs facteurs, et leur apportoit certains gaiges pour emprunter argent dessus *pour les nécessités de ladite Eglise;* sur lesqueulx gaiges lesdits Lambards n'avoient *aucune chose voulu prester et pour* se se fust tourné de vers maistre Jehan Lefebvre, surgien, demeurant à Rouen, lequel lui eust baillié deux hanaps (ciboires, coupes) à pié pesant quatre marcs d'argent deux onches d'argent, sur lesquielx furent prestés seize escus d'or et auxi fust depuis escheuz de moultes (de beaucoup) tant que toute ladite somme monte bien pour le présent vingt-quatre livres quinze sols ou environ, savoir faisons etc. fut présent ledit Boullenier, lequel tant en son nom privé que au nom que dessus congnut les choses dessus dites estre vrayes et après ce; tant en son nom privé comme dessus, promist et s'obliga paier la somme pourquoy tiennent iceulx hanaps *envers iceux Lambards* et rendre et restituer audit maistre Jehan iceux hanaps parmy ce que ledit maistre Jehan rendra ce que baillie lui fu par ledit Boullenier et à ce tenir, etc., etc. »

Lambards ou marchands d'argent.

Même, tabellionage.

Suivant acte du deux novembre même année (1401), « noble homme Pierre de Craon chevalier reçut naguères par prêt de Blese Madée et ses compaignons *marchands Lambards* demeurant à Rouen, la somme de *mille écus d'or à la couronne* du prix de xxii sols vi deniers tournois pièces sur condition que yceulx Lambards devoient prendre de profit *XL. l.* pour *chacun mois* que ladite somme de *mil* écus leur scroit deue. »

Enfin, par acte du 25 septembre 1402, « transport de créance par Jacquemin Ambroise facteur procureur et porteur de ces lettres de Berthellenncu Nucht et Anthoine Madée ou leur ayantscause nagaire *Lambars et marchans d'argent* [1] suivant obligations precedentes du 2 nov. 1387, demeurant à present à Rouen.

Extrait du registre mss. du receveur de l'abbaye de Montivilliers, en 1428.

(Archives départementales.)

CHANGE DE MONNAIE.

Pour le change et déchié de x escus et vi moutons d'or que Jehan Hervieu, despensier de la dite abbaye, avoit achetez à Argentan, en voyage qu'il fist oultre Seine, en février cccc xxvii pour recevoir les rentes d'illec ; c'est assavoir chacune pièce des escus xxviii s. iiii d, et *chacune pièce des moutons* xviii s. iiii d. et icellui or, n'a esté mis et employé les escus pour xxvii s. vi d. et les moutons pour xvii s. vi d., ainsi y a perte et déchié sur chacune pièce de x d. qu valent pour les xvi pièces d'or dessus dites xiii s. iiii d, pour cecy. . . . . xiii s. iiii d.

Et pour le change et déchié de xx escus d'or pris et receus par le dit Jehan Hervieu des rentes d'oultre Seine, en second voyage qu'il fit illec pour xxx s. ix d. pièce, et iii autres escus pris pour xxxii s. vi d., pièce deux *dourdrez d'or* de Flandres pris pour xxx s. ix d. pièce, et ix moutons pour xx s. pièce, laquelle or a esté mis et employé à Rouen pour acheter vins et autres choses en la présence de maistre Richart Quesnel et messire Jehan Dumouchel, c'est assa-voir les dis xx escus pour xxviii s. iiii d. pièce, les iii autres escus pour xxix s. ii d. les dis ii dourdretz pour xxii s. vi d. pièce, et les

[1] On les désignait aussi sous le nom de *campsores* ou de *mercatores* dans une ordonnance de 1295.

dis ix moutons pour xvii s. vi d. pièce ; ainsi y a eu perte et déchié
sur chacune pièce des dis xx escus de ii s. v d. qui valent xlviii s.
iiii d. sur chacune pièce des dits iii escus iii s. iiii d., valent x s.
sur chacune pièce des dis ii dourdres viii s. iii d. valent xvi s. vi d.,
et sur chacune pièce des diz ix moutons ii s. vi d valent xxii s. vi d.
montent ces parties iiii l. xvii s. iiii d. pour cecy.   iiii l xvii s. iiii d.

Et pour le change et déchié de xxx pièces d'or [1], tant escus que
salus, lesquels le dit receveur avoit prins et receuz de plusieurs personnes pour xxx s. pièce, parce que l'en disoit que les Bretons cher-
roient, et ilz n'ont esté mis et employés que pour xxviii s. iiii d.
pièce, ainsy y a perte [de xx d. sur pièce qui valent l s. pour
cecy . . . . l s. xxv s.

En la même année 1428, nous trouvons dans les grands comptes
de l'archevêché, ce double article :

« A Jehanne Remonde, pour deux voyages par elle faits de *Rouen*
« *à Bernay pour trouver marchands* qui voulussent délivrer à
« *Genesve* à mon dit sieur *argent pour* le rendre par deçà,
« paié. . . . . xl s.

« A la même, pour deux voyages par elle faits *jusques à Bernay*
« (pour le même but). . . . . xxx s. »

Cette pénurie d'argent explique suffisamment les faits ci-après :

OFFICIALITÉ. — AMENDES. — USURES.

Dans un petit registre mss. de l'Officialité de Rouen, année 1438
à 1439, *in fine.* (Archevêché, Archives départementales,) on lit
ce qui suit relativement au gage fourni par la veuve du duc de
Bethfort :

« Jobannes Marçel, clericus burgensis Rothomagensis emendavit
« se, et in quantùm esset culpabilis per ejus confessionem auct infor-
« mationem eò quod alias habuit *per modum pignoris sen emptionis*
« à *dominâ Jaquelinâ de Luxemburgo viduâ principis inclite me-*
« *morie domini Regentis Francie et Ducis Bethfordie*, certa jocalia
« contenta et specificata in duabus cedulis continentibus *sex mille*
« *libras* turonenses traditas super ipsis jocalibus, et pro lucro si

---

[1] *Voir* à la fin de l'article la valeur du marc d'argent.

« reacquitarentur, debebat ipse Marcel habere vi ^{ce} l^{ta} (650) libras
« turonenses. »

Ainsi donc la veuve du duc de Bedford avait engagé ses bijoux
jusqu'à concurrence de 6,000 ^{tt}, et ne devait les reprendre qu'en
payant 650 livres ! !

« Item se, et in quantùm mutuavit pecuniam suprà pignora vide-
« licet *Domino de Talbot*, domino d'*Arondel*, domino Ricardo guetin
« nuper Baillivo de Meduntâ (Mantes) et aliquibus Burgensibus , et
« pignora confiscavit, seu ad se applicavit, *nisi redimerentur infrà*
« *terminum* reacquitandi, »

Comme on le voit, ces personnages anglais, tout vainqueurs qu'ils
fûssent, subissaient la loi du vaincu vis-à-vis des usuriers contre lesquels l'Eglise ne cessait de fulminer, tant la nécessité est souveraine !

Dans le grand compte de l'archevêché de Rouen pour l'année 1440
figure cet article :

« Pour ung sermon qui fut faict par ung jacobin, docteur en théo-
logie, en une procession générale le dimanche devant la saint Jehan-
Baptiste, *pour détester le crisme de usure.* »

Pour deux gallons de vin paié , ... xii s.

Quoi qu'il en soit, l'Eglise était forcée d'emprunter même sur les
objets consacrés au culte, comme on l'a vu p. 67 et dans l'acte de
1401 qui précède ainsi que dans l'article de compte ci-après :

Compte de 1454 (*église Saint-Nicolas de Rouen.*)

A Jehan Toulouse paié ix liv. t. qui deubz lui estoient pour *prest
par lui fait* aux trésoriers de l'année passée et pour lesquielx len
lui avoit baillé en gaige *la paix d'argent de l'église.* Laquelle paix
il a rendue et par les trésoriers a esté mis au trésor de l'église avec les
autres biens, pour ce. ix liv. t.

PRÊTS SUR GAGES PAR UN RELIGIEUX DE L'ABBAYE DE SAINT-OUEN. — INVENTAIRE.

Il y a plus, il résulte d'un inventaire dressé en janvier 1477 après
le décès de Dampt Richart Quesnel, religieux *bailli* et *verdier* (officier
forestier) de l'abbaye de Saint-Ouen (registre de compte), que lui-
même prêtait sur gages.

Dans le chapitre y relatif on lit ce qui suit : « De Jehan PAris pour
« six hanaps (gobelets) d'argent pesant in toto vi marcs d'argent
« moins trois gros à lui vendus et délivrés au prix de x livres pour
« marc valant in to. LIX ᵗ t. XI s., pour ce. . . . . LIX liv. XI s.

« Pour xxv cuillers d'argent, tant entières *que rompues et cassées*
« pesant in to. trois marcs, trois onces et demi d'argent du viel merq
« ou prix de IX liv. XVII s. VI d. pour marc vallant in to. XXXIII liv.
« XVIII s. IX d. ci rendus en recette pour ce. XXXIII l. XVIII s. IX d. »

« Et ont été pesés icelles cuillers, tasses et hanaps *en présence du*
« *notaire*, jouxte la relation cy rendue.

« De Jehanne De la Garde, pour restitution *d'une robe clerette de*
« *femme*, laquelle tenoit gaige pour prest fait par le dit feu bailli, reçu
« deux gros.

« Pour la restitution d'une autre robe de femme appartenant à une
« porteresse de Saint-Nigaise dont estoit deu de reste de prest x s.

« De Jehan Asse, pour restitution d'une robe violette fourrée à
« usaige de femme ¹. »

Puis viennent quelques articles de ménage comme *paelle d'airain*,
caudière et cauderette pour un escu d'or, XII s. et v d.

C'était, comme on le voit, un petit Mont-de-piété ! !

SCRIBES OU NOTAIRES CHEZ LES HÉBREUX.

Enfin, au sujet des scribes ou notaires chez les Hébreux, voici
comme Scaliger, érudit du XVIᵉ siècle, explique ce passage
de saint Mathieu, qui rapporte que « le roi Hérode, averti par les
« Mages de la naissance d'un Roi des Juifs, consulta les scribes du
« peuple. »

Ces scribes, suivant lui, étaient partagés en deux classes : *en scribes*
de la loi, et en scribes du peuple : *ces derniers* exerçaient la fonction *des*
notaires ou des tabellions qui dressaient les contrats; qui les souscri-
vaient en qualité d'officiers publics, et les scellaient de leur sceau.

¹ Dans un contrat de mariage du 18 octobre 1330 traduit du langage gascon
(fonds Dudoat déja cité t. II, fᵒ 89, 8ᵒⁿ des mss. Bibliothèque Impériale), nous
trouvons cette mention : La fiancée « est assortie de Goned sede violet, claus
« de garnache, et d'un manteau d'escarlate *de Indid avec fourrures de gros vairs*
« ab sobrecot claus, et à la dite garnache et de menus vairs au susdit man-
« teau. »

Il ne faut donc pas confondre ces derniers *avec les docteurs de la loi;* parce que ceux-ci enseignaient dans les hautes écoles, tandis que les scribes du peuple donnaient de simples instructions dans les synagogues.

(*Annales ecclés.*, par Basnage, édit. de Rotterdam).

VIIIe.

Vers 1540.

Scel en creux de l'Abbé des Conards.

Ce scel représente, sous le costume d'un abbé mitré, un personnage joufflu et ventru, sur son siége, tenant à la main gauche une crosse, à la droite un fort jambon, et à ses côtés sont deux grands flacons.

Les joyeux suppôts de l'abbé des Conards formèrent à Rouen une association *carnavalesque* qui remplaça (d'après Taillepied, *Antiq. de Rouen*, p. 50), vers le milieu du xvie siècle, la joyeuse bande des *Coqueluchers*, ainsi nommés parce qu'ils portaient le coqueluchon des fous [1].

A Châlons-sur-Marne, à la même époque, se célébrait la fête des fous.

[1] Au Musée des Antiquités, à Blois, on voit un feuillet en bois qui paraît avoir été détaché d'un sommier de maison, sur lequel a été anciennement collée une longue image où est représenté le cortége des Coqueluchers, avec accompagnement de couplets relatifs à cette scène.

A Amiens, la *fête papale* des fous ; fêtes burlesques qui n'é-
taient, à vrai dire, qu'une imitation de celles en usage chez les Romains, sous le nom de Saturnales, au renouvellement de l'année.

A Dijon, les satires s'exerçaient sous le nom de la *mère folle*. Ailleurs,
c'était sous le titre des S. Innocents. Il n'entre pas dans notre sujet
de les énumérer toutes ; qu'il nous suffise de dire que ces scènes
étaient alors dans le goût des populations, qui trouvaient ainsi le
moyen de donner un libre essor à tous les écarts de la satire, qu'en
toute autre circonstance il eût été dangereux d'exercer.

C'était une soupape nécessaire, entr'ouverte alors à l'effervescence
populaire, qu'il eût été imprudent de tenir toujours fermée. C'est ce
qui explique pourquoi l'*abbaye des Conards* fit régulariser ses priviléges exclusifs par arrêt de notre Parlement du dix janvier quinze
cent soixante-treize, et qui, l'année suivante, comme on le verra ci-
après, en restreignit tant soit peu l'exercice pour mettre un frein au
trop grand dévergondage.

Si nous remontons au xiiie siècle, en consultant le registre des visites pastorales, Ier livre, p. 261, d'Eudes Rigaud, archevêque de
Rouen, nous voyons que dans l'abbaye de Sainte-Trinité, de Caen, le
jour de la fête des Saints Innocents, l'office du soir était accompagné
de *farces*, « *cantant lectiones suas cum farsis*, » usage ancien que
l'Eglise avait toléré, mais que les évêques commencèrent à proscrire,
comme l'observe M. Duméril (*Mém. des Antiq. norm.*, xviiie vol.,
p. 106). Quoiqu'il en soit, il fallait que les abus fussent bien invétérés, puisque malgré les *lettres-royaux* émanées de Charles VII en
1445, qui menaçaient du bras séculier ceux qui renouveleraient les
abus de ces scènes burlesques, notamment aux fêtes des Saints Innocents et de la Circoncision de Notre-Seigneur, cet état de choses n'en
subsista pas moins (voir *Thes. anecd.*, t. 1, p. 1800). Comment, en
effet, anéantir ces sortes d'usages, lorsque notre Parlement lui-même,
dans le cours du Carnaval, tolérait de plaider à sa barre des *causes
grasses* ! Ce dont la basoche des clercs du Palais ne se privait pas.

La bibliothèque publique de Rouen, fonds Le Ber, no 2612, possède une facétie historique des plus rares, sous le titre de *Triomphes de
l'abbaye des Conards sous le resveur en décimes Fagot, abbé desdits*,
etc., etc., *imprimé à Rouen en 1587 ; plus l'ingénieuse lessive qu'ils
ont couardement monstrée aux jours gras*, en l'an m. v c. xl (1540).

C'était le fait le plus excentrique qui, à la suite d'un dîner digne de Pentagruel, *faisait adjuger la garde et la maîtrise de ladite crosse,* avec les attributs de notre sceau, à celui qui l'avait commis. Ce fut ainsi que cet honneur *fut adjugé à ung praticien de Bayeux qui avoit joué sa femme aux dez,* proclamation qui se fit au son des fifres et tambours, au milieu de mille *joyeusetés,* par le puissant organe de l'*abbé Gueullebec,* nom digne des sonnets qui retracent l'historique de cette grotesque association.

Comme annexe, nous nous bornerons maintenant à transcrire ici l'arrêt ci-après, que nous avons relevé sur l'un des *registres* de la Cour de notre ancien Parlement, sous le n° 285, commençant le 1er décembre 1573 et se terminant au 25 février 1574. Le voici :

« Du xxviie jour de janvier m. v° lxxiiii (1574) [rapporteur, Me Lechandelier].

« Sur la requeste présentée à la Cour *par l'abbé des Conardz et ses suppôtz* tendant afin qu'il leur soit permis, durant ces prochains jours gras, user de leurs facéties et joyeusetez accoustuméez, et que deffenses soient faictes à toutes personnes autres que de leur société et ad veu porter masques par la ville durant lesdits jours gras. — Veue par ladite cour ladite requeste avec le consentement du procureur général du Roy auquel de l'ordonnance d'icelle ladite requeste a été monstrée et communiquée. Requeste présentée au sieur Decarouges avec sadicte permission du seizième de ce présent mois de janvier. — Ladicte cours ayant esgard auxdictes requestes, consentement et permission dudict sieur Decarouges et pour aucunes causes et considérations à cela mouvans. A permis et permet aux susdicts abbé et ses suppôtz faire leurs chevauches, mascarades et jeux accoustumez, sans scandale et sans offenser le public directement ou indirectement, à la charge de se retirer à dix heures de soir chacun en sa maison et d'observer et garder les ordonnances politiques sur le faict des tavernes et cabarets, sous les peines au cas appartenant et à ladicte cours faict et faict expresses inhibitions et deffenses à toutes personnes de quelque estat, qualité et condition quelles soient, autres que de la société desdicts abbé Conardz, suppotz et aduouez par iceluy abbé, de se ingérer aucunement de porter masques, faire sonner phifres, ni tambours durant les jours que ledict abbé et ses suppotz ont accoustumé user de leurs facéties et joyeusetez et du

jour de la publication de ce présent arrest sans l'expresse permission
congé et licencé dudict abbé sur les peines contenues ès-arrêtz sur
ce donnez et autres peines et amendes arbitraires, et sera le présent
arrest publié *à son de trompe et cry public*, afin qu'il soit notoire à
tous et que aucune personne n'en puisse prétendre cause d'ignorance.   « Signé : LEJUMEL et LECHANDELIER. »

En terminant, nous observerons que le sujet ci-dessus a fourni à
la plume de notre honorable confrère, M. Floquet, un intéressant article de neuf feuillets, sous le titre de *Conards de Rouen*, qu'il a publié dans le *Recueil de la Bibliothèque de l'école des Chartes*, t. I,
p. 105. Paris, vol. de 1839 et 1840.

Notre *Revue de Rouen*, année 1838, p. 57, 10ᵉ feuillet, pour l'histoire d'Evreux, contient aussi un article, sur le même objet, dû à la
plume de feu M. de Stabenrath, de Rouen.

On peut encore consulter avec fruit, sur cette matière, l'intéressant volume de M. J. R., d'Amiens, *sur les monnaies* inconnues des
évêques, des innocents, des fous et de quelques autres associations
singulières, qu'il a publié en 1837 (Paris, librairie de Merlin, quai des
Augustins, n° 7).

Enfin, quant aux attributs de notre sceau, nous ne pouvons mieux
faire, pour les expliquer, que de laisser parler les Conards eux-
mêmes, d'après leur facétie historique précitée.

Puis la semonce de l'abbé, au sujet des abus, se termine ainsi :

Crosse de l'abbé.

« Contre les calumnieux
« Soustenans faits de reproche
« *Seront fessés de la croche*
« Et desclarez vicieux. »

Jambon.

« Pour estre maistre Massé
« *Ut omnes reficiat*
« Sur peine d'estre cassé,
« Et pour mieux toucher au but
« L'œuvre ne sera dit bon
« *Si l'on n'abbreuve le jambon*
« Il ne fut onc qu'on ne bût. »

Pots. — Semonce. — Flacons.

« L'abbé estant en son pontificat

« Après avoir chanté *Magnificat*

« Faict à scavoir à ses joyeux suppótz

« Autres aussi aimans à *vuider les pots*

« Que dans ce jour il veut sans nul caquez

« Dans la viétour faire son grand banquet. »

« Il a juré par le texte et la glose

« *De ses flaccons tous pleins de vin vermeil*

« A ch... partout, s'aucun entreprendre oze

« *Mascarader*, sans congé du conseil !

                 .... Ab uno

         disce omnes ! !

IXᵉ.

Vers 1066. — ANTE ALTARE.

MONT SAINTE-CATHERINE.

Cartulaire mss. nᵒ 35 du xɪᵉ siècle, p. 26. (Archives départementales.)

Donation in extremis *par Osmont de Bodes l'un des chevaliers de Guillaume, lors de son expédition en Angleterre, à l'abbaye de Sainte-Trinité-du-Mont de Rouen, de toute la dîme de la terre allodiale qu'il tenait de Raoul de Varennes à titre de bénéfice.*

Ratification par ce dernier *devant l'autel.* (Ibidem, p. 5 et 137 de notre volume), et infrà; *Super* ALTARE, p. 216.

« Eâ tempestate quâ Guillelmus dux Normannorum egregius
« cum classico apparatu ingentique exercitu Anglorum terram ex-
« petiit, quidam miles nomine *Osmundus de Bodes* cum aliis illùc pro-
« fectus et langore correptus, atque ad extrema perductus pro animæ
« suæ remedio dedit sanctæ Trinitati, *omnem decimam terræ sua in*
« *Allodio* quàm Domini sui Rodulfi de Warennâ tenebat beneficio.

« Undè et eidem domino suo Rodulfo ut hoc annueret xxx solidos
« dedimus quod et fecit *ante Altare sanctæ Trinitatis* ✝ s' Rodulfi
« *Heredis Osmundi.* Testes : Alveredus de la Bruere. Goffredus Del-
« busc. Ricardus de Drincurt, Ilbertus de longo campo. Bernardus
« cocus, Robertus pistor. »

X^e ET DERNIÈRE.

FAC-SIMILE.

DONATIO CORAM PRINCIPE.

(*Voir* p. 9 et 87, 2e alinéa de notre 1re partie).

Vers 1050.

Donation de la terre de HAUVILLE (DE ASLEVILLA),

En présence de GUILLAUME, DUC DE NORMANDIE, et des grands officiers de sa Cour,

Par GISLEBERT CRESPIN, en faveur des religieux de Jumiéges.

CHARTE ORIGINALE

COMMENTÉE PAR DOM TASSIN,

En deux lettres autographes inédites des 22 mars et 15 avril 1758.

(Fonds de Jumiéges pour le prieuré de Bourg-Achard.)

TRANSCRIPTION DE LA CHARTE CI-CONTRE.

Abbaye de Jumiéges.

XI° siècle.

CARTA GISLEBERTI CRESPINI DE DONATIONE HAUVILLE[1].

Cùm apud christianissimos non pauci, inter primates regni celestis concives, verè pro beneficiis habentur, quique vero hoc mereantur pro sue conversationis modulo quoquo modo fiat.

Deus cujus providentia que sunt sancta proveniunt, illo Eleemosinis instantes gloriosiùs sublimare ac remunerare non desistit. — Dùm enim Acheus Eleemosinam, latinus autem misericordiam sonat, « *Beati misericordes*, inquit, idest Eleemosinam sectantes, *quoniam* « *misericordiam consequentur*, rursùsque dominus ; *agite Eleemosi-* « *nam et omnia munda sunt vobis ;* [2] et alibi : » *Bene facit anime sue vir misericors* ; quorum igitur et aliorum divinitatis verborum reminiscens, ego Gislebertus Deicola ; et sanctorum servus sub hujus regni Willelmi potestate constitutus, mortisque periculorum non oblitus, beneficium Alsvillam scilicet quam à predicto meo Domino *militans* obtineo, sancto Petro apostolorum principi, tribuo. Et quoniam inestimabilis pro quantitate sui ipsa terra à vicinis loci dicitur, à monachis Gemmeticensibus ducentas denariorum libras et *unum equum vigenti librarum*, atque uncias auri duas accepi. Et haec pro pauco, quoniàm transitiva habenda sunt ; sed quòd chariùs in rebus computatur, et quod meliùs eligitur pro remediis animarum Ricardi magni principis, scilicet Willelmi quoque Normannie Domini mei gloriosi *Ducis* nunc in vitâ gratiâ Dei viventis atque patris mei et

[1] *Voir* la traduction ci-après, p. 608.
[2] *Evang. secund. Lucam*, cap., XI, 41.

matris nec non mee, meeque conjugis ac natorum, devotiùs hoc ago quam cupidus aviditate muneris detineor. — Nam notum forè tàm presentibus quàm futuris viventium cupio, quatenùs omnia superiùs et inferiùs ipsi ville adjacentia sive pertinentia, *ed ratione dono;* ut si quis, hanc donationis cartulam infringere, quod minimè credo, presumpserit, omni maledictioni subjaceat, *atque mille libras auri* comiti, et Lx^{ta} (sexagenta) *milia argenti ecclesie* persolvat, et de cetero in perpetuum cum omni posteritate sui servus fiat, Ut autem hec scriptio firma maneat istorum manibus traditur roboranda quorum ista sunt nomina : Signum ✛ Gisleberti ✛ Crispini et conjugis ejus, signum Willelmi ✛ Normannie' comitis, signum ✛ Willelmi ebroicensis episcopi, signum Willelmi ✛ filii Osberni, signum Stigandi ✛ dapiferi, signum Hugonis ✛ pincerne, — signum Salomo-nis, signum ✛ Ricardi, Warini filii ✛ ✛ ✛ ✛ ✛.

' Sous les Romains, *comitatus* était une charge militaire, et non une désignation géographique.

Sous les Francs, ce mot désigna le pays sur lequel *le comte* exerçait *sa juridiction.* Or, cette juridiction comprit d'abord la cité tout entière avec son territoire; plus tard, *il y eut des comtes* pour de simples districts, pour un pagus, une centaine (cent feux), une vicairie, c'est-à-dire pour une seule ville, pour un bourg, un château, un seul fief. Puis à mesure que les populations se mêlèrent, les comtes et les ducs eurent indistinctement des attributions à la fois civiles et militaires. — (*Géogr. hist.*, par V^{or} Duruy, p. 83-84.)

Vice-comitatus, la vicomté n'était au XII° siècle, comme à la fin du règne de saint Louis, qu'une subdivision du grand bailliage, au point de vue administratif; et alors on regardait comme synonymes *vice-comitatus* et *prepositura.* — *Cart. Norm.*, note aux p. 156 et 159.

Ce fut ainsi que les *prévôts* furent communément appelés *châtelains* dans le Bourbonnais et l'Auvergne, *vicomtes* en Normandie, et *viguiers* dans le Languedoc et en d'autres provinces plus éloignées de la capitale, en tant que leurs dépendances ressortissaient du domaine du Roi, au nom duquel la justice était exercée. — (*Voir* Jousse, *Sur l'administration de la justice,* édit. 1771, t. I, p. 600.)

PREMIÈRE LETTRE SOUS CACHET ROUGE A L'EFFIGIE D'UNE CROIX AVEC CES MOTS : *Uni cruci.*

———

Paris, 22 mars 1758.

Au révérend père Dom Mallet, procureur de l'abbaye de Jumiéges en Normandie, — Au Bourg-Achard.

MON RÉVÉREND PÈRE,

« Vous ne pouvez me faire un plus grand plaisir que de me procurer celui de vous être utile en quelque chose. La charte que vous m'avez envoyée porte tous les caractères de vérité et d'authenticité qu'on peut désirer pour le temps auquel elle a été donnée, qui est le milieu du XI° siècle ou environ.

« 1° Les lignes blanches tirées pour diriger l'écriture et la finesse du velin forment un préjugé favorable. La blancheur dépend du soin avec lequel les chartes ont été conservées. On en a de plus anciennes, dont le velin a conservé intérieurement toute sa propreté et sa couleur. Il y a des manuscrits âgés de plus de mille ans, dont les feuillets sont d'une blancheur admirable. Le parchemin des anciens étoit bien mieux préparé que celui des bas siècles ;

« 2° Le préambule de la charte est dans le goût du tems. C'étoient des clercs ou des chapelains qui dressoient les actes des seigneurs, et *qui tenoient lieu de notaires.* Le style par conséquent devoit être tout ecclésiastique. Ce n'est guères que depuis le XIV° siècle que le langage de la religion et de la piété est banni de la plupart des actes. Quant à l'écriture de la charte de Gilbert Crespin, elle est bien certainement du XI° siècle ; il n'est point d'antiquaire *qui en jugeât autrement ;*

« 3° Les ducs de Normandie prenoient indifféremment les titres de *comes, consul, dux, princeps, marchio, patricius, patronus*

Normannorum. Il n'est donc pas surprenant que la charte qualifie Guillaume II *comte de Normandie*. Le pape Benoit VIII donna le titre *de duc des Normands* à Richard II. Cependant ce prince ne prend que celui de *comte* dans l'inscription de son sceau, RICARDUS DEI NUTU COMES. On trouvera ce rare monument dans notre quatrième tôme [1] ;

« 4° La paroisse de Hauville est appelée *Asvilla* [2] dans le texte de la charte, *Alsvilla* sur le dos, et *Hausvilla* dans la charte de confirmation de Henri II, duc de Normandie. Il est visible que c'est un seul et même nom différemment orthographié et prononcé. Je ne m'arrêterai point à faire voir que les syllabes *as, als, haus*, reviennent à notre françois *haut* ou *haute*. C'est une chose connue de tout le monde. Je prouverai dans notre quatrième volume par une multitude d'exemples certains que les noms propres étoient différemment écrits dans les chartes de tous païs. Vous avez dû voir dans notre second tome, p. 582 et 632, en combien de manières différentes les noms de Henri et de Cherebert sont écrits sur les monnoies. La ville de Rouen est appelée tantôt *Rodomus*, tantôt *Reumagus*, etc. Dans les anciens monuments, les mêmes noms varient souvent dans la même charte, parce que la prononciation et l'orthographe n'avoient rien de fixe au moyen-âge ;

« 5° Avant le déclin du XIe siècle les sceaux étoient réservés aux princes souverains, encore tous ne s'en servoient-ils pas. Les seigneurs particuliers, tels que Gilbert Crespin, ne commencèrent à en avoir que sur la fin du même siècle, et au commencement du suivant. Les exemples en sont très rares avant l'an 1150 : les croix placées au milieu ou au commencement des noms souscrits par l'écrivain de la charte sont toutes les marques d'authenticité, qu'on peut souhaiter dans les chartes particulières et non royales des X, XIe et de plus de la moitié du XIIe siècle. Si l'écrivain de la charte de Gillebert n'a pas mis les noms des témoins aux croix marquées par cinq d'entre eux, c'est qu'il a cru avec raison que les signatures du donateur et de son épouse, de Guillaume, souverain de la Normandie et de Guillaume, évêque d'Évreux, de deux grands officiers de la cour et de trois sei-

---

[1] *Diplomatique des Bénédictins*, six volumes in-4°.
[2] Dans le texte, la lettre L surmonte la lettre S par addition.

gneurs, étoient suffisantes. Cette omission de noms ne peut faire naître aucun soupçon légitime contre la charte de Gillebert. Celle de Jean de Bayeux, qui vivoit dans le même siècle, omet pareillement quatre noms après le *signum* de quatre chanoines de Rouen. Voyez cette pièce dans le premier tome de notre nouvelle Diplomatique, p. 375 et 376;

« 6° Il y a en Angleterre et en France un grand nombre de chartes dans la même forme que la vôtre. J'en publierai une de Guillaume II, duc de Normandie, dans notre quatrième tome. Je l'ai tirée des Archives de Saint-Ouen. Georges Hickes, docteur anglican, en a fait graver une de Guillaume Le Roux dans son grand ouvrage sur les langues septentrionales.

« Voilà, mon révérend père, à peu près tout ce que je puis vous dire sur votre charte, après l'examen rigoureux que j'en ai fait. Je vous la renvoyerai par celui qui viendra me la demander de votre part. Je vous souhaite les bonnes fêtes, et me recommande fort à vos prières et à celles de nos amis, et surtout de notre intime D. Hautement. D. Beaussonnet est très sensible à votre précieux souvenir. Je suis avec le plus tendre et le plus respectueux attachement et sans réserve,

Mon révérend père,

Votre très humble et très
obéissant serviteur et confrère,

Fr. R. P. TASSIN. M. B. [1] »

A Paris, le 22 mars 1758.

Mille respects à votre R. P. Prieur.

---

[1] Tassin (René-Prosper), né à Lonlai, en Normandie, dans le bailliage d'Alençon en 1697, entra dans la congrégation de Saint-Maur en 1718, et mourut à Paris le 10 septembre 1777. Il continua la *Nouvelle Diplomatique* de Dom Toutain, en six vol. in-4°. — Les cinq derniers sont de Dom Tassin. (*Dictionnaire biographique* de l'abbé Feller).

DEUXIÈME ET DERNIÈRE LETTRE.

Au révérend père

**Dom Vincent Mallet, procureur de l'abbaie de Jumiéges en Nor-
mandie,**

Au Bourcachard (sic)[1].

Paris, le 15 avril 1758.

MON RÉVÉREND PÈRE,

« Je me doutois bien que le beau present que j'ai reçu ne pouvoit
venir que d'une main aussi généreuse et aussi bienfaisante que la
vôtre. Je vous en rends mes plus sincères actions de grâces, et vous
prie de croire qu'on ne peut rien ajouter à ma reconnaissance.

J'ai bien médité le plan que vous me proposez, et il m'a paru nui-
sible à votre cause. Il suppose que l'authenticité de la charte de
Gillebert est douteuse; elle ne dit rien, dites-vous, de Robert, duc
de Normandie. C'est apparemment que Gillebert ne lui avoit point
d'obligation, au lieu qu'il devoit beaucoup, lui ou sa famille à

---

[1] Bourg-Achard : c'était un prieuré dont la fondation avec celle de l'église
sous le vocable de saint Lô (sancti Laudi) avait été opérée en l'an 1142 par
Roger Dubosc pour l'établissement de quatre chanoines réguliers de l'ordre
de saint Augustin, sous l'approbation de Hugues (d'Amiens), archevêque de
Rouen, et le consentement et outre de Galleran, comte de Meulan, dans le
fief et le domaine duquel l'église était fondée, ce qui résulte d'une charte
de donation consignée dans l'ancien cartulaire de ce prieuré, dont la copie
est conservée en la Bibliothèque impériale, sous le n° 177.

Cette donation comprenait certains biens et revenus dont faisait partie la
dîme à prélever tant au Bourg-Achard que sur les moulins du Pont-Autou,
que le donateur tenait des moines de Jumiéges, sous la réserve de leur moulte.
(*Voir* aussi notre pl. VIe, n° 4.)

En 1266, lors de la visite pastorale d'Eudes Rigaud, archevêque de Rouen,
dix chanoines composaient le prieuré; état de choses qui se perpétua jusque
dans le XVIIIe siècle. (*Ibidem*, t. II, 5e série, p. 34, et t. III, p. 513. *Ecole
des Chartes*, articles de M. Louis Passy.)

·quiq̃ uero hoc mereantur pluſ conuerſationſ modulo· quoquo modo fiat· dſ cu
iuſ inſtanteſ glorioſuſ ſublimare deremunerare non deſiſtat· Dum enū ache
nit· beati miſericordeſ inquit· ideſt elemoſinam ſectanteſ· qñ miſediam e
moſinam· & omnia mundabunt uobiſ· Et alibi· Benefacit animę ſuę uir miſe
ricatiſ uerboꝝ reminiſcenſ· Ego GISLEBERTVS· dicolꝰ & ſcōꝝ ſeruuſ· ſuſ
raſq; periculoꝝ non oblituſ· benefitium aſuillam ſcilicet quia apredic
ro apꝉoꝝ principi tribuo· & qñ in eſtimabiliſ p quantitate ſui ipſa z
eticentibꝰ ducentaſ denarioꝝ libraſ· & unum equum uiginti libraſ
p pauco· qñ tranſituiſ habendahmt· Sed qd caruiſ inrebꝰ compu
liſ animarum· Richardi· magni principiſ ſcilicet· Wilelm· quoq; nor
uita g̃a dī inuentiſ· atq; patriſ mei· & matriſ· nec non meꝝꝝ· meꝝq
ꝝo· quia cupiduſ auiditate munerſ detineoꝛ· Nam notū fore
cupio· quatinuſ omnia ſuperiuſ & inferiuſ ipſi uillę adiacentia
ſuſ hanc donationſ cartulam infringere qd minime credo preſu
atq; mille libraſ auri coma· & ſexaginta milia argenta dect
cū omñi poſteritate ſui ſeruuſ fiat· Vt autem haec ſcriptio
roboranda· quoꝝ iſta ſunt nomina ſa bñ ✠ Giſlebꝰ
comeſ Signū ✠

dicetur amonachis gemeticensibz ducentos denarioz librras d unum equum ux vigintii librarum atq uncias duas accepi Et haec p pauco qñ transeuntis habendum sunt Sed qd carius intereb; computatur d quod melius eligitur p remediis animarum Richardi magni principis scilicet Wilelm quoq nor mannie domini mei glorosi ducis nunc in uita grã di uiuentis atq patris mei d matris nec non meeq meeeq; coniugs ac natoz deuotius hoc ago quia cupidus audientie numeri detine or Nam notu fore tam presentibus quã futuris in uentium cupio quatinus omnia superius d inferius ipsi uille ad iacentia siue ptinentia ea ratione dono ut siquis hanc donationis cartulam infringere qd numine credo pre superstites omñi maledictiom sub iaceat Atq mille libras auri comta d sexaginta milia argenti dictis p sol uat d de cetero in pperuum cu omñi posteritate sui seruus fiat Ut autem haec scriptio firma maneat istoz manibz tradiuiter roboranda quoz ista sunt ✝ signum ✝ sa signū ✝ Gillebti epscpm a euig et

Signū Vuillmi ✝ normanniae comitis   Signū ✝ Vuillmi ebroicensis epi

        Signū Vuillmi ✝ filii osbni

            Signū Sasandi ✝ dapifer Signū Hugonis ✝ pincerne

                                            Signū Salomonis ✝ nis

                Signū ✝   Signū ✝ Ricardi unagim filii

Richard II. S'il nomme Guillaume, c'est pour faire sa cour à ce prince régnant, et l'engager à consentir à la donation de la terre de Hauville. Vous ajoutés que Gillebert ne dit pas un mot du salut de son âme. Il faut que vous n'ayez pas une copie fidèle de la pièce. Elle porte, *pro remediis animarum Ricardi*, etc., *nec non meœ, meœque conjugis ac natorum.*

Si Gillebert dit que la terre qu'il donne est d'un prix inestimable au rapport des voisins, c'est pour se mettre à couvert du reproche d'avoir offert à Dieu et à saint Pierre un don, et de s'en être réservé une partie en recevant une somme considérable d'argent des donataires. Il avoit peur qu'on ne le mît en parallèle avec Ananie et Saphire [1]. Il est dangereux de prévenir les objections que des chicaneurs pourroient inventer, de peur qu'on ne nous dise : *nimia cautio dolus.* Vous n'avez rien à craindre pour votre charte, pourvu que vous ne vous en serviez pas pour acquérir un nouveau droit. Bien des gens n'entendront pas un mot qui est à la troisième ligne. *Dum enim Archeus ;* ce terme est la même chose que *Grœcus* ou *Archivus.* Un procès-verbal signé de ma main seroit inutile, parce que j'appartiens à la maison de Jumiéges, et qu'on peut me regarder comme partie intéressée. Les Antiquaires ne portent point de jugement authentique sur les anciens monumens, à moins qu'ils ne soient nommés à cet effet par les juges. Quand il s'agira de répondre aux difficultés que vos parties peuvent former, je ferai volontiers une petite dissertation pour prouver l'authenticité de votre charte. On trouvera dans notre quatrième tome de quoi faire face à tout. On ne peut être avec plus de respect, d'estime et d'attachement que je suis,

Mon révérend et très aimable père,

Votre très humble et très obéissant serviteur, Fr. René-Prosper Tassin, M. B. »

[1] Voir *Actus apostolorum*, cap. V, § 1 à 10. — Ces époux furent frappés de mort subite pour avoir nié en présence de Saint-Pierre s'être approprié une partie du prix de vente de leur champ, en simulant de l'abandonner en entier.

TRADUCTION.

—

Charte de Gislebert Crespin, touchant la donation de Hauville.

« Parmi les plus chrétiens, beaucoup doivent à leurs bienfaits la place éminente qu'ils occupent à la Cour céleste. Pour leur faire mériter cette dignité par leur genre de vie, de quelque manière que ce soit, Dieu dont la providence est la source de toute sainteté, ne cesse d'élever en gloire, et de récompenser ceux qui le pressent par leurs aumônes. — Remarquons que les latins donnent le nom de *miséricorde* à ce que les Grecs appellent *aumône*. Or, le Seigneur a dit : « *Bienheureux les miséricordieux, c'est-à-dire ceux qui font l'aumône, parce qu'ils obtiendront miséricorde ;* » et dans un autre passage [1] : « *Pratiquez l'aumône, et toutes choses seront pures pour vous ;* » et ailleurs : « *L'homme miséricordieux assure le salut de son âme* [2]. »

« Pénétré de ces préceptes et des autres avertissements de la divinité, moi GISLEBERT, adorateur de Dieu et serviteur des saints, placé dans ce royaume terrestre sous l'autorité du prince *Guillaume*, et frappé des dangers de la mort, je donne à Saint-Pierre, prince des apôtres, le fief de Hauville, *que j'ai obtenu de mon dit seigneur pour le service militaire.* Comme au dire des habitants de la contrée, l'étendue de ce domaine lui donne un prix inestimable, j'ai accepté des moines de Jumiéges deux cents livres de deniers, *un cheval de vingt livres, et deux onces d'or* ; ces biens sont de peu d'importance, puisque ce sont choses qui passent. Mais un motif dont je tiens plus de compte, et qui détermine ma volonté, c'est que j'ai en vue surtout le salut des âmes du grand prince Richard , de mon glorieux sei-

---

[1] Evang. secund. Luc, cap. XI, V. 41.

[2] Et ailleurs : « Eleemosyna viri *quasi signaculum cum ipso*, et gratiam « hominis quasi pupillam conservabit. » — (*Eccles.*, chap. XVII, v. 16.

gneur Guillaumne, duc de Normandie, encore en vie par la grâce
divine, de mon père, de ma mère, comme aussi de la mienne, de
mon épouse et de mes enfants, tel est mon mobile religieux, et non
pas l'appât du gain.

« En conséquence, d'après mon désir, sachent tous présents et
à venir que je donne en haut et bas toutes les appartenances et
dépendances de ce domaine.

« Si quelqu'un, ce que je ne saurais croire, osoit enfreindre cette
charte de donation, qu'il soit accablé sous le poids des plus terribles
malédictions. Qu'il paie au comte *mille livres d'or*, et à l'église,
soixante mille livres d'argent; et que de plus, lui et sa postérité
perdent à jamais leur liberté ! Pour que cet écrit reste stable, je le
fais confirmer par les mains de ceux dont les noms suivent :

  ✛ Signe de Gislebert Crespin et de sa femme.

  Signe de Willaume, ✛ comte de Normandie.

  Signe ✛ de Willaume, évêque d'Evreux

  Signe de Willaume, ✛ fils d'Osbern.

  Signe de Stigand ✛ Dapifer [1] (le sénéchal).

  Signe de Hugue ✛ le Boutillier.

  Signe de Salomon ——————— .

  Signe ✛ de Richard, fils de Warin.

  ✛ ✛ ✛ ✛ ✛ ——————— . »

---

[1] Le Sénéchal remplissait à la Cour l'office d'un intendant. Il ne paraît pas
qu'on l'ait désigné après le règne de Philippe Ier (1108) autrement que par le
titre de *Dapifer.* Paléogr. de M. de Wailly. — T. I, p. 219.

Dapifer désignait aussi l'officier chargé de présenter les mets à la table des
rois, ducs, barons, etc.

Au XIVᵉ siècle, Froissart, t II, fᵉˢ 63 de ses grandes Chroniques, donne une
description de banquet royal, où il est question de plusieurs seigneurs qui
servaient le Roi, montés à cheval.

NOTES HISTORIQUES.

—

M. Léopold Delisle, membre de l'Institut, dont l'obligeance égale le savoir, a bien voulu nous communiquer les notes suivantes sur les personnages ci-dessus :

GILBERT CRESPIN, seigneur ou gouverneur de Tillières. La généalogie de la famille Crespin se trouve dans le Père Anselme, *Hist. généal. de la Maison de France*, t. VI, p. 632. — L'auteur de la charte reproduite par le *fac simile* est très probablement le seigneur qui prit part à la conquête d'Angleterre[1] en 1066, et que R. Wace a désigné par ce vers :

E cil ki dunc gardout Tillières.

(*Roman de Rou*, vers 13,449, édit. Pluquet, t. II, p. 232.)

GUILLAUME, ÉVÊQUE D'ÉVREUX. Depuis 1046 ou environ jusqu'en 1066. Sur lui, on peut voir le *GALLIA Christiana*, t. XI, colonne 571. Ce prélat était fils de Gérard FLEITEL, et avait pour sœur BASILIE, qui épousa Hugues de Gournai. Voyez Daniel Gurney, « *The record of the house of Gournay*, p. 54 et suivantes. »

STIGAND LE SÉNÉCHAL. C'est le personnage qu'Orderic Vital (édit. Le Prevost, t. II, p. 104) appelle Stigand de Mésidon, et qualifie d'homme puissant : « Stigando, potenti viro, de mansione Odonis. »

En 1063, il fit plusieurs donations à l'abbaye de Saint-Ouen, qui était le lieu de la sépulture de sa famille. L'original de la charte

---

[1] Nous ajouterons que dans une charte de donation faite à l'abbaye de Fécamp de la terre de STANINGUE, avant la conquête à laquelle GUILLAUME se prépare, et en laquelle il est qualifié de *Comes* et *Princeps Normannorum*, nous trouvons cette mention finale : « *Teste vice-comite Aymerico et* RICHARDO FILIO GISLEBERTI, *et pontio*. » (*Neustria pia* V° Fiscannum, p. 223.)

de donation est aux archives de la Seine-Inférieure, fonds de Saint-Ouen. Sur cet original le nom du bienfaiteur est écrit Estigandus.

Hugue le Boutillier (Hugo Pincerna, et quelquefois Hugo Potifer) était un officier dont la souscription se rencontre assez souvent au bas des chartes normandes au milieu du XIe siècle. Orderic Vital (édit^{on} Le Prevost, t. II, p. 121) le met au nombre des principaux barons qui brillaient à la cour de Guillaume-le-Conquérant. Un passage du Cartulaire de la Trinité de Rouen (charte 47, édit^{on} de M. Deville, p. 446) nous apprend que Hugues le Boutillier appartenait à la maison d'Ivri. »

Quant aux deux dernières souscriptions restées inexpliquées, nous pouvons seulement observer à l'égard de celle de *Richard, fils de Warin*, ou *Garin*, qu'elle se retrouve dans une autre charte, émanée des deux frères Willelmus et Osbernus de Hotot, concernant Hauville [1] au XIe siècle. *Voir* notre pl. XVIII, n° 7, à la note verbo Oblat, cartulaire transcrit sous le n° 22, fonds de Jumiéges.

OBSERVATION.

Voir, *pour les signes et croix des parties, les pages 87 et 88 de notre volume.*

Remarquons que, pour plus de solennité de l'acte, les parents, même les plus proches, y apposent souvent leur signe, comme dans ce final de charte du XIe siècle qui figure dans le cartulaire de Saint-Père de Chartres, p. 179, au titre *de servo* et *ancilla data à Gamone.*

« Et ut hec conventio *firma permaneat* has litteras in membrana « fieri jussi, manuque propria eas firmavi et *signum sancte crucis* « *imposui, cum uxore, et filiis meis*; seniori quoque meo, nomine « Waleranno *eas obtuli corroborandas*; »

Puis viennent les imprécations contre l'infracteur : Jaculo æternæ

---

[1] Hauville est désigné dans cette charte : *Hasvilla*, et l'un des témoins *Anffredus prepositus* (prevôt) est dit De Haltelvilla.

maledictionis cum Judâ *proditore subjaceat*, etc., ou autres de ce genre ; parfois même avec cette singulière addition : *In olla Vulcani*[1], qui sent le paganisme.

Fief de Hauville[2].

D'après un état m^{el} des biens de l'abbaye de Jumiéges, relatif à la mense conventuelle, dressé vers 1620, voici ce qui est notamment constaté (p. 45, 46 et 55) :

« Le fief noble de Hauville s'estend ès paroisses de *Hauville*,
« *Bouquelot*, Rouge-Montier, Le Lendin, et ès lieux d'environs.
« Il est situé au bailliage et vicomté de Pont-Aude mer, et a pour
« chef la cour l'Abbé, qui consiste en chapelle, manoir, maisons,
« jardins, etc., etc.

« A ce fief sont attachés les droits de basse et moyenne justice,
« comme reliefs, treizièmes, amendes, espaves *et fourches patibu-*
« *laires*, etc., etc.

« Enfin, les religieux *ont le plat de l'aumosne du Roy*,
« *avec le pain et vin à luy appartenant*, toutes les foys que sa
« Majesté demeure aux lieux du Torp, de Hauville et Vatte-
« ville (*sic*).

---

[1] Voici cette clause bizarre : « Si quis autem profanus aliquandò huic rei « contrâ ire voluerit, nisi citò resipuerit, in ollâ (chaudière) *Vulcani* demersus, « cùm *Theodorico Rege*, sentiat pœnas perpetuas. » Charte *anteà 1102.* — Au cartulaire de St Père de Chartres, p. 223, publié par M. Guerard. (*De rebus datis pro Widdone puero.*)

[2] Au V° de la charte ci-dessus est écrit en caractères anciens Hauvilla, et plus bas Albvilla. — C'est ainsi que dans une charte du XIIe siècle, relative à la concession d'un emplacement pour la construction d'un moulin au *Pont-Autou*, par Roger, abbé de Jumiéges, aux chanoines du Bourg-Achard, on y trouve indifféremment écrit, *apud Pontem Altou*, et *Pontem-Autou.* — Voir pl. VIe, scel n° 4.

REMARQUES SUR LE PRÉAMBULE DE LA DONATION DE *Hauville* ET SUR LA
REMISE *d'un cheval*, AVEC DENIERS EN RETOUR, A TITRE D'OFFRANDE
PAR LES RELIGIEUX DONATAIRES.

Le préambule de cette charte se ressent de son époque. En effet, la
crainte d'un affreux cataclysme [1], consignée dans les chartes jusqu'à
la fin du x° siècle, réagit encore sensiblement sur les esprits dans le
siècle suivant, encore bien qu'ici notre charte au début se borne à
rappeler *isolément* ces paroles de l'écriture : « *date Eleemosynam* et
« *omnia munda sunt vobis* » qui servent souvent de prémisses aux
donations pieuses [2] pendant et après le x° siècle.

Une autre remarque : c'est la tradition *d'un cheval de vingt livres*,
ajoutée par les religieux de Jumiéges au présent en deniers qu'ils offrent en retour au donateur, qui, d'ailleurs, déclare attacher peu de
prix aux biens terrestres, malgré leur importance, « *quoniam transi-*
« *tiva habenda sunt ;* » parce que ce sont choses passagères.

Autre exemple : Dans le cartulaire de Saint-Père de Chartres, publié par feu M. Guerard, *in parte secundâ* quæ dicitur *codex ar-*
genteus, p. 178, au chap. 52 *de teloneo Vernonis Castri*, se trouve
transcrite une charte *anteâ* 1061, qui contient à titre de donation à
cette abbaye, par Hugues Lemoine, l'affranchissement de tous droits
sur les denrées des religieux qui, en allant à Rouen ou en revenant,
passeront par la voie de terre ou par le fleuve de Seine ; il est curieux de remarquer ici que le donateur et son tout jeune fils (cum
filio meo adhuc puerulo) reçoivent en retour des mains de l'abbé « et
orationes loci, et unum equum optimum » ; ainsi, outre les prières,
on leur donne *un très bon cheval*, comme dans notre charte, où il
est estimé à vingt livres [3].

---

[1] En voici un exemple : « Mundi terminum adpropinquantem ruinis crebes-
« centibus, jam certa signa manifestantur. Idcircò ego, in Dei nomine, ille,
« considerans gravitudinem peccatorum meorum, et reminiscens bonitatem
« Dei dicentem : « date Eleemosinam, et omnia munda fiunt vobis. » (Ev. sec.
« Luc, cap. XI, v. 41), etc.—Formule 180, 1re partie, p. 225. Recueil de M. Eug.
« de Rozière, déjà cité, du v° au x° siècle dans l'empire des Francs.

[2] *Ibidem*, p. 226. Prologus 185. Sive donatio ad loca sanctorum. Il serait facile
de citer d'autres exemples de ce genre.

[3] Vers 1066, Frotard achète, avec quinze chevaux de prix, l'évêché d'Alby.
Gall. Christ., t. I, *probationes* et *instrumenta*.

La même tradition en nature se remarque plus tard par voie d'é-
change. En effet, nous trouvons dans un acte de notre tabellionage du
27 juin 1418-19, que Guillaume, sieur de Houdetot et de Karville, pour
faire renoncer son compétiteur Andrieu de Roche, chambellan du Roi
et du duc de Bourgogne, au don royal fait à celui-ci des offices des
bailliage et élection de Rouen, dont lui-même cependant avait été
pourvu avant lui, par lettres *de sa très doubtée et souveraine dame la
reine, à la prière et requeste des bourgeois et habitants* de la ville de
Rouen, accorde audit sieur Deroche, outre III c. livres tournois, un
rouchin (roussin-cheval) *de poil fauve de la valeur de cent livres* (sic).

PARTICULARITÉS HISTORIQUES.

Lorsque le duc Guillaume eut conquis l'Angleterre (1066), son premier soin fut de distribuer aux vainqueurs tout ce que les vaincus
avaient possédé.

Chacun de ses compagnons d'armes, sans pitié pour ceux-ci et
leurs familles, s'empressa de s'attribuer une belle et large part.

Un de ses guerriers cependant, un seul, et l'un des plus valeureux, répudia sa part du butin comme étant le fruit de la rapine [1].

C'était Gillebert ! ! !

DUEL JUDICIAIRE AU CHATEAU DE TILLIÈRES, ENTRE VASSAUX DE L'ABBAYE DE JUMIÉGES.

On trouve dans le grand cartulaire de l'abbaye de Jumiéges la
pièce suivante dont la rédaction, d'après feu M. Aug. LePrevost, appartient à une des années comprises entre 1049 et 1070.

« Notum sit omnibus tàm presentibus quàm futuris quod Domi-
« nus abbas Robertus de Jumegiis, *assensu Gilleberti Crispini et ejus*

---

[1] « De rapinâ quicquam possidere noluit, et suis contentus aliena respuit. »
(Orderic Vital, Hist. ecclés. liv. VI apud script. rer. Normann, p. 606), et aussi
M. Augustin Thierry *sur la Conquête*, t. I, p. 25, 6e éd.

« concilio, *quoddam suum duellum de veteri vernolio* [1] ex propriâ vo-
« luntate suâ ad Tillerias [2] adduxit. Ipse Abbas Duellum in castro te-
« nuit, ità quod GILLEBERTUS CRISPINUS in duello Abbatis nichil recla-
« mavit, nec clamat super isto duello, nec consuetudo GILLEBERTI,
« nec consuetudo abbatis, lucrata nec perdita fuit ; hec scripta GILLE-
« BERTUS CRISPINUS *adsignavit, et sigillo suo inscripsit* [3]. »

M. Canel, qui a transcrit cette pièce dans sa Notice sur le combat
judiciaire en Normandie [4], s'exprime ainsi à ce sujet :

« Cette pièce nous apprend que Robert, abbé de Jumiéges, avait
eu à présider à un duel entre vassaux de l'abbaye. Le combat aurait
dû avoir lieu *au vieux Verneuil* ; mais probablement parce qu'il ne
s'y trouvait pas un local convenable, il avait été arrêté entre l'abbé
et *Gillebert Crespin*, que l'on choisirait *pour champ clos le château*
de Tillières, qui appartenait à celui-ci. L'écrit de Gillebert Crespin
a pour but de constater que le choix fait par l'abbé Robert, du

---

[1] *Voir* pl. XV*, scel et note n° 1. — « Infrà Vernolium erant tres Burgi præter
Castellum, et unusquisque illorum erat separatus ab altero, forti muro, et fossâ
aquâ plenâ, et unus illorum dicebatur *magnus Burgus*. » (Ducange, V° Burgus.)

[2] *Château de Tillières :* Richard II, dit Le Bon, successeur (996) de Richard Ier
dit Sans-Peur, duc de Normandie, fut l'allié fidèle de Robert II, roi de France,
et mourut en 1027. Ayant senti la nécessité de fortifier, vers le midi, les frontières de son duché, *il avait fait élever un château à Tillières, sur les rives de
l'Eure*, et les limites qui partagent la Normandie d'avec le pays chartrain.
(*Hist. norman.* par Dubois, p. 88.)

Le père Anselme, déjà cité, mentionne un Gilbert de Brionne, dit *Crespin*,
baron du Bec-Crespin, *capitaine de Tillières*, qui aida Helouin Ier, abbé du
Bec, à fonder cette abbaye en 1034. Il eut pour femme Gonnor, fille de Fouques
d'Aunou, dont il eut cinq enfants. — *Voir* aussi notre pl. III°, scel n° 3.

[3] *Signum et sigillum duplex.* — Il est intéressant de remarquer ici l'emploi
simultané du signe en croix et du sceau, parce qu'en effet ce n'est que vers
la fin du XI° siècle que commencent à apparaître, pour les hauts seigneurs, les
sceaux particuliers qui jusqu'alors étaient réservés aux princes souverains,
comme l'observe le savant Dom Tassin en sa lettre Ire, § 5.

Mais alors l'usage du sceau ne tarde pas à prédominer l'emploi du signe ou de
la croix qui s'efface sans doute comme trop facile à imiter. Etat de choses
qui se perpétue jusqu'au déclin du XIV° siècle, époque à laquelle la signature
entière ou simplement des signes diversement figurés commencent à concourir
avec le sceau pour compléter l'authenticité dans certains actes émanés d'officiers publics, comme au n° 4 de la pl. XVIII°.

[4] Mémoires de la Société des Antiq., vol. XXIII.

château de Tillières pour conduire à fin un gage de bataille entre les vassaux de son abbaye, avait été libre et volontaire, et que cette circonstance ne pouvait être invoquée ni contre les droits de l'abbaye, ni contre ceux du seigneur de Tillières. »

Orderic Vital, déjà cité, constate que notre Gislebert Crespin *confirma sur l'autel* avec *ses deux fils* l'acte de donation faite en faveur de l'abbaye de Saint-Evroul-en-Ouche, de la terre et de l'église de Garlainville, entre les années 1060 et 1089. (Collection Guizot, trad. Dubois, t. II, p. 399).

En 1119 [1], le fait suivant que l'historien contemporain relate, semblerait, à raison du temps révolu depuis la conquête à laquelle notre personnage avait participé, s'appliquer moins à sa personne, qu'à l'un de ses fils et successeurs ; aussi ne le reproduisons-nous que comme souvenir historique, et comme exemple des désordres qui affligeaient notre pays au temps de la féodalité ; le voici :
« Guillaume de Chaumont, gendre du roi (comme ayant épousé une
« fille naturelle de Louis-le-Gros), et plusieurs autres jeunes orgueil-
« leux, irrités de n'avoir rien gagné à Breteuil, se portèrent au
« nombre de près de deux cents au château de Tillières (ad Tegu-
« lense castrum) pour y trouver quelque butin, ou y exécuter quel-
« ques beaux faits d'armes ; mais *Gislebert, châtelain de Tillières*
« (Tegulensis castellanus), se tenait avec des soldats cachés en
« embuscade, et il surveillait tous les chemins, de peur que les
« brigands ne dévastassent ses terres. A l'arrivée des Français, il
« s'élança tout-à-coup (*subito prosiliit*) de sa retraite, et fit prison-
« nier *Guillaume, gendre du Roi*, pour la rançon duquel il reçut
« deux cents marcs d'argent. Il prit aussi quelques gens de la suite
« de Guillaume, et mit le reste honteusement en déroute. »

[1] Une guerre désastreuse éclata en 1119, entre Louis VI, dit le Gros, et Henri Ier, fils de Guillaume-le-Conquérant, roi d'Angleterre et duc de Normandie. Louis fut vaincu à la bataille de Brenneville, à peu de distance *des rives de l'Epte*; victoire plus meurtrière que décisive, dans laquelle Henri faillit même périr de la main de *Guillaume Crespin*, resté fidèle à Robert et à son fils.

Un concile assemblé à Reims par le pape Calixte II, mit fin à ces longues et sanglantes hostilités. — *Henri* garda la Normandie, et son fils *Guillaume* en rendit hommage au roi de France. (Dubois, Hist. Norm., p. 214, et Tissot, Hist. Fr. p. 76.)

Enfin, terminons nos recherches par cette réflexion d'auteur :

« *Non pulchriori monumento durat rerum memoria, quàm cùm*
« *eæ queri debent ; et circà primordia investigantium industria labo-*
« *rat.* » (F. Florus Gall., prolog., édit^{on} 1648, p. 5. *In fine.*)

Puis comme formule de vœux [1] et pour sauvegarde :

« *Si parvis licet componere magna!* »

Appliquons ici le sceau religieux [2], dont la légende « *In hoc signo
vinces* » fut, pour l'empereur Constantin, un heureux présage :

[1] Parce que cet ouvrage est destiné à entrer en lice, à l'occasion d'un grand
concours académique ouvert à Paris.

[2] On se rappelle qu'au moment de combattre les troupes de Maxence an 312,
Constantin aperçut au ciel une croix lumineuse avec ces mots : *In hoc vinces*, à
laquelle il attribua le succès de ses armes. Aussi pour en consacrer le glorieux
souvenir, voulut-il que le *monographe vénéré du Christ* figurât comme ci-dessus sur le *labarum* et sur les autres enseignes militaires ; que de plus, la croix
elle-même dominât son diadème, et fût gravée au sommet de tous les
casques. C'est à cela que l'on rapporte l'origine des croix sur les monnaies
impériales.

Le chrisme ci-dessus est reproduit d'après celui du *breviarium antiq. rom.*
de G. Fabricius, petit in-12, Elzévir, p. 259, édit. d'Amsterdam, 1657.

FIN.

TABLE SYNOPTIQUE

DES DIVISIONS

ET

DES MATIÈRES PRINCIPALES

Traitées dans les première et deuxième Parties

(TABELLIONAGE).

PREMIÈRE PARTIE.

—

DEUXIÈME PARTIE.

—

CHAPITRE Iᵉʳ.

Des principaux caractères internes ou intrinsèques des actes.

— —

CHAPITRE IIᵉ.

*Des principaux caractères extrinsèques ou externes des actes, et de
quelques caractères mixtes.*

¹ *Voir* aussi la note de la p. 233.

CHAPITRE IIIᵉ.

Droits et privilèges des anciens notaires.

APPENDICE.

CHAPITRE I°.

CHAPITRE II°.

TROISIÈME PARTIE.

—

183 *sceaux en* XXIV *planches,* le tout précédé d'une introduction sommaire et suivi de diverses annexes et du *fac-simile*
d'une belle charte du XIᵉ siècle, commentée par Dom Tassin
en 1758, en deux lettres inédites; et de trois tables :

> ALPHABÉTIQUE,
>
> CHRONOLOGIQUE des actes et sceaux,
>
> Et GÉNÉRALE des matières du volume.

Voir *ces tables pour plus amples renseignements.*

TABLE ALPHABÉTIQUE

DES

LÉGENDES ET DES SCEAUX

PAR NOMS DE FAMILLE OU DE LOCALITÉS.

NOMS des LÉGENDES DE SCEAUX.	DATES des Chartes.	Nos des Planches.	Nos des Articles corrélatifs aux Planches.
A			
Ad' de Livet (l'acte mentionne Adam de Livet de Conihou)	1241	XIIᵉ	8
Ais (Guillaume)	1300	V	1
Alliz uxor Petri Gerout	1235	XI	1
Altaribus (de) Philippus	fin du	IV	4
Autieux (les)	XIᵉ sᵉ.		
Amand (Saint) [abbaye de]	1276	XVIII	5
Amand (Saint). Constitution viagère *in sororem*	1265	XVIII	7
Amiens (Hugues d')	1161	IXᵉ	11
Andeli , scel et contre-scel (châtellerie) . . .	1341	XIX	5
		XXII	2
Archis (de) Arques, pont fortifié	1315	XVI	1
Ase (Robert)	1235	IV	7
Auffay, scel des obligations	1406	II	3
Augiensis (d'Eu) Johanna	1302	XIII	5
Aulnay (Hugues de l')	1221	I	4, 5
Ays (Pierre)	1300	V	2

NOMS des LÉGENDES DE SCEAUX.	DATES des Chartes.	N^{os} des Planches	N^{os} des Articles corrélatifs aux Planches.

B

Baingnart (G^{me}) Bengari Gvillermi	1212	XIe	4
Baucher (Jehan), *Roi d'Yvetot*. . . . . titre de 1485			annexe IIe
Baudouin (Ricardi)	1225	XII	2
Baudri (Willermi).	1228	IV	5
Bayeux (grand scel)	1455	XVII	8
Bétencourt (Jehan)	1563	Ire	2 en la note.
Bec de Mortemer (dame du)	1259	VII	5
Bedengue (Ricárt)	1260	XI	5
Bellamari [de] (Andrée).	1255	XI	2
Bel-le-Philippe (roi).	1509	I	5
Bellesme, châtellenie	1300	XXII	XI
En note, *id.*	XVIIe	»	»
Belmoncel [de] Stephanus (Etienne)	1214	X	5
Bernard (Saint)	XIIe	VIII	5
Bétencourt fils (Jehan).	1401	I	2
Bigressa. (*Voyez Migressa*).	1206	X	5
Boes [de Boos] (N^{ans} Ricardi)	1276	XVIII	5
Bonesbos [de] (Robertus) (Bonebos)	1171 à 1178	V	5
Bonesbos [de] (Willelmus)	1212	III	4
Bonnes Nouvelles (ou du pré de Prato) . . .	1494	XVI	7
Bos (Roberti Radulphi).	1222	VII	2
Bosco [de] Geroldi, (Ricardi).	XIIIe	XIV	3
Breval (ar. Mantes)	1473	XXIII	1
Brézé (Louis de). [*Voyez Maulévrier*].	»	XVII	1
Brostinus (Paganus) (Payen Brostin). . . .	1196	III	1

NOMS des LÉGENDES DE SCEAUX.	DATES des Chartes.	Nos des Planches.	Nos des Articles corrélatifs aux Planches.
Buchy, Julien.	1369	XIVe	6
Bueilleia [de] (Maillard).	1207	V	7
Buffremesnil	1373	XVI	5
Bures (de Buris) S' Balivie	1511	XX	5
Bures [de] (scel des obligations de la Vicomté).	1478 à 1497	XIX	2
Burnel (Nicolas)	fin du XIIe	XIV	4

C

Campis (de) Willelmi.	1277	X	1
Caudebec, scel des obligations.	1398	XXI	2
Cauf (le) Roger	1310	VII	8
Caus (de) Baillie (le grand scel)	1502	XIX	5
Caux, scel du bailliage	1551	VIII	7
Caux, scel de la Vicomté de Maulévrier. . . .	1559	XVII	1
Et contre-scel.	Id.	VIII	10
Chapitre (de) Rouen, 15 petits sceaux	1285	IX	15
Chaumont (hospice)	1478 à 1480	IX Id., voir Gaillefontaine.	5
Chenu (Jehan), fils de Perot chenu, rot d'Yvetot	1498		annexe IIe, mariage.
Clairvaux [de] (Clare-vallis). Voyez Bernard (St)	XIIe	VIIIe	5
Coësme (Mascé)	XIIIe	XII	9
Cointe [le] (Henri).	1219	VI	5
Conards (scel des).	vers 1540		annexe VIIIe
Conihou. — (Voyez Livet).	1241	XII	8
Corcelles (de) Gaultier. . . . . . . (mention).	1265	XVI	2
Courtil (du) Lots.	XIIIe	XXI	5

NOMS des LÉGENDES DE SCEAUX.	DATES des Chartes.	Nos des Planches.	Nos des Articles corrélatifs aux Planches.
Crasville (de) Robin.	1400	XXIIe	1
Creil (de) Chastellenie	1478	XX	1
Crespin, Guillermi, ...	1237	III	3
Cygne [du] (Jehan)	XIVe	XVII	5, 9

D

Dam (Martin). [*Voyez* Trye]	1280	XIX	5 par annotation
Des-Isles (de Insulis-Willelmus)	1219	V	8
D'Aulnay, Hugues (Prieur des hospers de Jéru- salem).	1221	I	4, 5
Delille (Guillaume)	1510	XII	10
De Lunda (Jehan)	1216	XI	9
De Lunda (Nicholaus) [Nos Delalonde] . . .	1222	VIII, note	9
Annotation.	id.	VII	2
De-mara (Ricardi).	1258	X	2
De Mesnil Will' (ou Du Maisnil)	commt du XIIIe se	VII	7
Dessessarts (Guillaume).	1510	XII	XI
Dieppe, scel des obligations	1428	XIX	4
Du Courtil (lois).	XIIIe	XXI	5
Du Cygne (Jehan).	fin du XIVe se	XVII	5, 9
Duguesclin (Bertrand et Olivier.) [*Voir* Longueville]	"	XXIII	p. 455
Dunois (Jehan et Fois.) [*Voyez* Longueville et Tancarville.]	XVe	id.	"
Dutuit (Jehan).	1216	XI	7
Dutuit (Nicholai).	1216	XI	10

NOMS des LÉGENDES DE SCEAUX.	DATES des Chartes.	Nos des Planches.	Nos des Articles corrélatifs aux Planches.

E

Eau (de l') Vicomté, scel.	1405	VIIIe	2
Echiquier, scel.	1426	XV	4
Emmurées (ou Saint-Mathieu). [Constitution viagère et monastique]	1350	XXII	4
(Id.) Emmurées.	1399	XVIII	3
Estoutteville [d'] (Gme)	1478 à 1480	IX	3
Eu (Jehanne d').	1302	XIII	3
Eu [d'] (Raoul), scel équestre.	1338	XIV	2

F

Fécamp, scel des obligations. (Voyez Saint-Gervais en 1423 et 1449.)			
Fontaine [de la] (Gme)	1450	XVIII	8
Filleul (Jehan)	1399	XVIII	3
Fiscanensis, scel des obligations.	1493	XVI	6
Fortin (Willelmi).	1219	VII	5
Foumusson (Jehan) [au titre Foumichon]. . .	1335	XII	5
Fresne-l'Archevêque (mention)	"	XVI	2
Fulcon, abbé, Ordre Saint-Amand. (N. B. Le revers du scel est un château).	1265	XVIII	7

G

Gaillard (le). (Voyez Saint-Martin)	fin du XIIIe se	I	2
Gaillefontaine. — Hospice dévasté par les Bourguignons.	1478 à 1480	IX	3
Gamaches [de] (Mathei), scel équestre (En Vexin)	1189 à 1208	III	5

NOMS des LÉGENDES DE SCEAUX.	DATES des Chartes.	Nᵒˢ des Planches.	Nᵒˢ des Articles corrélatifs aux Planches.
Gaucourt (Raoul), gᵈ bailli de Rouen, annotation.	1415	XXIᵉ	1
Georges (de Saint-), abbé, scel	1176 à 1187	V	4, 5
Geroldi de Bosco Ricardi.	XIIIᵉ	XIV	5
Genesville. Dᵒⁿ de terres par Philippe-le-Bel, scel royal de Majesté. — Haubert. (*Voyez* Louviers).	1509	I et XVI	5, 2
Gerout ou Guerout (Pierre)	1255	XI	8
Gervais (Saint). *Sénéchaussée.* Grand scel aux causes.	1425	XIX	1
Gervès (Saint), scel des obligations.	1449	XX	4
Gornai [de] (Gauteri), scel équestre	1207	VII	4
Guidonis de Rupe (*La charte est en français*).	1293	VI	1
Guiffroy. (*Voyez* Buffremesnil)	1573	XVI	5
Guillelmi epˢ Rothom'	avant 1359	XV	5

H

Harcourt, gouverneur d'Evreux	fin du XIIᵉ sᵉ	III	7
Haton [Gilles en écu].	1258	XVII	XI
Hauville (donation de) [fac-simile].	XIᵉ	»	annexe xᵉ
Henri (Radulfi), donation de terres à Varengeville	1227	IV	6
Hosmundi (Roberti).	1247	XII	1
Hotot (de). Accord en français avec l'archevêque pour Epinay.	1287	»	»
Houduf (Robert) ou Houdof, par annotation. .	1227	IV et XI	7 2
Hugues (d'Amiens), archevêque.	1164	IX	XI

NOMS des LÉGENDES DE SCEAUX.	DATES des Chartes.	Nᵒˢ des Planches.	Nᵒˢ des Articles corrélatifs aux Planches.
Hummis [de] Will¹, ou de Humeto, scel équestre du Homme ou Duhommet (connétable de Henri II)	XII° s°	v°	6
Hurel sieur de Cantelou le Bocage.	1465	»	annexe Iʳᵉ
I			
Insulis [de] (Willelmi).	1219	V	8
J			
Jerusalem (frères de). En Angleterre avec le contre-scel de Hugues D'Aulnay	1221	I	4, 5
Juifs, scel des obligations	statut de 1206	»	annexe VII°
K			
Killeboe (Quillebeuf).	1238	X	2
L			
Langlois (Jehan). *Main*, forme du serment, [Scel, anneau], marque d'hospitalité. . . .	1387	XVII	4
Le Bel (Roi) Philippus	1509	I	5
Legier (Johan)	1405	XVIII	1
Lillebonne. Nefs, franchises, sceau des obligations	1465	XXIII	5
Id., pour constitution viagère au Valasse . .	1458	*id.*	*id.*
Livet (Adam) de Conihou	1241	XII	8
Logoiran (Bernard de).	1238	»	annexe III°
Longa-Villa [de] (Petri). Scel équestre ovale en lettres renversées	XII°	VIII	9
Longueville, scel des obligations aux armes Du Guesclin.	1505	XXIII	4
Avec contre-scel	*id.*	XXII	5

38

NOMS des LÉGENDES DE SCEAUX.	DATES des Chartes.	Nos des Planches.	Nos des Articles corrélatifs aux Planches.
Longueville, scel des obligations, (aux armes de Laval)	1406	XXII°	5
Louviers (de *Locoveris*), scel du bailliage avec *L couronnée pour armoirie*, note y jointe.	1357 et 1338	XVI	2 bis
Lundâ [de] (Johan), scel équestre	1216	XI	9
Lundâ [de] (Nicholaus), scel équestre	1222	VII	2
Vers 1236, scel équestre ovale, arch. imp., Nicolai Delalvnda	"	VIII	9

M

Maignen [le] (Seheri)	1224	XII	3
Maillard Philippe [de Buelleia]	1207	V	7
Marâ [de]	1238	X	2
Marescal [le] (Ricardi).	1217	XIV	1
Martelli (Willelmi)	1210	XVII	7
Mascé Coësme	XIII°	XII	9
Mathieu (Saint). [*Voyez* Emmurées].			
Maulevrier, scel de la vicomté.	1359	XVII •	1
Id., contre-scel	"	VIII	10
Mellent (Meulan), scel des obligations. . . .	1346	II	2
Mesnil [de] (Willelmi).	anteà 1258	VII	7
Michel (Saint). [*Voyez* le Tréport].			
Et contre-scel.	"	XVIII	10
Migresse, (*Voyez* aussi Bigressa). [La même] .	1206	X	3
Milli [de] (agnetis)	XIII°	VIII	4
Montivilliers , scel des obligations.	1396	XVII	5
Id., sceau pour l'abbaye.	1371	XVIII	4
Mortuo mari [de] (Willelmi)	1224	VII	1
Muonnier (le) [Walteri]	1206	XI	4

NOMS des LÉGENDES DE SCEAUX.	DATES des Chartes.	Nos des Planches.	Nos des Articles corrélatifs aux Planches.

N

Napoléon, chanoine de Lincoln' (Angleterre) Rymer, t. II, p. 684.	1288	IV	7, note
Neufchastel, scel des obligations.	1491	XVIII°	5
Neufchastel, petit scel du doyen	1285	IX	»

O

Oblats, p. 380	{ XI° et XIII° s° }	XVIII	7
Orbec (d') scel des obligations.	1477	XVII	12
Osmondi (*Voyez* hosmundi Roberti), scel. . .	1247	XII	1
Osmondus [de] Bodes	1066	»	annexe IX°

P

Paris (Prevôté de) [Parisiensis prepositura] . .	1410	XVIII	2
Passorio [de] (Ricardus)	1233	XII	7
Pavilli [de] doyen.	1285	VI	2
Pessiaco [de] Ballivus	1272	XVII	10
Pessiaco [de] scel équestre.	1243	III	2
Pisan (Hugues)	1237	I	1
Plesseis [de] (Robert Henri).	1237	III	5
Poitiers (Diane de). [*Voyez* Maulévrier]. . . .	»	XVIII	1
Pont Audemer [de] doyen	1285	VI	5
Pont Autou et Pont Audemer, sc. des obligations	1513	XXIII	2
Pont [de] l'Arche, scel des obligations . . .	{ 1400 à 1470 }	XX	2
Pré [du] de Prato. Notre-Dame). *Voyez* Bonnes Nouvelles).			

Q

Quentin (Roberti)	1233	VII	6
Quillebeuf. (*Voyez* Killeboë).			

NOMS des LÉGENDES DE SCEAUX.	DATES des Chartes.	Nᵒˢ des Planches.	Nᵒˢ des Articles corrélatifs aux Planches.
R			
Rochois [de] (Jehan)	1382	VI	6
Rogerii abbé de Jumiéges.	2ᵉ moitié du xiiᵉ sᵉ, après 1169	VIII	5
Rouen, scel des obligations de la Vicomté . .	1522 à 1539	IIᵉ	1
Rouen, contre-scel	1522 à 1550	XXII	4
Rouen, contre-scel des obligations de la Vicomté	1556 à 1559	XXII	12
Rouen, grand-scel aux causes de la mairie. .	1369 à 1370	XIV XXII	5 8
Rouen, scel de la Vicomté.	1379 à 1407	XXII	6
Rouen, scel des obligations.	1398	XXII	10
Rouen, contre-scel	1398	XXII	15
Rouen (scel de la Vicomté de l'eau de). . . .	1405	VIII	2
Rouen, scel du Bailliage.	1432	XXI	1
Rouen, scel des obligations.	1443	XXII	7
Rouen, scel de la Vicomté	1447	XX	5
Rouen, contre-scel de la Vicomté	1447	XXII	14
Rouen, scel des obligations de la Vicomté . .	1450 et 1451	II	4
Rouen, scel du Bailliage.	fin du XVᵉ sᵉ	XIII	1
Rouen, scel des obligations du Tabellionage. .	1613	XXIV	2
Rouen. — (Idem).	1555 et 1656	XXIV	3

NOMS des LÉGENDES DE SCEAUX.	DATES des Chartes.	Nos des Planches.	Nos des Articles corrélatifs aux Planches.
Rouen (Chaine avec grand et petit cachet)...	1402	XXIe	4
Rufus (Willelmus) Le (Roux).............	1259	IV	2
Runcia [de] Petri..................	1201	X	4
Rupe [de] Guidonis, (Roche Guyon)......	1293	VI	1
S			
Saint-Sever, [Faubourg de Rouen]	1389	XVI	7
Salomon (Radulphi)...............	1257	XI	6
(Secart) curé de Saint-Vivien. — Patriotisme.	1421	II	fin du no 4
Sesne [le], scel..................	1259	IV	1
Senesse [la] Aelicie. (Femme Le Sesne) ...	1259	IV	3
T			
Tancarville [comté de]	1401	[XV	5
Templiers....................	1253	XII	6
(Id)..........................	1276	id.	»
Tréport (Abbaye du).............	1252	VI	7
Note sur les marins............	XVe	»	»
Trye (Johan) [comte de Dam-Martin]. V, p. 157,	1280	XIX	5
Trye (Guillaume) [de], archidiacre du Vexin en l'église de Rouen.............	1310	VII	9
Trye (Isabel) veuve de M. Claude [de] Hallenvilliers maréchal de Normandie. [Acte du tabellionage du 18 octobre 1403]. (Voir Longueville)...................	1403	»	»
Tyronio [de] (Tyron), scel de l'abbé.....	XVe	VIII	1
V			
Valasse, (Constitution viagère) [N. B.] ...	1458	XXIII	3
Valasse, De Voto, scel de juridiction......	XIVe	XIII	2

TABLE CHRONOLOGIQUE

DES SCEAUX

AVEC LEURS LÉGENDES.

NUMÉROS D'ORDRE des Sceaux par chaque Planche.	NUMÉROS des Planches.	DATES des Chartes par ordre chronologique.	LÉGENDES DES SCEAUX.
4	IV°	fin du XI° s°	Sigillum Philippi de Altaribus (les Authieux).
4	XIV	fin du XII° s°	SIGILL. NICHOLAI BVRNEL.
4	VI	XII° après 1169.	INTEGRA PERACTA REVELO sc. de Roger, abbé de Jumiéges, avec bandelettes: LEX TIBI.
5	VII	XII°	S' BERNARDI ABBATIS CLARE VALL.'(Clairvaux).
6	V	XII°	S' VILLEL'MI DE HVMMIS (équestre-rouge).
9	VIII	XII°	SIGIL' PETRI DE LONGA.V'LL' (Pierre de Longueville, sceau équestre ovale, *en lettres renversées.*
11	IX	1161	Petit contre-scel annulaire de Hugues, archev. de Rouen. (Hugues d'Amiens.)
3	V	1171 à 1178	SIGILLVM ROBERTI DE BONEBOS (équestre.)
4, 5	V	1178 à 1187	N° 4, sceau de l'abbé de St-Georges. — N° 5, S' capituli MA,. DE VALMONT.

NUMÉROS D'ORDRE des Sceaux par chaque Planche.	NUMÉROS des Planches.	DATES des Chartes par ordre chronologique.	LÉGENDES DES SCEAUX.
1	IIIᵉ	1196	SIGILLVM PAGANI BROSTINI (Payen Brostin). Ce sceau est équestre.
5	III	{ 1189 à 1208 }	Sceau équestre MATHEI DE GAMACHES.
4	X	1201	SIGILLVM PETRI DE RVNCIA (rouge et rond)
3	X	1206 ovale.	SIGILL' AELICIE LA MIGRESSE, (en l'acte BIGRESSA).
4	XI	1206	S' WALTERI LE MVONNER, (Gautier Lemonnier).
4	VII	1207	SIGILLVM GAVTERII DE GORNAI équestre rouge.
7	V	1207	S' PHILIPPI DE BVELLEIA MAILLARD.
7	XVII	1210	WILLERMI MARTELLI (Guillaume Martel).
4	XII	1212	S' GVILLERMI BENGARI (Guillaume Baingnart).
4	III	1212	Sceau équestre (SIGILL' WILL' MI DE BONNEBOS).
5	X	1214	SIGILLVM STEPH'I DE BELMONCEL.
9	XI	1216	S' IOHAN' DE LVNDA (Delalonde). Voir pl. viiᵉ, note A, 1222, Nicholaus DE Lunda.
7, 10	XI	1216	S' IOHAN DVTVIT, n° 7. S' NICHOLAI DVTVIT, n° 10.
1	XIV	1217	S' RICARDI LEMARESCAL.
5	VII	1219	SIGILLVM WILLERMI FORTIN.
8	V	1219	SIGILL' WILL' DE INSULIS (Desiles.)
5	VI	1219	SIGILLVM HENRICI LE COINTE.

NUMÉROS D'ORDRE des Sceaux par chaque Planche.	NUMÉROS des Planches.	DATES des Chartes par ordre chronologique.	LÉGENDES DES SCEAUX.
7	VII°	vers 1220	SIGILLVM WILL'MI DE MESNIL (équestre-jaune).
4, 5	I	1221	Sceau des frères hospitaliers de Jérusalem, en Angleterre, avec le contre-scel de Hugues d'Aulnay, leur prieur.
2	VII	1222	S' RADVLFI DE BOS-ROBERTI.
1	VII	1224	S' WILLERMI DE MORTVO-MARI (de Mortemer).
3	XII	1224	SIGILL' SEHERI LE MAIGNEN.
2	XII	1225	S' RICARDI BAVDOIN (Pro Willelmo Farsi.)
6	IV	1227	S' RADVLFI HENRI.
6	VIII	1228	SIGILL' CVRIE ROTHOMAGENSIS.
3	XI	1228	S' ANCELMI DE BEAVMONT.
5	IV	1228	S' WILLERMI BAVDRI.
7	XII	1233	*Ave Maria Gratia Plena* (contre-scel de l'évêque d'Evreux. — RICARDVS de Passorio.)
7	IV	1235	S' ROBERTI ASE.
6	VII	1235	S' ROBERTI QVENTIN n° 8.
1, 8	XI	1235	N° 1er, S' ALLIZ VXORIS PETRI GVEROVT. N° 8, S' PETRI GVEROVT.
2	XI	1235	S' ANDREE DE BELLAMARI.
1	I	1237	HUGUES PISAN, archidiacre de Rouen. — Sentence arbitrale.
3	III	1237	*Id*. Plesseis (de) Robert.
3	III	1237	Scel équestre de GUILLAUME CRESPIN, seigneur, partie en la sentence ci-dessus.
2	X	1238	S' RICARDI DE MARA.

NUMÉROS D'ORDRE des Sceaux par chaque Planche.	NUMÉROS des Planches.	DATES des Chartes par ordre chronologique.	LÉGENDES DES SCEAUX.
1	IVe	1239	Sceau DE GUILLAUME LE SESNE.
2	IV	1239	S' WILLERMI LE ROUX. (Dans l'acte RVFVS).
3	IV	1239	SCEAU D'AÉLICIE LA SENESSE.
8	XII	1241	S' ADE' : DE LIVET. (Adam de Livet).
2	III	1243	Sceau équestre de HENRI DE PISSY. (De Pissiaco miles).
1	XII	1247	S' ROBERTI HOSMONDI ou Osmundi.
3	XXI	XIIIe	S' LOIS DV COVRTIL.
4	VIII	XIIIe (1re moitié)	S' DOMINE AGNETIS DE MILLI.
3	XIV	comm^t du XIIIe s^e	S' RICARDI DE BOSCO GEROLDI (Richard de Boisgueroult).
2	I	fin du XIIIe s^e	S'D'NE IO'H'E DE S'TO MARTINO LE GACLARI S' Jehanne dame de Saint-Martin-le-Gaillard). — Terre vendue à Jehan de Bétancourt.
9	XII	XIIIe	S' MASCE DECOEME.
7	VI	1252	Grand sceau ovale de Saint-Michel DE ULTERIORI PORTV (le Tréport).
6	XII	1253 et 1276	Contre scel fratres militie (TEMPLIERS).
6	XI	1257	S' RADVLFI SALOMON.
11	XVII	1258	S' GILLES HATON (en forme d'écu).
3	VII	1259	Scel de JOHENNE DV BEC DE MORTEMER (en français).
5	XI	1260	S' RICART BEDENGVE.
2	XVI	1265 (mention.)	S' GALTERI DE CORCELLES.

NUMÉROS D'ORDRE des Sceaux par chaque Planche.	NUMÉROS des Planches.	DATES des Chartes par ordre chronologique.	LÉGENDES DES SCEAUX.
7	XVIII⁰	1295 en latin 1265 en français et 16 août 1402 tabellions.	Château : ECCLESIA le reste fruste...., C'est le contre-scel de l'abbé Fulcon, de l'ordre de saint Amand. Constitution viagère *in sororem*.
9, 15	XXII	1267	Deux petits sceaux ovales, privés
10	XVII	1272	S' SVBALLIVI DE PISSIACO (châtellenie de Poissy).
5	XVIII	1276	Petit sceau annulaire (NICHOLAVS RICARDI DE BOES).
6	XII	1276	Templiers, fratres militiæ.
1	X	1277	S' WILL'MI DE CAMPIS.
3 par annotation.	XIX	1280	JOHAN DE TRYE, comte de Dam-Martin.
2	XXI	1282 en français	Quai à Caudebec, époux Pelhouse Saint-Wandrille. *Voir* Caudebec.
1	XV	1284	S' BAILLIVIE VERNOLII, en français.
4	XVI	1284	Sceau annulaire de GVILLAVME, curé de Boos
2, 3, 8, 9	VI	1285	Petits sceaux des doyens de Pavilly, du Pont-Audemer et de Neufchâtel.
15	IX	1285	15 petits sceaux des membres du Chapitre de Notre-Dame de Rouen.
1	VI	1293	S' GVIDONIS DE RUPE (équestre).
1, 2	V	1300 *bis*	S' GVILLERMI AIS, S' PETRI AYS.
5	XIII	fin du XIII⁰ s⁰ ou comm' du XIV⁰	S' ROB'TI P'RI DE TAV', NIZ (Presbiteri de Tavernis).

NUMÉROS D'ORDRE des Sceaux par chaque Planche.	NUMÉROS des Planches.	DATES des Chartes par ordre chronologique.	LÉGENDES DES SCEAUX.
			XIV° siècle.
XI	XXII°	{ 1300 Voir un autre de 1696 }	SEEL DE LA CHASTELLERIE DE BELLESME.
3	XIII	1302	S' JOHANNE COMITISSE AVGIENSIS.
3	XIX	1302	VECI LE SEEL DE LA BAILLIE DE CAVS.
3	I	1309	Sceau royal de Philippe-le-Bel. Donation à l'abbaye de Jumiéges (Généville).
8, 9	VII	1310	S' ROGERII LE CAVF CAN. ROTHOMAG., n° 8. — S' (de Guillaume de Trye) ARCHID' WEGASSINI, IN ECCLESIA ROTHOMAGI, n° 9.
10, 11	XII	1310	1° Scel de GUILLAUME DE LISLE; 2° DE GUILLAUME DESESSART, chanoines.
3	XX	1311	S' BAILLIVI DEBVRIS.
1	XVI	1315	S' VICE COMITATVS DE ARCHIS (vicomté d'Arques).
4	XXII	{ 1322 à 1350 }	9'S (contre-scel) DE LA VICOMTÉ DE ROVEN.
1	II	{ 1322 à 1389 }	SCEL DES OBLIGATIONS DE LA VILLE DE ROVEN.
7	VIII	1331	Sceau du bailliage de Caux, à l'écu de France.
5	XII	1335	S' JEHAN FOVMVSSON (Jehan de Foumichon).
2 bis	XVI	{ 1337 et 1338 }	SIGILL' BALLIVIE DE LOCOVERIS (Louviers). Louviers-le-Franc, L couronnée, note.
»	»	id.	Contre-scel annulaire y joint (aux armes de l'archevêque), Fresne-l'Archevêque.

NUMÉROS D'ORDRE des Sceaux par chaque Planche.	NUMÉROS des Planches.	DATES des Chartes par ordre chronologique	LÉGENDES DES SCEAUX.
2	XIVe	1338	SEEL : RAOVL DE EV, CONNESTABLE DE FRANCE.
1	XVII	1339	SCEL DE LA VICOMTE DE MAVLEVRIER.
10	VIII	1339	CONTRA SIGILL', VICE-COMIT' MAL' LEPOR'.
11	VIII	1339	Petit scel du bailli de Caux.
2	XXII	1341	CONTRE-SCEL DE LA CHASTELLERIE D'ANDELI.
5	XIX	1341	SEEL DE LA CHATELLERIE D'ANDELI.
2	II	1348	Scel des obligations de la châtellenie de Meulan.
4	XXII	1350	Emmurées, constitution viagère monastique.
2	XIII	XIVe	S' CVRIE ABBATIE DE VOTO (le Valasse).
3	XV	{ avant 1339 }	S' GVILLERMI EP'I (EPISCOPI) ROTHOMAG, ovale rouge.
12	XXII	{ 1356 à 1389 }	COT's (contre-scel DES OBLIC., D' LA VIC' DE ROVEN.
5, 6	XIV	1369	Grand scel aux Causes de la Mairie de Rouen, et petit scel de Jehan de Buchy, lieutenant du maire.
8	XXII	1370	Autre de Eudes Clément, maire de Rouen.
4	XVIII	1371	S' VICE-COMITATVS MONASTERII VILLARIS (Montivilliers).
3	XVI	1373	Petit scel privé de Guiffroy de Buffremesnil.
6	XXII	{ 1379 à 1407 }	SIGILLVM VICE COMITAVTS ROTHOMAORNSIS.
6	VI	1382	Petit sceau de Jehan de Rochois (en français).

NUMÉROS D'ORDRE des Sceaux par chaque Planche.	NUMÉROS des Planches.	DATES des Chartes par ordre chronologique.	LÉGENDES DES SCEAUX.
4	XXIIIe	1385	Scel des obligations de la vicomté de Longveville (aux armes Duguesclin).
3	XXII	1385	Contre-scel des obligations de la vicomté de Longveville.
4	XVII	1387	Petit scel de Iehan Langlois, sénéchal des religieux du Valasse.
6	XVII	fin du XIVe s^e	Petit scel privé armorié chargé en sautoir des lettres I L I.
5	XXI	1395	Petit scel Iehan Morelet, sénéchal du Valasse.
3, 2	XVII	1396	Scel des obligations de la vicomte de Monstiervilliers.
2	Id.	Id.	Contre-scel du précédent auquel il est joint.
2	XXI	1398	Scel des obligations de la vicomte de Cavdebec.
10	XXII	1398	Seel des obligations de la vicomte de Roven.
5, 9	XVII	fin du XIVe s^e	Sceau hexagone ; S' Iehan dv Cygne.
13	XXII	1398	Contre-scel des obligations de la vicomté de Rouen.
3	XVIII	1399	S' Iohan Fillevl.
4	XIII	vers la fin du XIVe s^e	S' Parvvm capit'i ecclesie Rothomagensis.
2	XX	1400	Scel des oblig' de la vicomte dv Pont-de-Larche.
1	XXII	1400	Petit scel de Robin de Crasville.

NUMÉROS D'ORDRE des Sceaux par chaque Planche.	NUMÉROS des Planches.	DATES des Chartes par ordre chronologique.	LÉGENDES DES SCEAUX.

XVᵉ siècle.

1	VIIIᵉ	XVᵉ	S' BALLIVIE DE TYRONIO.
5	XV	1401	SCEL DV BAILLAGE DE LA CONTÉ DE TANCAR-VILLE.
4	XXI	1402	Chaîne avec deux cachets inégaux, Rouen.
2	VIII	1405	S' VICE-COMITATVS AQVE ROTHOM'.
1	XVIII	1405	Petit scel IOHAN LEGIER, employé par Guillaume Le Diacre, vicomte de Rouen.
5	XXII	1406	SCEL DES OBLIGATIONS DE LA VICOMTÉ DE LONGVEVILLE.
3	II	1406	SCEL DES OBLIGATIONS DE LA SERGENTERIE D'AUFFAY.
8	VIII	1410	SCEL DES OBLIGATIONS DE LA VICOMTE DE VERNEUIL.
2	XVIII	1410	SIGILLVM PREPOSITVRE PARISIENSIS.
1	XIX	1423	Grand scel *aux causes de la sénéchaussée de Saint-Gervais.*
4	XV	1426	SIGILLVM REGIMINIS SCACARII NORMANIE.
3	VIII	1428	S' VICE COMITATVS ROTHOMAG.
4	XIX	1423	SCEL DES OBLIGATIONS DE LA VILLE DE DIEPPE.
2	XV	1432	(*La Vierge*). SIGILLVM DOMINE... (Fruste.)
1	XXI	1432	SIGILLVM BALIVIE ROTHOMAGENSIS.
7	XXII	1443	S' DES OBLIGATIONS DE LA VICOMTE DE ROVEN.
5	XX	1447	SIGILLUM VICE-COMITATVS ROTHOMAGENSIS.

NUMÉROS D'ORDRE des Sceaux par chaque Planche.	NUMÉROS des Planches.	DATES des Chartes par ordre chronologique.	LÉGENDES DES SCEAUX.
14	XXII°	1447	Contra-Sigillvm vice-comitatvs Rothom.
4	XX	1449	Seel des obligat. de sain Gerves.
9	XVIII	1449	S. Gvillavme Le Melle.
8	XVIII	1450	S. Gvillavme de la Fontaine.
4	II	1450 et 1451	Scel des obligations de la vicomté de Rouen.
8	XVII	1455	Grand scel aux causes de la vicomté de Bayeux.
3	XXIII	1458	Constitution viagère au monastère du Valasse. Sceau de la vicomté de Lillebonne.
3	XXIII	1463	Scel des obligations de la vicomté de Lillebonne.
2	XX	1400 à 1470	Scel des oblig. de la vicomté du Pont-de-Larche.
1	XXIII	1473	Scel de la chastellenie de Bréval (près Mantes).
12	XVII	1477	Scel des obligations de la vicomté d'Orbec.
1	XX	1478	Scel de la chastellenie de Creeil.
3	IX	1478 1479 1480	Signet ou contre-scel de Gvillaume (d'Estoutteville), archevéque de Rouen. Hospice de Gaillefontaine dévasté par les Bourguignons.
2	XIX	1478 et 1497	Seel des obligations de la vicomté de Bvres.
1	XIII	fin du XV° se	S' Sigilli' Ballivie Rothomagensis.

NUMÉROS D'ORDRE des Sceaux par chaque Planche.	NUMÉROS des Planches.	DATES des Chartes par ordre chronologique.	LÉGENDES DES SCEAUX.
6	XVIII°	1491	SEEL DES OBLIGATIONS DE LA VICOMTE DE NEUF-CHATEL.
6	XVI	1493	S' OBLIGAT, BALL, FISCANENSIS (bailliage de Fécamp.
7	XVI	1494	SIGILL' OBLIGATIONVM $\overline{\text{ME}}$ (MARIE) DE PRATO (Notre-Dame-du-Pré).

XVI° siècle.

2	XXIII	1513	SCEL DES OBLIG. DE LA VICOMTE DV PONT AVTOV ET PONT AVDEMER.
1	XXIV	1531	LA VITRE DV PARJVRE (non numerata pecunia).
annexe VIII°	»	XVI°	SCEL DE L'ABBÉ DES CONARDS (masques).

XVII° siècle.

2	XXIV	1613	SEEL DV TABELLIONNAGE DE LA VICOMTE DE ROVEN.
3	XXIV	1655 1656	SEEL ROYAL DV TABELLIONAGE DE LA VILLE DE ROVEN.

TABLE GÉNÉRALE

ET ALPHABÉTIQUE

DES MATIÈRES

DÉTAILLÉES DANS LE VOLUME.

———◆———

A

B

O

D

E

G

H

J

L

O

P

Q

R

Nous voyons bien notre sceau communal chargé d'un
lion depuis le commencement du xiiᵉ siècle jusqu'en 1309,
époque où il s'efface complètement ; mais M. L. Delisle
observe (t. VI, p. 15 des *Mém. des Antiq.*) que l'*agneau
divin* n'en subsistait pas moins dès 1266 au plus tard, et
non pas seulement un siècle après, comme on l'induisait
de notre premier sceau de 1362.

Maintenant, cet emblème a-t-il été ou non emprunté à
celui du Chapitre de Notre-Dame ? La question reste indécise.

S

T

Pages.

U

V

W

ERRATA.

P. 48, à la 10ᵉ ligne, lisez : *sergenteries*, au lieu de : seigneuries.

P. 52, au 6ᵉ alinéa : Le mot de Sully ne s'appliquait qu'*au pâturage* et au *labourage*.

P. 55, au-dessous de : DEUXIÈME PARTIE, ajouter : CHAPITRE Iᵉʳ.

P. 57, à la 3ᵉ note : Les lettres de noblesse enregistrées à la Chambre des comptes de Rouen, le 26 mars 1637, s'appliquaient alors au père du grand poète, *et non au fils*, tous deux prénommés PIERRE.

P. 63, à la note 2ᵉ, lisez simplement : p. 80.

P. 75, en la note 1ʳᵉ, avant le dernier alinéa, lisez : *clerc ou notaire*, et non pas : *de.*

P. 79, note 4ᵉ, à la 2ᵉ ligne, lisez : *intestatus*, et non pas : *intestalis.*

P. 86, à la 17ᵉ ligne, lisez : *raison*, et non pas *raton.*

P. 88, note 1ʳᵉ, à la 4ᵉ ligne, lisez : *sit*, et non pas : *sic.*

Ibid., note 3ᵉ, à la 4ᵉ ligne, lisez : *officiales*; et plus haut : *instrumento.*

P. 89, 1ʳᵉ ligne, lisez : Guillaume *de la Fleete*, et non pas : *Ferté.*

P. 90, à la note 5ᵉ, lisez : *1210*, et non pas : *210.*

P. 119, à la note 1ʳᵉ : La signature *Cochon* était celle du notaire de l'officialité, et non celle de l'évêque *Cauchon*. (*Voir* la note de la p. 421.)

P. 128, à la 3ᵉ ligne : *à la gloire*, au lieu de : *Alactoire.*

P. 150, à la 4ᵉ ligne, lisez : *avait été*, au lieu de : *été* seulement.

P. 302, à la mention : au lieu du n° 7 réuni au n° 8, lisez : *Le n° 8 est réuni au n° 1 de la pl.* XIᵉ ; puis, après ces mots : Le n° 10 précède, ajoutez : *comme réuni au n° 7.*

P. 367, scel n° 9, lisez : *hexagone*, comme au sommaire de la pl. XVIIᵉ.

P. 394. Enfin, à la dernière ligne, lisez : *voir* la pl. XXIIᵉ, et non pas : XXᵉ.